Como a obra pode auxiliar no seu aprendizado?

A *Coleção Curso de Direito Penal* tem o propósito apresentar de maneira fácil e agradável o estudo do Direito Penal para que os leitores possam aprofundar seu conhecimento sobre temas específicos, contando sempre com o que há de mais atualizado dos Tribunais Superiores.

A obra auxilia na formação dos estudantes e contribui como instrumento de grande utilidade para professores e operadores do Direito, permitindo que o leitor adquira um vasto embasamento do instituto do Direito Penal.

O que o livro oferece?

A grande novidade da nova edição é a proximidade que a obra proporciona entre leitor e autor. O direito sempre está em constante transformação, principalmente em uma sociedade dinâmica. Nesse contexto, o leitor encontrará em nossa plataforma, ao longo do ano, material didático acompanhando as alterações legislativas e jurisprudenciais que impactam a matéria. Dessa forma, poderá aprofundar o seu estudo de maneira mais dinâmica e interativa.

Este livro oferece materiais digitais exclusivos para você.

Para isso:

• Acesse o link: https://somos.in/CDPPE19 ou use seu celular para ler o QRCode abaixo:

• Faça seu cadastro:
  - Clique em "não tem conta? Cadastre-se".
  - Preencha as informações – insira um *e-mail* que você costuma usar, ok?
  - Crie sua senha e finalize seu cadastro.

Pronto! Agora é só aproveitar o conteúdo digital desta obra.

OBS.: Se você já tem uma conta conosco, basta entrar com seu *login* e senha já criados.
Qualquer dúvida, entre em contato pelo *e-mail* suportedigital@saraivaconecta.com.br

Fernando Capez

Procurador de Justiça licenciado e Diretor Executivo da Fundação PROCON-SP. Deputado Estadual por três mandatos. Presidente da Comissão de Constituição e Justiça da Assembleia Legislativa de São Paulo (2007-2010). Presidente da Assembleia Legislativa de São Paulo (2015-2017) e Presidente do Colégio de Presidentes das Assembleias Legislativas do Brasil (2015-2017). Mestre pela USP e Doutor pela PUC-SP. Professor da Escola Superior do Ministério Público e de Cursos Preparatórios para Carreiras Jurídicas. Autor de obras jurídicas.

CURSO DE DIREITO PENAL

3

PARTE ESPECIAL

Arts. 213 a 359-H

Dos crimes contra a dignidade sexual a Dos crimes contra a administração pública

19ª edição
2021

saraiva jur

ISBN 978-85-536-0768-6 obra completa

DADOS INTERNACIONAIS DE CATALOGAÇÃO NA PUBLICAÇÃO (CIP)
DE ACORDO COM ISBD
ELABORADO POR VAGNER RODOLFO DA SILVA - CRB-8/9410

C241p Capez, Fernando
Curso de direito penal v. 3: Parte especial: arts. 213 a 359-H / Fernando Capez. – 19. ed. – São Paulo: Saraiva Educação, 2021.
648 p.

Bibliografia
ISBN 978-65-5559-462-1 (impresso)

1. Direito. 2. Direito penal. I. Título. II. Série.

2020-3057 CDD 345
CDU 343

Índices para catálogo sistemático:

1. Direito penal 345
2. Direito penal 343

saraiva EDUCAÇÃO | saraiva jur

Av. Paulista, 901, 3º andar
Bela Vista – São Paulo – SP – CEP: 01311-100

SAC | sac.sets@somoseducacao.com.br

Diretoria executiva Flávia Alves Bravin
Diretoria editorial Renata Pascual Müller
Gerência de projetos e produção editorial Fernando Penteado
Planejamento Josiane de Araujo Rodrigues
Novos projetos Sérgio Lopes de Carvalho, Dalila Costa de Oliveira
Edição Isabella Sánchez de Souza (coord.), Aline Darcy Flôr de Souza
Produção editorial Daniele Debora de Souza (coord.), Luciana Cordeiro Shirakawa
Arte e digital Mônica Landi (coord.), Camilla Felix Cianelli Chaves, Claudirene de Moura Santos Silva, Deborah Mattos, Guilherme H. M. Salvador, Tiago Dela Rosa
Projetos e serviços editoriais Daniela Maria Chaves Carvalho, Kelli Priscila Pinto, Laura Paraiso Buldrini Filogônio, Marilia Cordeiro, Nicoly Wasconcelos Razuk
Diagramação Edson Colobone, Laís Soriano
Revisão Denise Dognini
Capa Aero Comunicação
Produção gráfica Marli Rampim, Sergio Luiz Pereira Lopes
Impressão e acabamento Edições Loyola

Data de fechamento da edição: 28-1-2021

Dúvidas? Acesse www.editorasaraiva.com.br/direito

CL 606913 CAE 752987

SOBRE O AUTOR

Fernando Capez é Mestre pela Universidade de São Paulo (USP) e Doutor pela Pontifícia Universidade Católica de São Paulo (PUC-SP). Lecionou durante dezoito anos no Complexo Jurídico Damásio de Jesus, sendo, também, Professor na Escola Superior do Ministério Público de São Paulo, Professor Concursado na Academia de Polícia do Estado de São Paulo e Professor Honorário na Universidade Presbiteriana Mackenzie, na Universidade Paulista (Unip), na Faculdade das Américas (FAM) e na Universidade Nove de Julho (Uninove).

É palestrante nacional e internacional e autor de diversos livros, principalmente nas áreas de Direito Penal e Processual Penal, publicados pela Editora Saraiva.

Suas obras possuem como principais virtudes a objetividade, a linguagem direta, fácil e agradável, vasto embasamento decorrente da larga experiência teórica e prática do autor, organização lógica dos temas em tópicos e subtópicos, contribuindo para a sua rápida localização, além de jurisprudência atualizada, farta citação doutrinária e quadros sinóticos.

A utilidade dos trabalhos alcança desde estudantes que se preparam para provas, exames da OAB e concursos públicos, até experientes operadores do Direito, tais como Juízes, Desembargadores e Ministros, membros do Ministério Público Estadual e Federal, Procuradores e Defensores públicos, Delegados de Polícia e Advogados.

Além de Procurador de Justiça, foi eleito em 2006, e reeleito em 2010 e 2014, para o cargo de Deputado Estadual em São Paulo e, por dois biênios, ocupou o cargo de Presidente da Comissão de Constituição, Justiça e Redação da Assembleia Legislativa. Em março de 2015, foi eleito Presidente da Assembleia Legislativa do Estado de São Paulo para exercer o cargo até março de 2017. Foi também Presidente do Colégio de Presidentes de todas as Assembleias Legislativas do Brasil. Em 2019 foi nomeado Diretor Executivo da Fundação PROCON-SP.

SOBRE O AUTOR

ABREVIATURAS

ACrim	Apelação Criminal
ADIn	Ação Direta de Inconstitucionalidade
ADPF	Arguição de Descumprimento de Preceito Fundamental
AgI	Agravo de Instrumento
AgRg	Agravo Regimental
Ap.	Apelação
APn	Ação Penal
Boletim IBCCrim	*Boletim do Instituto Brasileiro de Ciências Criminais*
CADH	Convenção Americana sobre Direitos Humanos
c/c	combinado com
CC	Código Civil
CComp	Conflito de Competência
cf.	conforme
CF	Constituição Federal
CLT	Consolidação das Leis do Trabalho
CNH	Carteira Nacional de Habilitação
CP	Código Penal
CPM	Código Penal Militar
CPP	Código de Processo Penal
CTB	Código de Trânsito Brasileiro
DJ	*Diário da Justiça*
DJe	*Diário da Justiça eletrônico*
DJU	*Diário da Justiça da União*
DOU	Diário Oficial da União
ECA	Estatuto da Criança e do Adolescente
EDcl	Embargos de Declaração
HC	*Habeas Corpus*
j.	julgado(a)

JC	*Jurisprudência Catarinense*
JSTJ	*Jurisprudência do STJ*
JTACrimSP	*Julgados do Tribunal de Alçada Criminal de São Paulo*
JTACSP	*Julgados do Tribunal de Alçada Civil de São Paulo*
JTAMG	*Julgados do Tribunal de Alçada de Minas Gerais*
LCP	Lei das Contravenções Penais
LEP	Lei de Execução Penal
LINDB	Lei de Introdução às Normas do Direito Penal
m. v.	maioria de votos
OAB	Ordem dos Advogados do Brasil
PIDCP	Pacto Internacional de Direitos Civis e Políticos
Pet.	Petição
PExt	Pedido de Extensão
QCr	Queixa-Crime
QO	Questão de Ordem
RE	Recurso Extraordinário
RECrim	Recurso Extraordinário Criminal
REsp	Recurso Especial
RF	*Revista Forense*
RHC	Recurso em *Habeas Corpus*
RJDTACrimSP	*Revista de Jurisprudência e Doutrina do Tribunal de Alçada Criminal de São Paulo*
RJTARJ	*Revista de Jurisprudência do Tribunal de Alçada do Rio de Janeiro*
RJTJESP	*Revista de Jurisprudência do Tribunal de Justiça do Estado de São Paulo*
RJTJRS	*Revista de Jurisprudência do Tribunal de Justiça do Rio Grande do Sul*
RJTJSC	*Revista de Jurisprudência do Tribunal de Justiça de Santa Catarina*
ROHC	Recurso Ordinário em *Habeas Corpus*
RSE	Recurso em Sentido Estrito
RSTJ	*Revista do Superior Tribunal de Justiça*
RT	*Revista dos Tribunais*
RTARJ	*Revista do Tribunal de Alçada do Rio de Janeiro*
RTFR	*Revista do Tribunal Federal de Recursos*
RTJ	*Revista Trimestral de Jurisprudência* (STF)
RTJE	*Revista Trimestral de Jurisprudência dos Estados*

s.	seguinte(s)
STF	Supremo Tribunal Federal
STJ	Superior Tribunal de Justiça
TACrimSP	Tribunal de Alçada Criminal de São Paulo (extinto)
TFR	Tribunal Federal de Recursos (extinto)
TJMS	Tribunal de Justiça do Mato Grosso do Sul
TJPR	Tribunal de Justiça do Paraná
TJRJ	Tribunal de Justiça do Rio de Janeiro
TJRS	Tribunal de Justiça do Rio Grande do Sul
TJSC	Tribunal de Justiça de Santa Catarina
TJSP	Tribunal de Justiça de São Paulo
TRF	Tribunal Regional Federal
v.	*vide*
v.	volume
v. u.	votação unânime
v. v.	voto vencido

ÍNDICE

Título VI
DOS CRIMES CONTRA A DIGNIDADE SEXUAL

Capítulo I – DOS CRIMES CONTRA A LIBERDADE SEXUAL

Capítulo V – DO LENOCÍNIO E DO TRÁFICO DE PESSOA PARA FIM DE PROSTITUIÇÃO OU OUTRA FORMA DE EXPLORAÇÃO SEXUAL

Capítulo VI – DO ULTRAJE PÚBLICO AO PUDOR

Título VIII
DOS CRIMES CONTRA A INCOLUMIDADE PÚBLICA

Capítulo I – DOS CRIMES DE PERIGO COMUM

Título IX
DOS CRIMES CONTRA A PAZ PÚBLICA

Título X
DOS CRIMES CONTRA A FÉ PÚBLICA

Capítulo I – DA MOEDA FALSA

Capítulo III – DA FALSIDADE DOCUMENTAL

Título XI
DOS CRIMES CONTRA A ADMINISTRAÇÃO PÚBLICA

Capítulo I – DOS CRIMES PRATICADOS POR FUNCIONÁRIO PÚBLICO CONTRA A ADMINISTRAÇÃO EM GERAL

Capítulo II – DOS CRIMES PRATICADOS POR PARTICULAR CONTRA A ADMINISTRAÇÃO EM GERAL

Capítulo IV – DOS CRIMES CONTRA AS FINANÇAS PÚBLICAS

Título VI

DOS CRIMES CONTRA A DIGNIDADE SEXUAL

1. OBJETIVIDADE JURÍDICA DOS CRIMES CONTRA A DIGNIDADE SEXUAL[1]

O Título VI, com as modificações operadas pela Lei n. 12.015/2009, passou a tratar dos delitos contra a dignidade sexual, substituindo a expressão "Dos crimes contra os costumes". Mudou-se, portanto, o foco da proteção jurídica. Não se tem em vista, agora, em primeiro plano, a moral média da sociedade, o resguardo dos bons costumes, isto é, o interesse de terceiros, como bem mais relevante a ser protegido, mas a tutela da dignidade do indivíduo, sob o ponto de vista sexual.

Superando, assim, a vetusta denominação "crimes contra os costumes", a "dignidade sexual" passou a ser o pilar da proteção jurídica visada pelos delitos que se encontram inseridos no Título VI do Código Penal, em consonância com o perfil do Estado Democrático de Direito e com o que foi proclamado pelos Documentos Internacionais.

A evolução da sociedade, portanto, passou a exigir, em consonância com a Constituição Federal de 1988, a formulação de uma nova concepção do objeto jurídico do crime, de forma que assuma especial importância não os padrões ético sociais, os bons costumes, mas a dignidade do indivíduo que é colocada em risco.

Com efeito, a Constituição Federal, em seu art. 1º, *caput*, definiu o perfil político-constitucional do Brasil como o de um Estado Democrático de Direito. Trata-se do mais importante dispositivo da Carta de 1988, pois dele decorrem todos os princípios fundamentais de nosso Estado.

Verifica-se o Estado Democrático de Direito não apenas pela proclamação formal da igualdade entre todos os homens, mas pela imposição de metas e deveres quanto à construção de uma sociedade livre, justa e solidária; pela garantia do desenvolvimento nacional; pela erradicação da pobreza e da marginalização; pela redução das desigualdades sociais e regionais; pela promoção do bem comum; pelo combate ao preconceito de raça, cor, origem, sexo, idade e quaisquer outras formas de discriminação (CF, art. 3º, I a IV); pelo pluralismo político e liberdade de expressão das ideias; pelo resgate da cidadania, pela afirmação do povo como fonte única do poder e, principalmente, *pelo respeito inarredável da dignidade humana* (art. 1º, III).

---

1. *Vide* Fernando Capez e Stela Prado, Tráfico de pessoa e o bem jurídico em face da Lei n. 12.015, de 7 de agosto de 2009, *Tráfico de pessoas*, Laerte Marzagão (coord.), São Paulo, Quartier Latin, 2010.

A tutela da dignidade sexual, portanto, deflui do princípio da dignidade humana, que se irradia sobre todo o sistema jurídico e possui inúmeros significados e incidências. Isto porque o valor à vida humana, como pedra angular do ordenamento jurídico, deve nortear a atuação do intérprete e aplicador do Direito, qualquer que seja o ramo da ciência onde se deva possibilitar a concretização desse ideal no processo judicial. Ingo W. Sarlet propôs a formulação de um conceito de dignidade da pessoa humana: "(...) temos por dignidade da pessoa humana a qualidade intrínseca e distintiva reconhecida em cada ser humano que o faz merecedor do mesmo respeito e consideração por parte do Estado e da comunidade, implicando, nesse sentido, um complexo de direitos e deveres fundamentais que assegurem à pessoa proteção tanto contra todo e qualquer ato de cunho degradante e desumano, como venham a lhe garantir as condições existenciais mínimas para uma vida saudável"[2]. Na realidade, o princípio da dignidade humana como valor moral e espiritual inerente à pessoa não foi criado nem construído pela ciência, visto que "sempre existiu e preexistiu, acoplado à existência humana"[3], constituindo "um mínimo invulnerável que todo estatuto jurídico deve assegurar, de modo que, somente excepcionalmente, possam ser feitas limitações ao exercício dos direitos fundamentais"[4]. Na verdade, pode-se dizer que a dignidade da pessoa humana é uma referência constitucional unificadora dos direitos fundamentais inerentes à espécie humana, ou seja, daqueles direitos que visam a garantir o conforto existencial das pessoas, protegendo-as de sofrimentos evitáveis na esfera social[5]. Como valor universal e inerente ao ser humano, a sua normatização extrapola as fronteiras territoriais, passando a ser um postulado do Direito Internacional, tendo como principal instrumento a Declaração Universal dos Direitos do Homem, ao assinalar, em seu art. 1º: "*Todos os homens nascem livres e iguais em dignidade e direitos*. São dotados de razão e consciência e devem agir em relação uns aos outros com espírito de fraternidade" (destacamos). De igual modo, a tutela da dignidade humana se encontra plasmada na Convenção Americana sobre Direitos Humanos (Pacto de São José da Costa Rica), de 22 de dezembro de 1969, do qual o Brasil é signatário, tendo preceituado em seu artigo 11: "1. Toda pessoa tem direito ao respeito de sua honra e ao reconhecimento de sua dignidade".

Dessa feita, a tutela da dignidade sexual, no caso, está diretamente ligada à liberdade de autodeterminação sexual da vítima, à sua preservação no aspecto psicológico, moral e físico, de forma a manter íntegra a sua personalidade. Portanto, é a sua liberdade sexual, sua integridade física, sua vida ou sua honra que estão sendo ofendidas, constituindo, novamente nas palavras de Ingo W. Sarlet, um complexo de direitos e de-

2. Ingo W. Sarlet, *Dignidade da pessoa humana e direitos fundamentais na Constituição Federal de 1988*, 4. ed., Porto Alegre, Livraria do Advogado, 2006, p. 60.

3. Vander Ferreira Andrade, *A dignidade da pessoa humana como valor-fonte da ordem jurídica*, dissertação apresentada à Banca Examinadora da Pontifícia Universidade Católica de São Paulo, como exigência parcial para a obtenção do título de Mestre em Direito (Filosofia do Direito e do Estado), sob orientação do Professor Cláudio de Cicco, São Paulo, 2002, p. 3.

4. Alexandre de Moraes, *Direito constitucional*, 8. ed., São Paulo, Saraiva, 2000, p. 48.

5. Ricardo Cunha Chimenti, Marisa Ferreira dos Santos, Márcio Fernando Elias Rosa e Fernando Capez, *Curso de direito constitucional*, 5. ed., São Paulo, Saraiva, 2008, p. 34.

veres fundamentais que assegurem à pessoa proteção contra todo e qualquer ato de cunho degradante e desumano.

A par da mudança de foco na proteção jurídica, indaga-se: Os bons costumes ou a moralidade sexual continuam a ser objeto da tutela penal?

Tendo em vista que o bem resguardado decorre dos componentes do tipo penal que podem lesar outros bens, não é pelo fato de o legislador ter adotado a nomenclatura "crimes contra a dignidade sexual" que outros interesses jurídicos não poderão ser objeto da proteção penal.

Assim, tínhamos, na legislação anterior, no título relacionado aos crimes contra os costumes, o estupro, o qual resguardava, principalmente, a liberdade sexual da mulher.

Por força disso, a nomenclatura constante do título não é fator limitador da proteção do bem jurídico. Ainda que sob a rubrica "dos crimes contra a dignidade sexual", há delitos que produzem uma pluralidade de sujeitos passivos.

Desse modo, o que se tutela é a dignidade da pessoa humana, sob o aspecto sexual, e os direitos a ela inerentes, como a sua liberdade, sua integridade física, sua vida ou sua honra etc. Ao lado disso, busca-se a proteção também da moralidade pública sexual, cujos padrões devem pautar a conduta dos indivíduos, de molde a que outros valores de grande valia para o Estado não sejam sobrepujados.

Se a moralidade pública sexual, os bons costumes ou o pudor público não podem ser tutelados, como justificar a punição dos crimes de ultraje ao pudor público? Com efeito, no Código Penal, no capítulo referente aos crimes contra a dignidade sexual, há delitos que atentam ao pudor público, como o previsto no art. 233 do referido diploma: "Praticar ato obsceno em lugar público, ou aberto ou exposto ao público: Pena – detenção, de três meses a um ano, ou multa". Ora, alguém poderá dizer que o pudor público não pode ser um bem jurídico da tutela penal? Ou praticar atos sexuais em público ou mostrar órgãos genitais passou a ser moralmente admitido?

Estamos, portanto, diante de comportamentos humanos que ameaçam efetivamente valores fundamentais para a convivência social, o desenvolvimento humano e sua existência pacífica e harmoniosa em comunidade, justificando, assim, a sua concomitante tutela.

Capítulo I
DOS CRIMES CONTRA A LIBERDADE SEXUAL

ART. 213 – ESTUPRO

1. CONCEITO. OBJETO JURÍDICO

De acordo com o art. 213 do CP, constitui crime de estupro a ação de "constranger alguém, mediante violência ou grave ameaça, a ter conjunção carnal ou a praticar ou permitir que com ele se pratique outro ato libidinoso. Pena – reclusão, de 6 (seis) a 10 (dez) anos".

O dispositivo legal abarcou diversas situações que não se enquadrariam na acepção originária do crime de estupro, o qual sempre tutelou a liberdade sexual da mulher, consistente no direito de não ser compelida a manter conjunção carnal com outrem. Portanto, a nota característica do delito em exame sempre foi o constrangimento da mulher à conjunção carnal, representada pela introdução forçada do órgão genital masculino na cavidade vaginal. A liberdade sexual do homem jamais foi protegida pelo aludido tipo penal.

Com a nova epígrafe do delito em estudo, entretanto, passou-se a tipificar a ação de constranger qualquer pessoa (homem ou mulher) a ter conjunção carnal ou a praticar ou permitir que com ela se pratique outro ato libidinoso. Deste modo, ações que antes configuravam crime de atentado violento ao pudor (CP, art. 214) agora integram o delito de estupro, sem importar em *abolitio criminis*. Houve uma atipicidade meramente relativa, com a mudança de um tipo para outro (em vez de atentado violento ao pudor, passou a configurar também estupro, com a mesma pena).

Conclui-se, portanto, que o estupro passou a abranger a prática de qualquer ato libidinoso, conjunção carnal ou não, ampliando a sua tutela legal para abarcar não só a liberdade sexual da mulher, mas também a do homem.

2. ELEMENTOS DO TIPO

2.1. Ação nuclear

A ação nuclear do tipo consubstancia-se no verbo *constranger alguém*, mediante violência ou grave ameaça, a ter conjunção carnal *ou a praticar ou permitir que com ele se pratique outro ato libidinoso.*

Constranger significa forçar, compelir, coagir alguém a: (i) ter conjunção carnal; ou (ii) praticar ou permitir que com ele se pratique outro ato libidinoso. Os meios executórios são a violência física e a grave ameaça. O fato pode ser praticado por ação (regra) ou omissão (quando o sujeito possuir o dever jurídico de agir – art. 13, § 2º, do CP; por exemplo, o carcereiro que permanece inerte diante da prática de crimes sexuais de um detento contra seu companheiro de cela).

(i) **Conjunção carnal:** é a cópula vagínica, ou seja, a penetração efetiva do membro viril na vagina.

(ii) **Ato libidinoso:** compreende outras formas de realização do ato sexual, que não a conjunção carnal. São os coitos anormais (por exemplo, a cópula oral e anal). Pode-se afirmar que ato libidinoso é aquele destinado a satisfazer a lascívia, o apetite sexual. Cuida-se de conceito bastante abrangente, na medida em que compreende qualquer atitude com conteúdo sexual que tenha por finalidade a satisfação da libido. Não se incluem nesse conceito as palavras, os escritos com conteúdo erótico, pois a lei se refere a ato, ou seja, realização física concreta.

Podemos enunciar as seguintes hipóteses: (i) a vítima é obrigada a ter uma conduta ativa, isto é, a praticar atos libidinosos no agente, por exemplo, realizar sexo oral; (ii) a vítima é obrigada a ter uma conduta passiva, isto é, a permitir que o agente nela pratique atos libidinosos, por exemplo, apalpar seus seios, realizar coito anal. De acordo com Hungria, "ato libidinoso tem de ser praticado *pela, com* ou *sobre* a vítima coagida"[6].

O ato libidinoso pode se manifestar até mesmo sem o contato de órgãos sexuais. Por exemplo: agente que realiza masturbação na vítima; introduz o dedo em seu órgão sexual[7] ou nele insere instrumento postiço; realiza coito oral etc.

Ressalve-se, ainda, ser irrelevante a compreensão da vítima acerca do caráter libidinoso ou não do ato, bastando que o agente queira saciar um desejo interno de fundo sexual.

Se o agente forçar a vítima a contemplá-lo enquanto se masturba, não há falar no crime em tela, pois não houve participação física (ativa ou passiva) da vítima no ato libidinoso, ou seja, ela não praticou nem foi obrigada a permitir que com ela fosse praticado o ato libidinoso. Nesse sentido já se manifestou o Superior Tribunal de Justiça: "Penal. Recurso Especial. Atentado violento ao pudor. Ausência de contato físico entre o agente e a vítima. Não caracterização do crime. Para a caracterização do crime de atentado violento ao pudor é imprescindível que o agente, na realização do ato libidinoso, mantenha contato corporal com a vítima, pois, sem a sua participação física ativa ou passiva, o delito não se configura. Não comete o crime tipificado no art. 214, CP, o ancião que, em face da recusa da vítima, menor de 7 anos, em tocar seu membro viril, masturba-se em sua presença. Recurso especial conhecido e provido" (REsp 63.509/RS). Da mesma forma, se ela for obrigada pelo agente a presenciar atos libidinosos levados a efeito por terceiros. Nesses casos, poderá configurar-se o crime de constrangimento ilegal ou o art. 218-A do CP, se o agente for menor de 14 anos (satisfação de lascívia mediante presença de criança ou adolescente). Nesse contexto, registre-se que, se a vítima for maior de 14 e menor de 18 anos, o fato será considerado atípico. Apenas haverá o crime do art. 218 se a vítima for menor de 14 anos.

A hipótese em comento não se confunde com aquela em que a vítima é obrigada a praticar atos libidinosos em si própria, como a masturbação, para que o agente a contemple lascivamente. Embora nesse caso não haja contato físico entre ela e o agente, a vítima foi constrangida a praticar o ato libidinoso em si mesma. Surge aí a chamada autoria mediata ou indireta, pois o ofendido, mediante coação moral irresistível, é obrigado a realizar o ato executório como *longa manus* do agente.

Obviamente que, se o agente constrange a vítima a tirar a roupa para contemplá-la lascivamente, sem obrigá-la à prática de qualquer ato de cunho sexual, poderá haver

---

6. Nélson Hungria, *Comentários ao Código Penal*, 5. ed., Rio de Janeiro, Forense, 1983, v. 8, p. 123.

7. "A introdução de dedos na vagina da ofendida caracteriza o delito de atentado violento ao pudor, e não o de estupro, pois que neste é o componente do tipo a conjunção carnal" (TJRS, AC, Rel. Ladislau Fernando Röhnelt, *RT*, 549/382, apud Cezar Roberto Bitencourt, *Código Penal comentado*, São Paulo, Saraiva, 2002, p. 862).

somente o crime de constrangimento ilegal, uma vez que o crime pressupõe um ato libidinoso, não se podendo compará-lo ao "olhar libidinoso". Se a vítima for menor de catorze anos e for, nesse caso, induzida a satisfazer a lascívia de outrem, o crime será o previsto no art. 218 do CP.

Por fim, atualmente, todos os atos libidinosos cometidos mediante constrangimento físico ou moral passaram a integrar o tipo penal do estupro. Não se trata, contudo, de *abolitio criminis*, pois as ações tipificadas na antiga redação do art. 214 do CP encontram-se agora também disciplinadas na redação do art. 213.

2.1.1. Da conceituação do ato libidinoso diverso da conjunção carnal e o beijo lascivo

Também caracteriza ato libidinoso diverso da conjunção carnal a ação do agente que, mediante o emprego de violência ou grave ameaça, beija a vítima de forma lasciva, ou apalpa seus seios ou nádegas, ou acaricia suas partes íntimas, ainda que esteja vestida. Com relação a estas últimas hipóteses, há discussão na doutrina. Cezar Roberto Bitencourt entende que "beijo lascivo, tradicionais 'amassos', toques nas regiões pudendas, 'apalpadelas', sempre integraram os chamados 'atos libidinosos diversos de conjunção carnal'. No entanto, a partir da Lei dos Crimes Hediondos, com pena mínima de seis anos de reclusão, falta-lhes a danosidade proporcional, que até pode encontrar no sexo anal ou oral violento". Continua o autor: "A diferença entre o desvalor e a gravidade entre o *sexo anal e oral* e os demais atos libidinosos é incomensurável. Se naqueles a gravidade da sanção cominada (mínimo de seis anos de reclusão) é razoável, o mesmo não ocorre com os demais, que, confrontados com a gravidade da sanção referida, beiram as raias da insignificância. Antes do advento da Lei n. 13.718/2018, nesses casos, quando ocorresse em lugar público ou acessível ao público, deveria desclassificar-se para a contravenção do art. 61 (LCP) – mas este dispositivo legal restou revogado pelo art. 3º, II da novel legislação, que passou a prevê-lo como crime com a inserção do art. 215-A no Código Penal – ou deve declarar-se sua inconstitucionalidade, por violar os princípios da proporcionalidade, da razoabilidade e da lesividade do bem jurídico"[8]. Luiz Flávio Gomes, baseando-se na doutrina de Claus Roxin, o qual redescobriu o princípio da insignificância, indaga: "Um beijo lascivo é crime hediondo? Quem interpreta a lei penal de forma literal diz (absurdamente) sim e admite então para esse fato a pena de seis anos de reclusão, que é igual à do homicídio; quem busca a solução justa para cada caso concreto jamais dirá sim (esse beijo poderia no máximo constituir uma contravenção penal – art. 61, LCP[9]: importunação ofensiva ao pudor)"[10]. Celso Delmanto igualmente sustenta que, no caso de simples contato corporal lascivo (abraços e beijos), em virtude da pena cominada ao atentado violento ao pudor e de sua natureza hedionda, deve o delito ser desclassificado para a contravenção penal de importunação ofensiva ao

8. Cezar Roberto Bitencourt, *Código Penal comentado*, cit., p. 859.

9. O art. 61 da LCP restou revogado pelo art. 3º, II, da Lei n. 13.718/2018.

10. Luiz Flávio Gomes, *Claus Roxin no Brasil*. Disponível em: <www.ielf.com.br>. Acesso em: 7-7-2003.

pudor (LCP, art. 61[11])[12]. Em sentido contrário, sustenta Damásio configurar o crime em tela o ato de despir uma jovem e apalpar os seios desnudos com o emprego de violência ou grave ameaça, ou acariciar as partes pudendas de uma jovem sobre o vestido. Da mesma forma, entende o autor que o beijo lascivo, quando praticado com o emprego de violência ou grave ameaça, igualmente tipifica o crime em tela, mas, "evidentemente, não se pode considerar como ato libidinoso o beijo casto e respeitoso aplicado nas faces, ou mesmo o 'beijo roubado', furtiva e rapidamente dado na pessoa admirada ou desejada. Diversa, porém, é a questão, quando se trata do beijo lascivo nos lábios aplicado à força, que revela luxúria e desejo incontido, ou quando se trata de beijo aplicado nas partes pudendas"[13]. Esse, na realidade, é o entendimento adotado pelos doutrinadores mais antigos. Com efeito, para Nélson Hungria, se o beijo for dado de modo lascivo ou com fim erótico poderá ser enquadrado no conceito de ato libidinoso[14]. Igualmente, para Noronha, se o beijo na boca for dado, por meio de violência ou ameaça, num impulso de luxúria ou volúpia, constitui ato de libidinagem[15].

Nosso entendimento: de acordo com nosso entendimento, ainda que o delito comporte grande variedade em seu meio executório, podendo variar de um beijo lascivo até o coito anal, configurada a hipótese prevista atualmente no art. 213 do CP, não há falar em atipicidade por ofensa ao princípio da proporcionalidade, uma vez que se trata de critério discricionário do legislador, ditado pela política criminal de reprimir com maior intensidade delitos sexuais violentos. Não se manifesta aqui, em nosso entender, violação ao princípio da dignidade humana, ao contrário, é precisamente esse princípio que se defende ao punir-se com maior severidade tais modalidades de manifestações ou taras. A questão se encontra apenas em definir o que é ato libidinoso, bem como se foi praticado com violência ou grave ameaça. Para tanto, devemos lembrar que se trata de delito de tendência, em que é primordial a vontade do agente de satisfazer sua lascívia. Desse modo, qualquer atuação sexual tendente a contemplar a libido, ou seja, os desejos sexuais mais íntimos do autor, que for praticada mediante violência ou grave ameaça, tipifica o delito previsto no art. 213 do CP.

Por outro lado, um toque praticado por motivo de blague, troça ou apenas para provocar ou irritar a vítima, ainda que atingindo regiões pudicas, não configura o delito em estudo. Até o advento da Lei n. 13.718/2018, tal hipótese poderia ser considerada mera

---

11. O art. 61 da LCP restou revogado pelo art. 3º, II da Lei n. 13.718/2018.

12. *Código Penal comentado*, cit., p. 417.

13. Damásio E. de Jesus, *Direito penal*; parte especial, 14. ed., São Paulo, Saraiva, 1999, v. 3, p. 103-4.

14. *Comentários*, cit., v. 8, p. 123.

15. E. Magalhães Noronha, *Direito penal*, cit., v. 3, p. 6.

contravenção de importunação ofensiva ao pudor (LCP, art. 61), mas este dispositivo legal restou revogado pelo art. 3º, II, da novel legislação, que passou a prevê-lo como crime com a inserção do art. 215-A no Código Penal. Convém frisar que não se trata de finalidade especial, percebida pelo agente, já que esta não é exigida pelo tipo, mas de realização de uma tendência interna transcendente, vinculada à vontade de realização do verbo do tipo. Assim, por exemplo, levantar a saia ou beliscar as nádegas da vítima apenas para provocá-la ou humilhá-la; dar um rápido beijo, sem introdução da língua e sem lascívia; apalpar os seios da ofendida a pretexto de tecer comentários irônicos sobre seu tamanho e outras formas mais inofensivas e sem concupiscência caracterizam crime contra a honra ou mera importunação ofensiva ao pudor, dependendo do caso, mas não o delito de estupro.

Especificamente quanto à prática mediante violência para a configuração do delito em questão, ressalte-se entendimento em contrário, consoante o seguinte julgamento: "Apalpadela dos seios de menor. Atentado violento ao pudor. Proporcionalidade. Desclassificação. Ato obsceno. O ato de apalpar os seios da vítima, criança de 12 anos de idade, merece reprimenda, mas na proporcionalidade com a gravidade do fato que, diferentemente de outros, não atinge as características de violência e repúdio do atentado violento ao pudor. A resposta jurisprudencial pretendida daria ao fato a mesma sanção de um homicídio simples, o que evidencia a desproporção entre a ação e sanção alvitrada no recurso da acusação. A presunção de violência não pode atingir o injusto. Reprimenda necessária que se faz com a desclassificação do delito, tal como promovida na sentença. O crime é de ato obsceno tipificado no art. 233 do CP" (TJRS, AC 700.007.652-30).

2.2. Meios executórios

O agente deve constranger *alguém*, mediante violência ou grave ameaça, a ter conjunção carnal *ou a praticar ou permitir que com ele se pratique outro ato libidinoso*. Trata-se dos meios executórios da atual definição de estupro. Veja-se que o estupro, na realidade, constitui uma espécie de crime de constrangimento ilegal, na medida em que a vítima é coagida, devido ao emprego de violência ou grave ameaça, a fazer algo a que por lei não está obrigada, no caso, a ter conjunção carnal com o agente ou a praticar ou permitir que com ele se pratique outro ato libidinoso. A violência, no caso, é a material, ou seja, o emprego de força física capaz de tolher a capacidade de agir da vítima, impedindo-a, em suma, de desvencilhar-se do estuprador (p. ex., amarrar as mãos daquela, praticar agressões contra ela). Trata-se, desta forma, de violência real.

A violência moral é aquela que age no psíquico da vítima e cuja força intimidatória é capaz de anular sua capacidade de querer. A lei faz menção a ameaça grave, isto é, o dano prometido deve ser maior que a própria conjunção carnal ou a prática do ato libidinoso, não tendo a vítima outra alternativa senão ceder à realização do ato sexual. O mal prometido pode ser direto (contra a própria vítima) ou indireto (contra terceiros ligados à vítima); justo (denunciar crimes praticados pela vítima) ou injusto (anunciar que vai matá-la); e deve ser analisado sob o ponto de vista da vítima, ou seja, tendo em conta suas condições físicas e psíquicas; uma senhora de idade, um enfermo ou uma criança são muito mais suscetíveis que uma jovem que possui plena capacidade física e mental. Cada caso exigirá uma análise individual.

É ínsito ao crime de estupro que haja o dissenso da vítima, sendo necessário que ela não queira realizar a conjunção carnal ou ato libidinoso diverso, cedendo em face da violência empregada ou do mal anunciado. A resistência física do sujeito passivo, no entanto, não é imprescindível, pois, muitas vezes, o temor causado pode ocasionar a paralisação dos movimentos da vítima ou a perda dos sentidos (desmaio). A permissão para a prática do ato sexual, livre de qualquer coação, em regra, exclui o estupro, excetuando-se as hipóteses do art. 217-A.

(i) Violência presumida e estupro de vulnerável (CP, art. 217-A): o estupro cometido contra pessoa sem capacidade ou condições de consentir, com violência ficta, configura crime autônomo, previsto no art. 217-A, sob o nome de "estupro de vulnerável", com pena severa, de reclusão de 8 a 15 anos, quando na forma simples. O § 1º do mencionado art. 217-A pune, com a mesma pena do *caput*, os atos libidinosos contra pessoa cuja enfermidade ou deficiência mental lhe retire o discernimento ou a capacidade de resistência. No seu § 3º (o § 2º foi vetado), há uma qualificadora: se da conduta resultar lesão corporal de natureza grave, pena de reclusão, de 10 a 20 anos. Finalmente, no § 4º, se resulta morte, pena de reclusão, de 12 a 30 anos. Vale registrar que com o advento da Lei n. 13.718/2018, foi acrescentado o § 5º ao art. 217-A, cuja redação é a seguinte: "As penas previstas no *caput* e nos §§ 1º, 3º e 4º deste artigo aplicam-se independentemente do consentimento da vítima ou do fato de ela ter mantido relações sexuais anteriormente ao crime". Sobre o tema, *vide* comentários ao art. 217-A.

(ii) Violação sexual mediante fraude: se o agente tiver conjunção carnal ou praticar outro ato libidinoso com alguém. mediante fraude ou outro meio que impeça ou dificulte a livre manifestação de vontade da vítima, o crime será o previsto no art. 215 do CP: "violação sexual mediante fraude", o qual, num mesmo dispositivo legal, contemplou a antiga posse sexual mediante fraude (CP, art. 215) e o antigo atentado violento ao pudor mediante fraude (CP, art. 216), este último expressamente revogado. Sobre o tema, *vide* comentários ao art. 215 do CP.

2.3. Sujeito ativo

É crime comum, portanto o sujeito ativo pode ser qualquer pessoa, de qualquer sexo. O tipo penal passou a abarcar não só a prática de conjunção carnal, mas também qualquer outro ato libidinoso, possibilitando, assim, que a mulher também se torne sujeito ativo desse crime.

(i) Conjunção carnal e autoria mediata: a mulher poderá ser autora imediata do delito em estudo, visto que o tipo penal passou a abarcar também os atos libidinosos diversos da conjunção carnal.

A mulher tanto poderá ser coautora e partícipe do crime de estupro como também autora, em virtude de o tipo penal, a partir de agora, abranger os atos libidinosos diversos da conjunção carnal.

(ii) Marido como autor: marido que, mediante o emprego de violência ou grave ameaça, constrange a mulher à prática de relações sexuais comete crime de estupro? Os doutrinadores mais antigos, como Hungria e E. Magalhães Noronha, entendem inexistir o crime de estupro no caso, pois este exige que a cópula seja ilícita (fora do casamento). A cópula decorrente do matrimônio é considerada dever recíproco dos cônjuges, constituindo verdadeiro exercício regular de direito; somente pode a mulher escusar-se se o marido, por exemplo, estiver afetado por moléstia venérea[16].

> **Nosso entendimento:** tal posicionamento, na atualidade, não mais prospera. A mulher tem direito à inviolabilidade de seu corpo, de forma que jamais poderão ser empregados meios ilícitos, como a violência ou grave ameaça, para constrangê-la à prática de qualquer ato sexual. Embora a relação sexual constitua dever recíproco entre os cônjuges, os meios empregados para sua obtenção são juridicamente inadmissíveis e moralmente reprováveis.

Dessa forma, ensina Celso Delmanto: "O crime de estupro nada mais é do que o delito de constrangimento ilegal (CP, art. 146), mas visando à conjunção carnal, sendo que esta, por si mesma, não é crime autônomo. Assim, embora a relação sexual voluntária seja lícita ao cônjuge, o constrangimento ilegal empregado para realizar a conjunção carnal à força não constitui exercício regular de direito (CP, art. 23, III, 2ª parte), mas, sim, *abuso de direito*, porquanto a lei civil não autoriza o uso de violência física ou coação moral nas relações sexuais entre os cônjuges"[17]. Qualquer interpretação contrária constitui grave violação ao princípio constitucional da dignidade da pessoa humana. Importa mencionar que, se a esposa se recusa continuadamente a realizar o congresso carnal, o esposo poderá lançar mão de instituto previsto na lei civil, qual seja, a separação judicial, em virtude de grave violação dos deveres do casamento que torne insuportável a vida em comum; jamais poderá, porém, obrigá-la violentamente à prática do ato sexual. Ademais, outra não poderia ser a conclusão, sobretudo com a introdução do art. 226 do CP, o qual prevê causa de aumento de pena aplicável ao crime do art. 213, consistente em praticar o delito sexual contra o cônjuge, o que corrobora a superação de qualquer tese em sentido contrário. Ressalve-se que, tendo sido praticado ou tentado o estupro, poderá a mulher pedir a separação judicial (CC, art. 1.573), diante da impossibilidade de comunhão de vida. Nesse contexto, vale registrar que o inciso IV do art. 226 prevê causa de aumento de pena, qual seja, de 1/3 (um terço) a 2/3 (dois terços), se o crime é praticado: a) mediante concurso de 2 (dois) ou mais agentes (estupro coletivo); b) para controlar o comportamento social ou sexual da vítima (estupro corretivo).

---

16. Nélson Hungria *et al.*, *Comentários*, cit., v. 8, p. 114; E. Magalhães Noronha, *Direito penal*, 19. ed., São Paulo, Saraiva, 1988, v. 3, p. 105.

17. Celso Delmanto *et al.*, *Código Penal comentado*, 5. ed., São Paulo, Renovar, 2000, p. 413.

Note-se, finalmente, que, tendo em vista o disposto no § 8º do art. 226 da CF, na Convenção sobre a Eliminação de Todas as Formas de Violência contra a Mulher, na Convenção Interamericana para Prevenir, Punir e Erradicar a Violência contra a Mulher e em outros tratados internacionais ratificados pela República Federativa do Brasil (cf. art. 1º), foi editada a Lei n. 11.340, de 7 de agosto de 2006, a qual criou mecanismos para coibir e prevenir a violência doméstica e familiar contra a mulher e estabeleceu medidas de assistência e proteção às mulheres em situação de violência doméstica e familiar. Nesse contexto, registre-se que a Lei n. 13.641/2018 tornou crime o descumprimento das medidas protetivas previstas na Lei Maria da Penha, justamente para proteger as mulheres vítimas de violência doméstica e familiar. De acordo com o art. 5º, a violência doméstica ou familiar consiste em "qualquer ação ou omissão baseada no gênero que lhe cause morte, lesão, sofrimento físico, sexual ou psicológico e dano moral ou patrimonial: I – no âmbito da unidade doméstica, compreendida como o espaço de convívio permanente de pessoas, com ou sem vínculo familiar, inclusive as esporadicamente agregadas; II – no âmbito da família, compreendida como a comunidade formada por indivíduos que são ou se consideram aparentados, unidos por laços naturais, por afinidade ou por vontade expressa; III – em qualquer relação íntima de afeto, na qual o agressor conviva ou tenha convivido com a ofendida, independentemente de coabitação. Parágrafo único. As relações pessoais enunciadas neste artigo independem de orientação sexual". Em seu art. 6º, cuidou a lei de enumerar as formas de violência doméstica ou familiar contra a mulher. O conceito é bastante amplo, não se restringindo apenas à violência física (qualquer conduta que ofenda a integridade ou saúde corporal da mulher), mas também abarcando a violência psicológica, sexual, patrimonial e moral. A violência sexual, segundo o diploma legal, consiste em qualquer conduta que constranja a mulher a presenciar, a manter ou a participar de relação sexual não desejada, mediante intimidação, ameaça, coação ou uso da força; que a induza a comercializar ou a utilizar, de qualquer modo, a sua sexualidade, que a impeça de usar qualquer método contraceptivo ou que a force ao matrimônio, à gravidez, ao aborto ou à prostituição, mediante coação, chantagem, suborno ou manipulação; ou que limite ou anule o exercício de seus direitos sexuais e reprodutivos.

Especificamente quanto ao já mencionado inciso III ("em qualquer relação íntima de afeto, na qual o agressor conviva ou tenha convivido com a ofendida, independentemente de coabitação"), vale registrar: "I – A Lei Maria da Penha objetiva proteger a mulher da violência doméstica e familiar que, cometida no âmbito da unidade doméstica, da família ou em qualquer relação íntima de afeto, cause-lhe morte, lesão, sofrimento físico, sexual ou psicológico, e dano moral ou patrimonial. Estão no âmbito de abrangência do delito de violência doméstica e podem integrar o polo passivo da ação delituosa as esposas, as companheiras ou amantes, bem como a mãe, as filhas, as netas do agressor e também a sogra, a avó ou qualquer outra parente que mantém vínculo familiar ou afetivo com ele." (AgRg no AREsp 1.626.825/GO, *DJU* 13-5-2020).

(iii) Causa de aumento de pena: se o agente se enquadrar em uma das hipóteses previstas nos arts. 226 e 234-A do CP, a pena será aumentada.

2.4. Sujeito passivo

Pode ser qualquer pessoa. Atualmente, tanto o homem quanto a mulher podem ser sujeitos passivos do crime em exame. Inclusive, é possível o estupro entre dois homens, bem como entre duas mulheres, além de, óbvio, entre pessoas de sexos opostos.

No caso da mulher, não importa para a configuração do crime que ela seja virgem e honesta, não se excluindo da proteção legal a prostituta, que, embora mercantilize seu corpo, não perde o direito de dele dispor quando bem quiser.

Se o agente realizar conjunção carnal ou praticar ato libidinoso com vítima menor de 14 anos, haverá o delito previsto no art. 217-A (estupro de vulnerável). Tratando-se de vítima menor de 18 e maior de 14 anos, haverá o crime qualificado (§ 1º). Note-se que o legislador incorreu em grave equívoco, na medida em que, se o crime for praticado contra a vítima no dia do seu 14º aniversário, não haverá o delito do art. 217-A nem a qualificadora do art. 213 do CP. Poderá existir, no caso, o estupro na forma simples, se houver o emprego de violência ou grave ameaça. Ocorrendo o consentimento do ofendido, o fato será atípico, sendo a lei, nesse ponto, benéfica para o agente, devendo retroagir para alcançá-lo.

3. ELEMENTO SUBJETIVO

É o dolo, consubstanciado na vontade de constranger alguém à conjunção carnal ou a praticar ou permitir que com ele se pratique outro ato libidinoso, mediante o emprego de violência ou grave ameaça.

Indaga-se: o tipo exige uma finalidade especial, o chamado elemento subjetivo do tipo, anteriormente denominado dolo específico?

Na antiga sistemática do art. 213, alguns doutrinadores sustentavam a necessidade dessa finalidade específica para a configuração típica[18]. Assim, o dolo seria a vontade de constranger a vítima e a finalidade específica seria a prática da conjunção carnal. Em sentido contrário, já sustentávamos que não seria exigida nenhuma finalidade especial, sendo suficiente a vontade de submeter a vítima à prática de relações sexuais completas.

Na realidade, o que poderia causar certa dúvida é o fato de que tal crime exige a finalidade de satisfação da lascívia para a sua caracterização. Ocorre que se trata de um delito de tendência, em que tal intenção se encontra ínsita no dolo, ou seja, na vontade de praticar a conjunção carnal ou outro ato libidinoso. Deste modo, o agente que constrange mulher mediante o emprego de violência ou grave ameaça à prática de cópula vagínica não agiria com nenhuma finalidade específica, apenas atuaria com a consciência e vontade de realizar a ação típica e com isso satisfazer sua libido (o até então chamado dolo genérico).

---

18. Nesse sentido: E. Magalhães Noronha, *Direito penal*, cit., v. 3, p. 117; Julio Fabbrini Mirabete, *Manual de direito penal*; parte especial, 13. ed, São Paulo, Atlas, 2001, v. 2, p. 415; Celso Delmanto e outros, *Código Penal*, cit., p. 419.

Nosso entendimento: ante o exposto, defendemos que o tipo não exige uma finalidade especial.

Nesse contexto, lembremos que, no tocante ao revogado delito de atentado violento ao pudor, que abrangia a prática dos atos libidinosos diversos da conjunção carnal, havia os seguintes posicionamentos: (i) "não há necessidade da finalidade especial consubstanciada na vontade de saciar a paixão lasciva, pois o tipo penal não faz menção a ela. O agente deve ter consciência de que pratica ato libidinoso, mas não se exige a intenção de desafogar a luxúria. O motivo pode ser outro que não o de satisfazer a lascívia, como o desprezo, o ridículo da vítima, embora a intenção seja sempre a mesma: praticar ato que lese o pudor"[19]; (ii) não basta que o ato seja atentatório ao pudor: é preciso que haja o fim da lascívia. Assim, "colidiria com o próprio sentido das palavras o dizer que comete ato libidinoso o indivíduo que, por exemplo, travando luta com a sua implicante vizinha de habitação coletiva, lhe empunhasse os seios para subjugá-la, ou lhe *sungasse* as vestes para dar-lhe palmadas no traseiro, expondo-a ao escárnio dos circunstantes"[20].

4. CONSUMAÇÃO E TENTATIVA

Constranger *alguém*, mediante violência ou grave ameaça, a ter conjunção carnal *ou a praticar ou permitir que com ele se pratique outro ato libidinoso.*

(i) Conjunção carnal: no caso da cópula vagínica, o estupro, por ser delito material, consuma-se com a introdução completa ou incompleta do pênis na cavidade vaginal da mulher. O mero contato do membro viril com o órgão genital da mulher configura o crime tentado. Para Hungria, também será reconhecível a tentativa "quando não haja esse contato, desde que as circunstâncias deixem manifesto, por parte do agente, o intuito de conjunção carnal. Assim, deve responder por estupro tentado o indivíduo que, depois de empolgar a vítima, joga a no chão ou para cima do leito, levantando-lhe as vestes, arrancando ou rasgando-lhe as calças, e retira o membro em ereção, procurando aproximá-lo do *pudendum* da vítima, mas vindo a ser impedido de prosseguir por circunstâncias independentes de sua vontade (como quando a vítima consegue desvencilhar-se e fugir, ou sobrevém intervenção de terceiros). Desde que haja um inequívoco ensaio da introdução da verga, é identificável o *conatus*". Caso, no entanto, não chegue a haver qualquer contato físico do agente com a vítima, mas se tiver sido empregada grave ameaça (por exemplo, indivíduo que, mediante o emprego de arma de fogo, leva a vítima a tirar a roupa, contudo desiste voluntariamente de seu desiderato), deverá o agente responder pelo crime de constrangimento ilegal (CP, art. 146), uma vez que, pela regra da desistência voluntária, o sujeito ativo apenas responde pelos atos até então praticados (CP, art. 15).

---

19. E. Magalhães Noronha, *Direito penal*, cit., v. 3, p. 134. No mesmo sentido, Julio Fabbrini Mirabete, *Manual*, cit., v. 2, p. 4.

20. Nélson Hungria, *Comentários*, cit., v. 8, p. 1.

Finalmente, pode suceder que o agente primeiro pratique atos libidinosos diversos da conjunção carnal (coito anal ou oral), vindo depois a realizar a conjunção carnal. Nesse contexto, caso o agente, por exemplo, viesse a ser surpreendido no momento em que estava para introduzir o pênis na cavidade vaginal, na antiga sistemática do Código Penal, havia o posicionamento de que poderia responder pelo crime de estupro tentado em concurso com o revogado crime de atentado violento ao pudor. Nesse sentido, o STJ: "Evidenciado que a vítima pode ter sido forçada a permitir que com ela se praticasse ato libidinoso diverso da conjunção carnal pelo paciente, que também teria tentado, em tese, manter conjunção carnal com então adolescente, verifica-se a presença de indícios suficientes para a possível caracterização dos delitos de atentado violento ao pudor consumado e o de estupro tentado, tornando-se prematuro o trancamento da ação penal instaurada" (STJ, HC 22.456/BA). No entanto, os atos libidinosos diversos da conjunção carnal passaram a integrar o tipo penal do art. 213 do CP, de forma que, uma vez tendo sido praticados no mesmo contexto fático, haverá crime único.

(ii) Ato libidinoso: consuma-se o delito-crime com a prática do ato libidinoso diverso da cópula vagínica. Se o agente emprega violência ou grave ameaça, que são atos executórios do crime, mas não consegue realizar os atos libidinosos por circunstâncias alheias a sua vontade, há crime tentado.

Antigamente, era difícil na prática verificar se o crime ocorrido seria o atentado violento ao pudor consumado ou a tentativa de estupro. Não comprovada a intenção de estuprar, o agente respondia pelo revogado delito do art. 214 do CP. Atualmente, os atos libidinosos diversos da conjunção carnal passaram a também configurar o delito de estupro, de forma que, uma vez comprovada a sua realização, o crime do art. 213 será considerado consumado.

5. PROVA DO CRIME DE ESTUPRO: MATERIALIDADE E AUTORIA

Nem sempre o estupro deixa vestígios. Na hipótese de tentativa, em que não chega a haver conjunção carnal, dificilmente restam elementos a serem periciados junto à ofendida, e, mesmo havendo consumação, os resquícios podem ter desaparecido com o tempo, ou podem nem sequer ter ocorrido, como na hipótese de mansa submissão após o emprego de grave ameaça, ou ainda quando não há ejaculação do agente, só para citar alguns exemplos. Se, no entanto, "a infração deixar vestígios, será indispensável o exame de corpo de delito, direto ou indireto, não podendo supri-lo a confissão do acusado", conforme estatui o art. 158 do CPP. Essa regra legal excepciona o princípio da livre apreciação da prova produzida em contraditório judicial (CPP, art. 155), bem como o da verdade real. Trata-se de adoção excepcional do sistema da prova legal, não podendo o julgador buscar a verdade por nenhum outro meio de prova, seja pela confissão do acusado, robusta documentação ou documentos testemunhais idôneos, pois a lei se apega ao formalismo de exigir a prova pericial como único meio de comprovar a materialidade delitiva. Assim, quando possível a realização da perícia, sua falta implica a nulidade de qualquer prova produzida em sua substituição (CPP, art. 564, III, *b*) e, por conseguinte, a absolvição do imputado com fundamento no art. 386, VII, do CPP. O art. 167 somente se aplica aos casos em que o exame direto já não era possível ao tempo do descobrimento do delito, em face do desaparecimento dos vestígios. Nesse sentido, o STJ: "1. O delito de incêndio em casa habitada exige a realização de exame de corpo de delito direto, isto é, a confecção de laudo pericial, por expressa imposição legal. Entretanto, é admissível que o referido laudo seja substituído por outros meios de prova quando as circunstâncias do crime não permitirem a sua confecção, tal como se deu na hipótese." (STJ, AgRg no REsp 1.821.233/MS, *DJU* 17-6-2020). Se havia a possibilidade de realizar o exame de corpo de delito direto, a omissão da autoridade em determiná-lo não pode ser suprida por nenhuma outra prova, sob pena de afronta à determinação expressa da lei (CPP, art. 158). Nota-se, contudo, uma tendência da jurisprudência dos tribunais superiores a atenuar os rigores dessa regra, sob o argumento de que, não sendo ilícitas, as demais provas podem ser valoradas pelo juiz como admissíveis. Nesse sentido: "1. Nos casos em que a infração deixa vestígios, por imperativo legal (art. 158 do Código de Processo Penal – CPP), é necessária a realização do exame de corpo de delito direto ou indireto. Assim, no que tange à imprescindibilidade da prova técnica para o reconhecimento do furto qualificado por escalada, vale lembrar que a jurisprudência tem-se orientado pela possibilidade de substituição do laudo pericial, desde que devidamente justificado, por outros meios de prova quando o delito não deixa vestígios, estes tenham desaparecido ou, ainda, se as circunstâncias do crime não permitirem a confecção do laudo" (STJ, AgRg no AREsp 1.480.794/DF, *DJU* 21-10-2019).

(i) Prova da conjunção carnal: trata-se de requisito do crime de estupro, ou seja, de que houve a introdução completa ou incompleta do membro viril no órgão genital da mulher. Tal comprovação pode ser realizada por meio dos vestígios, tais como: presença de esperma na vítima, pelos, ruptura do hímen, contágio de moléstia venérea, gravidez. Já decidiu o STJ no sentido de que "É irrelevante para a configuração do delito de estupro averiguar, por meio de estudo social da vítima, seu comportamento, se era ou não virgem ou se já havia tido relações sexuais com outros homens, porquanto o bem jurídico tutelado é a liberdade sexual, assegurado a toda e qualquer mulher. Ademais, o fato de o exame de corpo de delito ter identificado somente a ruptura himenal, não havendo presença de esperma apta a identificar o autor do crime, não consiste em fundamento hábil para afastar a condenação, porquanto a autoria pode ser comprovada por outros meios idôneos, como a palavra da vítima e a prova testemunhal, o que se verificou na hipótese" (STJ, HC 379.879/PR, *DJU* 19-9-2017).

Não basta, para a constatação de que houve o crime de estupro, a mera prova da conjunção carnal, pois ela não é capaz de demonstrar a resistência da vítima à prática do ato sexual. Importa notar que é comum mulheres, para se vingarem de seus parceiros, por inúmeros motivos, denunciarem-nos por crime de estupro. Daí por que a tão só prova da conjunção carnal não é apta para a comprovação do crime. Imprescindível a demonstração de que o ato sexual se deu mediante constrangimento físico ou moral.

(ii) Prova da violência empregada: trata-se aqui da prova da violência real, ou seja, daquela em que houve o emprego efetivo da força física, produzindo, na vítima, mordidas, tentativa de esganadura, unhadas, equimoses, escoriações, lesões, como forma de obrigá-la à prática do ato sexual, ou seja, como forma de vencer sua resistência. Ocorre, por vezes, que a vítima, ante a abordagem do agente, pode quedar-se inerte, desmaiar, não manifestando assim nenhum ato de resistência ao ato sexual. Em tais casos, o juiz deverá levar em conta outras provas, dentre as quais a palavra da vítima e a prova testemunhal (exame de corpo de delito indireto).

(iii) Prova da violência moral: nessa hipótese a prova do estupro é de difícil colheita. Será cabível no caso o exame de corpo de delito indireto, ou seja, a prova testemunhal, isto é, se houver, pois o crime de estupro é, em regra, praticado às escondidas (STJ, HC 379.879/PR, *DJU* 19-9-2017)

(iv) Prova da tentativa do crime de estupro na hipótese em que não houve contato corporal: trata-se do exemplo citado por Hungria já estudado no item 4, em que o agente não chega a ter qualquer contato corporal. Nessa hipótese, somente é cabível o exame de corpo de delito indireto, ou seja, a prova testemunhal, pela ausência de vestígios materiais do crime.

(v) Prova da autoria: interessante a observação feita por Nélson Hungria, refletindo as limitações periciais da época, no sentido de que os vestígios que denotam indícios da violência ou da cópula são alheios à prova da autoria. Trata-se de prova da materialidade do crime. Contudo, na atualidade, com o avanço da medicina, é possível colher o material genético do suposto estuprador e comparar com o material contido nos vestígios do crime, tais como esperma e pelos, presentes no corpo da vítima. Embora isso seja possível, caso a acusação venha a solicitar o citado exame a fim de comprovar a autoria do réu, este não estará obrigado a realizá-lo, ainda que tenha sido preso em flagrante, em face do princípio de que ninguém é obrigado a produzir prova contra si mesmo. Contudo, a recusa do réu na realização do exame poderá, junto com as demais provas colhidas, servir para formar a convicção do juiz, que possui liberdade para apreciar as provas produzidas em contraditório judicial (CPP, art. 155). O exame de DNA, dessa forma, não é essencial à conclusão da autoria do estupro, conforme já decidiu o Supremo Tribunal Federal. Na realidade esse exame poderá servir de instrumento para a comprovação da negativa de autoria. Embora constitua importante meio probatório, não pode ser considerado o único hábil à comprovação da negativa de autoria, uma vez que, segundo o art. 155 do CPP, o juiz formará sua convicção pela livre apreciação das provas produzidas em contraditório judicial, e, ainda, de acordo com o art. 167 do CPP, "não sendo possível o exame de corpo de delito por haverem desaparecido os vestígios, a prova testemunhal poderá suprir-lhe a falta". Destaca-se a Lei n. 14.069/2020 que criou o Cadastro Nacional de Pessoas Condenadas por Crime de Estupro, que conterá no mínimo as seguintes informações: "I – características físicas e dados de identificação datiloscópica; II – identificação do perfil genético; III – fotos; IV – local de moradia e atividade laboral desenvolvida, nos últimos 3 (três) anos, em caso de concessão de livramento condicional".

(vi) Palavra da vítima: em regra, a palavra da vítima tem valor probatório relativo, devendo ser aceita com reservas. Contudo, nos crimes praticados às ocultas, sem a presença de testemunhas, como nos delitos contra a dignidade sexual, a palavra da vítima, desde que corroborada pelos demais elementos probatórios, deve ser aceita. Nesse sentido é a lição de Francisco de Assis do Rêgo Monteiro Rocha: "Nos delitos contra os costumes, a palavra da ofendida avulta em importância, principalmente quando se trata de pessoa recatada, de bons costumes, de vida anterior honesta e ilibada, recatada, e acima de suspeitas. Nessas condições, é muito evidente que suas declarações, apontando o autor do crime que lhe vitimou, assumem caráter extraordinário, frente às demais provas. Não seria razoável e nem é comum que a pessoa com essas qualidades viesse a juízo cometer perjúrio, acusando um inocente de lhe haver constrangido à conjunção carnal ou a ato libidinoso outro qualquer. Por isso, sua palavra, enquanto não desacreditada por outros meios de prova, digamos, vale como bom elemento de convicção"[21]. No mesmo sentido é a lição de E. Magalhães Noronha: "É natural que a palavra do ofendido seja recebida, em princípio, com reservas. Interessado no pleito, porfiando por que sua acusação prevaleça, cônscio da responsabilidade que assumiu, podendo até acarretar-lhe processo criminal (denunciação caluniosa, art. 339 do Código Penal) e, por outro lado, impelido pela indignação ou o ódio e animado do intuito de vingança, suas declarações não merecem, em regra, a credibilidade do testemunho. Isso, entretanto, não impede seja ele fonte de prova, devendo seu relato ser apreciado em confronto com os outros elementos probatórios, podendo, então, conforme a natureza do crime, muito contribuir para a convicção do juiz"[22]. A jurisprudência também é nesse sentido (STJ, HC 379.879/PR, *DJU* 19-9-2017).

Assim, conclui-se que, em se tratando de crime contra a dignidade sexual, a palavra da vítima tem relevância especial, porém não deve ser recebida sem reservas, especialmente quando outros elementos probatórios se apresentam em conflito com suas declarações, situação na qual gera dúvida, ainda que ínfima, o que deve ser interpretado em favor do acusado, a fim de absolvê-lo por falta de provas. Ou seja, o depoimento da vítima, apesar de assumir preponderante importância, deve estar em consonância com as demais provas coligidas nos autos.

Importa mencionar que, nos *delitos contra a dignidade sexual*, a palavra da vítima menor de idade também tem importante valor como prova, especialmente quando a criança narra fato de simples percepção visual e de fácil compreensão, fazendo-o com pureza. Contudo, suas declarações devem, igualmente, estar em consonância com os demais elementos probatórios.

6. CONCURSOS DE CRIMES

(i) Estupro e atentado violento ao pudor: com o advento da Lei n. 12.015/2009, o crime de estupro passou a abarcar também os atos libidinosos diversos da conjunção carnal, de forma que é possível sustentar a continuidade delitiva em tais casos. Desse modo, se o agente, por diversas ocasiões, constranger a vítima, mediante o emprego de violência ou grave ameaça, a com ele praticar conjunção carnal ou qualquer outro ato libidinoso diverso do coito, há continuidade delitiva (CP, art. 71). Se, em um mesmo contexto fático, o agente praticar conjunção carnal e diversos atos libidinosos contra a mesma vítima, haverá crime único. Nesse sentido, tem decidido o STJ: "3. Na hipótese dos

21. Francisco de Assis do Rêgo Monteiro Rocha, *Curso de direito processual penal*, Rio de Janeiro, Forense, 1999, p. 355.

22. E. Magalhães Noronha, *Curso de direito processual penal*, 22. ed., São Paulo, Saraiva, 1994, p. 113.

autos, verifica-se a ocorrência de crime único de estupro, pois as condutas delitivas – conjunção carnal, sexo anal e oral – foram praticados contra a mesma vítima e no mesmo contexto fático-temporal, o que inviabiliza a aplicação da continuidade delitiva" (STJ, HC 325.411/SP, *DJU* 25-4-2018). Contrariamente a esse entendimento, a 5ª Turma do STJ manteve posicionamento no sentido de que, mesmo diante da nova lei, é impossível reconhecer-se a continuidade delitiva entre as condutas que tipificavam o estupro e o atentado violento ao pudor, hoje previstas apenas como estupro. Confira-se parte do acórdão: "2. Com o advento da Lei n. 12.015/09, o crime de atentado violento ao pudor foi unificado ao delito de estupro, permitindo a aplicação da continuidade delitiva em favor dos condenados ainda na vigência da lei anterior (...) 4. Na hipótese dos autos, verifica-se presente, além dos requisitos de tempo, lugar e modo de execução, a unidade de desígnio na conduta do agente capaz de fazer incidir a regra da continuidade delitiva. 5. Demonstrada a existência da continuidade delitiva, de rigor a aplicação do art. 71, *caput*, do Código Penal, uma vez que, tratando-se de atentado violento ao pudor praticado mediante violência presumida, não tem espaço a regra da continuidade delitiva específica, prevista no parágrafo único, do mencionado dispositivo legal" (STJ, AgRg no HC 410.796/RJ, *DJU* 14-11-2017).

(ii) Estupro e sequestro ou cárcere privado: a privação, com fim libidinoso, da liberdade de qualquer pessoa será enquadrada no crime de sequestro ou cárcere privado na forma qualificada (CP, art. 148, § 1º, V).

Quanto ao possível concurso de crimes com eventual estupro, a aplicação do princípio da consunção dependerá da similitude de contextos fáticos. Assim, na hipótese de o agente conduzir a vítima até local ermo, submetê-la à conjunção carnal, e, logo em seguida, abandonar o local, não se poderá falar em concurso de crimes, pois a privação da liberdade perdurou o tempo estritamente necessário para a conjunção carnal, integrando, por isso, o *iter criminis* do delito sexual mais grave. Aplica-se o princípio da consunção, evitando-se que o agente seja responsabilizado duas vezes pelo mesmo comportamento (*bis in idem*). Fica, assim, o sequestro absorvido pelo estupro, por ser mera fase normal de sua execução, desde que restrito ao tempo necessário à conjunção carnal. O concurso de crimes subsistirá apenas quando o sequestro e o crime subsequente forem praticados em contextos diversos e em momentos bem destacados temporalmente, fora da linha de desdobramento causal anterior. Por exemplo: o sujeito mantém a vítima em cativeiro, mesmo após satisfazer-se. Nesse caso, haverá concurso material de crimes, dado que as ações foram bem destacadas. Por essa mesma razão, o agente deverá responder pelo sequestro em sua forma qualificada em concurso material com o estupro. Se as ações são autônomas e independentes uma da outra, não se pode conceber que uma acabe sendo absorvida, ainda que em parte. Em suma, se os contextos fáticos forem distintos e as ações destacadas no tempo e no espaço, o agente deverá responder pelo sequestro qualificado pelo fim libidinoso em concurso com o estupro.

(iii) Estupro e homicídio ou lesões corporais: (i) se o agente, após estuprar a vítima, resolver matá-la, haverá concurso material de crimes; (ii) se o agente, após estuprar a vítima, resolver lesioná-la, haverá concurso material de crimes; (iii) se, do estupro, advier a morte da vítima em decorrência das lesões, haverá a forma qualificada do crime de estupro; (iv) se, em decorrência do estupro, resultarem lesões corporais de natureza grave, haverá o crime de estupro na forma qualificada; (v) se, em decorrência do estupro, advierem lesões corporais leves, estas serão absorvidas pelo estupro, pois são consideradas meios necessários para a cópula vagínica ou outro ato libidinoso; (vi) na presença de vias de fato, serão elas também absorvidas pelo estupro.

(iv) Estupro contra vítimas diversas: haverá crime continuado se preenchidos os demais requisitos legais. De acordo com o art. 70 do CP, é possível o reconhecimento da continuidade delitiva quando os crimes lesarem bens jurídicos pessoais, como a vida, a integridade física, ainda que praticados contra vítimas diversas. Não preenchidos os requisitos do crime continuado, deverá o agente responder pelos crimes em concurso material.

(v) Estupro contra a mesma vítima em ocasiões diversas: preenchidos os demais requisitos legais, é possível reconhecer a continuidade delitiva. Ausentes esses requisitos, o agente deverá responder pelos crimes de estupro em concurso material.

(vi) Vários estupros contra a mesma vítima na mesma ocasião: há um só crime, ainda que o agente tenha mantido mais de uma relação sexual com a mesma vítima, na ocasião.

7. FORMAS

7.1. Simples (art. 213, *caput*)

Prevista no *caput* do art. 213 do CP.

7.2. Qualificadas (art. 213, §§ 1º e 2º)

As formas qualificadas pelo resultado estão previstas nos §§ 1º (1ª parte) e 2º do art. 213.

Desse modo, o crime será qualificado pelo resultado: (i) se da conduta resulta lesão corporal de natureza grave (cf. § 1º, 1ª parte). Ao falar em lesão corporal de natureza grave, a lei se refere às de natureza grave e gravíssima, o que significa que a expressão está empregada em sentido lato; (ii) se da conduta resulta morte (cf. § 2º): cuida-se de hipótese prevista no revogado art. 223 do CP, com uma diferença: a anterior pena de reclusão, de 12 a 25 anos, foi modificada, passando o limite máximo a ser de 30 anos de reclusão, constituindo, portanto, hipótese de *novatio legis in pejus*.

Importante asseverar que o estupro não é considerado crime complexo, mas forma especial de constrangimento ilegal, uma vez que não resulta da fusão de dois crimes. Explica-se: o estupro é formado pela fusão do constrangimento ilegal mais a conjunção carnal ou o ato libidinoso diverso. Ocorre que as relações sexuais normais ou anormais, por si sós, não constituem delitos, de modo que não há falar em crime resultante da união de outros. Há somente um delito: o constrangimento ilegal especial. Sim, porque, na conduta tipificada pelo art. 146 do CP, o agente tem a vontade de compelir a vítima a fazer ou deixar de fazer alguma coisa; no estupro, sua intenção é constranger a vítima a fazer coisa específica, qual seja, submeter-se ao ato sexual. A diferença está no constrangimento a fazer "qualquer coisa" ou "coisa específica". No que toca às formas qualificadas do art. 213 (§§ 1º, 1ª parte, e 2º), no entanto, aí sim se verifica a ocorrência do chamado crime complexo, uma vez que aos delitos sexuais em questão somam-se as lesões corporais culposas de natureza grave ou o homicídio culposo. Convém ressaltar que todas as hipóteses do art. 213 são preterdolosas, nelas existindo dolo no antecedente (estupro) e culpa no resultado agravador consequente (lesões graves ou morte). Se houver dolo nas lesões ou no homicídio, estarão configurados dois delitos autônomos em concurso material: estupro e lesões graves dolosas, ou os mencionados delitos sexuais mais o homicídio doloso, devendo, neste último caso, ambos ser julgados pelo júri popular. Entendimento diverso levaria a uma situação injusta, já que o estupro qualificado na forma do art. 213 do CP recebe pena menor do que a resultante da soma dos delitos dolosos autonomamente praticados. Desse modo, sua incidência deve ficar restrita às lesões corporais culposas e ao homicídio culposo, resultantes da violência empregada. Pois bem. Ocorrida a hipótese de crime preterdoloso, ficará afastada a possibilidade da tentativa, de modo que, consumando-se as lesões graves ou a morte, a título de culpa, o crime complexo previsto no art. 213, §§ 1º (1ª parte) e 2º, estará consumado, aplicando-se por analogia a solução dada ao latrocínio pela Súmula 610 do STF: "Há crime de latrocínio, quando o homicídio se consuma, ainda que não realize o agente a subtração de bens da vítima". Finalmente, se as lesões culposas ou o homicídio culposo forem provocados em terceiros, e não na própria vítima, como consequência da violência empregada na prática sexual, não estará tipificada a forma qualificada do art. 213 do CP, devendo o agente responder pelas infrações em concurso material.

Interessante notar que se a vítima é menor de 18 anos ou maior de 14 (CP, art. 213, § 1º, 2ª parte) acrescenta-se qualificadora ao delito de estupro, de forma que a pena será de reclusão, de 8 a 12 anos. Portanto, considerando a idade da ofendida, o legislador optou por agravar a reprimenda penal quando o estupro for praticado contra adolescente. Não se trata de hipótese de delito qualificado pelo resultado, muito embora conste do § 1º do art. 213 do CP. Note-se que a qualificadora não incidirá se o crime for praticado na data em que a vítima completa seu 14º aniversário.

Finalmente, tais crimes qualificados são considerados hediondos, consoante expresso teor do art. 1º, V, da Lei n. 8.072/90. Note-se que o estupro praticado contra vítima menor de 18 anos ou maior de 14 também passou a sujeitar-se ao regime da Lei n. 8.072/90.

Sobre a figura do estupro de vulnerável e suas formas qualificadas pelo resultado, *vide* comentários ao art. 217-A, §§ 3º e 4º.

7.3. Causa de aumento de pena

Vide comentários aos arts. 226 e 234-A.

→ **Atenção:** pode suceder o concurso das causas de aumento de pena entre os artigos mencionados. Nos termos do parágrafo único do art. 68 do Código Penal, o juiz pode limitar-se à aplicação da causa que mais aumente, desprezando as demais.

7.4. Causa de aumento de pena do art. 9º da Lei dos Crimes Hediondos

O art. 9º da Lei n. 8.072/90 prevê que as penas fixadas para os crimes capitulados nos arts. 213, *caput*, e sua combinação com o art. 223, *caput* e parágrafo único, 214 e sua combinação com o art. 223, *caput* e parágrafo único, são acrescidas de metade, respeitado o limite superior de 30 anos de reclusão, estando a vítima em qualquer das hipóteses referidas no art. 224 também do CP. Sucede que os arts. 214, 223 e 224 do CP foram expressamente revogados. Assim, as formas qualificadas do delito de estupro (antes previstas no art. 223) passaram a integrar os §§ 1º (1ª parte) e 2º do art. 213 do CP. As hipóteses do art. 224 do CP (violência presumida), de outro lado, passaram a constituir tipo penal autônomo (CP, art. 217-A), com a previsão de formas qualificadas pelo resultado. Sobre o tema, *vide* comentários ao art. 9º da Lei n. 8.072/90 no tópico relativo às "Disposições Gerais" (Título VI, Capítulo IV).

8. LEI DOS CRIMES HEDIONDOS

Previa o art. 1º da Lei n. 8.072/90 que eram considerados crimes hediondos o estupro (art. 213 e sua combinação com o art. 223, *caput* e parágrafo único) e o atentado violento ao pudor (art. 214 e sua combinação com o art. 223, *caput* e parágrafo único).

Com as modificações introduzidas pela Lei n. 12.015/2009, o art. 214 do CP foi revogado e as condutas lá previstas passaram a ser abarcadas pelo delito de estupro (CP, art. 213).

Do mesmo modo, foi revogado o art. 223, *caput* e parágrafo único, do CP, e as formas qualificadas pelo resultado lá contempladas foram inseridas no art. 213, §§ 1º (1ª parte) e 2º, do CP.

Dentre as mudanças da atual lei, o inciso V do art. 1º da Lei n. 8.072/90 dispõe expressamente que é considerado crime hediondo o estupro na forma simples (art. 213, *caput*) e qualificada (§§ 1º e 2º). O STF, por reconhecer a natureza hedionda desses crimes, vedava a progressão de regime, em face do disposto no art. 2º, § 1º, da Lei n. 8.072/90. Com o advento da Lei n. 11.464/2007, no entanto, a progressão de regimes passou a ser admitida para os crimes hediondos e equiparados.

Havia uma discussão sobre se o estupro e o atentado violento ao pudor com violência presumida (CP, art. 224) constituiriam crimes hediondos. Entendíamos que também possuíam essa natureza, pois a lei não fazia nem autorizava qualquer distinção entre as formas de violência. Com efeito, submeter uma criança de 9 anos à conjunção carnal, seduzindo-a com doces e brinquedos, não nos parecia ser uma conduta menos grave que empregar violência real contra um adulto. Ambas as formas eram, na realidade e na letra da lei, crimes hediondos. Nesse sentido, vinham se manifestando os Tribunais Superiores.

Entretanto, com o advento da Lei n. 12.015/2009, o art. 224 do CP foi revogado expressamente e, sob a nomenclatura "estupro de vulnerável", o *Codex* passou a reprimir em tipo penal autônomo a conduta de "Ter conjunção carnal ou praticar outro ato libidinoso com menor de 14 (catorze) anos: Pena – reclusão, de 8 (oito) a 15 (quinze) anos. § 1º Incorre na mesma pena quem pratica as ações descritas no *caput* com alguém que, por enfermidade ou deficiência mental, não tem o necessário discernimento para a prática do ato, ou que, por qualquer outra causa, não pode oferecer resistência. § 2º (*Vetado.*) § 3º Se da conduta resulta lesão corporal de natureza grave: Pena – reclusão, de 10 (dez) a 20 (vinte) anos. § 4º Se da conduta resulta morte: Pena – reclusão, de 12 (doze) a 30 (trinta) anos". Dessa forma, as hipóteses antes previstas no art. 224 do CP, que caracterizavam o estupro com violência presumida, passaram a configurar delito autônomo, com sanções próprias, inclusive com a previsão de formas qualificadas. A partir disso, a Lei n. 12.015/2009 também introduziu modificações na Lei dos Crimes Hediondos, passando a considerar de natureza hedionda o delito de estupro de vulnerável, em sua forma simples (CP, art. 217-A e § 1º) e qualificada (CP, art. 217, §§ 3º e 4º) (cf. Lei n. 8.072/90, art. 1º, VI), não havendo mais qualquer discussão sobre o tema.

Finalmente, *vale aqui transcrever antiga discussão que pairava sobre os delitos de estupro e atentado violento ao pudor contra vítima menor de 14 anos.* A CF/88, em seu art. 227, § 4º, recomendou punição mais severa aos autores de abuso, violência e exploração sexual contra a criança. Atendendo a esse mandamento, a Lei n. 12.015/2009, promulgada em 7 de agosto de 2009, incluiu o art. 217-A no Código Penal, agravando as penas dos crimes de estupro sempre que forem praticados contra vítima menor de 14 anos. No estupro, a pena é de 6 a 10 anos de reclusão; no estupro de vulnerável é de 8 a 15 anos de reclusão.

A situação, portanto, ficou assim:

(i) estupro contra vítima adulta: pena de 6 a 10 anos de reclusão;

(ii) estupro contra vítima não maior de 14 anos: pena de 8 a 15 anos de reclusão.

9. AÇÃO PENAL

Até o advento da Lei n. 13.718/2018, o art. 225 do CP previa que a ação penal era pública condicionada à representação da vítima, e, no caso de vítima menor de 18 anos ou pessoa vulnerável, a ação penal era pública incondicionada (CP, art. 225, parágrafo único).

Agora, consoante a nova redação do art. 225, a ação penal será pública incondicionada em qualquer das hipóteses mencionadas, até porque, além de alterar o mencionado dispositivo legal, a novel legislação revogou o seu parágrafo único (art. 3º, I, da Lei n. 13.718/2018).

Finalmente, se resultar lesão corporal grave ou morte, a ação penal será pública incondicionada, conforme o disposto no art. 101 do CP e Súmula 608 do STF.

→ **Atenção:** os processos em que se apuram os crimes definidos neste Título correrão em segredo de justiça (CP, art. 234-B).

ART. 214 – ATENTADO VIOLENTO AO PUDOR

O art. 214 foi revogado pela Lei n. 12.015/2009.

ART. 215 – VIOLAÇÃO SEXUAL MEDIANTE FRAUDE

1. CONCEITO

A atual rubrica "Violação sexual mediante fraude", reprime a conduta de "ter conjunção carnal *ou praticar outro ato libidinoso com alguém, mediante fraude ou outro meio que impeça ou dificulte a livre manifestação de vontade da vítima. Pena – reclusão, de 2 (dois) a 6 (seis) anos*". Com a modificação da norma em 2009, a pena acabou por ser majorada, ocorrendo verdadeira *novatio legis in pejus*.

2. OBJETO JURÍDICO

Tutela-se aqui a liberdade sexual de qualquer pessoa, homem ou mulher, ou seja, a liberdade de dispor de seu corpo, de consentir na prática da conjunção carnal ou de outro ato libidinoso, sem que essa anuência seja obtida mediante fraude ou outro meio que impeça ou dificulte a livre manifestação de vontade da vítima.

3. ELEMENTOS DO TIPO

3.1. Ação nuclear

O tipo penal passou a reprimir a conduta de ter cópula vagínica *ou praticar outro ato libidinoso com alguém*, mediante a obtenção fraudulenta de seu consentimento *ou outro meio que impeça ou dificulte a livre manifestação de vontade da vítima*. Diante disso, o crime de atentado ao pudor mediante fraude (CP, art. 216) acabou por ser revogado expressamente pela Lei n. 12.015/2009.

Note-se que as modificações legais vão ao encontro das reformulações operadas no tipo penal do estupro (CP, art. 213), pois como o aludido delito passou a abranger a prática de qualquer ato libidinoso, que não só a conjunção carnal, ampliando a sua tutela legal, para abarcar não só a liberdade sexual da mulher, mas também a do homem, não haveria como, a fim de manter a harmonia do sistema, não alterar a redação do art. 215 do CP e revogar o art. 216 do mesmo diploma.

3.2. Meios executórios

O delito em estudo tem como nota característica o emprego de fraude, o que leva a doutrina a denominá-lo "estelionato sexual". Ao contrário do crime de estupro, o agente obtém a prestação sexual mediante o emprego de meio enganoso, ou seja, meio iludente da vontade da vítima e não com o emprego de violência ou grave ameaça, motivo pelo qual ele é considerado delito de menor gravidade. De fato, se não fosse empregada a fraude, a vítima jamais ter-se-ia prestado à relação sexual. Ressalve-se que o crime de violação sexual mediante fraude é incompatível não só com a violência real ou grave ameaça, mas também com a violência presumida. Dessa forma, o curandeiro que, a pretexto de curar os males de uma menina de 13 anos, mantém com ela conjunção carnal não responderá pelo crime em estudo, mas sim pelo delito de estupro de vulnerável (CP, art. 217-A).

A conduta do agente tanto pode consistir em induzir a vítima em erro como em aproveitar-se do erro dela. Na primeira hipótese, o próprio sujeito ativo provoca o erro na vítima; já na segunda, a vítima espontaneamente incorre em erro, mas o agente se aproveita dessa situação para manter com ela conjunção carnal ou praticar outro ato libidinoso. O erro pode se dar quanto à identidade do agente ou quanto à legitimidade da obtenção da prestação sexual[23]. Veja estes exemplos mencionados na doutrina: agente que adentra o quarto da vítima na calada da noite e com ela mantém conjunção carnal, supondo ela que seu marido voltou de viagem, ou então curandeiro que pratica atos libidinosos em mulher rústica sob o argumento de que somente tais atos a livrarão dos males de que sofre. É necessário que o meio iludente seja apto a viciar o consentimento da vítima, pois, se esta percebe a fraude e, ainda assim, consente na prática do ato sexual, não há falar no crime em tela. A fraude grosseira, dessa forma, em regra, não constitui meio iludente da vontade da vítima; contudo, o juiz, em cada caso concreto, deverá analisar as condições pessoais da vítima, de forma a concluir se o artifício grosseiramente empregado seria apto a viciar sua vontade. Com efeito, a fraude grosseiramente empregada pode não ser meio hábil a enganar moça de grande metrópole, mas pode ser apta a iludir uma adolescente do sertão nordestino[24].

Além desse meio executório, consistente no emprego de fraude, o tipo penal passou a contemplar uma fórmula genérica, consubstanciada na expressão: *outro meio que impeça ou dificulte a livre manifestação de vontade da vítima*. Certamente, se a vítima estiver impossibilitada de oferecer resistência por motivos como embriaguez completa, narcotização, o crime será o de estupro de vulnerável (CP, art. 217-A), cuja pena é muito mais gravosa que a do delito em estudo.

3.3. Sujeito ativo

Assim como no reformulado crime de estupro, o sujeito ativo pode ser qualquer pessoa (crime comum), então, tanto o homem quanto a mulher podem praticar o delito em tela, pois o tipo penal faz expressa referência à conjunção carnal ou a outro ato libidinoso.

Se o agente se enquadrar em uma das hipóteses previstas no art. 226 do CP, a pena será aumentada.

3.4. Sujeito passivo

Qualquer pessoa pode ser vítima do crime em tela, ou seja, tanto o homem quanto a mulher podem ser sujeito passivo do crime em questão, pois, sob a atual rubrica, "violação sexual mediante fraude", o Código Penal passou a reprimir a conduta de ter con-

---

23. Cf. Nélson Hungria, *Comentários*, cit., v. 8, p. 140.

24. Nesse sentido: Damásio E. de Jesus, *Direito penal*, cit., v. 3, p. 111.

junção carnal *ou praticar outro ato libidinoso com alguém*, de forma que a mulher não é mais, exclusivamente, vítima do crime em estudo.

Note-se que tanto a mulher casta quanto a promíscua estão sob a proteção legal.

Note-se que, se a vítima fosse maior de 14 e menor de 18 anos, e não fosse mais virgem, o agente respondia pelo crime de corrupção de menores (CP, art. 218). Sucede que, com a redação do mencionado dispositivo legal, a prática de ato de libidinagem em tais circunstâncias deixou de ser considerada fato típico, constituindo verdadeira *abolitio criminis*.

Se a vítima for menor de 14 anos, ou pessoa com doença ou deficiência mental que retire o discernimento sexual ou que, por qualquer causa, tenha reduzida sua capacidade de resistência, haverá o crime de estupro de vulnerável (CP, art. 217-A).

4. ELEMENTO SUBJETIVO

É o dolo, consubstanciado na vontade livre e consciente de ter conjunção carnal ou praticar outro ato libidinoso com alguém, mediante fraude ou outro meio que impeça ou dificulte a livre manifestação de vontade da vítima. Sobre a existência de finalidade específica, consubstanciada na vontade de satisfazer a lascívia, *vide* comentários ao art. 213 do CP.

Se o crime é cometido com o fim de obter vantagem econômica, aplica-se também multa (CP, art. 215, parágrafo único).

5. CONSUMAÇÃO E TENTATIVA

Assim como no crime de estupro, consuma-se com a introdução completa ou incompleta do pênis na cavidade vaginal da mulher, no caso de conjunção carnal, ou com a prática de atos libidinosos diversos. A tentativa é perfeitamente possível. Assim, o crime será tentado se, por exemplo, um curandeiro, ao solicitar os favores sexuais de mulher rústica sob o argumento de que curará seus males, é surpreendido no momento em que está prestes a introduzir seu órgão genital na vagina da mulher.

6. FORMAS

6.1. Simples (art. 215, *caput*)

Está prevista no *caput* do art. 215.

6.2. Qualificada (art. 215, parágrafo único)

Está contemplada no parágrafo único do art. 215: "Se o crime é cometido com o fim de obter vantagem econômica, aplica-se também multa". Nesse aspecto, a lei agravou a situação do réu, pois não havia qualquer previsão legal sobre a pena de multa, se existente a finalidade econômica. Mencione-se que não é necessária a efetiva obtenção da vantagem econômica para que se configure o delito, bastando que se comprove tal finalidade.

6.3. Causa de aumento de pena

Vide comentários aos arts. 226 e 234-A.

→ Atenção: pode suceder o concurso das causas de aumento de pena entre os artigos mencionados. Nos termos do parágrafo único do art. 68 do Código Penal, o juiz pode limitar-se à aplicação da causa que mais aumente, desprezando-se as demais.

7. AÇÃO PENAL

Até o advento da Lei n. 13.718/2018, o art. 225 do CP previa que a ação penal era pública condicionada à representação da vítima, e, no caso de vítima menor de 18 anos ou pessoa vulnerável, a ação penal era pública incondicionada (CP, art. 225, parágrafo único).

Agora, consoante a nova redação do art. 225, a ação penal será pública incondicionada em qualquer das hipóteses mencionadas, até porque, além de alterar o mencionado dispositivo legal, a novel legislação revogou o seu parágrafo único (art. 3º, I, da Lei n. 13.718/2018).

→ Atenção: os processos em que se apuram os crimes definidos neste Título correrão em segredo de justiça (CP, art. 234-B).

ART. 215-A – IMPORTUNAÇÃO SEXUAL

1. CONCEITO

Inserido no Código Penal pela Lei n. 13.718/2018, o art. 215-A tem a seguinte redação: "Praticar contra alguém e sem a sua anuência ato libidinoso com o objetivo de satisfazer a própria lascívia ou a de terceiro: Pena – reclusão, de 1 (um) a 5 (cinco) anos, se o ato não constituir crime mais grave".

2. OBJETO JURÍDICO

Tutela-se aqui a liberdade sexual de qualquer pessoa, homem ou mulher, ou seja, a liberdade de dispor de seu corpo, de consentir na prática da conjunção carnal ou de outro ato libidinoso.

3. ELEMENTOS DO TIPO

3.1. Ação nuclear

A ação nuclear está consubstanciada pelo verbo "praticar" (executar, realizar), sem a sua anuência (concordância, consentimento, permissão), ato libidinoso (outras formas de realização do ato sexual, que não a conjunção carnal. Por exemplo, passar a mão nas partes íntimas, a masturbação direcionada ao sujeito ativo), com o objetivo de satisfazer a lascívia (desejo sexual) do próprio sujeito ativo ou de terceiro. O crime pode ser praticado por qualquer meio executório (forma livre). Note-se que o tipo exige que o delito seja cometido sem a anuência do sujeito passivo, pois, do contrário, exclui-se o crime.

Observe que, se o ato for praticado mediante violência ou grave ameaça contra a pessoa, o crime será o de estupro (CP, art. 213), até porque o próprio dispositivo legal em estudo dispõe "se o ato não constitui crime mais grave".

Ainda, relevante destacar que o simples ato de exibir o órgão sexual em público, ou aberto ou exposto ao público, configura o delito do art. 233 do CP.

3.2. Sujeito ativo

Trata-se de crime comum, portanto o sujeito ativo pode ser qualquer pessoa, homem ou mulher.

3.3. Sujeito passivo

Trata-se de crime comum, portanto o sujeito passivo pode ser qualquer pessoa, homem ou mulher.

Na hipótese de vítimas menores de 14 anos, a conduta poderá configurar o crime do art. 218-A do CP. Se a vítima for pessoa idosa ou com deficiência, a pena será aumentada de um a dois terços, de acordo com o art. 234-A, IV, segunda parte, do CP.

4. ELEMENTO SUBJETIVO

É o dolo, exigindo-se a finalidade específica de objetivar satisfazer a própria lascívia ou a de terceiro. Não se admite a forma culposa.

5. CONSUMAÇÃO E TENTATIVA

A consumação se dá no momento da prática do ato libidinoso, sendo irrelevante a efetiva satisfação da lascívia do autor. Por se tratar de crime plurissubsistente, a tentativa é admissível.

6. AÇÃO PENAL

O crime é de ação penal pública incondicionada, consoante determinação expressa do art. 225 do CP. Admite-se a suspensão condicional do processo.

ART. 216 – ATENTADO AO PUDOR MEDIANTE FRAUDE

1. CONSIDERAÇÕES GERAIS

O art. 216 do CP foi revogado pela Lei n. 12.015/2009. Não se trata, contudo, de *abolitio criminis*, pois os elementos do aludido tipo penal acabaram por ser abarcados pelo crime do art. 215 do CP, o qual passou a reprimir a conduta de: "Ter conjunção carnal *ou praticar outro ato libidinoso com alguém*, mediante fraude *ou outro meio que impeça ou dificulte a livre manifestação de vontade da vítima: Pena – reclusão, de 2 (dois) a 6 (seis) anos. Parágrafo único. Se o crime é cometido com o fim de obter vantagem econômica, aplica-se também multa*".

Sobre o tema, *vide* comentários ao art. 215 do CP.

ART. 216-A – ASSÉDIO SEXUAL

1. CONCEITO

"Constranger alguém com o intuito de obter vantagem ou favorecimento sexual, prevalecendo-se o agente da sua condição de superior hierárquico ou ascendência inerentes ao exercício de emprego, cargo ou função: Pena – detenção, de 1 (um) a 2 (dois) anos".

2. OBJETO JURÍDICO

Cuida-se de crime *contra a dignidade sexual*, no qual se tutela a liberdade sexual do assediado. Contudo, a lei também procurou proteger a sua tranquilidade e paz de espírito, impedindo que o exercício de sua atividade se torne um constante embaraço ou suplício. Nesse sentido, Damásio de Jesus: "A leitura do dispositivo em apreço, entretanto, leva-nos a concluir sobre a existência, concomitante, de outros bens jurídicos (delito pluriofensivo: honra e direito a não ser discriminado no trabalho ou nas relações educacionais)"[25].

3. ELEMENTOS DO TIPO

3.1. Ação nuclear

A ação nuclear do tipo consubstancia-se no verbo *constranger*, que significa forçar, compelir. Ao contrário do estupro e do revogado atentado violento ao pudor, não caracteriza assédio sexual o constrangimento praticado mediante o emprego de violência ou grave ameaça, já que tais meios não constaram como elementares do tipo do assédio. Desse modo, a conduta tipificada não é a de violentar a vítima e sim a de apenas embaraçá-la. Não é qualquer gracejo, contudo, que caracteriza o assédio, mas tão somente "a importunação séria, grave, ofensiva, chantagiosa ou ameaçadora a alguém subordinado"[26]. Aliás, sobre a ação nuclear típica assevera Laerte Marzagão que, "não obstante o fato de o verbo constranger ser transitivo, por tal exigir complementos, na forma como foi empregado pelo legislador na figura do art. 216-A, tem-se o objeto direto 'alguém', porém, inexiste o objeto indireto 'constranger a quê?'. Buscando dar

---

25. Damásio E. de Jesus, Assédio sexual, *Assédio sexual*, São Paulo, Saraiva, 2002, p. 50.

26. Cezar Roberto Bitencourt, Assédio sexual: contribuição jurídico-normativa da globalização, *Assédio sexual*, cit., p. 32.

sentido ao termo empregado, entende-se que o mesmo foi utilizado no sentido de causar à vítima embaraço ou constrangimento"[27].

Trata-se de crime de ação livre. O assédio pode ser realizado verbalmente, por escrito ou por gestos. A doutrina não é unânime quanto à possibilidade do emprego de violência ou grave ameaça para a execução do delito, uma vez que o emprego de tais meios para obter vantagem ou favorecimento sexual pode configurar o crime de estupro. No sentido da impossibilidade do emprego da violência ou grave ameaça, Damásio E. de Jesus[28]. Em sentido contrário, Cezar Roberto Bitencourt[29].

Nosso entendimento: diferentemente do estupro, o delito em tela não pode ser praticado mediante violência nem grave ameaça, uma vez que, se a lei quisesse alcançar tais meios, tê-los-ia mencionado expressamente, tal como o fez no vizinho art. 213 e no revogado art. 214. Não o fazendo, preservou o tipo para as importunações menos graves, mas idôneas a turbar o bem-estar interior do ofendido. Na hipótese de ocorrer o emprego de uma ameaça mais específica, ou seja, que diga respeito à perda de algum benefício relacionado ao trabalho, ou a promessa de reprovação, no caso de estudante, a conduta deverá configurar crime sexual, no qual o constrangimento se dá por meio de grave ameaça, como o estupro.

3.2. Elemento normativo

Trata-se do chamado "assédio laboral", pois o legislador somente tipificou o assédio decorrente de relação de trabalho. A lei exige que o crime seja praticado por agente que se prevaleça de sua condição hierarquicamente superior ou de sua ascendência, qualquer delas inerente ao exercício de emprego, cargo ou função. Desse modo, a importunação feita sem o concurso dessa elementar, como, por exemplo, uma "cantada" vulgar na rua, antes do advento da Lei n. 13.718/2018, poderia caracterizar a contravenção penal descrita no art. 61 da LCP, mas este restou revogado pelo art. 3º, II, da novel legislação, que passou a prevê-lo como crime com a inserção do art. 215-A no Código Penal. De acordo com Luiz Flávio Gomes, "na superioridade hierárquica há uma escala, há degraus da relação empregatícia (há uma carreira). Na ascendência não há degraus, não há carreira. Há só uma posição de domínio, de influência, de respeito e às vezes de temor. Remarque-se que a lei fala em 'emprego, cargo ou função'. Emprego: relações privadas. Cargo ou função: relações públicas"[30]. O agente aproveita-se, abusa dessa relação de superio-

---

27. Laerte I. Marzagão Jr., *Assédio sexual*: e o seu tratamento no direito penal, São Paulo, Quartier Latin, 2006, p. 90.

28. Damásio E. de Jesus, Assédio sexual, *Assédio sexual*, cit., p. 56.

29. Cezar Roberto Bitencourt, Assédio sexual: contribuição jurídico-normativa da globalização, *Assédio sexual*, cit.

30. Luiz Flávio Gomes, Lei do Assédio Sexual (10.224/01): primeiras notas interpretativas, *Assédio sexual*, cit., p. 76.

ridade hierárquica *ou ascendência* para obter favores de natureza sexual. Não basta, apenas, que o assédio seja praticado no exercício do emprego, cargo ou função. Exige-se que o agente efetivamente se prevaleça dessa superioridade para constranger a vítima a ceder a seus desejos sexuais.

Em razão do veto presidencial, não é abrangido pela figura típica o assédio exercido pelo agente que se prevalece de relações domésticas, de coabitação ou de hospitalidade. Importa não confundir tal situação com a da empregada doméstica, pois aqui há perfeitamente uma relação empregatícia, estando ela sujeita à ascendência de seu patrão, sendo certo que o assédio praticado contra a empregada doméstica enquadra-se perfeitamente na figura típica em estudo. Nesse sentido, Cezar Roberto Bitencourt[31]. Quanto à diarista, ela também pode ser sujeito passivo desse crime, "visto que, ainda que passageiramente, encontra-se inferiorizada na relação laboral"[32]. Em sentido contrário, Luiz Flávio Gomes[33].

Em decorrência desse mesmo veto presidencial, o tipo penal também não abarca a conduta de assediar sexualmente com abuso ou violação de dever inerente a ofício ou ministério (é aquele exercido por padres, freiras, pastores).

No que diz respeito ao assédio sexual exercido entre professores e alunos, a doutrina não é unânime quanto à configuração do crime, pois "ainda que o professor de instituição pública exerça cargo ou função, sua relação com o aluno é inerente à docência, não prevista no limitado tipo penal em exame"[34].

Nosso entendimento: no caso do professor que assedia sua aluna, ameaçando-a no desempenho escolar, constrangendo-a com a possibilidade de reprovação, caracteriza-se uma relação de sujeição autorizadora do assédio sexual. Por outro lado, em cursos preparatórios para vestibular ou concursos, não há que se falar no delito em questão, a menos que exista algum instrumento de coerção, como a ameaça de prestar informações desairosas sobre o candidato etc.

3.3. Sujeito ativo

Trata-se de crime próprio, já que a lei exige que o agente se prevaleça da sua condição de superior hierárquico ou ascendência inerentes ao exercício de emprego, cargo ou função. Quanto ao chamado "assédio ambiental", "consiste na possibilidade de qualquer pessoa assediar outra, no ambiente de trabalho, independentemente de qualquer hierarquia ou

31. Cezar Roberto Bitencourt, Assédio sexual: contribuição jurídico-normativa da globalização, *Assédio sexual*, cit., p. 36.

32. Cezar Roberto Bitencourt, Assédio sexual: contribuição jurídico-normativa da globalização, *Assédio sexual*, cit., p. 36.

33. Luiz Flávio Gomes, Lei do Assédio Sexual (10.224/01): primeiras notas interpretativas, *Assédio sexual*, cit., p. 76.

34. Cezar Roberto Bitencourt, Assédio sexual: contribuição jurídico-normativa da globalização, *Assédio sexual*, cit., p. 36.

ascendência. É o que ocorre, por exemplo, com a figura típica central do assédio na legislação espanhola, onde a relação de superioridade é mera causa de aumento de pena"[35]. Não é alcançado pela norma do art. 216-A, podendo configurar outra infração penal.

3.4. Sujeito passivo

Só pode ser vítima desse crime a pessoa (homem ou mulher) que esteja em uma posição subalterna ao agente, de maneira que possa ser atingida por eventuais represálias.

4. ELEMENTO SUBJETIVO

É o dolo, consistente na vontade livre e consciente de constranger a vítima. Exige-se, além daquele, o elemento subjetivo do tipo: a finalidade de obter vantagem ou favorecimento sexual. Não ocorre o crime, por falta do elemento subjetivo, "... quando o sujeito ativo objetivar uma relação duradoura, um namoro efetivo, por exemplo. Na verdade, esse crime somente pode ocorrer quando o superior *constranger* o subalterno a prestar-lhe, contrariamente, 'favores sexuais', mesmo que não os consiga"[36]. A vantagem ou o favorecimento sexual pode ser para o próprio agente ou para outrem (p. ex., um amigo), ainda que este desconheça esse propósito do agente[37]. Caso o terceiro tenha ciência e queira a obtenção desses benefícios sexuais, haverá o concurso de pessoas[38].

5. CONSUMAÇÃO E TENTATIVA

Consuma-se com o ato de constranger a vítima. Não é delito habitual. Basta tão somente a prática de um único ato para que o crime se repute consumado. Por se tratar de crime formal, é prescindível que o agente efetivamente obtenha a vantagem ou o favorecimento sexual. A efetiva obtenção desta constitui mero exaurimento do crime.

A tentativa, em tese, é admissível quando, empregado o meio capaz de produzir o constrangimento, este não chegar ao conhecimento da vítima ou esta não se sentir intimidada pelas manobras inoportunas.

6. FORMAS

6.1. Simples (art. 216-A, *caput*)

Está prevista no art. 216-A.

35. Luiz Flávio Gomes, Lei do Assédio Sexual (10.224/01): primeiras notas interpretativas, *Assédio sexual*, cit., p. 68.

36. Cezar Roberto Bitencourt, Assédio sexual: contribuição jurídico-normativa da globalização, *Assédio sexual*, cit., p. 35.

37. Nesse sentido: Luiz Flávio Gomes, Lei do Assédio Sexual (10.224/01): primeiras notas interpretativas, *Assédio sexual*, cit., p. 74.

38. Cf. Damásio E. de Jesus, Assédio sexual, *Assédio sexual*, cit., p. 59.

6.2. Causa de aumento de pena (art. 216-A, § 2º)

Está prevista no art. 216-A, § 2º, do CP. A sanção é aumentada em até um terço se a vítima é menor de 18 anos. Trata-se de *novatio legis in pejus*, não podendo retroagir para alcançar fatos praticados antes de sua entrada em vigor. Mencione-se que a Lei incorreu em uma impropriedade técnica, pois, sem que houvesse a previsão de um anterior § 1º, introduziu um § 2º. Na realidade, a previsão legal deveria constar de um parágrafo único.

6.3. Causa de aumento de pena (art. 234-A)

Vide comentários constantes ao art. 234-A.

6.4. Causa de aumento de pena (art. 226)

O art. 226 tem a seguinte redação: "A pena é aumentada: I – de quarta parte, se o crime é cometido com o concurso de 2 (duas) ou mais pessoas; II – de metade, se o agente é ascendente, padrasto ou madrasta, tio, irmão, cônjuge, companheiro, tutor, curador, preceptor ou empregador da vítima ou por qualquer outro título tiver autoridade sobre ela; III – revogado; IV – de 1/3 (um terço) a 2/3 (dois terços), se o crime é praticado: a) mediante concurso de 2 (dois) ou mais agentes (estupro coletivo); b) para controlar o comportamento social ou sexual da vítima (estupro corretivo)". Passemos à sua análise.

Dessa forma, a pena é aumentada:

(i) De quarta parte, se o crime é cometido com o concurso de duas ou mais pessoas (inciso I): a redação desse dispositivo penal cuida de prever especificamente para a hipótese do inciso I o limite de aumento de pena de quarta parte. Essa majorante é perfeitamente aplicável ao crime de assédio sexual.

(ii) De metade, se o agente é ascendente, padrasto ou madrasta, tio, irmão, cônjuge, companheiro, tutor, curador, preceptor ou empregador da vítima ou por qualquer outro título tiver autoridade sobre ela (inciso II): em primeiro lugar, a pena será aumentada de metade se presente uma das situações descritas no inciso II. Em segundo lugar, também incide o aumento de pena se o sujeito ativo for madrasta, tio, cônjuge ou companheiro da vítima. Estamos diante de uma *reformatio in pejus*, uma vez que ampliou o rol de pessoas que se sujeitarão ao aumento de pena previsto no inciso II, não podendo, por mais esse motivo, retroagir para prejudicar o réu. Finalmente, foi abolida a distinção entre "ascendente" e "pai adotivo", em face da Constituição Federal, que veda tal diferenciação, utilizando-se apenas da primeira denominação.

A majorante em estudo é aplicável ao delito em tela, mas somente em parte, pois a figura do preceptor ou empregador se insere na condição de superior hierárquico ou ascendência, inerentes ao exercício de emprego, cargo ou função (elemento normativo do tipo). Desse modo, por já constituírem elemento do tipo penal, não podem servir novamente para ocasionar a majoração da pena. Impede-se a dupla valoração de um mesmo fato. Do contrário, estaríamos diante de um verdadeiro *bis in idem*[39].

Finalmente, pode suceder o concurso das causas de aumento de pena acima citadas. Nos termos do parágrafo único do art. 68 do Código Penal, o juiz pode limitar-se à aplicação da causa que mais aumente, desprezando-se as demais.

(iii) O inciso IV foi acrescentado pela Lei n. 13.718/2018 e prevê nova causa de aumento de pena, qual seja, de 1/3 (um terço) a 2/3 (dois terços), se o crime é praticado: a) mediante concurso de 2 (dois) ou mais agentes (estupro coletivo); b) para controlar o comportamento social ou sexual da vítima (estupro corretivo).

→ Atenção: pode suceder o concurso das causas de aumento de pena entre os artigos mencionados. Nos termos do parágrafo único do art. 68 do Código Penal, o juiz pode limitar-se à aplicação da causa que mais aumente, desprezando as demais.

7. ESPÉCIES DE ASSÉDIO

(i) Assédio sexual por chantagem ("assédio sexual *quid pro quo*"): encontra-se também previsto no art. 216-A do Código Penal. Nesse caso, o sujeito ativo não fica importunando a vítima, mas tenta induzi-la, prometendo-lhe alguma vantagem ou benefício, em troca de favores sexuais. Segundo Rodolfo Pamplona Filho, essa forma é conhecida como assédio sexual *quid pro quo*, que quer dizer, literalmente, "isto por aquilo"[40].

(ii) Assédio sexual ambiental: é a forma tratada no item 3.3. Não foi prevista pela Lei n. 10.224/2001.

(iii) Assédio moral: de acordo com Luiz Flávio Gomes, "no *assédio moral* o que se pretende é o enquadramento do empregado, a eliminação de sua autodeterminação no trabalho ou a degradação das suas condições pessoais no trabalho, que traz consequências drásticas para a integridade física e psíquica do trabalhador. Em suma, sua transformação em um robô. O comportamento do industrial Maxime Bonnet (consoante o *OESP*, de 26-5-2001, p. A17), que não permitia que suas operárias sorrissem ou levantassem a cabeça de suas máquinas de costura durante o trabalho, é citado como exemplo típico de assédio moral. Sintomas desse assédio na vítima: perda da vontade de sorrir, depressão, perda da autoconfiança, isolamento etc., chegando-se às vezes ao suicídio"[41]. Essa forma de assédio também não foi prevista pela Lei n. 10.224/2001.

(iv) Assédio mediante violência ou grave ameaça: não é assédio, mas estupro ou atentado violento ao pudor, tentados ou consumados. Se a ameaça não for grave e, especificamente, relacionar-se com a atividade em que existe a subordinação, poderá ocorrer

---

39. Nesse sentido: Cezar Roberto Bitencourt, Assédio sexual: contribuição jurídico-normativa da globalização, in *Assédio sexual*, cit., p. 41 e 42; Damásio E. de Jesus, Assédio sexual, *Assédio sexual*, cit., p. 60.

40. Rodolfo Pamplona Filho, Assédio sexual: questões conceituais, *Assédio sexual*, cit., p. 122 e 123.

41. Luiz Flávio Gomes, Lei do Assédio Sexual (10.224/01): primeiras notas interpretativas, *Assédio sexual*, cit., p. 67.

o delito de assédio sexual. Por exemplo: professor que ameaça não dar dez para a aluna. A gravidade deve ser aferida de acordo com as peculiaridades do caso concreto e com a importância que o fato tiver para cada vítima.

8. AÇÃO PENAL. PROCEDIMENTO

Até o advento da Lei n. 13.718/2018, o art. 225 do CP possuía a seguinte redação: "Nos crimes definidos nos Capítulos I e II deste Título, procede-se mediante ação penal pública condicionada à representação. Parágrafo único. Procede-se, entretanto, mediante ação penal pública incondicionada se a vítima é menor de 18 (dezoito) anos ou pessoa vulnerável".

Agora, a redação do art. 225 passou a ser a seguinte: "Nos crimes definidos nos Capítulos I e II deste Título, procede-se mediante ação penal pública incondicionada". Seu parágrafo único restou revogado (art. 3º, I, da Lei n. 13.718/2018).

→ Atenção: os processos em que se apuram os crimes definidos neste Título correrão em segredo de justiça (CP, art. 234-B).

ART. 216-B – REGISTRO NÃO AUTORIZADO DA INTIMIDADE SEXUAL

1. CONCEITO

A Lei n. 13.772, de 19 de dezembro de 2018, dentre outras providências, alterou o Código Penal para criminalizar o registro não autorizado de conteúdo com cena de nudez ou ato sexual ou libidinoso de caráter íntimo e privado. Seu art. 3º acrescentou ao Código Penal o Capítulo I-A, denominado "Da exposição da intimidade sexual", composto pelo art. 216-B, cuja redação é a seguinte: "Produzir, fotografar, filmar ou registrar, por qualquer meio, conteúdo com cena de nudez ou ato sexual ou libidinoso de caráter íntimo e privado sem autorização dos participantes: Pena – detenção, de 6 (seis) meses a 1 (um) ano, e multa".

Ainda, seu parágrafo único dispõe que: "Na mesma pena incorre quem realiza montagem em fotografia, vídeo, áudio ou qualquer outro registro com o fim de incluir pessoa em cena de nudez ou ato sexual ou libidinoso de caráter íntimo".

2. OBJETO JURÍDICO

É a dignidade sexual.

3. ELEMENTOS DO TIPO

3.1. Ação nuclear

A ação nuclear está consubstanciada pelos verbos "produzir" (confecção da gravação), "fotografar (reproduzir por processo fotográfico)", "filmar" (confeccionar filme) e "registrar" (gravar), por qualquer meio, conteúdo com cena de nudez ou ato sexual ou libidinoso de caráter íntimo e privado sem autorização dos participantes.

As ações do agente devem ter como alvo cena de nudez ou ato sexual ou libidinoso, de "caráter íntimo", ou seja, na esfera da intimidade dos envolvidos, e "privado", sendo este relacionado ao ambiente no qual a conduta é praticada. Assim sendo, não se encaixa no tipo penal o ato praticado em local público ou exposto ao público.

Finalmente, o tipo penal exige que a produção, fotografia, filmagem ou registro tenham sido efetuados sem a autorização dos participantes. Assim, se um dos participantes permite que o ato seja produzido, fotografado, filmado ou registrado, mas o outro nega, configura-se o crime. Também há crime se o registro for feito por um dos envolvidos.

→ **Atenção:** o crime de registro não autorizado da intimidade sexual pode ser ato preparatório do delito de divulgação de cena de sexo ou de pornografia (CP, art. 218-C), hipótese na qual o delito-meio (CP, art. 216-B) ficará absorvido pelo segundo (CP, art. 218-C). No entanto, se o agente que efetuou a filmagem for diverso daquele que a divulgou, o primeiro responderá pelo art. 216-B e o segundo pelo art. 218-C, lembrando que, para tanto, ambos não podem ter atuado em conluio. Se houve prévia unidade de desígnios entre os agentes, ambos responderão pelo delito do art. 216-C c.c. art. 29 do CP (concurso de agentes).

3.2. Sujeito ativo

Trata-se de crime comum. Qualquer pessoa pode praticar o delito em análise.

3.3. Sujeito passivo

Trata-se de crime comum. Qualquer pessoa pode ser sujeito passivo do delito em análise.

4. ELEMENTOS SUBJETIVOS

É o dolo, consubstanciado na atuação voluntária do sujeito ativo, que deve ter consciência de que o registro por ele efetuado se refere à cena de nudez ou ato sexual ou ato libidinoso, realizados em caráter íntimo e privado, sem autorização dos participantes.

5. CONSUMAÇÃO E TENTATIVA

A consumação se dá com a produção, fotografia, filmagem ou registro do conteúdo com cena de nudez ou ato sexual ou libidinoso. A tentativa é possível.

→ **Atenção:** não é necessário que o registro capturado tenha sido visto por terceiros. Em caso de divulgação do conteúdo, o agente responderá pelo crime de divulgação de cena de sexo, nudez ou pornografia (CP, art. 218-C), restando absorvido o delito do art. 218-B.

6. CONDUTA EQUIPARADA (PARÁGRAFO ÚNICO)

Consoante o parágrafo único, incorre na mesma pena aquele que realiza montagem em fotografia, vídeo, áudio ou qualquer outro registro com o fim de incluir pessoa em cena de nudez ou ato sexual ou libidinoso de caráter íntimo. Por exemplo, pune-se aquele que faz uma montagem no registro efetuado, substituindo o rosto ou a voz de alguém, com o objetivo de inserir falsamente outrem na cena de nudez ou ato sexual ou libidinoso.

7. AÇÃO PENAL

É de ação penal pública incondicionada.

Por se tratar de infração de menor potencial ofensivo, está sujeita às disposições da Lei n. 9.099/95. É cabível a transação penal e a suspensão condicional do processo (art. 89 da Lei dos Juizados Especiais Criminais).

Capítulo II
DOS CRIMES SEXUAIS CONTRA VULNERÁVEL

ART. 217 – A LEI N. 11.106, DE 28 DE MARÇO DE 2005, REVOGOU O CRIME DE SEDUÇÃO

1. CONSIDERAÇÕES PRELIMINARES

Significativas alterações foram operadas no Capítulo II do Código Penal, o qual recebeu a rubrica de "crimes sexuais contra vulnerável", passando a contemplar inúmeros outros delitos, tais como: estupro de vulnerável (CP, art. 217-A), a mediação de menor de 14 anos para satisfação da lascívia de outrem (CP, art. 218, sem nomenclatura legal), satisfação de lascívia mediante presença de criança ou adolescente (art. 218-A) e favorecimento da prostituição ou outra forma de exploração sexual de vulnerável (CP, art. 218-B).

ART. 217-A – ESTUPRO DE VULNERÁVEL

1. CONCEITO. OBJETO JURÍDICO

O estupro cometido contra pessoa sem capacidade ou condições de consentir, com violência ficta, deixou de integrar o art. 213 do CP, para configurar crime autônomo, previsto no art. 217-A, sob a nomenclatura "estupro de vulnerável". Seu teor é o seguinte: "Ter conjunção carnal ou praticar outro ato libidinoso com menor de 14 (catorze) anos: Pena – reclusão, de 8 (oito) a 15 (quinze) anos. § 1º Incorre na mesma pena quem pratica as ações descritas no *caput* com alguém que, por enfermidade ou deficiência mental, não tem o necessário discernimento para a prática do ato, ou que, por qualquer outra causa, não pode oferecer resistência. § 2º (*Vetado.*) § 3º Se da conduta resulta lesão corporal de natureza grave: Pena – reclusão, de 10 (dez) a 20 (vinte) anos. § 4º Se da conduta resulta morte: Pena – reclusão, de 12 (doze) a 30 (trinta) anos".

Dessa forma, as condições acima aludidas passaram a integrar o tipo penal do art. 217-A, com sanções próprias, distintas das reprimendas impostas ao crime sexual praticado com violência real. Antes, o operador do direito necessitava lançar mão da ficção legal contida no art. 224 do CP para lograr enquadrar o agente nas penas do art. 213 ou do revogado art. 214 do CP. Agora, a subsunção típica do fato será direta no 217-A do CP.

Mencione-se que a criação do art. 217-A do CP foi acompanhada, de outro lado, pela revogação expressa do art. 224 do CP pela Lei n. 12.015/2009, mas como veremos mais abaixo, de uma forma ou de outra, todas as condições nele contempladas passaram a integrar o atual dispositivo legal, que não mais se refere à presunção de violência, mas às condições de vulnerabilidade da vítima, daí a rubrica "estupro de vulnerável".

Há, contudo, que se fazer uma distinção. Vulnerável é qualquer pessoa em situação de fragilidade ou perigo. A lei não se refere aqui à capacidade para consentir ou à maturidade sexual da vítima, mas ao fato de se encontrar em situação de maior fraqueza moral, social, cultural, fisiológica, biológica etc. Uma jovem menor, sexualmente experimentada e envolvida em prostituição, pode atingir à custa desse prematuro envolvimento um amadurecimento precoce. Não se pode afirmar que seja incapaz de compreender o que faz. No entanto, é considerada vulnerável, dada a sua condição de menor sujeita à exploração sexual.

Por esse motivo, não se confundem a vulnerabilidade e a presunção de violência da legislação anterior. São vulneráveis os menores de 18 anos, mesmo que tenham maturidade prematura. Não se trata de presumir incapacidade e violência. A vulnerabilidade é um conceito novo muito mais abrangente, que leva em conta a necessidade de proteção do Estado em relação a certas pessoas ou situações. Incluem-se no rol de vulnerabilidade casos de doença mental, embriaguez, hipnose, enfermidade, idade avançada, pouca ou nenhuma mobilidade de membros, perda momentânea de consciência, deficiência intelectual, má formação cultural, miserabilidade social, sujeição a situação de guarda, tutela ou curatela, temor reverencial, enfim, qualquer caso de evidente fragilidade.

Reafirmando o destaque da vulnerabilidade dos menores de 18 anos, foi publicado o Decreto n. 14.482, em 9-9-2020, para instituir a Comissão Intersetorial de Enfrentamento à Violência Sexual contra Crianças e Adolescentes. À Comissão compete formular propostas de: I – ações e de políticas públicas relacionadas ao Plano Nacional de Enfrentamento à Violência Sexual contra Crianças e Adolescentes; II – políticas, de programas, de projetos e de ações relacionadas ao enfrentamento à violência sexual contra crianças e adolescentes; e III – sistematização e de divulgação de materiais teórico-metodológicos sobre enfrentamento à violência sexual contra crianças e adolescentes (art. 2º).

Cumpre, ainda, assinalar que, de acordo com a atual redação do art. 1º, VI, da Lei n. 8.072/90, o estupro de vulnerável (art. 217-A, *caput* e §§ 1º a 4º) é considerado crime hediondo. Antes de tais modificações legais, muito se discutiu se os crimes sexuais (estupro e o revogado atentado violento ao pudor) com violência presumida seriam hediondos, sendo certo que os Tribunais Superiores vinham se manifestando no sentido afirmativo da hediondez de tais delitos.

Finalmente, no tocante ao objeto jurídico, o crime em estudo tutela a dignidade sexual do indivíduo menor de 14 anos ou daquele que, por enfermidade ou deficiência mental, não tem o necessário discernimento para a prática do ato, ou que, por qualquer outra causa, não pode oferecer resistência.

2. ELEMENTOS DO TIPO

2.1. Ação nuclear

A conduta típica consiste em ter conjunção carnal ou praticar outro ato libidinoso com menor de 14 (catorze) anos. De acordo com o § 1º, incorre na mesma pena quem pratica as ações descritas no *caput* com alguém que, por enfermidade ou deficiência mental, não tem o necessário discernimento para a prática do ato, ou que, por qualquer outra causa, não pode oferecer resistência.

(i) Conjunção carnal: é a cópula vagínica, ou seja, a introdução do pênis na cavidade vaginal da mulher.

(ii) Ato libidinoso: compreendem-se nesse conceito outras formas de realização do ato sexual, que não a conjunção carnal. São os coitos anormais (por exemplo, a cópula oral, anal).

Se o agente constranger *alguém*, mediante violência ou grave ameaça, a ter conjunção carnal *ou a praticar ou permitir que com ele se pratique outro ato libidinoso*, haverá o crime de estupro (CP, art. 213).

No caso de o agente manter conjunção carnal ou praticar outro ato libidinoso com alguém, mediante fraude ou outro meio que impeça ou dificulte a livre manifestação de vontade da vítima, o crime será o previsto no art. 215 do CP: "violação sexual mediante fraude".

2.2. Sujeito ativo

Pode ser qualquer pessoa (crime comum). Inclusive, o tipo penal passou a abarcar não só a prática de conjunção carnal, mas também de qualquer outro ato libidinoso, possibilitando, assim, que a mulher também seja sujeito ativo desse crime. Vale observar que, na hipótese de o agente ser menor de 18 anos, embora penalmente inimputável, incorrerá em ato infracional equiparado a delito hediondo, sujeitando-se a medidas socioeducativas previstas no ECA.

2.3. Sujeito passivo

É o indivíduo menor de 14 anos ou aquele que, por enfermidade ou deficiência mental, não tem o necessário discernimento para a prática do ato, ou que, por qualquer outra causa, não pode oferecer resistência.

Tanto o homem quanto a mulher podem ser sujeitos passivos do crime em exame.

Vejamos, agora, cada uma das circunstâncias legais previstas no art. 217-A do CP, de onde se depreende a vulnerabilidade da vítima:

(i) Vítima com idade inferior a 14 anos: o menor de idade, pela imaturidade, não pode validamente consentir na prática dos atos sexuais. Verifique-se que o legislador incorreu em grave equívoco, na medida em que, se o crime for praticado contra a vítima no dia do seu 14º aniversário, não haverá o delito do art. 217-A, nem a qualificadora do art. 213 do CP. Poder-se-á configurar, no caso, o estupro na forma simples, havendo o emprego de violência ou grave ameaça. Se houver o consentimento do ofendido, o fato será atípico, sendo a lei, nesse ponto, benéfica para o agente, devendo retroagir para alcançá-lo.

Vale notar que a tendência na doutrina era emprestar valor relativo a essa presunção (*juris tantum*)[42], corrente esta minoritariamente partilhada pela jurisprudência (STJ, AgRg no REsp 1.303.083/MG, *DJU* 27-4-2012). Assim, afastava-se essa presunção nas seguintes hipóteses: vítima que aparentava ser maior de idade; que era experiente na prática sexual; que já se demonstrava corrompida; vítima que forçou o agente a possuí-la; que se mostrava despudorada, devassa. Para essa corrente, a presunção não poderia ser absoluta, sob pena de adoção indevida da responsabilidade objetiva. O dispositivo em questão teria como intuito proteger o menor sem qualquer capacidade de discernimento e com incipiente desenvolvimento orgânico. Se a vítima, a despeito de não ter completado ainda 14 anos, apresentasse evolução biológica precoce, bem como maturidade emocional, não haveria por que impedir a análise do caso concreto de acordo com suas peculiaridades. Por exemplo: rapaz de 18 anos, que namorasse uma menina de 12 anos há pelo menos um ano, e com ela mantivesse conjunção carnal consentida. Se a garota tivesse um desenvolvimento bem mais adiantado do que sugerisse sua idade, e se ficasse demonstrado seu alto nível de discernimento, incomum para sua fase de vida, para essa corrente não haveria por que considerar o autor responsável por estupro, já que a presunção teria sido quebrada por circunstâncias específicas do caso. Entretanto, os Tribunais Superiores vêm adotando entendimento no sentido de que a presunção de violência é absoluta quando o crime for praticado contra vítima menor de idade (*juris et de jure*). Assim, sustenta-se que o consentimento de menor de 14 anos para a prática de relações sexuais e sua experiência anterior não afastaria a presunção de violência para a caracterização do estupro ou do atentado violento ao pudor (STJ, AgRg no AREsp 1.625.636/DF, *DJU* 28-9-2020); da mesma forma, o comprovado concubinato do réu com a vítima menor de 14 anos não teria o condão de elidir a presunção de violência (STJ, REsp 94.683/GO). Contudo, atente-se que, em 25 de outubro de 2017, o STJ aprovou a Súmula 593, a qual dispõe que "O crime de estupro de vulnerável se configura com a conjunção carnal ou prática de ato libidinoso com menor de 14 anos, sendo irrelevante eventual consentimento da vítima para a prática do ato, sua experiência sexual anterior ou existência de relacionamento amoroso com o agente".

---

42. E. Magalhães Noronha, *Direito penal*, cit., v. 3, p. 221-8; Nélson Hungria, *Comentários*, cit., v. 8, p. 230; Celso Delmanto e outros, *Código Penal*, cit., p. 431; Julio Fabbrini Mirabete, *Manual*, cit., v. 2, p. 446.

Note-se que, se houvesse erro de tipo, não haveria a configuração típica, uma vez que nesta o agente desconhece a idade da vítima, ignorando, assim, a existência da elementar típica. Por exemplo: sujeito inexperiente vai a uma casa noturna, na qual só podem entrar maiores de 18 anos; lá conhece uma prostituta muito bem desenvolvida fisicamente, combina um "programa" e com ela se dirige a um motel; após apresentarem seus respectivos documentos de identidade na portaria, chegam ao cômodo; tão logo se encerra o ato sexual (negocial), a polícia invade o quarto e prende o agente, uma vez que a moça tinha apenas 13 anos de idade. Duas alegações seriam possíveis: (i) a moça tem desenvolvimento físico e psicológico prematuro e já possui razoável experiência sexual, de modo que não haveria como o agente supor a menoridade; (ii) o agente não sabia, nem tinha como saber, que mantinha conjunção carnal com uma menor, pois ela estava em um local onde só ingressariam maiores, apresentou documento falso e tinha físico de adulto. A segunda hipótese seria a do erro de tipo essencial, o qual excluiria o dolo e tornaria o fato atípico, diante da ausência de previsão legal. Não poderia incidir a agravante do art. 61, II, *h* (crime contra criança). A menoridade seria provada mediante certidão do registro civil.

Em decisão de 26-8-2014, o Ministro Rogério Schietti, da 6ª Turma do STJ, reformou decisão absolutória de primeira e segunda instâncias que absolviam o agente acusado de estupro de vulnerável diante de peculiaridades do caso concreto. Para o Superior Tribunal de Justiça, a presunção de vulnerabilidade de menor de 14 anos é absoluta e não admite prova em contrário nem sequer pode ser relativizada.

(ii) Vítima que, por enfermidade ou deficiência mental, não tem o necessário discernimento para a prática do ato: o art. 224, *b*, do CP, fazia menção à vítima alienada ou débil mental, e exigia que o agente devesse conhecer essa circunstância. O art. 217-A, § 1º, do CP abrangeu a referida hipótese, mas também incluiu a vítima enferma, que, na realidade, já era tutelada pelo art. 224, *c*, do CP. Deve-se provar, no caso concreto, que, em virtude de tais condições, ela não tem o necessário discernimento para a prática do ato. Cumpre, portanto, que sejam comprovadas mediante laudo pericial, sob pena de não restar atestada a materialidade do crime, por se tratar de elementar, a qual integra o fato típico. Vejam que pela própria redação do tipo penal, não há como não se exigir uma análise concreta acerca da caracterização ou não da situação de vulnerabilidade da vítima.

(iii) Vítima que, por qualquer outra causa, não pode oferecer resistência: trata-se de hipótese que já constava do art. 224, *c*, do CP. Por vezes a vítima não é menor de idade nem tem enfermidade ou deficiência mental, mas por motivos outros está impossibilitada de oferecer resistência. Exemplos: embriaguez completa, narcotização etc. A presunção aqui também era relativa e devia ser provada a completa impossibilidade de a vítima oferecer resistência. Cremos que, com as modificações legais, tal necessidade permanece, pois não há como não se exigir a comprovação no caso concreto de que a vítima não tenha condições de oferecer qualquer oposição.

3. ELEMENTO SUBJETIVO

É o dolo, consubstanciado na vontade de ter conjunção carnal ou praticar outro ato libidinoso com indivíduo nas condições previstas no *caput* ou § 1º do artigo. Não é exigida nenhuma finalidade especial, sendo suficiente a vontade de submeter a vítima à prática de relações sexuais.

4. CONSUMAÇÃO E TENTATIVA

Sobre o tema, *vide* comentários constantes do art. 213 do CP.

5. FORMAS

5.1. Simples (art. 217-A, *caput* e § 1º)

Prevista no *caput* e § 1º do art. 217-A do CP.

5.2. Qualificadas (art. 217-A, §§ 3º e 4º)

Estão contempladas no § 3º: "Se da conduta resulta lesão corporal de natureza grave: Pena – reclusão, de 10 (dez) a 20 (vinte) anos" e no § 4º: "Se da conduta resulta morte: Pena – reclusão, de 12 (doze) a 30 (trinta) anos" (CP, art. 217-A).

O estupro de vulnerável, na forma simples e qualificada (art. 217-A, *caput* e §§ 1º, 2º, 3º e 4º), é considerado hediondo, consoante expresso teor do art. 1º, VI, da Lei n. 8.072/90.

Registre-se que, com o advento da Lei n. 13.718/2018, foi acrescentado o § 5º ao art. 217-A, cuja redação é a seguinte: "As penas previstas no *caput* e nos §§ 1º, 3º e 4º deste artigo aplicam-se independentemente do consentimento da vítima ou do fato de ela ter mantido relações sexuais anteriormente ao crime".

5.3. Causa de aumento de pena

Vide comentários constantes aos arts. 226 e 234-A.

→ **Atenção:** pode suceder o concurso das causas de aumento de pena entre os artigos mencionados. Nos termos do parágrafo único do art. 68 do Código Penal, o juiz pode limitar-se à aplicação da causa que mais aumente, desprezando as demais.

6. LEI DOS CRIMES HEDIONDOS

Conforme o teor do art. 9º, as penas fixadas para os crimes capitulados *no art. 214 e sua combinação com o art. 223, "caput" e parágrafo único, todos do Código Penal*, seriam acrescidas de metade, respeitado o limite superior de 30 anos de reclusão, estando a vítima em qualquer das hipóteses referidas no *art. 224 também do CP*. Como já estudado, o crime de atentado violento ao pudor foi expressamente revogado, mas os seus elementos foram abarcados pela figura do estupro (CP, art. 213). O art. 223 do CP, por sua vez, foi revogado e as formas qualificadas do delito de estupro (antes previstas no art. 223) passaram a integrar os §§ 1º (1ª parte) e 2º do art. 213 do CP. Finalmente, o art. 224 do CP, que presumia a violência em alguns delitos, também foi expressamente revogado, tendo sido criado o tipo autônomo denominado "estupro de vulnerável", de modo que não há mais que se falar em violência presumida e, portanto, na incidência da causa de aumento de pena do art. 9º da Lei n. 8.072/90.

Preceitua, ainda, o art. 9º que as penas dos aludidos delitos, acrescidas de metade, deveriam respeitar o limite superior de 30 anos de reclusão, estando a vítima em qualquer das hipóteses referidas no art. 224 também do CP. Ora, referida prescrição legal, igualmente, perdeu o sentido, na medida em que não se cogita mais da incidência da causa de aumento de pena em estudo.

Com o advento da Lei n. 12.015/2009, passamos a ter a figura do estupro de vulnerável, cuja pena é de reclusão, de 8 (oito) a 15 (quinze) anos, e a abolição, como já visto, da majorante contemplada no art. 9º da Lei n. 8.072/90.

7. QUADRO COMPARATIVO DAS SANÇÕES PENAIS

ART. 213	ART. 217-A (ESTUPRO DE VULNERÁVEL)
Constranger alguém, mediante violência ou grave ameaça, a ter conjunção carnal ou a praticar ou permitir que com ele se pratique outro ato libidinoso: **Pena – reclusão, de 6 (seis) a 10 (dez) anos.**	Ter conjunção carnal ou praticar outro ato libidinoso com menor de 14 (catorze) anos: **Pena – reclusão, de 8 (oito) a 15 (quinze) anos.** § 1º Incorre na mesma pena quem pratica as ações descritas no *caput* com alguém que, por enfermidade ou deficiência mental, não tem o necessário discernimento para a prática do ato, ou que, por qualquer outra causa, não pode oferecer resistência.
Estupro com violência real e a majorante do art. 9º da Lei dos Crimes Hediondos: a referida causa de aumento de pena acabou por ser revogada pela Lei n. 12.015/2009.	
	– Não há mais falar em violência presumida na forma do revogado art. 224 do CP, havendo a configuração do delito do art. 217-A. – Diante da revogação do art. 9º da Lei n. 8.072/90, não há mais qualquer discussão sobre a sua incidência.
Estupro na forma qualificada: Se da conduta resulta lesão corporal de natureza grave ou se a vítima é menor de 18 (dezoito) ou maior de 14 (catorze) anos: **Pena – reclusão, de 8 (oito) a 12 (doze) anos** (CP, art. 213, § 1º). Se da conduta resulta morte: **Pena – reclusão, de 12 (doze) a 30 (trinta) anos** (CP, art. 213, § 2º).	**Estupro de vulnerável na forma qualificada:** Se da conduta resulta lesão corporal de natureza grave: **Pena – reclusão, de 10 (dez) a 20 (vinte) anos** (CP, art. 217-A, § 3º). Se da conduta resulta morte: **Pena – reclusão, de 12 (doze) a 30 (trinta) anos** (CP, art. 217-A, § 4º).

ART. 227. MEDIAÇÃO PARA SATISFAZER A LASCÍVIA DE OUTREM	ART. 218
Induzir alguém a satisfazer a lascívia de outrem: **Pena – reclusão, de 1 (um) a 3 (três) anos.**	Induzir alguém **menor de 14 (catorze) anos** a satisfazer a lascívia de outrem: **Pena – reclusão, de 2 (dois) a 5 (cinco) anos.**
§ 1º Se a vítima é maior de 14 (catorze) e menor de 18 (dezoito) anos, ou se o agente é seu ascendente, descendente, marido, irmão, tutor ou curador ou pessoa que esteja confiada para fins de educação, de tratamento ou de guarda.	Parágrafo único. (*Vetado.*)
Pena – reclusão, de 2 (dois) a 5 (cinco) anos. § 2º Se o crime é cometido com emprego de violência, grave ameaça ou fraude: **Pena – reclusão, de 2 (dois) a 8 (oito) anos, além da pena correspondente à violência.** § 3º Se o crime é cometido com o fim de lucro, aplica-se também a multa.	

8. AÇÃO PENAL

Trata-se de crime de ação penal pública incondicionada, consoante o art. 225 do CP.

→ **Atenção:** os processos em que se apuram os crimes definidos neste Título correrão em segredo de justiça (CP, art. 234-B).

ART. 218 – CORRUPÇÃO DE MENORES

1. CONCEITO

Preceitua o art. 218 do CP: "Induzir alguém menor de 14 (catorze) anos a satisfazer a lascívia de outrem: Pena – reclusão, de 2 (dois) a 5 (cinco) anos".

O agente, que induzir vítima menor de 14 anos a satisfazer a lascívia de outrem, responderá pelo crime autônomo do art. 218 do CP, cuja pena é mais branda (reclusão, de 2 a 5 anos). Por constituir *novatio legis in mellius*, poderá retroagir para alcançar fatos praticados antes de sua entrada em vigor. Percebam que o dispositivo não se refere à vítima com idade de igual a 14 anos, de onde se extrai a conclusão de que, nessa hipótese, haverá a configuração do delito do art. 227, *caput*, do CP.

2. OBJETO JURÍDICO

O crime em estudo resguarda, principalmente, a dignidade sexual do menor de 14 anos que é levado a satisfazer a lascívia de outrem. Mudou-se, portanto, o foco da proteção jurídica. O valor da pessoa humana passa a ser o objeto jurídico dos delitos contemplados nos Capítulos IV e V. Procura-se, no entanto, também, com esse amparo legal, impedir o desenvolvimento desenfreado da prostituição, o qual é, comumente, estimulado pela ação de terceiros que exploram o "comércio carnal". A moral média da sociedade, portanto, em segundo plano, também é foco da proteção jurídica. Embora esse tipo penal não puna a ação de induzir o menor a satisfazer a lascívia de um número indeterminado de pessoas, isto é, a prostituição, ele incrimina um estágio que podemos considerar inicial ao estímulo da prostituição, qual seja, o de induzir alguém a satisfazer a lascívia de pessoa(s) determinada(s).

3. ELEMENTOS DO TIPO

3.1. Ação nuclear

Consubstancia-se no verbo *induzir*, que significa persuadir, aliciar, levar o menor, por qualquer meio, a praticar uma ação para satisfazer a lascívia de outrem, ou seja, a atender o desejo erótico de terceiro, por exemplo, convencer o menor a desnudar-se. Lascívia diz com a sensualidade, libidinagem.

Tal delito não deve ser confundido com o previsto no art. 218-A (satisfação de lascívia mediante presença de criança ou adolescente), pois neste o agente: (i) pratica o ato ou induz o menor apenas a presenciar a ação, de forma que, no caso, não há qualquer conduta realizada pelo menor, ao contrário do delito do art. 218; (ii) o ato no caso é especificamente a conjunção carnal (cópula vagínica) ou outro ato libidinoso (coito oral, anal etc.); (iii) o ato pode visar satisfazer a lascívia do próprio agente, ao contrário do art. 218 em estudo.

Note-se que, caso a vítima, menor de 14 anos, seja induzida a praticar conjunção carnal ou ato libidinoso com outrem, o indutor poderá responder na qualidade de partícipe do crime do art. 217-A (estupro de vulnerável), de forma que, conforme assinala Rogério Sanches Cunha, o tipo penal do art. 218 "limita-se, portanto, às práticas sexuais meramente contemplativas, como, por exemplo, induzir alguém menor de 14 anos a vestir-se com determinada fantasia para satisfazer a luxúria de alguém"[43].

Finalmente, mencione-se que o agente deve induzir a vítima a satisfazer a lascívia de outrem, isto é, de pessoa(s) determinada(s), isto é, de pessoas certas, pois, se leva a pessoa a atender a lascívia de um número indeterminado, impreciso, de indivíduos, o crime passará a ser outro: o de favorecimento da prostituição ou outra forma de exploração sexual de vulnerável (CP, art. 218-B).

---

43. Luiz Flávio Gomes, Rogério Sanches Cunha e Valério de Oliveira Mazzuoli, *Comentários à Reforma Criminal de 2009 e à Convenção de Viena sobre o Direito dos Tratados*, São Paulo, Revista dos Tribunais, 2009, p. 53.

3.2. Sujeito ativo

Qualquer pessoa pode praticar o delito em tela, homem ou mulher, exceto aquele com quem se realiza o ato libidinoso. O destinatário do lenocínio, ou seja, aquele que satisfaz a sua lascívia com a ação da vítima, por qual crime responde? Conforme a doutrina, não poderá ser coautor do crime em tela, pois não realiza qualquer mediação para satisfazer a lascívia alheia.

3.3. Sujeito passivo

Qualquer pessoa, homem ou mulher. Será qualificado o crime se o agente é seu ascendente, descendente, cônjuge ou companheiro, irmão, tutor ou curador ou pessoa a que esteja confiada para fins de educação, de tratamento ou de guarda (§ 1º, 2ª parte, do art. 227).

4. ELEMENTO SUBJETIVO

É o dolo, consubstanciado na vontade livre e consciente de induzir a vítima a satisfazer a lascívia alheia, devendo o agente ter ciência de que pratica a conduta em face de menor de 14 anos.

5. CONSUMAÇÃO E TENTATIVA

Não se trata de crime habitual. Consuma-se com a prática de qualquer ato pela vítima destinado a satisfazer a lascívia de outrem. Não se exige efetiva satisfação sexual desse terceiro. A tentativa é perfeitamente possível.

6. CAUSAS DE AUMENTO DE PENA

Vide comentários aos arts. 226 e 234-A.

→ **Atenção:** pode suceder o concurso das causas de aumento de pena entre os artigos mencionados. Nos termos do parágrafo único do art. 68 do Código Penal, o juiz pode limitar-se à aplicação da causa que mais aumente, desprezando as demais.

7. AÇÃO PENAL. PROCEDIMENTO

Trata-se de crime de ação penal incondicionada (CP, art. 225).

Com relação ao procedimento, *vide* art. 394 do CPP, que passou a eleger critério distinto para a determinação do rito processual a ser seguido. A distinção entre os procedimentos ordinário e sumário dar-se-á em função da pena máxima cominada à infração penal e não mais em virtude de esta ser apenada com reclusão ou detenção.

→ **Atenção:** os processos em que se apuram os crimes definidos neste Título correrão em segredo de justiça (CP, art. 234-B).

ART. 218-A – SATISFAÇÃO DE LASCÍVIA MEDIANTE PRESENÇA DE CRIANÇA OU ADOLESCENTE

1. CONCEITO. OBJETO JURÍDICO

Dispõe o art. 218-A do CP: "Praticar, na presença de alguém menor de 14 anos, ou induzi-lo a presenciar, conjunção carnal ou outro ato libidinoso, a fim de satisfazer lascívia própria ou de outrem: Pena – reclusão, de 2 (dois) a 4 (quatro) anos".

O atual dispositivo legal protege a dignidade sexual, a moral sexual, do menor de 14 anos, incriminando a conduta daquele que o expõe aos atos de libidinagem.

2. ELEMENTOS DO TIPO

2.1. Ação nuclear

O tipo penal pune a ação de *praticar*, na presença de alguém menor de 14 anos, *ou induzi-lo* (convencê-lo, persuadi-lo, aliciá-lo, levá-lo) a presenciar conjunção carnal ou outro ato libidinoso, a fim de satisfazer lascívia própria ou de outrem.

Incrimina-se, dessa forma, a realização de conjunção carnal ou de ato libidinoso diverso, pelo agente com outrem, na presença de menor de 14 anos.

Da mesma maneira, incrimina-se a ação de persuadir menor a assistir a prática da conjunção carnal ou outros atos libidinosos levados a efeito por terceiros.

Em ambas as condutas típicas, não há qualquer contato corporal do menor com o agente ou com outrem. Nesse contexto, ao contrário do delito anterior, o menor não pratica qualquer ato de cunho sexual, isto é, não é induzido a praticar o ato libidinoso em si mesmo (p. ex.: masturbação); ou com terceiro (p. ex.: manter conjunção carnal). Interessante notar que, antes da edição da Lei n. 12.015/2009, o indivíduo não maior de 14 anos, que presenciasse atos de libidinagem sem deles participar, não podia sequer ser enquadrado no crime de corrupção de menores, pois a idade mínima exigida era de 14 anos[44], omissão esta que acabou sendo corrigida.

Deve-se comprovar no caso que o agente determinou a vontade do menor. Assim, se este, por acaso, surpreende um indivíduo praticando atos libidinosos, e se mantém na espreita para assisti-los, não há aqui qualquer ato de induzimento do menor[45].

O tipo penal refere-se à conjunção carnal e aos atos libidinosos, isto é, todos aqueles capazes de provocar a libido da vítima, de despertar nela o gosto pelos prazeres sexuais. Sobre o tema, *vide* comentários ao art. 213 do CP.

Basta o cometimento de um único ato libidinoso para que o crime se configure. Prescinde-se da habitualidade da conduta.

---

44. E. Magalhães Noronha, *Direito penal*, cit., v. 3, p. 128.

45. Nélson Hungria, *Comentários*, cit., v. 8, p. 186.

Finalmente, caso o agente induza o menor de 14 anos a ter com ele conjunção carnal ou praticar outro ato libidinoso, portanto, a satisfazer a lascívia própria, terá a sua conduta enquadrada no art. 217-A (estupro de vulnerável).

2.2. Sujeito ativo

Trata-se de crime comum. Tanto o homem quanto a mulher podem praticá-lo.

2.3. Sujeito passivo

Sujeito passivo é a pessoa menor de 14 anos, ainda que corrompida. Ao contrário da antiga redação do art. 218 do CP, deixou a lei de tutelar os maiores de 14 e menores de 18 anos de idade que são induzidos a presenciar a prática da conjunção carnal ou de atos libidinosos diversos.

Da mesma forma, a lei não tutela a vítima com idade igual a 14 anos, isto é, se o crime for praticado no dia do 14º aniversário dela, não há que se falar no delito em estudo.

3. ELEMENTO SUBJETIVO

É o dolo, consubstanciado na vontade livre e consciente de praticar, na presença de alguém menor de 14 anos, ou induzi-lo a presenciar, conjunção carnal ou outro ato libidinoso, com o fim especial de satisfazer lascívia própria ou de outrem (elemento subjetivo do tipo). Lascívia diz com a sensualidade, libidinagem.

O agente deve ter ciência a respeito da idade da vítima, pois, do contrário, poderá haver erro de tipo (CP, art. 20).

4. CAUSAS DE AUMENTO DE PENA

Vide comentários ao art. 226. As causas de aumento previstas no art. 234-A não se aplicam, pois exigem o efetivo contato sexual entre o agente e a vítima e não sua mera contemplação.

5. CONSUMAÇÃO E TENTATIVA

Consuma-se o crime com a prática, na presença de alguém menor de 14 anos, da conjunção carnal ou de outro ato libidinoso. No ato de induzir, o crime se consuma no instante em que o menor é efetivamente convencido, levado pelo agente a presenciar o ato sexual. A tentativa é perfeitamente admissível em ambas as modalidades delituosas.

6. ESTATUTO DA CRIANÇA E DO ADOLESCENTE

(i) **Art. 240 do ECA:** o art. 240 tem a seguinte redação: "Produzir, reproduzir, dirigir, fotografar, filmar ou registrar, por qualquer meio, cena de sexo explícito ou pornográfica, envolvendo criança ou adolescente: Pena – reclusão, de 4 (quatro) a 8 (oito) anos, e multa. § 1º Incorre nas mesmas penas quem agencia, facilita, recruta, coage, ou de qualquer modo intermedeia a participação de criança ou adolescente nas cenas referidas no *caput* deste artigo, ou ainda quem com esses contracena. § 2º

Aumenta-se a pena de 1/3 (um terço) se o agente comete o crime: I – no exercício de cargo ou função pública ou a pretexto de exercê-la; II – prevalecendo-se de relações domésticas, de coabitação ou de hospitalidade; ou III – prevalecendo-se de relações de parentesco consanguíneo ou afim até o terceiro grau, ou por adoção, de tutor, curador, preceptor, empregador da vítima ou de quem, a qualquer outro título, tenha autoridade sobre ela, ou com seu consentimento".

(ii) Art. 241-D do ECA: de acordo com o art. 241-D, constitui crime: "Aliciar, assediar, instigar ou constranger, por qualquer meio de comunicação, criança, com o fim de com ela praticar ato libidinoso: Pena – reclusão, de 1 (um) a 3 (três) anos, e multa. Parágrafo único. Nas mesmas penas incorre quem: I – facilita ou induz o acesso à criança de material contendo cena de sexo explícito ou pornográfica com o fim de com ela praticar ato libidinoso; II – pratica as condutas descritas no *caput* deste artigo com o fim de induzir criança a se exibir de forma pornográfica ou sexualmente explícita". As condutas tipificadas no art. 241-D devem ser praticadas por meio de comunicação, em regra, pela rede mundial de computadores (internet) e devem visar à criança, que, nos termos do art. 2º do ECA, é a pessoa até 12 anos de idade incompletos.

(iii) Art. 244-B do ECA: prescreve o art. 244-B: "Corromper ou facilitar a corrupção de menor de 18 (dezoito) anos, com ele praticando infração penal ou induzindo-o a praticá-la: Pena – reclusão, de 1 (um) a 4 (quatro) anos. § 1º Incorre nas penas previstas no *caput* deste artigo quem pratica as condutas ali tipificadas utilizando-se de quaisquer meios eletrônicos, inclusive salas de bate-papo da internet. § 2º As penas previstas no *caput* deste artigo são aumentadas de um terço no caso de a infração cometida ou induzida estar incluída no rol do art. 1º da Lei n. 8.072/90".

Para efeito dos crimes previstos no ECA, considera-se, de acordo com o art. 241-E, cena de sexo explícito ou pornográfica "qualquer situação que envolva criança ou adolescente em atividades sexuais explícitas, reais ou simuladas, ou exibição dos órgãos genitais de uma criança ou adolescente para fins primordialmente sexuais".

ART. 244-A DA LEI N. 8.069/90	ART. 218-B. FAVORECIMENTO DA PROSTITUIÇÃO OU OUTRA FORMA DE EXPLORAÇÃO SEXUAL DE VULNERÁVEL
Submeter criança ou adolescente, como tais definidos no *caput* do art. 2º desta Lei, à prostituição ou à exploração sexual: (*Incluído pela Lei n. 9.975, de 23-6-2000*). Pena – reclusão de 4 (quatro) a 10 (dez) anos, e multa.	Submeter, **induzir ou atrair** à prostituição ou outra forma de exploração sexual **alguém menor de 18 (dezoito) anos ou que, por enfermidade ou deficiência mental, não tem o necessário discernimento para a prática do ato, facilitá-la, impedir ou dificultar que a abandone:** Pena – reclusão, de 4 (quatro) a 10 (dez) anos. **§ 1º Se o crime é praticado com o fim de obter vantagem econômica, aplica-se também multa.**

	§ 2º Incorre nas mesmas penas: **I – quem pratica conjunção carnal ou outro ato libidinoso com alguém menor de 18 (dezoito) e maior de 14 (catorze) anos na situação descrita no *caput* deste artigo;**
§ 1º Incorrem nas mesmas penas o proprietário, o gerente ou o responsável pelo local em que se verifique a submissão de criança ou adolescente às práticas referidas no *caput* deste artigo (*Incluído pela Lei n. 9.975, de 23-6-2000*). § 2º Constitui efeito obrigatório da condenação a cassação da licença de localização e de funcionamento do estabelecimento (*Incluído pela Lei n. 9.975, de 23-6-2000*). Art. 2º Considera-se criança, para os efeitos desta Lei, a pessoa até 12 (doze) anos de idade incompletos, e adolescente aquela entre 12 (doze) e 18 (dezoito) anos de idade.	II – o proprietário, o gerente ou o responsável pelo local em que se verifiquem as práticas referidas no *caput* deste artigo. § 3º Na hipótese do inciso II do § 2º, constitui efeito obrigatório da condenação a cassação da licença de localização e de funcionamento do estabelecimento.

ART. 228 DO CP	ART. 218-B. FAVORECIMENTO DA PROSTITUIÇÃO OU OUTRA FORMA DE EXPLORAÇÃO SEXUAL DE VULNERÁVEL
Induzir ou atrair alguém à prostituição, facilitá-la ou impedir que alguém a abandone: Pena – reclusão, de 2 (dois) a 5 (cinco) anos. § 1º Se ocorre qualquer das hipóteses do § 1º do artigo anterior: Se a vitima é maior de 14 (catorze) e menor de 18 (dezoito) anos Pena – reclusão, de 3 (três) a 8 (oito) anos. § 2º Se o crime é cometido com emprego de violência, grave ameaça ou fraude: Pena – reclusão, de 4 (quatro) a 10 (dez) anos, além da pena correspondente à violência.	**Submeter**, induzir ou atrair à prostituição **ou outra forma de exploração sexual alguém menor de 18 (dezoito) anos ou que, por enfermidade ou deficiência mental não tem o necessário discernimento para a prática do ato, facilitá-la, impedir ou dificultar que a abandone:** **Pena – reclusão, de 4 (quatro) a 10 (dez) anos.** § 1º Se o crime é praticado com o fim de obter vantagem econômica, aplica-se também multa. **§ 2º Incorre nas mesmas penas:** **I – quem pratica conjunção carnal ou outro ato libidinoso com alguém menor de 18 (dezoito) e maior de 14 (catorze) anos na situação descrita no *caput* deste artigo;**

§ 3º Se o crime é cometido com o fim de lucro, aplica-se também multa.	**II – o proprietário, o gerente ou o responsável pelo local em que se verifiquem as práticas referidas no caput deste artigo.** **§ 3º Na hipótese do inciso II do § 2º, constitui efeito obrigatório da condenação a cassação da licença de localização e de funcionamento do estabelecimento.**

7. AÇÃO PENAL

Trata-se de crime de ação penal pública incondicionada, consoante o art. 225 do CP.

→ Atenção: os processos em que se apuram os crimes definidos neste Título correrão em segredo de justiça (CP, art. 234-B).

ART. 218-B – FAVORECIMENTO DA PROSTITUIÇÃO OU DE OUTRA FORMA DE EXPLORAÇÃO SEXUAL DE CRIANÇA OU ADOLESCENTE OU DE VULNERÁVEL

1. CONCEITO

Sob a epígrafe "Favorecimento da prostituição ou de outra forma de exploração sexual de criança ou adolescente ou de vulnerável", contempla o art. 218-B do CP as ações de "submeter, induzir ou atrair à prostituição ou outra forma de exploração sexual alguém menor de 18 anos ou que, por enfermidade ou deficiência mental, não tem o necessário discernimento para a prática do ato, facilitá-la, impedir ou dificultar que a abandone: Pena – reclusão, de 4 (quatro) a 10 (dez) anos".

Na realidade, o art. 244-A do ECA já incriminava a submissão de criança ou adolescente, como tais definidos no *caput* do art. 2º desta Lei (a criança até doze anos de idade incompletos, e adolescente aquela entre 12 e 18 anos de idade), à prostituição ou à exploração sexual. O art. 228, § 1º, do CP, por sua vez, tipificava as ações de induzir ou de atrair maior de 14 e menor de 18 à prostituição, ou facilitar ou impedir que a abandone.

Prostituição[46] é o comércio habitual do próprio corpo, exercido pelo homem ou mulher, em que estes se prestam à satisfação sexual de indeterminado número de pessoas. Não é necessária a finalidade lucrativa. A prostituição em si, embora seja um ato considerado imoral, não é crime, mas a exploração do lenocínio por terceiros é reprimida pelo Direito Penal, pois os lenões, ao favorecer a prostituição, acabam por fomentá-la ainda mais.

A Lei n. 12.015/2009 refere-se a qualquer outra forma de exploração sexual, não somente a prostituição. A "prostituição" passou a ser uma das formas de "exploração sexual". Tal expressão já fazia parte de documentos internacionais. Assim vale mencionar que o art. 3º do Protocolo Adicional à Convenção das Nações Unidas contra o Crime Organizado

46. Cf. ensinamento de Nélson Hungria, *Comentários*, cit., v. 8, p. 276.

Transnacional Relativo à Prevenção, Repressão e Punição do Tráfico de Pessoas, em Especial Mulheres e Crianças (promulgado pelo Decreto n. 5.017, de 12 de março de 2004), ao tratar do delito de tráfico de pessoas, o define como "o recrutamento, o transporte, a transferência, o alojamento ou o acolhimento de pessoas, recorrendo à ameaça ou uso da força ou a outras formas de coação, ao rapto, à fraude, ao engano, ao abuso de autoridade ou à situação de vulnerabilidade ou à entrega ou aceitação de pagamentos ou benefícios para obter o consentimento de uma pessoa que tenha autoridade sobre outra *para fins de exploração. A exploração incluirá, no mínimo, a exploração da prostituição de outrem ou outras formas de exploração sexual*, o trabalho ou serviços forçados, escravatura ou práticas similares à escravatura, a servidão ou a remoção de órgãos". Da mesma forma, o Estatuto de Roma prevê a competência do Tribunal Penal Internacional para julgar os crimes mais graves, que afetam a comunidade internacional, fazendo referência não apenas à prostituição forçada, mas também à escravatura sexual. Desse modo, nos termos do referido Estatuto, o Tribunal terá competência para julgar os seguintes crimes: (i) crime de genocídio; (ii) crimes contra a humanidade; (iii) crimes de guerra; (iv) crime de agressão. E, de acordo com o seu art. 7º: "1. Para os efeitos do presente Estatuto, entende-se por 'crime contra a humanidade', qualquer um dos atos seguintes, quando cometido no quadro de um ataque, generalizado ou sistemático, contra qualquer população civil, havendo conhecimento desse ataque: (...) *g)* agressão sexual, *escravatura sexual*, *prostituição forçada*, gravidez forçada, esterilização forçada ou qualquer outra forma de violência no campo sexual de gravidade comparável. 2. Para efeitos do parágrafo 1º: *c)* Por 'escravidão' entende-se o exercício, relativamente a uma pessoa, de um poder ou de um conjunto de poderes que traduzam um direito de propriedade sobre uma pessoa, incluindo o exercício desse poder no âmbito do tráfico de pessoas, em particular mulheres e crianças".

A preocupação com a exploração sexual é tão grande que diversos documentos internacionais de alguma forma dispensam especial proteção à dignidade da mulher e da criança, de modo a prevenir ou reprimir qualquer conduta que venha a violá-la: (i) Convenção sobre a Eliminação de Todas as Formas de Discriminação contra a Mulher (CEDAW); (ii) Convenção Interamericana para Prevenir, Punir e Erradicar a Violência contra a Mulher, também chamada de "Convenção de Belém do Pará"; (iii) Declaração e Programa de Ação de Viena (1993): o documento resultante da Conferência foi assinado por 171 nações, entre as quais o Brasil, e declarava que "os direitos humanos de mulheres e meninas são parte indivisível, integral e inalienável dos direitos humanos universais. A violência baseada em gênero e todas as formas de exploração e abuso sexual, incluindo as resultantes de preconceito cultural e tráfico internacional, são incompatíveis com a dignidade e o valor da pessoa humana e devem ser eliminadas"; (iv) Declaração de Beijing – IV Conferência Mundial sobre as Mulheres (1995); (v) Convenção Americana sobre Direitos Humanos – Pacto de San José da Costa Rica; (vi) Declaração Universal dos Direitos Humanos; (vii) Declaração Universal dos Direitos da Criança (1959); (viii) Convenção das Nações Unidas sobre os Direitos da Criança (1989); (ix) Protocolo Facultativo à Convenção sobre os Direitos da Criança (promulgado pelo Decreto n. 5.007/2004, referente à venda de crianças, à prostituição infantil e à pornografia infantil); (x) Declaração pelo Direito da Criança à Sobrevivência, à Proteção e ao Desenvolvimento (1990); (xi) Pacto Internacional de Direitos Humanos, Sociais e Culturais; (xii) 45ª Sessão da Assembleia Geral das Nações Unidas; (xiii) Convenção de Nova York sobre os Direitos da Criança; e (xiv) Convenção Interamericana sobre Tráfico Internacional de Menores[47].

A respeito do conceito de exploração sexual, Rogério Sanches Cunha nos traz a seguinte lição: "A exploração sexual, de acordo com o primoroso estudo de Eva Faleiros, pode ser definida como uma dominação e abuso do corpo de crianças, adolescentes e adultos (oferta), por exploradores sexuais (mercadores), organizados, muitas vezes, em rede de comercialização local e global (mercado), ou por pais ou responsáveis, e por consumidores de serviços sexuais pagos (demanda), admitindo quatro modalidades: a) prostituição – atividade na qual atos sexuais são negociados em troca de pagamento, não apenas monetário; b) turismo sexual – é o comércio sexual, bem articulado, em cidades turísticas, envolvendo turistas nacionais e estrangeiros e principalmente mulheres jovens, de setores excluídos de países de Terceiro Mundo; c) pornografia – produção, exibição, distribuição, venda, compra, posse e utilização de material pornográfico, presente também na literatura, cinema, propaganda etc.; e d) tráfico para fins sexuais – movimento clandestino e ilícito de pessoas através de fronteiras nacionais, com o objetivo de forçar mulheres e adolescentes a entrar em situações sexualmente opressoras e exploradoras, para lucro dos aliciadores, traficantes"[48].

2. OBJETO JURÍDICO

Com a nova nomenclatura, o crime em estudo tutela, principalmente, a dignidade sexual do indivíduo vulnerável que é levado à prostituição ou outra forma de exploração sexual. Mudou-se, portanto, o foco da proteção jurídica. Em segundo plano, protege-se a moral média da sociedade, os bons costumes.

3. ELEMENTOS DO TIPO

3.1. Ação nuclear

As ações nucleares típicas consubstanciam-se nos verbos: **(i) submeter**: sujeitar, entregar; **(ii) induzir**: persuadir, isto é, atuar sobre o convencimento da vítima, criando-lhe na mente a ideia de se prostituir ou de ser explorada sexualmente; **(iii) atrair**: seduzir, fascinar, chamar a atenção da vítima para o fato de se prostituir; entretanto, não há uma atuação persistente e continuada no sentido de fazê-la mudar de ideia e iniciar a prostituição. Importa em atividade de menor influência psicológica do que a indução, pois o agente propaga a ideia, sem atuar tão decisiva e diretamente sobre a mente da pessoa. Pode-se, por exemplo, atrair, simplesmente levando a pessoa para o ambiente sem, no entanto, ficar dizendo que ela tem de se prostituir; **(iv) facilitar**: favorecer o meretrício, prestar qualquer forma de au-

---

47. Fernando Capez e Stela Prado, *Código Penal comentado*, 2. ed., Porto Alegre, Verbo Jurídico, 2008, p. 447. *Vide* também Fernando Capez e Stela Prado, Tráfico de pessoa e o bem jurídico em face da Lei n. 12.015, de 7 de agosto de 2009, *Tráfico de pessoas*, cit.

48. Luiz Flávio Gomes, Rogério Sanches Cunha e Valério de Oliveira Mazzuoli, *Comentários*, cit., p. 58-59.

xílio, por exemplo, arranjando cliente; (v) **impedir o abandono**: significa obstar, obstruir, não consentir, proibir, tornar impraticável a saída da vítima do prostíbulo. Aqui a vítima já exerce o meretrício e é impedida de abandonar essa função; (vi) **dificultar que alguém a abandone**: significa tornar difícil ou custoso de fazer, pôr impedimentos, por exemplo, condicionar a saída da prostituta do meretrício ao pagamento de dívidas que ela possua com o seu aliciador.

A Lei n. 12.015/2009, como já visto, faz referência a qualquer outra forma de exploração sexual, não somente a prostituição. A "prostituição" passa a ser uma das formas de "exploração sexual", termo este mais abrangente.

É possível a prática do crime por omissão, desde que o agente tenha o dever jurídico de impedir o resultado. Assim, cometem o crime em questão "o pai, tutor e curador que aceitam e toleram a prostituição de pessoa que lhes é sujeita e cuja educação, orientação e guarda lhes compete"[49].

Se o delito for cometido com violência ou grave ameaça, não haverá a configuração de crime qualificado por ausência de previsão legal, mas apenas o concurso de delitos pela violência empregada.

3.2. Sujeito ativo

Trata-se de crime comum. Qualquer pessoa pode praticar o delito em análise.

3.3. Sujeito passivo

É o menor de 18 anos ou que, por enfermidade ou deficiência mental, não tem o necessário discernimento para a prática do ato.

Pode ser, até mesmo, a própria prostituta, pois o tipo penal prevê a conduta de facilitar a prostituição ou outra forma de exploração sexual, ou impedir ou dificultar que alguém a abandone. Nesse sentido, STJ, HC 478140/GO, *DJU* 24-10-2019.

4. ELEMENTO SUBJETIVO

É o dolo, consubstanciado na vontade livre e consciente de submeter, induzir ou atrair o menor de 18 anos ou que, por enfermidade ou deficiência mental, não tem o necessário discernimento para a prática do ato, à prostituição ou outra forma de exploração sexual, facilitá-la, impedir ou dificultar que alguém a abandone.

Se o crime é praticado com o fim de obter vantagem econômica, aplica-se também multa (cf. § 1º).

5. CONSUMAÇÃO E TENTATIVA

O crime se consuma no momento em que a vítima passa a se dedicar habitualmente à prostituição, após ter sido submetida, induzida, atraída ou facilitada tal atuação pelo agente,

49. E. Magalhães Noronha, *Direito penal*, cit., v. 3, p. 255. No mesmo sentido, Júlio Fabbrini Mirabete, *Manual*, cit., v. 2, p. 459.

ou ainda quando já se dedica usualmente a tal prática, tenta dela se retirar, mas se vê impedida pelo autor. Convém ressaltar que não se exige habitualidade das condutas previstas no tipo do art. 218-B, bastando seja praticada uma única ação de induzir, atrair etc. Deve-se consignar, no entanto que, para a consumação, será necessário que a pessoa induzida etc. passe a se dedicar habitualmente à prática do sexo mediante contraprestação financeira, não bastando que, em razão da indução ou facilitação, venha a manter, eventualmente, relações sexuais negociadas. Assim, o que deve ser habitual não é a realização do núcleo da ação típica, mas o resultado dessa atuação, qual seja, a prostituição da ofendida. Não havendo habitualidade no comportamento da induzida, o crime ficará na esfera da tentativa.

A tentativa é perfeitamente admissível em todas as hipóteses. Importa mencionar que esse crime não é reputado delito habitual, de modo que basta que o agente favoreça uma única vez a prostituição para a configuração desse tipo penal.

6. FORMAS

6.1. Simples (art. 218-B, *caput*)

Está prevista no *caput*. “Submeter, induzir ou atrair à prostituição ou outra forma de exploração sexual alguém menor de 18 (dezoito) anos ou que, por enfermidade ou deficiência mental, não tem o necessário discernimento para a prática do ato, facilitá-la, impedir ou dificultar que a abandone: Pena — reclusão, de 4 (quatro) a 10 (dez) anos”.

6.2. Equiparadas (art. 218-B, § 2º)

De acordo com o § 2º, incorre nas mesmas penas: (i) quem pratica conjunção carnal ou outro ato libidinoso com alguém menor de 18 e maior de 14 anos na situação descrita no *caput* do artigo (inciso I). Se a vítima for menor de 14 anos, ou por enfermidade ou deficiência mental, não tem o necessário discernimento para a prática do ato, ou que, por qualquer outra causa, não pode oferecer resistência, haverá o delito de estupro de vulnerável; (ii) o proprietário, o gerente ou o responsável pelo local em que se verifiquem as práticas referidas no *caput* o artigo (inciso II). Obviamente que eles devem ter ciência que estas ocorrem dentro do seu estabelecimento. Nesta última hipótese, constitui efeito obrigatório da condenação a cassação da licença de localização e de funcionamento do estabelecimento (§ 3º).

6.3. Causas de aumento de pena

Vide comentários aos arts. 226 e 234-A.

→ **Atenção:** pode suceder o concurso das causas de aumento de pena entre os artigos mencionados. Nos termos do parágrafo único do art. 68 do Código Penal, o juiz pode limitar-se à aplicação da causa que mais aumente, desprezando as demais.

7. CRIME HEDIONDO

O favorecimento da prostituição ou de outra forma de exploração sexual de criança ou adolescente ou de vulnerável (art. 218-B, *caput* e §§ 1º e 2º) estão no rol dos crimes hediondos da Lei n. 8.072/90 e sofrerão os seus rigores.

8. AÇÃO PENAL. PROCEDIMENTO

Trata-se de crime de ação penal pública incondicionada, consoante o art. 225 do CP.

No que se refere ao procedimento, *vide* art. 394 do CPP, que passou a eleger critério distinto para a determinação do rito processual a ser seguido. A distinção entre os procedimentos ordinário e sumário dar-se-á em função da pena máxima cominada à infração penal e não mais em virtude de esta ser apenada com reclusão ou detenção.

→ **Atenção:** os processos em que se apuram os crimes definidos neste Título correrão em segredo de justiça (CP, art. 234-B).

ART. 218-C – DIVULGAÇÃO DE CENA DE ESTUPRO OU DE CENA DE ESTUPRO DE VULNERÁVEL, DE CENA DE SEXO OU PORNOGRAFIA

1. CONCEITO

Inserido no Código Penal pela Lei n. 13.718/2018, o art. 218-C tem a seguinte redação: "Oferecer, trocar, disponibilizar, transmitir, vender ou expor à venda, distribuir, publicar ou divulgar, por qualquer meio – inclusive por meio de comunicação de massa ou sistema de informática ou telemática –, fotografia, vídeo ou outro registro audiovisual que contenha cena de estupro ou de estupro de vulnerável ou que faça apologia ou induza a sua prática, ou, sem o consentimento da vítima, cena de sexo, nudez ou pornografia: Pena – reclusão, de 1 (um) a 5 (cinco) anos, se o fato não constitui crime mais grave". Andou bem o legislador, já que a divulgação não autorizada de fotos, vídeos e outros tipos de mídias contendo cenas íntimas de sexo, nudez ou pornografia – salvo no caso de crianças e adolescentes –, antes do advento da novel legislação, era tida como mera difamação.

→ **Atenção:** trata-se de *novatio legis* incriminadora, portanto, não retroage.

2. OBJETO JURÍDICO

Tutela-se aqui a intimidade sexual, sobretudo no âmbito dos meios de comunicação, especialmente o virtual.

3. ELEMENTOS DO TIPO

3.1. Ação nuclear

A ação nuclear está consubstanciada pelos verbos *oferecer* (ofertar), *trocar* (realizar escambo), *disponibilizar* (torna disponível, acessível a terceiro), *transmitir* (exibir a terceiros), *vender* (ceder onerosamente) ou *expor à venda* (exibir a fim de que terceiro adquira onerosamente), *distribuir* (procurar entregar a terceiros), *publicar* (tornar público) ou *divulgar* (anunciar), por qualquer meio, inclusive por meio de comunicação de massa ou sistema de informática ou telemática, fotografia, vídeo ou outro registro audiovisual que contenha cena de estupro ou de estupro de vulnerável ou que faça apologia ou induza a sua prática, ou, sem o consentimento da vítima, cena de sexo, nudez ou pornografia.

Trata-se de tipo misto alternativo. A prática de duas ou mais condutas descritas é irrelevante, consistindo em crime único.

O crime pode ser praticado por qualquer meio.

Os objetos materiais são: fotografia, vídeo ou qualquer outro registro audiovisual contendo cena de estupro, estupro de vulnerável, que faça apologia ou induza sua prática. Ainda, também pode ser objeto material do crime cena de sexo, nudez ou pornografia, quando a ação é praticada sem o consentimento da vítima.

3.2. Sujeito ativo

Trata-se de crime comum, portanto o sujeito ativo pode ser qualquer pessoa, homem ou mulher.

3.3. Sujeito passivo

Trata-se de crime comum, portanto o sujeito ativo pode ser qualquer pessoa, homem ou mulher. Contudo, se o crime é praticado por agente que mantém ou tenha mantido relação íntima de afeto com a vítima ou com o fim de vingança ou humilhação, incide a causa de aumento de pena do § 1º.

> → **Atenção:** se a vítima for criança ou adolescente, poderá configurar a infração do art. 241-A do ECA.

4. ELEMENTO SUBJETIVO

É o dolo. O tipo não exige finalidade específica. Não se admite a forma culposa.

5. CONSUMAÇÃO E TENTATIVA

A consumação se dá no momento da prática de qualquer um dos verbos nucleares descritos no tipo. A tentativa é possível nas formas plurissubsistentes.

6. FORMAS

6.1. Simples (art. 218-C, *caput*)

Está prevista no *caput*.

6.2. Causa de aumento de pena (art. 218-C, § 1º)

A pena é aumentada de 1/3 (um terço) a 2/3 (dois terços) se o crime é praticado por agente que mantém ou tenha mantido relação íntima de afeto com a vítima ou com o fim de vingança ou humilhação.

A presente causa de aumento se justifica, pois é mais grave a conduta do agente que se aproveita do fato de manter ou ter mantido relação sexual com a vítima em relação afetiva, e, depois, pratica uma das condutas nucleares do tipo, expondo sua intimidade em razão de motivo fútil e torpe, caracterizados pela vingança ou humilhação. Tal prática é conhecida por "pornô de vingança" (*revenge porn*).

6.3. Exclusão da ilicitude (art. 218-C, § 2º)

De acordo com o § 2º: "Não há crime quando o agente pratica as condutas descritas no *caput* deste artigo em publicação de natureza jornalística, científica, cultural ou acadêmica com a adoção de recurso que impossibilite a identificação da vítima, ressalvada sua prévia autorização, caso seja maior de 18 (dezoito) anos".

7. AÇÃO PENAL

O crime é de ação penal pública incondicionada, consoante determinação expressa do art. 225 do CP. Admite-se a suspensão condicional do processo.

Capítulo III
DO RAPTO

ARTS. 219-222 – A LEI N. 11.106, DE 28 DE MARÇO DE 2005, REVOGOU O CRIME DE RAPTO EM TODAS AS SUAS MODALIDADES

ARTS. 223-224 – REVOGADOS PELA LEI N. 12.015/2009

Capítulo IV
DISPOSIÇÕES GERAIS

ART. 225 – AÇÃO PENAL

1. APLICAÇÃO

Com o advento da Lei n. 13.718/2018, o art. 225 passou a ter a seguinte redação: "Nos crimes definidos nos Capítulos I e II deste Título, procede-se mediante ação penal pública incondicionada".

Seu parágrafo único, o qual previa ação penal pública incondicionada para a vítima menor de 18 (dezoito) anos ou pessoa vulnerável, restou revogado pela mesma legislação (art. 3º, I, da Lei n. 13.718/2018).

- Regra: a ação será sempre pública incondicionada para todos os crimes previstos nos Capítulos I e II deste Título.

ART. 226 – AUMENTO DE PENA

1. APLICAÇÃO

O art. 226 do CP tem a seguinte redação: "Art. 226. A pena é aumentada: I – de quarta parte, se o crime é cometido com o concurso de 2 (duas) ou mais pessoas; II – de metade, se o agente é ascendente, padrasto ou madrasta, tio, irmão, cônjuge, companheiro, tutor, curador, preceptor ou empregador da vítima ou por qualquer outro título tem autoridade sobre ela; III – revogado; IV – de 1/3 (um terço) a 2/3 (dois terços), se o crime é praticado: a) mediante concurso de 2 (dois) ou mais agentes (estupro coletivo); b) para controlar o comportamento social ou sexual da vítima (estupro corretivo)". Passemos à sua análise.

Dessa forma, a pena é aumentada:

(i) De quarta parte, se o crime é cometido com o concurso de duas ou mais pessoas (inciso I): a redação atual desse dispositivo penal apenas cuidou de prever especificamente para a hipótese do inciso I o limite de aumento de pena de quarta parte. Assim, no caso, tal alteração não implicou *reformatio in pejus*, dado que a lei manteve o tratamento penal anterior. Não piorou nem melhorou a situação do réu.

Para a incidência dessa causa de aumento de pena, os sujeitos podem atuar em coautoria ou participação. Hungria entende que a coparticipação é para execução do crime[50]. Noronha[51], Mirabete[52] e Damásio[53] entendem que o concurso de agentes pode dar-se em qualquer fase do delito.

(ii) De metade, se o agente é ascendente, padrasto ou madrasta, tio, irmão, cônjuge, companheiro, tutor, curador, preceptor ou empregador da vítima ou por qualquer outro título tiver autoridade sobre ela (inciso II): em primeiro lugar, o limite de aumento de pena foi modificado: a pena será aumentada de metade, e não mais de quarta parte, se presente uma das situações elencadas no inciso II. Assim, a lei tornou mais gravosa a reprimenda penal, de forma que não poderá retroagir para prejudicar o réu. Em segundo lugar, foi ampliado o rol do inciso II do art. 226, de forma que também incide o aumento de pena se o sujeito ativo for *madrasta*, *tio*, *cônjuge* ou *companheiro* da vítima. A lei supriu, nesse aspecto, uma falha que havia na redação anterior do inciso II, pois esta fazia menção ao padrasto da vítima e quedava silente quanto à madrasta, além do que não fazia qualquer menção à qualidade de tio, cônjuge ou companheiro da vítima. Assim, não incidia a majorante quando o crime sexual fos-

---

50. Nélson Hungria, *Comentários*, cit., v. 8, p. 240.
51. E. Magalhães Noronha, *Direito penal*, cit., v. 3, p. 233.
52. Julio Fabbrini Mirabete, *Manual*, cit., v. 2, p. 451.
53. Damásio E. de Jesus, *Código Penal*, cit., p. 734.

se praticado por um cônjuge contra o outro. Tal omissão refletia o pensamento dominante à época em que foi editado o Código Penal, nos idos de 1940. Com efeito, doutrinadores mais antigos, como E. Magalhães Noronha e Nélson Hungria, entendiam inexistir crime de estupro na hipótese em que o marido, mediante o emprego de violência ou grave ameaça, constrangesse a mulher à prática de relações sexuais, pois para eles a cópula decorrente do matrimônio era considerada dever recíproco dos cônjuges, constituindo verdadeiro exercício regular de direito. Quanto ao companheiro, tal inclusão atendeu o preceito constitucional que equiparou a união estável ao casamento (CF, art. 226, § 3º). Não se justificava tratamento penal diferenciado ao companheiro, quando a própria Carta Magna cuidou de equipará-lo ao cônjuge. Vale mencionar que o Plenário do STF reconheceu como entidade familiar a união de pessoas do mesmo sexo (ADPF n. 132, cf. *Informativo do STF* n. 625, Brasília, 2 a 6-5-2011). Foi também incluído expressamente o tio da vítima nesse rol, o que é justificável, dada a relação de parentesco. Enfim, a lei não mais se refere ao pai adotivo, dado que este já se inclui na expressão "ascendente", pois nem a Constituição Federal nem o Código Civil estabelecem qualquer distinção entre filhos de sangue e adotados. Convém, ainda, notar que, quando a lei emprega os termos "cônjuge" e "companheiro", o faz em sentido abrangente, isto é, no sentido de abarcar o marido e a esposa; o companheiro e a companheira. Do mesmo modo, a expressão "tio" foi empregada em sua acepção genérica, de forma a abranger o sexo masculino e o feminino. Embora a lei mencione padrasto e madrasta separadamente, isso não significa exclusão de certas figuras não mencionadas como a esposa, companheira e tia. É que a lei utilizou a expressão "cônjuge" em vez de "marido", o que significa dizer que optou por termo mais abrangente. Não se trata de interpretação extensiva, mas de declarar o exato sentido da norma.

Quanto a essas modificações operadas pela atual lei, estamos, novamente, diante de uma *reformatio in pejus*, uma vez que ampliou o rol de pessoas que se sujeitarão ao aumento de pena previsto no inciso II, não podendo, por mais esse motivo, retroagir para prejudicar o réu.

Convém notar que a previsão do inciso II é bastante ampla, abrangendo situações de fato ou legais e incluindo a autoridade oriunda de "qualquer outro título". Podemos citar como exemplo deste último a autoridade do carcereiro sobre a detenta; a do amásio da mãe da vítima. Nesse sentido, vale registrar que, de acordo com a Tese n. 5 formulada pelo Ministério Público do Estado de São Paulo, "A conduta do amásio que abusa sexualmente da filha menor de sua companheira, com quem coabitava, enquadra-se na causa de aumento de pena prevista no aludido dispositivo legal. Inteligência do art. 226, II, última figura, do CP"[54].

Finalmente, pode suceder o concurso das causas de aumento de pena anteriormente citadas. Nos termos do parágrafo único do art. 68 do CP, o juiz pode limitar-se à aplicação da causa que mais aumente, desprezando-se as demais.

---

54. *Phoenix*, n. 14, Órgão Informativo do Complexo Jurídico Damásio de Jesus, maio 2003.

Nada impede o concurso das causas de aumento de pena anteriormente citadas. Concorrendo todas elas, somente uma será aplicada, funcionando as demais como circunstâncias judiciais.

(iii) De um 1/3 (um terço) a 2/3 (dois terços), se o crime é praticado a) mediante concurso de 2 (dois) ou mais agentes (estupro coletivo); b) para controlar o comportamento social ou sexual da vítima (estupro corretivo) – (inciso IV): este dispositivo, o qual prevê nova causa de aumento de pena, foi acrescentado pela Lei n. 13.718/2018.

2. VIOLÊNCIA DOMÉSTICA E FAMILIAR CONTRA A MULHER (LEI N. 11.340/2006)

Tendo em vista o disposto no § 8º do art. 226 da CF, na Convenção sobre a Eliminação de Todas as Formas de Violência contra a Mulher, na Convenção Interamericana para Prevenir, Punir e Erradicar a Violência contra a Mulher e em outros tratados internacionais ratificados pela República Federativa do Brasil (cf. art. 1º), foi editada a Lei n. 11.340, de 7 de agosto de 2006, a qual: (i) criou mecanismos para coibir e prevenir a violência doméstica e familiar contra a mulher; (ii) dispôs sobre a criação dos Juizados de Violência Doméstica e Familiar contra a Mulher; (iii) estabeleceu medidas de assistência e proteção às mulheres em situação de violência doméstica e familiar.

De acordo com o art. 5º, a violência doméstica ou familiar consiste em "qualquer ação ou omissão baseada no gênero que lhe cause morte, lesão, sofrimento físico, sexual ou psicológico e dano moral ou patrimonial: I – no âmbito da unidade doméstica, compreendida como o espaço de convívio permanente de pessoas, com ou sem vínculo familiar, inclusive as esporadicamente agregadas; II – no âmbito da família, compreendida como a comunidade formada por indivíduos que são ou se consideram aparentados, unidos por laços naturais, por afinidade ou por vontade expressa; III – em qualquer relação íntima de afeto, na qual o agressor conviva ou tenha convivido com a ofendida, independentemente de coabitação. Parágrafo único. As relações pessoais enunciadas neste artigo independem de orientação sexual". Especificamente quanto à não exigência de coabitação, os julgados do STJ, AgRg no AResp 1.486.059/GO, *DJU* 1º-10-2020; HC 542.828/AP, *DJU* 28-2-2020.

Em seu art. 6º, cuidou a lei de enumerar as formas de violência doméstica ou familiar contra a mulher. O conceito é bastante amplo, não se restringindo apenas à violência física (qualquer conduta que ofenda a integridade ou saúde corporal da mulher), mas também abarcando a violência psicológica, sexual, patrimonial e moral. A violência sexual, segundo a lei, consiste em qualquer conduta que constranja a mulher a presenciar, manter ou participar de relação sexual não desejada, mediante intimidação, ameaça, coação ou uso da força; que a induza a comercializar ou a utilizar, de qualquer modo, a sua sexualidade, que a impeça de usar qualquer método contraceptivo ou que a force ao matrimônio, à gravidez, ao aborto ou à prostituição, mediante coação, chantagem, suborno ou manipulação; ou que limite ou anule o exercício de seus direitos sexuais e reprodutivos.

A lei expressamente previu que, aos crimes praticados com violência doméstica e familiar contra a mulher, independentemente da pena prevista, não se aplica a Lei n. 9.099/95 (art. 41). Nesse sentido, STJ, CComp 102.832/MG.

Ao instaurar o inquérito policial, a autoridade policial deverá tomar todas as providências e procedimentos especificados na Lei n. 11.340/2006.

Dentre as medidas protetivas de urgência podemos enumerar, de forma exemplificada, a suspensão da posse ou restrição do porte de armas, com comunicação ao órgão competente, nos termos da Lei n. 10.826, de 22 de dezembro de 2003; afastamento do ofensor do lar, domicílio ou local de convivência com a ofendida; proibição de determinadas condutas, entre as quais a aproximação da ofendida, de seus familiares e das testemunhas, fixando o limite mínimo de distância entre estes e o agressor; restrição ou suspensão de visitas aos dependentes menores, ouvida a equipe de atendimento multidisciplinar ou serviço similar etc. *Vide* arts. 22 (das medidas protetivas de urgência que obrigam o agressor) e 23 (das medidas protetivas de urgência à ofendida) da Lei n. 11.340/2006. Nesse contexto, registre-se que o art. 12-B da Lei n. 13.505, de 8 de novembro de 2017, que trazia a possibilidade de as medidas protetivas serem apreciadas de plano pelo delegado de polícia, foi vetado pelo Presidente Michel Temer. Ainda, registre-se que a Lei n. 13.641/2018 tornou crime o descumprimento das medidas protetivas previstas na Lei Maria da Penha, justamente para proteger as mulheres vítimas de violência doméstica e familiar.

De acordo com o art. 27, em todos os atos processuais, cíveis e criminais, a mulher em situação de violência doméstica e familiar deverá estar acompanhada de advogado, ressalvado o pedido de medida de proteção de urgência.

Prevê ainda a lei, em seu art. 14, que "os Juizados de Violência Doméstica e Familiar contra a Mulher, órgãos da Justiça Ordinária com competência cível e criminal, poderão ser criados pela União, no Distrito Federal e nos Territórios, e pelos Estados, para o processo, o julgamento e a execução das causas decorrentes da prática de violência doméstica e familiar contra a mulher. Parágrafo único. Os atos processuais poderão realizar-se em horário noturno, conforme dispuserem as normas de organização judiciária".

Dispõe a mencionada lei que, "enquanto não estruturados os Juizados de Violência Doméstica e Familiar contra a Mulher, as varas criminais acumularão as competências cível e criminal para conhecer e julgar as causas decorrentes da prática de violência doméstica e familiar contra a mulher, observadas as previsões do Título IV desta Lei, subsidiada pela legislação processual pertinente" (cf. art. 33, *caput*). E, ainda, será garantido o direito de preferência, nas varas criminais, para o processo e julgamento de tais causas (cf. art. 33, parágrafo único).

Ainda, a Lei Maria da Penha possui os dispositivos 10-A, 12-A e 12-B, os quais, em suma, asseguram, como direito da mulher em situação de violência doméstica e familiar, atendimento policial e pericial especializado, ininterrupto e prestado preferencialmente por servidores do sexo feminino, previamente capacitados para tanto. No mais, a lei também trouxe diretrizes e procedimentos específicos para a inquirição da mulher em referida situação, bem como da testemunha de violência doméstica.

Hoje prevalece que os crimes de lesão corporal leve e lesão corporal culposa são de ação penal pública incondicionada.

Capítulo V

DO LENOCÍNIO E DO TRÁFICO DE PESSOA PARA FIM DE PROSTITUIÇÃO OU OUTRA FORMA DE EXPLORAÇÃO SEXUAL

ART. 227 – MEDIAÇÃO PARA SERVIR À LASCÍVIA DE OUTREM

1. CONCEITO

Dispõe o art. 227, *caput*, do CP: "Induzir alguém a satisfazer a lascívia de outrem: Pena – reclusão, de 1 (um) a 3 (três) anos".

2. OBJETO JURÍDICO

O crime em estudo resguarda, principalmente, a dignidade sexual do indivíduo que é levado a satisfazer a lascívia de outrem. Mudou-se, portanto, o foco da proteção jurídica. O valor da pessoa humana passa a ser o objeto jurídico dos delitos contemplados nos Capítulos IV e V. Procura-se, no entanto, também, com esse amparo legal, impedir o desenvolvimento desenfreado da prostituição, o qual é, comumente, estimulado pela ação de terceiros que exploram o "comércio carnal". A moral média da sociedade, portanto, em segundo plano, também é foco da proteção jurídica. Embora esse tipo penal não puna a ação de induzir o menor a satisfazer a lascívia de um número indeterminado de pessoas, isto é, a prostituição, ele incrimina um estágio que podemos considerar inicial ao estímulo da prostituição, qual seja o de induzir alguém a satisfazer a lascívia de pessoa(s) determinada(s).

3. ELEMENTOS DO TIPO

3.1. Ação nuclear

Consubstancia-se no verbo *induzir*, que significa persuadir, aliciar, levar alguém, por qualquer meio, a praticar uma ação para satisfazer a lascívia de outrem, ou seja, a satisfazer o desejo erótico de terceiro. Lascívia diz com a sensualidade, libidinagem. Abrange a prática de qualquer ato libidinoso para satisfazer a lascívia de outrem.

Note-se que o agente deve induzir a vítima a satisfazer a lascívia de pessoa(s) determinada(s), isto é, de pessoas certas, pois, se a leva a satisfazer a lascívia de um número indeterminado, impreciso, de indivíduos, o crime passará a ser outro: favorecimento da prostituição ou outra forma de exploração sexual (CP, art. 228) ou o crime de favorecimento da prostituição ou outra forma de exploração sexual de vulnerável, se o induzido for menor de 18 anos ou que, por enfermidade ou deficiência mental, não tem o necessário discernimento para a prática do ato (CP, art. 218-B).

3.2. Sujeito ativo

Qualquer pessoa pode praticar o delito em tela, homem ou mulher. O destinatário do lenocínio, ou seja, aquele que satisfaz a sua lascívia com a ação da vítima, por qual crime responde? Conforme a doutrina, não poderá ser coautor do crime previsto no art. 227, pois não realiza qualquer mediação para satisfazer a lascívia alheia.

Interessante hipótese é a vítima que, induzida a satisfazer a lascívia de outrem, acabe sendo estuprada pelo destinatário do lenocínio. Diferentes podem ser as consequências legais: (i) se o indutor agiu com dolo direto ou eventual com relação ao estupro, deverá responder como partícipe desse crime, ficando o lenocínio absorvido em face do princípio da consunção; e (ii) se houve culpa em relação ao crime previsto no art. 213 do CP, o agente responderá apenas por lenocínio, diante da impossibilidade de participação culposa em crime doloso. Convém ressaltar não ser suficiente que o indutor preveja a possibilidade de o estupro ocorrer; além da previsão, é imprescindível que ele queira tal desfecho ou não se importe com sua ocorrência (dolo eventual).

3.3. Sujeito passivo

Qualquer pessoa, homem ou mulher.

Convém, ainda, trazer algumas distinções:

(i) se a vítima é maior de 14 e menor de 18 anos, incide a qualificadora prevista no § 1º;

(ii) se a vítima é menor de 14 anos, poderá haver o crime do art. 218 do CP. Percebam que o dispositivo não se refere à vítima com idade igual a 14 anos, de onde se extrai a conclusão que, nessa hipótese, haverá a configuração do delito do art. 227 do CP;

(iii) o agente que induzir vítima menor de 14 anos a satisfazer a lascívia de outrem responderá pelo crime do art. 218 do CP;

(iv) finalmente, será qualificado o crime se o agente é seu ascendente, descendente, cônjuge ou companheiro, irmão, tutor ou curador ou pessoa a quem esteja confiada para fins de educação, de tratamento ou de guarda (§ 1º, 2ª parte).

4. ELEMENTO SUBJETIVO

É o dolo, consubstanciado na vontade livre e consciente de induzir a vítima a satisfazer a lascívia alheia.

5. CONSUMAÇÃO E TENTATIVA

Não se trata de crime habitual. Consuma-se com a prática de qualquer ato da vítima destinado a satisfazer a lascívia de outrem. Não se exige efetiva satisfação sexual desse terceiro. A tentativa é perfeitamente possível. Dessa forma, haverá a tentativa se houver o emprego de meios idôneos a induzir a vítima a satisfazer o desejo sexual de terceiro e, quando esta está prestes a praticar qualquer ato de cunho libidinoso, é impedida por terceiros.

6. FORMAS

6.1. Simples (art. 227, *caput*)

Está prevista no *caput*.

6.2. Qualificadas (art. 227, §§ 1º, 2º e 3º)

Estão contempladas nos §§ 1º, 2º e 3º.

§ 1º, 1ª parte: "Se a vítima é maior de catorze e menor de dezoito anos". Se a vítima for menor de 14 anos, haverá o crime do art. 218 do CP. Sobre o tema, *vide* comentários constantes do item 3.3. *Sujeito passivo*.

§ 1º, 2ª parte: "... ou se o agente é seu ascendente, descendente, *cônjuge* ou *companheiro*, irmão, tutor ou curador ou pessoa a quem esteja confiada para fins de educação, de tratamento ou de guarda. Pena – reclusão, de dois a cinco anos" (§ 1º, 2ª parte). Esse rol, por ser taxativo, não abrangia a esposa da vítima, uma vez que o dispositivo legal se referia expressamente ao "marido" da vítima. No tocante ao companheiro, entendíamos que a qualificadora incidia nesse caso, uma vez que a união estável foi equiparada ao casamento, nos termos do art. 226, § 3º, da Constituição Federal. Não se tratava de interpretação extensiva ou analógica, mas meramente declarativa. Vale destacar que o Plenário do STF reconheceu como entidade familiar a união de pessoas do mesmo sexo, consoante a ADPF n. 132, cf. *Informativo do STF* n. 625, Brasília, 2 a 6 de maio de 2011. Essa expressão deve ser interpretada no sentido de também abranger a "companheira", assim como a expressão "cônjuge" inclui o marido e a mulher. Não há razão para operar qualquer tratamento distinto nesse caso. Trata-se de lei penal que agrava a situação do acusado ou réu, já que, caso se encontre em uma das novas situações trazidas pela Lei, a sanção penal será mais severa, não podendo, portanto, retroagir para atingir fatos praticados antes de sua entrada em vigor. Nas hipóteses em que o agente é ascendente, descendente, cônjuge ou companheiro, irmão, tutor ou curador da vítima, temos o chamado lenocínio familiar. Esse rol, como já dissemos, é taxativo, portanto, não abrange, por exemplo, o enteado. A majorante incidirá também se a vítima estiver confiada ao agente para fins de educação (por exemplo: professor que está incumbido de ministrar aulas particulares à vítima), tratamento (por exemplo: psiquiatra que está incumbido de realizar seu tratamento) ou guarda (por exemplo: padrasto).

§ 2º: "Se o crime é cometido com emprego de violência, grave ameaça ou fraude: Pena – reclusão, de dois a oito anos, além da pena correspondente à violência". Esse parágrafo não só prevê mais uma forma qualificada do crime em estudo, como também menciona a regra do concurso material de crimes (art. 227, § 2º, e lesão corporal, por exemplo).

§ 3º: "Se o crime é cometido com o fim de lucro, aplica-se também multa". É chamado lenocínio questuário. O sujeito ativo é levado à prática delitiva com o escopo de obter lucro. Não é necessário que ele efetivamente obtenha a vantagem econômica.

6.3. Majorada

Vide comentários ao art. 234-A.

7. AÇÃO PENAL. PROCEDIMENTO. LEI DOS JUIZADOS ESPECIAIS CRIMINAIS

Trata-se de crime de ação penal incondicionada.

Com relação ao procedimento, *vide* art. 394 do CPP, que passou a eleger critério distinto para a determinação do rito processual a ser seguido. A distinção entre os procedimentos ordinário e sumário dar-se-á em função da pena máxima cominada à infração penal e não mais em virtude de esta ser apenada com reclusão ou detenção.

É cabível o instituto da suspensão condicional do processo (art. 89 da Lei n. 9.099/95).

ART. 228 – FAVORECIMENTO DA PROSTITUIÇÃO OU OUTRA FORMA DE EXPLORAÇÃO SEXUAL

1. CONCEITO

Sob a atual epígrafe, "Favorecimento da prostituição ou outra forma de exploração sexual", contempla o art. 228 do CP as ações de "Induzir ou atrair alguém à prostituição *ou outra forma de exploração sexual*, facilitá-la, impedir *ou dificultar* que alguém a abandone: Pena – reclusão, de 2 (dois) a 5 (cinco) anos, *e multa*".

A tutela jurídica dos crimes contemplados no Capítulo V menciona qualquer outra forma de exploração sexual, que não só a prostituição. A "prostituição", portanto, é uma das formas de "exploração sexual". Sobre o conceito de prostituição e exploração sexual, *vide* comentários ao art. 218-B.

2. OBJETO JURÍDICO

Com a nova nomenclatura, o crime em estudo tutela, principalmente, a dignidade sexual do indivíduo, que é levado à prostituição ou outra forma de exploração sexual. Mudou-se, portanto, o foco da proteção jurídica. Em segundo plano, protege-se a moral média da sociedade, os bons costumes.

3. ELEMENTOS DO TIPO

3.1. Ação nuclear

As ações nucleares do tipo consubstanciam-se nos verbos: (i) **induzir** – persuadir, isto é, atuar sobre o convencimento da vítima, criando-lhe na mente a ideia de se prostituir; (ii) **atrair** – chamar, seduzir, fascinar, chamar a atenção da vítima para o fato de se prostituir; entretanto não há uma atuação persistente e continuada no sentido de fazê-la mudar de ideia e iniciar a prostituição. Importa em atividade de menor influência psicológica do que a indução, pois o agente propaga a ideia, sem atuar decisiva e diretamente sobre a mente da pessoa. Pode-se, por exemplo, atrair simplesmente levando a pessoa para o ambiente, sem, no entanto, ficar dizendo que ela tem de se prostituir; **(iii) facilitar** – favorecer o meretrício, prestar qualquer forma de auxílio, por exemplo, arranjando cliente; **(iv) impedir o abandono** – significa obstar, obstruir, não consentir, proibir, tornar impraticável a saída da vítima do prostíbulo. Aqui a vítima já exerce o meretrício e é impedida de abandonar essa função; **(v) dificultar que alguém a abandone** – significa tornar difícil ou custoso de fazer; pôr impedimentos, por exemplo, condicionar a saída da prostituta do meretrício ao pagamento de dívidas que ela possua com o seu aliciador. Note-se que essa conduta acabava sendo abarcada pela outra ação nuclear típica, consistente em "impedir o abandono" da prostituição.

É possível a prática do crime por omissão, desde que o agente tenha o dever jurídico de impedir o resultado. Assim, cometem o crime em questão "o pai, tutor e curador que aceitam e toleram a prostituição de pessoa que lhes é sujeita e cuja educação, orientação e guarda lhes compete"[55]. Ressalve-se que, se a ofendida for menor de 18 anos ou que, por enfermidade ou deficiência mental, não tem o necessário discernimento para a prática do ato, haverá o crime previsto no art. 218-B do CP.

3.2. Sujeito ativo

Trata-se de crime comum. Qualquer pessoa pode praticar o delito em análise. Se o agente é ascendente, padrasto, madrasta, irmão, enteado, cônjuge, companheiro, tutor ou curador, preceptor ou empregador da vítima, ou se assumiu, por lei ou outra forma, obrigação de cuidado, proteção ou vigilância, o crime será qualificado (§ 1º), e a pena de reclusão, de 3 a 8 anos.

3.3. Sujeito passivo

Qualquer pessoa, homem ou mulher, pode ser vítima desse crime. Até mesmo a própria prostituta, pois o tipo penal prevê a conduta de facilitar a prostituição ou outra forma de exploração sexual, ou impedir ou dificultar que alguém a abandone. Quanto à vítima prostituta, o seguinte julgado: "1. O inciso I do § 2º do art. 218-B do Código Penal é claro ao estabelecer que também será penalizado aquele que, ao praticar ato sexual com adolescente, o submeta, induza ou atraia à prostituição ou a outra forma de exploração sexual. Dito de outra forma, enquadra-se na figura típica quem, por meio de pagamento, atinge o objetivo de satisfazer sua lascívia pela prática de ato sexual com pessoa maior de 14 e menor de 18 anos." (STJ, REsp 1.490.891/SC, *DJU* 02-5-2018).

Se a vítima é menor de 18 anos ou se, por enfermidade ou deficiência mental, não tem o necessário discernimento para a prática do ato, haverá o crime previsto no art. 218-B do CP.

---

55. E. Magalhães Noronha, *Direito penal*, cit., v. 3, p. 255. No mesmo sentido, Júlio Fabbrini Mirabete, *Manual*, cit., v. 2, p. 459.

4. ELEMENTO SUBJETIVO

É o dolo, consubstanciado na vontade livre e consciente de induzir ou atrair alguém à prostituição ou outra forma de exploração sexual, facilitá-la, impedir ou dificultar que alguém a abandone.

Prevê o § 3º que se o crime é cometido com o fim de lucro, aplica-se também multa. A pena de multa integra o preceito secundário do *caput* do art. 228 do CP, não se exigindo a finalidade lucrativa para a sua incidência.

5. CONSUMAÇÃO E TENTATIVA

O crime se consuma no momento em que a vítima inicia a prática da prostituição ou outra forma de exploração sexual, após ter sido induzida, atraída ou ter facilitada tal atuação pelo agente, ou ainda quando já tenta dela se retirar, mas se vê impedida pelo autor. Convém ressaltar que não se exige habitualidade das condutas previstas no tipo, bastando seja praticada uma única ação de induzir, atrair etc. Deve-se consignar, no entanto, que, para a consumação, será necessário que a pessoa induzida etc. passe a se dedicar habitualmente à prática do sexo mediante contraprestação financeira, não bastando que, em razão da indução ou facilitação, venha a manter, eventualmente, relações sexuais negociadas. Assim, o que deve ser habitual não é a realização do núcleo da ação típica, mas o resultado dessa atuação, qual seja a prostituição da ofendida. Não havendo habitualidade no comportamento da induzida, o crime ficará na esfera da tentativa. Explica-se: o resultado naturalístico de qualquer das condutas previstas nesse tipo é a transformação da vítima em prostituta, o que só ocorre com o exercício habitual da conjunção carnal.

Nesse contexto, vale a pena conferir brilhante parecer proferido pelo Procurador de Justiça Pedro Franco de Campos, no chamado "Caso Bahamas":

"Apelação Criminal n. 245.726-3/1/SP

Parecer do Procurador de Justiça Pedro Franco de Campos

No mérito, como já foi dito, penso que o recurso é procedente.

Na verdade não existem provas seguras de que o acusado, no desempenho de suas funções de proprietário do estabelecimento 'Bahamas Hotel, Restaurante e *American Bar*', tenha facilitado a prostituição de determinadas mulheres.

A prova produzida durante o contraditório não dá a segurança exigida para sustentar a condenação.

Senão vejamos:

O recorrente, quando interrogado às fls. 249, negou a prática de qualquer crime. Esclareceu, a seu modo, o funcionamento do estabelecimento, dizendo que todas as pessoas pagam para entrar e usar as dependências do restaurante, do *American Bar* e do balneário. Se alguém desejar usar a parte da hotelaria, 'é feita uma ficha' e funciona como um 'motel'.

Como é por demais sabido: 'Os indícios não merecem, por certo, apoteose, mas também não merecem excomunhão maior. É necessária cautela na afirmação dos mesmos, mas não se pode negar que a certeza pode provir deles' (*Jurisprudência do*

Tribunal de Alçada Criminal de São Paulo, ed. 1976, p. 499, n. 5.365 – rel. Lauro Malheiros). Isso para não falar que a prova indiciária, como leciona Carmignani, é a mais falsa de todas as provas, pois nela se une o que de mais enganoso existe nas outras e a falácia que lhe é própria e exclusiva (apud José Henrique Pierangeli, Da prova indiciária, *RT* 610/283 e s.).

Com efeito, como já deixei consignado no parecer emitido no Recurso de Apelação n. 254.667-3/2, da comarca de Americana, datado de 5 de maio do corrente ano: 'Na verdade, para que o crime imputado à ré fique caracterizado nas três primeiras condutas – induzir, atrair ou facilitar – é necessário a ocorrência do estado de prostituição, em que a vítima já está no prostíbulo ou à disposição dos fregueses...' (Julio F. Mirabete, *Manual de direito penal*, v. 2, p. 454, ed. 1998).

Neste processo não ficou provado o 'estado de prostituição' porque não demonstrada a 'habitualidade de prestações carnais a um número indeterminado de pessoas', que é a prostituição em si mesma considerada (obra citada, p. 452).

Encerrando, o emérito Prof. Celso Bastos, em seu parecer de fls. 430/480, com a competência que lhe é peculiar, demonstra a inexistência do delito imputado ao recorrente, fazendo análise até mesmo de aspectos constitucionais de sua atividade profissional e da ação policial levada a efeito antes da prisão em flagrante. Ali está posto, dentre outras preciosas afirmações, que o Código Penal, de 1940, 'não poderia receber nos dias de hoje a mesma leitura rigorosa que há décadas atrás recebeu' (fls. 439). E, ainda, que os donos do Bahamas não podem ser classificados como marginais ou fora da lei (fls.). Por último, quando analisa o delito de favorecimento à prostituição, citando o sempre lembrado Damásio E. de Jesus, deixa claro que para a caracterização do delito há necessidade de o 'sujeito deve induzir, atrair, facilitar ou impedir pessoas determinadas, vale dizer, sua conduta deve ser dirigida a esta ou àquela pessoa ou pessoas. Se indeterminadas não há crime'.

Em face do que ficou exposto, o parecer é no sentido de serem rejeitadas as preliminares, e, no mérito, ser dado provimento ao recurso, absolvendo-se o recorrente.

São Paulo, 5 de junho de 1998.

Pedro Franco de Campos, Procurador de Justiça".

Nas modalidades "impedir" e "dificultar", a consumação ocorre com o ato de criar embaraço ou empecilho.

A tentativa é perfeitamente admissível em todas as hipóteses. Importa mencionar que esse crime não é reputado delito habitual, de modo que basta que o agente favoreça uma única vez a prostituição para que haja a configuração do tipo penal.

6. FORMAS

6.1. Simples (art. 228, *caput*)

Está prevista no *caput*.

6.2. Qualificada (art. 228, §§ 1º, 2º e 3º)

Estão contempladas nos §§ 1º, 2º e 3º.

Incidiam as hipóteses do § 1º do art. 227 do CP: "Se a vítima é maior de catorze e menor de dezoito anos ou se o agente é seu ascendente, descendente, cônjuge ou companheiro, irmão, tutor ou curador ou pessoa a quem esteja confiada para fins de educação, de tratamento ou de guarda: Pena – reclusão, de 3 (três) a 8 (oito) anos". O art. 228 prevê detalhadamente em seu § 1º os casos em que o delito será qualificado: "Se o agente é ascendente, *padrasto, madrasta*, irmão, *enteado*, cônjuge, companheiro, tutor ou curador, *preceptor ou empregador da vítima, ou se assumiu, por lei ou outra forma, obrigação de cuidado, proteção ou vigilância*: Pena – reclusão, de 3 (três) a 8 (oito) anos". Assim, algumas modificações legais foram introduzidas: (i) não há mais qualquer referência, no dispositivo legal, a vítima maior de 14 e menor de 18 anos, pois o fato poderá, agora, configurar crime previsto no art. 218-B (favorecimento da prostituição ou outra forma de exploração sexual de vulnerável: Pena – reclusão, de 4 a 10 anos); (ii) a atual regra legal afastou a qualificadora na hipótese de crime praticado por descendente; (iii) foram inseridas as figuras do padrasto, madrasta, enteado, preceptor ou empregador da vítima; (iv) foi substituída a frase: "pessoa a quem esteja confiada para fins de educação, de tratamento ou de guarda" por "se assumiu, por lei ou outra forma, obrigação de cuidado, proteção ou vigilância".

§ 2º: "Se o crime é cometido com emprego de violência, grave ameaça ou fraude. Pena – reclusão, de quatro a dez anos, além da pena correspondente à violência". Esse parágrafo não só prevê mais uma forma qualificada do crime em estudo como também menciona a regra do concurso material de crimes (art. 228, § 2º, e lesão corporal, por exemplo).

§ 3º: "Se o crime é cometido com o fim de lucro, aplica-se também multa". O sujeito ativo é levado à prática delitiva com o escopo de obter lucro. Não é necessário que ele efetivamente obtenha a vantagem econômica.

6.3. Majorada

Vide comentários ao art. 234-A.

7. QUESTÕES

(i) Favorecimento da prostituição e mediação para satisfazer à lascívia de outrem (CP, art. 227): dispõe o art. 227 do CP: "Induzir alguém a satisfazer a lascívia de outrem: Pena – reclusão, de 1 (um) a 3 (três) anos". Procura-se, com esse amparo legal, também, impedir o desenvolvimento desenfreado da prostituição, estimulado pela ação de terceiros que exploram o "comércio carnal". Embora esse tipo penal não puna a ação de induzir outrem a satisfazer a lascívia de um número indeterminado de pessoas, isto é, a prostituição, ele incrimina um estágio que podemos considerar inicial ao seu estímulo, qual seja o de induzir alguém a satisfazer a lascívia de pessoa(s) determinada(s).

(ii) Favorecimento da prostituição e art. 218-B do CP: no delito de "favorecimento da prostituição ou outra forma de exploração sexual de vulnerável", previsto no art.

218-B do CP, o agente submete, induz ou atrai à prostituição ou outra forma de exploração sexual alguém menor de 18 anos ou que, por enfermidade ou deficiência mental, não tem o necessário discernimento para a prática do ato.

(iii) **Favorecimento da prostituição e rufianismo**: no favorecimento à prostituição, o agente induz ou atrai alguém à prostituição ou outra forma de exploração sexual, e, em regra, afasta-se da vítima, sem necessariamente ter a finalidade do lucro, a qual não se encontra ínsita no tipo penal. Ele, desse modo, não participa diretamente de seus lucros ou faz-se sustentar pela prostituta. No rufianismo, pelo contrário, o agente tira proveito da prostituição alheia, participando diretamente de seus lucros ou faz-se sustentar, no todo ou em parte, por quem a exerça. Vale mencionar que, com o advento da Lei n. 12.015/2009, a finalidade lucrativa, que consubstanciava a qualificadora prevista no § 3º do art. 228 do CP, foi proscrita, e a pena de multa passou a integrar o preceito secundário do *caput* do artigo.

8. AÇÃO PENAL. PROCEDIMENTO

Trata-se de crime de ação penal pública incondicionada.

No que se refere ao procedimento, *vide* art. 394 do CPP, que passou a eleger critério distinto para a determinação do rito processual a ser seguido. A distinção entre os procedimentos ordinário e sumário dar-se-á em função da pena máxima cominada à infração penal e não mais em virtude de esta ser apenada com reclusão ou detenção.

ART. 229 – CASA DE PROSTITUIÇÃO

1. CONCEITO

Dispõe o art. 229 do CP: "Manter, por conta própria ou de terceiro, *estabelecimento em que ocorra exploração sexual*, haja, ou não, intuito de lucro ou mediação direta do proprietário ou gerente: Pena – reclusão, de 2 (dois) a 5 (cinco) anos, e multa". O tipo penal, portanto, não mais se refere à manutenção de casa de prostituição ou lugar destinado a encontros para fim libidinoso. Como já visto nos comentários ao art. 228 do CP, a tutela jurídica dos crimes contemplados no Capítulo V, menciona qualquer outra forma de exploração sexual, que não só a prostituição, em consonância, inclusive, com os documentos internacionais. A "prostituição" passa, portanto, a ser uma das formas de "exploração sexual". Desse modo, o título do crime "Casa de prostituição" é inadequado, por não revelar a atual amplitude do delito.

A respeito do conceito de exploração sexual, Rogério Sanches Cunha nos traz a seguinte lição: "A exploração sexual, de acordo com o primoroso estudo de Eva Faleiros, pode ser definida como uma dominação e abuso do corpo de criança, adolescentes e adultos (oferta), por exploradores sexuais (mercadores), organizados, muitas vezes, em rede de comercialização local e global (mercado), ou por pais ou responsáveis, e por consumidores de serviços sexuais pagos (demanda), admitindo quatro modalidades:

a) prostituição – atividade na qual atos sexuais são negociados em troca de pagamento, não apenas monetário; b) turismo sexual – é o comércio sexual, bem articulado, em cidades turísticas, envolvendo turistas nacionais e estrangeiros e principalmente mulheres jovens, de setores excluídos de países de Terceiro Mundo; c) pornografia – produção, exibição, distribuição, venda, compra, posse e utilização de material pornográfico, presente também na literatura, cinema, propaganda etc.; e d) tráfico para fins sexuais – movimento clandestino e ilícito de pessoas através de fronteiras nacionais, com o objetivo de forçar mulheres e adolescentes a entrar em situações sexualmente opressoras e exploradoras, para lucro dos aliciadores, traficantes"[56].

2. OBJETO JURÍDICO

Com a atual rubrica do Capítulo V, mudou-se o foco da proteção jurídica. Tem-se em vista, agora, principalmente, a proteção da dignidade do indivíduo, sob o ponto de vista sexual. Secundariamente, protege-se também os bons costumes.

3. ELEMENTOS DO TIPO

3.1. Ação nuclear

A ação nuclear do tipo consubstancia-se no verbo *manter*, isto é, conservar, sustentar *estabelecimento em que ocorra exploração sexual*.

A antiga figura penal se referia à casa de prostituição ou qualquer lugar destinado a encontros amorosos. Interpretava-se este último de forma restrita, isto é, somente se enquadrava nesse conceito o local para encontro de prostituição. Assim não podia ser considerado o local destinado a encontro de amantes, namorados, companheiros (os "motéis" ou "hotéis de alta rotatividade"). Segundo Delmanto, "relativamente a 'lugar destinado a encontros para fim libidinoso', a dúvida que existe concerne ao conceito amplo (qualquer modalidade de encontro libidinoso) ou restrito ao encontro para a prostituição, consoante o título do crime do art. 229. Esta última é a tendência atual, tipificando-se a infração apenas quando há a prostituição e não em caso de motéis ou hotéis de 'alta rotatividade', em que há fim libidinoso, mas não de prostituição. Assevera Heleno Fragoso: 'A incriminação do fato só tem relevância enquanto se trate de *local de prostituição* (como se pode ver da rubrica lateral). Daí a hesitação das autoridades em reprimir o fato que a nosso ver *não configura o delito*' (*Jurisprudência Criminal*, 1979, v. I, n. 46)"[57]. Nesse sentido, havia se manifestado o Superior Tribunal de Justiça: "A casa de prostituição não realiza ação dentro do âmbito de normalidade social, ao contrário do motel que, sem impedir a eventual prática de mercadoria do sexo, não tem como finalidade única e essencial favorecer o lenocínio" (STJ, REsp 149.070/DF). No tocante à casa de massagem,

56. Luiz Flávio Gomes, Rogério Sanches Cunha, Valério de Oliveira Mazzuoli, *Comentários*, cit., p. 58-59.
57. Heleno C. Fragoso, *Lições de direito penal*: parte especial, 3. ed., p. 201.

banho, ducha, *relax* e bar, a simples manutenção destes também se entendia que não configurava o delito em estudo, pois era necessário comprovar que os empregados se prestavam a exercer a prostituição. Nesse sentido: "Penal. Casa de prostituição. Estabelecimento comercial. Matéria de fato. Reexame de prova. Dissídio jurisprudencial. 1. A simples manutenção de estabelecimento comercial relativo a casa de massagem, banho, ducha, *relax* e bar não configura o delito do art. 229 do CP. Hipótese que demanda análise do material fático-probatório, vedado nesta instância. Incidência da Súmula 7/STJ. 2. Dissídio jurisprudencial caracterizado. 3. Recurso conhecido, pelo dissídio, mas improvido" (STJ, REsp 65.951/DF).

Há a configuração típica se o agente mantiver estabelecimento em que ocorra qualquer forma de exploração sexual, que não só a prostituição. Trata-se, portanto, de expressão mais abrangente, bastando a comprovação de que no local ocorra a exploração sexual. Pune-se, portanto, o proprietário de qualquer estabelecimento, destinado ou não à prostituição, em cujo interior ocorra a exploração sexual, por exemplo, indivíduo que possui um restaurante, mas que em sua edícula permite encontro de clientes com prostitutas. O mesmo ocorre com a manutenção de casas de massagem, banho, ducha, *relax*. Caso se comprove que no interior haja a exploração sexual, haverá o enquadramento típico.

No tocante aos motéis, como o dispositivo penal exige apenas que no estabelecimento ocorra a exploração sexual, sem impor que o mesmo tenha a destinação específica de favorecer o lenocínio, poder-se-á sustentar que o legislador pretendeu também responsabilizar o proprietário daqueles pelo crime do art. 229 do CP, uma vez comprovada a ocorrência habitual de exploração sexual no local.

Importante mencionar que, no tocante ao antigo delito do art. 229 do CP, já sustentávamos que, embora houvesse tolerância por parte da sociedade e mesmo dos órgãos policiais relativamente à manutenção de casa de prostituição, o dispositivo penal não havia deixado de ser considerado crime, embora sua aplicação estivesse em desuso. Assim, a aceitação social de um fato reputado criminoso pela lei penal, o qual, em virtude da reiterada prática e aprovação social, passasse a constituir um costume (p. ex., jogo do bicho), não teria o condão de descriminalizá-lo. Tampouco se vislumbraria uma causa excludente da ilicitude ou da culpabilidade. Nesse sentido STJ, AgRg no REsp 924750/RS: "1. Esta Corte Superior tem entendimento no sentido de que não se pode falar em descriminalização pela ordem social do delito de casa de prostituição – artigo 229 do Código Penal". Em sentido contrário: "Casa de prostituição. Descriminalização por força social. À sociedade civil é reconhecida a prerrogativa de descriminalização do tipo penal configurado pelo legislador. A eficácia da norma penal nos casos de casa de prostituição mostra-se prejudicada em razão do anacronismo histórico, ou seja, a manutenção da penalização em nada contribui para o fortalecimento do estado democrático de direito, e somente resulta num tratamento hipócrita diante da prostituição institucionalizada com rótulos como 'acompanhantes', 'massagistas', motéis, etc., que, ainda que extremamente publicizada, não sofre qualquer reprimenda do poder estatal, haja vista que tal conduta, já há muito tolerada, com grande sofisticação, é divulgada diariamente pelos meios de comunicação, não é crime, bem assim não serão as de origem mais modesta e mais deficientes economicamente. Apelação improvida" (TJRS, Ap. 700.005.862-63). Percebe-se a preocupação do legislador em reforçar a incriminação desse fato, ampliando a sua tutela jurídica, de molde a abarcar qualquer forma de exploração sexual realizada em estabelecimento destinado ou não exclusivamente ao lenocínio.

A manutenção de estabelecimento em que ocorra exploração sexual, mediante licença da autoridade policial ou pagamento de impostos ou taxas, poderá configurar o erro de proibição (CP, art. 21), pois há erro sobre a ilicitude do fato. Nenhuma autoridade está autorizada por lei a conceder licença ou cobrar qualquer tipo de taxa para o funcionamento de tais locais, porém o agente, por desconhecer a lei, supõe ser lícito o fato.

Tendo em vista o verbo empregado pelo tipo penal, *manter*, estamos diante de um crime habitual e permanente. Segundo Noronha, ao comentar os delitos em estudo, bem como o rufianismo, "são ambos os crimes permanentes, porque a consumação protrai-se no tempo, dependendo da vontade do agente; o estado antijurídico *permanece*, dependente do querer do sujeito ativo. São crimes habituais por traduzirem um *sistema de vida*"[58]. O Superior Tribunal de Justiça já se manifestou no sentido de que, "no delito do art. 229 do CP, a prova da habitualidade prescinde de sindicância prévia, podendo ser demonstrada por outros meios, inclusive depoimentos de testemunhas. Recurso desprovido" (RHC 11.853/RJ). Há, contudo, decisão em sentido contrário, entendendo que o delito do art. 229 do Código Penal exige prova da reiteração dos encontros para fim libidinoso para a sua configuração, ou seja, prova da habitualidade.

Indaga-se: a autoridade policial que pretender realizar diligência de busca e apreensão dentro de estabelecimento em que ocorra a exploração sexual necessita de ordem judicial? Há um posicionamento na jurisprudência no sentido de que a garantia da inviolabilidade domiciliar não se estende a lares desvirtuados, como cassinos clandestinos, aparelhos subversivos, casa de tolerância, locais e pontos de comércio clandestino de drogas ou entorpecentes, não havendo que se falar em tutela constitucional da inviolabilidade do lar e falta de mandado para o ingresso neste. Contudo, deve-se ressalvar que, no caso de estabelecimento em que ocorra a exploração sexual, como a casa de prostituição, muitas vezes esta serve de residência para as prostitutas, de forma que, se o local estiver fechado ao público, será objeto da proteção penal.

> → **Atenção:** aquele que mantém local destinado à prostituição de menor de 18 anos responderá pelo crime do art. 218-B do CP. Note que o § 2º, II, do citado dispositivo menciona que incorre nas penas do crime "o proprietário, o gerente ou o responsável pelo local em que se verifiquem as práticas referidas no *caput* deste artigo". No entanto, em se tratando de local em que se dê a exploração de menores de 14 anos, o delito será o do art. 217-A.

3.2. Sujeito ativo

Qualquer pessoa (homem ou mulher) que mantenha estabelecimento em que ocorra exploração sexual, haja ou não o intuito de lucro ou a intermediação direta dele. Dis-

---

58. E. Magalhães Noronha, *Direito penal*, cit., v. 3, p. 262.

pensa-se que o agente obtenha proveito econômico com a exploração sexual exercida em seu estabelecimento. Assim, no caso de exercício de prostituição no local, dispensa-se a mediação direta entre o proprietário da casa, a prostituta e o seu cliente, ou seja, não se exige que o proprietário realize qualquer captação de clientela.

O proprietário de um imóvel que o aluga para determinado fim comercial (p. ex., clínica estética para homens), vindo o inquilino a nele manter estabelecimento para exploração sexual sem o conhecimento daquele, não pode ser considerado coautor desse crime[59].

Também se exclui dessa tipificação legal a conduta da prostituta que aluga um imóvel para exercer o meretrício, pois não é crime prostituir-se. Mesmo que várias prostitutas mantenham um imóvel com esse fim, a conduta será atípica, pois tem de existir a figura de terceira pessoa que mantenha e administre o estabelecimento com o fim de proporcionar os encontros sexuais. Caso a pessoa que administre o local também seja prostituta, responderá ela por esse delito, pois não está apenas exercendo o meretrício por si só.

3.3. Sujeito passivo

É a vítima (homem ou mulher) da exploração sexual. A coletividade, secundariamente, também é vítima desse crime.

Para Rogério Sanches Cunha, "a coletividade também poderia ser ofendida, mas nesse caso remotamente. O risco sempre de se colocar a coletividade como sujeito passivo nos crimes sexuais consiste na inclinação (moralizante) que daí resulta. Desde o advento do secularismo (distinção entre pecado e crime) temos que evitar essa tendência moralizante do direito penal"[60].

4. ELEMENTO SUBJETIVO

É o dolo, consistente na vontade livre e consciente de manter estabelecimento em que ocorra a exploração sexual. O intuito lucrativo é irrelevante.

5. CONSUMAÇÃO E TENTATIVA

Ocorre a consumação com o início de manutenção do estabelecimento em que ocorra a exploração sexual. Não é necessária a prática de qualquer ato sexual. Basta a prova de que a casa se destina à exploração sexual, por exemplo: prostitutas que já se encontram alojadas nos quartos no aguardo dos clientes, panfletos anunciando a abertura da casa

59. Nesse sentido: E. Magalhães Noronha, *Direito penal*, cit., v. 3, p. 260.

60. Luiz Flávio Gomes, Rogério Sanches Cunha, Valério de Oliveira Mazzuoli, *Comentários*, cit., p. 70.

de prostituição etc. A tentativa é inadmissível, pois se trata de crime habitual. Nesse sentido, "O crime de manutenção de casa de prostituição tipifica objetivamente uma conduta permanente, pouco importando o momento da fiscalização do poder público e a comprovação de haver, no instante da prisão, relacionamento sexual das aliciadas. Ordem denegada" (STJ, HC 42.995/RJ). Para E. Magalhães Noronha, "um ato de prostituição ou libidinoso basta, desde que outras circunstâncias demonstrem que o agente se encontrava em *pleno exercício*"[61].

6. FORMAS

6.1. Simples (art. 229, *caput*)

Está prevista no *caput*.

6.2. Qualificadas

Previstas no art. 232 c/c o art. 223. Cumpre lembrar que o art. 232, que previa a incidência dos arts. 223 (se da violência resulta lesão corporal de natureza grave: Pena – reclusão, de 8 a 12 anos. Se do fato resulta morte: Pena – reclusão, de 12 a 25 anos), foi revogado expressamente pela Lei n. 12.015/2009, assim como o art. 224 (hipóteses de presunção de violência).

6.3. Majorada

Vide comentários ao art. 234-A.

7. AÇÃO PENAL. PROCEDIMENTO

Trata-se de crime de ação penal pública incondicionada.

No que diz respeito ao procedimento, *vide* art. 394 do CPP, que passou a eleger critério distinto para a determinação do rito processual a ser seguido. A distinção entre os procedimentos ordinário e sumário dar-se-á em função da pena máxima cominada à infração penal e não mais em virtude de esta ser apenada com reclusão ou detenção.

ART. 230 – RUFIANISMO

1. CONCEITO

Dispõe o art. 230, *caput*, do CP: "Tirar proveito da prostituição alheia, participando diretamente de seus lucros ou fazendo-se sustentar, no todo ou em parte, por quem a exerça: Pena – reclusão, de 1 (um) a 4 (quatro) anos, e multa".

61. *Direito penal*, cit., v. 3, p. 265.

2. OBJETO JURÍDICO

Tutela-se a dignidade sexual da prostituta, vítima da exploração do rufião, ou seja, aquele que procura tirar proveito do exercício da prostituição alheia[62].

3. ELEMENTOS DO TIPO

3.1. Ação nuclear

Duas são as condutas típicas:

(i) Tirar proveito da prostituição alheia, participando diretamente de seus lucros – aqui o rufião constitui uma espécie de sócio da meretriz, pois tem participação em seus lucros. Exige-se que o proveito econômico (*dinheiro ou qualquer outra vantagem*) seja proveniente do exercício da prostituição. Dessa forma, se for produto de herança da meretriz ou qualquer outra renda, não há que se falar no crime em tela.

(ii) Ou fazendo-se sustentar, no todo ou em parte, por quem a exerça – cuida-se aqui da manutenção do rufião pelo fornecimento de alimentação, vestuário, habitação etc.

Trata-se de crime permanente e habitual. Na modalidade *participar*, deve haver uma continuada entrega de lucros pela prostituta ao rufião. Na modalidade *sustentar*, deve o sustento perdurar por algum tempo. Não basta, por exemplo, que a prostituta lhe pague uma única refeição ou lhe dê uma peça de roupa, *ou o presenteie*. Exige-se, sim, uma ação continuada.

3.2. Sujeito ativo

Qualquer pessoa, homem ou mulher, pode praticar o crime em tela. Se o autor do crime for ascendente, padrasto, madrasta, irmão, enteado, cônjuge, companheiro, tutor ou curador, preceptor ou empregador da vítima, ou se assumiu, por lei ou outra forma, obrigação de cuidado, proteção ou vigilância, responderá pela forma qualificada do § 1º.

3.3. Sujeito passivo

A pessoa que exerce a prostituição (homem ou mulher), ou seja, a pessoa que se presta ao comércio carnal. No caso de adultos, aplica-se o *caput*, mas, em se tratando de vítima menor de 18 e maior de 14 anos, aplica-se o § 1º.

4. ELEMENTO SUBJETIVO

É o dolo, consistente na vontade livre e consciente de tirar proveito da prostituição alheia, participando dos seus lucros, ou ser por ela sustentado, ainda que em parte. Não se exige nenhuma finalidade específica.

---

62. Nesse sentido: E. Magalhães Noronha, *Direito penal*, cit., v. 3, p. 267-8.

5. MOMENTO CONSUMATIVO E TENTATIVA

Dá-se a consumação com a participação reiterada do rufião no recebimento dos lucros, bem como da sua manutenção à custa da prostituta. Há necessidade de habitualidade.

Por se cuidar de crime habitual, é inadmissível a tentativa.

6. FORMAS

6.1. Simples (art. 230, *caput*)

Está prevista no *caput*.

6.2. Qualificadas (art. 230, §§ 1º e 2º)

Estão previstas no § 1º. O art. 230 prevê detalhadamente em seu § 1º os casos em que o delito será qualificado: "Se a vítima é menor de 18 (dezoito) e maior de 14 (catorze) anos ou se o crime é cometido por ascendente, padrasto, madrasta, irmão, enteado, cônjuge, companheiro, tutor ou curador, preceptor ou empregador da vítima, ou por quem assumiu, por lei ou outra forma, obrigação de cuidado, proteção ou vigilância. Pena – reclusão, de 3 (três) a 6 (seis) anos, e multa". Assim, algumas modificações legais foram introduzidas: (a) a atual regra legal afastou a qualificadora na hipótese de crime praticado por descendente; (b) foram inseridas as figuras do padrasto, madrasta, enteado, preceptor ou empregador da vítima; (c) foi substituída a frase: "pessoa a quem esteja confiada para fins de educação, de tratamento ou de guarda" por "quem assumiu, por lei ou outra forma, obrigação de cuidado, proteção ou vigilância".

O § 2º também contempla outra forma qualificada, no caso, pelo resultado: "Se o crime é cometido mediante violência, grave ameaça, *fraude ou outro meio que impeça ou dificulte a livre manifestação da vontade da vítima*. Pena – reclusão, de 2 (dois) a 8 (oito) anos, sem prejuízo da pena correspondente à violência". As penas serão somadas se da violência empregada advier lesão corporal. Com a inovação legal, o emprego de fraude tornou-se meio executório apto a qualificar o delito, ao contrário da antiga redação do § 2º, o qual preceituava: "Se há emprego de violência ou grave ameaça: Pena – reclusão, de 2 (dois) a 8 (oito) anos, além da multa e sem prejuízo da pena correspondente à violência". Note-se, também, que a pena de multa foi abolida pelo atual diploma legal.

6.3. Majorada

Vide comentários ao art. 234-A.

7. AÇÃO PENAL. PROCEDIMENTO. LEI DOS JUIZADOS ESPECIAIS CRIMINAIS

Trata-se de crime de ação penal pública incondicionada.

Com relação ao procedimento, *vide* art. 394 do CPP, que passou a eleger critério distinto para a determinação do rito processual a ser seguido. A distinção entre os procedimentos ordinário e sumário dar-se-á em função da pena máxima cominada à infração penal e não mais em virtude de esta ser apenada com reclusão ou detenção.

É cabível o instituto da suspensão condicional do processo (art. 89 da Lei n. 9.099/95) somente no *caput* do artigo.

ARTS. 231 E 231-A – REVOGADOS

1. CONSIDERAÇÕES

→ Atenção: os crimes de tráfico internacional e interno de pessoas (arts. 231 e 231-A) foram expressamente revogados pela Lei n. 13.344, de 6 de outubro de 2016, deslocando a tutela pessoal para a nova figura típica do Código Penal prevista no art. 149-A do CP – tráfico de pessoas.

O novo tipo penal possui a seguinte redação:

"Tráfico de Pessoas

Art. 149-A. Agenciar, aliciar, recrutar, transportar, transferir, comprar, alojar ou acolher pessoa, mediante grave ameaça, violência, coação, fraude ou abuso, com a finalidade de:

I – remover-lhe órgãos, tecidos ou partes do corpo;

II – submetê-la a trabalho em condições análogas à de escravo;

III – submetê-la a qualquer tipo de servidão;

IV – adoção ilegal; ou

V – exploração sexual.

Pena – reclusão, de 4 (quatro) a 8 (oito) anos, e multa.

§ 1º A pena é aumentada de um terço até a metade se:

I – o crime for cometido por funcionário público no exercício de suas funções ou a pretexto de exercê-las;

II – o crime for cometido contra criança, adolescente ou pessoa idosa ou com deficiência;

III – o agente se prevalecer de relações de parentesco, domésticas, de coabitação, de hospitalidade, de dependência econômica, de autoridade ou de superioridade hierárquica inerente ao exercício de emprego, cargo ou função; ou

IV – a vítima do tráfico de pessoas for retirada do território nacional.

§ 2º A pena é reduzida de um a dois terços se o agente for primário e não integrar organização criminosa".

Vide *os nossos comentários no* Curso de Direito Penal, *v.* 2.

ART. 232 – REVOGADO PELA LEI N. 12.015/2009

ART. 232-A – PROMOÇÃO DE MIGRAÇÃO ILEGAL

1. CONSIDERAÇÕES INICIAIS

A Lei n. 13.445/2017, em vigor desde 20 de novembro de 2017, revoga o Estatuto do Estrangeiro e institui a Lei de Migração. O art. 115 desta acrescenta ao Código Penal o art. 232-A, tipificando a conduta de promoção de migração ilegal.

A entrada e saída de pessoas do território nacional deve atender aos pressupostos legais, tudo a fim de evitar o livre trânsito de indivíduos que possam trazer risco para a segurança dos cidadãos nacionais. Ademais, a regulação de tal conduta também se faz necessária para a manutenção da organização interna do país. Dessa forma, embora não haja problema em incentivar a migração, é necessário coibir duramente essa atividade quando contrária à lei, do mesmo modo que outros países já o fazem. O art. 183 da Lei de Estrangeiros de Portugal, por exemplo, pune "Quem favorecer ou facilitar, por qualquer forma, a entrada ou o trânsito ilegais de cidadão estrangeiro em território nacional". Igualmente, a lei italiana pune com reclusão de 1 (um) a 5 (cinco) anos aquele que promove a entrada de estrangeiro no território do País em desacordo com as disposições do art. 12 do chamado "Texto Único sobre Imigração".

2. CONCEITO DE ESTRANGEIRO

Primeiramente, devemos analisar o conceito de brasileiro, que se extrai do art. 12 da CF, segundo o qual são brasileiros natos:

(i) os nascidos na República Federativa do Brasil, ainda que de pais estrangeiros, desde que estes não estejam a serviço do seu país;

(ii) os nascidos no estrangeiro, de pai brasileiro ou mãe brasileira, desde que qualquer deles esteja a serviço da República Federativa do Brasil,

(iii) os nascidos no estrangeiro de pai brasileiro ou de mãe brasileira, desde que sejam registrados em repartição brasileira competente ou venham a residir na República Federativa do Brasil e optem, em qualquer tempo, depois de atingida a maioridade, pela nacionalidade brasileira.

Ainda, são considerados naturalizados:

(i) os que, na forma da lei, adquiram a nacionalidade brasileira, exigidas aos originários de países de língua portuguesa apenas residência por um ano ininterrupto e idoneidade moral;

(ii) os estrangeiros de qualquer nacionalidade, residentes na República Federativa do Brasil há mais de quinze anos ininterruptos e sem condenação penal, desde que requeiram a nacionalidade brasileira.

Assim sendo, o estrangeiro, por exclusão, será qualquer pessoa que não se insira em nenhuma das qualificações de brasileiro nato ou naturalizado.

3. CONCEITO DE TERRITÓRIO NACIONAL

O referido conceito é extraído do art. 5º do CP, caracterizando-se pela soma do espaço físico (ou geográfico) com o espaço jurídico (espaço físico por ficção, por equiparação, por extensão ou território flutuante).

(i) Território físico é o espaço terrestre, marítimo ou aéreo sujeito à soberania do Estado. São eles: solo, rios, lagos, mares interiores, baías, faixa do mar exterior ao longo da costa – 12 milhas marítimas de largura, medidas a partir da linha de baixa-mar do litoral continente e insular – e espaço aéreo correspondente.

(ii) Extensão do território nacional: aeronaves brasileiras, de natureza pública ou a serviço do governo brasileiro onde quer que se encontrem, bem como as embarcações e as aeronaves brasileiras mercantes ou de propriedade privada, que se achem, respectivamente, em alto-mar ou no espaço aéreo correspondente (CP, art. 5º, § 1º).

Ainda, ressalte-se que também se aplica a lei brasileira aos crimes cometidos a bordo de aeronaves e embarcações estrangeiras de propriedade privada, desde que estejam em território nacional ou em voo no espaço aéreo correspondente, e estas em porto ou mar territorial do Brasil (CP, art. 5º, § 2º).

Dentro desse contexto, temos que a não limitação do crime em comento ao espaço físico permitiria sua consumação na seguinte situação: um agente com o intuito de promover a entrada de estrangeiro ilegal no Brasil, o introduz em embarcação pública atracada em outro país. O crime estaria consumado com a mera entrada do estrangeiro na embarcação. Outra situação possível: estrangeiro que está em aeronave comercial brasileira. A consumação se daria com a entrada da aeronave no espaço aéreo internacional.

O problema é que a fiscalização nas hipóteses mencionadas é de difícil ocorrência, pois os órgãos de fiscalização de fronteiras fazem o controle migratório quando da entrada de pessoas no território brasileiro, considerando este como sendo o território físico.

4. CONCEITO

Dispõe o art. 232-A, *caput*: "Promover, por qualquer meio, com o fim de obter vantagem econômica, a entrada ilegal de estrangeiro em território nacional ou de brasileiro em país estrangeiro: Pena – reclusão, de 2 (dois) a 5 (cinco) anos, e multa".

5. OBJETIVIDADE JURÍDICA

Tutela-se a soberania nacional, até porque dela deriva toda a regulação para a entrada e saída de pessoas do território estrangeiro.

Podemos considerar como objetos jurídicos mediatos a segurança nacional e a manutenção da ordem interna, já que a entrada ilegal de estrangeiros no Brasil impede que os órgãos de imigração tomem conhecimento de quem está adentrando o país e a que título. Nesse contexto, registre-se que o art. 12 da Lei n. 13.445/2017 estabelece cinco espécies de vistos, divididas em subespécies, cada qual concedida de acordo com a finalidade do ingresso e permanência do estrangeiro no território nacional.

Finalmente, tendo em vista que o tipo penal pune a promoção da entrada ilegal de brasileiro em território estrangeiro e a saída ilegal de estrangeiro para outro país, podemos considerar que também é tutelada a regular relação entre o Brasil e os demais países.

6. ELEMENTOS DO TIPO

6.1. Ação nuclear

A ação nuclear se caracteriza pelo verbo "promover", que significa realizar, efetivar. A ação de promover deve ser interpretada de maneira ampla, abarcando a punição daquele que agencia a vinda do estrangeiro, realiza o seu transporte para o território nacional e/ou o recebe no momento do seu ingresso, por exemplo. Ou seja, aquele que pratica qualquer ato com o propósito de viabilizar a entrada ilegal sem a observância das disposições legais para tanto deve ser punido.

Vale lembrar que a entrada ilegal pode ocorrer de diversas formas, tais como através do desvio dos postos de imigração, o que ocorreria com a promoção da entrada pela fronteira terrestre ou marítima onde não existe forma de controle, bem como mediante a utilização de meios fraudulentos perante o controle de imigração, com o uso de documentos falsos, por exemplo. Ou seja, o crime pode ser cometido por qualquer meio. Se o fato for praticado com emprego de violência ou submetendo o ofendido a condições desumanas ou degradantes, incide a causa de aumento de pena do § 2º. Outros meios executórios podem se dar, tal como a grave ameaça ou fraude, os quais, a depender do caso concreto, darão ensejo ao concurso de crimes entre o delito em estudo e outras infrações, como, por exemplo, o crime de ameaça (art. 147), o delito de estelionato (art. 171) etc.

É irrelevante o consentimento do ofendido, uma vez que a proteção da norma incide sobre a política migratória e não sobre a liberdade individual.

Finalmente, exige-se que a conduta seja praticada com o intuito de obter vantagem econômica.

6.2. Sujeito ativo

Por se tratar de crime comum, pode ser cometido por qualquer pessoa. Entretanto, vale atentar para o fato de que o tipo penal em tela não pune o migrante ilegal, mas sim a promoção da migração de terceiro, com o intuito de obter vantagem econômica. A não criminalização de migrante ilegal decorre da política migratória brasileira (ver art. 3º, III, da Lei n. 13.445/2017).

6.3. Sujeito passivo

É o Estado, que deixa de exercer o direito de controle sobre o trânsito de estrangeiros no país.

7. FIGURA EQUIPARADA – ART. 232-A, § 1º

O § 1º determina: "Na mesma pena incorre quem promover, por qualquer meio, com o fim de obter vantagem econômica, a saída de estrangeiro do território nacional para ingressar ilegalmente em país estrangeiro".

A forma equiparada, então, pune a saída, não a entrada, de estrangeiro do território nacional para ingressar ilegalmente em outro país.

8. ELEMENTO SUBJETIVO

Em ambas as figuras, *caput* e equiparada, o elemento subjetivo é o dolo, ou seja, a vontade livre e consciente de promover a entrada ilegal de estrangeiro em território nacional ou de brasileiro em país estrangeiro, assim como a saída de estrangeiro do território nacional para ingressar ilegalmente em país estrangeiro.

O tipo penal traz o dolo específico, qual seja, a prática do crime deve ter a finalidade especial de obter vantagem econômica. Assim, quem pratica uma das modalidades desse crime sem a referida finalidade afasta a punição pelo dispositivo legal em tela.

9. CONSUMAÇÃO E TENTATIVA

(i) No *caput*: o crime se consuma com a entrada ilegal do estrangeiro em território nacional ou com a entrada ilegal de brasileiro em país estrangeiro.

(ii) Na forma equiparada: a consumação se dá com a saída do brasileiro do território estrangeiro.

A tentativa é possível nas situações em que o agente adota as medidas necessárias para o ingresso ou saída ilegal do estrangeiro, mas não alcança seu intento criminoso por circunstâncias alheias à sua vontade.

10. CAUSA DE AUMENTO DE PENA – ART. 232-A, § 2º

Dispõe o § 2º "A pena é aumentada de 1/6 (um sexto) até 1/3 (um terço) se:

I – o crime é cometido com violência, ou

II – a vítima é submetida a condição desumana ou degradante".

11. POSSIBILIDADE DE APLICAÇÃO DE PENA PARA AS INFRAÇÕES PENAIS CONEXAS – ART. 232-A, § 3º

O § 3º dispõe que "A pena prevista para o crime será aplicada sem prejuízo das correspondentes às infrações conexas."

Dessa forma, demais infrações penais cometidas no mesmo contexto do crime de promoção de migração ilegal serão punidas em concurso de crimes, não podendo ser aplicado o princípio da consunção. Então, se a entrada ilegal do estrangeiro no território nacional – ou a sua saída – se der, por exemplo, através de documentos falsos, o agente responde pelo art. 232-A, em concurso material com o crime correspondente. O mesmo se dará se o crime for praticado em conjunto com o tráfico de pessoas, por exemplo, na hipótese de alguém agenciar a entrada ilegal do estrangeiro no Brasil, recebendo determinada quantia, em colaboração com organização criminosa que promova o tráfico de pessoas para exploração sexual. Haverá concurso material entre os dois crimes. Até porque vale lembrar que eles possuem objetividade jurídica distintas, já que o tráfico de pessoas atinge o indivíduo, ao passo que a promoção de migração ilegal atinge o Estado. Além disso, lembremos que o crime de promoção de migração ilegal exige a finalidade específica de obter vantagem econômica, o que não é uma exigência do crime de tráfico de pessoas.

12. AÇÃO PENAL

A ação penal é pública incondicionada, e, tendo em vista os bens jurídicos tutelados, a competência é da Justiça Federal.

Capítulo VI
DO ULTRAJE PÚBLICO AO PUDOR

ART. 233 – ATO OBSCENO

1. CONCEITO

Prevê o art. 233 do CP: "Praticar ato obsceno em lugar público, ou aberto ou exposto ao público: Pena – detenção, de 3 (três) meses a 1 (um) ano, ou multa".

2. OBJETO JURÍDICO

Tutela-se o pudor público. Segundo E. Magalhães Noronha, "sob pena de desagregação e dissolução, a sociedade necessita que os fatos da vida sexual, ainda que naturais e mesmo impostos para sua sobrevivência, obedeçam a exigências ditadas por um sentimento comum às pessoas que a compõem. Trata-se do pudor público, que faz com que, v. g., um ato sexual normal, inspirado na perpetuação da espécie, se torne, entretanto, ofensivo se realizado em presença de outras pessoas"[63].

3. ELEMENTOS DO TIPO

3.1. Ação nuclear

A conduta típica consiste em praticar ato obsceno, ou seja, executar, realizar. Ato obsceno é todo ato de cunho sexual capaz de ofender o pudor médio da sociedade. O senso de pudor da coletividade deve ser avaliado de acordo com o lugar e a

63. E. Magalhães Noronha, *Direito penal*, cit., v. 3, p. 279.

época em que foi praticado. Consigne-se que nem todo ato de conteúdo sexual é obsceno, por exemplo, o nu artístico. A 2ª Turma do STF chegou a afastar a caracterização do crime na hipótese em que o ato obsceno foi praticado, ao término de uma representação teatral, em reação a vaias do público, sob o argumento de que "não se pode olvidar o contexto em que se verificou o ato incriminado. O exame objetivo do caso concreto demonstra que a discussão está integralmente inserida no contexto da liberdade de expressão, ainda que inadequada e deseducada. A sociedade moderna dispõe de mecanismos próprios e adequados, como a própria crítica, para esse tipo de situação, dispensando-se o enquadramento penal. Empate na decisão. Deferimento da ordem para trancar a ação penal" (HC 83.996/RJ). São exemplos de ato obsceno: andar desnudo, mostrar os seios, ou as nádegas ou o membro viril, ou casal de namorados praticar atos libidinosos ou conjunção carnal em um parque, o *trottoir* de travestis etc. Tais atos não necessitam ser praticados com o fim de satisfazer a lascívia, podendo haver outras motivações. Assim, o indivíduo que, por brincadeira, anda nu pela rua com a intenção de chocar seus vizinhos extremamente conservadores comete o crime em tela. Não se compreende no disposto legal a palavra obscena ou o gesto obsceno, podendo estes constituir o crime contra a honra. Ademais, antes do advento da Lei n. 13.718/2018, aquela hipótese poderia caracterizar a contravenção penal de importunação ofensiva ao pudor (LCP, art. 61). Contudo, esse artigo restou revogado pelo art. 3º, II, da novel legislação, que passou a prevê-lo como crime com a inserção do art. 215-A no Código Penal. Quanto à micção, que é o ato natural de urinar, não constituirá ato obsceno desde que não haja exibição do pênis; por exemplo, urinar de costas.

O ato obsceno deve ser praticado em lugar público, ou aberto ou exposto ao público.

(i) **Público:** é aquele ao qual todas as pessoas têm acesso, por exemplo, ruas, praças.

(ii) **Aberto ao público:** aquele cujo acesso é livre ou condicionado, por exemplo, metrô, cinema, museu, teatro.

(iii) **Exposto ao público:** é o local privado visível para quem se encontra num lugar público ou aberto ao público (p. ex., salas envidraçadas com vista para a rua, jardim de entrada de uma residência, varanda de um apartamento, interior de um automóvel). Se for privado, visível de outro local privado (p. ex., quintal de residência que somente é visível para quem se encontra na residência vizinha), não há o crime em tela, podendo caracterizar-se o delito de perturbação da tranquilidade (LCP, art. 65).

Segundo Noronha, "a publicidade se refere ao lugar e não à presença de pessoas. Estas podem estar ausentes, embora uma, pelo menos, seja necessária para a prova, desde que não se contente o julgador com a confissão do sujeito ativo. A publicidade pode deixar de existir, para os efeitos legais, por determinadas circunstâncias. Assim, um terreno ermo e longínquo, não obstante ser lugar público acessível a todos, não oferece a publicidade requerida. Por outro lado, ainda que público o lugar, se a possibilidade de ver o ato é nula, como, por exemplo, pela escuridão completa e total, não se configurará o crime. Concluindo, é o ato obsceno um *crime de perigo*, por integrar-se com a *possibilidade* de ofensa ao pudor público"[64]. Cite-se como exemplo o ato praticado no interior de automóvel, à noite e em lugar ermo. Nessa hipótese, se houver absoluta impossibilidade de o ato ser visto, seja pelo horário avançado, seja pelas condições climáticas (tempestade, neblina) ou mesmo pela inacessibilidade ou extrema discrição do local, de modo a tornar impossível a ofensa ao pudor da coletividade, o fato será atípico por força do art. 17 do CP, tendo em vista a ineficácia absoluta do meio, configurando-se o chamado crime impossível.

3.2. Sujeito ativo

Qualquer pessoa pode praticar o delito em tela (homem ou mulher).

3.3. Sujeito passivo

Trata-se de crime vago. Sujeito passivo é a coletividade atingida em seu pudor. Nada impede que concomitantemente seja ofendido o pudor de pessoa determinada na hipótese em que ela presencia o ato.

4. ELEMENTO SUBJETIVO

É o dolo, isto é, a vontade livre e consciente de praticar o ato obsceno, ciente de que o local é público, aberto ou exposto ao público. Não se exige qualquer finalidade específica consistente em satisfazer a lascívia, pois o ato poderá ser praticado por motivos outros.

5. CONSUMAÇÃO E TENTATIVA

Cuida-se de crime de perigo. Dá-se a consumação com a efetiva prática do ato, independentemente da presença de pessoas ou de alguém se sentir ofendido. Conforme já visto, a publicidade exigida pelo crime refere-se ao local dos fatos e não à presença de indivíduos nele. Embora nos crimes de perigo a tentativa seja possível, ela não é cabível no delito em estudo.

6. AÇÃO PENAL. LEI DOS JUIZADOS ESPECIAIS CRIMINAIS

Cuida-se de crime de ação penal pública incondicionada.

Por se tratar de infração de menor potencial ofensivo, está sujeita às disposições da Lei n. 9.099/95. É cabível a suspensão condicional do processo (art. 89 da Lei dos Juizados Especiais Criminais).

---

64. E. Magalhães Noronha, *Direito penal*, cit., v. 3, p. 283.

ART. 234 – ESCRITO OU OBJETO OBSCENO

1. CONCEITO

Dispõe o art. 234, *caput*, do CP: "Fazer, importar, exportar, adquirir ou ter sob sua guarda, para fim de comércio, de distribuição ou de exposição pública, escrito, desenho, pintura, estampa ou qualquer objeto obsceno. Pena – detenção, de seis meses a dois anos, ou multa".

2. OBJETO JURÍDICO

Tutela-se o pudor público. Segundo Noronha, "a lesão a ele já não oferece, como no artigo antecedente, como o ato, que, ainda que chocante, é rápido e momentâneo, mas por uma prática que perdura, alcança maior número de pessoas e se estende através de países e continentes"[65]. Com a evolução dos costumes, esse delito vem sendo cada vez menos reprimido. Assim, conforme assinala Celso Delmanto, "como exemplo, lembramos as salas especiais de cinema autorizadas a exibir filmes pornográficos; as seções em locadoras de vídeo onde são oferecidos esses mesmos filmes; as películas do mesmo gênero exibidas nas televisões a cabo ou até mesmo em canais normais, só que de madrugada; as *sex shops* (lojas de objetos eróticos), que apenas não exibem seus artigos em vitrines; as revistas pornográficas vendidas em bancas de jornais, com invólucro plástico opaco etc. Todas autorizadas pelo Poder Público, que recolhe impostos sobre a sua comercialização, e hoje toleradas pela sociedade. Embora o art. 234 do CP continue em vigor e só outra lei possa revogá-lo, tais condutas não devem ser punidas, uma vez que o sentimento comum de *pudor público*, bem jurídico tutelado, se modificou, não restando mais atingidos por elas, e ainda em face do *princípio da adequação social*, que é uma das causas supralegais de exclusão da tipicidade, hoje aceito pela doutrina moderna (Santiago Mir Puig, *Derecho Penal*, PPU, Barcelona, 1990, p. 567-70, e pela jurisprudência (...)"[66]. Não se trata aqui de aceitar o costume como norma revogadora da lei, mas de submeter esta última a uma interpretação evolutiva de acordo com o referencial sociológico constantemente alterado pelas mutações sociais e pela evolução dialética dos procedimentos morais da sociedade.

3. ELEMENTOS DO TIPO

3.1. Ação nuclear. Objeto material

Trata-se de tipo misto alternativo. A prática de duas ou mais condutas descritas é irrelevante, consistindo crime único. São elas: **(i) Fazer** – fabricar, criar, produzir, escrever etc. **(ii) Importar** – introduzir no País. Assim, se a importação tiver por objeto re-

---

65. E. Magalhães Noronha, *Direito penal*, cit., v. 3, p. 285.

66. Celso Delmanto e outros, *Código Penal comentado*, cit., p. 446-447.

vista ou filme pornográficos, configurar-se-á o crime em estudo, e não o de descaminho ou contrabando previstos nos arts. 334 e 334-A do CP, pois trata-se de crime específico. (iii) **Exportar** – fazer sair de um País para outro. (iv) **Adquirir** – obter a título oneroso ou gratuito. (v) **Ter sob sua guarda** – é a posse ou detenção. Os objetos materiais desse crime são os seguintes: (i) **escrito**: é o jornal, a revista, o livro; (ii) **desenho**: é a representação gráfica de um objeto; (iii) **pintura**: constitui a representação, agora em cores, de pessoas ou coisas; (iv) **estampa**: é a gravura impressa; (v) **ou qualquer objeto obsceno: filmes, escultura etc.** Trata-se, portanto, de rol exemplificativo.

Todas essas condutas devem ser praticadas com o fim de comércio, distribuição ou de exposição pública. Não exige o tipo penal que efetivamente os objetos sejam comercializados, distribuídos ou expostos ao público; basta a finalidade. O inciso I do art. 234, por sua vez, pune a conduta daquele que concretiza esse fim.

3.2. Sujeito ativo

Qualquer pessoa pode praticar o delito em tela.

3.3. Sujeito passivo

É a coletividade ofendida em seu pudor, e, se houver, também será vítima a pessoa diretamente atingida pelo escrito ou objeto obsceno.

4. ELEMENTO SUBJETIVO

É o dolo, isto é, a vontade livre e consciente de praticar uma das condutas típicas, acrescido do fim especial do agente (para comércio, distribuição ou exposição pública).

5. CONSUMAÇÃO E TENTATIVA

Consuma-se com a prática de uma das ações típicas (fazer, importar, exportar, adquirir, ter sob sua guarda). Assim como no delito previsto no art. 233, cuida-se aqui de crime de perigo; portanto é dispensável que haja a efetiva ofensa ao pudor público.

Em que pese tratar-se de crime de perigo, é delito plurissubsistente e, assim, comporta tentativa.

6. FORMAS (ART. 234, *CAPUT*)

6.1. Simples

Prevista no *caput*.

6.2. Figuras assemelhadas (art. 234, parágrafo único)

Estão descritas no parágrafo único: incorre na mesma pena quem:

(i) **Inciso I**: "Vende, distribui ou expõe à venda ou ao público qualquer dos objetos referidos neste artigo". Vejamos o significado de cada ação nuclear típica: (i) **vende** – consiste na entrega ou transferência da coisa mediante o pagamento de um preço; (ii) **distribui** – consiste em dividir, repartir a coisa; (iii) **expõe à venda** – é o ato de colocar a coisa à vista de possíveis adquirentes.

(ii) **Inciso II**: "Realiza, em lugar público ou acessível ao público, representação teatral, ou exibição cinematográfica de caráter obsceno, ou qualquer outro espetáculo, que tenha o mesmo caráter".

(iii) **Inciso III**: "Realiza, em lugar público ou acessível ao público, ou pelo rádio, audição ou recitação de caráter obsceno".

Com razão, afirma Cezar Roberto Bitencourt: "Com o advento da Constituição de 1988, e a evolução e liberalidade dos costumes, dificilmente as hipóteses dos incisos I e III serão puníveis, configurando-se a hipótese do princípio da adequação social"[67].

7. DISTINÇÕES

(i) Se o agente "produzir, reproduzir, dirigir, fotografar, filmar ou registrar, por qualquer meio, cena de sexo explícito ou pornográfica, envolvendo criança ou adolescente", terá a sua conduta enquadrada no art. 240, *caput*, do ECA. "Para efeito dos crimes previstos nesta Lei, a expressão 'cena de sexo explícito ou pornográfica' compreende qualquer situação que envolva criança ou adolescente em atividades sexuais explícitas, reais ou simuladas, ou exibição dos órgãos genitais de uma criança ou adolescente para fins primordialmente sexuais" (ECA, art. 241-E).

(ii) As condutas de "vender ou expor à venda fotografia, vídeo ou outro registro que contenha cena de sexo explícito ou pornográfica envolvendo criança ou adolescente" configura o crime previsto no art. 241.

(iii) Se o agente, "oferecer, trocar, disponibilizar, transmitir, distribuir, publicar ou divulgar por qualquer meio, inclusive por meio de sistema de informática ou telemático, fotografia, vídeo ou outro registro que contenha cena de sexo explícito ou pornográfica envolvendo criança ou adolescente", haverá a configuração do crime previsto no art. 241-A do ECA. Nas mesmas penas incorre quem: "I – assegura os meios ou serviços para o armazenamento das fotografias, cenas ou imagens de que trata o *caput* deste artigo; II – assegura, por qualquer meio, o acesso por rede de computadores às fotografias, cenas ou imagens de que trata o *caput* deste artigo" (art. 241-A, § 1º). De acordo com o § 2º do art. 241-A, "as condutas tipificadas nos incisos I e II do § 1º deste artigo são puníveis quando o responsável legal pela prestação do serviço, oficialmente notificado, deixa de desabilitar o acesso ao conteúdo ilícito de que trata o *caput* deste artigo".

(iv) Na hipótese de o agente "adquirir, possuir ou armazenar, por qualquer meio, fotografia, vídeo ou outra forma de registro que contenha cena de sexo explícito ou pornográfica envolvendo criança ou adolescente", haverá o crime previsto no art. 241-B, *caput*, do ECA. *Vide* também §§ 1º, 2º e 3º do mencionado dispositivo legal.

---

67. Cezar Roberto Bitencourt, *Código Penal comentado*, cit., p. 924.

(v) No caso de o agente "simular a participação de criança ou adolescente em cena de sexo explícito ou pornográfica por meio de adulteração, montagem ou modificação de fotografia, vídeo ou qualquer outra forma de representação visual", haverá o perfazimento do crime previsto no art. 241-C, *caput*, do ECA. E incorre nas mesmas penas quem "vende, expõe à venda, disponibiliza, distribui, publica ou divulga por qualquer meio, adquire, possui ou armazena o material produzido na forma do *caput* deste artigo" (ECA, art. 241-C, parágrafo único).

8. AÇÃO PENAL. LEI DOS JUIZADOS ESPECIAIS CRIMINAIS

Trata-se de crime de ação penal pública incondicionada.

Em virtude da pena prevista (detenção, de 6 meses a 2 anos, ou multa), trata-se de infração de menor potencial ofensivo. É cabível o instituto da suspensão condicional do processo (art. 89 da Lei dos Juizados Especiais Criminais).

Capítulo VII
DISPOSIÇÕES GERAIS

ART. 234-A – AUMENTO DE PENA

1. APLICAÇÃO

A pena será aumentada de metade a 2/3 (dois terços):

(i) se do crime resultar gravidez: basta, desse modo, que da prática, por exemplo, do estupro resulte a aludida consequência para a vítima. Não é necessário que a gravidez seja abrangida pelo dolo do agente;

> → **Atenção:** recorde-se que o art. 128 do CP permite o aborto quando a gravidez resulta de estupro (aborto sentimental). Também é considerado lícito o aborto quando a gravidez for decorrente de estupro de vulnerável (CP, art. 217-A).

A pena será aumentada de 1/3 (um terço) a 2/3 (dois terços):

(ii) se o agente transmite à vítima doença sexualmente transmissível de que sabe (dolo direto) ou deveria saber (dolo eventual) ser portador, ou se a vítima é idoso ou pessoa com deficiência, sendo estas duas últimas acrescentadas pela novel legislação.

ART. 234-B – SEGREDO DE JUSTIÇA

1. APLICAÇÃO

O princípio da publicidade do processo constitui garantia de independência, imparcialidade, autoridade e responsabilidade do juiz. Encontra exceção nos casos em que o decoro ou o interesse social aconselhem que eles não sejam divulgados (CPC, art. 189, I-IV; CPP, arts. 485, § 1º, e 792, § 1º). Esta é a chamada *publicidade restrita*, segundo a qual os atos são públicos só para as partes e seus procuradores, ou para um reduzido número de pessoas. A restrição se baseia no art. 5º, LX, da CF, consoante o qual "a lei só poderá restringir a publicidade dos atos processuais quando a defesa da intimidade ou o interesse social o exigirem". O art. 93, IX, da CF prevê que "todos os julgamentos dos órgãos do Poder Judiciário serão públicos... podendo a lei limitar a presença, em determinados atos, às próprias partes e a seus advogados, ou somente a estes, em casos nos quais *a preservação do direito à intimidade do interessado no sigilo não prejudique o interesse público à informação*". Assim, o Poder Judiciário somente poderá restringir o número de pessoas em julgamento quando o direito público à informação não for prejudicado. Sopesam-se os dois bens jurídicos: direito à intimidade e direito público à informação.

O art. 234-B constitui, desta maneira, mais uma exceção ao princípio da publicidade, pois os processos em que se apuram crimes definidos neste Título correrão em segredo de justiça, dado que a exposição da vítima pode lhe causar graves constrangimentos.

ART. 234-C (*VETADO*).

Título VII
DOS CRIMES CONTRA A FAMÍLIA

1. CONSIDERAÇÕES PRELIMINARES

Sob a rubrica "Dos crimes contra a família", prevê o Título VII do Código Penal os delitos que atentam contra a organização familiar, os quais estão divididos em quatro capítulos:

(i) Capítulo I: Dos crimes contra o casamento (arts. 235 a 240, sendo este último revogado pela Lei n. 11.106/2005);

(ii) Capítulo II: Dos crimes contra o estado de filiação (arts. 241 a 243);

(iii) Capítulo III: Dos crimes contra a assistência familiar (arts. 244 a 247);

(iv) Capítulo IV: Dos crimes contra o pátrio poder, tutela ou curatela (arts. 248 e 249).

Capítulo I
DOS CRIMES CONTRA O CASAMENTO

ART. 235 – BIGAMIA

1. CONCEITO

Dispõe o art. 235, *caput*, do CP: "Contrair alguém, sendo casado, novo casamento: Pena – reclusão, de 2 (dois) a 6 (seis) anos".

2. OBJETO JURÍDICO

A estrutura familiar, em regra, nas sociedades ocidentais funda-se em ligações monogâmicas, com exceção dos países que adotam a religião muçulmana, onde é plenamente admissível o casamento do homem com mais de uma parceira. Nossa cultura não admite a bigamia, tendo o Código Civil, em seu art. 1.521, VI, inclusive, previsto que não podem casar as pessoas casadas. Cuida-se de causa impeditiva à realização do enlace matrimonial. Em reforço à legislação civil, o Código Penal tipificou como crime a conduta daquele que, sendo casado, contrai novo vínculo matrimonial. Busca-se com essa previsão tutelar a instituição do casamento e a organização familiar que dele decorre, estrutura fundamental do Estado, que são colocadas em risco com as novas núpcias.

3. ELEMENTOS DO TIPO

3.1. Ação nuclear. Pressuposto do delito

Consubstancia-se no verbo "contrair", isto é, assumir novo casamento. A assunção de matrimônio realiza-se de acordo com as disposições da lei civil (CC, arts. 1.525 a 1.542), de modo que se consideram celebradas as núpcias com o consentimento dos nubentes nos termos do art. 1.535 do CC. A lavratura do assento no livro de registro (art. 1.536) constitui mera formalidade legal, que serve como meio de prova da celebração do casamento.

É pressuposto do crime que o contraente já seja casado, isto é, que tenha anteriormente celebrado núpcias com outra pessoa. O primeiro casamento deve encontrar-se vigente ao tempo da celebração do segundo. Cuida-se aqui de sua existência formal e não de sua validade. Assim, ainda que ele seja nulo ou anulável, é considerado vigente até que tais vícios sejam declarados em ação competente[68]. Uma vez feita essa declaração, reputa-se o crime de bigamia inexistente, consoante o disposto no § 2º do art. 235 do CP. Igualmente inexistirá o crime se anulado o segundo casamento por motivo outro que não a bigamia. A lei fala em *inexistência* do crime. A Exposição de Motivos do Código Penal, por sua vez, refere-se à *extinção* do delito de bigamia, com os seguintes dizeres: "O crime de bigamia existe desde que, ao tempo do segundo casamento, estava vigente o primeiro; mas se este, a seguir, é judicialmente declarado nulo, o crime se extingue, pois que a declaração de nulidade retroage *ex tunc*. Igualmente *não* subsistirá o crime se vier a ser anulado o segundo casamento, por motivo outro que não o próprio impedimento do matrimônio anterior (pois a bigamia não pode excluir-se a si mesma)".[69]

Nosso entendimento: compartilhamos do entendimento de Noronha, para quem mais exata é a expressão *extinção* do crime, "como, aliás, se fala na Exposição de Motivos, pois, existente o segundo casamento, se o primeiro ou mesmo o segundo é anulado, não se pode dizer que não existiu o que de fato teve existência, mas sim que se extinguiu ou desapareceu o que existiu"[67]. A anulação do casamento, portanto, acarreta a extinção do delito, pois o fato deixa de ser plenamente típico.

Nos termos da lei civil (art. 1.571 do CC), considera-se terminada a sociedade conjugal com: (i) o *falecimento do cônjuge*; (ii) a *nulidade ou anulação do casamento*; (iii) a *separação judicial*; (iv) o *divórcio*. Nas hipóteses i e iv é perfeitamente possível que, encontrando-se o indivíduo em uma dessas situações, contraia novo matrimônio, já que se trata de situações em que o vínculo matrimonial foi definitivamente dissolvido. A ocorrência do item

68. Cf. Nélson Hungria, Romão Côrtes de Lacerda e Heleno Cláudio Fragoso, *Comentários*, v. 8, p. 345-6; E. Magalhães Noronha, *Direito penal*, cit., v. 3, p. 298.

69. E. Magalhães Noronha, *Direito penal*, cit., v. 3, p. 298.

ii também possibilita que o agente contraia novo casamento. Por outro lado, na *separação judicial* o vínculo matrimonial não é dissolvido, podendo a todo tempo ser reatado, daí por que configuram o delito em estudo as núpcias de pessoas separadas com outrem. A Emenda Constitucional n. 66/2010 alterou a redação do art. 226, § 6º, da CF, o qual passou a dispor que "o casamento civil pode ser dissolvido pelo divórcio", não fazendo, portanto, mais qualquer menção aos requisitos da prévia separação judicial por mais de um ano ou a comprovada separação de fato por mais de dois anos. No que diz respeito ao *cônjuge ausente*, é considerado bígamo o consorte do ausente, declarado por sentença, que contrair novo matrimônio, pois, conforme ressalva Noronha, "a declaração de ausência (CC, art. 463) só produz efeitos em matéria de sucessão"[70].

É preciso fazer uma distinção: nas hipóteses acima elencadas o falecimento do cônjuge ou o divórcio foram anteriores à celebração do segundo casamento. Disso decorre que o matrimônio é lícito, não constituindo bigamia. Contudo, se ocorrerem após a celebração do segundo matrimônio, a superveniência de tais fatos não tem o condão de influir na subsistência do crime. Cite-se como exemplo o caso em que o indivíduo separado de fato de sua esposa casa-se com outrem, vindo posteriormente a ser decretado seu divórcio.

Finalmente, no que tange ao *casamento religioso*, este não impede que o indivíduo contraia novo vínculo matrimonial, salvo se realizado nos termos do art. 226, § 2º, da CF.

> → **Atenção:** resta configurado o crime de bigamia quando o agente, sendo casado no estrangeiro, contrair casamento no Brasil (art. 7º, § 1º, da LINDB). Igualmente, se o agente, casado no Brasil, contrair casamento no estrangeiro, desde que, entre outros requisitos, a conduta de bigamia seja tipificada como crime na legislação penal estrangeira (extraterritorialidade da nossa lei penal – CP, art. 7º).

3.2. Sujeito ativo

É o indivíduo, homem ou mulher, que, sendo casado, contrai novas núpcias. Trata-se de crime de concurso necessário.

> → **Atenção:** aquele que convive em união estável com alguém e, nessa condição, contrai casamento com outrem não comete o crime de bigamia.

O § 1º do art. 235 dispõe: "Aquele que, não sendo casado, contrai casamento com pessoa casada, conhecendo essa circunstância, é punido com reclusão ou detenção, de um a três anos". Em tese, aquele que se casa com pessoa casada, ciente desse impedimento, responderia também pelo *caput*, na modalidade concurso de pessoas. Contudo, o legislador previu uma figura especial, com pena mais branda, para a pessoa solteira, viúva, divorciada, que, conhecendo aquela circunstância, ainda assim contrai núpcias.

---

70. E. Magalhães Noronha, *Direito penal*, cit., v. 3, p. 299. O art. 463 da lei civil a que o autor se refere é o atual art. 6º do CC de 2002.

Admite-se a participação de terceiros (mediante auxílio, instigação ou induzimento) tanto na figura prevista no *caput* como no § 1º[71]. Celso Delmanto entende que, no caso de participação no *caput*, "o partícipe fica sujeito à pena mais branda do § 1º (e não à do *caput*), pois não se pode puni-lo com sanção superior à cominada para o próprio agente, que, não sendo casado, contrai casamento com pessoa já casada, ciente da circunstância. Assim, ainda que o partícipe, por exemplo, auxilie o agente que comete a figura do *caput*, a pena do concurso de pessoas deve relacionar-se com a do § 1º do art. 235. É, a nosso ver, a única solução permitida pela estrutura das duas figuras deste artigo"[72].

3.3. Sujeito passivo

É o Estado, assim como o cônjuge do primeiro casamento. Poderá também ser vítima o consorte do segundo matrimônio, caso ele desconheça o estado de casado do outro contraente.

4. ELEMENTO SUBJETIVO

É o dolo, consubstanciado na vontade livre e consciente de contrair novo matrimônio enquanto vige o primeiro. O agente deve estar ciente da existência desse impedimento. Do contrário, haverá erro de tipo (CP, art. 20), o qual exclui o dolo e, portanto, o crime. Cite-se como exemplo a hipótese em que o agente, supondo erroneamente que seu divórcio foi judicialmente decretado, casa-se novamente. Há, na hipótese, erro relativo a uma situação fática. Poderá haver erro de proibição (CP, art. 21) se um aldeão rústico, por exemplo, supuser que a simples separação judicial (*vide* Emenda Constitucional n. 66/2010) autoriza a assunção de um novo vínculo matrimonial. Haverá, nesse caso, erro sobre a ilicitude do fato.

5. CONSUMAÇÃO E TENTATIVA

Trata-se de crime instantâneo de efeitos permanentes. Consuma-se no momento em que o segundo casamento é celebrado, ou seja, com o consentimento formal dos nubentes. A lavratura do assento no livro de registro (CC, art. 1.536) constitui mera formalidade legal, a qual serve como meio de prova da celebração do matrimônio.

No que se refere à tentativa, a doutrina diverge:

(i) Para Romão Côrtes Lacerda, "os atos praticados para o advento da ocasião dessa *declaração de vontade* são *preparatórios*, não podem ser tomados como atos de *execução*, pois esta *começa* e *acaba* com a *declaração de vontade*, e *não começa sem a declaração*. Se, no momento em que o agente vai responder *sim* ou *não* à pergunta do celebrante, surge alguém e o denuncia, não se pode dizer que a execução se haja

71. Nesse sentido: Damásio E. de Jesus, *Direito penal*, cit., v. 3, p. 191.

72. Celso Delmanto, Roberto Delmanto, Roberto Delmanto Junior e Fabio M. de Almeida Delmanto, *Código Penal comentado*, cit., p. 449.

interrompido *independentemente* da vontade do agente, que tanto poderia ter respondido *sim* como *não*, e posto que no *sim* estaria toda a *execução*"[73].

(ii) Para E. Magalhães Noronha, "até a consumação, os atos são *preparatórios* (assim, o processo de habilitação) ou *executivos*, que se iniciam com o ato da celebração. Principiado este e até que haja o pronunciamento da vontade dos contraentes, está-se na fase de execução, podendo o agente ser interrompido por motivos estranhos à sua vontade, como se, antes de responder ao celebrante, é obstado por outrem, que exibe a sua certidão de casamento. Assim têm julgado os nossos tribunais"[74]. Ressalva esse autor que os atos preparatórios podem constituir crime de falsidade. No mesmo sentido, sustentando que a tentativa é possível com o começo da realização de alguns atos de celebração, Cezar Roberto Bitencourt[75].

6. QUESTÃO PREJUDICIAL

O § 2º do art. 235 reza que, "anulado por qualquer motivo o primeiro casamento ou outro por motivo que não a bigamia, considera-se inexistente o crime". A subsistência ou não da infração penal, por vezes, dependerá da propositura de ação civil que decrete a nulidade ou anulabilidade do casamento do bígamo. Trata-se de questão prejudicial ao julgamento da ação penal. Sendo relativa ao estado civil de pessoas, somente o juízo cível poderá resolvê-la, ficando o curso da ação suspenso até que a controvérsia seja dirimida por sentença passada em julgado. Incide no caso a regra prevista no art. 92 do CPP.

7. CONCURSO DE CRIMES

(i) Poligamia: é a assunção de mais de um matrimônio enquanto ainda vige o primeiro. Deverá o agente responder pelo concurso material de crimes (CP, art. 69).

(ii) Falsidade documental e bigamia: o agente, já casado, ao habilitar-se para o novo casamento, deverá apresentar a documentação constante do art. 1.525 do CC ao oficial do registro civil. Nesse momento, como meio para lograr o certificado de habilitação, faz-se necessário declarar seu estado civil, a ausência de impedimento para a assunção do matrimônio. Questiona-se se, ao falsear a verdade por meio de documento, deveria o agente responder também pelo crime de falsidade ideológica (CP, art. 299). É preciso distinguir duas situações: (i) a bigamia não chega a ser executada, permanecendo apenas em seus atos preparatórios: como não houve a prática do delito previsto no art. 235 do CP, nem mesmo em sua forma tentada, resta apenas o delito de falso, sem se cogitar da hipótese de concurso (até porque não houve o crime de bigamia); (ii) se, por outro lado, o delito de bigamia chega a ser tentado ou atinge a consumação, haverá concurso material entre a falsidade documental e a bigamia, uma vez que os momentos consumativos e os objetos jurídicos são diversos.

---

73. Romão C. de Lacerda, *Comentários*, cit., v. 8, p. 350-1.

74. E. Magalhães Noronha, *Direito penal*, cit., v. 3, p. 300.

75. Cezar Roberto Bitencourt, *Código Penal comentado*, cit., p. 926.

8. PRESCRIÇÃO. AÇÃO PENAL. LEI DOS JUIZADOS ESPECIAIS CRIMINAIS

(i) Ação penal: trata-se de crime de ação penal pública incondicionada, que independe de representação da vítima ou de seu representante legal.

(ii) Prescrição da pretensão punitiva: de acordo com o art. 111, IV, do CP, a prescrição, antes de transitar a sentença final, começa a correr nos crimes de bigamia da data em que o fato se tornou conhecido e não a partir da consumação do delito (que ocorre com a celebração do casamento). Consoante o entendimento que prevalece na jurisprudência, o fato deve ser de conhecimento da autoridade pública para que se inicie a contagem do prazo prescricional. No mesmo sentido, a doutrina de Romão C. de Lacerda[76]. O conhecimento, no caso, é presumido pelo simples uso notório da certidão falsa[77].

(iii) Lei dos Juizados Especiais Criminais: o § 1º do art. 235, em face da pena mínima cominada (detenção, de 1 a 3 anos), admite a suspensão condicional do processo (art. 89 da Lei n. 9.099/95).

ART. 236 – INDUZIMENTO A ERRO ESSENCIAL E OCULTAÇÃO DE IMPEDIMENTO

1. CONCEITO

Reza o art. 236, *caput*, do CP: "Contrair casamento, induzindo em erro essencial o outro contraente, ou ocultando-lhe impedimento que não seja casamento anterior: Pena – detenção, de 6 (seis) meses a 2 (dois) anos".

2. OBJETO JURÍDICO

Tutela-se mais uma vez a regular organização da família.

3. ELEMENTOS DO TIPO

3.1. Ação nuclear

Consubstancia-se no verbo *contrair*, isto é, assumir vínculo matrimonial: **(i) *induzindo* em erro essencial o outro contraente:** trata-se de forma comissiva do delito. Consoante o art. 1.557 do CC, erro essencial é: "I – o que diz respeito à sua identidade, sua honra e boa fama, sendo esse erro tal, que o seu conhecimento ulterior torne insuportável a vida em comum ao cônjuge enganado; II – a ignorância de crime, anterior ao casamento, que, por sua natureza, torne insuportável a vida conjugal; III – a igno-

76. Romão C. de Lacerda, *Comentários*, cit., v. 8, p. 355.
77. Nesse sentido: Damásio E. de Jesus, *Direito penal*, cit., v. 3, p. 193.

rância, anterior ao casamento, de defeito físico irremediável ou de moléstia grave e transmissível, pelo contágio ou herança, capaz de pôr em risco a saúde do outro cônjuge ou de sua descendência; IV – a ignorância, anterior ao casamento, de doença mental grave que, por sua natureza, torne insuportável a vida em comum do cônjuge enganado". O casamento realizado nessas condições é anulável nos termos do art. 1.556 do Código Civil. Para a configuração do crime é imprescindível que o contraente desconheça os defeitos do outro cônjuge, pois, do contrário, não há induzimento em erro essencial; (ii) ou ***ocultando-lhe* impedimento que não seja casamento anterior**. Ocultar significa encobrir, disfarçar, esconder. Segundo a doutrina, não basta o simples ocultamento, sendo necessária uma ação no sentido de esconder o impedimento[78]. Cite-se o exemplo de Romão C. Lacerda: "Se, pela certidão de nascimento *verbo ad verbum*, o outro contraente podia vir a saber do parentesco, mas o contraente, em vez da certidão, juntou prova de idade equivalente, procurando esconder o parentesco, não teria havido, talvez, o uso de meio fraudulento, mas houve *ocultamento*"[79]. Encontram-se os impedimentos expressamente elencados no art. 1.521, I a VII, do Código Civil. Finalmente, para a configuração do crime em estudo, o impedimento não pode ser relativo a casamento anterior (inciso VI do art. 1.521 do CC), havendo na hipótese o perfazimento do delito de bigamia. Se o outro contraente conhecia o impedimento, não se configura o crime.

3.2. Sujeito ativo

Qualquer pessoa em situação de impedimento matrimonial ou ensejador de erro essencial pode ser sujeito ativo desse delito. Nada impede que ambos os contraentes o pratiquem; basta que um engane o outro simultaneamente. Por exemplo: "A" oculta de "B" que é seu irmão e "B" induz "A" em erro essencial ao omitir que porta doença grave transmissível.

3.3. Sujeito passivo

É o Estado, bem como o outro contraente que esteja de boa-fé, ou seja, desconheça o erro essencial sobre a pessoa do cônjuge ou qualquer impedimento à celebração do casamento.

4. ELEMENTO SUBJETIVO

É o dolo, consubstanciado na vontade livre e consciente de contrair matrimônio induzindo o outro contraente em erro essencial ou lhe ocultando impedimento.

5. CONSUMAÇÃO E TENTATIVA

Consuma-se no momento da celebração do casamento. Segundo a doutrina, a tentativa é juridicamente inadmissível, pois o parágrafo único do art. 236 reza que a

---

78. Nesse sentido: E. Magalhães Noronha, *Direito penal*, cit., v. 3, p. 304.
79. Romão C. de Lacerda, *Comentários*, cit., v. 8, p. 358.

ação penal não pode ser intentada senão depois de transitar em julgado a sentença que, por motivo de erro ou impedimento, anule o casamento[80]. Trata-se, consoante parte da doutrina, de condição de procedibilidade para a instauração da ação penal, não se confundindo com a existência do crime ou com condição objetiva de punibilidade[81]. Em sentido contrário, E. Magalhães Noronha, para quem se trata de condição objetiva de punibilidade[82].

6. PRESCRIÇÃO. AÇÃO PENAL. LEI DOS JUIZADOS ESPECIAIS CRIMINAIS

(i) Ação penal: trata-se de crime de ação penal privada de iniciativa exclusiva do contraente enganado (é a chamada ação personalíssima). Portanto, somente pode ser instaurada mediante queixa do cônjuge ofendido, após o trânsito em julgado da sentença que decretou a nulidade do matrimônio (condição de procedibilidade).

(ii) Prescrição: a contagem do prazo prescricional inicia-se no dia do trânsito em julgado da sentença que, por motivo de erro ou impedimento, anule o casamento.

(iii) Lei dos Juizados Especiais Criminais: em face da pena máxima cominada (detenção, de 6 meses a 2 anos), trata-se de infração de menor potencial ofensivo, sujeita ao procedimento sumaríssimo da Lei n. 9.099/95.

ART. 237 – CONHECIMENTO PRÉVIO DE IMPEDIMENTO

1. CONCEITO

Dispõe o art. 237 do CP: "Contrair casamento, conhecendo a existência de impedimento que lhe cause a nulidade absoluta: Pena – detenção, de 3 (três) meses a 1 (um) ano".

2. OBJETO JURÍDICO

Tutela-se mais uma vez a regular organização da família.

3. ELEMENTOS DO TIPO

3.1. Ação nuclear

Uma vez mais, consubstancia-se no verbo *contrair*, isto é, assumir casamento, no caso, conhecendo a existência de impedimento que lhe cause a nulidade absoluta. Estamos diante de uma norma penal em branco em sentido lato, cujo conteúdo care-

---

80. E. Magalhães Noronha, *Direito penal*, cit., v. 3, p. 304; Celso Delmanto e outros, *Código Penal comentado*, cit., p. 450.

81. Cf. Cezar Roberto Bitencourt, *Código Penal*, cit., p. 928. No mesmo sentido: Celso Delmanto e outros, *Código Penal*, cit., p. 450; Julio Fabbrini Mirabete, *Manual*, v. 3, p. 46; Damásio E. de Jesus, *Direito penal*, cit., v. 3, p. 197.

82. Magalhães Noronha, *Direito penal*, cit., v. 3, p. 305.

ce de complementação por outra lei, somente se podendo afirmar a existência de crime por meio do conhecimento da relação de impedimentos previstos no Código Civil. Cuida-se aqui dos impedimentos elencados no art. 1.521, I a VII. São os chamados impedimentos dirimentes absolutos ou públicos. Exclui-se o inciso VI desse rol, pois sua presença perfaz o crime de bigamia.

De acordo com a doutrina, basta que o cônjuge não declare o obstáculo à assunção do matrimônio para que se repute configurado o delito. Ao contrário do que sucede no art. 236, contenta-se a figura típica com a simples omissão do agente, não sendo necessária qualquer ação dele no sentido de ocultar o impedimento[83]. Daí por que essa figura criminal é reputada menos grave, sendo, inclusive, apenada de forma mais branda.

3.2. Sujeito ativo

Qualquer pessoa pode cometer o crime em estudo, desde que solteira, viúva ou divorciada. Estão excluídos os casados, pois estes não podem contrair novo matrimônio (art. 1.521, VI, do CC) e, se o fizerem, incorrerão no crime de bigamia. Nada impede que ambos os contraentes sejam coautores, se tiverem ciência do impedimento.

3.3. Sujeito passivo

É o Estado, bem como o outro contraente de boa-fé, isto é, desde que desconheça o impedimento.

4. ELEMENTO SUBJETIVO

É o dolo direto, consubstanciado na vontade livre e consciente de contrair casamento, conhecendo a existência de impedimento que lhe cause nulidade. De acordo com a redação do artigo que se utiliza da expressão "conhecendo", não se admite o dolo eventual. Em sentido contrário, E. Magalhães Noronha[84]. No caso de erro quanto à existência de impedimento, haverá erro de tipo, o qual exclui o dolo e, portanto, o crime (CP, art. 20).

5. CONSUMAÇÃO E TENTATIVA

Trata-se de crime instantâneo de efeitos permanentes. Consuma-se no momento em que o casamento é celebrado, ou seja, com o consentimento formal dos nubentes. Quanto à tentativa, *vide* comentários ao crime de bigamia.

6. AÇÃO PENAL. LEI DOS JUIZADOS ESPECIAIS CRIMINAIS

(i) Ação penal: é crime de ação penal pública incondicionada, ou seja, independe de representação do ofendido ou de seu representante legal. A iniciativa pública da ação decorre do fato de que ambos os cônjuges podem ser coautores do delito. Se

83. Nesse sentido: Romão C. de Lacerda, *Comentários*, cit., v. 8, p. 360.

84. E. Magalhães Noronha, *Direito penal*, cit., v. 3, p. 306.

dependesse de queixa ou representação desses, a persecução penal estaria inviabilizada. Ao contrário do delito do art. 236, não é necessária a prévia decretação de nulidade do casamento por sentença transitada em julgado. Nos termos do art. 1.549 do Código Civil, nada impede, contudo, que o Ministério Público proponha ação civil para obter a declaração de nulidade do casamento, antes ou concomitantemente à propositura da ação penal. Se um dos cônjuges tiver falecido, o órgão ministerial estará proibido de propor a ação de nulidade, não se afastando, contudo, sua legitimidade para propor a ação penal contra o cônjuge sobrevivente que omitiu o impedimento[85].

(ii) **Lei dos Juizados Especiais Criminais:** em face da pena máxima prevista (detenção, de 3 meses a 1 ano), trata-se de infração de menor potencial ofensivo, estando sujeita ao procedimento sumaríssimo da Lei n. 9.099/95. É cabível a suspensão condicional do processo (art. 89 da lei), em virtude da pena mínima prevista.

ART. 238 – SIMULAÇÃO DE AUTORIDADE PARA CELEBRAÇÃO DE CASAMENTO

1. CONCEITO

Reza o art. 238 do CP: "Atribuir-se falsamente autoridade para celebração de casamento: Pena – detenção, de 1 (um) a 3 (três) anos, se o fato não constitui crime mais grave". Trata-se de crime subsidiário.

2. OBJETO JURÍDICO

Tutela-se o matrimônio, a proteção da disciplina jurídica do casamento[86].

3. ELEMENTOS DO TIPO

3.1. Ação nuclear. Elemento normativo do tipo

Consubstancia-se no verbo *atribuir-se*, isto é, imputar a si, falsamente (elemento normativo do tipo), a qualidade de autoridade para celebrar casamento. O agente, então, simula, finge ser juiz de paz, para presidir a cerimônia de matrimônio civil. Consoante o disposto no art. 98, II, da CF, "a justiça de paz, remunerada, é composta de cidadãos eleitos pelo voto direto, universal e secreto, com mandato de quatro anos e competência para, na forma da lei, celebrar casamentos, verificar, de ofício, em face de impugnação apresentada, o processo de habilitação e exercer atribuições conciliatórias, sem caráter jurisdicional, além de outras previstas na legislação".

A elementar "falsamente" indica que o sujeito deve agir de forma fraudulenta, pouco importando como irá fazê-lo (artifício, ardil ou outro meio).

---

85. Nesse sentido: Romão C. de Lacerda, *Comentários*, cit., v. 8, p. 361.

86. E. Magalhães Noronha, *Direito penal*, cit., v. 3, p. 307.

3.2. Sujeito ativo

É o particular ou mesmo o funcionário público que não tenha atribuição para celebrar casamento. É possível a participação no crime em tela. Cite-se o exemplo de Noronha: "Nada impede, entretanto, que alguém simule ser escrivão, coa*DJU*vando, assim, outrem a simular ser autoridade competente, havendo então concurso de pessoas. A simulação, aqui considerada, diz respeito ao juiz celebrante. A relativa simplesmente àquele oficial constituirá o crime do art. 328 ou outro crime, conforme a hipótese"[87].

3.3. Sujeito passivo

É o Estado, bem como os cônjuges de boa-fé.

4. ELEMENTO SUBJETIVO

É o dolo, consubstanciado na vontade livre e consciente de atribuir-se falsamente autoridade para a celebração de casamento. Faz-se necessário que o agente tenha efetivo conhecimento de sua falta de atribuição para presidir esse ato. O erro quanto a tal circunstância exclui o dolo e, portanto, o crime em questão (CP, art. 20).

5. CONSUMAÇÃO E TENTATIVA

Trata-se de crime formal. Consuma-se com o simples ato de o agente atribuir-se falsa autoridade, independentemente da efetiva realização do casamento. A tentativa será possível nas hipóteses em que o crime não se perfaz em um único ato.

6. DISTINÇÃO

O crime em estudo é uma forma específica do delito de usurpação de função pública (CP, art. 328). É de natureza subsidiária, somente incidindo se o fato não constituir delito mais grave. Assim, se for praticado com vistas à obtenção de vantagem, a figura penal incidente será a do art. 328 do CP, cuja pena prevista é de reclusão, de 2 a 5 anos, portanto mais grave.

7. AÇÃO PENAL. LEI DOS JUIZADOS ESPECIAIS CRIMINAIS

(i) Ação penal: é pública incondicionada. Não se exige condição de procedibilidade para seu exercício.

(ii) Lei dos Juizados Especiais Criminais: incide o instituto da suspensão condicional do processo previsto no art. 89 da Lei n. 9.099/95, em face da pena mínima cominada (detenção, de 1 a 3 anos).

---

87. E. Magalhães Noronha, *Direito penal*, cit., v. 3, p. 308.

ART. 239 – SIMULAÇÃO DE CASAMENTO

1. CONCEITO

Dispõe o art. 239 do CP: "Simular casamento mediante engano de outra pessoa: Pena – detenção, de 1 (um) a 3 (três) anos, se o fato não constitui elemento de crime mais grave". Trata-se de delito de natureza subsidiária, constituindo, em regra, meio para a prática de outro crime mais grave.

2. OBJETO JURÍDICO

Tutela-se mais uma vez o matrimônio.

3. ELEMENTOS DO TIPO

3.1. Ação nuclear. Elemento normativo do tipo

A conduta típica consiste em simular casamento mediante engano de outrem. Simular significa "fingir casamento, é figurar como contraente de matrimônio numa farsa de que resulte *para o outro contraente* a convicção de que está casando seriamente"[88]. O engano (elemento normativo do tipo) consiste no emprego de fraude e se dá quando, por exemplo, o cônjuge contrata alguém que se atribui falsamente autoridade para celebrar o casamento. Não havendo o engano de outrem (cônjuge ou seu representante legal), não há a configuração do crime.

3.2. Sujeito ativo

Consoante entendimento de Romão C. Lacerda, somente um dos contraentes ou ambos podem ser autores do delito em estudo[89]. Na primeira hipótese, vítima é o outro cônjuge enganado. Já na hipótese em que ambos os cônjuges são coautores, somente haverá crime se eles necessitarem do consentimento de seus pais, tutores ou curadores para a celebração do matrimônio, pois o tipo penal exige que haja o engano de outrem. Ausente este, não há crime.

No que diz respeito à autoria, Noronha, ao contrário de Romão C. Lacerda, sustenta que não só os nubentes podem ser sujeito ativo do crime. "Podem, aliás, ser o magistrado e o oficial do Registro Civil os autores, quando então os contraentes são enganados: certamente aqueles simularam casamento mediante engano de outra pessoa"[90].

---

88. Romão C. de Lacerda, *Comentários*, cit., v. 8, p. 365.

89. Romão C. de Lacerda, *Comentários*, cit., v. 8, p. 365.

90. E. Magalhães Noronha, *Direito penal*, cit., v. 3, p. 309. No mesmo sentido: Julio Fabbrini Mirabete, *Manual*, cit., v. 3, p. 50.

3.3. Sujeito passivo

É o Estado, bem como o cônjuge ou os cônjuges enganados. São também vítimas do crime o pai, tutor ou curador que deu o consentimento para o casamento, nas hipóteses em que a validade do matrimônio depende dessa condição indispensável. Ao se levar em consideração o posicionamento de Noronha acima mencionado, também podem ser sujeito passivo ambos os nubentes na hipótese em que são enganados.

4. ELEMENTO SUBJETIVO

É o dolo, consubstanciado na vontade livre e consciente de simular casamento mediante o engano de outra pessoa. Por se tratar de crime expressamente subsidiário, pode ocorrer que a simulação do casamento seja o meio fraudulento utilizado pelo agente para obter a posse sexual da mulher, de forma que, presente essa finalidade, o crime passa a ser outro (CP, art. 215), portanto, mais grave.

5. CONSUMAÇÃO E TENTATIVA

Consuma-se com a simulação da celebração do casamento. A tentativa é perfeitamente admissível.

6. AÇÃO PENAL. LEI DOS JUIZADOS ESPECIAIS CRIMINAIS

(i) Ação penal: trata-se de crime de ação penal pública incondicionada.

(ii) Lei dos Juizados Especiais Criminais: tendo em vista a pena mínima prevista, detenção de um ano, é cabível a suspensão condicional do processo (art. 89 da Lei n. 9.099/95).

ART. 240 – ADULTÉRIO (*REVOGADO*)

1. CONSIDERAÇÕES

Dispunha o art. 240 do CP: "Cometer adultério: Pena – detenção de 15 (quinze) dias a 6 (seis) meses". O § 1º, por sua vez, dispunha: "Incorre na mesma pena o corréu". O adultério consiste na prática de relações sexuais extramatrimônio. Era, portanto, considerado crime. Ocorre, contudo, que a Lei n. 11.106, de 28 de março de 2005, cuidou de revogar o art. 240 do CP, retirando-o do ordenamento jurídico. Operou-se verdadeira *abolitio criminis*, dado que o fato passou a ser considerado atípico. Como o comportamento deixou de constituir infração penal, o Estado perde a pretensão de impor ao agente qualquer pena, razão pela qual se opera a extinção da punibilidade, nos termos do art. 107, III, do CP. Consequências da *abolitio criminis*: o inquérito policial ou o processo são imediatamente trancados e extintos, uma vez que não há mais razão de existir; se já houve sentença condenatória, cessam imediatamente a sua execução e todos os seus efeitos penais, principais e secundários; os efeitos extrapenais, no entanto, subsistem, em face do disposto no art. 2º, *caput*, do CP, segundo o qual cessam apenas os efeitos penais da condenação.

Capítulo II
DOS CRIMES CONTRA O ESTADO DE FILIAÇÃO

ART. 241 – REGISTRO DE NASCIMENTO INEXISTENTE

1. CONCEITO

Dispõe o art. 241 do CP: "Promover no registro civil a inscrição de nascimento inexistente: Pena – reclusão, de 2 (dois) a 6 (seis) anos".

2. OBJETO JURÍDICO

Sob a rubrica "Dos crimes contra o estado de filiação", contempla o Código Penal os delitos que colocam em risco a estrutura jurídica da família. Conforme ensinamento de Romão C. Lacerda, "são as ações dolosas pelas quais o agente procura destruir o liame, todo de ordem jurídica, que prende cada indivíduo a uma família determinada, seja legítima ou ilegítima. Por motivo da proteção especial concedida à família, recortam-se, para formar o presente capítulo, várias figuras de falsidade, cominando-se-lhes pena especial"[91]. Tutela-se nesse capítulo, especificamente, o estado de filiação, bem como a fé pública dos documentos inscritos no registro civil.

3. ELEMENTOS DO TIPO

3.1. Ação nuclear

Consiste no verbo *promover*, isto é, provocar, diligenciar, requerer a inscrição no registro civil de nascimento inexistente. Considera-se inexistente o nascimento "quando se diz nascido filho de mulher que não deu à luz, quer por não se achar grávida, quer porque não houve ainda o *délivrance*; ou quando se declara o natimorto como tendo nascido vivo. Em ambos os casos não houve nascimento"[92]. Em verdade, pouco importa se a conduta foi precedida ou não de gravidez ou se é o caso de feto natimorto que se declara ter nascido com vida. O relevante é que se efetue falsa declaração da existência de um nascimento. Haveria na espécie o crime de falsidade ideológica (CP, art. 299), uma vez

91. Romão C. de Lacerda, *Comentários*, cit., v. 8, p. 376.
92. E. Magalhães Noronha, *Direito penal*, cit., v. 3, p. 317.

que o agente faz inserir em documento público declaração falsa, com o fim de prejudicar direito, criar obrigação ou alterar a verdade sobre fato juridicamente relevante. Contudo, o crime previsto no art. 241 é especial em relação ao falso documental[93], pois se refere especificamente à declaração falsa em registro de nascimento.

3.2. Sujeito ativo

Qualquer pessoa pode praticar o delito. Trata-se de crime comum. Assim, podem ser sujeitos ativos o oficial do registro civil que realiza a inscrição, os pais fictícios que a requerem etc. Nada impede a coautoria; cite-se como exemplo o médico ou as testemunhas que atestam falsamente o nascimento[94].

3.3. Sujeito passivo

É o Estado, bem como o indivíduo que venha a ser prejudicado com o registro.

4. ELEMENTO SUBJETIVO

É o dolo, consubstanciado na vontade livre e consciente de promover no registro civil a inscrição de nascimento inexistente. Não se exige qualquer finalidade específica (elemento subjetivo do tipo). O erro do agente quanto à existência do nascimento exclui o dolo e, portanto, o tipo penal (CP, art. 20).

5. CONSUMAÇÃO E TENTATIVA

Trata-se de crime instantâneo de efeitos permanentes, que se consuma com a efetiva inscrição do nascimento inexistente no registro civil. Assim, não basta a mera declaração falsa ao oficial do registro civil. Se este não realiza a inscrição, por circunstâncias alheias à vontade do agente, haverá a tentativa do crime. Portanto, admite-se a tentativa.

6. PRESCRIÇÃO. AÇÃO PENAL. PROCEDIMENTO

(i) **Ação penal:** é crime de ação penal pública incondicionada. Independe, portanto, de representação do ofendido ou de seu representante legal.

(ii) **Prescrição:** de acordo com o art. 111, IV, do CP, a prescrição, antes de transitar em julgado a sentença final, começa a correr nos crimes de falsificação ou alteração de assentamento do registro civil da data em que o fato se tornou conhecido. Portanto, trata-se de exceção à regra de que a prescrição se inicia no dia em que o crime se consumou.

---

93. No mesmo sentido: Julio Fabbrini Mirabete, *Manual*, cit., v. 3, p. 59.

94. Cf. exemplo de Romão C. de Lacerda, *Comentários*, cit., v. 8, p. 379.

(iii) Procedimento: no que se refere ao procedimento, *vide* art. 394 do CPP, que passou a eleger critério distinto para a determinação do rito processual a ser seguido. A distinção entre os procedimentos ordinário e sumário dar-se-á em função da pena máxima cominada à infração penal e não mais em virtude de esta ser apenada com reclusão ou detenção.

ART. 242 – PARTO SUPOSTO. SUPRESSÃO OU ALTERAÇÃO DE DIREITO INERENTE AO ESTADO CIVIL DE RECÉM-NASCIDO

1. CONCEITO

Prevê o art. 242, *caput*, do CP: "Dar parto alheio como próprio; registrar como seu filho de outrem; ocultar recém-nascido ou substituí-lo, suprimindo ou alterando direito inerente ao estado civil: Pena – reclusão, de 2 (dois) a 6 (seis) anos". Prevalece na doutrina o entendimento no sentido de que a finalidade específica, consubstanciada na expressão "suprimindo ou alterando direito inerente ao estado civil", não se refere a todas as modalidades criminosas, mas tão somente à ocultação ou substituição de recém-nascido, tendo em vista a presença do ponto e vírgula. O tipo penal, portanto, prevê quatro figuras criminosas: (i) dar parto alheio como próprio; (ii) registrar como seu o filho de outrem; (iii) ocultar recém-nascido, suprimindo ou alterando direito inerente ao estado civil; ou (iv) substituí-lo, suprimindo ou alterando direito inerente ao estado civil. Trata-se de crime de ação múltipla ou de conduta variada.

2. OBJETO JURÍDICO

Tutela-se mais uma vez o estado de filiação, bem como a fé pública dos documentos inscritos no registro civil.

3. ELEMENTOS DO TIPO

3.1. Ações nucleares

(i) Dar parto alheio como próprio: é o denominado parto suposto. Significa atribuir a si a maternidade de uma criança alheia. Segundo Noronha, "a punibilidade assenta-se, pois, não no simples fato de simular prenhez, mas na acompanhada ou completada pelo aparecimento de criança alheia, porque é então que advém dano à ordem da família, com a introdução nela de um indivíduo estranho, e prejuízo aos legítimos herdeiros, a quem caberiam os bens se não houvesse essa falsidade"[95]. Não se exige a inscrição do nascimento no registro civil. A conduta de dar parto próprio como alheio não se enquadra nessa figura típica[96].

---

95. Cf. E. Magalhães Noronha, *Direito penal*, cit., v. 3, p. 318-9.

96. Cf. Romão C. de Lacerda, *Comentários*, cit., v. 8, p. 382.

(ii) Registrar como seu o filho de outrem: é a denominada adoção à brasileira. Tal prática é muito comum, e consiste no ato de registrar como próprio filho de outrem, evitando-se com isso que o agente se sujeite ao procedimento legal da adoção. Na hipótese, a criança efetivamente existe, ao contrário do delito previsto no art. 241 (registro de nascimento inexistente). Se a fictícia mãe realizar o registro, responderá por essa modalidade de conduta criminosa, pois o parto suposto resta absorvido[97]. Observe que a conduta deve ser praticada com aquiescência, expressa ou tácita, da verdadeira genitora, pois, se praticada à sua revelia, haverá o crime de sequestro (art. 148) em concurso material com o falso registro de recém-nascido (art. 242).

(iii) Ocultar recém-nascido, suprimindo ou alterando direito inerente ao estado civil: nessa modalidade criminosa, houve o nascimento de uma criança, mas ela é ocultada, isto é, escondida, encoberta, de forma que seu nascimento não se torne conhecido. Basta que não seja ela apresentada, acarretando com isso a supressão ou alteração de direito relativo ao estado de família[98]. Conforme exemplifica Romão C. Lacerda, "há de *ocultar-se o recém-nascido, suprimindo direito inerente ao estado civil;* por exemplo, se não se faz a declaração de nascimento de uma criança cuja mãe morreu no parto, e, em consequência, no inventário desta não se habilitou a mesma criança na qualidade de herdeira"[99].

(iv) Substituir recém-nascido, suprimindo ou alterando direito inerente ao estado civil: nessa modalidade delituosa há troca material dos recém-nascidos, a qual provoca a alteração no estado civil dos infantes, que passam a integrar família diversa da sua, sendo certo que, com isso, os direitos inerentes ao estado de filiação lhe são suprimidos, pois passam a ser exercidos pelo outro neonato. Não há necessidade de se operar a inscrição do recém-nascido no registro civil.

3.2. Sujeito ativo

(i) Dar parto alheio como próprio: trata-se de crime próprio, pois somente a mulher pode dar parto alheio como próprio. Nada impede o concurso de pessoas (por exemplo: obstetra, familiares); inclusive a própria mãe verdadeira pode ser sujeito ativo desse crime.

(ii) Registrar como seu o filho de outrem: trata-se de crime comum, de forma que qualquer pessoa pode praticar o delito.

(iii) Ocultar recém-nascido, suprimindo ou alterando direito inerente ao estado civil: cuida-se também de crime comum, podendo qualquer um ser sujeito ativo.

(iv) Substituir recém-nascido, suprimindo ou alterando direito inerente ao estado civil: é também crime comum, podendo ser praticado por qualquer pessoa.

---

97. Nesse sentido: Julio Fabbrini Mirabete, *Manual*, cit., v. 3, p. 60.

98. Nesse sentido: E. Magalhães Noronha, *Direito penal*, cit., v. 3, p. 320.

99. Cf. Romão C. de Lacerda, *Comentários*, cit., v. 8, p. 386.

3.3. Sujeito passivo

Em todas as modalidades delituosas o sujeito passivo principal é sempre o Estado.

(i) Dar parto alheio como próprio: para Noronha, é vítima a pessoa prejudicada pela perda de direito que teria não fosse a existência desse filho[100], ou seja, os herdeiros do sujeito ativo.

(ii) Registrar como seu o filho de outrem: sujeito passivo são os indivíduos lesados com o registro.

(iii) Ocultar recém-nascido, suprimindo ou alterando direito inerente ao estado civil: sujeito passivo é o recém-nascido ocultado que tem seus direitos inerentes ao estado civil suprimidos ou alterados.

(iv) Substituir recém-nascido, suprimindo ou alterando direito inerente ao estado civil: sujeito passivo é o neonato substituído que tem seus direitos inerentes ao estado civil suprimidos ou alterados.

4. ELEMENTO SUBJETIVO

(i) Dar parto alheio como próprio: é o dolo, consubstanciado na vontade livre e consciente de dar parto alheio como próprio. O tipo penal não requer o chamado elemento subjetivo do tipo.

(ii) Registrar como seu o filho de outrem: é também o dolo, consubstanciado na vontade livre e consciente de registrar como seu o filho de outrem. Não se exige qualquer finalidade específica.

(iii) Ocultar recém-nascido, suprimindo ou alterando direito inerente ao estado civil: assim como nas demais modalidades é o dolo, consistente na vontade livre e consciente de ocultar recém-nascido. Agora, exige-se a finalidade específica de suprimir ou alterar direito inerente ao estado civil do neonato.

(iv) Substituir recém-nascido, suprimindo ou alterando direito inerente ao estado civil: finalmente, mais uma vez é o dolo, consubstanciado na vontade livre e consciente de substituir recém-nascido. Exige-se também o chamado elemento subjetivo do tipo, consistente no fim de suprimir ou alterar direito inerente ao estado civil do neonato.

5. CONSUMAÇÃO E TENTATIVA

(i) Dar parto alheio como próprio: o crime não se consuma com a mera simulação da gravidez, mas "no momento em que é criada uma situação que importe alteração do estado civil do recém-nascido"[101]. A tentativa é perfeitamente admissível.

---

100. Cf. E. Magalhães Noronha, *Direito penal*, cit., v. 3, p. 318.

101. Damásio E. de Jesus, *Direito penal*, cit., v. 3, p. 220.

(ii) Registrar como seu o filho de outrem: consuma-se no momento em que é realizada a inscrição do infante alheio no registro civil. É possível a tentativa.

(iii) Ocultar recém-nascido, suprimindo ou alterando direito inerente ao estado civil: conforme Manzini, o crime consuma-se "no momento e no lugar em que, em consequência do ocultamento do neonato, se tenha criado uma situação material ou formal de se poder dizer suprimido o estado civil do mesmo neonato"[102]. Se em consequência do ocultamento não se logra suprimir ou alterar direito inerente ao recém-nascido, há mera tentativa do crime. Portanto, é possível a tentativa.

(iv) Substituir recém-nascido, suprimindo ou alterando direito inerente ao estado civil: a consumação dá-se nos mesmos moldes da ocultação de recém-nascido. Ressalva Noronha que "a troca ou substituição de crianças que, ato contínuo ou imediatamente, vem a ser descoberta não traduz, por si, consumação, pois mal se poderá falar em alteração de estado civil, isto é, ainda não se estabeleceu situação que não é correspondente à realidade... Será antes uma tentativa do crime, conquanto o agente possa tentá-lo sem avançar tanto na trajetória do delito"[103]. Portanto, é possível a tentativa.

6. FORMAS

6.1. Simples (art. 242, *caput*)

Está prevista no *caput* do art. 242.

6.2. Privilegiada e perdão judicial (art. 242, parágrafo único)

Estão previstas no parágrafo único do art. 242: "Se o crime é praticado por motivo de reconhecida nobreza: Pena – detenção, de 1 (um) a 2 (dois) anos, podendo o juiz deixar de aplicar a pena". Motivo de reconhecida nobreza é aquele que denota o altruísmo, a generosidade do agente. Cite-se o exemplo, muito comum nos dias de hoje, do agente que registra filho de mãe adolescente e miserável como seu por verificar a total ausência de condições desta para criar o recém-nascido, o qual certamente passará fome. Poderá o juiz, em vez de diminuir a pena, conceder o perdão judicial, o qual constitui direito subjetivo do réu, uma vez preenchido o pressuposto legal para sua concessão. O perdão judicial é causa extintiva da punibilidade (CP, art. 107, IX), e a sentença que o concede tem natureza declaratória (Súmula 18 do STJ), não produzindo quaisquer dos efeitos da condenação.

---

102. Vincenzo Manzini, *Trattato di diritto penale*, 1945, v. 7, p. 736, apud E. Magalhães Noronha, *Direito penal*, cit., v. 3, p. 320.

103. E. Magalhães Noronha, *Direito penal*, cit., v. 3, p. 321.

7. LEGISLAÇÃO PENAL ESPECÍFICA

Dispõe o art. 229 do ECA (Lei n. 8.069/90): "Deixar o médico, enfermeiro ou dirigente de estabelecimento de atenção à saúde de gestante de identificar corretamente o neonato e a parturiente, por ocasião do parto, bem como deixar de proceder aos exames referidos no art. 10 desta Lei: Pena – detenção, de 6 (seis) meses a 2 (dois) anos. Parágrafo único. Se o crime é culposo: Pena – detenção, de 2 (dois) a 6 (seis) meses, ou multa".

8. PRESCRIÇÃO. AÇÃO PENAL. PROCEDIMENTO. LEI DOS JUIZADOS ESPECIAIS CRIMINAIS

(i) Prescrição: na modalidade *registrar como seu filho de outrem*, de acordo com o art. 111, IV, do Código Penal, a prescrição, antes de transitar em julgado a sentença final, começa a correr nos crimes de falsificação ou alteração de assentamento do registro civil da data em que o fato se tornou conhecido. Nas demais modalidades, a prescrição inicia-se no dia em que o crime se consumou.

(ii) Ação penal: é crime de ação penal pública incondicionada; independe, portanto, de representação do ofendido ou de seu representante legal.

(iii) Procedimento. Lei dos Juizados Especiais Criminais: a ação penal é pública incondicionada. No tocante ao procedimento seguido pela modalidade delituosa prevista no *caput*, *vide* art. 394 do CPP, que passou a eleger critério distinto para a determinação do rito processual a ser seguido. A distinção entre os procedimentos ordinário e sumário dar-se-á em função da pena máxima cominada à infração penal e não mais em virtude de esta ser apenada com reclusão ou detenção. Já a forma privilegiada (parágrafo único), em face da pena máxima prevista (detenção, de 1 a 2 anos), constitui infração de menor potencial ofensivo, sujeita ao procedimento sumaríssimo da Lei n. 9.099/95, sendo, inclusive, cabível o instituto da suspensão condicional do processo (art. 89 da lei), em virtude da pena mínima prevista.

ART. 243 – SONEGAÇÃO DE ESTADO DE FILIAÇÃO

1. CONCEITO

Dispõe o art. 243 do CP: "Deixar em asilo de expostos ou outra instituição de assistência filho próprio ou alheio, ocultando-lhe a filiação ou atribuindo-lhe outra, com o fim de prejudicar direito inerente ao estado civil: Pena – reclusão, de 1 (um) a 5 (cinco) anos, e multa".

2. OBJETO JURÍDICO

Tutela-se mais uma vez o estado de filiação.

3. ELEMENTOS DO TIPO

3.1. Ação nuclear

Consubstancia-se no verbo *deixar*, isto é, abandonar, largar, desamparar filho próprio ou alheio em asilo de expostos ou outra instituição de assistência, *ocultando-lhe* a filiação ou *atribuindo-lhe* outra. O agente, dessa forma, omite a filiação ou declara falsamente outra. Consoante o ensinamento de Noronha, "é certo que se ele abandona a criança, deixando, porém, a indicação de sua filiação, falta um dos elementos exigidos pelo tipo. Pela mesma razão, se ignora a filiação do menor, não pode ocultá-la. Tal ação poderá integrar, então, outro crime"[104]. O agente deve realizar o abandono necessariamente nos locais indicados pelo dispositivo legal, seja o local público ou particular; do contrário, poderá caracterizar-se outro crime (CP, arts. 133 e 134 – abandono de incapaz ou exposição ou abandono de recém-nascido).

3.2. Sujeito ativo

Na modalidade *deixar filho próprio*, somente os pais do infante podem praticar esse crime. Já na modalidade *deixar filho alheio*, qualquer pessoa pode cometer o delito.

3.3. Sujeito passivo

É o Estado, bem como o menor que é lesado em seus direitos inerentes ao estado civil.

4. ELEMENTO SUBJETIVO

É o dolo, consubstanciado na vontade livre e consciente de deixar a criança em asilo de expostos ou outra instituição de assistência, ocultando-lhe a filiação ou atribuindo-lhe outra. Exige-se também o chamado elemento subjetivo do tipo, consistente no fim de prejudicar direito inerente ao estado civil do menor.

5. CONSUMAÇÃO E TENTATIVA

Consuma-se com o abandono da criança em asilo de expostos ou outra instituição de assistência, havendo a ocultação de sua filiação ou atribuição de outra.

Trata-se de crime material, portanto a tentativa é perfeitamente possível.

6. AÇÃO PENAL. LEI DOS JUIZADOS ESPECIAIS CRIMINAIS

(i) **Ação penal:** é crime de ação penal pública incondicionada, portanto independe de representação do ofendido ou de seu representante legal.

---

104. E. Magalhães Noronha, *Direito penal*, cit., v. 3, p. 323.

(ii) Lei dos Juizados Especiais Criminais: em virtude da pena mínima cominada, reclusão, de 1 a 5 anos, é cabível o instituto da suspensão condicional do processo (art. 89 da Lei n. 9.099/95).

Capítulo III
DOS CRIMES CONTRA A ASSISTÊNCIA FAMILIAR

ART. 244 – ABANDONO MATERIAL

1. CONCEITO

Dispõe o art. 244, *caput*, do CP: "Deixar, sem justa causa, de prover a subsistência do cônjuge, ou de filho menor de dezoito anos ou inapto para o trabalho, ou de ascendente inválido ou maior de sessenta anos, não lhes proporcionando os recursos necessários ou faltando ao pagamento de pensão alimentícia judicialmente acordada, fixada ou majorada; deixar, sem justa causa, de socorrer descendente ou ascendente, gravemente enfermo: Pena – detenção, de 1 (um) a 4 (quatro) anos, e multa, de uma a dez vezes o maior salário vigente no País". O parágrafo único, por sua vez, prevê: "Nas mesmas penas incide quem, sendo solvente, frustra ou ilide, de qualquer modo, inclusive por abandono injustificado de emprego ou função, o pagamento de pensão alimentícia judicialmente acordada, fixada ou majorada".

2. OBJETO JURÍDICO

Sob a epígrafe "Dos crimes contra a assistência familiar", prevê o Código Penal os delitos que atentam contra a subsistência do organismo familiar, em virtude de seus integrantes não propiciarem a devida assistência material e moral aos demais. Há, portanto, infração ao dever de assistência recíproca, o qual se consubstancia em imperativo previsto no art. 229 da CF: "Os pais têm o dever de assistir, criar e educar os filhos menores, e os filhos maiores têm o dever de ajudar e amparar os pais na velhice, carência e enfermidade". O art. 230, por sua vez, menciona: "A família, a sociedade e o Estado têm o dever de amparar as pessoas idosas, assegurando sua participação na comunidade, defendendo sua dignidade e bem-estar e garantindo-lhes o direito à vida"(*vide* também o art. 227 da CF).

No crime de abandono material (CP, art. 244), busca a lei penal a tutela da família, especificamente no que diz respeito ao amparo material (alimentos, remédios, vestes, habitação etc.), devido reciprocamente por seus membros.

3. ELEMENTOS DO TIPO

3.1. Ações nucleares. Elemento normativo

São as seguintes:

(i) Deixar de prover, isto é, deixar de atender à subsistência: (i) do cônjuge; (ii) ou de seu filho menor de 18 anos ou inapto para o trabalho; (iii) ou de ascendente inválido ou maior de 60 anos. A subsistência a que se refere comporta os meios necessários à vida, como os alimentos, vestuário, habitação, medicamentos[105]. O tipo penal prevê dois modos pelos quais o agente deixa de atender à subsistência do sujeito passivo: **(i.1) não lhe proporcionando os recursos necessários; (i.2) ou faltando ao pagamento de pensão alimentícia judicialmente acordada, fixada ou majorada.** Trata-se aqui da pensão alimentícia fixada em ação de alimentos proposta nos termos da lei civil. Deve a ação ser praticada sem justa causa, isto é, sem motivo justo. Há, contudo, justa causa na ação do pai que, estando desempregado, não possui numerário suficiente para o próprio sustento. Nesse caso, não pratica o crime em tela, ante a ausência do elemento normativo do tipo.

(ii) Deixar de socorrer, sem justa causa, descendente ou ascendente, gravemente enfermo. Cuida-se aqui da falta de cuidados pessoais, da falta de assistência (recursos médicos) para com o portador de enfermidade grave, seja ele ascendente (pai, mãe, avô, avó, bisavô, bisavó), seja ele descendente (filho, neto, bisneto). O tipo faz novamente menção ao elemento normativo: *sem justa causa*, sem o qual o fato é atípico.

(iii) O parágrafo único do artigo, que traz a figura equiparada, por sua vez, prevê que "**nas mesmas penas incide quem, sendo solvente, frustra ou ilide, de qualquer modo, inclusive por abandono injustificado de emprego ou função, o pagamento de pensão alimentícia judicialmente acordada, fixada ou majorada**". Assim, por exemplo, pratica esse crime o pai que, tendo condições econômicas de prestar os alimentos judicialmente fixados ao filho menor de idade, deixa de fazê-lo, continuadamente, de forma propositada.

3.2. Sujeitos ativo e passivo

(i) Deixar de prover à subsistência:

(i.1) do cônjuge (sujeito passivo). Sujeito ativo é o outro cônjuge, pois no matrimônio presente está o dever de assistência recíproca;

(i.2) ou de seu filho menor de 18 anos ou inapto para o trabalho (sujeito passivo). Sujeito ativo, no caso, o ascendente, isto é, o pai ou a mãe, não se incluindo o avô, bisavô etc. Assim, o avô que não presta alimentos ao neto menor de 18 anos não tem sua conduta enquadrada nessa modalidade típica. Conforme assinala Romão C. Lacerda, "o Código não fala do *descendente* (salvo o filho) como sujeito passivo do crime"[106]. Caso, no entanto, ele seja portador de alguma enfermidade grave, o avô poderá ter sua conduta enquadrada na modalidade *deixar de socorrer descendente gravemente enfermo*;

(i.3) ou de ascendente inválido ou maior de 60 anos (sujeito passivo). Sujeito ativo é o descendente, isto é, filho, neto, bisneto. Assim, pratica essa modalidade de crime o neto que deixa de prover a subsistência do avô inválido (por exemplo: para-

---

105. Cf. E. Magalhães Noronha, *Direito penal*, cit., v. 3, p. 327.

106. Romão C. Lacerda, *Comentários*, v. 8, cit., p. 423.

lítico) ou maior de 60 anos. A redação anterior ao Estatuto do Idoso fazia referência expressa ao ascendente inválido e ao valetudinário, entendendo-se como tal aquele não inválido, porém sem condições de exercer atividade laborativa. Estavam, portanto, protegidos tanto o ascendente completamente inválido quanto o válido, porém incapaz de trabalhar. Valetudinário significa pessoa de compleição fraca, que está constantemente doente. A atual redação fala em ascendente inválido e ascendente maior de 60 anos, sem se referir ao valetudinário. Com isso, a lamentável omissão deixa desprotegidos os ascendentes com 60 anos ou menos que forem valetudinários. Imaginemos o exemplo de um filho desalmado que deixa ao desamparo um pai de 55 anos inapto ao trabalho. Tal conduta não encontraria correspondência na nova conformação típica.

(ii) Na modalidade *deixar de socorrer descendente ou ascendente, gravemente enfermo* (sujeito passivo), sujeito ativo é o ascendente (pai, mãe, avó, avô, bisavô) ou descendente (filho, neto, bisneto), desde que gravemente enfermo.

4. ELEMENTO SUBJETIVO

É o dolo, consubstanciado na vontade livre e consciente de praticar uma das condutas previstas no tipo penal. Importa observar que não basta o mero inadimplemento das prestações alimentícias fixadas judicialmente para que o crime se configure. É necessário comprovar que o agente, propositadamente, possuindo recursos para arcar com a pensão, frustra ou ilide seu pagamento.

5. CONSUMAÇÃO E TENTATIVA

Consuma-se no momento em que o agente deixa de proporcionar os recursos necessários ou falta ao pagamento de pensão alimentícia judicialmente acordada, fixada ou majorada, ou deixa de prestar socorro. Trata-se de crime omissivo permanente, logo a tentativa é inadmissível.

6. PRISÃO CIVIL POR FALTA DE PAGAMENTO DE DÍVIDA DE ALIMENTOS

Dispõem o art. 528, § 3º, do CPC e o art. 19 da Lei n. 5.478/68 (Lei de Alimentos) sobre a possibilidade de o juiz decretar a prisão civil pelo não pagamento de dívida de alimentos. Tal espécie de prisão está prevista expressamente no art. 5º, LXVII, da CF. Ela nada tem que ver com a sanção criminal incidente sobre aqueles que cometem o crime previsto no art. 244 do CP. Conforme assinala Carlos Roberto Gonçalves, "a prisão civil por alimentos não tem caráter punitivo. Não constitui propriamente pena, mas meio de coerção, expediente destinado a forçar o devedor a cumprir a obrigação alimentar. Por essa razão, será imediatamente revogada se o débito for pago"[107]. Uma vez tendo sido

---

107. Carlos Roberto Gonçalves, *Direito civil brasileiro* — Direito de família, São Paulo, Saraiva, 2019, v. 6, p. 573.

pago o débito alimentar e revogada a prisão civil, tal situação não tem o condão de interferir na configuração do crime do art. 244 do CP, que já se consumou com o não pagamento das pensões.

7. AÇÃO PENAL. LEI DOS JUIZADOS ESPECIAIS CRIMINAIS

(i) Ação penal: é crime de ação penal pública incondicionada; independe, portanto, de representação do ofendido ou de seu representante legal.

(ii) Lei dos Juizados Especiais Criminais: em virtude da pena mínima cominada: reclusão, de 1 a 4 anos, e multa de uma a dez vezes o maior salário-mínimo do País. É cabível o instituto da suspensão condicional do processo (art. 89 da Lei n. 9.099/95).

ART. 245 – ENTREGA DE FILHO MENOR A PESSOA INIDÔNEA

1. CONCEITO

Dispõe o art. 245 do CP: "Entregar filho menor de 18 (dezoito) anos a pessoa em cuja companhia saiba ou deva saber que o menor fica moral ou materialmente em perigo: Pena – detenção, de 1 (um) a 2 (dois) anos. § 1º A pena é de 1 (um) a 4 (quatro) anos de reclusão, se o agente pratica delito para obter lucro, ou se o menor é enviado para o exterior. § 2º Incorre, também, na pena do parágrafo anterior quem, embora excluído o perigo moral ou material, auxilia a efetivação de ato destinado ao envio de menor para o exterior, com o fito de obter lucro".

2. OBJETO JURÍDICO

Consoante o art. 229 da CF, "os pais têm o dever de assistir, criar e educar os filhos menores...". Assim, é direito dos filhos menores que os pais lhes propiciem a devida assistência, criação e educação. Haverá infração a esses deveres se o genitor entregar o filho menor, para criação e educação, a pessoas inidôneas.

3. ELEMENTOS DO TIPO

3.1. Ação nuclear

Consubstancia-se no verbo *entregar*. O tipo penal não se contenta com a entrega pura e simples do menor a outrem. A entrega do filho menor de 18 anos deve ser feita a pessoa em cuja companhia o agente saiba ou deva saber que o menor fica moral (p. ex., entregá-lo a uma pessoa que se dedica a atividades criminosas) ou materialmente (p. ex., entregá-lo a um alcoólatra) em perigo. Perceba que companhia materialmente perigosa é aquela que expõe a vida, a integridade física ou psíquica e a saúde do menor a perigo, ao passo que companhia moralmente perigosa é aquela que compromete a formação moral e educacional do menor.

3.2. Sujeito ativo

Somente podem praticar esse crime os pais do menor. Não se inclui, portanto, o tutor.

3.3. Sujeito passivo

É o filho menor de 18 anos de idade.

4. ELEMENTO SUBJETIVO

É o dolo, consubstanciado na vontade de entregar o filho menor de 18 anos a pessoa em cuja companhia saiba que o menor fica moral ou materialmente em perigo. Ocorre que o tipo penal acrescenta a seguinte expressão: "ou deva saber" que o menor fica moral ou materialmente em perigo.

Nosso entendimento: o elemento subjetivo neste tipo penal trata-se não de dolo eventual, mas de anômala previsão de figura culposa.

Com efeito, nosso Código Penal exige para o dolo eventual que o agente não apenas preveja, mas também assuma o risco de produzir o resultado. A expressão "deve saber" indica apenas que o agente desconhecia o perigo a que estaria sujeito o menor, quando devia saber. Infringiu, portanto, uma obrigação de cautela. Isso não é dolo: é culpa[108].

5. CONSUMAÇÃO E TENTATIVA

Trata-se de crime instantâneo. Consuma-se com a entrega do menor a pessoa inidônea. Não se exige que ele fique sob os cuidados desta durante longo período de tempo. Em que pese tratar-se de crime de perigo, é, sobretudo, um delito plurissubsistente, comportando a tentativa. Exemplifica Noronha: "Se um pai está para confiar o filho a um mendigo ou ébrio habitual e, nesse instante, é obstado pela autoridade ou por outra pessoa, não há dúvida de que houve interrupção do ato executivo, por motivos alheios à sua vontade"[109].

6. FORMAS (ART. 245, *CAPUT*)

6.1. Simples

Está prevista no *caput* do artigo.

---

108. No mesmo sentido: E. Magalhães Noronha, *Direito penal*, cit., v. 3, p. 335; Romão C. Lacerda, *Comentários*, cit., v. 8, p. 435. Em sentido contrário: Cezar Roberto Bitencourt, *Código Penal*, cit., p. 944.

109. E. Magalhães Noronha, *Direito penal*, cit., v. 3, p. 334.

6.2. Qualificada (art. 245, § 1º)

Está prevista no § 1º do artigo. A pena é de 1 a 4 anos de reclusão, se o agente pratica delito:

(i) para obter lucro: cuida-se aqui do chamado elemento subjetivo do tipo. Cite-se o exemplo do genitor que entrega seu filho aos cuidados de um alcoólatra, para que o menor preste a este serviços remunerados, vindo ele a se favorecer do ordenado recebido pelo seu filho;

(ii) ou se o menor é enviado para o exterior: essa conduta é considerada mais grave em razão do maior perigo a que o menor está exposto, pois, além de estar sujeito aos cuidados de pessoa inidônea, ele é retirado de seu país de origem.

→ **Atenção:** há quem entenda que a conduta relativa ao envio do menor ao exterior foi revogada pelo art. 239 do ECA.

6.3. Equiparada (art. 245, § 2º)

Está prevista no § 2º: "Incorre, também, na pena do parágrafo anterior quem, embora excluído o perigo moral ou material, auxilia a efetivação de ato destinado ao envio de menor para o exterior, com o fito de obter lucro". Pune-se aquele que, com intuito de lucro (elemento subjetivo do tipo), ajuda a enviar menor para o exterior. Qualquer pessoa pode praticar o crime em tela, inclusive o tutor. Não se exige o perigo moral ou material. Consuma-se o crime com a prestação do auxílio.

Observe que, por se tratar de crime a distância, previsto na convenção Internacional sobre Direitos da Criança, ratificada pelo Brasil, configura crime federal (art. 109, V, da CF).

→ **Atenção:** há quem entenda que o dispositivo em comento foi revogado pelo art. 239 do ECA.

7. AÇÃO PENAL. LEI DOS JUIZADOS ESPECIAIS CRIMINAIS

(i) Ação penal: é crime de ação penal pública incondicionada, portanto independe de representação do ofendido ou de seu representante legal.

(ii) Lei dos Juizados Especiais Criminais: a forma simples (*caput*), em face da máxima prevista (detenção, de 1 a 2 anos), constitui infração de menor potencial ofensivo, sujeita ao procedimento sumaríssimo da Lei n. 9.099/95, sendo, também, cabível o instituto da suspensão condicional do processo (art. 89 da lei). O art. 89 da Lei n. 9.099/95 também é aplicável aos §§ 1º e 2º (reclusão, de 1 a 4 anos) do art. 245.

ART. 246 – ABANDONO INTELECTUAL

1. CONCEITO

Reza o art. 246 do CP: "Deixar, sem justa causa, de prover à instrução primária de filho em idade escolar: Pena – detenção, de 15 (quinze) dias a 1 (um) mês, ou multa".

2. OBJETO JURÍDICO

Consoante o art. 229 da CF, é direito dos filhos menores que os pais lhes propiciem educação. Tutela-se, pois, com a incriminação do abandono intelectual, o direito de os filhos menores receberem a instrução primária.

3. ELEMENTOS DO TIPO

3.1. Ação nuclear. Elemento normativo do tipo

Trata-se de crime omissivo próprio. A ação nuclear consubstancia-se no verbo *deixar de prover*, isto é, não providenciar a instrução primária de filho em idade escolar. Deve a omissão se dar sem *justa causa* (elemento normativo do tipo), isto é, sem motivo justificável. Conforme ensina Noronha: "Se, v. g., os pais deixam no analfabetismo o filho, por ser inacessível – pela distância – a escola pública e serem eles também analfabetos, não cometem o crime. Tão só a falta de recursos, porém, não é razão, pois o ensino oficial é gratuito (CF, art. 208, § 1º, II) [Refere-se à Constituição de 1967]. Bem sabemos que a realidade não atende ao texto constitucional: os Governos não têm proporcionado ensino a todas as crianças. Mas, em tal hipótese, os pais se escusarão provando que diligenciaram para matricular o filho e não podem dar instrução em casa"[110].

3.2. Sujeito ativo

Somente os genitores do menor podem praticar esse delito. Exclui-se, portanto, o tutor.

3.3. Sujeito passivo

É o filho menor em idade escolar, isto é, dos 7 aos 14 anos de idade.

4. ELEMENTO SUBJETIVO

É o dolo, consubstanciado na vontade livre e consciente de deixar de prover a instrução primária de filho menor.

5. CONSUMAÇÃO E TENTATIVA

Consuma-se o crime no momento em que o filho em idade escolar deixa de ser matriculado ou, embora estando matriculado, para de frequentar definitivamente a escola. Na primeira hipótese, o momento é certo, sendo o crime instantâneo. Na segunda,

110. E. Magalhães Noronha, *Direito penal*, cit., v. 3, p. 337.

a ausência ocasional não configura o crime em tela. Assim, o crime pode assumir a natureza de instantâneo ou habitual, estando ambas as formas ínsitas no núcleo "deixar". Devido ao elemento normativo do tipo "sem justa causa", será imprescindível para o aperfeiçoamento típico a absoluta falta de justificativa para a omissão. Finalmente, se a criança, a despeito de não matriculada em instituição de ensino, receber instrução em casa, o fato será atípico. Magalhães Noronha entende imprescindível para a consumação que o menor ultrapasse a idade escolar[111].

Nosso entendimento: não concordamos com esta última colocação, pois é suficiente a habitualidade na omissão dos pais, o que ocorre muito antes de ser ultrapassada a idade escolar. Por se tratar de crime omissivo próprio, a tentativa é inadmissível: ou os pais deixam de prover a instrução primária ou não.

6. AÇÃO PENAL. LEI DOS JUIZADOS ESPECIAIS CRIMINAIS

(i) Ação penal: é crime de ação penal pública incondicionada; independe, portanto, de representação do ofendido ou de seu representante legal.

(ii) Lei dos Juizados Especiais Criminais: em virtude da pena máxima cominada (detenção, de 15 dias a 1 mês), trata-se de infração de menor potencial ofensivo, estando sujeita às disposições da Lei n. 9.099/95.

ART. 247 – ABANDONO MORAL

1. CONCEITO

Dispõe o art. 247 do CP: "Permitir alguém que menor de dezoito anos, sujeito a seu poder ou confiado à sua guarda ou vigilância: I – frequente casa de jogo ou mal-afamada, ou conviva com pessoa viciosa ou de má vida; II – frequente espetáculo capaz de pervertê-lo ou de ofender-lhe o pudor, ou participe de representação de igual natureza; III – resida ou trabalhe em casa de prostituição; IV – mendigue ou sirva a mendigo para exercitar a comiseração pública: Pena – detenção, de 1 (um) a 3 (três) meses, ou multa".

2. OBJETO JURÍDICO

Tutela-se a educação, o amparo moral do menor de 18 anos de idade, como forma de prevenir a delinquência juvenil.

111. E. Magalhães Noronha, *Direito penal*, cit., v. 3, p. 336.

3. ELEMENTOS DO TIPO

3.1. Ação nuclear

Consubstancia-se no verbo *permitir*, isto é, consentir, tolerar que menor de 18 anos, sujeito ao poder do agente ou confiado a sua guarda ou vigilância, pratique uma das ações previstas nos incisos acima epigrafados, quais sejam:

(i) **Inciso I: frequentar casa de jogo ou mal-afamada, ou conviver com pessoa viciosa ou de má vida.** A primeira parte do inciso refere-se, por exemplo, aos cassinos, casas de jogo do bicho e também às casas mal-afamadas, por exemplo, bordel, casa de massagem etc. A segunda parte da figura penal faz menção à pessoa viciosa, como viciados em substâncias entorpecentes, alcoólicas etc., bem como a de má vida, como o rufião, o traficante etc.;

(ii) **Inciso II: frequentar espetáculo capaz de pervertê-lo ou de ofender-lhe o pudor, ou participar de representação de igual natureza.** Perverter quer dizer corromper o menor. O espetáculo deve, pois, ser capaz de causar a depravação moral do menor, por exemplo, espetáculos pornográficos. Pune-se também a conduta de permitir que o menor participe de representação de igual natureza. Quanto àquele que produz ou dirige representação teatral, televisiva, cinematográfica, atividade fotográfica ou qualquer outro meio visual, utilizando-se de criança ou adolescente em cena pornográfica, de sexo explícito ou vexatória, o crime será o previsto no art. 240 da Lei n. 8.069/90 (Estatuto da Criança e do Adolescente);

(iii) **Inciso III: residir ou trabalhar em casa de prostituição.** Com base nesse inciso, o filho da meretriz não pode com ela morar no local ou casa em que exerce o comércio carnal[112]. Da mesma forma, o menor de 18 anos não pode lá trabalhar, por exemplo, como garçom;

(iv) **Inciso IV: mendigar ou servir a mendigo para exercitar a comiseração pública.** Pune-se aqui a conduta daquele que permite que menor de 18 anos mendigue, isto é, passe a pedir esmolas, ou sirva a mendigo. Aquele que mendiga em companhia de menor de 18 anos não pratica mais a contravenção penal prevista no art. 60, parágrafo único, *c*, do Decreto-Lei n. 3.688/41, a qual foi revogada pela Lei n. 11.983, de 16 de julho de 2009.

3.2. Sujeito ativo

É aquele que tem o menor de 18 anos sujeito a seu poder (pai, mãe, tutor) ou confiado a sua guarda ou vigilância (por exemplo: diretor de colégio).

3.3. Sujeito passivo

É o menor de 18 anos que se encontra sob o poder de ou confiado à guarda ou vigilância de outrem.

112. Nesse sentido: Romão C. Lacerda, *Comentários*, cit., v. 8, p. 468.

4. ELEMENTO SUBJETIVO

É o dolo, consubstanciado na vontade livre e consciente de permitir que o menor pratique uma das ações previstas no tipo penal. Somente se exige o elemento subjetivo do tipo no inciso IV (*para fim de exercitar a comiseração pública*, isto é, provocar a compaixão, piedade alheia).

5. CONSUMAÇÃO E TENTATIVA

Consuma-se o delito no momento em que o agente, tomando conhecimento do comportamento irregular do menor, mesmo assim concorda, tolera ou não impede a frequência ou a conduta. A aquiescência do pai ou tutor ou de quem detém a sua guarda pode ser expressa ou tácita. É imprescindível para a consumação que a concordância, permissão ou qualquer outra conduta omissa equivalente se dê em face de uma conduta habitual do menor, de modo que tolerar uma episódica frequência ou mendicância configura fato atípico, podendo no máximo acarretar consequências no âmbito extrapenal. Tratando-se de crime omissivo próprio, a tentativa é inadmissível.

6. DISTINÇÃO

O art. 245 pune a conduta daquele que entrega filho menor de 18 anos a pessoa em cuja companhia saiba ou deva saber que o menor fica moral ou materialmente em perigo. Trata-se, como na infração em apreço, também, de modalidade de abandono moral. Contudo, na correta distinção de Noronha, o primeiro é forma ativa, ou seja, o agente *entrega* o menor, e o segundo é forma passiva, pois o agente apenas *permite*. Assim, exemplifica o autor, "se um pai entrega o filho a uma prostituta para aí ficar durante certo tempo, comete o delito do art. 245; se, todavia, o menor está morando com ela e o genitor não age, não se opõe, pratica o do presente artigo"[113]. Além disso, outra diferença reside no fato de que, no delito do art. 245, somente os pais podem figurar como sujeitos ativos, ao passo que no crime em estudo os sujeitos ativos podem ser os pais, tutores e todos aqueles a quem a guarda ou vigilância do menor foi confiada.

7. AÇÃO PENAL. LEI DOS JUIZADOS ESPECIAIS CRIMINAIS

(i) Ação penal: é crime de ação penal pública incondicionada, portanto independe de representação do ofendido ou de seu representante legal.

(ii) Lei dos Juizados Especiais Criminais: em virtude da pena máxima cominada (detenção, de 1 a 3 meses, ou multa), trata-se de infração de menor potencial ofensivo, estando sujeita às disposições da Lei n. 9.099/95.

---

113. E. Magalhães Noronha, *Direito penal*, cit., v. 3, p. 338.

Capítulo IV
DOS CRIMES CONTRA O PÁTRIO PODER[114], TUTELA OU CURATELA

ART. 248 – INDUZIMENTO A FUGA, ENTREGA ARBITRÁRIA OU SONEGAÇÃO DE INCAPAZES

1. CONCEITO

Dispõe o art. 248 do CP: "Induzir menor de 18 (dezoito) anos, ou interdito, a fugir do lugar em que se acha por determinação de quem sobre ele exerce autoridade, em virtude de lei ou de ordem judicial; confiar a outrem sem ordem do pai, do tutor ou do curador algum menor de 18 (dezoito) anos ou interdito, ou deixar, sem justa causa, de entregá-lo a quem legitimamente o reclame: Pena – detenção, de 1 (um) mês a 1 (um) ano, ou multa".

2. OBJETO JURÍDICO

Sob a rubrica "Dos crimes contra o pátrio poder, tutela, ou curatela", dispõe o Código Penal sobre a organização familiar que decorre do exercício dos direitos e deveres pelo genitor, tutor ou curador, visando a educação e a formação do filho, tutelado ou curatelado. Tutelam-se, assim, os direitos daqueles sobre os incapazes, bem como os interesses destes. A tutela encontra-se atualmente prevista nos arts. 1.728 a 1.766 e a curatela nos arts. 1.767 a 1.783 do diploma civil.

3. ELEMENTOS DO TIPO

3.1. Ação nuclear. Elemento normativo

O tipo penal prevê três modalidades de condutas típicas:

(i) Induzir menor de 18 anos, ou interdito, a fugir do lugar em que se acha por determinação de quem sobre ele exerce autoridade, em virtude de lei ou de ordem judicial. Nessa modalidade típica o agente persuade, aconselha o menor, ou interdito, a fugir, isto é, a se afastar, sumir, do local em que se encontrava por determinação de seu genitor, tutor ou curador. Não basta o induzimento. É necessário que o menor efetivamente realize a fuga. Finalmente, se o indivíduo for maior de 18 anos ou se for louco ou débil mental, sem estar interditado, não se configura esse delito[115]. Vale registrar que os menores de 18 anos são aqueles que estão sujeitos ao poder familiar ou à tutela, ao passo que os interditos são aqueles que estão sujeitos à curatela. As hipóteses de interdição estão reguladas no art. 1.767 do Código Civil.

---

114. No ordenamento jurídico civil em vigor, tal expressão foi substituída por "poder familiar".

115. Nesse sentido: Romão C. Lacerda, *Comentários*, cit., v. 8, p. 477.

(ii) Confiar a outrem, sem ordem do pai, tutor ou curador, algum menor de 18 anos ou interdito. Nessa figura delituosa o agente, por exemplo, o diretor de um colégio, sem autorização do responsável, entrega o menor ou interdito a outrem. Aquele que o recebe ciente de que a entrega é arbitrária também responderá pelo crime em tela. Caso desconheça essa circunstância e se recuse a devolver o menor ou interdito, responderá pelo crime de sonegação de incapaz[116].

(iii) Ou deixar, sem justa causa, de entregá-lo a quem legitimamente (em decorrência de lei ou decisão judicial) o reclame. Enfim, pune-se a conduta daquele que, detendo ou possuindo o menor, ou o interdito, recusa-se a devolvê-lo, sem justo motivo, a quem de direito. Trata-se aqui do chamado crime de *sonegação de incapaz*. Veja-se que o tipo penal exige o chamado elemento normativo, consubstanciado na expressão *sem justa causa*. Cite-se como exemplo de justa causa para a retenção do incapaz o conhecimento de que este estaria sofrendo sevícias por parte do genitor. Finalmente, importa esclarecer que o legislador não previu aqui o benefício do perdão judicial, tal como previsto no § 2º do art. 249 (subtração de incapazes).

3.2. Sujeito ativo

Qualquer pessoa pode praticar o delito em tela. Na modalidade *sonegação de incapazes*, o pai, tutor ou curador do menor ou do interdito que tenha sido destituído ou temporariamente privado do pátrio poder (poder familiar), tutela ou curatela, caso venha a se recusar a entregar o incapaz, comete o crime de desobediência (CP, art. 359), cuja pena é mais grave. Na hipótese, "o agente se arroga o exercício de direito de que se acha privado, por perda ou suspensão, em virtude de provimento judicial"[117].

3.3. Sujeito passivo

Sujeito passivo é o pai, a mãe, o tutor ou o curador. Considera-se também como tal o menor de 18 anos e o interdito, sujeitos passivos mediatos. Conforme Noronha, o pródigo não pode ser sujeito passivo, uma vez que, ainda que interditado, a curatela diz respeito somente aos bens dele e não a sua pessoa[118].

4. ELEMENTO SUBJETIVO

É o dolo, consubstanciado na vontade livre e consciente de praticar uma das ações previstas no tipo.

5. CONSUMAÇÃO E TENTATIVA

(i) induzir a fugir: consuma-se com a efetiva fuga do menor ou interdito. A tentativa ocorrerá na hipótese em que o incapaz é impedido de fugir;

---

116. Cf. Romão C. Lacerda, *Comentários*, cit., v. 8, p. 473.

117. Romão C. Lacerda, *Comentários*, cit., v. 8, p. 474.

118. Nesse sentido: E. Magalhães Noronha, *Direito penal*, cit., v. 3, p. 341.

(ii) confiar a outrem: consuma-se quando o menor ou interdito é entregue a outrem. É possível a tentativa;

(iii) deixar de entregar: consuma-se no momento da recusa do agente, sem justa causa, em devolver o incapaz. Trata-se de crime permanente. Por se tratar de crime omissivo puro, a tentativa não é possível, pois ou o agente se recusa, e o crime está consumado, ou não há recusa, e o crime não se configura.

6. DISTINÇÃO

A figura criminal em estudo, na modalidade *induzir* o menor ou interdito à *fuga*, difere do crime de *subtração* de *incapazes*. Vejamos a distinção formulada por Romão C. Lacerda: "No *induzimento*, a ação acha-se ligada à ideia de *fazer o menor sair do lugar* em que se encontra colocado pelo responsável (asilo, colégio, etc.); se o agente induz o menor a segui-lo haverá *subtração*, que é crime mais grave. Na *subtração*, o menor é tirado do *poder* de quem o tem sob sua guarda em virtude de lei ou de ordem judicial; ao passo que, no *induzimento*, ele é levado *a sair do local onde foi posto.* Como se vê, não é fácil diferenciar uma figura criminal da outra. Se o agente induz o incapaz a fugir *com ele* ou *para ele*, há *subtração*, que cumpre distinguir do *rapto*[119], que é crime *contra os costumes*"[120].

7. AÇÃO PENAL. LEI DOS JUIZADOS ESPECIAIS CRIMINAIS

(i) Ação penal: é crime de ação penal pública incondicionada; independe, portanto, de representação do ofendido ou de seu representante legal.

(ii) Lei dos Juizados Especiais Criminais: em virtude da pena máxima cominada (detenção, de 1 mês a 1 ano, ou multa), trata-se de infração de menor potencial ofensivo, sujeita às disposições da Lei n. 9.099/95.

ART. 249 – SUBTRAÇÃO DE INCAPAZES

1. CONCEITO

Dispõe o art. 249, *caput*, do CP: "Subtrair menor de 18 (dezoito) anos ou interdito ao poder de quem o tem sob sua guarda em virtude de lei ou de ordem judicial: Pena – detenção, de 2 (dois) meses a 2 (dois) anos, se o fato não constitui elemento de outro crime".

2. OBJETO JURÍDICO

É o mesmo do artigo antecedente.

---

119. Convém notar que o crime de rapto foi revogado pela Lei n. 11.106, de 28 de março de 2005.
120. Romão C. Lacerda, *Comentários*, cit., v. 8, p. 473.

3. ELEMENTOS DO TIPO

3.1. Ação nuclear

Consubstancia-se no verbo *subtrair*, isto é, retirar o menor de 18 anos ou interdito do poder de quem o tem sob sua guarda em virtude de lei ou ordem judicial. Vários são os modos de execução do crime: emprego de fraude, violência ou ameaça. Nessa hipótese o agente poderá também responder por outro crime: lesões corporais, constrangimento ilegal etc. O consentimento do incapaz na subtração é irrelevante. Se o indivíduo for maior de 18 anos ou se for louco ou débil mental, sem estar interditado, não se configura esse delito[121].

3.2. Sujeito ativo

Trata-se de crime comum. Qualquer pessoa pode praticá-lo. Dispõe o § 1º que "o fato de ser agente pai ou tutor do menor ou curador do interdito não o exime de pena, se destituído ou temporariamente privado do pátrio poder, tutela, curatela ou guarda". Dessa forma, essas pessoas também podem praticar o crime de subtração de incapaz. Veja-se que nessas circunstâncias o genitor, tutor ou curador que desrespeita o provimento judicial não pratica o crime de desobediência (CP, art. 359), cuja pena é mais grave, mas sim o delito em tela[122].

3.3. Sujeito passivo

É aquele que tem o menor de 18 anos ou interdito sob sua guarda em virtude de lei ou de ordem judicial. É, portanto, o genitor, tutor ou curador. É também sujeito passivo, mediato, o incapaz.

4. ELEMENTO SUBJETIVO

É o dolo, consubstanciado na vontade livre e consciente de subtrair o incapaz, ciente de que este se encontra sob o poder de outrem em virtude de lei ou decisão judicial.

5. CONSUMAÇÃO E TENTATIVA

Trata-se de crime material. Consuma-se com a efetiva retirada do menor do poder de quem o tem sob guarda. Não é necessário que o agente tenha a posse tranquila da vítima. A tentativa é perfeitamente admissível.

6. DISTINÇÃO

Esse crime é de natureza subsidiária, conforme expressa disposição legal. Poderá haver o crime de sequestro se a finalidade do agente for a de privar o incapaz da liber-

---

121. Nesse sentido: Romão C. Lacerda, *Comentários*, cit., v. 8, p. 477.

122. Nesse sentido: Romão C. Lacerda, *Comentários*, cit., v. 8, p. 474.

dade de locomoção. Se a privação da liberdade se der com fim libidinoso, independentemente do sexo ou da idade do ofendido, haverá o crime de sequestro na forma qualificada (cf. inciso V do § 1º do art. 148). Caso haja o fim específico de obtenção de vantagem como condição ou preço do resgate, poderá configurar a extorsão mediante sequestro (art. 159, § 1º).

7. PERDÃO JUDICIAL

Prevê o § 2º do artigo comentado: "No caso de restituição do menor ou do interdito, se este não sofreu maus-tratos ou privações, o juiz pode deixar de aplicar a pena". Assim, se o menor ou o interdito não tiver sofrido qualquer espécie de violência física ou moral ou algum tipo de privação, como, por exemplo, ausência de comida, remédio etc., poderá ele ser beneficiado com o perdão judicial. Presentes os requisitos legais, a concessão do benefício será obrigatória, haja vista que configura direito subjetivo público do agente. O perdão judicial é causa extintiva da punibilidade (CP, art. 107, IX), e a sentença que o concede é declaratória (Súmula 18 do STJ), não produzindo quaisquer dos efeitos da condenação.

8. AÇÃO PENAL. LEI DOS JUIZADOS ESPECIAIS CRIMINAIS

(i) **Ação penal:** é crime de ação penal pública incondicionada; independe, portanto, de representação do ofendido ou de seu representante legal.

(ii) **Lei dos Juizados Especiais Criminais:** em virtude da pena máxima prevista (detenção, de 2 meses a 2 anos), trata-se de infração de menor potencial ofensivo, sujeita às disposições da Lei n. 9.099/95, sendo, inclusive, cabível o instituto da suspensão condicional do processo (art. 89 da lei), em face da pena mínima prevista.

Título VIII
DOS CRIMES CONTRA A INCOLUMIDADE PÚBLICA

1. CONSIDERAÇÕES PRELIMINARES

Sob a rubrica "Dos crimes contra a incolumidade pública", prevê o Título VIII do Código Penal os delitos que atentam contra a vida, o patrimônio, a segurança, a saúde da sociedade como um todo, ou seja, de um número indeterminado de pessoas, ao contrário dos crimes até aqui estudados (crimes contra a vida, crimes de perigo individual, crimes contra o patrimônio etc.), os quais estão divididos em três capítulos:

(i) Capítulo I: Dos crimes de perigo comum (arts. 250 a 259);

(ii) Capítulo II: Dos crimes contra a segurança dos meios de comunicação e transporte e outros serviços públicos (arts. 260 a 266);

(iii) Capítulo III: Dos crimes contra a saúde pública (arts. 267 a 285).

Capítulo I
DOS CRIMES DE PERIGO COMUM

ART. 250 – INCÊNDIO

1. CONCEITO

Dispõe o art. 250, *caput*, do CP: "Causar incêndio, expondo a perigo a vida, a integridade física ou o patrimônio de outrem: Pena – reclusão, de 3 (três) a 6 (seis) anos, e multa".

2. OBJETO JURÍDICO

Tutela-se a incolumidade pública, uma vez que o incêndio expõe a perigo a vida, a integridade física, o patrimônio de um indeterminado número de pessoas.

3. ELEMENTOS DO TIPO

3.1. Ação nuclear

Consiste em *causar incêndio*, isto é, provocar combustão (por intermédio do fogo, gás inflamável etc.) de forma que sua propagação exponha a perigo a vida, a integridade física ou o patrimônio de um número indeterminado de pessoas, uma vez que se trata de crime de perigo comum e não individual; do contrário, poderá configurar-se, por exemplo, o crime de dano qualificado, em face do direito individual atingido (CP, art. 163, parágrafo único, II). Observe-se que o patrimônio atingido pode ser do próprio agente, mas para que o delito se configure é necessária a provocação de perigo à coletividade, pois não é crime danificar o próprio patrimônio. Pode esse delito ser praticado mediante omissão – por exemplo, o agente culposamente ateia fogo à cortina de sua casa e nada faz para apagá-lo, causando, de forma omissiva, a propagação do incêndio e, com isso, o perigo comum.

Trata-se de crime de perigo concreto, isto é, deve ser comprovado no caso concreto que coisas ou pessoas sofreram riscos. Não é qualquer provocação de combustão, portanto, que configura esse delito, por exemplo, causar incêndio em uma casa em ruínas, inabitada e localizada em local solitário[123].

Vale salientar que o crime em questão pode ser praticado por omissão, o que ocorre quando o agente possui o dever jurídico de agir para evitar o resultado, mas nada faz (CP, art. 13). Assim, comete o delito em estudo, por exemplo, o bombeiro que deixa de combater um incêndio em local habitado, permitindo que o fogo se espalhe e tome grandes proporções; o funcionário que, contratado para cuidar de um imóvel, percebe um curto-circuito na fiação e, podendo agir, se omite, permitindo que o fogo se alastre e destrua o imóvel, bem como atinja as construções vizinhas; o indivíduo que, por descuido, joga a "bituca" do cigarro no chão, perto de uma cortina, e, depois de perceber o fogo, mesmo tendo condições de apagá-lo, nada faz, daí advindo o incêndio.

3.2. Sujeito ativo

Qualquer pessoa pode praticar esse crime, inclusive o proprietário da coisa incendiada.

3.3. Sujeito passivo

É a coletividade.

4. ELEMENTO SUBJETIVO

É o dolo, consubstanciado na vontade livre e consciente de provocar o incêndio, ciente de que este poderá ocasionar perigo comum. Não se exige qualquer finalidade específica. Admite-se a modalidade culposa, que estudaremos mais adiante.

Caso o agente tenha praticado o incêndio com o intuito de obter vantagem pecuniária em proveito próprio ou alheio, aplica-se a causa de aumento de pena do § 1º, I.

Ainda, se o agente objetivava a destruição do patrimônio alheio, o crime será de dano qualificado pelo emprego de substância inflamável (CP, art. 163, parágrafo único,

123. Conforme exemplo de Nélson Hungria, *Comentários ao Código Penal*, 2. ed., Rio de Janeiro, Forense, 1959, v. 9, p. 25.

II); se tinha por escopo atingir a integridade corporal de outrem, responderá por lesão corporal agravada (CP, art. 129, c/c arts. 61, II, *d*); se intentava matar a vítima, o delito será o de homicídio qualificado (CP, art. 121, § 2º, III).

Finalmente, se o agente praticar o incêndio movido por inconformismo político ou para a obtenção de fundos destinados à manutenção de organizações políticas clandestinas ou subversivas, responderá por crime contra a segurança nacional (art. 20 da Lei n. 7.170/83).

5. CONSUMAÇÃO E TENTATIVA. CRIME IMPOSSÍVEL. ARREPENDIMENTO EFICAZ

Consuma-se no momento em que o fogo se expande, assumindo proporções que tornem difícil sua extinção[124], isto é, acarretando perigo comum. É necessário comprovar em cada caso a produção de perigo concreto. Por tratar-se de crime plurissubsistente, a tentativa é perfeitamente possível. Assim, haverá *conatus* se, por exemplo, "após derramar petróleo sobre a parte da casa que pretende incendiar, o agente é surpreendido no momento em que está aproximando a mecha acesa"[125]. Não se poderá falar em tentativa, mas em crime impossível, se o meio ou objeto forem absolutamente inidôneos a provocar o incêndio, por exemplo, o agente supõe estar jogando álcool na casa quando na realidade se trata de soro fisiológico. Também não haverá tentativa desse crime, mas desistência voluntária ou arrependimento eficaz (CP, art. 15), se o agente, após o emprego dos meios aptos a provocar o incêndio, impede que se produza, apagando o fogo que se inicia, sem que tenha resultado qualquer perigo comum. Responderá nesse caso pelos atos já praticados (por exemplo, crime de dano qualificado).

Registre-se que alguns atos que podem fazer parte do *iter criminis* do delito de incêndio encontram-se previstos como delito autônomo no Estatuto do Desarmamento (Lei n. 10.826/2003). É o caso do art. 16, parágrafo único, III, o qual tipifica o ato de possuir, deter, fabricar ou empregar artefato explosivo ou incendiário, sem autorização ou em desacordo com determinação legal ou regulamentar.

6. FORMAS

6.1. Simples (art. 250, *caput*)

Está prevista no *caput* do art. 250.

6.2. Majorada (art. 250, § 1º)

Está prevista no § 1º do art. 250. As penas aumentam-se de um terço:

---

124. Nesse sentido: E. Magalhães Noronha, *Direito penal*, cit., v. 3, p. 355.

125. Conforme exemplo de Nélson Hungria, *Comentários*, cit., v. 9, p. 27.

(i) Inciso I: se o crime é cometido com intuito de obter vantagem pecuniária em proveito próprio ou alheio: constitui o chamado elemento subjetivo do tipo, pois presente está a finalidade de o agente obter lucro. Conforme ressalva Nélson Hungria, "cumpre que a vantagem seja visada como consequência do incêndio em si mesmo, e não como preço do crime (...). Será reconhecível a majorante nos seguintes casos: causar o incêndio de um compartimento para destruir o título de dívida, de responsabilidade do agente ou de outrem, ali guardado pelo credor; incendiar a velha casa própria para poupar-se aos gastos de uma demolição (...)"[126]. Para a configuração dessa causa de aumento de pena não é necessário que o agente efetivamente obtenha a vantagem pecuniária. Basta a prova da intenção. Caso o incêndio seja provocado com o fim de receber indenização ou o valor do seguro, uma vez comprovado o perigo comum, configurar-se-á o crime em tela na forma majorada e não aquele previsto no art. 171, § 1º, V (fraude para recebimento de indenização ou valor de seguro);

(ii) Inciso II: se o incêndio é:

(ii.1) em casa habitada ou destinada a habitação: casa habitada é o local utilizado por alguém para morar, ainda que não seja destinado a esse fim: por exemplo, empregado da loja que pernoita no escritório do referido estabelecimento. Casa destinada a habitação é aquela que, embora construída para esse fim, não é habitada por ninguém[127];

(ii.2) em edifício público (bem pertencente à União, Estados e Municípios. Não incide a majorante se o edifício é público, mas se encontra locado a particulares) *ou destinado a uso público* (é aquele que, ainda que particular, seja destinado ao público, por exemplo, cinemas, museus, teatros etc. Não é necessário que estejam abertos no momento do incêndio[128]), *ou a obra de assistência social* (creches, hospitais, asilos etc.) *ou de cultura* (biblioteca, colégio etc.);

(ii.3) em embarcação, aeronave, comboio ou veículo de transporte coletivo: cuida-se aqui exclusivamente do transporte de pessoas. Não é necessário que elas se encontrem no interior do veículo no momento do incêndio[129];

(ii.4) em estação ferroviária ou aeródromo: não se incluem nesse rol as construções portuárias[130] nem a estação rodoviária[131];

(ii.5) em estaleiro, fábrica ou oficina: não há necessidade de que haja pessoas no local no momento do incêndio;

(ii.6) em depósito de explosivo (dinamite etc.), combustível (carvão, lenha etc.) ou inflamável (álcool, petróleo etc.). A majorante funda-se no maior perigo a que a coletividade é exposta com a incineração de tais locais;

---

126. Nélson Hungria, *Comentários*, cit., v. 9, p. 28.

127. Nesse sentido: Nélson Hungria, *Comentários*, cit., v. 9, p. 29; E. Magalhães Noronha, *Direito penal*, cit., v. 3, p. 356. Em sentido contrário: Cezar Roberto Bitencourt, *Código Penal*, cit., p. 955.

128. Nesse sentido: E. Magalhães Noronha, *Direito penal*, cit., v. 3, p. 357.

129. Nesse sentido: E. Magalhães Noronha, *Direito penal*, cit., v. 3, p. 357.

130. Nesse sentido: Nélson Hungria, *Comentários*, cit., v. 9, p. 31.

131. Nesse sentido: E. Magalhães Noronha, *Direito penal*, cit., v. 3, p. 358.

(ii.7) em poço petrolífero ou galeria de mineração. Essa majorante funda-se em dois motivos indicados por Hungria: extrema dificuldade de extinção do fogo ou maior dificuldade de defesa contra o perigo extensivo[132];

(ii.8) em lavoura, pastagem, mata ou floresta. A conduta provocar incêndio em mata ou floresta constitui crime ambiental, que se encontra previsto no art. 41 da Lei n. 9.605/98, cuja pena é de reclusão, de 2 a 4 anos, e multa. Seu parágrafo único, por sua vez, prevê que, se o crime é culposo, a pena é de detenção, de 6 meses a 1 ano, e multa. Dessa forma, se o incêndio de mata ou floresta não acarretar perigo à coletividade pública, o crime será enquadrado na Lei Ambiental[133]. Do contrário, haverá o crime do art. 250. No tocante ao incêndio em lavoura ou pastagem, incide sempre a regra do art. 250 na forma majorada.

6.3. Culposa (art. 250, § 2º)

Está prevista no § 2º do art. 250. A pena é de detenção, de 6 meses a 2 anos. Se o agente der causa ao incêndio por imprudência, negligência ou imperícia, configurar-se-á a modalidade culposa desse crime. Aqui o sujeito ativo não quer o resultado, mas acaba por produzi-lo por inobservância do dever objetivo de cuidado. Sobre essa modalidade não incidem as majorantes supramencionadas. Há somente previsão da forma qualificada pelo resultado, conforme veremos no item seguinte.

6.4. Qualificada pelo resultado

Prevista no art. 258: "Se do crime doloso de perigo comum resulta lesão corporal de natureza grave, a pena privativa de liberdade é aumentada de metade; se resulta morte, é aplicada em dobro. No caso de culpa, se do fato resulta lesão corporal, a pena aumenta-se de metade; se resulta morte, aplica-se a pena cominada ao homicídio culposo, aumentada de um terço". Cuida-se aqui de duas modalidades qualificadas pelo resultado: **(i) dolo no crime antecedente (incêndio) e culpa no crime consequente (lesão corporal grave ou morte)**: o agente quer provocar o incêndio de forma a causar perigo comum (dolo), mas dessa conduta sobrevém resultado mais grave (lesão corporal de natureza grave e homicídio), o qual vai além do previsto pelo agente, devendo ser-lhe imputado a título de culpa, pois, embora não previsto, era, no caso concreto, perfeitamente previsível. Esse resultado mais grave jamais poderá ser querido pelo agente, pois, do contrário, outro crime poderá apresentar-se: homicídio qualificado (CP, art. 121, § 2º, III) ou lesão corporal grave (CP, art. 129, § 1º, c/c o art. 61, II, *d*) em concurso formal com o delito de incêndio. A morte ou lesão corporal grave pode advir tanto das queimaduras quanto da queda de um lustre na cabeça da vítima ou do ato de jogar-se pela janela na tentativa de se livrar do fogo. Segundo Hungria, não será imputada a morte ao agente na hipótese em que terceiros (bombeiro, parentes etc.) vão ao local na tentativa de salvar a

---

132. Nesse sentido: Nélson Hungria, *Comentários*, cit., v. 9, p. 32.

133. Nesse sentido: Cezar Roberto Bitencourt, *Código Penal*, cit., p. 956.

vítima e morram, pois, "em qualquer caso, há a interrupção da causalidade inicial, pela superveniência de causa autônoma e decisiva: a imperícia do bombeiro ou a imprudência do particular abnegado"[134]. Com base nos mesmos argumentos, o autor sustenta que não se poderá reconhecer a qualificadora na hipótese em que a vítima sai ilesa do incêndio, mas retorna ao local dos fatos para buscar os documentos, quando então morre ou sai lesada. Por se tratar de crime preterdoloso, somente poderá haver tentativa se o incêndio não se consumar, isto é, não assumir as proporções devidas para a configuração do crime, mas alguém vier a morrer ou se lesionar em decorrência do início dele; **(ii) resultado agravador decorrente de conduta culposa.** Nessa modalidade, o agente causa o incêndio por imprudência, negligência ou imperícia, e dessa conduta culposa advém um dos resultados agravadores. Não há falar em tentativa de crime culposo.

7. DISTINÇÕES

(i) A conduta incendiar por inconformismo político constitui o crime previsto no art. 20 da Lei de Segurança Nacional (Lei n. 7.170/83), conforme já mencionado.

(ii) A conduta fabricar, vender, transportar ou soltar balões que possam provocar incêndios nas florestas e demais formas de vegetação, em áreas urbanas ou qualquer tipo de assentamento humano, constitui crime contra o meio ambiente (art. 42 da Lei n. 9.605/98).

8. ESTATUTO DO DESARMAMENTO

O art. 16, § 1º, III, da Lei n. 10.826/2003 previu entre as suas ações nucleares típicas o *emprego de artefato explosivo ou incendiário*, sem autorização ou em desacordo com determinação legal ou regulamentar. Ora, o emprego nada mais é do que o uso de tais artefatos. Note que o crime contra a incolumidade pública previsto no art. 250 do *Codex* é de perigo concreto, isto é, o perigo causado deve ser comprovado no caso concreto, não havendo qualquer presunção legal, tanto que o próprio dispositivo penal explicitamente exige que as ações exponham a perigo *a vida, a integridade física ou o patrimônio de outrem*, ao contrário do que sucede com o art. 16, parágrafo único, III, da citada lei, o qual se contenta com o mero emprego do artefato incendiário, sem que se necessite comprovar que no caso concreto houve o risco para a vida, a integridade física ou o patrimônio de outrem. Basta, portanto, o perigo presumido. Vejam que a causa do incêndio não é requisito para que o crime do Estatuto se configure, pois com o mero lançamento ou a colocação do artefato incendiário já se perfaz o delito.

9. EXAME PERICIAL

Por se tratar de crime que deixa vestígios, é indispensável a realização de exame de corpo de delito (CPP, art. 158). Observe que, de acordo com o art. 173 do CPP, " No caso

134. Nesse sentido: Nélson Hungria, *Comentários*, cit., v. 9, p. 33.

de incêndio, os peritos verificarão a causa e o lugar em que houver começado, o perigo que dele tiver resultado para a vida ou para o patrimônio alheio, a extensão do dano e o seu valor e as demais circunstâncias que interessarem à elucidação do fato". A ausência de perícia somente poderá ser suprida por outros meios de prova nos casos em que se verificar a impossibilidade de realização do exame (CPP, art. 167).

10. AÇÃO PENAL. LEI DOS JUIZADOS ESPECIAIS CRIMINAIS

(i) **Ação penal:** é crime de ação penal pública incondicionada; independe, portanto, de representação do ofendido ou de seu representante legal.

(ii) **Lei dos Juizados Especiais Criminais:** o incêndio culposo (§ 2º), em face da pena máxima cominada (detenção, de 6 meses a 2 anos), constitui infração de menor potencial ofensivo, sujeito às disposições da Lei n. 9.099/95, sendo, inclusive, cabível o instituto da suspensão condicional do processo (art. 89 da lei), em virtude da pena mínima prevista.

ART. 251 – EXPLOSÃO

1. CONCEITO

Dispõe o art. 251, *caput*, do CP: "Expor a perigo a vida, a integridade física ou o patrimônio de outrem, mediante explosão, arremesso ou simples colocação de engenho de dinamite ou de substância de efeitos análogos: Pena – reclusão, de 3 (três) a 6 (seis) anos, e multa".

2. OBJETO JURÍDICO

Assim como no crime antecedente, tutela-se mais uma vez a incolumidade pública.

3. ELEMENTOS DO TIPO

3.1. Ação nuclear

Consubstancia-se no verbo *expor* a perigo. Difere, contudo, do crime de incêndio quanto ao meio de execução, pois aqui a exposição pode ser praticada mediante explosão (estourar), arremesso (lançar a distância) ou colocação (pôr em algum lugar) de engenho de dinamite ou de substância de efeitos análogos. Trata-se de crime de conduta vinculada, uma vez que, para ingressar na esfera do proteção do dispositivo legal em estudo, a explosão provocada deve ser decorrente do emprego de explosivos, sejam eles dinamite ou substâncias de efeitos análogos ou de poder menos vulnerante, quando se dará a figura privilegiada do § 1º. De acordo com o anexo III do Decreto n. 10.030/2019, explosivo é "tipo de matéria que, quando iniciada, sofre decomposição muito rápida, com grande liberação de calor e desenvolvimento súbito de pressão"[135]. Segundo o ensinamento de Noronha, "dinamite é a nitroglicerina de que se embebem matérias sólidas, geralmente, areias. Engenho é a bomba, o aparelho que a contém. Refere-se também a lei a substâncias de efeitos análogos, dentre as quais podem ser mencionados os explosivos T.N.T., os explosivos de ar líquido, o trotil, as gelatinas explosivas etc., produzindo efeitos semelhantes aos daquelas"[136]. De acordo com o mesmo autor, caberá à perícia dizer se a substância é ou não explosiva.

De forma semelhante ao crime de incêndio, trata-se de crime de perigo comum e concreto, isto é, deve atingir um número indeterminado de pessoas ou coisas; o perigo causado deve ser comprovado no caso concreto, não havendo qualquer presunção legal. Ausente o perigo coletivo, outro crime configurar-se-á (por exemplo, dano qualificado, em face do patrimônio individual atingido).

3.2. Sujeito ativo

Trata-se de crime comum. Qualquer pessoa pode praticá-lo.

3.3. Sujeito passivo

Cuida-se de crime de perigo comum. Sujeito passivo é, portanto, a coletividade em geral.

4. ELEMENTO SUBJETIVO

É o dolo, consubstanciado na vontade livre e consciente de provocar a explosão, de arremessar ou colocar engenho de dinamite ou substância de efeitos análogos, de forma a causar perigo comum. É prevista também a modalidade culposa desse crime.

Caso o agente queira matar ou lesionar alguém mediante o emprego de tais substâncias, poderá configurar-se o concurso formal entre o crime de incêndio e um dos delitos contra a vida (CP, art. 121, § 2º, III, ou art. 129, § 1º, c/c o art. 61, II, *d*). Caso tais resultados mais graves não sejam queridos pelo agente, mas sobrevenham culposamente, teremos a hipótese do crime de explosão qualificado pelo resultado (CP, art. 258).

5. CONSUMAÇÃO E TENTATIVA

Consuma-se com a explosão, com o arremesso ou com a mera colocação de engenho de dinamite ou de substância de efeitos análogos, desde que tais ações provoquem uma situação de perigo concreto à coletividade. Veja-se que o tipo penal pune os atos que

---

135. Vale mencionar que o dispositivo legal citado também traz o conceito de acessório explosivo, explosivos de ruptura ou altos explosivos e explosivos primários ou iniciadores.

136. E. Magalhães Noronha, *Direito penal*, cit., v. 3, p. 362.

antecedem a explosão. Esta não é requisito para que o crime se configure, pois com o mero lançamento ou colocação da dinamite já se configura o delito. Diante disso, a tentativa é de difícil ocorrência[137]. Contudo, Nélson Hungria cita um exemplo em que a tentativa é possível: "O agente é surpreendido, e impedido de prosseguir, no instante exato em que está a colocar o engenho explosivo, em circunstâncias que criariam, inequivocadamente, o perigo comum"[138].

Registre-se que alguns atos que podem fazer parte do *iter criminis* do delito de explosão encontram-se previstos como delito autônomo no Estatuto do Desarmamento (Lei n. 10.826/2003). É o caso do art. 16, § 1º, III, o qual tipifica o ato de possuir, deter, fabricar ou empregar artefato explosivo ou incendiário, sem autorização ou em desacordo com determinação legal ou regulamentar.

6. FORMAS

6.1. Simples (art. 251, *caput*)

Está prevista no *caput* do artigo.

6.2. Privilegiada (art. 251, § 1º)

Prevista no § 1º: "Se a substância utilizada não é dinamite ou explosivo de efeitos análogos: Pena – reclusão, de 1 (um) a 4 (quatro) anos, e multa". Assim, a pena é minorada se a substância explosiva empregada não é dinamite ou explosivo de efeitos análogos. Tem em vista a lei o menor perigo causado pelo emprego de explosivos que não sejam tão violentos quanto a dinamite[139].

6.3. Majorada (art. 251, § 2º)

Está prevista no § 2º. Incidem aqui os comentários ao crime de incêndio.

6.4. Culposa (art. 251, § 3º)

Prevista no § 3º: "No caso de culpa, se a explosão é de dinamite ou substância de efeitos análogos, a pena é de detenção, de 6 (seis) meses a 2 (dois) anos; nos demais casos, é de detenção, de 3 (três) meses a 1 (um) ano". Somente o ato de provocar explosão admite a modalidade culposa. Tal não ocorre com o arremesso e a colocação de dinamite. Na hipótese em que a explosão culposa se dá mediante a utilização de outras substâncias que não a dinamite ou explosivo de efeitos análogos, a pena é minorada.

---

137. Nesse sentido: E. Magalhães Noronha, *Direito penal*, cit., p. 363.

138. Nélson Hungria, *Comentários*, cit., v. 9, p. 39.

139. Nesse sentido: Nélson Hungria, *Comentários*, cit., v. 9, p. 40.

6.5. Qualificada pelo resultado

Está prevista no art. 258. Incidem aqui os comentários ao crime de incêndio.

7. DISTINÇÕES

(i) O ato de provocar explosão por inconformismo político constitui crime contra a Segurança Nacional (art. 20 da Lei n. 7.710/83).

(ii) Se a provocação da explosão, o arremesso ou colocação da dinamite acarretar perigo à vida ou saúde de pessoa determinada, poderá ocorrer o delito previsto no art. 132 do CP. Esse crime não abarca a hipótese de perigo ao patrimônio individual.

(iii) O art. 16, § 1º, III, da Lei n. 10.826/2003 previu dentre as suas ações nucleares típicas o *emprego de artefato explosivo ou incendiário*, sem autorização ou em desacordo com determinação legal ou regulamentar: "(...) a autoridade policial localizou veículo que fora abandonado durante a fuga dos criminosos com explosivos escondidos no compartimento do estepe (...)" (STJ, RHC 113.465/CE, *DJU* 16-9-2019). Ora, o emprego nada mais é do que o uso de tais artefatos, por exemplo, lançar uma dinamite em via pública ou detonar um explosivo em uma residência. Com efeito, o crime contra a incolumidade pública previsto no art. 251 do *Codex* é de perigo concreto, isto é, o perigo causado deve ser comprovado no caso concreto, não havendo qualquer presunção legal, tanto que o próprio dispositivo penal explicitamente exige que as ações exponham a perigo *a vida, a integridade física ou o patrimônio de outrem*, ao contrário do que sucede com o art. 16, § 1º, III, da citada lei, o qual se contenta com o mero emprego do artefato explosivo, sem que se necessite comprovar que no caso concreto houve o risco para a vida, a integridade física ou o patrimônio de outrem. Basta, portanto, o perigo presumido. Vejam que a explosão não é requisito para que o crime do Estatuto se configure, pois com o mero lançamento ou a colocação do artefato explosivo já se perfaz o delito[140].

(iv) Vale lembrar que a Lei n. 13.654/2018 criou as figuras de furto e roubo de substâncias explosivas ou de acessórios que, conjunta ou isoladamente, possibilitem sua fabricação, montagem ou emprego (art. 155, § 7º, e art. 157, § 2º, VI, respectivamente).

8. EXAME PERICIAL

Por se tratar de crime que deixa vestígios, é indispensável a realização de exame de corpo de delito (CPP, art. 158). Observe que, se a conduta praticada consistiu em causar explosão, a perícia deve examinar os instrumentos empregados para a prática do delito, a fim de verificar sua natureza e eficiência, de acordo com o art. 175 do CPP. Nas hipóteses de arremesso ou colocação de engenho, o parecer do perito será decisivo para atestar o potencial lesivo do instrumento a fim de verificar se houve efetivo risco à vida,

140. Cf. Fernando Capez, *Estatuto do Desarmamento*; comentários à Lei n. 10.826, de 22-12-2003, 3. ed., São Paulo: Saraiva, 2005, p. 126.

à integridade física ou ao patrimônio de terceiros. A ausência de perícia somente poderá ser suprida por outros meios de prova nos casos em que se verificar a impossibilidade de realização do exame (CPP, art. 167).

9. AÇÃO PENAL. LEI DOS JUIZADOS ESPECIAIS CRIMINAIS

(i) Ação penal: é crime de ação penal pública incondicionada; independe, portanto, de representação do ofendido ou de seu representante legal.

(ii) **Lei dos Juizados Especiais Criminais:** as modalidades culposas do crime de explosão (§ 3º) constituem infração de menor potencial ofensivo, estando sujeitas às disposições da Lei n. 9.099/95.

É cabível o instituto da suspensão condicional do processo nas seguintes condutas criminosas:

(ii.1) no § 1º (reclusão, de 1 a 4 anos, e multa), sem o aumento de pena do § 2º;

(ii.2) no § 3º (reclusão, de 6 meses a 2 anos, e detenção, de 3 meses a 1 ano).

ART. 252 – USO DE GÁS TÓXICO OU ASFIXIANTE

1. CONCEITO

Reza o art. 252 do CP: "Expor a perigo a vida, a integridade física ou o patrimônio de outrem, usando de gás tóxico ou asfixiante: Pena – reclusão, de 1 (um) a 4 (quatro) anos, e multa".

2. OBJETO JURÍDICO

Protege-se a incolumidade pública.

3. ELEMENTOS DO TIPO

3.1. Ação nuclear

Consiste em *expor* a perigo a vida, a integridade física ou o patrimônio de outrem. O meio de execução é que difere dos demais crimes de perigo comum, pois o agente se utiliza de gás tóxico ou asfixiante. De acordo com Hungria, "gás *tóxico* é o que atua por envenenamento, enquanto gás *asfixiante* é o que afeta, de modo puramente mecânico, as vias respiratórias, determinando a sufocação"[141]. Mais uma vez, trata-se aqui de crime de perigo comum e concreto.

→ **Atenção:** se o gás utilizado não ostentar características nocivas à saúde, poderá configurar a contravenção penal do art. 38 da LCP, cuja redação é a seguinte: "pro-

---

141. Nélson Hungria, *Comentários*, cit., v. 9, p. 42.

vocar, abusivamente, emissão de fumaça, vapor ou gás, que possa ofender ou molestar alguém".

3.2. Sujeito ativo

Trata-se de crime comum. Qualquer pessoa pode praticá-lo.

3.3. Sujeito passivo

Por se tratar de crime de perigo comum, sujeito passivo é a coletividade em geral.

4. ELEMENTO SUBJETIVO

É o dolo, consubstanciado na vontade livre e consciente de usar gás tóxico ou asfixiante, de modo a expor a vida, a integridade física ou o patrimônio de outrem. Pune-se também a conduta culposa.

Caso o agente queira matar ou lesionar alguém mediante o emprego de tais gases, poderá configurar-se o concurso formal entre o crime de uso de gás tóxico ou asfixiante e um dos delitos contra a vida (CP, art. 121, § 2º, III, ou art. 129, § 1º, c/c o art. 61, II, *d*). Caso tais resultados mais graves não sejam queridos pelo agente, mas sobrevenham culposamente, teremos a hipótese do crime de uso de gás tóxico ou asfixiante qualificado pelo resultado (CP, art. 258).

5. CONSUMAÇÃO E TENTATIVA

Consuma-se com o uso do gás tóxico ou asfixiante, desde que provoque uma situação de perigo concreto para a coletividade. A tentativa é possível.

6. FORMAS (ART. 252, *CAPUT*)

6.1. Simples

Está prevista no *caput* do artigo.

6.2. Culposa (art. 252, parágrafo único)

Prevista no parágrafo único. A pena é de detenção, de 3 meses a 1 ano.

6.3. Qualificada pelo resultado

Está prevista no art. 258. Incidem aqui os comentários ao crime de incêndio.

7. DISTINÇÕES

(i) O art. 54 da Lei n. 9.605/98 pune a conduta de "causar poluição de qualquer natureza em níveis tais que resultem ou possam resultar em danos à saúde humana, ou que provoquem a mortandade de animais ou a destruição significativa da flora. Pena – reclusão, de 1 a 4 anos, e multa. § 1º Se o crime é culposo. Pena – detenção, de 6 meses a um ano, e multa. Se o crime ocorrer por lançamento de resíduos sólidos, líquidos ou gasosos, ou detritos, óleos ou substâncias oleosas em desacordo com as exigências estabelecidas em leis ou regulamentos. Pena – reclusão, de 1 a 5 anos". *Vide* também o art. 56 da Lei dos Crimes Ambientais.

(ii) Se o agente usar gás tóxico ou asfixiante com o fim de expor a perigo a vida ou saúde de pessoa determinada, configurar-se-á o crime de perigo individual (CP, art. 132).

(iii) O gás lacrimogêneo e o gás pimenta são substâncias de uso controlado e somente podem ser empregadas pela Polícia, quando estritamente necessário. Sua utilização, então, configura estrito cumprimento do dever legal (CP, art. 23, III), porém os excessos serão punidos (CP, art. 23, parágrafo único).

(iv) O agente que fizer uso de arma química responderá pelo art. 4º da Lei n. 11.254/2005: "fazer uso de armas químicas ou realizar, no Brasil, atividade que envolva a pesquisa, produção, estocagem, aquisição, transferência, importação ou exportação de armas químicas ou de substâncias químicas abrangidas pela CPAQ[142] com a finalidade de produção de tais armas"(inciso I); "contribuir direta ou indiretamente, por ação ou omissão, para o uso de armas químicas ou para a realização, no Brasil ou no exterior, das atividades arroladas no inciso I" (inciso II). A pena é de reclusão, de um a dez anos.

8. EXAME PERICIAL

Quando o delito deixar vestígios, é indispensável a realização de exame de corpo de delito (CPP, art. 158). A perícia deve examinar os instrumentos empregados para a prática do crime, a fim de verificar sua natureza e eficiência, de acordo com o art. 175 do CPP. A ausência de perícia somente poderá ser suprida por outros meios de prova nos casos em que se verificar a impossibilidade de realização do exame (CPP, art. 167).

9. AÇÃO PENAL. LEI DOS JUIZADOS ESPECIAIS CRIMINAIS

(i) **Ação penal:** é crime de ação penal pública incondicionada, independendo, portanto, de representação do ofendido ou de seu representante legal.

(ii) **Lei dos Juizados Especiais Criminais:** a modalidade culposa do crime de uso de gás tóxico ou asfixiante constitui infração de menor potencial ofensivo em face da pena prevista (detenção, de 3 meses a 1 ano), sujeita às disposições da Lei n. 9.099/95, sendo, inclusive, cabível o instituto da suspensão condicional do processo (art. 89 da lei). Esse instituto também é aplicável ao *caput* do art. 252, em face da pena mínima prevista (reclusão, de 1 a 4 anos, e multa).

---

142. Convenção Internacional sobre a Proibição do Desenvolvimento, Produção, Estocagem e Uso das Armas Químicas e sobre a Destruição das Armas Químicas Existentes no Mundo.

ART. 253 – FABRICO, FORNECIMENTO, AQUISIÇÃO, POSSE OU TRANSPORTE DE EXPLOSIVOS OU GÁS TÓXICO, OU ASFIXIANTE

1. A QUESTÃO DA DERROGAÇÃO DO ART. 253 DO CP PELA LEI N. 9.437/97, REVOGADA PELA LEI N. 10.826/2003[143]

Dispõe o art. 253 do CP: "*Fabricar*, fornecer, adquirir, *possuir* ou transportar, sem licença da autoridade, substância ou engenho explosivo, gás tóxico ou asfixiante, ou material destinado à sua fabricação: Pena – detenção, de 6 (seis) meses a 2 (dois) anos, e multa". Ressalve-se que o art. 253 foi apenas derrogado pela Lei da Arma de Fogo (Lei n. 9.437/97, revogada pela Lei n. 10.826/2003), pois o fabrico, o fornecimento, a aquisição, a posse ou o transporte de gás tóxico ou asfixiante sem autorização da autoridade competente continua a ser por ele incriminado, condutas estas que passaremos a analisar a seguir.

2. OBJETO JURÍDICO

Protege-se a incolumidade pública.

3. ELEMENTOS DO TIPO

3.1. Ação nuclear. Elemento normativo

Trata-se de crime de ação múltipla ou conteúdo variado, pois, se o agente praticar qualquer das condutas típicas, haverá delito único. As ações nucleares consubstanciam-se nos verbos *fabricar* (produzir), *fornecer* (entregar a título oneroso ou gratuito), *adquirir* (obter a título oneroso ou gratuito), possuir (ter sob a guarda ou disposição) ou *transportar* (levar, remover), sem licença da autoridade, gás tóxico ou asfixiante, ou material destinado a sua fabricação. Perceba-se que o legislador se antecipou ao incriminar as condutas que tenham objeto material destinado à fabricação de gás tóxico ou asfixiante. Assevera Noronha: "A verdade é que a lei, aqui, pune os atos preparatórios. Dá-se o que Binding chama de impaciência do legislador: na defesa do bem jurídico, ele se antecipa à consumação, não esperando pelo dano, mas indo alcançar o delinquente na fase ainda de preparo"[144]. Trata-se de crime de perigo abstrato, uma vez que há presunção legal da ocorrência de perigo comum com a simples conduta de uma das ações típicas pelo agente. O legislador não condicionou a existência do delito à efetiva constatação do risco produzido pela ação do agente, sendo, portanto, desnecessário comprovar no caso concreto o risco à coletividade por ela provocado.

---

143. *Vide* nosso *Estatuto do Desarmamento*, cit.

144. E. Magalhães Noronha, *Direito penal*, cit., v. 3, p. 369.

É necessário que as condutas típicas sejam praticadas sem autorização da autoridade. É o chamado elemento normativo do tipo. Presente a autorização, o fato é atípico.

3.2. Sujeito ativo

Trata-se de crime comum. Qualquer pessoa pode praticá-lo.

3.3. Sujeito passivo

Por se tratar de crime de perigo comum, sujeito passivo é a coletividade em geral.

4. ELEMENTO SUBJETIVO

É o dolo, consubstanciado na vontade livre e consciente de praticar uma das ações típicas, ciente de que causa perigo para a incolumidade pública. Não há previsão da modalidade culposa.

5. CONSUMAÇÃO E TENTATIVA

Trata-se de crime de perigo abstrato, isto é, há presunção legal da ocorrência de perigo comum com a tão só prática de uma das ações típicas. Não é necessário comprovar no caso concreto o risco à coletividade por elas provocado. A tentativa é inadmissível.

6. FORMA QUALIFICADA PELO RESULTADO

Está prevista no art. 258. Incidem aqui os comentários ao crime de incêndio.

7. DISTINÇÕES

(i) Se o agente fornece, vende ou entrega gás tóxico ou asfixiante (espécie de arma) a menor, incorrerá ele no art. 242 do ECA[145].

(ii) O art. 22 da Lei n. 6.453/77 (dispõe sobre a responsabilidade civil por danos nucleares e a responsabilidade criminal por atos relacionados com atividades nucleares) pune a conduta daquele que "possuir, adquirir, transferir, transportar, guardar ou trazer consigo material nuclear sem a necessária autorização". O art. 26, por sua vez, pune aquele que "deixar de observar as normas de segurança ou de proteção relativas à instalação nuclear ou ao uso, transporte, posse e guarda de material nuclear, expondo a perigo a vida, a integridade física ou o patrimônio de outrem".

(iii) O art. 16, § 1º, III, da Lei n. 10.826/2003 pune a posse, a detenção, o fabrico ou o emprego de artefato incendiário. Assim, aquele que pretender fornecer artefato in-

145. *Vide* nosso *Estatuto do Desarmamento*, cit.

cendiário para criança ou adolescente ou para maior de idade, poderá ser responsabilizado pela detenção ou posse do referido artefato.

(iv) O art. 16, § 1º, VI, da Lei n. 10.826/2003 pune a ação de produzir, recarregar ou reciclar, sem autorização legal, ou adulterar, de qualquer forma, munição ou explosivo.

(v) O policial militar que traz consigo bomba de gás lacrimogêneo não incorre no delito em estudo, uma vez que sua atitude está respaldada pela autorização legal.

(vi) Vale relembrar que, quando se tratar de armas químicas, aplica-se a Lei n. 11.254/2005, específica sobre o assunto.

8. ESTATUTO DO DESARMAMENTO E FORNECIMENTO, ENTREGA OU VENDA DE EXPLOSIVO A CRIANÇA OU ADOLESCENTE

Se o agente fornece, entrega ou vende, ainda que gratuitamente, explosivo a criança ou adolescente, comete o delito previsto no art. 16, § 1º, V, do Estatuto do Desarmamento (Lei n. 10.826/2003).

9. AÇÃO PENAL. LEI DOS JUIZADOS ESPECIAIS CRIMINAIS

(i) Ação penal: é crime de ação penal pública incondicionada; independe, portanto, de representação do ofendido ou de seu representante legal.

(ii) Lei dos Juizados Especiais Criminais: em face da pena máxima prevista (detenção, de 6 meses a 2 anos, e multa), trata-se de infração de menor potencial ofensivo, sujeita às disposições da Lei n. 9.099/95, sendo, inclusive, cabível o instituto da suspensão condicional do processo (art. 89 da lei), em virtude da pena mínima prevista.

ART. 254 – INUNDAÇÃO

1. CONCEITO

Reza o art. 254 do CP: "Causar inundação, expondo a perigo a vida, a integridade física ou o patrimônio de outrem: Pena – reclusão, de 3 (três) a 6 (seis) anos, e multa, no caso de dolo, ou detenção, de 6 (seis) meses a 2 (dois) anos, no caso de culpa".

2. OBJETO JURÍDICO

Tutela-se mais uma vez a incolumidade pública.

3. ELEMENTOS DO TIPO

3.1. Ação nuclear

Consiste em *causar inundação*, que é, conforme o ensinamento de Hungria, "o alagamento de um local de notável extensão, não destinado a receber águas. As águas são desviadas de seus limites naturais ou artificiais, expandindo-se em tal quantidade que criam perigo de dano a indeterminado número de pessoas ou coisas"[146]. É, dessa forma, necessário que as águas sejam em quantidade suficiente para acarretar perigo à incolumidade pública. Um pequeno extravasamento não é apto a configurar o delito. Ausente o perigo comum, o crime poderá ser outro (art. 161, § 1º, I, do CP ou art. 163). É crime de perigo concreto, isto é, o risco à coletividade deve ser provado caso a caso. Além da conduta ativa, Noronha admite a possibilidade de esse delito ser praticado mediante omissão: "Se alguém involuntariamente abre uma brecha em um dique e não a repara ou não envida os esforços necessários para tapá-la, porém, mantém-se inativo, já agora tendo o desígnio de inundar, sua omissão é criminosa"[147].

3.2. Sujeito ativo

Trata-se de crime comum. Qualquer pessoa pode praticá-lo, inclusive o proprietário do imóvel inundado.

3.3. Sujeito passivo

É a coletividade em geral.

4. ELEMENTO SUBJETIVO

É o dolo, consubstanciado na vontade livre e consciente de causar inundação, ciente de que com tal conduta causa perigo para a coletividade. Há previsão da modalidade culposa.

Se o agente quiser matar alguém por meio de inundação, poderá configurar-se o concurso formal entre o crime de inundação e o delito de homicídio (CP, art. 121, § 2º, III). Caso o resultado mais grave (morte ou lesão corporal grave) não seja querido pelo agente, mas sobrevenha culposamente, teremos a hipótese do crime de inundação qualificada pelo resultado (CP, art. 258).

Se o agente, movido pelo propósito de arregimentar fundos destinados à manutenção de organizações clandestinas ou subversivas ou por inconformismo político, produzir inundação gerando devastação, incorrerá em crime contra a segurança nacional (art. 20 da Lei n. 7.170/83).

5. CONSUMAÇÃO E TENTATIVA

Consuma-se com a efetiva inundação, isto é, no momento em que as águas expandam em quantidade tal que provoquem uma situação de perigo concreto para a coletividade. A tentativa é perfeitamente possível.

---

146. Nelson Hungria, *Comentários*, cit., v. 9.

147. E. Magalhães Noronha, *Direito penal*, cit., v. 3.

6. FORMAS

6.1. Simples (art. 254, *caput*)

Está prevista no *caput* do artigo.

6.2. Culposa

Está prevista no preceito secundário da norma. A pena é de detenção, de 6 meses a 2 anos, se o agente der causa à inundação por imperícia, negligência ou imprudência, por exemplo, o rompimento de uma barragem de águas que foi construída com materiais baratos e impróprios.

6.3. Qualificada pelo resultado

Prevista no art. 258. Incidem aqui os comentários ao crime de incêndio.

7. AÇÃO PENAL. LEI DOS JUIZADOS ESPECIAIS CRIMINAIS

(i) **Ação penal:** é crime de ação penal pública incondicionada, independendo, portanto, de representação do ofendido ou de seu representante legal.

(ii) **Lei dos Juizados Especiais Criminais:** a modalidade culposa do crime constitui infração de menor potencial ofensivo em face da pena máxima cominada (detenção, de 6 meses a 2 anos), sujeita às disposições da Lei n. 9.099/95, sendo, inclusive, cabível o instituto da suspensão condicional do processo (art. 89 da lei).

ART. 255 – PERIGO DE INUNDAÇÃO

1. CONCEITO

Dispõe o art. 255 do CP: "Remover, destruir ou inutilizar, em prédio próprio ou alheio, expondo a perigo a vida, a integridade física ou o patrimônio de outrem, obstáculo natural ou obra destinada a impedir inundação: Pena – reclusão, de 1 (um) a 3 (três) anos, e multa".

2. OBJETO JURÍDICO

Tutela-se mais uma vez a incolumidade pública.

3. ELEMENTOS DO TIPO

3.1. Ação nuclear

Consubstancia-se nos verbos *remover* (deslocar), *destruir* (fazer desaparecer) ou *inutilizar* (tornar imprestável, inservível) obstáculo natural ou obra destinada a impedir inundação. Ao contrário do crime anterior, em que o perigo advém da efetiva inundação, aqui basta o perigo da inundação com a prática das ações elencadas no tipo penal. Trata-se de crime de perigo concreto.

3.2. Sujeito ativo

Trata-se de crime comum. Qualquer pessoa pode praticá-lo, inclusive o proprietário do prédio em que se encontra o obstáculo natural ou a obra destinada a impedir a inundação.

3.3. Sujeito passivo

É a coletividade em geral.

4. ELEMENTO SUBJETIVO

É o dolo, consubstanciado na vontade livre e consciente de praticar uma das ações típicas, ciente o agente de que causa o perigo de inundação. Ressalve-se que nessa figura criminosa o agente não quer causar a inundação, mas apenas a possibilidade de sua ocorrência. Segundo Hungria, se a inundação prevista, mas não querida, sobrevém, o agente responderá por concurso formal de perigo de inundação e inundação culposa[148].

5. CONSUMAÇÃO E TENTATIVA

Consuma-se com a prática de uma das ações previstas no tipo penal, desde que surja a efetiva situação de perigo de inundação. A tentativa é inadmissível.

6. AÇÃO PENAL. LEI DOS JUIZADOS ESPECIAIS CRIMINAIS

(i) Ação penal: é crime de ação penal pública incondicionada; independe, portanto, de representação do ofendido ou de seu representante legal.

(ii) Lei dos Juizados Especiais Criminais: é cabível o instituto da suspensão condicional do processo (reclusão, de 1 a 3 anos), previsto no art. 89 da lei.

ART. 256 – DESABAMENTO OU DESMORONAMENTO

1. CONCEITO

Dispõe o art. 256, *caput*, do CP: "Causar desabamento ou desmoronamento, expondo a perigo a vida, a integridade física ou o patrimônio de outrem: Pena – reclusão, de 1 (um) a 4 (quatro) anos, e multa".

---

148. Nélson Hungria, *Comentários*, cit., v. 9, p. 50.

2. OBJETO JURÍDICO

Protege-se a incolumidade pública.

3. ELEMENTOS DO TIPO

3.1. Ação nuclear

Consiste em *causar desabamento*, isto é, a queda de obras construídas pelo homem, como casas, edifícios, ou *desmoronamento*, que diz respeito às partes do solo, como morro ou pedreira[149], ou seja, diz respeito às formações naturais. Devem tais ações expor a perigo a incolumidade pública. Trata-se de crime de perigo concreto.

3.2. Sujeito ativo

Trata-se de crime comum. Qualquer pessoa pode praticá-lo, inclusive o proprietário do imóvel desabado.

3.3. Sujeito passivo

É a coletividade em geral.

4. ELEMENTO SUBJETIVO

É o dolo, consubstanciado na vontade livre e consciente de causar o desabamento ou desmoronamento, ciente o agente de que causa perigo comum.

5. CONSUMAÇÃO E TENTATIVA

Consuma-se com o efetivo desabamento ou desmoronamento, ainda que parcial, de forma que se crie uma situação de perigo comum. A tentativa é perfeitamente possível.

6. FORMAS

6.1. Simples (art. 256, *caput*)

Prevista no *caput* do artigo.

6.2. Culposa (art. 256, parágrafo único)

Prevista no parágrafo único. A pena é de detenção, de 6 meses a 1 ano, se o agente der causa ao desabamento ou desmoronamento por imperícia, negligência ou imprudência.

---

149. Cf. definições de E. Magalhães Noronha, *Direito penal*, cit., v. 3, p. 374.

6.3. Qualificada pelo resultado

Prevista no art. 258. Incidem aqui os comentários ao crime de incêndio.

7. DISTINÇÃO

Dispõe o art. 29 da LCP: "Provocar o desabamento de construção ou, por erro no projeto ou na execução, dar-lhe causa: Pena – multa, se o fato não constitui crime contra a incolumidade pública". O art. 30 da referida lei, por sua vez, prevê o crime de perigo de desabamento: "Omitir alguém a providência reclamada pelo estado ruinoso de construção que lhe pertence ou cuja conservação lhe incumbe: Pena – multa".

8. AÇÃO PENAL. LEI DOS JUIZADOS ESPECIAIS CRIMINAIS

(i) **Ação penal:** é crime de ação penal pública incondicionada; independe, portanto, de representação do ofendido ou de seu representante legal.

(ii) Lei dos Juizados Especiais Criminais: o desabamento ou desmoronamento culposo constitui infração de menor potencial ofensivo em virtude da pena máxima prevista (detenção, de 6 meses a 1 ano), de forma que está sujeito aos institutos e ao procedimento sumaríssimo da Lei n. 9.099/95. A modalidade dolosa do crime (*caput*) somente admite o instituto da suspensão condicional do processo (art. 89 da lei).

ART. 257 – SUBTRAÇÃO, OCULTAÇÃO OU INUTILIZAÇÃO DE MATERIAL DE SALVAMENTO

1. CONCEITO

Reza o art. 257 do CP: "Subtrair, ocultar ou inutilizar, por ocasião de incêndio, inundação, naufrágio, ou outro desastre ou calamidade, aparelho, material ou qualquer meio destinado a serviço de combate ao perigo, de socorro ou salvamento; ou impedir ou dificultar serviço de tal natureza: Pena – reclusão, de 2 (dois) a 5 (cinco) anos, e multa".

2. OBJETO JURÍDICO

Protege-se a incolumidade pública.

3. ELEMENTOS DO TIPO

3.1. Ação nuclear

A figura penal contém as seguintes condutas: **(i) subtrair (apoderar-se), ocultar (esconder) ou inutilizar (tornar inservível ao fim a que se destina)** aparelho, material ou qualquer meio destinado a serviço de combate ao perigo, de socorro ou salvamento, por exemplo, extintor de incêndio, salva-vidas, escada, ambulância etc. É pressuposto desse delito que tais ações sejam praticadas por ocasião de incêndio, inundação, naufrágio, ou outro desastre ou calamidade. Ausente essa situação fática, o crime poderá ser outro (furto, dano etc.)[150]; **(ii) impedir (obstar, frustrar) ou dificultar (criar embaraços)** serviço de tal natureza, isto é, de combate ao perigo, de socorro ou salvamento, condutas estas que podem ser praticadas mediante o emprego de violência ou fraude. Como meio fraudulento cite-se o exemplo de Hungria: comunicação falsa de ordens, falsa indicação do local do sinistro[151]. Esclarece o mesmo autor que o impedimento ou embaraço somente poderá ser praticado mediante omissão se ao omitente incumbia o dever legal de agir, por exemplo, bombeiro que permanece injustificadamente inerte diante do incêndio[152]. Importa notar que essa segunda figura típica não consta da rubrica do art. 257.

3.2. Sujeito ativo

Trata-se de crime comum. Qualquer pessoa pode praticá-lo, inclusive o proprietário do aparelho, material ou qualquer meio destinado a serviço de combate ao perigo, de socorro ou salvamento.

3.3. Sujeito passivo

É a coletividade em geral.

4. ELEMENTO SUBJETIVO

É o dolo, consubstanciado na vontade livre e consciente de praticar uma das condutas típicas.

5. CONSUMAÇÃO E TENTATIVA

Na primeira figura típica o crime se consuma com a subtração, ocultação ou inutilização de aparelho, material ou qualquer meio destinado a serviço de combate ao perigo, de socorro ou salvamento. Caso o aparelho ou material venham a ser substituídos, isso não tem o condão de influir na configuração do crime[153]; já na segunda figura, a consumação se dá com o efetivo impedimento ou embaraço daqueles serviços. Trata-se de crime de perigo abstrato, não havendo necessidade de se provar no caso concreto a situação de perigo para a incolumidade pública. A tentativa é admissível.

150. Nesse sentido: E. Magalhães Noronha, *Direito penal*, cit., v. 3, p. 378.

151. Nélson Hungria, *Comentários*, cit., v. 9, p. 54.

152. Idem, ibidem.

153. Nesse sentido: Nélson Hungria, *Comentários*, cit., v. 9, p. 54.

6. FORMA QUALIFICADA PELO RESULTADO

Está prevista no art. 258. Incidem aqui os comentários ao crime de incêndio.

7. CONCURSO DE CRIMES

Caso o agente provoque o desastre ou calamidade – por exemplo, inundação – e em seguida pratique uma das ações constantes no tipo penal em estudo – por exemplo, esconda o salva-vidas –, haverá concurso material de crimes. Da mesma forma, se o agente danificar, furtar etc. material ou aparelho alheio, responderá pelo concurso material.

8. AÇÃO PENAL

É crime de ação penal pública incondicionada; portanto independe de representação do ofendido ou de seu representante legal.

ART. 259 – DIFUSÃO DE DOENÇA OU PRAGA (*REVOGADO*)

Prevê o art. 259 do CP: "Difundir doença ou praga que possa causar dano a floresta, plantação ou animais de utilidade econômica: Pena – reclusão, de 2 (dois) a 5 (cinco) anos, e multa. Parágrafo único. No caso de culpa, a pena é de detenção, de 1 (um) a 6 (seis) meses, ou multa". Esse artigo encontra-se tacitamente revogado pelo art. 61 da Lei dos Crimes Ambientais (Lei n. 9.605/98), cujo teor é o seguinte: "Disseminar doença ou praga ou espécies que possam causar dano à agricultura, à pecuária, à fauna, à flora ou aos ecossistemas: Pena – reclusão, de 1 (um) a 4 (quatro) anos, e multa".

Capítulo II
DOS CRIMES CONTRA A SEGURANÇA DOS MEIOS DE COMUNICAÇÃO E TRANSPORTE E OUTROS SERVIÇOS PÚBLICOS

ART. 260 – PERIGO DE DESASTRE FERROVIÁRIO

1. CONCEITO

Dispõem o *caput* e o § 1º do art. 260 do CP: "Impedir ou perturbar serviço de estrada de ferro: I – destruindo, danificando ou desarranjando, total ou parcialmente, linha férrea, material rodante ou de tração, obra de arte ou instalação; II – colocando obstáculo na linha; III – transmitindo falso aviso acerca do movimento dos veículos ou interrompendo ou embaraçando o funcionamento de telégrafo, telefone ou radiotelegrafia; IV – praticando outro ato que possa resultar desastre: Pena – reclusão, de 2 (dois) a 5 (cinco) anos, e multa. § 1º Se do fato resulta desastre. Pena – reclusão, de 4 (quatro) a 12 (doze) anos, e multa".

2. OBJETO JURÍDICO

Protege-se a incolumidade pública.

3. ELEMENTOS DO TIPO

3.1. Ação nuclear

A conduta típica consiste em *impedir* (obstruir) ou *perturbar* (atrapalhar, desorganizar etc.) serviço de estrada de ferro (conforme o § 3º, compreende qualquer via de comunicação em que circulem veículos de tração mecânica, em trilhos ou por meio de cabo aéreo. Citem-se como exemplos o trem ferroviário e o bondinho do Pão-de-Açúcar). Trata-se necessariamente de transporte coletivo, isto é, de serviço destinado a conduzir um número indeterminado de pessoas, pois estamos diante de um crime de perigo comum. Vejamos os diversos modos pelos quais esse delito pode ser praticado: (i) destruindo, danificando ou desarranjando, total ou parcialmente, linha férrea (trilho, dormentes e o leito), material rodante (vagões, *trucks*) ou de tração (locomotivas, carros-motores), obra de arte (túneis, pontes) ou instalação (cabines de bloqueio, chaves de desvio, aparelhos de sinalização e semelhantes)[154]; (ii) colocando obstáculo na linha, por exemplo, um tronco de árvore no trilho; (iii) transmitindo falso aviso acerca do movimento dos veículos ou interrompendo ou embaraçando o funcionamento de telégrafo, telefone ou radiotelegrafia. Nessa hipótese, a prática de tais ações pode provocar o choque entre trens, ou então o maquinista pode acabar por não ser cientificado da presença de algum obstáculo em decorrência da interrupção dos serviços de comunicação. Neste último caso, o crime de perigo de desastre absorve o delito do art. 266[155]; (iv) praticando outro ato que possa resultar desastre. Trata-se de fórmula genérica, pois engloba outros meios provocadores do perigo de desastre que não os elencados expressamente no tipo penal. É possível a prática desse crime mediante uma conduta omissiva.

Todas as condutas acima praticadas acarretam, pois, o perigo de desastre ferroviário e não o desastre em si mesmo, uma vez que o § 1º deste artigo já contempla tal modalidade criminosa. A ação do agente, obviamente, deve acarretar a possibilidade concreta de dano a um número indeterminado de pessoas e coisas, pois estamos diante de um crime de perigo comum. Desse modo, o fato deve revestir-se de certa extensão e gravidade[156]. Ausente o perigo concreto de dano, o fato típico não se configura. Por exemplo, a possibilidade, remota e indireta, de poder o passageiro que viaja sobre o teto da composição, na hipótese de cair, vir a causar acidente, pelo arrastamento e lançamento de

---

154. Todos os exemplos citados no item (i) foram tirados da obra de E. Magalhães Noronha, *Direito penal*, cit., v. 3, p. 389.

155. Nesse sentido: Nélson Hungria, *Comentários*, cit., v. 9, p. 65.

156. Cf. E. Magalhães Noronha, *Direito penal*, cit., v. 3, p. 391.

componentes na linha, ou desastre ferroviário, não caracteriza o crime de perigo de desastre ferroviário[157].

3.2. Sujeito ativo

Trata-se de crime comum. Qualquer pessoa pode praticá-lo.

3.3. Sujeito passivo

É a coletividade em geral.

4. ELEMENTO SUBJETIVO

É o dolo, consubstanciado na vontade livre e consciente de praticar uma das ações típicas, ciente de que causa o perigo de desastre. O dolo, portanto, é de perigo e não de dano, pois o agente não quer causar o desastre, mas apenas criar a situação perigosa. Na hipótese de a conduta do agente ter por objetivo a prática de sabotagem contra o meio de transporte, haverá crime contra a segurança nacional (art. 15 da Lei n. 7.170/83).

5. CONSUMAÇÃO E TENTATIVA

Consuma-se no momento em que o agente cria a situação de perigo de desastre. Ou com o efetivo desastre, no caso do § 1º. Em que instante se pode dizer que a situação de perigo foi criada? Afirma Hungria: "Diz Jachino que ele ocorre somente quanto se apresentam todas as causas que seriam capazes, por si sós, de determinar o desastre. E o mesmo autor formula, a respeito, várias hipóteses (...) um indivíduo, sabendo que dois comboios deverão partir, a uma certa hora, em sentido contrário, sobre binários distintos, abre a comunicação entre estes. Acontece, porém, que um dos trens não parte, por um motivo qualquer, e o abalroamento não se dá. Não se pode falar, aqui, em efetivo perigo de desastre. Se, entretanto, ambos os trens partem, mas o entrechoque é evitado pela tempestiva ação dos maquinistas ante os sinais de alarma dos guardas de linha, é inquestionável a consumação do crime, por isso que a situação de perigo foi uma palpitante realidade"[158]. A tentativa é possível, com exceção das figuras preterdolosa (§ 1º) e culposa (§ 2º), em razão da impossibilidade de coexistência entre elas.

6. FORMAS

6.1. Simples (art. 260, *caput*)

Prevista no *caput* do artigo.

157. Cezar Roberto Bitencourt, *Código Penal comentado*, cit., p. 976.
158. Nélson Hungria, *Comentários*, cit., v. 9, p. 70.

6.2. Desastre (art. 260, § 1º)

Está previsto no § 1º: "Se do fato resulta desastre: Pena – reclusão, de 4 (quatro) a 12 (doze) anos, e multa". Pune-se aqui o efetivo desastre. O agente impede ou perturba serviço de estrada de ferro, por meio de uma das ações previstas no tipo penal, ciente de que causa perigo de desastre. Contudo, tais ações acabam por provocar o evento danoso (desastre), resultado mais grave que é imputado ao agente a título de culpa, uma vez que o efetivo dano era previsível. Trata-se, portanto, de evento imputado ao agente a título de preterdolo. Se em razão do desastre oriundo de preterdolo sobrevierem lesões ou a morte de pessoas, também produzidas culposamente, aplicam-se as causas de aumento de pena previstas no art. 258 do CP, em razão da remissão contida no art. 263.

– **Consumação e tentativa:** consuma-se o crime com o efetivo desastre do qual resulte o perigo comum. A tentativa é impossível, pois estamos diante de um delito preterdoloso.

6.3. Culposa (art. 260, § 2º)

Prevê o § 2º: "No caso de culpa, ocorrendo desastre: Pena – detenção, de 6 (seis) meses a 2 (dois) anos". Pune-se somente o desastre culposo e não o perigo de desastre culposo. É o desastre provocado por imprudência ou negligência, geralmente dos agentes ferroviários.

6.4. Qualificada pelo resultado

Prevê o art. 263: "Se de qualquer dos crimes previstos nos arts. 260 a 262, no caso de desastre ou sinistro, resulta lesão corporal ou morte, aplica-se o disposto no art. 258". Sobre o tema, *vide* comentário ao crime de incêndio.

7. DISTINÇÃO. CONCURSO DE CRIMES

(i) Se há o fim político, o art. 15 da Lei de Segurança Nacional (Lei n. 7.170/83) pune a prática de sabotagem contra meios e vias de transporte.

(ii) Caso o agente se utilize de espécies da fauna silvestre para impedir ou perturbar o serviço de estrada de ferro, responderá o agente também pelo crime previsto no art. 29 da Lei dos Crimes Ambientais (Lei n. 9.605/98).

8. AÇÃO PENAL. LEI DOS JUIZADOS ESPECIAIS CRIMINAIS

(i) Ação penal: é crime de ação penal pública incondicionada; independe, portanto, de representação do ofendido ou de seu representante legal.

(ii) Lei dos Juizados Especiais Criminais: em face da pena máxima prevista (detenção, de 6 meses a 2 anos), a modalidade culposa constitui infração de menor potencial ofensivo, sujeita às disposições da Lei n. 9.099/95, sendo, inclusive, cabível o instituto da suspensão condicional do processo (art. 89 da lei), em virtude da pena mínima prevista.

ART. 261 – ATENTADO CONTRA A SEGURANÇA DE TRANSPORTE MARÍTIMO, FLUVIAL OU AÉREO

1. CONCEITO

Dispõe o art. 261, *caput*, do CP: "Expor a perigo embarcação ou aeronave, própria ou alheia, ou praticar qualquer ato tendente a impedir ou dificultar navegação marítima, fluvial ou área: Pena – reclusão, de 2 (dois) a 5 (cinco) anos".

2. OBJETO JURÍDICO

Protege-se a incolumidade pública.

3. ELEMENTOS DO TIPO

3.1. Ação nuclear

O tipo penal compõe-se de duas modalidades de conduta: (i) *expor* a perigo embarcação (navio, lancha, barco ou qualquer outra construção destinada à navegação, que vise o transporte coletivo) ou aeronave (avião, helicóptero, balão etc., que também vise o transporte coletivo), própria ou alheia. Trata-se de crime de ação livre, uma vez que pode ser praticado por diversos modos; ou (ii) *praticar* qualquer ato tendente a impedir (obstruir, atravancar) ou dificultar (tornar mais difícil) navegação marítima, fluvial ou aérea. E. Magalhães Noronha nos oferece alguns exemplos: "Danos que tornem precárias as condições de navegabilidade; subtração de peças necessárias ao governo do veículo; abalroamento ou colisão; remoção ou inutilização de sinais de tráfego; colocação de falsos faróis, etc."[159]. De acordo com Hungria, para a configuração desse crime prescinde-se de que a embarcação ou aeronave esteja em viagem ou em voo, ancorada ou em pouso[160].

3.2. Sujeito ativo

Trata-se de crime comum. Qualquer pessoa pode praticá-lo, inclusive o proprietário da embarcação ou da aeronave.

3.3. Sujeito passivo

É a coletividade em geral.

---

159. E. Magalhães Noronha, *Direito penal*, cit., v. 3, p. 397.
160. Nélson Hungria, *Comentários*, cit., v. 9, p. 81.

4. ELEMENTO SUBJETIVO

É o dolo, consubstanciado na vontade livre e consciente de expor a perigo embarcação ou aeronave, própria ou alheia, ou praticar qualquer ato tendente a impedir ou dificultar navegação marítima, fluvial ou área. É sempre necessária a ciência do agente quanto à provocação do perigo comum. Se o agente visar à obtenção de vantagem econômica, responderá pela figura majorada do § 2º. Na hipótese de a conduta do agente ter por objetivo a prática de sabotagem contra o meio de transporte, estaleiros, portos, aeroportos, haverá crime contra a segurança nacional (art. 15 da Lei n. 7.170/83).

5. CONSUMAÇÃO E TENTATIVA

Trata-se de crime de perigo concreto nas duas modalidades de conduta. Consuma-se com a prática dos atos que exponham efetivamente a perigo embarcação ou aeronave, própria ou alheia. Na figura do § 1º, o delito se consuma com o efetivo desastre. A tentativa é possível, com exceção das figuras preterdolosa (§ 1º) e culposa (§ 2º), em razão da impossibilidade de coexistência entre elas.

6. FORMAS

6.1. Simples (art. 261, *caput*)

Prevista no *caput* do artigo.

6.2. Sinistro em transporte marítimo, fluvial ou aéreo (art. 261, § 1º)

Está previsto no § 1º: "Se do fato resulta naufrágio, submersão ou encalhe de embarcação ou a queda ou destruição de aeronave: Pena – reclusão, de 4 (quatro) a 12 (doze) anos". Assim como no delito anterior, pune-se a ocorrência do evento danoso. Há a provocação dolosa de uma situação de perigo de desastre da qual resulta o naufrágio (perda do navio), a submersão (afundamento total ou parcial) ou o encalhe (a navegação é impedida ante a presença de obstáculos como, por exemplo, recifes) da embarcação ou a queda (projeção ao solo ou água) ou destruição (despedaçamento) da aeronave. Esses resultados mais graves são imputados ao agente a título de culpa, pois, ao criar a situação de perigo, a ocorrência dos eventos danosos era previsível, mas o agente contou com a não concretização deles. Trata-se assim de modalidade preterdolosa.

6.3. Majorada. Prática do crime com fim de lucro (art. 261, § 2º)

Está prevista no § 2º: "Aplica-se, também, a pena de multa, se o agente pratica o crime com intuito de obter vantagem econômica, para si ou para outrem". Para a incidência dessa majorante prescinde-se da efetiva obtenção de vantagem por parte do agente.

6.4. Culposa (art. 261, § 3º)

Prevê o § 3º: "No caso de culpa, se ocorre o sinistro: Pena – detenção, de 6 (seis) meses a 2 (dois) anos". Admite-se somente a modalidade culposa quando efetivamente ocorrer o sinistro e não quando apenas houver o perigo de sinistro.

6.5. Qualificada pelo resultado

Prevê o art. 263: "Se de qualquer dos crimes previstos nos arts. 260 a 262, no caso de desastre ou sinistro, resulta lesão corporal ou morte, aplica-se o disposto no art. 258". Sobre o tema, *vide* comentário ao crime de incêndio.

7. DISTINÇÃO

(i) Caso a destruição da embarcação ou aeronave ocorra por meio de incêndio ou explosão, o crime passará a ser outro: art. 250, § 1º, II, c, ou art. 251, § 2º.

(ii) Caso haja motivação política, o crime poderá ser o previsto no art. 15 da Lei de Segurança Nacional (Lei n. 7.170/83).

(iii) Caso o agente se entregue, na prática de aviação, a acrobacias ou a voos baixos, fora da zona em que a lei o permite, ou faça descer aeronave fora dos lugares destinados a esse fim, haverá a contravenção penal de abuso na prática da aviação, prevista no art. 35 da LCP.

(iv) Não confundir com o crime previsto no art. 39 da Lei de Drogas (Lei n. 11.343/2006), cuja redação dispõe: "Conduzir embarcação ou aeronave após o consumo de drogas, expondo a dano potencial a incolumidade de outrem".

8. AÇÃO PENAL. LEI DOS JUIZADOS ESPECIAIS CRIMINAIS

(i) Ação penal: é crime de ação penal pública incondicionada, portanto independe de representação do ofendido ou de seu representante legal.

(ii) Lei dos Juizados Especiais Criminais: em face da pena máxima prevista (detenção, de 6 meses a 2 anos), a modalidade culposa (§ 2º) constitui crime de menor potencial ofensivo, sujeita às disposições da Lei n. 9.099/95. É cabível a suspensão condicional do processo (art. 89 da Lei n. 9.099/95), em face da pena mínima prevista (detenção, de 6 meses a 2 anos).

→ **Atenção:** se o crime for cometido a bordo de navios ou aeronaves, a competência para o processo e julgamento será da Justiça Federal (art. 109, IX, da CF), ressalvada a competência da Justiça Militar.

ARTS. 262 E 263 – ATENTADO CONTRA A SEGURANÇA DE OUTRO MEIO DE TRANSPORTE

1. CONCEITO

Dispõe o art. 262, *caput*, do CP: "Expor a perigo outro meio de transporte público, impedir-lhe ou dificultar-lhe o funcionamento: Pena – detenção, de 1 (um) a 2 (dois) anos".

2. OBJETO JURÍDICO

Tutela-se mais uma vez a incolumidade pública.

3. ELEMENTOS DO TIPO

3.1. Ação nuclear

É a mesma prevista no artigo anterior; no entanto, as condutas aqui praticadas visam qualquer outro meio de transporte público, por exemplo, ônibus, embarcações lacustres etc. Deve o transporte ser necessariamente coletivo, ainda que pertencente a particular.

3.2. Sujeito ativo

Trata-se de crime comum. Qualquer pessoa pode praticá-lo, inclusive o proprietário do transporte público.

3.3. Sujeito passivo

É a coletividade em geral.

4. ELEMENTO SUBJETIVO

É o dolo, consubstanciado na vontade livre e consciente de expor a perigo o transporte coletivo, ou praticar qualquer ato tendente a impedir ou dificultar seu funcionamento. É sempre necessária a ciência do agente quanto à provocação do perigo comum. Na hipótese de a conduta do agente ter por objetivo a prática de sabotagem contra vias ou meios de transporte, haverá crime contra a segurança nacional (art. 15 da Lei n. 7.170/83).

5. CONSUMAÇÃO E TENTATIVA

Trata-se de crime de perigo concreto. Consuma-se com a prática dos atos que exponham efetivamente a perigo a coletividade. Na figura do § 1º, a consumação se dá com o efetivo desastre. A tentativa é possível, com exceção das figuras preterdolosa (§ 1º) e culposa (§ 2º), em razão da impossibilidade de coexistência entre elas.

6. FORMAS

6.1. Simples (art. 262, *caput*)

Prevista no *caput* do artigo.

6.2. Desastre (art. 262, § 1º)

Essa modalidade está prevista no § 1º: "Se do fato resulta desastre, a pena é de reclusão, de dois a cinco anos". Trata-se de modalidade preterdolosa. O agente quer causar uma situação de perigo, no entanto acaba por provocar o resultado mais grave (desastre), o qual lhe é imputado a título de culpa. Se do desastre decorrerem lesões corporais ou a morte de pessoas, também produzidas a título de culpa, aplicam-se as causas de aumento de pena previstas no art. 258 do CP, em razão da remissão contida no art. 263.

6.3. Culposa (art. 262, § 2º)

Prevê o § 2º: "No caso de culpa, se ocorre desastre: Pena – detenção, de 3 (três) meses a 1 (um) ano". Admite-se somente a modalidade culposa quando efetivamente ocorrer o desastre e não quando apenas houver o perigo de desastre.

6.4. Qualificada pelo resultado (art. 263)

Prevê o art. 263 do CP: "Se de qualquer dos crimes previstos nos arts. 260 a 262, no caso de desastre ou sinistro, resulta lesão corporal ou morte, aplica-se o disposto no art. 258". Sobre o tema, *vide* comentário ao crime de incêndio.

7. DISTINÇÃO

(i) Poderá configurar-se o crime previsto no art. 15 da Lei de Segurança Nacional (Lei n. 7.170/83) se o crime tiver motivação política.

(ii) O ato de impedir ou dificultar o funcionamento de instalação nuclear ou o transporte de material nuclear configurará o crime previsto no art. 27 da Lei n. 6.453/77, que dispõe sobre a responsabilidade civil por danos nucleares e a responsabilidade criminal por atos relacionados com atividades nucleares.

(iii) Não confundir o delito em estudo com os crimes do Código de Trânsito Brasileiro (CTB), os quais estão previstos nos arts. 302 a 312. Os delitos dos arts. 306 (embriaguez ao volante), 308 (participação em corrida não autorizada) e 309 (direção perigosa), por exemplo, são especiais em relação ao art. 262 do CP, até porque caracterizam situações particulares de criação de perigo coletivo por meio de transporte viário e, além disso, aplicam-se também aos meios de transporte individual, enquanto o Código Penal abrange somente os transportes públicos.

8. AÇÃO PENAL. LEI DOS JUIZADOS ESPECIAIS CRIMINAIS

(i) Ação penal: é crime de ação penal pública incondicionada; independe, portanto, de representação do ofendido ou de seu representante legal.

(ii) Lei dos Juizados Especiais Criminais: as formas simples e culposa desse delito (*caput* e § 2º) constituem infração de menor potencial ofensivo, incidindo sobre ele os institutos e o procedimento da Lei n. 9.099/95.

ART. 264 – ARREMESSO DE PROJÉTIL

1. CONCEITO

Dispõe o art. 264, *caput*, do CP: "Arremessar projétil contra veículo, em movimento, destinado ao transporte público por terra, por água ou pelo ar: Pena – detenção, de 1 (um) a 6 (seis) meses".

2. OBJETO JURÍDICO

Tutela-se mais uma vez a incolumidade pública.

3. ELEMENTOS DO TIPO

3.1. Ação nuclear

A conduta típica consiste em *arremessar*, isto é, lançar, atirar, de forma violenta, projétil. Este consiste no corpo contundente que, ao ser lançado, é apto a causar perigo de dano a pessoas ou coisas. Não se considera como tal o lançamento de ovo ou tomate[161], por exemplo. Segundo Hungria, há os projéteis especificamente considerados como tais (dardos, balas, grãos de chumbo, setas etc.) e os que o são acidentalmente (pedras, paus, pedaços de metal etc.). De acordo com o mesmo autor, aos projéteis também se equiparam os líquidos corrosivos[162]. É necessário que o projétil seja lançado contra veículo destinado a transporte público e que esteja em movimento, pois nessas circunstâncias o dano pode ser muito maior.

3.2. Sujeito ativo

Trata-se de crime comum. Qualquer pessoa pode praticá-lo.

3.3. Sujeito passivo

É a coletividade em geral.

4. ELEMENTO SUBJETIVO

É o dolo, consubstanciado na vontade livre e consciente de arremessar projétil contra veículo, em movimento, ciente de que causa perigo à incolumidade pública. Se com sua conduta o agente objetivar ferir ou matar alguém, haverá crime de lesão corporal (CP, art. 129) ou de homicídio (CP, art. 121).

---

161. Nesse sentido: E. Magalhães Noronha, *Direito penal*, cit., v. 3, p. 405.

162. Nélson Hungria, *Comentários*, cit., v. 9, p. 86.

5. CONSUMAÇÃO E TENTATIVA

Trata-se de crime de perigo abstrato, isto é, presumido. Consuma-se com o arremesso do projétil, não sendo necessário que este atinja o veículo. A tentativa é inadmissível, pois o crime é unissubsistente.

6. FORMAS

6.1. Simples (art. 264, *caput*)

Prevista no *caput* do artigo.

6.2. Qualificada pelo resultado (art. 264, parágrafo único)

Determina o parágrafo único: "Se do fato resulta lesão corporal, a pena é de detenção, de 6 (seis) meses a 2 (dois) anos; se resulta morte, a pena é a do art. 121, § 3º, aumentada de um terço". Trata-se de crime preterdoloso.

7. DISTINÇÃO

(i) Se o agente, mediante o emprego de arma de fogo, disparar projéteis contra veículo de transporte coletivo que se encontra em via pública, o fato poderá enquadrar-se no art. 15 da Lei n. 10.826/2003, cujo teor é o seguinte: "Disparar arma de fogo ou acionar munição em local habitado ou em suas adjacências, em via pública ou em direção a ela, desde que essa conduta não tenha como finalidade a prática de outro crime". Trata-se também de crime de perigo coletivo, cuja pena é mais grave: de 2 a 4 anos de reclusão e multa.

(ii) Se o agente realizar o arremesso de projétil com a intenção de matar ou lesionar pessoa determinada dentro de transporte coletivo, o crime será outro: art. 121 ou art. 129 do CP.

8. AÇÃO PENAL. LEI DOS JUIZADOS ESPECIAIS CRIMINAIS

(i) **Ação penal:** é crime de ação penal pública incondicionada, portanto independe de representação do ofendido ou de seu representante legal.

(ii) **Lei dos Juizados Especiais Criminais:** o *caput* (pena – detenção, de 1 a 6 meses) e a primeira parte do parágrafo único (pena – detenção, de 6 meses a 2 anos) do art. 265 constituem infração de menor potencial ofensivo, estando sujeitos às disposições da Lei n. 9.099/95, sendo, inclusive, cabível o instituto da suspensão condicional do processo (art. 89 da lei), em face da pena mínima prevista.

ART. 265 – ATENTADO CONTRA A SEGURANÇA DE SERVIÇO DE UTILIDADE PÚBLICA

1. CONCEITO

Dispõe o art. 265, *caput*, do CP: "Atentar contra a segurança ou o funcionamento de serviço de água, luz, força ou calor, ou qualquer outro de utilidade pública: Pena – reclusão, de 1 (um) a 5 (cinco) anos, e multa".

2. OBJETO JURÍDICO

Tutela-se, como nos crimes precedentes, a incolumidade pública.

3. ELEMENTOS DO TIPO

3.1. Ação nuclear

A conduta consiste em *atentar* contra a segurança ou o funcionamento dos serviços públicos (serviço de água, luz, força ou calor, gás, limpeza). O agente, com sua conduta, coloca em risco a segurança (tornar incerta e insegura a sua realização) ou a prestação do serviço público (impede a sua execução ou funcionamento). O atentado, afirma Noronha, "quando é contra a segurança, torna incerta e insegura a realização do serviço; quando visa ao funcionamento, objetiva a sua cessação; em ambas as hipóteses havendo perigo"[163]. Exemplo: danificar reservatório de água ou postes de luz. Se o agente empregar fogo ou explosivo, o crime será outro: art. 250 ou art. 251 do CP.

3.2. Sujeito ativo

Trata-se de crime comum. Qualquer pessoa pode praticá-lo.

3.3. Sujeito passivo

É a coletividade em geral.

4. ELEMENTO SUBJETIVO

É o dolo, consubstanciado na vontade livre e consciente de atentar contra a segurança ou o funcionamento de serviço de água, luz, força ou calor, ou qualquer outro de utilidade pública. Por se tratar de crime de perigo comum, é necessário que o agente tenha ciência de que provoca essa situação de risco para a coletividade. Caso haja motivação política, o agente responderá por crime contra a segurança nacional (art. 15 da Lei n. 7.170/83).

5. CONSUMAÇÃO E TENTATIVA

Trata-se de crime de perigo abstrato, isto é, presumido. Consuma-se com o atentado contra a segurança ou o funcionamento do serviço público. Não é necessário que haja a efetiva paralisação do serviço. Em tese, a tentativa é possível.

163. E. Magalhães Noronha, *Direito penal*, cit., v. 3, p. 409.

6. FORMAS

6.1. Simples (art. 265. *caput*)

Prevista no *caput* do artigo.

6.2. Causa de aumento de pena (art. 265, parágrafo único)

Está prevista no parágrafo único: "Aumentar-se-á a pena de um terço até a metade, se o dano ocorrer em virtude de subtração de material essencial ao funcionamento dos serviços". Cuida-se aqui do furto de peças, maquinários etc. essenciais ao funcionamento do serviço.

7. DISTINÇÃO

(i) Se a motivação for política, o crime poderá ser outro: art. 15 da Lei de Segurança Nacional (Lei n. 7.170/83).

(ii) Se o agente impedir ou dificultar o funcionamento de instalação nuclear ou o transporte de material nuclear, o fato poderá ser enquadrado no art. 27 da Lei n. 6.453/77.

8. AÇÃO PENAL. LEI DOS JUIZADOS ESPECIAIS CRIMINAIS

(i) Ação penal: é crime de ação penal pública incondicionada; independe, portanto, de representação do ofendido ou de seu representante legal.

(ii) Lei dos Juizados Especiais Criminais: somente é cabível a suspensão condicional do processo (art. 89 da Lei n. 9.099/95) na forma simples, em face da pena mínima prevista (reclusão, de 1 a 5 anos, e multa).

ART. 266 – INTERRUPÇÃO OU PERTURBAÇÃO DE SERVIÇO TELEGRÁFICO, TELEFÔNICO, INFORMÁTICO, TELEMÁTICO OU DE INFORMAÇÃO DE UTILIDADE PÚBLICA

1. CONCEITO

Reza o art. 266, *caput*, do CP: "Interromper ou perturbar serviço telegráfico, radiotelegráfico ou telefônico, impedir ou dificultar-lhe o restabelecimento: Pena – detenção, de 1 (um) a 3 (três) anos, e multa".

2. OBJETO JURÍDICO

Apesar de nem sempre a interrupção ou perturbação de serviço telegráfico ou telefônico causar perigo comum, o Código Penal ainda assim optou por tutelar "o interesse coletivo na regularidade e normalidade dos serviços de telecomunicações, cuja interrupção ou perturbação pode causar perigo comum"[164].

---

164. E. Magalhães Noronha, *Direito penal*, cit., v. 3, p. 411.

3. ELEMENTOS DO TIPO

3.1. Ação nuclear

Consubstancia-se nos verbos: (i) *interromper* (paralisar, fazer cessar o serviço) ou *perturbar* (desorganizar, atrapalhar) serviço telegráfico, radiotelegráfico ou telefônico; ou (ii) *impedir* (não permitir) ou *dificultar-lhe* (tornar difícil) o restabelecimento. O rol é taxativo, de forma que não podem ser abrangidos outros serviços que não os expressamente elencados no tipo penal. Não se admite, portanto, a analogia. Segundo Hungria, "*telégrafo* é toda instalação que possibilita a comunicação do pensamento ou da palavra mediante transmissão à distância de sinais convencionais. Compreende o telégrafo elétrico (terrestre ou submarino) ou semafórico. *Radiotelégrafo* é o telégrafo sem fio, funcionando por meio de ondas eletromagnéticas ou 'ondas dirigidas'. *Telefone* é a instalação que permite reproduzir à distância a palavra falada ou outro som"[165]. Quando se tratar de dados ou informações eletrônicas, tal como ocorre na comunicação feita pela rede mundial de computadores (internet), aplica-se a figura equiparada do § 1º.

É imprescindível que a prática das ações típicas (interromper, perturbar, impedir, dificultar) possa vir a causar perigo a todo o sistema de telecomunicação, pois se trata de crime de perigo comum. Caso haja o impedimento de comunicação ou conversação entre duas pessoas, o crime será do art. 151, § 1º, III, do CP.

3.2. Sujeito ativo

Trata-se de crime comum. Qualquer pessoa pode praticá-lo.

3.3. Sujeito passivo

É a coletividade em geral.

4. ELEMENTO SUBJETIVO

É o dolo, consubstanciado na vontade livre e consciente de interromper ou perturbar serviço telegráfico, radiotelegráfico ou telefônico, impedir ou dificultar-lhe o restabelecimento, ciente de que pode vir a causar perigo comum. Caso haja motivação política, o crime poderá ser outro (art. 15 da Lei de Segurança Nacional).

5. CONSUMAÇÃO E TENTATIVA

Cuida-se aqui mais uma vez de crime de perigo abstrato, isto é, presumido. Consuma-se com a prática dos atos que interrompam, perturbem o serviço ou que impeçam ou dificultem seu restabelecimento. A tentativa é possível.

165. Nélson Hungria, *Comentários*, cit., v. 9, p. 88.

6. FORMAS

6.1. Simples (art. 266, *caput*)

Prevista no *caput* do artigo.

6.2. Equiparada (art. 266, § 1º)

Os serviços telegráficos e radiotelegráficos do *caput* estão ultrapassados. Hoje, o deslocamento de dados e informações acontece praticamente em tempo real pela internet. Para atualizar o dispositivo e revigorar a tutela penal em questão, a Lei n. 12.737/2012 acrescentou o § 1º ao art. 266 do CP, com a seguinte redação: "§ 1º Incorre na mesma pena quem interrompe serviço telemático ou de informação de utilidade pública, ou impede ou dificulta-lhe o restabelecimento".

Assim, pratica o crime do § 1º do art. 266 do CP quem interromper serviço telemático; ou serviço de informação de utilidade pública.

→ **Atenção:** se o serviço telemático ou de informação de utilidade pública já estiver interrompido, será também considerada crime a conduta de impedir ou dificultar o seu restabelecimento, como expresso na parte final do dispositivo.

6.3. Majorada (art. 266, § 2º)

O antigo parágrafo único, que trazia a forma majorada, foi renumerado para § 2º e manteve a hipótese de aumento, no dobro da pena prevista no *caput*, se o crime for cometido por ocasião de calamidade pública.

Prevista no § 2º: "Aplicam-se as penas em dobro, se o crime é cometido por ocasião de calamidade pública". É que a interrupção ou perturbação do serviço provocada pelo agente por ocasião de incêndio, inundação ou outra catástrofe acarreta maior perigo para a coletividade.

7. AÇÃO PENAL. LEI DOS JUIZADOS ESPECIAIS CRIMINAIS

(i) Ação penal: é crime de ação penal pública incondicionada, portanto independe de representação do ofendido ou de seu representante legal.

(ii) Lei dos Juizados Especiais Criminais: somente é cabível a suspensão condicional do processo (art. 89 da Lei n. 9.099/95) na forma simples, em face da pena mínima prevista (reclusão, de 1 a 3 anos, e multa).

Capítulo III
DOS CRIMES CONTRA A SAÚDE PÚBLICA

ART. 267 – EPIDEMIA

1. CONCEITO

Dispõe o art. 267, *caput*, do CP: "Causar epidemia, mediante a propagação de germes patogênicos: Pena – reclusão, de 10 (dez) a 15 (quinze) anos".

2. OBJETO JURÍDICO

Os crimes que estudaremos neste capítulo têm por objeto jurídico a saúde pública, isto é, a proteção das condições saudáveis de subsistência de toda a coletividade. Todos têm, individualmente, direito ao ar, à água etc., obviamente saudáveis; sempre que esse direito for individualmente violado, teremos um crime de perigo ou de dano individual. Dessa forma, se eu coloco veneno no copo-d'água de meu inimigo e sucede seu óbito, minha conduta será enquadrada no crime de homicídio (CP, art. 121). Tal não ocorre se minha ação criminosa atingir uma coletividade, por exemplo, o envenenamento de reservatório de água potável. Essa conduta, dado o perigo de dano a um número indeterminado de pessoas, deverá ser enquadrada no crime previsto no art. 270. Nesse sentido é a lição de Carrara: "O vaso d'água destinado a um só, o ar do meu aposento, o alimento que para mim só é preparado, serão objetos de um direito que me é exclusivo. Mas, se se tem em conta o ar que circunda uma coletividade de pessoas, a água que a todos é destinada para desalteração da sede, os víveres expostos à venda em público, de modo que possam vir a ser alimento de indeterminado número de consociados, é manifesto que em tais condições o ar, a água e os víveres tornam-se objeto de um *direito social*, atinente a cada um dos consociados, bem como a toda coletividade... Qualquer ação que torne deletérios ou letais esses elementos de vida ofendem referido direito... O direito à preservação da saúde pública nasce, portanto, comum a todos os consociados, em razão do fato mesmo da consociação"[166].

3. ELEMENTOS DO TIPO

3.1. Ação nuclear

Consubstancia-se no verbo *propagar*, isto é, difundir germes patogênicos, de modo a causar, ou seja, produzir, originar, epidemia, por exemplo, febre amarela, difteria. Trata-se de crime de ação livre. É possível, inclusive, a prática mediante omissão.

Conceitua-se germe patogênico como "o ser unicelular que produz ou desenvolve doença infecciosa" e epidemia como "o surto de doença infecciosa que atinge grande nú-

---

166. Carrara, *Programma...*, §§ 3.170 e 3.171, apud Nélson Hungria, *Comentários*, cit., v. 9, p. 98.

mero de pessoas na mesma cidade, localidade ou região"[167]. Segundo a doutrina, a epidemia deve ser grave, em face da previsão do evento morte no § 1º. Contudo, sustenta-se que, em face da teoria da equivalência dos antecedentes (CP, art. 13), ainda que a doença não seja letal, se assim se tornar em face das condições pessoais da vítima e as ambientais, o agente responderá pelo resultado morte[168].

3.2. Sujeito ativo

Qualquer pessoa pode praticar esse crime, inclusive o portador da doença infecciosa.

3.3. Sujeito passivo

Trata-se de crime de perigo comum. Vítima, portanto, é a coletividade, bem como as pessoas que forem infectadas.

4. ELEMENTO SUBJETIVO

É o dolo, consubstanciado na vontade livre de propagar os germes patogênicos de forma a causar epidemia. Se a intenção do agente for a de contaminar pessoa determinada, o crime será outro: o do art. 131 do CP (perigo de contágio de moléstia grave).

5. CONSUMAÇÃO E TENTATIVA

Trata-se de crime de perigo concreto. Consuma-se quando várias pessoas são infectadas pelo germe patogênico, o que demonstra a difusão da moléstia e, portanto, a epidemia. Haverá tentativa se a autoridade sanitária tiver conhecimento de que alguém está infectado e tomar prontamente medidas para debelar a doença, impedindo sua transmissão para outras pessoas[169].

6. FORMAS

6.1. Simples (art. 267, *caput*)

Prevista no *caput* do artigo.

6.2. Qualificada pelo resultado (art. 267, § 1º)

Prevista no § 1º do artigo: "Se do fato resulta morte, a pena é aplicada em dobro". O art. 1º, VII, da Lei n. 8.072/90 considera hediondo o crime de epidemia com resultado

---

167. Cf. definições de E. Magalhães Noronha, *Direito penal*, cit., v. 4, p. 5.

168. Nesse sentido: Nélson Hungria, *Comentários*, cit., v. 9, p. 100; E. Magalhães Noronha, *Direito penal*, cit., v. 4, p. 6.

169. Nesse sentido: E. Magalhães Noronha, *Direito penal*, cit., v. 4, p. 6-7.

morte, estando, portanto, sujeito às disposições mais gravosas da referida lei. Trata-se de crime preterdoloso. Há dolo no crime antecedente (epidemia) e culpa no crime consequente (morte). Basta a morte de uma única pessoa para que o crime se qualifique.

6.3. Culposa (art. 267, § 2º)

Prevista no § 2º do artigo: "No caso de culpa, a pena é de detenção, de 1 (um) a 2 (dois) anos, ou, se resulta morte, de 2 (dois) a 4 (quatro) anos". Nessa modalidade, o agente, por inobservância das regras objetivas de cuidado, propaga os germes patogênicos, de forma a provocar a epidemia. Caso resulte morte, a pena será de 2 a 4 anos.

7. AÇÃO PENAL. LEI DOS JUIZADOS ESPECIAIS CRIMINAIS

(i) **Ação penal:** é crime de ação penal pública incondicionada, portanto independe de representação do ofendido ou de seu representante legal.

(ii) **Lei dos Juizados Especiais Criminais:** em face da pena máxima prevista (detenção, de 1 a 2 anos), a modalidade culposa (§ 2º, 1ª parte) constitui infração de menor potencial ofensivo, estando sujeita às disposições da Lei n. 9.099/95, sendo, inclusive, cabível a suspensão condicional do processo (art. 89 da lei), em face da pena mínima prevista.

ART. 268 – INFRAÇÃO DE MEDIDA SANITÁRIA PREVENTIVA

1. CONCEITO

Dispõe o art. 268, *caput*, do CP: "Infringir determinação do poder público, destinada a impedir introdução ou propagação de doença contagiosa: Pena – detenção, de 1 (um) mês a 1 (um) ano, e multa".

2. OBJETO JURÍDICO

Tutela-se a saúde pública.

3. ELEMENTOS DO TIPO

3.1. Ação nuclear

Consubstancia-se no verbo *infringir*, isto é, violar, transgredir determinação do Poder Público destinada a impedir a introdução ou propagação de doença contagiosa. Doença contagiosa é aquela que pode ser transmitida por contato direto ou indireto com pessoas infectadas. Trata-se de norma penal em branco, pois seu complemento se encontra em determinação do Poder Público. A determinação consiste em medida consubstanciada em lei, decreto, portaria, regulamento, provinda de autoridade pública competente (federal, estadual ou municipal), destinada a evitar os surtos epidêmicos.

– **Sangue coletado para doação:** a Lei n. 7.649/98 estabelece a obrigatoriedade do cadastramento dos doadores de sangue, bem como a realização de exames laboratoriais no sangue coletado, visando prevenir a propagação de doenças, dentre outras providências. De acordo com os arts. 8º e 9º do referido diploma legal, a inobservância das normas contidas na lei acarretará sanções administrativas e penais, sendo que a sanção penal é a correspondente à do dispositivo legal em estudo (CP, art. 268).

3.2. Sujeito ativo

Qualquer pessoa pode praticar esse crime.

3.3. Sujeito passivo

É a coletividade, bem como as pessoas que vierem a ser atingidas pela doença contagiosa.

4. ELEMENTO SUBJETIVO

É o dolo, consubstanciado na vontade livre e consciente de infringir determinação do Poder Público, destinada a impedir a introdução ou propagação de doença contagiosa. Não há previsão da modalidade culposa. O desconhecimento da determinação do Poder Público contida em norma complementar, mais a ausência de consciência do perigo produzido pelo ato, pode configurar erro de proibição (CP, art. 21).

5. CONSUMAÇÃO E TENTATIVA

Trata-se de crime de perigo abstrato ou presumido. Dessa forma, o crime consuma-se com a mera infração da determinação do Poder Público, não sendo necessário que ocorra a propagação da doença contagiosa. A tentativa, em tese, é possível.

6. FORMAS

6.1. Simples (art. 268, *caput*)

Prevista no *caput* do artigo.

6.2. Causa de aumento de pena (art. 268, parágrafo único)

Prevista no parágrafo único do artigo: "A pena é aumentada de um terço, se o agente é funcionário da saúde pública ou exerce a profissão de médico, farmacêutico, dentista ou enfermeiro". Essa majorante tem em vista a infração de dever especial decorrente do exercício de cargo ou profissão.

6.3. Qualificada pelo resultado

Prevista no art. 285 do CP: "Aplica-se o disposto no art. 258 aos crimes previstos neste Capítulo, salvo quanto ao definido no art. 267".

7. AÇÃO PENAL. LEI DOS JUIZADOS ESPECIAIS CRIMINAIS

(i) **Ação penal:** é crime de ação penal pública incondicionada; independe, portanto, de representação do ofendido ou de seu representante legal.

(ii) **Lei dos Juizados Especiais Criminais:** a forma simples do crime (*caput*), ainda que incida a causa de aumento de pena (parágrafo único), constitui infração de menor potencial ofensivo, estando sujeita às disposições da Lei n. 9.099/95, sendo, inclusive, cabível a suspensão condicional do processo (art. 89 da lei), em face da pena mínima prevista.

ART. 269 – OMISSÃO DE NOTIFICAÇÃO DE DOENÇA

1. CONCEITO

Reza o art. 269 do CP: "Deixar o médico de denunciar à autoridade pública doença cuja notificação é compulsória: Pena – detenção, de 6 (seis) meses a 2 (dois) anos, e multa".

2. OBJETO JURÍDICO

Tutela-se a saúde pública.

3. ELEMENTOS DO TIPO

3.1. Ação nuclear

Trata-se de crime omissivo próprio. A conduta típica consiste em *deixar de denunciar*, isto é, não comunicar à autoridade pública competente, geralmente a autoridade sanitária, doença cuja notificação é compulsória, como cólera, febre amarela, varíola, difteria etc. Trata-se de norma penal em branco, pois incumbe à lei ou ato administrativo complementá-la. Tais enfermidades encontram-se elencadas, atualmente, na Portaria n. 2.325/2003 da Secretaria de Vigilância em Saúde, complementada pela Portaria n. 5/2006. O médico que denuncia tais doenças à autoridade pública não comete o crime previsto no art. 154 (violação do segredo profissional), uma vez que age com justa causa, pois há o dever de notificação imposto pela lei, o que exclui a tipicidade penal[170].

– **Doenças profissionais e CLT:** de acordo com o art. 169 da CLT: "será obrigatória a notificação das doenças profissionais e das produzidas em virtude de condições especiais de trabalho, comprovadas ou objeto de suspeita, de conformidade com as instruções expedidas pelo Ministério do Trabalho".

170. Nesse sentido: E. Magalhães Noronha, *Direito penal*, cit., v. 4, p. 15; Nélson Hungria, *Comentários*, cit., v. 9, p. 104.

3.2. Sujeito ativo

Trata-se de crime próprio. Somente o médico pode ser autor desse delito.

3.3. Sujeito passivo

É a coletividade.

4. ELEMENTO SUBJETIVO

É o dolo, consubstanciado na vontade livre e consciente de não denunciar à autoridade pública doença cuja notificação é compulsória.

5. CONSUMAÇÃO E TENTATIVA

Trata-se de crime de perigo abstrato ou presumido. Consuma-se no momento em que expira o prazo fixado em lei ou ato administrativo para efetuar o comunicado ou, não havendo prazo estipulado, quando o médico pratica ato incompatível com a denúncia[171]. A tentativa é inadmissível.

6. FORMAS

6.1. Simples (art. 269, *caput*)

Prevista no *caput* do artigo.

6.2. Qualificada pelo resultado

Prevista no art. 285 do CP: "Aplica-se o disposto no art. 258 aos crimes previstos neste Capítulo, salvo quanto ao definido no art. 267".

7. AÇÃO PENAL. LEI DOS JUIZADOS ESPECIAIS CRIMINAIS

(i) Ação penal: é crime de ação penal pública incondicionada, que, portanto, independe de representação do ofendido ou de seu representante legal.

(ii) Lei dos Juizados Especiais Criminais: em face da pena máxima prevista (detenção, de 6 meses a 2 anos, e multa), a modalidade simples (*caput*) constitui infração de menor potencial ofensivo, sujeita às disposições da Lei n. 9.099/95. É cabível a suspensão condicional do processo (art. 89 da lei), em virtude da pena mínima prevista.

---

171. Nesse sentido: E. Magalhães Noronha, *Direito penal*, cit., v. 3, p. 79; Nélson Hungria, *Comentários*, cit., v. 9, p. 108.

ART. 270 – ENVENENAMENTO DE ÁGUA POTÁVEL OU DE SUBSTÂNCIA ALIMENTÍCIA OU MEDICINAL

1. CONCEITO

Dispõe o art. 270, *caput*, do CP: "Envenenar água potável, de uso comum ou particular, ou substância alimentícia ou medicinal destinada a consumo: Pena – reclusão, de 10 (dez) a 15 (quinze) anos".

→ **Atenção:** há quem entenda que o *caput* do dispositivo em comento foi revogado pelo art. 54 da Lei n. 9.605/98 (Lei Ambiental).

2. OBJETO JURÍDICO

Tutela-se a saúde pública.

3. ELEMENTOS DO TIPO

3.1. Ação nuclear. Objeto material

A conduta típica consiste em *envenenar* água potável, de uso comum ou particular, ou substância alimentícia ou medicinal destinada a consumo. Segundo Noronha, envenenar é "tornar tóxicas a água ou as substâncias mencionadas. Pouco importa seja seu efeito imediato ou mediato, mortal ou não. Também não conta o modo por que se dá o envenenamento"[172]. Três são os objetos materiais desse crime: **(i) água potável, de uso comum ou particular.** Conceitua-se como aquela usada para a alimentação. Se imprópria para esse fim (por exemplo: água contaminada por substâncias químicas), não pode ser considerada potável. Por se tratar de crime de perigo comum, deve o envenenamento ocorrer em água, ainda que particular, destinada ao uso de pessoas indeterminadas, pois, se determinadas, o crime poderá ser outro: homicídio tentado ou consumado; **(ii) substância alimentícia destinada a consumo.** Constitui-se como a substância sólida ou líquida também destinada ao consumo de um número indeterminado de pessoas, por exemplo, aves, peixes, pães, cereais, farinha, refrigerante, vinhos etc.; **(iii) substância medicinal destinada a consumo.** É também a substância sólida ou líquida destinada à prevenção, melhora ou cura de doenças, por exemplo, comprimidos, xaropes, ervas medicinais etc.

3.2. Sujeito ativo

Qualquer pessoa pode praticar o delito em estudo.

172. Nesse sentido: E. Magalhães Noronha, *Direito penal*, cit., v. 3, p. 18.

3.3. Sujeito passivo

É a coletividade.

4. ELEMENTO SUBJETIVO

É o dolo, consubstanciado na vontade livre e consciente de envenenar a água potável ou a substância alimentar ou medicinal. Com o envenenamento o agente quer, na realidade, apenas criar uma situação de perigo, e não o evento letal. Cite-se o exemplo de Hungria: "Um comerciante, para dar saída ao seu *stock* de bacalhau, resolve extinguir os peixes que um seu colega e vizinho cria em viveiro para o consumo público e, com esse intuito, lança dentro do viveiro uma substância venenosa. Eis aí uma hipótese típica de envenenamento de perigo comum. Tem o agente a consciência de que, com o seu procedimento, dá causa a uma situação de perigo extensivo, isto é, a possibilidade de envenenamento de quantas pessoas vierem, acaso, a alimentar-se com os peixes; mas a representação de eventos letais ou lesivos à saúde de outrem não é a causa subjetiva do seu ato, pois o que ele quer é a eliminação dos peixes, esperando que a contaminação do viveiro seja descoberta a tempo de evitar-se qualquer dano pessoal"[173]. Na figura do § 1º, o dolo contém elemento subjetivo específico, consistente no fim de distribuir a água ou substância envenenada.

5. CONSUMAÇÃO E TENTATIVA

Trata-se de crime de perigo abstrato ou presumido. Consuma-se com o envenenamento da água potável ou da substância alimentícia ou medicinal. Não é necessário que pessoas venham efetivamente a tomar a água ou consumir as substâncias envenenadas. O veneno empregado deve ser idôneo a provocar malefícios à saúde das pessoas; do contrário, se o meio empregado for absolutamente inidôneo, poderá haver crime impossível. Na modalidade do § 1º, a consumação se dá tão somente com a entrega a consumo ou com o depósito. A tentativa é admissível.

6. FORMAS

6.1. Simples (art. 270, *caput*)

Prevista no *caput* do artigo.

6.2. Equiparada (art. 270, § 1º)

Prevista no § 1º: "Está sujeito à mesma pena quem entrega a consumo ou tem em depósito, para o fim de ser distribuída, a água ou a substância envenenada". Nes-

---

173. Nélson Hungria, *Comentários*, cit., v. 9, p. 108.

sa modalidade, terceira pessoa, que não aquela que realizou o envenenamento, pratica fato posterior a este, consistente em entregar a água potável ou substância alimentícia ou medicinal, envenenadas, a consumo, ou, então, as mantém em depósito para o fim de distribuição (elemento subjetivo do tipo). Se aquele que realizou o envenenamento também praticar essas ações posteriores, responderá apenas pelo *caput* do artigo, pois se trata de hipótese de crime progressivo. O crime é de perigo abstrato. Consuma-se tão só com a entrega a consumo ou com o depósito, constituindo este último delito permanente.

→ **Atenção:** há quem entenda que a figura do § 1º foi tacitamente revogada pelo art. 56 da Lei n. 9.605/98 (Lei Ambiental).

6.3. Culposa (art. 270, § 2º)

Prevista no § 2º: "Se o crime é culposo: Pena – detenção, de 6 (seis) meses a 2 (dois) anos". Nessa hipótese, o envenenamento ocorre em virtude da quebra do dever objetivo de cuidado.

6.4. Qualificada pelo resultado

Prevista no art. 285 do CP: "Aplica-se o disposto no art. 258 aos crimes previstos neste Capítulo, salvo quanto ao definido no art. 267".

7. AÇÃO PENAL. LEI DOS JUIZADOS ESPECIAIS CRIMINAIS

(i) Ação penal: é crime de ação penal pública incondicionada; independe, portanto, de representação do ofendido ou de seu representante legal.

(ii) Lei dos Juizados Especiais Criminais: em virtude da pena máxima cominada (detenção, de 6 meses a 2 anos), a modalidade culposa constitui infração de menor potencial ofensivo, sujeita às disposições da Lei n. 9.099/95. Em face da pena mínima prevista, é cabível a suspensão condicional do processo (art. 89 da lei).

ART. 271 – CORRUPÇÃO OU POLUIÇÃO DE ÁGUA POTÁVEL

1. CONCEITO

Reza o art. 271, *caput*, do CP: "Corromper ou poluir água potável, de uso comum ou particular, tornando-a imprópria para consumo ou nociva à saúde: Pena – reclusão, de 2 (dois) a 5 (cinco) anos".

2. OBJETO JURÍDICO

Tutela-se a saúde pública.

3. ELEMENTOS DO TIPO

3.1. Ação nuclear

Consubstancia-se nos verbos: (i) *corromper*: apodrecer, estragar; (ii) *poluir*: conspurcar, sujar, no caso, água potável, de uso comum ou particular. Conforme já estudado no crime precedente, água potável é aquela destinada ao uso alimentar de um número indeterminado de pessoas. A água deve tornar-se imprópria para o consumo, isto é, não potável, ou nociva à saúde, isto é, passível de causar dano à saúde. Conforme assinala Noronha, é a água imprópria para o consumo "quando apresenta cor, cheiro, aspecto e gosto desagradáveis, repugnantes ou simplesmente estranhos a esse líquido, quer deva servir de bebida ou empregado como veículo de outras substâncias a serem ingeridas"[174].

3.2. Sujeito ativo

Qualquer pessoa pode praticar o delito em estudo.

3.3. Sujeito passivo

É a coletividade.

4. ELEMENTO SUBJETIVO

É o dolo, consubstanciado na vontade livre e consciente de corromper ou poluir água potável, ciente de que causa perigo para um número indeterminado de indivíduos.

5. CONSUMAÇÃO E TENTATIVA

Consuma-se com a efetiva corrupção ou poluição da água, de forma a torná-la imprópria ao consumo ou nociva à saúde, independentemente da ocorrência de danos às pessoas. Trata-se de crime de perigo abstrato ou presumido. A tentativa é, em tese, admissível. Dá-se quando, por exemplo, o agente inicia o lançamento de uma substância química na água potável e, sem que consiga torná-la imprópria para consumo ou nociva à saúde, é interrompido em sua ação por terceiros.

6. FORMAS

6.1. Simples (art. 271, *caput*)

Prevista no *caput* do artigo.

6.2. Culposa (art. 271, parágrafo único)

Prevista no parágrafo único: "Se o crime é culposo: Pena – detenção, de 2 (dois) meses a 1 (um) ano".

---

174. E. Magalhães Noronha, *Direito penal*, cit., v. 4, p. 23.

6.3. Qualificada pelo resultado

Prevista no art. 285: "Aplica-se o disposto no art. 258 aos crimes previstos neste Capítulo, salvo quanto ao definido no art. 267".

7. DISTINÇÃO

Caso a poluição hídrica torne necessária a interrupção do abastecimento público de água de uma comunidade, o crime será o previsto no art. 54 da Lei dos Crimes Ambientais (Lei n. 9.605/98).

8. AÇÃO PENAL. LEI DOS JUIZADOS ESPECIAIS CRIMINAIS

(i) **Ação penal:** é crime de ação penal pública incondicionada, portanto independe de representação do ofendido ou de seu representante legal.

(ii) **Lei dos Juizados Especiais Criminais:** em virtude da pena máxima cominada (detenção, de 2 meses a 1 ano), a modalidade culposa constitui infração de menor potencial ofensivo, estando sujeita às disposições da Lei n. 9.099/95. Em face da pena mínima prevista, é cabível a suspensão condicional do processo (art. 89 da lei).

ART. 272 – FALSIFICAÇÃO, CORRUPÇÃO, ADULTERAÇÃO OU ALTERAÇÃO DE SUBSTÂNCIA OU PRODUTOS ALIMENTÍCIOS

1. CONCEITO

Sob a rubrica de "Falsificação, corrupção, adulteração ou alteração de substância ou produtos alimentícios", dispõe o art. 272, *caput*, do CP: "Corromper, adulterar, falsificar ou alterar substância ou produto alimentício destinado a consumo, tornando-o nocivo à saúde ou reduzindo-lhe o valor nutritivo: Pena – reclusão, de 4 (quatro) a 8 (oito) anos, e multa".

2. OBJETO JURÍDICO

Tutela-se a saúde pública.

3. ELEMENTOS DO TIPO

3.1. Ação nuclear. Objeto material

Trata-se de crime de ação múltipla, pois várias são as ações nucleares: (i) corromper; (ii) adulterar; (iii) falsificar; (iv) alterar. Segundo Hungria, "*corromper* uma substância é desnaturá-la, alterar-lhe a essência para inferiorizá-la (exs.: adicionar farinha putrefeita à massa de pão ou preparar queijo com leite mungido de animais doentes). *Adulterar* é alterar, por qualquer outro meio, piorando-a, a composição da substância (ex.: adicionar alúmen à farinha, ou outros ingredientes destinados a seu alvejamento). *Falsificar*, finalmente, é imitar substância genuína, notadamente empregando elementos diversos aos de sua composição (exs.: empregando no fabrico de cerveja *sub-rogados* da cevada e do lúpulo, ou adicionando a um vinho determinado corante que, embora nocivo, faça supor melhor qualidade)"[175]. A atual redação do dispositivo inclui também o verbo *alterar*, isto é, transformar, modificar. O objeto material do crime é a substância ou produto alimentício destinado a consumo, no caso, de pessoas indeterminadas, pois se trata de crime de perigo comum, incluídas as bebidas alcoólicas ou não, consoante o § 1º. Deve a ação criminosa torná-los nocivos à saúde ou reduzir-lhes o valor nutritivo. Importa aqui ressalvar que na antiga redação do dispositivo não configurava o crime em tela o simples ato de misturar água pura ao leite ou vinho, ou, então, farinha de mandioca com farinha de trigo para fazer pão[176], pois tais ações não tornavam o alimento nocivo à saúde, havendo apenas redução de seu valor nutritivo. Com a atual redação do artigo em estudo, o ato de tornar diminuto o valor nutritivo de substância ou produto alimentício passou a também constituir esse crime. Argumenta-se que tal situação fere o princípio da proporcionalidade das penas, uma vez que pune de forma idêntica condutas de gravidade diversa[177].

3.2. Sujeito ativo

Qualquer pessoa pode praticar o delito em estudo; não é necessário que seja comerciante.

3.3. Sujeito passivo

É a coletividade.

4. ELEMENTO SUBJETIVO

É o dolo, consubstanciado na vontade livre e consciente de corromper, adulterar, falsificar ou alterar substância ou produto alimentício destinado a consumo, tornando-o nocivo à saúde ou reduzindo-lhe o valor nutritivo.

5. CONSUMAÇÃO E TENTATIVA

Consuma-se com a criação da situação de perigo comum, isto é, quando o agente, ao corromper, adulterar, falsificar ou alterar substância ou produto alimentício destinado a consumo de um número indeterminado de pessoas, torne-a nociva à saúde ou lhe

175. Nélson Hungria, *Comentários*, cit., v. 9, p. 114-5.
176. Conforme exemplos citados por E. Magalhães Noronha, *Direito penal*, cit., v. 4, p. 27.
177. Nesse sentido: Celso Delmanto, *Código Penal*, cit., p. 492.

reduza o valor nutritivo. Assim, não basta o simples ato de corromper, adulterar, falsificar ou alterar, já que se trata de crime de perigo concreto[178], sendo necessário comprovar que tais atos provocaram a nocividade ou a redução do valor nutritivo do produto ou substância alimentícia. Também não é necessário que este chegue a ser comercializado ou consumido. A tentativa é possível.

6. FORMAS

6.1. Simples (art. 272, *caput*)

Prevista no *caput* do artigo.

6.2. Equiparada (art. 272, § 1º-A)

Prevista no § 1º-A: "Incorre nas penas deste artigo quem fabrica, vende, expõe à venda, importa, tem em depósito para vender ou, de qualquer forma, distribui ou entrega a consumo a substância alimentícia ou o produto falsificado, corrompido ou adulterado". Somente pode ser sujeito ativo dessa modalidade aquele que não praticou qualquer das ações previstas no *caput* do artigo, pois, caso tenha corrompido, adulterado, falsificado ou alterado o produto ou substância alimentícia e depois praticado uma das ações previstas nesse parágrafo, haverá a chamada progressão criminosa, devendo o agente responder pelo *caput* do artigo. Trata-se de crime de ação múltipla, de forma que, se o sujeito importa e tem em depósito a substância ou produto alimentício, o crime é único. Consuma-se com a prática de uma daquelas ações típicas. Para Noronha, a tentativa é de difícil configuração[179]. As condutas *expor à venda* e *ter em depósito para venda* constituem delito permanente.

6.3. Equiparada (art. 272, § 1º)

Consta do § 1º: "Está sujeito às mesmas penas quem pratica as ações previstas neste artigo em relação a bebidas, com ou sem teor alcoólico".

6.4. Culposa (art. 272, § 2º)

Prevista no § 2º: "Se o crime é culposo: Pena — detenção, de 1 (um) a 2 (dois) anos, e multa". A modalidade culposa não abrange as condutas *falsificar*[180], prevista no *caput*, e *fabricar*, prevista no § 1º-A do art. 272[181].

---

178. Em sentido contrário: Damásio E. de Jesus, *Direito penal*, cit., v. 3, p. 352.

179. E. Magalhães Noronha, *Direito penal*, cit., v. 4, p. 29. Em sentido contrário: Cezar Roberto Bitencourt, *Código Penal*, cit., p. 996.

180. Nesse sentido: E. Magalhães Noronha, *Direito penal*, cit., v. 4, p. 29.

181. Nesse sentido: Celso Delmanto, *Código Penal*, cit., p. 493.

6.5. Qualificada pelo resultado

Prevista no art. 285: "Aplica-se o disposto no art. 258 aos crimes previstos neste Capítulo, salvo quanto ao definido no art. 267".

7. AÇÃO PENAL. LEI DOS JUIZADOS ESPECIAIS CRIMINAIS

(i) Ação penal: é crime de ação penal pública incondicionada, portanto independe de representação do ofendido ou de seu representante legal.

(ii) Lei dos Juizados Especiais Criminais: em virtude da pena máxima cominada (detenção, de 1 mês a 2 anos), a modalidade culposa constitui infração de menor potencial ofensivo, estando sujeita às disposições da Lei n. 9.099/95. Em face da pena mínima prevista, é cabível a suspensão condicional do processo (art. 89 da lei).

ART. 273 – FALSIFICAÇÃO, CORRUPÇÃO, ADULTERAÇÃO OU ALTERAÇÃO DE PRODUTO DESTINADO A FINS TERAPÊUTICOS OU MEDICINAIS

1. CONCEITO

Sob a rubrica acima em epígrafe, dispõe o art. 273, *caput*, do CP: "Falsificar, corromper, adulterar ou alterar produto destinado a fins terapêuticos ou medicinais: Pena – reclusão, de 10 (dez) a 15 (quinze) anos, e multa". A Lei n. 9.695/98, incluiu o delito do art. 273, *caput* e § 1º, § 1º-A e § 1º-B, no rol dos crimes hediondos (art. 1º, VII-B, da Lei n. 8.072/90).

2. OBJETO JURÍDICO

Tutela-se a saúde pública.

3. ELEMENTOS DO TIPO

3.1. Ação nuclear. Objeto material

Trata-se de crime de ação múltipla. As ações nucleares são as mesmas previstas no delito antecedente (CP, art. 272), quais sejam: *falsificar, corromper, adulterar* ou *alterar*. Difere, no entanto, quanto ao objeto material: *produto destinado a fins terapêuticos ou medicinais*, isto é, aquele destinado à prevenção, melhora ou cura de doenças. Consoante o § 1º-A, "incluem-se entre os produtos a que se refere este artigo os medicamentos, as matérias-primas, os insumos farmacêuticos, os cosméticos, os saneantes e os de uso em diagnóstico".

(i) Medicamentos: a definição está no art. 4º, II, da Lei n. 5.991/73: "produto farmacêutico, tecnicamente obtido ou elaborado, com finalidade profilática, curativa, paliativa ou para fins de diagnóstico"; **(ii) matérias-primas:** o conceito está no art. 3º, XII, da Lei n. 6.360/76: "substâncias ativas ou inativas que se empregam na fabricação de medicamentos e de outros produtos abrangidos por esta Lei, tanto as que permanecem inalteradas quanto as passíveis de sofrer modificações"; (iii) **insumos farmacêuticos:** são definidos pelo art. 4º, III, da Lei n. 5.991/73: "droga ou matéria-prima aditiva ou complementar de qualquer natureza, destinada a emprego em medicamentos, quando for o caso, e seus recipientes"; (iv) **cosméticos:** de acordo com o art. 3º, V, da Lei n. 6.360/76, são os "produtos para uso externo, destinados à proteção ou ao embelezamento das diferentes partes do corpo, tais como pós faciais, talcos, cremes de beleza, creme para as mãos e similares, máscaras faciais, loções de beleza, soluções leitosas, cremosas e adstringentes, loções para as mãos, bases de maquilagem e óleos cosméticos, ruges, *blushes*, batons, lápis labiais, preparados antissolares, bronzeadores e simulatórios, rímeis, sombras, delineadores, tinturas capilares, agentes clareadores de cabelos, preparados para ondular e para alisar cabelos, fixadores de cabelos, laquês, brilhantinas e similares, loções capilares, depilatórios e epilatórios, preparados para unhas e outros"; (v) **saneantes:** estão dispostos no art. 3º, VII, da Lei n. 6.360/76, sendo definidos como as "substâncias ou preparações destinadas à higienização, desinfecção ou desinfestação domiciliar, em ambientes coletivos e/ou públicos, em lugares de uso comum e no tratamento da água, compreendendo: *a*) inseticidas – destinados ao combate, à prevenção e ao controle dos insetos em habitações, recintos e lugares de uso público e suas cercanias; *b*) raticidas – destinados ao combate a ratos, camundongos e outros roedores, em domicílios, embarcações, recintos e lugares de uso público, contendo substâncias ativas, isoladas ou em associação, que não ofereçam risco à vida ou à saúde do homem e dos animais úteis de sangue quente, quando aplicados em conformidade com as recomendações contidas em sua apresentação; *c*) desinfetantes – destinados a destruir, indiscriminada ou seletivamente, micro-organismos, quando aplicados em objetos inanimados ou ambientes; *d*) detergentes – destinados a dissolver gorduras e à higiene de recipientes e vasilhas, e a aplicações de uso doméstico"; (vi) **produtos de uso em diagnóstico:** são aqueles utilizados para detectar ou determinar uma doença, tais como os empregados para análise laboratorial, por exemplo, itens de ultrassonografia, radiologia etc.

De acordo com Delmanto, "de forma absurda, este § 1º inclui entre os produtos objeto deste artigo, punidos com severíssimas penas, os cosméticos (destinados ao embelezamento) e os saneantes (destinados à higienização e à desinfecção ambiental), ferindo, assim, o princípio da proporcionalidade (...)"[182].

3.2. Sujeito ativo

Qualquer pessoa pode praticar o delito em estudo.

182. Celso Delmanto, *Código Penal Anotado*, cit., p. 496.

3.3. Sujeito passivo

É a coletividade.

4. ELEMENTO SUBJETIVO

É o dolo, consubstanciado na vontade livre e consciente de corromper, adulterar, falsificar ou alterar produto destinado a fins terapêuticos ou medicinais.

5. CONSUMAÇÃO E TENTATIVA

Consuma-se com o ato de corromper, adulterar, falsificar ou alterar produto destinado a fins terapêuticos ou medicinais. Presume-se o perigo à coletividade com a alteração do produto para fins medicinais ou terapêuticos. Trata-se, portanto, de crime de perigo abstrato. Não é necessário que o produto chegue a ser comercializado ou consumido. Nesse sentido, Damásio E. de Jesus[183]. Em sentido contrário, Celso Delmanto, para quem se trata de um crime de perigo concreto. Afirma o autor: "Ao contrário do art. 272, o legislador, no *caput*, deste art. 273, além de não ter feito menção à exigência de destinação a consumo, o que só veio a fazer no § 1º, não consignou a exigência de perigo concreto para a configuração deste crime, somente fazendo-o em seu § 1º-B, inc. IV, que requer a 'redução de seu valor terapêutico ou de sua atividade'. Atualmente, a doutrina, com acerto, tem questionado a constitucionalidade dos chamados tipos penais de perigo abstrato, inadmitindo punição sem que haja real ofensa ao bem jurídico tutelado. De fato, em um Estado Democrático de Direito, 'o valor supremo da sociedade política é a liberdade, consistindo a autoridade num sistema de restrições só admissível na medida estritamente indispensável à coexistência das liberdades individuais' (Marcello Caetano, *Direito Constitucional*, 1977, pp. 374-377, apud João Melo Franco e Herlander Antunes Martins, *Dicionário de Conceitos e Princípios Jurídicos*, Coimbra, Almedina, 1993, p. 399). Assim, sob pena de inconstitucionalidade por falta de ofensividade ao bem jurídico tutelado (saúde pública), este delito só se configurará quando houver efetiva comprovação da nocividade à saúde de indeterminado número de pessoas ou da real redução do valor terapêutico ou medicinal do produto (nesse sentido, cf. Miguel Reale Júnior, 'A inconstitucionalidade da lei dos remédios')[184]". A tentativa é possível.

6. FORMAS

6.1. Simples (art. 273, *caput*)

Prevista no *caput* do artigo.

183. Damásio E. de Jesus, *Código Penal anotado*, cit., v. 3, p. 357.

184. Celso Delmanto, *Código Penal comentado*, cit., p. 496.

6.2. Equiparada (art. 273, § 1º)

Prevista no § 1º: "Nas mesmas penas incorre quem importa, vende, expõe à venda, tem em depósito para vender ou, de qualquer forma, distribui ou entrega a consumo o produto falsificado, corrompido, adulterado ou alterado". Aplicam-se aqui os comentários feitos ao crime antecedente (CP, art. 272).

6.3. Equiparada (art. 273, § 1º-B)

Consta do § 1º-B: "Está sujeito às penas deste artigo quem pratica as ações previstas no § 1º em relação a produtos em qualquer das seguintes condições: I – sem registro, quando exigível, no órgão de vigilância sanitária competente; II – em desacordo com a fórmula constante do registro previsto no inciso anterior; III – sem as características de identidade e qualidade admitidas para a sua comercialização; IV – com a redução de seu valor terapêutico ou de sua atividade; V – de procedência ignorada; VI – adquiridos de estabelecimento sem licença da autoridade sanitária competente".

6.4. Culposa (art. 273, § 2º)

Prevista no § 2º: "Se o crime é culposo: Pena – detenção, de 1 (um) a 3 (três) anos, e multa". A modalidade culposa não abrange a conduta *falsificar*[185], prevista no *caput* do artigo.

6.5. Qualificada pelo resultado

Prevista no art. 285: "Aplica-se o disposto no art. 258 aos crimes previstos neste Capítulo, salvo quanto ao definido no art. 267".

7. AÇÃO PENAL. LEI DOS JUIZADOS ESPECIAIS CRIMINAIS

(i) **Ação penal:** é crime de ação penal pública incondicionada; independe, portanto, de representação do ofendido ou de seu representante legal.

(ii) **Lei dos Juizados Especiais Criminais:** é cabível a suspensão condicional do processo (art. 89 da Lei n. 9.099/95) na modalidade culposa, em virtude da pena mínima prevista.

ART. 274 – EMPREGO DE PROCESSO PROIBIDO OU DE SUBSTÂNCIA NÃO PERMITIDA

1. CONCEITO

Reza o art. 274 do CP: "Empregar, no fabrico de produto destinado a consumo, revestimento, gaseificação artificial, matéria corante, substância aromatizada, antisséptica,

185. Nesse sentido: E. Magalhães Noronha, *Direito penal*, cit., v. 4, p. 29.

conservadora ou qualquer outra não expressamente permitida pela legislação sanitária: Pena – reclusão, de 1 (um) a 5 (cinco) anos, e multa".

2. OBJETO JURÍDICO

Tutela-se a saúde pública.

3. ELEMENTOS DO TIPO

3.1. Ação nuclear. Objeto material

Consubstancia-se no verbo *empregar*, isto é, utilizar, no fabrico de produto destinado a consumo (objeto material) de um número indeterminado de pessoas, revestimento (é o revestimento que cobre o produto)[186], gaseificação artificial (é a presente nos refrigerantes), matéria corante (destinada a tingir, colorar), substância aromatizada (destina-se a perfumar ou melhorar o paladar)[187], antisséptica (destina-se a evitar ou dificultar a fermentação da matéria orgânica)[188], conservadora (é a destinada a evitar ou retardar a deterioração) ou qualquer outra não expressamente permitida pela legislação sanitária. Observe que o tipo trata de qualquer produto destinado ao consumo público, tais como cosméticos, vestimentas, brinquedos, itens de decoração etc. Trata-se de norma penal em branco, pois seu complemento depende das disposições sanitárias (leis, decretos, regulamentos). Das inúmeras normas jurídicas que dispõem sobre o assunto, podemos citar: o Decreto-Lei n. 986/69 (normas básicas sobre alimentos); a Lei n. 6.437/77 (infrações à legislação sanitária federal); a Lei n. 8.918/94 (fiscalização de bebidas); a Lei n. 9.782/99 (Sistema Nacional de Vigilância Sanitária); a Lei n. 9.832/99 (veda o emprego de liga de chumbo e estanho em embalagens para acondicionamento de produtos alimentícios); a Lei n. 10.273/2001 (impede o emprego de bromato de potássio na fabricação de produtos de panificação).

3.2. Sujeito ativo

Qualquer pessoa pode praticar o delito em estudo.

3.3. Sujeito passivo

É a coletividade.

4. ELEMENTO SUBJETIVO

É o dolo, consubstanciado na vontade livre e consciente de empregar, no fabrico de produto destinado a consumo, revestimento, gaseificação artificial, matéria corante,

---

186. Cf. E. Magalhães Noronha, *Direito penal*, cit., v. 4, p. 35.

187. Idem, ibidem.

188. E. Magalhães Noronha, *Direito penal*, cit., v. 4, p. 35.

substância aromatizada, antisséptica, conservadora ou qualquer outra não expressamente permitida pela legislação sanitária.

5. CONSUMAÇÃO E TENTATIVA

Estamos diante de um crime de perigo abstrato, isto é, presume-se o perigo à coletividade com a prática da ação típica. Assim, o crime consuma-se com o emprego, no fabrico de produto, de revestimento, gaseificação artificial, matéria corante etc. não permitida pela legislação sanitária. É considerado, portanto, crime instantâneo. A tentativa é admissível.

6. FORMAS

6.1. Simples (art. 274, *caput*)

Prevista no *caput* do artigo.

6.2. Qualificada pelo resultado

Prevista no art. 285: "Aplica-se o disposto no art. 258 aos crimes previstos neste Capítulo, salvo quanto ao definido no art. 267".

7. AÇÃO PENAL. LEI DOS JUIZADOS ESPECIAIS CRIMINAIS

(i) Ação penal: é crime de ação penal pública incondicionada, portanto independe de representação do ofendido ou de seu representante legal.

(ii) Lei dos Juizados Especiais Criminais: é cabível a suspensão condicional do processo (art. 89 da Lei n. 9.099/95), em virtude da pena mínima prevista (reclusão, de 1 a 5 anos, e multa).

ART. 275 – INVÓLUCRO OU RECIPIENTE COM FALSA INDICAÇÃO

1. CONCEITO

Dispõe o art. 275 do CP: "Inculcar, em invólucro ou recipiente de produtos alimentícios, terapêuticos ou medicinais, a existência de substância que não se encontra em seu conteúdo ou que nele existe em quantidade menor que a mencionada: Pena – reclusão, de 1 (um) a 5 (cinco) anos, e multa".

2. OBJETO JURÍDICO

Tutela-se a saúde pública.

3. ELEMENTOS DO TIPO

3.1. Ação nuclear. Objeto material

Consiste em *inculcar*, isto é, indicar ou apregoar, falsamente, em invólucro (rótulo, bula) ou recipiente (lata, frasco etc.) de produtos alimentícios (voltado à nutrição humana), terapêuticos ou medicinais (ambos voltados à prevenção, melhora ou cura de doenças), a existência de substância que na verdade não se encontra em seu conteúdo ou que nele existe em quantidade menor que a mencionada. O crime é, portanto, praticado mediante o emprego de fraude. O objeto material é o produto alimentício, terapêutico ou medicinal.

3.2. Sujeito ativo

Qualquer pessoa pode praticar o delito em estudo.

3.3. Sujeito passivo

É a coletividade, pois se trata de crime de perigo comum.

4. ELEMENTO SUBJETIVO

É o dolo, consubstanciado na vontade livre e consciente de indicar falsamente em invólucro ou recipiente de produtos alimentícios, terapêuticos ou medicinais a existência de substância que não se encontra em seu conteúdo ou que nele existe em quantidade menor que a mencionada.

5. CONSUMAÇÃO E TENTATIVA

Trata-se de crime de perigo abstrato. Consuma-se tão só com a indicação falsa no invólucro ou recipiente. A tentativa é possível. Cite-se o exemplo de Noronha: "Se, v. g., rótulos mendazes estão sendo impressos ou colados e o Serviço Sanitário os apreende antes que a tarefa termine"[189].

6. FORMAS

6.1. Simples (art. 275, *caput*)

Prevista no *caput* do artigo.

6.2. Qualificada pelo resultado

Prevista no art. 285: "Aplica-se o disposto no art. 258 aos crimes previstos neste Capítulo, salvo quanto ao definido no art. 267".

189. E. Magalhães Noronha, *Direito penal*, cit., v. 4, p. 38.

7. AÇÃO PENAL. LEI DOS JUIZADOS ESPECIAIS CRIMINAIS

(i) Ação penal: é crime de ação penal pública incondicionada; independe, portanto, de representação do ofendido ou de seu representante legal.

(ii) Lei dos Juizados Especiais Criminais: é cabível a suspensão condicional do processo (art. 89 da Lei n. 9.099/95), em virtude da pena mínima prevista (reclusão, de 1 a 5 anos, e multa).

ART. 276 – PRODUTO OU SUBSTÂNCIA NAS CONDIÇÕES DOS DOIS ARTIGOS ANTERIORES

1. CONCEITO

Reza o art. 276 do CP: "Vender, expor à venda, ter em depósito para vender ou, de qualquer forma, entregar a consumo produto nas condições dos arts. 274 e 275: Pena – reclusão, de 1 (um) a 5 (cinco) anos, e multa".

2. OBJETO JURÍDICO

Tutela-se a saúde pública.

3. ELEMENTOS DO TIPO

3.1. Ação nuclear. Objeto material

Trata-se de crime de ação múltipla, pois várias são as ações nucleares previstas: *vender, expor à venda, ter em depósito para vender* ou, de qualquer forma, *entregar a consumo* produto nas condições dos arts. 274 e 275 (objeto material). Pune-se aqui a conduta daquele que, sem praticar as ações típicas previstas nos artigos precedentes, comercializa os produtos nas condições indicadas pelos referidos dispositivos.

3.2. Sujeito ativo

Trata-se de crime comum, e não próprio, pois qualquer pessoa pode praticá-lo, não necessitando ser comerciante. Exclui-se, no entanto, o agente que praticou as ações delitivas previstas nos arts. 274 e 275: é que a comercialização posterior dos produtos constitui *post factum* impunível.

3.3. Sujeito passivo

É a coletividade, pois se trata de crime de perigo comum.

4. ELEMENTO SUBJETIVO

É o dolo, consubstanciado na vontade livre e consciente de praticar as ações elencadas no dispositivo penal, tendo como objeto os produtos indicados nos arts. 274 e 275.

Na modalidade *ter em depósito para vender* há também o chamado elemento subjetivo do tipo *para a venda*.

5. CONSUMAÇÃO E TENTATIVA

Consuma-se com a prática de uma das ações nucleares. O crime é instantâneo nas modalidades *vender* e *entregar a consumo*; já nas modalidades *expor à venda* e *ter em depósito para vender*, o delito é permanente. É crime de perigo abstrato, isto é, a lei presume a criação do perigo para a coletividade com a prática de apenas uma das condutas típicas. A tentativa é admissível.

6. FORMAS

6.1. Simples (art. 276, *caput*)

Prevista no *caput* do artigo.

6.2. Qualificada pelo resultado

Prevista no art. 285: "Aplica-se o disposto no art. 258 aos crimes previstos neste Capítulo, salvo quanto ao definido no art. 267".

7. AÇÃO PENAL. LEI DOS JUIZADOS ESPECIAIS CRIMINAIS

(i) Ação penal: é crime de ação penal pública incondicionada; independe, portanto, de representação do ofendido ou de seu representante legal.

(ii) Lei dos Juizados Especiais Criminais: é cabível a suspensão condicional do processo (art. 89 da Lei n. 9.099/95), em virtude da pena mínima prevista (reclusão, de 1 a 5 anos, e multa).

ART. 277 – SUBSTÂNCIA DESTINADA À FALSIFICAÇÃO

1. CONCEITO

Dispõe o art. 277 do CP: "Vender, expor à venda, ter em depósito ou ceder substância destinada à falsificação de produtos alimentícios, terapêuticos ou medicinais: Pena – reclusão, de 1 (um) a 5 (cinco) anos, e multa".

2. OBJETO JURÍDICO

Tutela-se a saúde pública.

3. ELEMENTOS DO TIPO

3.1. Ação nuclear. Objeto material

Trata-se de crime de ação múltipla. As ações nucleares do tipo consubstanciam-se nos verbos *vender, expor à venda, ter em depósito* ou *ceder* (transferir a outrem). O objeto material do crime é a substância destinada à falsificação de produtos alimentícios, terapêuticos ou medicinais. Conforme assinala Noronha, "o legislador, após punir a falsificação daqueles produtos, dá um passo à frente, incriminando o fato de tão só possuir a substância própria para aquele fim; pune, na verdade, atos preparatórios do referido delito"[190]. Assim, por exemplo, configura o crime em apreço ter em depósito sulfito de sódio, substância comumente usada na falsificação e adulteração de carne, com o fim de mascarar estado de putrefação já iniciado, cuja adição ao produto *in natura* é expressamente vedada pela legislação vigente do Ministério da Saúde. Na doutrina questiona-se se a substância destinada à falsificação abrange também aquelas que eventualmente tenham essa finalidade, ou somente as que tenham esse fim exclusivo. No sentido de que abrange as substâncias exclusiva ou eventualmente destinadas à falsificação, E. Magalhães Noronha; Damásio de Jesus. No sentido de que abrange somente as substâncias exclusivamente destinadas àquele fim, Celso Delmanto[191].

3.2. Sujeito ativo

Trata-se de crime comum. Qualquer pessoa pode praticá-lo, não se exigindo qualquer qualidade especial.

3.3. Sujeito passivo

É a coletividade, pois se trata de crime de perigo comum.

4. ELEMENTO SUBJETIVO

É o dolo, consubstanciado na vontade livre e consciente de praticar uma das ações típicas: vender, expor à venda, ter em depósito ou ceder substância destinada à falsificação de produtos alimentícios, terapêuticos ou medicinais. É necessário que o agente tenha ciência de que a substância se destine à falsificação. Para Noronha, há também o dolo específico (elemento subjetivo do tipo), pois a venda, exposição à venda, manutenção em depósito ou cessão da substância deve destinar-se à falsificação[192].

5. CONSUMAÇÃO E TENTATIVA

Consuma-se com a venda, exposição à venda, depósito ou cessão da substância destinada à falsificação de produtos alimentícios, terapêuticos ou medicinais. Nas modalidades *expor à venda* e *ter em depósito* o delito é permanente. A tentativa é possível.

---

190. E. Magalhães Noronha, *Direito penal*, cit., v. 4, p. 41.

191. Respectivamente, E. Magalhães Noronha, *Direito penal*, cit., v. 4, p. 41; Damásio E. de Jesus, *Direito penal*, cit., v. 3, p. 372; Celso Delmanto, *Código Penal*, cit., p. 500.

192. *Direito penal*, cit., v. 4, p. 41.

É crime de perigo abstrato; logo, o risco à incolumidade pública não necessita ser provado. Não é necessário que haja a efetiva utilização das substâncias destinadas à falsificação dos produtos alimentícios, terapêuticos ou medicinais.

6. FORMAS

6.1. Simples (art. 277, *caput*)

Prevista no *caput* do artigo.

6.2. Qualificada pelo resultado

Prevista no art. 285: "Aplica-se o disposto no art. 258 aos crimes previstos neste Capítulo, salvo quanto ao definido no art. 267".

7. AÇÃO PENAL. LEI DOS JUIZADOS ESPECIAIS CRIMINAIS

(i) Ação penal: é crime de ação penal pública incondicionada, portanto independe de representação do ofendido ou de seu representante legal.

(ii) Lei dos Juizados Especiais Criminais: é cabível a suspensão condicional do processo (art. 89 da Lei n. 9.099/95), em virtude da pena mínima prevista (reclusão, de 1 a 5 anos, e multa).

ART. 278 – OUTRAS SUBSTÂNCIAS NOCIVAS À SAÚDE PÚBLICA

1. CONCEITO

Dispõe o art. 278, *caput*, do CP: "Fabricar, vender, expor à venda, ter em depósito para vender ou, de qualquer forma, entregar a consumo coisa ou substância nociva à saúde, ainda que não destinada à alimentação ou a fim medicinal: Pena – detenção, de 1 (um) a 3 (três) anos, e multa".

2. OBJETO JURÍDICO

Tutela-se a saúde pública.

3. ELEMENTOS DO TIPO

3.1. Ação nuclear. Objeto material

Trata-se de crime de ação múltipla. As ações nucleares consubstanciam-se nos verbos *fabricar, vender, expor à venda, ter em depósito para vender* ou, de qualquer forma, *entregar a consumo.* O objeto material, no caso, é a coisa ou substância nociva à saúde, ainda que não destinada à alimentação ou a fim medicinal. Abrange, por exemplo, cigarro, chupeta, talheres, cola, tinta, isto é, tudo aquilo que seja destinado ao consumo de um número indeterminado de pessoas e que por algum motivo seja nocivo à saúde daqueles que venham a utilizá-lo. Exclui-se a substância alimentícia ou medicinal, pois ambas se encontram abrangidas pelos crimes capitulados nos arts. 272 e 273. Igualmente, excluem-se as substâncias falsificadas, corrompidas, adulteradas e alteradas, uma vez que estão abrangidas pelos arts. 272, § 1º-A, e 273, § 1º.

3.2. Sujeito ativo

Trata-se de crime comum. Qualquer pessoa pode praticá-lo, não se exigindo qualquer qualidade especial.

3.3. Sujeito passivo

É a coletividade, uma vez que se trata de crime de perigo comum.

4. ELEMENTO SUBJETIVO

É o dolo, consubstanciado na vontade livre e consciente de fabricar, vender, expor à venda, ter em depósito para vender ou, de qualquer forma, entregar a consumo coisa ou substância nociva à saúde. Na conduta *ter em depósito para vender* há o chamado elemento subjetivo do tipo consistente na finalidade de venda.

5. CONSUMAÇÃO E TENTATIVA

Consuma-se com a prática de uma das ações típicas; não é necessário, contudo, o efetivo consumo da coisa ou substância nociva. A tentativa é possível.

Nas modalidades *expor à venda* e *ter em depósito para vender* o crime é permanente.

Trata-se de crime de perigo concreto, pois é necessária a prova da nocividade da coisa ou substância.

6. FORMAS

6.1. Simples (art. 278, *caput*)

Prevista no *caput* do artigo.

6.2. Qualificada pelo resultado

Prevista no art. 285: "Aplica-se o disposto no art. 258 aos crimes previstos neste Capítulo, salvo quanto ao definido no art. 267".

6.3. Culposa (art. 278, parágrafo único)

Prevista no parágrafo único: "Se o crime é culposo: Pena – detenção, de 2 (dois) meses a 1 (um) ano".

7. AÇÃO PENAL. LEI DOS JUIZADOS ESPECIAIS CRIMINAIS

(i) Ação penal: é crime de ação penal pública incondicionada; independe, portanto, de representação do ofendido ou de seu representante legal.

(ii) Lei dos Juizados Especiais Criminais: é cabível a suspensão condicional do processo (art. 89 da Lei n. 9.099/95), no *caput*, em virtude da pena mínima prevista (detenção, de 1 a 3 anos, e multa). A modalidade culposa constitui infração de menor potencial ofensivo, estando sujeita às disposições da Lei dos Juizados Especiais Criminais, sendo, inclusive, cabível a suspensão condicional do processo.

ART. 279 – SUBSTÂNCIA AVARIADA (*REVOGADO*)

Previa o art. 279 do CP: "Vender, ter em depósito para vender ou expor à venda ou, de qualquer forma, entregar a consumo substância alimentícia ou medicinal avariada". Esse artigo foi expressamente revogado pelo art. 7º, IX, da Lei n. 8.137/90 (crimes contra a ordem tributária e as relações de consumo), cujo teor é o seguinte: "Constitui crime contra as relações de consumo: vender, ter em depósito para vender ou expor à venda ou, de qualquer forma, entregar matéria-prima ou mercadoria, em condições impróprias ao consumo: Pena – detenção, de 2 (dois) a 5 (cinco) anos, ou multa". O parágrafo único do art. 7º, por sua vez, pune a modalidade culposa, reduzindo a pena de detenção de um terço ou a de multa à quinta parte.

ART. 280 – MEDICAMENTO EM DESACORDO COM RECEITA MÉDICA

1. CONCEITO

Dispõe o art. 280, *caput*, do CP: "Fornecer substância medicinal em desacordo com receita médica. Pena – detenção, de 1 (um) a 3 (três) anos, ou multa".

2. OBJETO JURÍDICO

Tutela-se a saúde pública.

3. ELEMENTOS DO TIPO

3.1. Ação nuclear. Objeto material. Elemento normativo

A ação nuclear típica consubstancia-se no verbo *fornecer*, isto é, entregar, vender, no caso, substância medicinal (objeto material) que esteja em desacordo com a receita médica (elemento normativo do tipo). Esta não compreende a receita prescrita por dentista ou parteira, pois não se admite analogia em norma incriminadora[193]. Há, assim,

---

193. Nesse sentido: E. Magalhães Noronha, *Direito penal*, cit., v. 4, p. 51.

a substituição do medicamento prescrito pelo médico por outro de qualidade, espécie e quantidade diversa. Ainda que benéfica essa substituição, há crime, pois visa a lei justamente evitar arbitrariedades no fornecimento de medicamentos pelos farmacêuticos[194]. Indaga-se: E se a receita médica contiver equívocos, pode o farmacêutico modificar a prescrição de modo a evitar perigo para a vida ou a saúde do usuário? Na hipótese, segundo Hungria[195], haverá dois caminhos a seguir: (i) segundo o art. 254 do Regulamento do Departamento Nacional de Saúde, o farmacêutico deverá consultar o médico para que faça a retificação; (ii) caso o médico esteja ausente, sendo urgente a preparação do medicamento, não se configurará o crime se o farmacêutico alterar a receita médica, pois estamos diante de uma hipótese de estado de necessidade, causa excludente da ilicitude.

3.2. Sujeito ativo

A doutrina diverge quanto às pessoas que podem praticar esse delito: (i) qualquer pessoa, não se exigindo qualidade especial, como: farmacêutico, balconista etc.[196]; (ii) trata-se de crime próprio, pois somente o farmacêutico, o prático devidamente autorizado ou o herbanário podem praticá-lo[197].

3.3. Sujeito passivo

É a coletividade, já que se trata de crime de perigo comum, bem o eventual usuário do medicamento.

4. ELEMENTO SUBJETIVO

É o dolo, consubstanciado na vontade livre e consciente de fornecer substância medicinal em desacordo com a receita médica.

5. CONSUMAÇÃO E TENTATIVA

Consuma-se no momento da entrega da substância medicinal que esteja em desacordo com a prescrição médica. Trata-se de crime de perigo presumido. A tentativa é perfeitamente possível.

---

194. Nesse sentido: Cezar Roberto Bitencourt, *Direito penal*, cit., p. 1011. Em sentido contrário: E. Magalhães Noronha, *Direito penal*, cit., v. 4, p. 51.

195. Nélson Hungria, *Comentários*, cit., v. 9, p. 125.

196. Nesse sentido: Cezar Roberto Bitencourt, *Código Penal*, cit., p. 1010; Celso Delmanto, *Código Penal*, cit., p. 503.

197. Nesse sentido: E. Magalhães Noronha, *Direito penal*, cit., v. 4, p. 50; Nélson Hungria, *Comentários*, cit., v. 9, p. 125-126.

6. FORMAS (ART. 280, *CAPUT*)

6.1. Simples

Prevista no *caput* do artigo.

6.2. Qualificada pelo resultado

Prevista no art. 285: "Aplica-se o disposto no art. 258 aos crimes previstos neste Capítulo, salvo quanto ao definido no art. 267".

6.3. Culposa (art. 280, parágrafo único)

Prevista no parágrafo único: "Se o crime é culposo: Pena – detenção, de 2 (dois) meses a 1 (um) ano". Em decorrência da quebra do dever objetivo de cuidado, o agente fornece medicamento em desacordo com a prescrição médica. A doutrina critica o fato de o legislador não ter previsto alternativamente a aplicação da pena de multa como o fez na modalidade dolosa (*caput*)[198].

7. AÇÃO PENAL. LEI DOS JUIZADOS ESPECIAIS CRIMINAIS

(i) **Ação penal:** é crime de ação penal pública incondicionada; independe, portanto, de representação do ofendido ou de seu representante legal.

(ii) **Lei dos Juizados Especiais Criminais:** é cabível a suspensão condicional do processo (art. 89 da Lei n. 9.099/95), no *caput*, em virtude da pena mínima prevista (detenção, de 1 a 3 anos, ou multa). A modalidade culposa constitui infração de menor potencial ofensivo, estando sujeita às disposições da Lei dos Juizados Especiais Criminais. Em face da pena mínima prevista, é inclusive cabível a suspensão condicional do processo.

ART. 281 – COMÉRCIO CLANDESTINO OU FACILITAÇÃO DE USO DE ENTORPECENTE (*REVOGADO*)

O art. 281 foi revogado pela Lei n. 6.368/76 (antiga Lei de Tóxicos).

Convém mencionar que, em 24 de agosto de 2006, foi publicada a atual Lei de Drogas (Lei n. 11.343/2006) que acabou por revogar expressamente as Leis n. 6.368/76 e n. 10.409/2002, que tratavam do tema (cf. art. 75).

ART. 282 – EXERCÍCIO ILEGAL DA MEDICINA, ARTE DENTÁRIA OU FARMACÊUTICA

1. CONCEITO

Reza o art. 282, *caput*, do CP: "Exercer, ainda que a título gratuito, a profissão de médico, dentista ou farmacêutico, sem autorização legal ou excedendo-lhe os limites: Pena – detenção, de 6 (seis) meses a 2 (dois) anos".

---

198. Nélson Hungria, *Comentários*, cit., v. 9, p. 126.

2. OBJETO JURÍDICO

Tutela-se a saúde pública.

3. ELEMENTOS DO TIPO

3.1. Ação nuclear. Elemento normativo do tipo

Consubstancia-se no verbo *exercer*, isto é, exercitar, praticar, ainda que a título gratuito, a profissão de médico, dentista ou farmacêutico: **(i) sem autorização legal (elemento normativo do tipo).** Nessa modalidade o desempenho da profissão ocorre sem que o agente possua o título que o habilite ou sem o registro deste na repartição competente. Assim, "pratica, consequentemente esta modalidade do crime, a pessoa que, tendo-se formado em medicina, odontologia ou farmácia, não tirou diploma ou, tendo-o tirado, não registrou na forma competente, praticando, não obstante, atos característicos dessas profissões. Em tais hipóteses, como escreve Flamínio Fávero, há capacidade profissional, mas falta capacidade legal"[199]; **(ii) ou excedendo-lhe os limites (norma penal em branco).** Os limites a que se refere o artigo são aqueles previstos nas leis que regulam especificamente as profissões. Nesta modalidade de crime o agente tem o diploma e este se encontra devidamente registrado, no entanto ele excede os limites da autorização para o exercício da profissão. Assim, por exemplo, conforme assinala a doutrina, o médico não pode manipular remédio, salvo exceções; o farmacêutico não pode prescrever medicamentos; e, finalmente, o dentista não pode tratar de câncer de boca[200]. Caso o façam, cometem o crime em tela.

Na jurisprudência há entendimento no sentido de reconhecer o estado de necessidade, causa excludente da ilicitude, na hipótese em que o agente, não estando habilitado para o exercício profissional, por exemplo, exercita ilegalmente a odontologia, em localidades distantes, como nos meios rurais, desprovidas de quaisquer profissionais habilitados.

3.2. Sujeito ativo

Na primeira modalidade, o crime é comum, pois pode ser praticado por qualquer pessoa, não se exigindo qualquer qualidade especial, ao passo que na segunda o crime é próprio, pois somente o médico, farmacêutico ou dentista pode cometê-lo.

3.3. Sujeito passivo

É a coletividade, pois se trata de crime de perigo comum, bem como a pessoa que venha a ser tratada pelo profissional.

---

199. E. Magalhães Noronha, *Direito penal*, cit., v. 4, p. 57.

200. Nélson Hungria, *Comentários*, cit., v. 9, p. 146.

4. ELEMENTO SUBJETIVO

É o dolo, consubstanciado na vontade livre e consciente de exercer, ainda que a título gratuito, a profissão de médico, dentista ou farmacêutico sem autorização legal ou excedendo-lhe os limites. Se houver a finalidade lucrativa, incorrerá o agente também na pena de multa prevista no parágrafo único do artigo. Não é necessário que ele efetivamente obtenha a vantagem econômica.

5. CONSUMAÇÃO E TENTATIVA

Consuma-se com a reiteração de atos, isto é, com o exercício habitual da profissão. Não basta a prática de apenas um ato. Por se tratar de crime habitual, a tentativa é inadmissível.

Trata-se de crime de perigo abstrato ou presumido, de forma que, se o paciente vier a ser curado ou obtiver melhoras com o tratamento, o crime ainda assim se configurará[201].

6. FORMAS

6.1. Simples (art. 282, *caput*)

Prevista no *caput* do artigo.

6.2. Qualificada (art. 282, parágrafo único)

Prevista no parágrafo único: "Se o crime é praticado com o fim de lucro, aplica-se também multa".

6.3. Qualificada pelo resultado

Prevista no art. 285: "Aplica-se o disposto no art. 258 aos crimes previstos neste Capítulo, salvo quanto ao definido no art. 267".

7. DISTINÇÃO

(i) Dispõe o art. 47 da LCP: "Exercer profissão ou atividade econômica ou anunciar que a exerce, sem preencher as condições a que por lei está subordinado o seu exercício. Pena – prisão simples, de quinze dias a três meses, ou multa". Essa contravenção penal refere-se ao exercício ilegal de qualquer outra profissão que não seja a de médico, farmacêutico ou dentista.

(ii) Caso o agente continue a desempenhar a profissão de médico, farmacêutico ou dentista, desobedecendo decisão judicial que o havia privado ou suspenso de seu exercí-

201. Nesse sentido: E. Magalhães Noronha, *Direito penal*, cit., v. 4, p. 60.

cio, o crime será outro: art. 359 do CP (desobediência a decisão judicial sobre perda ou suspensão de direito).

(iii) Caso o agente exerça atividade de que está impedido por decisão administrativa, por exemplo, o médico que continua a clinicar mesmo com o seu exercício profissional suspenso pelo Conselho Regional de Medicina, o crime será o do art. 205 do CP.

8. AÇÃO PENAL. LEI DOS JUIZADOS ESPECIAIS CRIMINAIS

(i) Ação penal: é crime de ação penal pública incondicionada, portanto independe de representação do ofendido ou de seu representante legal.

(ii) Lei dos Juizados Especiais Criminais: em virtude da pena máxima cominada, as formas simples (*caput*) e qualificada (parágrafo único) constituem infração de menor potencial ofensivo, estando sujeitas às disposições da Lei n. 9.099/95. Em face da pena mínima prevista, é cabível a suspensão condicional do processo (art. 89 da lei).

ART. 283 – CHARLATANISMO

1. CONCEITO

Dispõe o art. 283 do CP: "Inculcar ou anunciar cura por meio secreto ou infalível: Pena – detenção, de 3 (três) meses a 1 (um) ano, e multa". Segundo Noronha, a expressão charlatanismo "vem do italiano *ciarlare*, que significa falar muito, tagarelar, palrar etc. É o crime do 'conversa fiada', do que, com lábia, ilude os incautos, fazendo-os crer em curas maravilhosas, em processos infalíveis etc."[202].

2. OBJETO JURÍDICO

Tutela-se a saúde pública. Em que pese tratar-se de verdadeiro estelionato, pois presente a fraude e, por vezes, a vantagem patrimonial, o legislador optou por considerá-lo crime contra a saúde pública, na medida em que a falsa cura anunciada pode fazer com que os incautos retardem ou deixem de procurar o tratamento convencional da doença, o que acarretaria riscos para a vida ou saúde dessas pessoas.

3. ELEMENTOS DO TIPO

3.1. Ação nuclear

Trata-se de crime de ação múltipla. As ações nucleares consubstanciam-se nos verbos: (i) *inculcar*: sugerir, aconselhar, propor etc.; (ii) ou *anunciar*: é a divulgação pelos mais variados meios (rádio, televisão, panfletos, cartazes etc.). O agente inculca ou anuncia cura por meio secreto (oculto) ou infalível (total e irrepreensivelmente eficaz). O char-

202. E. Magalhães Noronha, *Direito penal*, cit., v. 4, p. 61.

latão, dessa forma, propõe ou divulga a cura de doenças mediante o uso de remédios ou processo de que somente ele tem conhecimento ou então que se diz infalível, por exemplo, anunciar a cura da AIDS. A ineficácia dos meios de cura apregoados é de conhecimento do agente que se utiliza desse embuste para, geralmente, obter vantagens. Ressalva Noronha: "Mas o aviso ou anúncio de cura simples não é delito. O Código veda é a indicação ou reclamo de cura por processo *secreto ou infalível*. Sem isso, haverá violação da ética, transgressão da deontologia profissional"[203]. Para a configuração do delito é irrelevante se o agente o faz remunerada ou gratuitamente, sendo que no primeiro caso incidirá, também, a pena de multa.

3.2. Sujeito ativo

Qualquer pessoa pode praticar esse delito, inclusive o médico, caso anuncie a cura por meio secreto ou infalível.

3.3. Sujeito passivo

É a coletividade, pois se trata de crime de perigo comum, bem como a pessoa que venha a ser enganada pelo charlatão.

4. ELEMENTO SUBJETIVO

É o dolo, consubstanciado na vontade livre e consciente de inculcar ou anunciar cura por meio secreto ou infalível. É necessário que o agente tenha ciência da falsidade, da ineficácia dos meios de cura apregoados, pois aí reside a fraude. Não é necessário o fim de obtenção de vantagem econômica, embora geralmente seja esse o escopo do charlatão.

→ **Atenção:** a crença do agente no método anunciado ou inculcado não exclui a ilicitude da conduta.

5. CONSUMAÇÃO E TENTATIVA

Consuma-se com o mero ato de propor, sugerir, isto é, inculcar, bem como o de divulgar a cura de doença por meio secreto ou infalível. Não se exige que algum incauto seja objeto do tratamento anunciado. É crime de perigo abstrato, pois a lei presume o risco à coletividade com o mero anúncio da falsa cura.

Conforme a doutrina, não se trata de crime habitual, isto é, o tipo penal não exige a prática reiterada do charlatanismo para que o crime se configure. Assim, um único anúncio no rádio no sentido de que o agente pode curar a AIDS já configura esse crime.

A tentativa é admissível.

---

203. E. Magalhães Noronha, *Direito penal*, cit., v. 4, p. 61. O autor faz alusão ao Decreto-Lei n. 4.113, de 14 de fevereiro de 1942, que regula "a propaganda de médicos, cirurgiões-dentistas, parteiras, massagistas, enfermeiras, de casas de saúde e estabelecimentos congêneres, e a de preparados farmacêuticos".

6. FORMAS

6.1. Simples (art. 283, *caput*)

Prevista no *caput* do artigo.

6.2. Qualificada pelo resultado

Prevista no art. 285: "Aplica-se o disposto no art. 258 aos crimes previstos neste Capítulo, salvo quanto ao definido no art. 267".

7. DISTINÇÃO

(i) Exercício ilegal da medicina e charlatanismo: segundo Hungria, "o primeiro acredita na eficácia do tratamento que aconselha ou aplica (indicado, aliás, ou não desaprovado pela ciência oficial, desde que prescrito por médico), ao passo que o segundo é um *insincero*, sabendo que nenhum efeito curativo pode ter o tratamento que inculca ou anuncia (as mais das vezes consistente em alguma *panaceia* não oficializada ou sem as virtudes atribuídas). Ainda mais: o agente do charlatanismo pode ser e frequentemente o é, até mesmo um médico profissional e legalmente habilitado, que se torna, assim, um infrator consciente do código de ética da classe médica"[204].

(ii) Estelionato e charlatanismo: o estelionato é crime contra o patrimônio individual. O agente se utiliza de manobras fraudulentas para induzir outrem a erro e obter vantagem ilícita. No charlatanismo também existe a fraude, o engodo, pois há o falso anúncio de cura de doenças, podendo igualmente haver a obtenção de vantagem econômica pelo agente em detrimento da vítima. Isso, contudo, não desnatura o crime de perigo coletivo, pois, ainda que haja a obtenção de proveito econômico em prejuízo alheio, tutela-se exclusivamente a saúde pública, que é colocada em perigo com os falsos anúncios de cura, e não o patrimônio do incauto, isto é, daquele que foi induzido a erro e sofreu o prejuízo. Dessa forma, caso o charlatão, por exemplo, obtenha vantagem econômica em prejuízo das vítimas, por meio da cobrança de consultas, haverá concurso de crimes, charlatanismo e estelionato, pois há ofensa a dois bens jurídicos distintos: o patrimônio individual e a saúde pública.

8. AÇÃO PENAL. LEI DOS JUIZADOS ESPECIAIS CRIMINAIS

(i) Ação penal: é crime de ação penal pública incondicionada; independe, portanto, de representação do ofendido ou de seu representante legal.

(ii) Lei dos Juizados Especiais Criminais: em virtude da pena máxima cominada (detenção, de 3 meses a 1 ano, e multa), trata-se de infração de menor potencial ofensivo, sujeita às disposições da Lei n. 9.099/95. Em face da pena mínima prevista, é cabível a suspensão condicional do processo (art. 89 da lei).

---

204. Nélson Hungria, *Comentários*, cit., v. 9, p. 152.

ARTS. 284 E 285 – CURANDEIRISMO

1. CONCEITO

Reza o art. 284, *caput*, do CP: "Exercer o curandeirismo: I – prescrevendo, ministrando ou aplicando, habitualmente, qualquer substância; II – usando gestos, palavras ou qualquer outro meio; III – fazendo diagnósticos: Pena – detenção, de 6 (seis) meses a 2 (dois) anos".

2. OBJETO JURÍDICO

De acordo com Noronha, a objetividade jurídica considerada no delito em apreço "é a saúde pública da coletividade exposta a perigo pela prática do curandeirismo, pela atividade de pessoas ignorantes e atrasadas, que de medicina não possuem a menor noção e, não obstante, se dispõem a curar os que as procuram, a tratar de suas doenças, etc."[205].

3. ELEMENTOS DO TIPO

3.1. Ação nuclear

A conduta típica consiste em exercer, isto é, praticar o curandeirismo. Trata-se de crime de forma vinculada, pois a lei elenca os diversos modos de execução: (i) prescrevendo (receitando), ministrando (entregando a consumo) ou aplicando (empregando), habitualmente, qualquer substância (nociva ou não para a saúde). Cite-se como exemplo o ato de prescrever raízes ou ervas para curar meningite etc.; (ii) usando gestos (por exemplo: passes), palavras (por exemplo: benzeduras, rezas etc.) ou qualquer outro meio; (iii) fazendo diagnósticos: aqui o agente determina qual a doença que acometeu a vítima por meio da análise dos sintomas. Tal ação é extremamente perigosa, na medida em que a vítima, com base no falso diagnóstico, poderá deixar de procurar o tratamento médico correto. Cite-se o exemplo de Hungria: "Suponha-se que a um canceroso ou tuberculoso o curandeiro convença de que é apenas portador de um abcesso que por si mesmo desaparecerá ou de um resfriado sem maior importância: o paciente, que poderia ter sido salvo, se tivesse havido um exato diagnóstico precoce, só vem a procurar o médico quando já demasiado tarde"[206]. Para a configuração do delito é irrelevante se o agente o faz remunerada ou gratuitamente, sendo que no primeiro caso aplica-se também a pena de multa.

Indaga-se se determinados atos inerentes aos rituais religiosos (por exemplo: dar passes, fazer orações, realizar benzeduras) podem ser considerados curandeirismo. A Constituição Federal, em seu art. 5º, VI, assegura a inviolabilidade da "liber-

---

205. E. Magalhães Noronha, *Direito penal*, cit., v. 4, p. 68.

206. Nélson Hungria, *Comentários*, cit., v. 9, p. 155.

dade de consciência e de crença, sendo assegurado o livre exercício dos cultos religiosos e garantida, na forma da lei, a proteção aos locais de culto e as suas liturgias". Desse modo, os atos que integram o ritual religioso, como os passes dados na religião espírita, na umbanda, as benzeduras ou o exorcismo realizados pelo padre católico, uma vez que constituem atos de fé e não geram efeitos prejudiciais à saúde pública, não constituem crime. Tal não sucede se há a utilização dos rituais religiosos para o fim de tratamento de moléstias, como a prescrição de remédios e a realização de diagnósticos. É que tais ações não podem ser enquadradas como meros atos de fé, ou seja, não podem ficar circunscritas à questão da liberdade de religião. Elas, na realidade, extrapolam essa questão vindo surtir efeitos no campo criminal, pois causam perigo para a saúde pública. Configuram, portanto, crime de curandeirismo. E os rituais religiosos nos quais se realizam procedimentos-cirúrgicos para debelar os males que acometem a vítima, em que há perfurações em seu corpo, amputações etc., configuram o crime em tela? O indivíduo ignorante, desprovido de qualquer conhecimento médico, que em rituais religiosos realiza procedimentos cirúrgicos, não responde pelo delito de curandeirismo, uma vez que não há como enquadrar essa ação na figura típica penal. Ao analisar o inciso II, vemos que o artigo faz menção ao uso de gestos, palavras ou qualquer outro meio. Ora, a realização de procedimento cirúrgico não pode ser enquadrada nessa fórmula genérica "qualquer outro meio", uma vez que não se assemelha ao uso de gestos e palavras, o que impede a integração analógica. Também não poderá responder pelo crime de exercício ilegal da Medicina, pois este requer que o agente, em que pese não possuir habilitação, tenha conhecimentos médicos. Responderá ele, no caso, pelo crime de lesões corporais. Se, no entanto, possua conhecimentos médicos, poderá caracterizar-se o delito de exercício ilegal da Medicina.

3.2. Sujeito ativo

Qualquer pessoa que não possua conhecimentos médicos pode praticar esse delito, não se exigindo qualidade especial.

3.3. Sujeito passivo

É a coletividade, pois se trata de crime de perigo comum, bem como a pessoa que venha a ser tratada pelo curandeiro.

4. ELEMENTO SUBJETIVO

É o dolo, consubstanciado na vontade livre e consciente de exercer o curandeirismo por meio de um dos modos de execução previstos no tipo penal. Se houver a finalidade de lucro, incidirá o parágrafo único, que prevê a aplicação cumulativa da pena de multa. Não é necessário que o agente efetivamente obtenha a remuneração.

5. CONSUMAÇÃO E TENTATIVA

Consuma-se com a prática de um dos atos previstos no tipo penal, desde que de forma reiterada. Assim, para a configuração desse crime não se contenta a lei penal com a prática de um único ato de curandeirismo. Trata-se, portanto, de crime habitual. Ressalve-se que não é necessário que o agente faça do curandeirismo sua profissão. Basta tão somente a reiteração dos atos. Por se tratar de crime habitual, a tentativa é inadmissível. É crime de perigo abstrato, uma vez que a lei presume o perigo causado à saúde pública com a prática reiterada de uma das ações típicas. Em razão disso, ainda que o tratamento dispensado tenha sido bem-sucedido, o crime configura-se.

6. FORMAS

6.1. Simples (art. 284, *caput*)

Prevista no *caput* do artigo.

6.2. Qualificada (art. 284, parágrafo único)

Prevista no parágrafo único: "Se o crime é praticado mediante remuneração, o agente fica também sujeito à multa".

6.3. Qualificada pelo resultado (art. 285)

Prevista no art. 285: "Aplica-se o disposto no art. 258 aos crimes previstos neste Capítulo, salvo quanto ao definido no art. 267".

7. DISTINÇÕES

(i) Exercício ilegal da Medicina. Charlatanismo. Curandeirismo: conforme distinção de Hungria, "segundo o conceito tradicional ou vulgar, *curandeiro* é o indivíduo inculto, ou sem qualquer habilitação técnico-profissional, que se mete a curar, com o mais grosseiro empirismo. Enquanto o *exercente ilegal da medicina* tem conhecimentos médicos, embora não esteja devidamente habilitado para praticar a arte de curar, e o *charlatão* pode ser o próprio médico que abastarda a sua profissão com falsas promessas de cura, o *curandeiro* (*carimbamba, mezinheiro, raizeiro*) é o ignorante chapado, sem elementares conhecimentos de medicina, que se arvora em debelar dos males corpóreos"[207].

(ii) Curandeirismo e estelionato: pode suceder que o agente se utilize da falsa roupagem de curandeiro para de forma fraudulenta obter vantagens econômicas em prejuízo das vítimas. Nessa hipótese, o agente não é curandeiro, mas se utiliza desse

---

207. Nélson Hungria, *Comentários*, cit., v. 9, p. 154.

engodo para induzir pessoas a erro. Por exemplo: indivíduo que, mediante contraprestação pecuniária, fornece aos doentes óleo, para curar males da pele, que supostamente teria vertido do corpo de determinado padre milagreiro, quando na realidade o óleo é produzido em sua pequena fábrica de cosméticos. Veja-se que o curandeiro é o indivíduo ignorante que acredita poder debelar os males do corpo por meio do tratamento por ele dispensado. Já o estelionatário é o indivíduo esperto que, utilizando-se da ignorância do povo, faz promessa falsa de cura com o intuito de obter vantagens ilícitas.

8. CONCURSO DE CRIMES

Curandeirismo e estupro: é fato comum a prática de atos libidinosos ou a manutenção de relações sexuais pelo curandeiro com a vítima a pretexto de debelar males espirituais presentes em seu corpo. Nessa hipótese, o agente responderá pelo crime de curandeirismo em concurso com um dos delitos contra os costumes.

9. AÇÃO PENAL. LEI DOS JUIZADOS ESPECIAIS CRIMINAIS

(i) Ação penal: é crime de ação penal pública incondicionada, portanto independe de representação do ofendido ou de seu representante legal.

(ii) Lei dos Juizados Especiais Criminais: em virtude da pena máxima cominada, as formas simples (*caput*) e qualificada (parágrafo único) constituem infração de menor potencial ofensivo, sujeitas às disposições da Lei n. 9.099/95. Em face da pena mínima prevista, é cabível a suspensão condicional do processo (art. 89 da lei).

Título IX
DOS CRIMES CONTRA A PAZ PÚBLICA

1. CONSIDERAÇÕES PRELIMINARES

Sob a rubrica "Dos crimes contra a paz pública", prevê o Título IX do Código Penal os seguintes delitos:

(i) Incitação ao crime (art. 286).

(ii) Apologia de crime ou criminoso (art. 287).

(iii) Associação criminosa (art. 288).

(iv) Constituição de milícia privada (art. 288-A).

No Título IX, procurou o legislador contemplar todas as condutas criminosas que atentam especificamente contra o sentimento de paz e tranquilidade que deve imperar no seio social, em que pese todos os delitos em geral atingirem esse sentimento coletivo. Na hipótese, buscou-se criminalizar as ações que causam alarme na sociedade, que ameaçam a paz pública, pelo perigo que representam, e que, se não debeladas, causarão riscos concretos para a coletividade. É o caso do crime de associação criminosa. O legislador não espera que o indivíduo pratique um delito; pelo contrário, ele se antecipa a esse evento e propõe-se a punir a mera associação de indivíduos para a prática de crimes. Contenta-se com a mera ameaça ao direito alheio. Há, assim, uma atuação preventiva. No ditado popular, "corta-se o mal pela raiz". Conforme E. Magalhães Noronha, "são quase todos esses crimes autênticos *atos preparatórios* e a razão de puni-los está ou no relevo que o legislador dá ao bem ameaçado ou porque sua frequência está a indicar a necessidade da repressão, em qualquer caso, em nome da paz social"[208].

Sem dúvida, o crime de maior relevo a ser estudado no presente título é o de associação criminosa, especialmente pelo fato de algumas associações criminosas, nos dias atuais, terem assumido dimensão inigualável, constituindo-se em verdadeiras organizações criminosas, com caráter, por vezes, transnacional, dotadas de ampla estrutura organizacional e operacional, aparelhadas com instrumentos tecnológicos modernos etc., e causadoras de males incomensuráveis a toda a sociedade. Foram-se, portanto, os tempos em que quadrilheiros eram aqueles que se associavam para furtar galinhas, gado; em que as associações mais perigosas e complexas encontravam-se na distante Itália. Infelizmente nos encontramos muito distantes desse quadro, pois o que vemos atualmente

208. E. Magalhães Noronha, *Direito penal*, cit., v. 4, p. 77-8.

em nosso território, com frequência, são as associações para traficar entorpecentes, contrabandear armas, roubar cargas, lavar dinheiro etc. Obviamente os instrumentos disponíveis para combater associação criminosa mais rudimentares não são suficientes para extirpar organizações criminosas. No intuito de combater eficazmente essas organizações, foi criada a Lei do Crime Organizado (Lei n. 12.850, de 2-8-2013), que analisaremos ao final do estudo das formas tradicionais dos crimes de associação criminosa. Assim, poder-se-á ter um amplo panorama das associações criminosas no direito penal brasileiro, sendo impossível, nos dias de hoje, realizar uma análise do crime de associação criminosa dissociada do crime organizado, em que pese este ser objeto de legislação penal esparsa, o que refoge ao âmbito do presente estudo. É o fato social merecendo sua abordagem jurídica completa. O estudo, certamente, estará completo e próximo da realidade que nos cerca.

ART. 286 – INCITAÇÃO AO CRIME

1. CONCEITO

Dispõe o art. 286 do CP: "Incitar, publicamente, a prática de crime: Pena – detenção, de 3 (três) a 6 (seis) meses, ou multa".

2. OBJETO JURÍDICO

Como já dissemos anteriormente, o tipo penal tutela a paz pública, isto é, o sentimento de segurança e proteção necessários ao convívio social. Antes que haja qualquer ofensa à vida, à integridade física ou ao patrimônio de outrem, o legislador antecipa-se a tais práticas criminosas, punindo a conduta daquele que estimula genericamente as ações delituosas. Trata-se de verdadeira ressalva à regra contida no art. 31 do CP, que dispõe que "o ajuste, a determinação ou instigação e o auxílio, salvo disposição expressa em contrário, não são puníveis, se o crime não chega, pelo menos, a ser tentado". Pois bem. Na hipótese, o legislador não exige que o crime incitado seja efetivamente praticado. Contenta-se com o estímulo, de forma pública, à prática do delito. Pune-se, portanto, a instigação de crime que nem mesmo chega a ser tentado. É que nesse momento a paz pública já se encontra em perigo.

3. ELEMENTOS DO TIPO

3.1. Ação nuclear

Consubstancia-se no verbo *incitar*, isto é, instigar, induzir, excitar, provocar. Trata-se de crime de ação livre, pois pode ser praticado por qualquer meio: palavras, gestos ou atitudes (conforme exemplo de Hungria, "aquele que lança a primeira pedra contra a mulher adúltera está incitando os demais da multidão colérica à criminosa lapidação")[209], escritos etc. O tipo penal pune o incitamento à prática, imediata ou futura, de crime[210]. Exclui-se, portanto, a contravenção penal, por exemplo, conclamar para que os ouvintes passem a vadiar ou a praticar a mendicância (art. 59 da LCP), bem como o ato imoral, por exemplo, estimular as mulheres de determinada cidade a prostituir-se. Nesta última hipótese poderá caracterizar-se o crime previsto no art. 228 do CP (favorecimento da prostituição). Para a configuração dessa figura típica, não basta a incitação genérica para delinquir. É preciso que o agente estimule outras pessoas a praticar fato criminoso determinado, por exemplo, estimular os moradores de um bairro pobre a realizar sequestros como a melhor forma de enriquecer. No entanto, não é necessário apontar os meios de execução ou a pessoa contra quem o crime deve ser praticado. É imprescindível que a incitação à prática de crime seja pública, ou seja, destinada a um número indeterminado de pessoas, pois do contrário não há falar em ofensa à paz pública. Não é considerada lugar público, por exemplo, a residência familiar, ainda que presentes várias pessoas[211].

→ **Atenção:** atualmente não se pode perder de vista o fato de que o crime em estudo pode ser praticado pela internet, especialmente através das redes sociais. Também há inúmeras páginas e *sites* dedicados ao estímulo das mais variadas práticas delitivas.

3.2. Sujeito ativo

Trata-se de crime comum. Qualquer pessoa pode praticar o delito em tela.

3.3. Sujeito passivo

É a coletividade, tendo em vista que a objetividade jurídica tutelada é a paz pública. Dessa forma, todos os crimes que se encontram no presente título são considerados crimes vagos.

4. ELEMENTO SUBJETIVO

É o dolo, isto é, a vontade livre e consciente de incitar à prática de crime. Exige-se que o agente tenha ciência de que um número indeterminado de pessoas está tomando conhecimento da incitação no momento de sua prática.

5. CONSUMAÇÃO E TENTATIVA

Consuma-se com a prática da incitação, desde que esta seja percebida por indeterminado número de pessoas. Por se tratar de crime formal[212], não é necessário que alguém

209. Nélson Hungria, *Comentários*, cit., v. 9, p. 167.
210. Nesse sentido: E. Magalhães Noronha, *Direito penal*, cit., v. 4, p. 82.
211. Idem, ibidem.
212. Em sentido contrário: E. Magalhães Noronha, *Direito penal*, cit., v. 4, p. 83, sustentando tratar-se de delito de simples atividade ou mera conduta.

venha a praticar o crime incitado. Caso isso ocorra, poderá, eventualmente, caracterizar-se a participação do agente no delito incitado (CP, art. 29), ou em sua tentativa (CP, art. 31).

Se a incitação for oral, o *conatus* será inadmissível, pois o ato é único, impossível de ser cindido. Caso ela se realize por meios outros, como o uso de cartazes, panfletos, admite-se a tentativa, pois estamos diante de um delito cujo *iter criminis* é passível de ser fragmentado.

6. DISTINÇÕES

(i) se houver incitação, direta e pública, à prática de crime de genocídio: art. 3º da Lei n. 2.889/56;

(ii) se houver incitação à prática de crime contra a Segurança Nacional: art. 23, IV, da Lei n. 7.170/83;

(iii) se houver incitação à prática de suicídio: art. 122 do CP;

(iv) se houver incitação à satisfação da lascívia alheia ou à prática da prostituição ou outra forma de exploração sexual: arts. 218-A, 227 e 228 do CP;

(v) se houver induzimento ou incitação à discriminação ou preconceito de raça, cor, etnia, religião ou procedência nacional: art. 20 da Lei n. 7.716/89 (preconceito de raça ou cor);

(vi) se houver o incentivo ao consumo de drogas: art. 33, § 2º, da Lei n. 11.343/2006;

(vii) se houver o incitamento à desobediência, à indisciplina ou à prática de crime militar: art. 155 do Código Penal Militar.

7. AÇÃO PENAL. LEI DOS JUIZADOS ESPECIAIS CRIMINAIS

(i) **Ação penal:** trata-se de crime de ação penal pública incondicionada.

(ii) **Lei dos Juizados Especiais Criminais:** em virtude da pena máxima cominada (detenção, de 3 a 6 meses, ou multa), trata-se de infração de menor potencial ofensivo, sujeita às disposições da Lei n. 9.099/95. Em face da pena mínima prevista, é cabível a suspensão condicional do processo (art. 89 da lei).

ART. 287 – APOLOGIA DE CRIME OU CRIMINOSO

1. CONCEITO

Reza o art. 287 do CP: "Fazer, publicamente, apologia de fato criminoso ou de autor de crime: Pena – detenção, de 3 (três) meses a 6 (seis) meses, ou multa".

2. OBJETO JURÍDICO

Tutela-se mais uma vez a paz pública.

3. ELEMENTOS DO TIPO

3.1. Ação nuclear

A ação típica consiste em fazer apologia (louvar, elogiar, enaltecer) de fato criminoso ou de autor de crime. Como no delito anterior, pode ser praticada por qualquer meio (palavras, gestos, escritos etc.). Estamos aqui, mais uma vez, diante de uma forma de incitação de crime, contudo se cuida aqui da incitação indireta, isto é, implícita, ao contrário do art. 286, em que a incitação é direta, explícita. O agente indiretamente estimula a prática de crimes por meio de exaltação, de elogios a um fato criminoso ocorrido (por exemplo: elogiar, publicamente, o massacre ocorrido na favela de Vigário-Geral) ou a seu autor (por exemplo: afirmar que os policiais que realizaram o massacre são homens corajosos e todos os colegas de profissão deveriam neles se respaldar). Vejamos em que consiste cada um de seus elementos: **(i) fato criminoso:** é o fato previsto no Código Penal ou na legislação penal esparsa. Não abrange, contudo, o fato contravencional – ou imoral, bem como o fato culposo. Trata-se de fato criminoso determinado e já ocorrido. Não há falar, portanto, em apologia de crime futuro, fato este que distingue o delito em apreço daquele previsto no art. 286[213]; **(ii) autor de crime:** é a apologia do criminoso em virtude do delito que praticou. Não importa se o delinquente enaltecido já foi condenado ou não, se já há ação penal proposta ou não. Nesse sentido, Nélson Hungria. No mesmo sentido, Damásio de Jesus, para quem não é necessária a sentença condenatória irrecorrível. Em sentido contrário, Celso Delmanto. Sustenta o autor: "A apologia que este tipo penal incrimina, em sua última parte, é somente a de autor de crime que assim tenha sido considerado por decisão condenatória passada em julgado. Portanto, a apologia de acusado de crime, ou seja, de pessoa que ainda não tenha sido condenada definitivamente, será atípica"[214]. Ressalve-se, no entanto, que não é todo pronunciamento a favor do criminoso ou do fato por ele praticado que configurará esse delito, por exemplo, exaltar seu passado honesto, criticar o enquadramento do fato delituoso etc., constituindo estes meros atos de defesa. Nesse sentido é a ressalva de Magalhães Noronha: "Não é apologista quem se limita a justificar ou explicar a conduta delituosa, bem como apontar qualidades ou atributos do delinquente, em contrapeso ao fato criminoso. Muito menos o será a crítica ou apreciação de dispositivo legal ou de uma decisão. Mesmo o apoio moral, o conforto etc., em determinadas circunstâncias, não é apologia de criminoso, como pode acontecer em relação a um réu condenado, quando as provas contra ele são fracas e incompletas, dando margem a dúvidas. Tal proceder pode traduzir crítica ou censura à Justiça, não, porém, elogio de criminoso, pois é a existência deste que, precisamente, no caso, se põe em dúvida. Pode, entretanto, haver um delinquente; nem por isso um pronunciamento a seu favor, conforme as circunstâncias, terá tipicidade necessária, v. g., longa e velha amizade por ele, exaltando, então, seu passado honesto e bom, apontando a personalidade nada recomendável da vítima, examinando as condições em que o fato ocorreu etc. Tudo

---

213. E. Magalhães Noronha, *Direito penal*, cit., v. 4, p. 86; Julio Fabbrini Mirabete, *Manual*, cit., p. 197; Damásio E. de Jesus, *Direito penal*, cit., p. 410. Em sentido contrário: Nélson Hungria, *Comentários*, cit., v. 9, p. 173.

214. Respectivamente, Nélson Hungria, *Comentários*, cit., v. 9, p. 173; Damásio E. de Jesus, *Direito penal*, cit., v. 3, p. 410); Celso Delmanto, *Código Penal*, cit., p. 510.

isso constitui *defesa* e não apologia"[215]. Assim como no delito precedente, exige-se que a apologia seja praticada publicamente. Sem essa condição o crime não se configura.

Convém mencionar que o Supremo Tribunal Federal, na ADPF 187, em decisão unânime, excluiu do campo de incidência da norma do art. 287 as manifestações em favor da descriminalização de substâncias psicotrópicas, em especial a denominada "marcha da maconha", por estar acobertada pelos direitos constitucionais de reunião e de livre expressão do pensamento. Afirma o Ministro Celso de Mello, em seu voto, que o "princípio da liberdade de expressão repudia a instauração de órgãos censórios pelo poder público e a adoção de políticas discriminatórias contra determinados pontos de vista. Os delitos de opinião têm um viés profundamente suspeito, se analisados sob essa perspectiva, já que impedem a emissão livre de ideias. A possibilidade de questionar políticas públicas ou leis consideradas injustas é essencial à sobrevivência e ao aperfeiçoamento da democracia".

→ Atenção: atualmente não se pode perder de vista o fato de que o crime em estudo pode ser praticado pela internet, especialmente através das redes sociais.

3.2. Sujeito ativo

Trata-se de crime comum. Qualquer pessoa pode praticar o delito em tela.

3.3. Sujeito passivo

É a coletividade. Trata-se de crime vago.

4. ELEMENTO SUBJETIVO

É o dolo, consubstanciado na vontade livre e consciente de praticar a apologia, consciente da publicidade.

5. CONSUMAÇÃO E TENTATIVA

Assim como no delito precedente, estamos diante de um crime formal. Consuma-se com a apologia, independentemente de pessoas virem a repetir o fato criminoso exaltado. Caso isso ocorra, o agente poderá também, eventualmente, responder como partícipe do crime concretizado. Admite-se a tentativa, desde que a apologia não seja oral.

6. DISTINÇÃO

Se a apologia é de crime contra a Segurança Nacional: art. 22, IV, da Lei n. 7.170/83. Se a apologia é de crime militar ou do seu autor: art. 156 do Código Penal Militar.

215. E. Magalhães Noronha, *Direito penal*, cit., v. 4, p. 85.

7. CONCURSO DE CRIMES

Segundo a doutrina, haverá concurso formal de crimes, e não crime único, se o agente, em um mesmo contexto fático, fizer apologia de vários fatos criminosos ou de diversos autores de crimes. Se, por outro lado, fizer apologia de um único fato criminoso e de seu autor, haverá crime único.

8. AÇÃO PENAL. LEI DOS JUIZADOS ESPECIAIS CRIMINAIS

(i) **Ação penal:** trata-se de crime de ação penal pública incondicionada.

(ii) **Lei dos Juizados Especiais Criminais:** em virtude da pena máxima cominada (detenção, de 3 a 6 meses, ou multa), trata-se de infração de menor potencial ofensivo, sujeita às disposições da Lei n. 9.099/95. Em face da pena mínima prevista, é cabível a suspensão condicional do processo (art. 89 da lei).

ART. 288 – ASSOCIAÇÃO CRIMINOSA

1. CONCEITO

Dispõe o art. 288, *caput*, do CP: "Associarem-se 3 (três) ou mais pessoas, para o fim específico de cometer crimes: Pena – reclusão, de 1 (um) a 3 (três) anos".

Registre-se que, em sua redação original, o art. 288 do CP tipificava dois crimes, quais sejam, quadrilha ou bando. Com a entrada em vigor da Lei n. 12.850/2013 (Lei do Crime Organizado), o *nomen iuris* do delito foi alterado para associação criminosa. Outra alteração significativa promovida pela citada lei refere-se ao número de pessoas para a configuração do delito: na quadrilha ou bando exigiam-se ao menos quatro indivíduos; na associação criminosa bastam três pessoas. Trata-se de norma penal mais gravosa, aplicável somente a fatos futuros. A pena privativa de liberdade foi mantida: reclusão, de um a três anos.

2. OBJETO JURÍDICO

Tutela-se, mais uma vez, a paz pública.

3. ELEMENTOS DO TIPO

3.1. Ação nuclear

Pune-se a associação (reunião) de três ou mais pessoas para o fim específico de cometer crimes, o que exclui as contravenções penais. Exige-se um vínculo associativo entre os membros da associação criminosa, que deve ser permanente e não eventual, esporádico, do contrário poderá haver mero concurso de agentes. A associação deve ser composta por três ou mais pessoas, incluindo-se, nesse cômputo, o inimputável, os integrantes que não foram identificados ou que foram mortos no confronto policial. Ainda que venham a integrar a associação após a sua formação, o crime se configura, pois tem natureza permanente. Finalmente, a associação deve ser formada para a prática de crimes indeterminados. Se a reunião for para o cometimento de crimes determinados, haverá apenas coautoria ou participação nas infrações praticadas.

(i) Associação e crime continuado: há duas posições: (i) nada impede que uma associação criminosa estável e permanente pratique uma pluralidade de crimes, que, pelas semelhantes condições de tempo, lugar e modo de execução, configure a continuidade delitiva[216]; (ii) a associação para a prática de um crime continuado não basta para a tipificação do art. 288[217].

(ii) Associação e extinção da punibilidade: a extinção da punibilidade em relação a um dos integrantes da associação criminosa não tem o condão de interferir na tipificação do crime, pois a extinção é da pena e não da figura criminosa, que subsiste.

(iii) Associação e absolvição: nessa hipótese, de absolvição de um dos agentes, o crime de associação criminosa somente subsistirá se ainda restarem, no mínimo, três integrantes da associação criminosa. Caso isso não aconteça, o fato será considerado atípico por ausência de elementar típica.

3.2. Sujeito ativo

Qualquer pessoa, já que se trata de crime comum. Estamos aqui diante de um delito coletivo, plurissubjetivo ou de concurso necessário, pois o tipo penal exige que no mínimo três pessoas integrem a associação criminosa. É possível a participação de terceiros na associação criminosa, mediante auxílio, induzimento ou instigação.

3.3. Sujeito passivo

É a coletividade.

4. ELEMENTO SUBJETIVO

É o dolo, isto é, a vontade de o agente se associar a outras pessoas com a finalidade de cometer crimes (esse fim específico constitui o elemento subjetivo do tipo).

5. CONSUMAÇÃO

Dá-se no instante em que a associação criminosa é formada, independentemente da prática de qualquer delito. Mesmo que um dos integrantes se retire da associação após a sua formação, o crime, ainda assim, considera-se consumado. Trata-se de delito permanente. O prazo prescricional começa a correr na data em que se der o encerramento da conduta, isto é, com o término da associação.

---

216. Nesse sentido: Damásio de Jesus, *Direito penal*, cit., v. 3, p. 414.

217. Nesse sentido: Celso Delmanto, *Código Penal*, cit., p. 512.

6. TENTATIVA

A tentativa é inadmissível. Justifica Noronha que o crime em estudo já é por si só um ato preparatório: associar-se, reunir-se para praticar crimes, "difícil, assim, falar em atos de execução, seguidos de não consumação"[218].

7. FORMAS

7.1. Simples (art. 288, *caput*)

Prevista no *caput*.

7.2. Causa de aumento de pena (art. 288, parágrafo único)

De acordo com o parágrafo único, a pena aumenta-se até a metade se a associação é armada ou se houver a participação de criança ou adolescente. A lei refere-se tanto à arma própria (revólver, por exemplo) quanto à imprópria (por exemplo: faca, navalha). Ainda que somente um dos integrantes esteja armado, a qualificadora se configura. Discute-se se poderia haver concurso entre os crimes de associação criminosa armada e furto (ou roubo) majorado pelo emprego de armas. Em relação à presença de criança ou adolescente, a inserção de infantes em atividades criminosas, de forma habitual para o fim de cometer crimes, justifica reprimenda maior por parte do Estado.

8. CONCURSO DE CRIMES

Se os integrantes da associação criminosa praticarem algum crime (furto, roubo, sequestro), haverá concurso material entre este e o delito de associação criminosa. Aquele que não colaborou para a prática delitiva responderá pelo crime do art. 288. Discute-se se poderia haver concurso entre associação criminosa e furto ou roubo qualificado pelo concurso de pessoas. Há duas posições: (i) é possível, não se configurando *bis in idem*. O crime de associação criminosa já se consumou pela simples associação; nesse momento, a paz pública foi colocada em risco. A posterior prática de crime contra o patrimônio colocará em risco bem diverso, de natureza individual. Assim, os momentos consumativos e as objetividades jurídicas são distintas. Esta é a posição atualmente adotada pelo Supremo Tribunal Federal e pelo Superior Tribunal de Justiça. Nesse sentido: "Segundo a jurisprudência deste Tribunal Superior, não 'há falar em bis in idem, pela imputação concomitante da majorante do emprego de arma do crime de roubo com a majorante da quadrilha armada – prevista no parágrafo único do art. 288 do CP (em sua antiga redação) –, na medida em que se trata de

218. E. Magalhães Noronha, *Direito penal*, cit., v. 4, p. 96.

delitos autônomos e independentes, cujos objetos jurídicos são distintos – sendo, quanto ao crime de roubo: o patrimônio, a integridade jurídica e a liberdade do indivíduo e, quanto ao de formação de quadrilha (atual associação criminosa): a paz pública –, bem como diferentes as naturezas jurídicas, sendo o primeiro material, de perigo concreto, e o segundo formal, de perigo abstrato' (HC n. 131.838/SP, relator Ministro NEFI CORDEIRO, SEXTA TURMA, julgado em 10-6-2014, *DJe* 1º-7-2014)." (STJ, AgRg no REsp 1.456.290/MT, *DJU* 29-4-2019); (ii) configura *bis in idem*, pois o concurso de pessoas já foi devidamente sancionado no crime de associação criminosa. Desse modo, deverá o agente responder pelo furto simples em concurso com o crime de associação criminosa. Os mesmos fundamentos se aplicam para o crime de associação criminosa armada e furto (ou roubo) qualificado pelo emprego de arma e os delitos de associação criminosa e extorsão mediante sequestro qualificada pela circunstância de o crime ter sido cometido por associação criminosa. Nesse sentido, STJ, REsp 1.852.049/RN, *DJU* 23-10-2020.

9. AÇÃO PENAL. LEI DOS JUIZADOS ESPECIAIS CRIMINAIS

(i) Ação penal: trata-se de crime de ação penal pública incondicionada.

(ii) Lei dos Juizados Especiais Criminais: é cabível a suspensão condicional do processo (art. 89 da Lei n. 9.099/95), na forma simples do delito (art. 288, *caput*).

10. O DELITO DE ASSOCIAÇÃO CRIMINOSA NAS LEIS PENAIS ESPECIAIS

A nossa legislação traz algumas formas especiais de associação criminosa. Senão, vejamos.

(1) Lei n. 8.072/90: quando a associação criminosa se formar com a finalidade específica de cometer qualquer um dos delitos previstos nessa lei, salvo o delito de tráfico de drogas, sobre o qual incide disposição da Lei n. 11.343/2006 (Lei de Drogas), a pena será de 3 a 6 anos, contados em dobro, se o grupo é armado (art. 8º). Neste caso, a associação criminosa é composta dos seguintes elementos: (i) reunião permanente de quatro ou mais agentes (ii) com a finalidade de praticar reiteradamente (iii) os crimes de tortura, terrorismo e hediondo, excepcionando-se o crime de tráfico de drogas, conforme já explicitado.

(i) Delação premiada (traição benéfica): o parágrafo único do art. 8º da Lei n. 8.072/90 instituiu a figura da delação premiada, reduzindo a pena de um a dois terços para o partícipe (do crime) ou associado (da quadrilha ou bando, atual associação criminosa) que denunciar à autoridade o bando ou quadrilha (atual associação criminosa), formado com a finalidade de praticar um dos crimes de que trata a Lei n. 8.072/90, possibilitando, necessariamente, seu desmantelamento.

Os pressupostos da delação premiada são os seguintes: (i) crime de associação criminosa; (ii) formado com a finalidade de praticar tortura, terrorismo, tráfico de drogas ou crime hediondo; (iii) delação da existência dos associados à autoridade; (iv) formulada por um dos seus coautores ou partícipes; (v) eficácia da traição. A denúncia deve ser feita ou por integrante da associação criminosa ou por pessoa que, sem integrá-la como coautor, concorreu de qualquer modo para sua formação. O que deve ser denunciado é o próprio crime de associação criminosa, e não o delito praticado pelo grupo. O destinatário da delação é a autoridade, isto é, o juiz, delegado, promotor etc. Só haverá diminuição de pena com a eficácia da traição, que consiste no desmantelamento da associação. Assim, a eficácia exige dois requisitos: (i) desmantelamento da associação; (ii) nexo causal entre a delação e o desmantelamento. Ademais, o *quantum* de diminuição de pena será de acordo com a maior ou menor contribuição causal da denúncia para o desmantelamento. Trata-se de causa obrigatória de diminuição de pena. É circunstância de caráter pessoal (subjetiva), incomunicável no concurso de agentes.

(ii) Alcance da diminuição de pena: discute-se se a diminuição de pena restringe-se ao crime de associação criminosa ou se comunica aos crimes praticados pela associação. Suponhamos uma associação destinada à prática de latrocínio que chega a executar três crimes. A pena pelo crime do art. 288 do CP é no máximo de 6 anos. As penas somadas dos três latrocínios chegam a 90 anos. A questão é saber se a redução atinge apenas os 6 ou também os 90 anos. Há duas posições: (i) Atinge ambos os crimes. A lei fala em "participante e o associado que denunciar à autoridade o bando ou quadrilha" (atual associação criminosa). Ambos teriam direito à diminuição. Além disso, não haveria estímulo para o traidor se a redução se limitasse às penas mais baixas da associação criminosa; (ii) Só atinge a pena da associação criminosa. Quando o legislador quis diminuir as penas de algum crime praticado pela associação criminosa, ele o fez expressamente, como na figura da delação eficaz. Por exemplo: uma associação criminosa que pratique extorsão mediante sequestro. A traição benéfica, que é a delação da própria associação à autoridade, só diminui a pena desse crime. Para a redução da pena da extorsão mediante sequestro será preciso delatar a própria extorsão, possibilitando a libertação do sequestrado.

Nosso entendimento: a vingar a primeira posição, o instituto da delação eficaz (art. 7º, § 4º) seria inútil, pois bastaria denunciar a associação criminosa para que a pena de ambos os crimes fosse diminuída. Se a lei se preocupou em criar um instituto para a redução da pena do crime praticado pela associação criminosa (no caso, a extorsão mediante sequestro), é justamente porque a traição benéfica não o alcança; afinal, na lei não devem existir regras inúteis.

(2) Lei n. 11.343/2006: a figura da associação criminosa para o tráfico de drogas está prevista no art. 35 da lei. Dessa forma, pune-se a associação de duas ou mais pessoas para o fim de praticar, reiteradamente ou não, qualquer dos crimes previstos nos arts.

33, *caput* e § 1º, e 34 dessa lei (pena: reclusão, de três a dez anos, e pagamento de setecentos a mil e duzentos dias-multa). Ainda, com o intuito de impedir o tráfico de drogas, "estrangulando" o seu financiamento, a Lei n. 11.343/2006 criou especificamente a figura da associação criminosa para financiar ou custear a prática de qualquer dos crimes previstos nos arts. 33, *caput* e § 1º, e 34 dessa lei (pena: reclusão, de oito a vinte anos, e pagamento de mil e quinhentos a quatro mil dias-multa) (cf. art. 36). Trata-se de "*novatio legis* incriminadora", não podendo retroagir para prejudicar o réu.

(i) Causa de diminuição de pena (delação): no caso de crimes previstos na Lei n. 11.343/2006 (Lei de Drogas): "Art. 41. O indiciado ou acusado que colaborar voluntariamente com a investigação policial e o processo criminal na identificação dos demais coautores ou partícipes do crime e na recuperação total ou parcial do produto do crime, no caso de condenação, terá pena reduzida de um terço a dois terços".

(3) Conclusão: ante o exposto, podemos elencar as seguintes espécies de associação criminosa:

(i) Associação criminosa genérica: é a figura descrita no art. 288 do CP. Ocorre com a reunião de três ou mais pessoas com a finalidade de praticar crimes comuns. A pena está prevista no próprio art. 288.

(ii) Associação criminosa especial (Lei n. 8.072/90): é a reunião de mais de duas pessoas com a finalidade de praticar crimes previstos na Lei de Crimes Hediondos (salvo o crime de tráfico de drogas). A pena está prevista no art. 8º da Lei n. 8.072/90. Cabível nessa espécie a figura da delação premiada (art. 8º, parágrafo único).

(iii) Associação criminosa especial com a finalidade de praticar tráfico de drogas (Lei n. 11.343/2006): é a reunião de duas ou mais pessoas com a finalidade específica, qual seja, praticar tráfico de drogas (Lei n. 11.343/2006). A pena está prevista no art. 35 da Lei de Drogas. O art. 36 também prevê a figura da associação criminosa para financiar ou custear a prática de qualquer dos crimes previstos nos arts. 33, *caput* e § 1º, e 34 dessa lei. Cabível nessa espécie a figura da delação premiada (art. 41).

— Outra espécie: vale registrar outra forma especial de associação criminosa: se a finalidade for cometer atentados contra a segurança nacional, o delito será o do art. 16 da Lei n. 7.170/83.

11. CRIME ORGANIZADO (LEI N. 12.850/2013)

A Lei n. 12.850, de 2 de agosto de 2013, conhecida como Lei do Crime Organizado, definiu organização criminosa, dispôs sobre a investigação criminal, os meios de obtenção da prova, as infrações penais correlatas e o procedimento criminal (art. 1º). Além desses objetos, a lei alterou o Código Penal e revogou, expressamente, a Lei n. 9.034/95.

Ela está dividida em três capítulos, contendo 27 artigos:

(i) Capítulo I: cuida do conceito de organização criminosa, traz um tipo penal específico e apresenta efeitos da condenação criminal (arts. 1º e 2º);

(ii) Capítulo II: trata da investigação e dos meios de obtenção da prova e cria novas condutas típicas relacionadas com condutas que dificultem a investigação (arts. 3º a 21);

(iii) Capítulo III: estabelece as disposições finais (arts. 22 a 27).

Com a Lei n. 12.850/2013, as organizações criminosas ganharam conceito jurídico bem definido, respeitando-se o princípio da legalidade penal.

Considera-se organização criminosa, diz o § 1º do art. 1º da lei, a associação de 4 (quatro) ou mais pessoas estruturalmente ordenada e caracterizada pela divisão de tarefas, ainda que informalmente, com o objetivo de obter, direta ou indiretamente, vantagem de qualquer natureza, mediante a prática de infrações penais cujas penas máximas sejam superiores a 4 (quatro) anos, ou que sejam de caráter transnacional.

Para efetivamente estarmos diante de uma organização criminosa, requer-se:

(i) associação de quatro ou mais pessoas – em caráter permanente e não eventual;

(ii) estrutura interna na organização;

(iii) ordenação de funções;

(iv) divisão de tarefas entre seus integrantes;

(v) dispensa a constituição formal, com atas e assembleias;

(vi) unidos com a finalidade de obter, direta ou indiretamente, vantagem de qualquer natureza;

(vii) mediante a prática de infrações penais com pena máxima em abstrato igual ou superior a 4 anos, ou que sejam de caráter transnacional, e, nesse caso, não há relevância da reprimenda fixada em abstrato pela lei.

São requisitos cumulativos, ou seja, para preencher o conceito de organização criminosa é necessário cumular todos esses requisitos.

Vale a pena citar outras características comumente presentes em organizações criminosas[219]:

(i) Hierarquia estrutural: a organização consiste sempre em uma ordem hierarquizada, isto é, em um poder disposto de modo vertical, dentro do qual ocorre um estreitamento cada vez maior, até se chegar ao comando central (forma piramidal). É comum, nessas organizações, que os agentes das mais baixas posições desconheçam quem são os superiores de seu chefe imediato, o que torna mais difícil a identificação dos líderes.

(ii) Planejamento de tipo empresarial: a organização deve ter forma de recrutamento e pagamento de pessoal, programação de fluxo de caixa e estrutura contábil bem parecida com a de uma empresa legal. Aparentemente, funciona como uma empresa lícita e possui quase todas as características desta, dificultando a investigação.

---

219. Luiz Flávio Gomes e Raúl Cervini, na obra *Crime organizado*: enfoques criminológico, jurídico e político-criminal (2. ed., São Paulo: Revista dos Tribunais, 2009, p. 92-98).

(iii) Uso de meios tecnológicos sofisticados: as organizações possuem meios de telecomunicação, comunicação por satélite, gravadores capazes de captar sons a longa distância e uma série de outros recursos avançados que nem mesmo o Estado detém.

(iv) Divisão territorial das atividades ilícitas: as organizações passam a atuar em territórios delimitados, que são as suas áreas de influência. Essa divisão de espaço às vezes ocorre pelo confronto; às vezes, pelo acordo.

(v) Alto poder de intimidação: as organizações conseguem intimidar até mesmo os poderes constituídos. Infundem medo e silêncio em toda a sociedade e, com isso, garantem a certeza da impunidade.

(vi) Conexão local, regional, nacional ou internacional com outras organizações: em geral, as organizações estão interligadas, constituindo um poder invisível, quase indestrutível.

A lei ainda amplia seu alcance para ser aplicada às infrações penais previstas em tratado ou convenção internacional quando, iniciada a execução no País, o resultado tenha ou devesse ter ocorrido no estrangeiro, ou reciprocamente. É o caso dos chamados crimes a distância.

Ainda no tocante à aplicabilidade da lei, pode reger as condutas praticadas por organizações terroristas internacionais, reconhecidas segundo as normas de direito internacional, por foro do qual o Brasil faça parte, cujos atos de suporte ao terrorismo, bem como os atos preparatórios ou de execução de atos terroristas, ocorram ou possam ocorrer em território nacional.

– **Colegiado em organização criminosa (Lei n. 12.694/2012)**: a Lei n. 12.694/2012 dispõe sobre o processo e o julgamento colegiado em primeiro grau de jurisdição de crimes praticados por organizações criminosas.

A finalidade da lei é a de permitir ao juiz decidir pela formação de colegiado, visando à prática de qualquer ato processual, com o claro propósito legal de preservar a integridade física e psicológica do julgador na prática de atos processuais, tais como a decretação de prisão ou de medidas assecuratórias, a concessão de liberdade provisória, a sentença e a execução da pena.

Com relação ao conceito de organização criminosa, reza o art. 2º da Lei n. 12.694/2012: "Para os efeitos desta Lei, considera-se organização criminosa a associação de 3 (três) ou mais pessoas, estruturalmente ordenada e caracterizada pela divisão de tarefas, ainda que informalmente, com objetivo de obter, direta ou indiretamente, vantagem de qualquer natureza, mediante a prática de crimes cuja pena máxima seja igual ou superior a 4 (quatro) anos ou que sejam de caráter transnacional".

Ocorre que, com a edição da Lei n. 12.850/2013, estabeleceu-se um novo conceito: "Considera-se organização criminosa a associação de 4 (quatro) ou mais pessoas estruturalmente ordenada e caracterizada pela divisão de tarefas, ainda que informalmente, com o objetivo de obter, direta ou indiretamente, vantagem de qualquer natureza, mediante a prática de infrações penais cujas penas máximas sejam superiores a 4 (quatro) anos, ou que sejam de caráter transnacional" (art. 1º, § 1º).

Resta claro que a única diferença entre os dois conceitos se refere ao número mínimo de pessoas. Tendo em vista o princípio da especialidade, lei recente afasta a aplicação de norma mais antiga e, assim sendo, deve prevalecer o conceito da Lei n. 12.850/2013. Embora se argumente que a expressão *"Para os efeitos desta Lei..."*, contida no art. 2º da Lei n. 12.694/2012, tornaria essa norma especial em relação àquela, embora mais recente, a realidade é que ambas as leis são especiais, razão pela qual a mais recente deve prevalecer, conforme já mencionado. Ademais, não é possível a existência de dois conceitos de organização criminosa no mesmo ordenamento jurídico – uma composta por três pessoas; outra, por quatro. No mais, a finalidade da Lei n. 12.694/2012 é nitidamente processual, ao passo que a Lei n. 12.850/2013 possui caráter essencialmente penal, devendo prevalecer, sobretudo tendo em vista suas próprias finalidades: a tipificação do delito de organização criminosa. Conclusão: o art. 2º da Lei n. 12.694/2012 encontra-se derrogado na parte em que fixa o número mínimo de três pessoas, impossibilitando a sua aplicação para efeitos penais, até porque não se pode fazer analogia em norma penal incriminadora e *in malam partem*. Assim, somente se chama a julgamento pelo colegiado quando o processo visar à apuração de delitos cometidos, de maneira organizada, por quatro ou mais pessoas.

Finalmente, vale mencionar que, como as normas processuais admitem interpretação extensiva e emprego de analogia (CPP, art. 3º), mesmo que não haja a formação de colegiado, poderão ser aplicadas todas as regras processuais da Lei do Crime Organizado (Lei n. 12.850/2013). Não teria sentido – apenas pelo fato de o órgão julgador não ser colegiado, mas unitário – deixarem de incidir os dispositivos processuais próprios de combate à organização criminosa previstos na Lei do Crime Organizado.

12. ASSOCIAÇÃO CRIMINOSA E ORGANIZAÇÃO CRIMINOSA

É importante diferenciar organização criminosa de associação criminosa.

Conforme já vimos, o conceito de organização criminosa está no § 1º do art. 1º da Lei n. 12.850/2013, ao passo que a associação criminosa está definida no art. 288 do CP.

Podemos elencar as seguintes diferenças:

(i) número mínimo de integrantes: quatro na organização criminosa e três na associação criminosa;

(ii) crimes cometidos pelo grupo: na organização criminosa devem ser crimes graves, ou seja, infrações penais cujas penas máximas sejam superiores a 4 (quatro) anos, ou que sejam de caráter transnacional; quaisquer crimes na associação criminosa, salvo as modalidades especiais já citadas;

(iii) objetivo: na organização criminosa é obter, direta ou indiretamente, vantagem de qualquer natureza; na associação criminosa é o fim específico de cometer crimes;

(iv) **estrutura organizacional:** na organização criminosa a estrutura organizacional deve ser ordenada e caracterizada pela divisão funcional de tarefas, bem como pela hierarquia estrutural, planejamento, recrutamento de pessoas, uso de meios tecnológicos, divisão territorial de tarefas, dentre outros, ao passo que na associação criminosa não se exige qualquer estrutura ou organização interna, embora se exija a reunião permanente e não meramente eventual (tanto quanto ocorre na organização criminosa);

(v) **Sanção penal:** a organização criminosa é apenada com reclusão, de três a oito anos, e multa, sem prejuízo das demais infrações praticadas (art. 2º da Lei n. 12.850/2013). A sanção da associação criminosa é de reclusão, de um a três anos.

(vi) **Previsão legal:** Lei n. 12.850/13, art. 2º (organização criminosa), e CP, art. 288 (associação criminosa).

ART. 288-A – CONSTITUIÇÃO DE MILÍCIA PRIVADA

1. CONCEITO

Dispõe o art. 288-A do CP: "Constituir, organizar, integrar, manter ou custear organização paramilitar, milícia particular, grupo ou esquadrão com a finalidade de praticar qualquer dos crimes previstos neste Código: Pena – reclusão, de 4 (quatro) a 8 (oito) anos".

2. OBJETO JURÍDICO

Tutela-se a paz pública.

3. ELEMENTOS DO TIPO

3.1. Introdução

Há duas causas de aumento, sendo uma ao crime de homicídio doloso (CP, art. 121, § 6º), consistente no acréscimo de um terço até metade, e outra ao crime de lesões corporais dolosas (CP, art. 129, § 7º), consistente no acréscimo de um terço, quando o crime for praticado por milícia privada, sob o pretexto de prestação de serviço de segurança, ou por grupo de extermínio. Há também o tipo penal constituição de milícia privada, com pena de reclusão de 4 (quatro) a 8 (oito) anos. O conteúdo da proposta legislativa se originou dos trabalhos da CPI dos Grupos de Extermínio no Nordeste, a qual investigou a atuação de milícias em diversos Estados do país. Foram três os objetivos: (i) resgatar o compromisso internacional do Brasil com a Resolução n. 44/162, aprovada pela Assembleia Geral das Nações Unidas, em dezembro de 1989; (ii) compatibilizar o combate ao extermínio de seres humanos com a tutela à vida ratificada pelo Brasil nos Decretos n. 678/92 (Pacto de San José da Costa Rica) e n. 4.388/2002 (Estatuto de Roma); (iii) deslocar a competência do julgamento do crime de extermínio de seres humanos para a esfera federal, a fim de serem evitadas pressões políticas de integrantes das milícias sobre os agentes públicos estaduais. Em sua redação original, o projeto de lei considerou tais crimes atentados ao Estado Democrático de Direito, sendo de interesse da União. Todos esses motivos constaram da justificativa do PL n. 370/2007[220].

3.2. Ação nuclear

O núcleo, isto é, o verbo do tipo, compreende *a constituição* (formação), *a organização* (planejamento, estabelecimento de uma ordem), *a manutenção* (promoção da subsistência ou continuidade), *a integração* (composição, pertencimento) *ou o custeio* (financiamento, prover materialmente) de organização paramilitar, milícia particular, grupo ou esquadrão, com a finalidade de praticar qualquer crime previsto no Código Penal.

Pratica o delito qualquer pessoa que forma, organiza, mantém, integra ou arca com as despesas de criação ou manutenção de organização, esquadrão, grupo ou milícia.

Trata-se de crime formal, cuja consumação se efetiva com a mera realização da conduta que compõe o núcleo do tipo, sendo irrelevante a eventual e futura prática de algum crime pelo grupo.

No instante em que se completa a criação ou a estruturação (organização) do grupo, atinge-se a consumação. A manutenção e a integração são crimes permanentes, cuja consumação se protrai no tempo, de maneira que, enquanto o agente estiver mantendo ou integrando a milícia, o momento consumativo vai se renovando. Quanto ao custeio, pode se dar de modo permanente ou instantâneo, conforme ocorra em um só instante ou se prolongue no tempo.

3.3. Sujeito ativo

Qualquer pessoa, tratando-se de crime comum. Quanto ao concurso de agentes, a infração se classifica como delito coletivo, plurissubjetivo ou de concurso necessário, o qual somente pode ser praticado por mais de um agente em concurso.

Qual o número mínimo necessário para a configuração desse crime?

O legislador foi omisso e deixou de especificar a quantidade mínima de agentes necessária para a caracterização do delito. Surgirão, pelo menos, três posições: (i) diante da omissão do legislador, bastam duas pessoas para a configuração do crime; (ii) aplica-se, por analogia, a norma mais próxima à do art. 288-A do CP, que é a do art. 288 do mesmo diploma legal, a qual define o delito de associação criminosa, sendo necessárias pelo menos três pessoas; (iii) aplica-se o conceito de organização criminosa, definido pelo art. 1º, § 1º, da Lei n. 12.850/2013, ou seja, são exigidas pelo menos quatro pessoas.

---

220. Disponível em: <http://www.camara.gov.br/proposicoesWeb/prop_mostrarintegra;jsessionid=BF85D237A958436A3F034188504EA677.node2?codteor=440879&filename=PL+370/2007>.

Nosso entendimento: é incompatível com a noção de organização, grupo, esquadrão ou milícia a existência de apenas dois componentes. Tal ideia confronta com a própria *mens legis* de combater agrupamentos mais ou menos organizados voltados ao cometimento de delitos.

Por outro lado, em respeito ao princípio da reserva legal, do qual decorre a exigência de taxatividade, necessário se faz buscar um parâmetro comparativo com as figuras típicas assemelhadas já existentes. Qualquer outra solução, que delegasse ao operador do direito a tarefa de fixar aleatoriamente o número mínimo necessário de agentes, colidiria com o princípio constitucional da legalidade e frustraria sua mais importante missão, que é a contenção do poder punitivo estatal.

Nosso entendimento: considerando que a analogia é o meio de integração do direito, segundo o qual se aplica ao fato não regulado por lei a norma reguladora do fato semelhante, entendemos ser aplicável, para suprir a omissão do delito definido pelo art. 288-A do CP, a norma mais próxima a ele, qual seja, a do art. 288 do mesmo diploma legal, que define o delito de associação criminosa e exige um número mínimo de 3 (três) pessoas para sua configuração.

Pode ocorrer, no entanto, que a organização paramilitar ou a milícia particular, que são agrupamentos mais estruturados que o esquadrão e o grupo e possuem maior probabilidade de constituírem organizações criminosas, venham a preencher as características típicas da organização criminosa, tais como estruturação de caráter piramidal + hierarquia verticalizada + ordenação e subdivisão de tarefas + objetivo de cometer crimes com pena máxima igual ou superior a 4 anos ou que sejam de caráter transnacional.

Nosso entendimento: nessa hipótese, estando caracterizada a figura típica do art. 288-A como organização criminosa, entendemos que deverá ser seguido o conceito previsto no art. 1º, § 1º, da Lei n. 12.850/2013, que definiu seu conceito legal, exigindo um mínimo de 4 (quatro) pessoas.

Aplica-se, assim, por analogia, em regra, o art. 288 do CP, sendo necessário um mínimo de 3 (três) pessoas. Por sua vez, quando estiverem reunidos os elementos tipificadores da organização criminosa, nos moldes definidos pelo art. 1º, § 1º, da Lei n. 12.850/2013, exige-se o número mínimo de 4 (quatro) agentes.

3.4. Sujeito passivo

É a coletividade.

3.5. Objeto material

A ação nuclear (constituir, organizar, integrar, manter ou custear) recai sobre: organização paramilitar, milícia particular, grupo ou esquadrão.

(i) **Organização paramilitar**: trata-se de um agrupamento maior, muito hierarquizado e estruturado, com divisão de tarefas e estrutura piramidal, e obediência irrestrita dos membros subordinados aos seus superiores. Sua finalidade é o treinamento de seus integrantes para finalidades bélicas, o que implica necessariamente o uso, manejo ou armazenamento de armas, ainda que isso ocorra eventualmente. A natureza paramilitar exige que, pelo menos em algum momento, haja armamentos mais ou menos complexos. Em regra, o grupo é uniformizado, embora este não seja um requisito essencial. O mesmo se diga quanto à nomenclatura de postos, requisito não imprescindível para a organização paramilitar, embora frequente.

(ii) **Esquadrão**: de modo geral, compreende uma divisão ou seção específica de um regimento. Cuida-se, aqui, de um grupo menor se comparado à organização paramilitar, mais selecionado e altamente treinado para executar ações criminosas específicas com precisão. O vocábulo vem sendo usado para designar qualquer grupo que exerça atividades militares ou policiais[221]. Denota, assim, um agrupamento mais coeso e menos estruturado do ponto de vista hierárquico. Caracteriza-se por uma maior perícia e eficiência no exercício de missões de natureza criminosa. Assim, trata-se de um grupo de elite na consecução de objetivos criminosos, sendo, por essa razão, de grande periculosidade.

(iii) **Grupo**: reunião de pessoas, civis ou militares, que atua de forma menos estruturada se comparado a uma organização paramilitar e que não chega a ter o treinamento, a eficiência e a coesão de um esquadrão. Tal agrupamento é normalmente formado por matadores, autodenominados justiceiros, que se valem da ausência, omissão ou leniência do Poder Público para proceder à eliminação generalizada de pessoas supostamente etiquetadas como marginais ou perigosas. Sem a estrutura e a hierarquização de uma organização, sem o treinamento e com uma ação menos coordenada que um esquadrão, o grupo normalmente objetiva o extermínio puro e simples de pessoas. Forma-se com mais facilidade e frequência, daí decorrendo sua perniciosidade.

(iv) **Milícia particular**: entende-se como tal o grupo de pessoas (civis ou não), armado, cuja finalidade anunciada é a de garantir segurança e restaurar a ordem em comunidades mais carentes, desprovidas da ação do Poder Público. Ocupa o espaço territorial mediante o emprego de coação física ou moral exercida sobre a população indefesa e sem outra opção, assumindo o papel de um Estado paralelo. Caracteriza-se como uma força policial paralela ao Poder Público e objetiva o julgamento e a execução sumária de pessoas que violam seu código de condutas.

---

221. *Enciclopédia Saraiva do Direito*, v. 33, Comissão de Redação.

3.6. Agrupamentos criminosos fora do art. 288-A do CP

(i) **Organização criminosa:** Lei n. 12.850/2013, art. 1º, § 1º. Considera-se organização criminosa a associação de 4 (quatro) ou mais pessoas estruturalmente ordenada e caracterizada pela divisão de tarefas, ainda que informalmente, com objetivo de obter, direta ou indiretamente, vantagem de qualquer natureza, mediante a prática de infrações penais cujas penas máximas sejam superiores a 4 (quatro) anos, ou que sejam de caráter transnacional.

(ii) **Associação criminosa:** associarem-se três ou mais pessoas, para o fim específico de cometer crimes (CP, art. 288). Lembrar das modalidades especiais de associação criminosa (*v.* comentários ao art. 288).

(iii) **Organização militar ilegal:** constituir, integrar ou manter organização ilegal de tipo militar, de qualquer forma ou natureza, armada ou não, com ou sem fardamento, com finalidade combativa, sendo imprescindível a motivação política do grupo (Lei n. 7.710/83 – Lei de Segurança Nacional, art. 24).

4. ELEMENTO SUBJETIVO DO TIPO

O crime somente pode ser cometido a título de dolo, inexistindo a forma culposa. Consiste na vontade do agente de constituir, organizar, integrar, manter ou custear a organização paramilitar, a milícia particular, o grupo ou esquadrão.

O tipo exige, além do dolo, como elementar expressa, o fim especial do agente, sendo imprescindível, portanto: a vontade de realizar o verbo da figura típica + a finalidade de praticar qualquer dos crimes previstos no CP.

Diferentemente do delito de associação criminosa, não se exige a finalidade de cometer crimes, no plural, bastando que o objetivo que levou à reunião das pessoas seja o cometimento de um único delito.

Exige-se, no entanto, que a reunião seja estável e de caráter permanente, não se confundindo com o concurso ocasional e eventual de agentes, assim como ocorre no art. 288 do CP.

Saliente-se que o alcance da disposição em estudo é restrita ao cometimento de crimes previstos dentro do Código Penal, não abarcando, portanto, as infrações tipificadas na legislação extravagante.

5. CONSUMAÇÃO E TENTATIVA

Trata-se de crime formal, cuja consumação ocorre no momento em que os agentes constituem, organizam, integram, mantêm ou custeiam organização, milícia, esquadrão ou grupo, com o objetivo de cometer qualquer dos crimes previstos no CP. Não é necessário que o crime que se pretende praticar venha efetivamente a ser realizado.

Não se admite o arrependimento eficaz, pois, uma vez realizada a ação, a infração já estará consumada, sendo ineficaz a mudança de ideia por parte do sujeito.

A tentativa é inadmissível: ou o agente constitui, integra, mantém, organiza ou custeia o agrupamento ou não existe crime. Qualquer ato nesse sentido já implica a consumação do crime.

6. CONCURSO DE CRIMES

Se os integrantes da organização paramilitar, milícia particular, grupo ou esquadrão praticarem algum crime previsto no Código Penal, haverá concurso material entre este e o delito do art. 288-A. Aquele que não colaborou para a prática delitiva responderá apenas por integrar a milícia privada em sentido lato. A mesma discussão sobre a possibilidade de concurso entre associação criminosa e furto ou roubo qualificado pelo concurso de pessoas pode ser aplicada aqui. Há duas posições: (i) é possível, não se configurando *bis in idem*. O crime de associação criminosa já se consumou pela simples associação; nesse momento, a paz pública foi colocada em risco. A posterior prática de crime contra o patrimônio colocará em risco bem diverso, de natureza individual. Assim, os momentos consumativos e as objetividades jurídicas são distintas. Essa é a posição atualmente adotada pelo Supremo Tribunal Federal e pelo Superior Tribunal de Justiça. Nesse sentido: "Segundo a jurisprudência deste Tribunal Superior, não 'há falar em bis in idem, pela imputação concomitante da majorante do emprego de arma do crime de roubo com a majorante da quadrilha armada – prevista no parágrafo único do art. 288 do CP (em sua antiga redação) –, na medida em que se trata de delitos autônomos e independentes, cujos objetos jurídicos são distintos – sendo, quanto ao crime de roubo: o patrimônio, a integridade jurídica e a liberdade do indivíduo e, quanto ao de formação de quadrilha (atual associação criminosa): a paz pública , bem como diferentes as naturezas jurídicas, sendo o primeiro material, de perigo concreto, e o segundo formal, de perigo abstrato' (HC n 131.838/SP, relator Ministro NEFI CORDEIRO, SEXTA TURMA, julgado em 10-6-2014, *DJe* 1º-7-2014)." (STJ, AgRg no REsp 1.456.290/MT, *DJU* 29-4-2019); (ii) configura *bis in idem*, pois o concurso de pessoas já foi devidamente sancionado no crime de quadrilha. Desse modo, deverá o agente responder pelo furto simples em concurso com o crime de quadrilha. Os mesmos fundamentos se aplicam para o crime de quadrilha ou bando armado e furto (ou roubo) qualificado pelo emprego de arma e os delitos de quadrilha ou bando e extorsão mediante sequestro qualificada pela circunstância de o crime ter sido cometido por quadrilha ou bando (STJ, REsp 1.852.049/RN, *DJU* 23-10-2020).

7. AÇÃO PENAL

Trata-se de crime de ação penal pública incondicionada. Não é cabível nenhum dos benefícios da Lei n. 9.099/95, nem a suspensão condicional do processo (art. 89 da Lei n. 9.099/95), pois os patamares mínimo e máximo da pena vão de 4 a 8 anos de reclusão.

Título X
DOS CRIMES CONTRA A FÉ PÚBLICA

1. OBJETIVIDADE JURÍDICA

O Título X, que ora estudaremos, dispõe sobre os delitos que atentam contra a chamada *fé pública*. A tutela desse bem jurídico surgiu da necessidade real e coletiva de confiar na legitimidade da moeda, instrumento essencial nas relações negociais; na veracidade dos títulos ou documentos formados e, portanto, na credibilidade de seu valor probatório; na atestação da qualidade ou identidade das pessoas etc. Sem a presunção de veracidade atribuída a esses instrumentos, as relações sociais, em especial as negociais, estariam atravancadas pela desconfiança geral que nortearia aqueles instrumentos. Haveria um estado de insegurança jurídica. Com efeito, instalar-se-ia um clima de desconfiança mútua em detrimento do desenvolvimento célere e regular das funções essenciais a toda a sociedade. Imagine o caos que seria, por exemplo, se qualquer indivíduo tivesse de fazer inúmeras provas de sua real identidade, isto é, provar que ele é realmente quem diz ser. Ora, no momento em que se atribui à carteira de identidade a presunçao de veracidade quanto a sua forma jurídica e a seu conteúdo, o titular não é obrigado a fazer qualquer outra prova de identidade. É que esse instrumento probatório é dotado de fé pública, isto é, há uma confiança geral em sua legitimidade. O direito penal, portanto, preocupa-se com a fé coletiva, isto é, a crença na veracidade dos meios de prova ou sinais de atestação. Essa preocupação tem razão de existir. Toda vez que alguém, por exemplo, falsifica um documento público, isto é, cria materialmente um documento semelhante ao verdadeiro, há uma quebra nessa confiança geral, isto é, na crença de que os documentos emitidos pelo Poder Público são legítimos. O que era certo torna-se incerto. As pessoas, assim, passam a desconfiar da presunção de veracidade dos documentos, o que ocasiona verdadeira insegurança jurídica. Conforme assinala Hungria: "Assim, o *falso numário* não representa apenas uma lesão ou ameaça de lesão ao patrimônio individual, à segurança do intercâmbio financeiro e ao monopólio monetário do Estado, mas, também, ao preeminente interesse que tem por objeto a confiança pública na legitimidade do dinheiro, sem a qual não seria possível o jogo dos negócios e transações. Analogamente, pode dizer-se da *falsidade documental* que esta não ofende ou faz periclitar somente o patrimônio privado, a firmeza das relações jurídicas, a inteireza dos meios de prova, senão também o precípuo interesse social relativo à *crença* de todos na genuinidade e eficácia dos documentos legalmente destinados à constatação dos direitos e obrigações. O *falsum*, ainda que empregado contra um só indivíduo, *totoe civitati periculum infert*, repercute sobre toda a comunhão social, por isso que em todos se difunde o receio de repetição do fato. É o quebramento da fé pública"[222].

Os crimes de falso que atentam contra a fé pública encontram-se divididos em cinco capítulos:

(i) Capítulo I: Da Moeda Falsa (arts. 289 a 292);

(ii) Capítulo II: Da Falsidade de Títulos e Outros Papéis Públicos (CP, arts. 293 a 295);

(iii) Capítulo III: Da Falsidade Documental (CP, arts. 296 a 305);

(iv) Capítulo IV: De Outras Falsidades (CP, arts. 306 a 311);

(v) Capítulo V: Das Fraudes em Certames de Interesse Público (CP, art. 311-A).

2. ESPÉCIES DE FALSIDADE

Três são as espécies de falsidade contempladas nos delitos previstos no Título X[223]:

(i) Falsidade externa ou material: aqui o documento é materialmente falso. A falsificação ocorre mediante contrafação, por exemplo, criar integralmente um documento semelhante ao verdadeiro, como no caso de uma escritura pública falsa; ou alteração, por exemplo, inserir palavras em documento já existente; ou supressão, como cancelar frases do contrato.

(ii) Falsidade ideológica: aqui não há qualquer criação, alteração ou supressão de ordem material. Há apenas simulação. O documento é materialmente verdadeiro, sendo falsa a ideia nele contida. Cite-se o exemplo de Noronha: "Quando num contrato de compra e venda, v. g., se diz que foi pago o preço, mas tal não ocorreu, há falsidade ideológica e não material: o documento é verdadeiro, porém, o conteúdo é mentiroso. Há genuinidade formal do escrito, mas inexiste veracidade intelectual do conteúdo"[224].

(iii) Falsidade pessoal: diz respeito aos atributos ou qualidades da pessoa (nome, idade, filiação, nacionalidade, estado civil, profissão), por exemplo, atribuir-se nome falso.

Capítulo I
DA MOEDA FALSA

ART. 289 – MOEDA FALSA

1. CONCEITO

Dispõe o art. 289, *caput*, do CP: "Falsificar, fabricando-a ou alterando-a, moeda metálica ou papel-moeda de curso legal no país ou no estrangeiro: Pena – reclusão, de 3 (três) a 12 (doze) anos, e multa".

---

222. Nélson Hungria, *Comentários*, cit., v. 9, p. 189-90.

223. Cf. classificação e distinção realizadas por E. Magalhães Noronha, *Direito penal*, cit., v. 4, p. 102.

224. E. Magalhães Noronha, *Direito penal*, cit., v. 4, p. 102.

2. OBJETO JURÍDICO

Tutela-se a fé pública que recai sobre a moeda metálica ou papel-moeda de curso legal no País ou no estrangeiro.

3. ELEMENTOS DO TIPO

3.1. Ação nuclear. Objeto material

Consubstancia-se no verbo *falsificar*, isto é, imitar, reproduzir, fraudulentamente, o objeto verdadeiro, de forma que cause engano. O objeto material do crime é a moeda metálica ou papel-moeda de curso legal no País ou no estrangeiro. Não se considera como tal a moeda que, não tendo curso legal (seu poder liberatório não é imposto por lei), é convencionalmente utilizada, bem como aquela retirada definitivamente de circulação[225]. O fato, nesse caso, não configura crime contra a fé pública, podendo ser tipificado como estelionato.

Pode a falsificação ser realizada por dois modos: (i) *fabricando* a moeda metálica ou papel-moeda. Aqui o agente cria, reproduz integralmente o objeto verdadeiro. É a chamada contrafação; ou (ii) *alterando-a*. Nessa hipótese, a moeda metálica ou papel-moeda já existia integralmente, mas se realizam nele modificações de forma a aparentar valor superior, por exemplo, alterar as letras e os números indicativos do valor da nota. Conforme assinala Hungria, não ocorre esse delito se forem simplesmente apagados emblemas ou sinais impressos na moeda ou papel-moeda, disso não resultando aparentemente qualquer valor superior. Cita o autor o seguinte exemplo: "O caso do extorsionário que, para evitar a identificação do papel-moeda que recebeu como preço de um resgate, substitua o número das respectivas estampas e séries ou o número de cada exemplar"[226].

É da essência do delito que a falsificação seja apta a iludir a vítima, isto é, a causar engano. Se for grosseira, isto é, inidônea a esse fim, não se configura o crime em tela. É que somente o falso com potencialidade lesiva, isto é, apto a enganar uma pessoa de diligência comum, coloca em risco a fé pública, ou seja, a confiança coletiva na legitimidade da moeda metálica ou do papel-moeda. Sem esse risco, o tipo penal não se configura.

Aliás, quanto à falsificação grosseira, nem sempre esta será irrelevante penal, mas tão somente quando, de tão malfeita, revelar-se absolutamente ineficaz para iludir a fé pública. Nesse caso, o fato será atípico, tendo em vista a figura do crime impossível (CP, art. 17). Não há falar, no entanto, em ineficácia absoluta do meio empregado quando a falsificação for idônea à prática do estelionato, pois, se revelou-se apta a induzir a erro determinada pessoa, não se pode falar que é inadequada para iludir a coletividade. Assim, ocorrendo estelionato, duas possibilidades surgirão: (i) o documento falsificado mantém

225. Nesse sentido: E. Magalhães Noronha, *Direito penal*, cit., v. 4, p. 108-9.

226. Nélson Hungria, *Comentários*, cit., v. 9, p. 208.

sua potencialidade lesiva, mantendo-se intacto para a aplicação de futuros golpes: responde o agente pelo concurso de crimes entre o falso e o delito contra o patrimônio; (ii) a falsificação esgota sua potencialidade lesiva no estelionato: o sujeito responde somente por estelionato, ficando o falso absorvido nos termos da Súmula 17 do STJ. Finalmente, convém lembrar que "a utilização de papel-moeda grosseiramente falsificado configura, em tese, o crime de estelionato, da competência da Justiça Estadual", conforme entendimento da Súmula 73 do STJ, o que reforça a tese de que o crime-meio fica absorvido pelo crime-fim sempre que nele se encerrar (por exemplo: o estelionatário entrega a moeda falsificada para o comerciante vítima, de modo que não poderá empregá-la em nenhum outro golpe).

Registre-se que o crime em estudo não admite a aplicação do princípio da insignificância (por exemplo, falsificação de nota de 2 reais), em razão do objeto jurídico inerente à infração do art. 289 do CP. Nos Tribunais Superiores a tese nesse sentido encontra-se firmada.

3.2. Sujeito ativo

Trata-se de crime comum. Qualquer pessoa pode praticar esse delito.

3.3. Sujeito passivo

É o Estado, a coletividade, haja vista que se trata de crime contra a fé pública. É também vítima a pessoa física ou jurídica individualmente prejudicada.

4. ELEMENTO SUBJETIVO

É o dolo, consubstanciado na vontade livre e consciente de falsificar a moeda metálica ou papel-moeda, fabricando-a ou alterando. Não se exige a finalidade específica de obtenção de lucro ou de colocar a moeda em circulação.

5. CONSUMAÇÃO E TENTATIVA

Consuma-se com a falsificação mediante o processo de fabricação ou alteração da moeda metálica ou papel-moeda, desde que idônea a iludir alguém. Basta, portanto, que a falsificação seja apta a enganar. Se for grosseira, não se fala na configuração desse crime.

Por se tratar de crime formal, prescinde-se da causação de qualquer prejuízo a alguém. Também não é necessário que o objeto seja colocado em circulação.

Trata-se de crime plurissubsistente, portanto a tentativa é perfeitamente possível. Caso o agente desista voluntariamente de realizar a falsificação, pode responder pelo crime previsto no art. 291 do CP (petrechos para fabricação de moeda).

6. FORMAS

6.1. Simples (art. 289, *caput*)

Prevista no *caput* do artigo.

6.2. Equiparada (art. 289, § 1º)

Prevista no § 1º: "Nas mesmas penas incorre quem, por conta própria ou alheia, importa ou exporta, adquire, vende, troca, cede, empresta, guarda ou introduz na circulação moeda falsa". Trata-se de crime de ação múltipla. A prática das diversas ações típicas constitui delito único. Somente pode ter sua conduta enquadrada nesse parágrafo aquele que não realizou a falsificação da moeda metálica ou do papel-moeda. Caso seja o falsificador quem pratique uma dessas condutas, constituirá ela *post factum* impunível. Desse modo, punem-se aqui todas as condutas posteriores à falsificação, desde que não sejam praticadas pelo próprio falsário. Com base na lição de Hungria, importa ressalvar que na conduta de *introduzir na circulação* o agente passa o dinheiro falso para alguém como se fosse legítimo, e aquele que o recebe deve estar de boa-fé. Tal não ocorre nas demais condutas, nas quais aquele que recebe a moeda deve ter ciência de sua falsidade[227]. A fé pública é ofendida ainda que a moeda falsa seja introduzida na circulação para o pagamento de dívida proveniente de atos imorais como o jogo ou a prostituição[228]. A consumação ocorre no momento da prática de uma das ações típicas. Trata-se de crime instantâneo, com exceção da modalidade *guarda*, em que o crime é permanente. Por se tratar de crime plurissubsistente, a tentativa é perfeitamente possível.

6.3. Privilegiada (art. 289, § 2º)

Prevista no § 2º: "Quem, tendo recebido de boa-fé, como verdadeira, moeda falsa ou alterada, a restitui à circulação, depois de conhecer a falsidade, é punido com detenção, de 6 (seis) meses a 2 (dois) anos, e multa". Pune-se com pena mais benigna a conduta daquele que, tendo recebido a moeda falsa, sem a consciência da sua falsidade, repassa-a à circulação ao ter ciência dela. É, portanto, pressuposto do delito a boa-fé daquele que recebeu a moeda. Quando descobre a falsidade, o agente restitui a moeda à circulação com o fim de evitar prejuízos maiores para si e não com a finalidade de lucro, daí a razão do tratamento legal mais benigno[229]. Deve o agente ter certeza da falsidade da moeda, não se admitindo o dolo eventual. Esse conhecimento deve preceder a restituição da moeda à circulação. Caso o agente desconheça a falsidade da moeda e a restitua à circulação, não se configurará o delito. Se ele tiver ciência da falsidade no momento do recebimento da moeda, ou seja, se *ab initio* estiver de má-fé, sua conduta deverá ser enquadrada no § 1º. Consuma-se o crime no instante em que a moeda falsa é restituída à circulação. A tentativa é perfeitamente admissível.

6.4. Qualificada (art. 289, § 3º)

Prevista no § 3º: "É punido com reclusão, de três a quinze anos, e multa, o funcionário público ou diretor, gerente, ou fiscal de banco de emissão que fabrica, emite ou

---

227. Nélson Hungria, *Comentários*, cit., v. 9, p. 218.
228. Nesse sentido: E. Magalhães Noronha, *Direito penal*, cit., v. 4, p. 111.
229. Nesse sentido: E. Magalhães Noronha, *Direito penal*, cit., v. 4, p. 113.

autoriza a fabricação ou emissão: I – de moeda com título ou peso inferior ao determinado em lei; II – de papel-moeda em quantidade superior à autorizada". Trata-se de crime próprio, pois somente pode ser praticado pelas pessoas elencadas no tipo penal. Quanto ao conceito de funcionário público, *vide* comentários ao art. 327 do CP. No inciso I o título ou peso da moeda deve ser inferior ao determinado em lei, pois, se superior, o fato será penalmente atípico. No inciso II, exige-se que seja fabricado ou emitido papel-moeda em quantidade superior à autorizada, pois, se inferior, o fato também será atípico. O tipo penal refere-se apenas ao excesso de emissão de papel-moeda, e não de moeda-metálica. Trata-se, portanto, de fato atípico. Para Noronha, o art. 289 não distingue entre a falsificação de moeda e papel-moeda[230]. Hungria, em contrapartida, sustenta que a emissão excessiva de moeda metálica constitui mero ilícito administrativo, tendo em vista o pequeno prejuízo à circulação ou boa política financeira[231]. Damásio E. de Jesus compartilha do entendimento de que o fato representaria ilícito administrativo, mas discorda da justificativa suscitada para sua não incriminação: "Não se previu como delito o fato de o sujeito produzir moeda metálica em quantidade superior à autorizada, configurando injustificável lacuna da lei. Note-se que o inciso II da disposição descreve a emissão de *papel-moeda* em quantidade superior à autorizada. A conduta, por isso, constitui apenas ilícito administrativo. A justificativa da omissão da incriminação decorrer do pequeno prejuízo financeiro que o fato representaria não convence. Seja papel-moeda ou moeda metálica, deveria constituir delito nos dois casos, a emissão de quantidade superior à autorizada"[232]. No tocante ao elemento subjetivo, consubstancia-se na vontade livre e consciente de praticar uma das ações típicas, ciente de que se trata de moeda com título ou peso inferior ao determinado em lei ou de papel-moeda em quantidade superior à autorizada. Consuma-se o delito com a fabricação, emissão ou autorização, sendo prescindível neste último caso que se siga a efetiva fabricação ou emissão da moeda ou papel-moeda. Na doutrina há divergências quanto a ser esse crime formal ou material[233]. A tentativa é perfeitamente possível.

Prevista no § 4º: "Nas mesmas penas incorre quem desvia e faz circular moeda, cuja circulação não estava ainda autorizada". Cuida-se aqui de hipótese em que a moeda é verdadeira e fabricada nos limites da lei, contudo o agente desvia e faz a moeda circular antecipadamente, isto é, coloca a moeda em circulação, antes da autorização da pessoa competente para esse fim. Trata-se de crime comum, isto é, pode ser praticado por qualquer pessoa. Não se exige qualquer finalidade de obtenção de lucro. O crime consuma-se com a efetiva circulação da moeda. Se o agente, ao desviá-la, é impedido de colocá-la em circulação, há tentativa.

---

230. E. Magalhães Noronha, *Direito penal*, cit., v. 4, p. 115.

231. Nélson Hungria, *Comentários*, cit., v. 9, p. 224-5.

232. *Direito penal*, cit., v. 4, p. 17.

233. No sentido de que é crime formal: Nélson Hungria, *Comentários*, cit., v. 9, p. 218; Damásio E. de Jesus, *Direito penal*, cit., v. 4, p. 17. Em sentido contrário: E. Magalhães Noronha, *Direito penal*, cit., v. 4, p. 116, para quem se trata de crime material.

7. CONCURSO DE CRIMES

(i) Crime único: haverá se, em um mesmo contexto de ação, o agente fabricar ou alterar uma pluralidade de moedas.

(ii) Crime continuado: haverá se o agente, em diversas ocasiões, fabricar ou alterar moedas (CP, art. 71).

(iii) Concurso formal: é possível que o funcionário público responda em concurso formal pelo delito previsto no § 3º e por algum outro crime contra o patrimônio ou contra a Administração Pública (por exemplo: peculato). Basta que, com a prática de uma das ações típicas (fabrico, emissão ou autorização de fabrico ou emissão, de moeda metálica ou papel-moeda), tenha obtido lucro.

8. AÇÃO PENAL. COMPETÊNCIA. LEI DOS JUIZADOS ESPECIAIS CRIMINAIS

(i) Ação penal: trata-se de crime de ação penal pública incondicionada.

(ii) Competência: o crime em tela ofende os interesses da União, uma vez que a esta compete, por intermédio do Banco Central, emitir moeda (CF, art. 164). Cabe, portanto, à Justiça Federal apreciar os crimes que tenham por objeto a moeda falsa. Excetue-se a hipótese em que a falsificação é grosseira, configurando unicamente o crime de estelionato (*vide* comentários à Súmula 73 do STJ), pois, nesse caso, a competência será da Justiça Estadual. Se, no entanto, o agente responder pelo concurso formal de crimes (moeda falsa e estelionato), a competência será da Justiça Federal. Registre-se que, quando a competência for da Justiça Federal, não haverá nulidade caso a prisão em flagrante seja realizada pela Polícia Civil, desde que eventual denúncia seja ajuizada perante o juízo competente.

(iii) Extraterritorialidade da lei penal: de acordo com o art. 7º, I, *b*, do CP, a lei penal brasileira aplica-se excepcionalmente ao delito praticado no estrangeiro, quando este for contra a fé pública da União, como é o caso do crime do art. 289 do CP. Então, se, por exemplo, o agente falsifica cédulas de reais no exterior, incorrerá no delito do art. 289 do CP. A hipótese configura extraterritorialidade incondicionada, na medida em que o Código Penal incidirá independentemente de qualquer condição (art. 7º, § 1º, do CP).

(iv) Lei dos Juizados Especiais Criminais: em face de pena máxima prevista (detenção, de 6 meses a 2 anos, e multa), a forma privilegiada do crime (§ 2º) constitui infração de menor potencial ofensivo, sujeita às disposições da Lei n. 9.099/95, sendo, inclusive, cabível o instituto da suspensão condicional do processo, em virtude da pena mínima prevista (art. 89 da lei).

ART. 290 – CRIMES ASSIMILADOS AO DE MOEDA FALSA

1. CONCEITO

Dispõe o art. 290, *caput*, do CP: "Formar cédula, nota ou bilhete representativo de moeda com fragmentos de cédulas, notas ou bilhetes verdadeiros; suprimir, em nota, cédula ou bilhete recolhidos, para o fim de restituí-los à circulação, sinal indicativo de sua inutilização; restituir à circulação cédula, nota ou bilhete em tais condições, ou já recolhidos para o fim de inutilização: Pena – reclusão, de 2 (dois) a 8 (oito) anos, e multa". Segundo Hungria, "o art. 290 contempla nada menos de quatro modalidades criminais, todas relativas tão somente ao papel moeda, nas quais não há contrafação total ou parcial (alteração) do dinheiro genuíno, mas se apresentam fraudes para *ressurgimento* ou *revalidação* de cédulas, notas ou bilhetes já imprestáveis ou recolhidos para inutilização. Entendeu de as *assimilar* ao crime de moeda falsa propriamente dita, embora cominando-lhes pena menos grave"[234].

2. OBJETO JURÍDICO

Tutela-se a fé pública que recai sobre o papel-moeda.

3. ELEMENTOS DO TIPO

3.1. Ação nuclear

Trata-se de crime de ação múltipla. As condutas típicas são as seguintes:

(i) **Formar** cédula, nota ou bilhete representativo de moeda com fragmentos de cédulas, notas ou bilhetes verdadeiros: nessa modalidade o agente reúne os fragmentos, isto é, pedaços de papel-moeda verdadeiro, que se tornaram imprestáveis, e cria nova cédula, com aparência de verdadeira.

(ii) **Suprimir**, em nota, cédula ou bilhete recolhidos, para o fim de restituí-los à circulação, sinal indicativo de sua inutilização: nessa modalidade o papel-moeda não mais se encontra em circulação, havendo nele indicação (por exemplo: carimbo) de que está inutilizado, mas o agente utiliza o expediente fraudulento consistente em retirar esse sinal, com o fim de colocar a nota novamente em circulação.

(iii) **Restituir** à circulação cédula, nota ou bilhete em tais condições, ou já recolhidos para o fim de inutilização: nesta última modalidade pune-se a conduta do agente que coloca em circulação: (i) o papel-moeda nas condições das letras "i" e "ii". (ii) O papel-moeda recolhido para o fim de inutilização. Aqui a cédula não mais se encontra em circulação, nem há nela qualquer sinal indicativo de inutilização, resolvendo o agente restituí-la à circulação.

Vejam que nesta última conduta típica o sujeito ativo se limita apenas a colocar o papel-moeda em circulação. Não há o emprego de qualquer expediente fraudulento, ao contrário das duas primeiras modalidades. Obviamente que aquele que formou a nova cédula ou suprimiu o sinal indicativo de inutilização, caso venha a colocá-la em circulação, responderá por delito único, devendo sua conduta ser enquadrada na modalidade típica "i" ou "ii".

---

234. Nélson Hungria, *Comentários*, cit., v. 9, p. 226-7.

3.2. Sujeito ativo

Trata-se de crime comum. Qualquer pessoa pode praticar esse delito. Se o crime é praticado por funcionário público que trabalha na repartição onde o dinheiro se achava recolhido, ou a ela tem fácil acesso, em razão do cargo, incide a figura qualificada prevista no parágrafo único.

3.3. Sujeito passivo

É o Estado, a coletividade, haja vista que se trata de crime contra a fé pública. É também vítima a pessoa física ou jurídica individualmente prejudicada.

4. ELEMENTO SUBJETIVO

Nas modalidades *formar* e *restituir*, temos que o elemento subjetivo é o dolo, consubstanciado na vontade livre e consciente de realizar as ações incriminadas. Na modalidade *suprimir*, exige-se também o fim especial de agir (elemento subjetivo do tipo), consistente na vontade de restituir à circulação.

5. CONSUMAÇÃO E TENTATIVA

Analisemos em cada modalidade típica:

(i) formar: consuma-se com a formação do dinheiro, isto é, com a reunião dos fragmentos de cédulas verdadeiras, desde que seja idônea a iludir a coletividade. A tentativa é perfeitamente possível, por exemplo, o agente é surpreendido no momento em que está iniciando a formação do papel-moeda falso;

(ii) suprimir: consuma-se com supressão do sinal indicativo de inutilização. Por se tratar de crime plurissubsistente, a tentativa é perfeitamente possível;

(iii) restituir: consuma-se com a circulação do papel-moeda que foi formado com fragmentos de cédulas verdadeiras ou que teve o sinal indicativo de sua inutilização suprimido ou que foi simplesmente recolhido. A tentativa é possível.

6. FORMAS

6.1. Simples (art. 290, *caput*)

Prevista no *caput* do artigo.

6.2. Qualificada (art. 290, parágrafo único)

Prevista no parágrafo único: "O máximo da reclusão é elevado a doze anos e o da multa a quarenta mil cruzeiros, se o crime é cometido por funcionário que trabalha na repartição onde o dinheiro se achava recolhido, ou nela tem fácil ingresso, em razão do cargo". A parte desse dispositivo referente ao limite do valor da pena de multa não tem mais aplicação, pois, com o advento da Lei n. 7.209/84, o valor da pena pecuniária passou a ser fixado de acordo com a regra prevista no art. 49 do CP. Assim, a pena de multa ainda continuará a ser aplicada cumulativamente com a pena privativa de liberdade, não mais nos limites traçados pelo artigo comentado, e sim pelo art. 49 do CP. Trata-se de crime próprio, pois somente o funcionário público pode praticá-lo (*vide* o conceito de funcionário público no art. 327 do CP). De acordo com Noronha, a majorante em estudo funda-se no fato de que há dupla violação: contra a fé pública e contra os deveres do cargo[235].

7. QUESTÕES

(i) Por qual crime responde aquele que recebe o papel-moeda nas condições apontadas no art. 290? Ao contrário da previsão contida no § 1º do art. 289 (conduta equiparada), o legislador não previu aqui a conduta de receber o papel-moeda fraudado. Desse modo, deverá ele responder pelo crime de receptação (CP, art. 180) ou favorecimento real (CP, art. 359)[236].

(ii) Por qual crime responde o agente que apõe números e letras recortadas de notas ou cédulas verdadeiras em outras, para aparentar maior valor? Deverá responder pelo delito previsto no art. 289. Cuida-se, no caso, de mera alteração da nota verdadeira, que lhe confere maior valor. O agente nela opera modificações por meio da aposição de números ou letras, sem que, na espécie, haja a formação de uma nova cédula pelos fragmentos de outras, pois a nota já existia[237].

8. AÇÃO PENAL. COMPETÊNCIA

Trata-se de crime de ação penal pública incondicionada. No tocante à competência para o julgamento desse crime, *vide* comentários no art. 289 do CP.

ART. 291 – PETRECHOS PARA FALSIFICAÇÃO DE MOEDA

1. CONCEITO

Dispõe o art. 291 do CP: "Fabricar, adquirir, fornecer, a título oneroso ou gratuito, possuir ou guardar maquinismo, aparelho, instrumento ou qualquer objeto especialmente destinado à falsificação de moeda: Pena – reclusão, de 2 (dois) a 6 (seis) anos, e multa". O legislador aqui pune o que seria mero ato preparatório da falsificação da moeda. Assim, ele não aguarda que o agente execute os atos tendentes a imitar, alterar a moeda verda-

---

235. E. Magalhães Noronha, *Direito penal*, cit., v. 4, p. 119.

236. Nesse sentido: Nélson Hungria, *Comentários*, cit., v. 9, p. 226-7.

237. Nesse sentido: E. Magalhães Noronha, *Direito penal*, cit., v. 4, p. 108; Nélson Hungria, *Comentários*, cit., v. 9, p. 211-2. No mesmo sentido já decidiu o STF: "Alterar moeda-papel, com aposição de fragmentos de uma cédula sobre outra, para aparentar maior valor, é delito punido pelo art. 289 e não pelo art. 290 do CP" (*RTJ*, 33/506).

deira, pois já prevê como criminosa a simples conduta de adquirir, possuir, guardar etc. o maquinário que serviria a esse escopo. Trata-se de crime eminentemente subsidiário, pois a efetiva falsificação da moeda acarreta a absorção do delito em tela.

2. OBJETO JURÍDICO

Tutela-se a fé pública que recai sobre a moeda.

3. ELEMENTOS DO TIPO

3.1. Ação nuclear. Objeto material

Trata-se de crime de ação múltipla. As condutas típicas são as seguintes: *fabricar* (criar, produzir), *adquirir* (obter), *fornecer* (proporcionar, abastecer), a título oneroso ou gratuito, *possuir* (ter a posse ou propriedade) ou *guardar* (abrigar, proteger). O objeto material do crime é o maquinismo, aparelho, instrumento ou qualquer objeto especialmente destinado à falsificação de moeda. Na doutrina, sustenta-se que o significado de "objeto *especialmente* destinado à falsificação" refere-se não só aos petrechos exclusivamente destinados a esse fim, mas também àqueles que são considerados adequados, apropriados a esse escopo, embora não tenham a destinação exclusiva. Na lição de Hungria, "as circunstâncias objetivas e subjetivas (notadamente a *vita anteacta* e condições atuais do agente, a clandestinidade da conduta, a indemonstração de fim lícito, etc.) é que decidirão, de caso em caso, sobre a *inequivocidade* do destino à falsificação"[238]. Alerta Damásio: "A norma deve ser interpretada restritivamente, evitando-se que, por intermédio de uma indevida aplicação extensiva, seja alargada a incriminação penal com prejuízo do princípio da reserva legal. Cumpre ao juiz, pois, verificar com exatidão se realmente o objeto material, de forma inequívoca, era destinado à falsificação"[239]. Finalmente, importa mencionar que a posse de instrumentos verdadeiros, isto é, aqueles realmente destinados à cunhagem e impressão de moedas, também configura esse delito[240]. Assim, nada impede que o agente subtraia o maquinário do Banco Central, órgão competente para emitir as moedas, e o leve para sua gráfica para a formação de dinheiro falso.

3.2. Sujeito ativo

Trata-se de crime comum. Qualquer pessoa pode praticar esse delito.

3.3. Sujeito passivo

É o Estado, a coletividade, haja vista que se trata de crime contra a fé pública.

---

238. Nélson Hungria, *Comentários*, cit., v. 9, p. 230.

239. Damásio E. de Jesus, *Direito penal*, cit., v. 4, p. 24.

240. Nesse sentido: E. Magalhães Noronha, *Direito penal*, cit., v. 4, p. 122.

4. ELEMENTO SUBJETIVO

É o dolo, consubstanciado na vontade livre e consciente de praticar uma das ações típicas, ciente de que os objetos se destinam, especialmente, à falsificação de moeda.

5. CONSUMAÇÃO E TENTATIVA

Consuma-se com a fabricação, aquisição, fornecimento, posse ou guarda do objeto destinado à falsificação de moeda. Não se requer que o agente realize efetivamente a falsificação. Caso o faça, o delito em apreço restará absorvido pelo crime de moeda falsa.

Nas condutas típicas *possuir* e *guardar* o delito é permanente, sendo possível a prisão em flagrante enquanto não cessar a permanência.

A tentativa é admissível; contudo, no que diz respeito à modalidade *fornecer*, difícil será a ocorrência do *conatus*, tendo em vista que aquele que forneceu o objeto já o fabricou, adquiriu, possuiu ou guardou anteriormente, e, portanto, o delito já se consumou nesse instante[241].

6. AÇÃO PENAL. COMPETÊNCIA

Trata-se de crime de ação penal pública incondicionada. A competência é da Justiça Federal. No entanto, o Superior Tribunal de Justiça já teve a oportunidade de decidir que "se os petrechos ou instrumentos apreendidos não se prestam apenas para a contrafação da moeda, já que podem ser utilizados para a prática de outras fraudes, como, por exemplo, o 'conto do paco', a competência para conhecer da ação penal é da Justiça Estadual" (STJ, CComp 7.682-0/SP).

ART. 292 – EMISSÃO DE TÍTULO AO PORTADOR SEM PERMISSÃO LEGAL

1. CONCEITO

Reza o art. 292, *caput*, do CP: "Emitir, sem permissão legal, nota, bilhete, ficha, vale ou título que contenha promessa de pagamento em dinheiro ao portador ou a que falte indicação do nome da pessoa a quem deva ser pago: Pena – detenção, de 1 (um) a 6 (seis) meses, ou multa". Veja-se que o objeto material do crime não é a moeda, mas sim o título ao portador, o qual é emitido sem permissão legal. À primeira vista causa estranheza que esse crime tenha sido inserido no capítulo referente aos delitos contra a moeda, mas, conforme Hungria, "justifica-se a classificação feita pelo Código. Trata-se de um fato que perturba ou pode perturbar a normalidade da circulação do dinheiro fiduciário do Estado, que vem a sofrer a concorrência dos papéis de crédito em questão, e isto com grave perigo à fé pública, de vez que estes nem sempre oferecem garantia de reembolso, podendo vir a ser frustrado o seu convencional poder liberató-

---

241. Nesse sentido: E. Magalhães Noronha, *Direito penal*, cit., v. 4, p. 123; Damásio E. de Jesus, *Direito penal*, cit., v. 4, p. 24.

rio, o que vale dizer: podendo representar uma espécie de *estelionato* contra indefinido número de pessoas"[242].

2. OBJETO JURÍDICO

Tutela-se mais uma vez a fé pública.

3. ELEMENTOS DO TIPO

3.1. Ação nuclear. Objeto material. Elemento normativo do tipo

Consubstancia-se no verbo *emitir*, isto é, colocar em circulação, no caso, nota, bilhete, ficha, vale ou título que contenha promessa de pagamento em dinheiro ao portador ou a que falte indicação do nome da pessoa a quem deva ser pago (*objeto material*). Sabemos que os títulos de crédito, no que se refere a sua circulação, à transferência de sua titularidade, dividem-se em ao portador e nominativo. No primeiro, o credor não é identificado no título, de forma que a transferência do crédito pode ser feita por mera tradição do instrumento; já no segundo, o credor é identificado, sendo certo que não basta a mera tradição do título a outrem para que se opere a transferência do crédito: é necessária a prática de outro ato, como, por exemplo, o endosso. Para o presente estudo, interessa-nos apenas comentar a respeito da emissão de título que contenha promessa de pagamento em dinheiro ao portador, pois, por não identificar o credor, pode ser transferido a inúmeras pessoas, funcionando como verdadeira moeda de troca, já que o portador poderá, como credor do valor nele contido, apresentá-lo ao emitente ou passá-lo para outrem em qualquer relação negocial. Tal emissão abusiva de títulos, sem dúvida, concorre com a moeda emitida pelo Estado. Ressalve-se que é somente a promessa de pagamento em dinheiro que configura esse delito. Tal não ocorre, por exemplo, com a emissão de *warrants*, que representam mercadorias em depósito em armazéns-gerais. Importa notar que nem toda emissão de título contendo promessa de pagamento em dinheiro é considerada criminosa, pois o tipo penal exige que a emissão seja *feita sem permissão legal*. É o chamado *elemento normativo do tipo*. Presente a autorização legal, o fato é atípico, por exemplo, emissão de cheque, de letra de câmbio etc.

3.2. Sujeito ativo

Trata-se de crime comum. Qualquer pessoa pode praticar esse delito.

3.3. Sujeito passivo

É o Estado, a coletividade, haja vista que se trata de crime contra a fé pública, bem como o indivíduo que sofre o dano pelo não pagamento, pelo emitente, do crédito consignado no título.

---

242. Nélson Hungria, *Comentários*, cit., v. 9, p. 125.

4. ELEMENTO SUBJETIVO

É o dolo, consubstanciado na vontade livre e consciente de emitir o título, ciente de que não possui permissão legal para que ele circule.

5. CONSUMAÇÃO E TENTATIVA

Consuma-se com a emissão do título ao portador, isto é, com a colocação deste em circulação, independentemente da causação de qualquer prejuízo a alguém. Não basta a mera criação do título. É necessária sua efetiva entrega a terceiro.

Por tratar-se de crime plurissubsistente, a tentativa é perfeitamente admissível, por exemplo, o emitente, após ter criado o título, está para entregá-lo ao tomador quando é interrompido em sua ação por terceiros.

6. FORMAS

6.1. Simples (art. 292, *caput*)

Prevista no *caput* do artigo.

6.2. Privilegiada (art. 292, parágrafo único)

Prevista no parágrafo único: "Quem recebe ou utiliza como dinheiro qualquer dos documentos referidos neste artigo incorre na pena de detenção, de quinze dias a três meses, ou multa". Pune-se aqui, de forma mais branda, aquele que recebe o título, isto é, o tomador, ou que o utiliza como dinheiro.

7. AÇÃO PENAL. LEI DOS JUIZADOS ESPECIAIS CRIMINAIS

(i) **Ação penal:** trata-se de crime de ação penal pública incondicionada.

(ii) **Lei dos Juizados Especiais Criminais:** ambas as formas, simples (*caput* do art. 292) e privilegiada (parágrafo único do art. 292), constituem infração de menor potencial ofensivo, estando sujeitas às disposições da Lei n. 9.099/95, inclusive o *sursis* processual (art. 89 da lei).

Capítulo II
DA FALSIDADE DE TÍTULOS E OUTROS PAPÉIS PÚBLICOS

ART. 293 – FALSIFICAÇÃO DE PAPÉIS PÚBLICOS

1. CONCEITO

Dispõe o art. 293, *caput*, do CP: "Falsificar, fabricando-os ou alterando-os: I – selo destinado a controle tributário, papel selado ou qualquer papel de emissão legal destinado à arrecadação de tributos; II – papel de crédito público que não seja moeda de curso legal; III – vale postal; IV – cautela de penhor, caderneta de depósito de caixa econômica ou de outro estabelecimento mantido por entidade de direito público; V – talão, recibo, guia, alvará ou qualquer outro documento relativo a arrecadação de rendas públicas ou a depósito ou caução por que o poder público seja responsável; VI – bilhete, passe ou conhecimento de empresa de transporte administrada pela União, por Estado ou por Município: Pena – reclusão, de 2 (dois) a 8 (oito) anos, e multa". Hungria nos apresenta as justificativas para a inserção dos delitos que estudaremos no capítulo em estudo: "No capítulo que ora vamos analisar, a lei penal cuida de proteger certos papéis públicos representativos de valores ou concernentes a valores de responsabilidade do Estado, ou à arrecadação das rendas públicas. Entre tais papéis, há os que têm afinidade com o papel-moeda, destinando-se a meio (e comprovante) de pagamento de certos tributos, contribuições fiscais ou preços públicos; e há os que se assemelham mais aos documentos em geral, representando, nas hipóteses previstas, meios probatórios *contra* a administração pública (isto é, de recebimento por parte desta). Dada essa *proximidade*, mas não *identidade*, quer com o *falsum* numário, quer com o *falsum* documental, o legislador entendeu de bom aviso reunir os crimes contra a fé pública atinente a tais papéis numa classe autônoma, situada na linha fronteiriça entre aquelas duas *species* de *falsum*"[243].

2. OBJETO JURÍDICO

Tutela-se a fé pública no que diz respeito à legitimidade dos títulos ou outros papéis públicos.

3. ELEMENTOS DO TIPO

3.1. Ação nuclear. Objeto material

Consubstancia-se no verbo *falsificar*, isto é, imitar, reproduzir, fraudulentamente, o objeto verdadeiro, de forma que cause engano. A falsificação pode se dar mediante a fabricação (contrafação, criação) ou alteração (modificação para que aparente valor maior) do papel público. Os objetos materiais do crime são os seguintes: **(i) selo destinado a controle tributário:** antes do advento da Lei n. 11.035/2004, o art. 293, I, do CP fazia expressa menção ao selo postal e à estampilha. O primeiro constava expressamente do dispositivo, mas já tinha sido revogado tacitamente havia muito tempo, desde a entrada em vigor da Lei n. 6.538/78, a qual o retirou do Código Penal e passou a tipificá-lo em seu art. 36. A Lei n. 11.035/2004, ao excluí-lo expressamente da redação do art. 293, I, do CP, em nada alterou a situação jurídica do dispositivo, tendo em vista a mencionada e anterior revogação tácita. No que se refere à estampilha (selo destinado a comprovar, atestar, o pagamento de impostos ou taxas

243. Nélson Hungria, *Comentários*, cit., v. 9, p. 237.

devidos à União, Estados ou Municípios), tal expressão foi substituída pela expressão "selo destinado a controle tributário", bem como pela formulação mais genérica *papel selado ou qualquer papel de emissão legal, destinado à arrecadação de tributo*. Como se percebe, o art. 293, com a redação determinada pela Lei n. 11.035/2004, também deixou de fazer menção específica às espécies tributárias "impostos ou taxas", passando a utilizar a expressão genérica "tributo". Um exemplo deste objeto material seriam os selos colocados em maços de cigarros, os quais comprovam a arrecadação do tributo devido; **(ii) papel de crédito público que não seja moeda de curso legal:** são os títulos da dívida pública, por exemplo, apólices, letras do Tesouro etc. Podem ser ao portador ou nominativos, bem como emitidos pela União, Estados ou Municípios; **(iii) vale postal:** esse inciso foi revogado pelo art. 36 da Lei n. 6.538/78; **(iv) cautela de penhor:** "é ela um título de crédito, pois sua apresentação e pagamento da quantia emprestada determinam a entrega da coisa empenhada. Trata-se de documento público, porque o empréstimo sobre penhor somente pode ser realizado pelas caixas econômicas"[244]; *caderneta de depósito de caixa econômica* "são aquelas que, nas caixas econômicas ou estabelecimentos bancários ou de economia popular mantidos por entidade de direito público (União, Estados, Municípios, autarquias) são fornecidas ao depositante com as sucessivas anotações relativas ao *quantum* líquido do *depositum*"[245] – atualmente, tais são praticamente inexistentes – *ou de outro estabelecimento mantido por entidade de direito público*; **(v) talão, recibo, guia, alvará ou qualquer outro documento relativo à arrecadação de rendas públicas ou a depósito ou caução por que o Poder Público seja responsável:** cuida-se aqui de "todos os papéis que, atinentes à arrecadação de rendas públicas (tributos, preços públicos, etc.), não sejam destinados à compra e venda (como os selos e estampilhas), bem como os comprobatórios de *depósito* (por injunção administrativa ou ordem judicial) ou de *caução* (real ou fidejussória, prestada por funcionário fazendário, concessionário de serviço público, etc.)"[246]; **(vi) bilhete, passe ou conhecimento de empresa de transporte administrada pela União, por Estado ou por Município:** o *bilhete* é um título que, após o seu pagamento, dá ao portador o direito ao transporte; o *passe* é um documento que autoriza o transporte ou ingresso no local de embarque; o conhecimento de empresa de transporte consiste no documento que prova a entrega de coisas para transporte; aquele que o apresenta tem direito à restituição delas.

3.2. Sujeito ativo

Trata-se de crime comum. Qualquer pessoa pode praticar esse delito. Se cometido por funcionário público, prevalecendo-se do cargo ou função, aplica-se a causa de aumento de pena do art. 295 do CP.

---

244. E. Magalhães Noronha, *Direito penal*, cit., v. 4, p. 130.

245. Nélson Hungria, *Comentários*, cit., v. 9, p. 240.

246. Nélson Hungria, *Comentários*, cit., v. 9, p. 241.

3.3. Sujeito passivo

É o Estado, a coletividade, haja vista que se trata de crime contra a fé pública, bem como o indivíduo que venha sofrer algum prejuízo.

4. ELEMENTO SUBJETIVO

É o dolo, consubstanciado na vontade livre e consciente de falsificar os papéis públicos elencados no tipo penal.

5. CONSUMAÇÃO E TENTATIVA

Consuma-se com a falsificação, mediante fabricação ou alteração, independentemente de sua efetiva circulação. A tentativa é perfeitamente possível, pois se trata de crime plurissubsistente.

6. FORMAS

6.1. Falsificação de papéis públicos (art. 293, *caput*)

Prevista no *caput* do artigo.

6.2. Uso de papéis públicos falsificados (art. 293, § 1º)

Prevista no § 1º: "Incorre na mesma pena quem: I – usa, guarda, possui ou detém qualquer dos papéis falsificados a que se refere este artigo; II – importa, exporta, adquire, vende, troca, cede, empresta, guarda, fornece ou restitui à circulação selo falsificado destinado a controle tributário; III – importa, exporta, adquire, vende, expõe à venda, mantém em depósito, guarda, troca, cede, empresta, fornece, porta ou, de qualquer forma, utiliza em proveito próprio ou alheio, no exercício de atividade comercial ou industrial, produto ou mercadoria: (i) em que tenha sido aplicado selo que se destine a controle tributário, falsificado; (ii) sem selo oficial, nos casos em que legislação tributária determina a obrigatoriedade de sua aplicação".

A Lei n. 11.035/2004 criou inúmeras novas condutas envolvendo os papéis falsificados. Trata-se de "*novatio legis* incriminadora", a qual não poderá retroagir para prejudicar o agente. Foram incriminadas as seguintes condutas:

(i) Além do uso, foram incluídas a guarda, posse, detenção de qualquer um dos papéis falsificados elencados no texto legal (selo, papel de crédito público, cautela de penhor, talão, recibo, guia, alvará, bilhete, passe etc.), de forma que tais ações afastam a configuração do crime de receptação ou favorecimento real, por força do princípio da especialidade. Convém notar que, se aquele que falsificar os papéis posteriormente utilizá-los, guardá-los etc., responderá apenas pela falsificação, constituindo as ações posteriores *post factum* impunível.

(ii) Foram também incriminadas as ações de importar, exportar, adquirir, vender, trocar, ceder, emprestar, guardar, fornecer o mencionado objeto material, bem como a de restituir à circulação referido selo falsificado destinado a controle tributário.

(iii) Finalmente, também tornaram-se típicas as ações praticadas, no exercício de atividade comercial ou industrial (exportação, importação, aquisição, venda, exposição à venda, manutenção em depósito, guarda etc.), e que envolvam produto ou mercadoria em que tenha sido aplicado selo que se destine a controle tributário, falsificado; ou que estejam sem selo oficial, nos casos em que a legislação tributária determina a obrigatoriedade de sua aplicação. Trata-se de norma penal em branco, pois incumbirá à legislação tributária determinar os casos em que o selo oficial deverá ser obrigatório. De acordo com o § 5º do art. 293, "equipara-se a atividade comercial, para os fins do inciso III do § 1º, qualquer forma de comércio irregular ou clandestino, inclusive o exercido em vias, praças ou outros logradouros públicos ou em residências".

6.3. Supressão de carimbo ou sinal de inutilização de papéis públicos (art. 293, § 2º)

Essa figura criminal está prevista no § 2º: "Suprimir, em qualquer desses papéis, quando legítimos, com o fim de torná-los novamente utilizáveis, carimbo ou sinal indicativo de sua inutilização: Pena – reclusão, de 1 (um) a 4 (quatro) anos, e multa". Aqui os papéis públicos elencados no tipo penal são verdadeiros. Não foram fabricados ou alterados. Contudo, há neles carimbo ou sinal indicativo de sua inutilização, e o agente o suprime, isto é, remove, elimina, com o fim de tornar os papéis novamente utilizáveis.

O elemento subjetivo é o dolo, consubstanciado na vontade livre e consciente de suprimir o carimbo ou sinal indicativo de sua inutilização. Exige-se também o chamado elemento subjetivo do tipo, consistente no fim de tornar os papéis públicos novamente utilizáveis.

A consumação ocorre no momento em que o carimbo ou sinal é efetivamente suprimido. A tentativa é perfeitamente possível.

→ **Atenção:** o agente que suprimir, em selo, outra forma de franqueamento ou vale postal incorrerá no art. 37 da Lei n. 6.538/78.

6.4. Uso de papéis públicos com carimbo ou sinal de inutilização suprimidos (art. 293, § 3º)

Está previsto no § 3º: "Incorre na mesma pena quem usa, depois de alterado, qualquer dos papéis a que se refere o parágrafo anterior". Pune-se aqui o uso dos papéis públicos, que tiveram o carimbo ou sinal indicativo de inutilização neles apostos suprimido, salvo selo, outra forma de franqueamento ou vale postal (Lei n. 6.538/78, art. 37, § 1º). Se aquele que suprimir o carimbo ou sinal de inutilização dos papéis públicos posteriormente usá-los, responderá apenas pela figura prevista no § 2º, constituindo o uso *post factum* impunível.

6.5. Restituição à circulação (figura privilegiada) – art. 293, § 4º

Está prevista no § 4º: "Quem usa ou restitui à circulação, embora recebido de boa-fé, qualquer dos papéis falsificados ou alterados, a que se refere este artigo e o seu § 2º, depois de conhecer a falsidade ou alteração, incorre na pena de detenção, de 6 (seis) meses a 2 (dois) anos, ou multa". É o mesmo tratamento dispensado ao crime de moeda falsa (§ 2º do art. 289). Aplicam-se aqui os mesmos comentários lá expendidos.

6.6. Qualificada

Está prevista no art. 295: "Se o agente é funcionário público, e comete o crime prevalecendo-se do cargo, aumenta-se a pena de sexta parte". Para a incidência dessa majorante não basta que o sujeito ativo seja funcionário público. É necessário que ele efetivamente se prevaleça do cargo para a prática do delito.

7. LEGISLAÇÃO ESPECIAL

Dispõe o art. 1º, III, da Lei n. 8.137/90: "Constitui crime contra a ordem tributária suprimir ou reduzir tributo, ou contribuição social e qualquer acessório, mediante as seguintes condutas: (...) falsificar ou alterar nota fiscal, fatura, duplicata, nota de venda, ou qualquer outro documento relativo à operação tributável".

Ainda, o art. 37 da Lei n. 6.538/78 dispõe que: "Suprimir, em selo, outra fórmula de franqueamento ou vale postal, quando legítimos, com o fim de torná-los novamente utilizáveis, carimbo ou sinal indicativo de sua utilização: Pena — reclusão, até 4 anos, e pagamento de 5 a 15 dias-multa". E, mais, de acordo com o § 1º do citado dispositivo legal: "Incorre nas mesmas penas quem usa, vende, fornece ou guarda, depois de alterado, selo, outra fórmula de franqueamento ou vale postal".

8. AÇÃO PENAL. LEI DOS JUIZADOS ESPECIAIS CRIMINAIS

(i) Ação penal: trata-se de crime de ação penal pública incondicionada.

(ii) Lei dos Juizados Especiais Criminais: em virtude da pena máxima prevista (detenção, de 6 meses a 2 anos, ou multa), a forma privilegiada do crime (§ 4º) constitui infração de menor potencial ofensivo. É cabível a suspensão condicional do processo nas modalidades previstas nos §§ 2º, 3º e 4º, bem como no § 4º, c/c o art. 295 do CP.

ARTS. 294 E 295 – PETRECHOS DE FALSIFICAÇÃO

Dispõe o art. 294 do CP: "Fabricar, adquirir, fornecer, possuir ou guardar objeto especialmente destinado à falsificação dos papéis referidos no artigo anterior: Pena – reclusão, de 1 (um) a 3 (três) anos, e multa". Como no crime de moeda falsa, pune-se o que seria mero ato preparatório da falsificação de papéis públicos. Dessa forma, conforme já estudado, ele não aguarda que o agente execute os atos tendentes a imitar, alterar os papéis públicos verdadeiros, pois já prevê como criminosa a simples conduta de adquirir, possuir, guardar etc. o objeto especialmente destinado a tal fim. Trata-se de crime eminentemente subsidiário, pois a efetiva falsificação dos papéis acarreta a absorção do delito em tela. Aplicam-se aqui todos os comentários expendidos acerca do crime previsto no art. 291 (petrechos para falsificação de moeda), inclusive no que diz respeito à qualificadora do art. 295 do CP. ("Se o agente é funcionário público, e comete o crime prevalecendo-se do cargo, aumenta-se a pena de sexta parte"). Para a incidência dessa majorante não basta que o sujeito ativo seja funcionário público. É necessário que ele efetivamente se prevaleça do cargo para a prática do delito.

Importa mencionar que é cabível o instituto da suspensão condicional do processo (art. 89 da Lei n. 9.099/95), caso não incida a causa de aumento de pena prevista no art. 295 do CP.

Capítulo III

DA FALSIDADE DOCUMENTAL

1. CONCEITO DE DOCUMENTO. CARACTERÍSTICAS

Nesse capítulo estudaremos os crimes de falso documental. Conceitua-se documento como todo papel escrito, firmado por alguém, que se consubstancia em uma declaração de vontade ou na atestação da existência de algum fato, direito ou obrigação, dotado de relevância jurídica, servindo, assim, de meio probatório. Vejamos os seus elementos:

(i) Papel escrito: somente o papel escrito pode ser considerado documento, logo, não se incluem nesse conceito a pedra, madeira, metal etc., sobre os quais também pode haver alguma epígrafe.

(ii) Identificação de seu autor: o documento deve identificar o seu autor, geralmente por meio de sua assinatura; contudo a ausência da subscrição não desnatura a cártula, desde que seja possível pelo conteúdo elucidar a autoria. Cite-se o exemplo de Hungria: "O 'devo que pagarei' não subscrito, mas assim redigido, de próprio punho, pelo devedor: 'Eu, *Fulano de tal*, confesso que devo e prometo pagar a Sicrano a quantia X...'"[247]. Não sendo possível nem assim realizar a identificação, não será o papel considerado documento.

(iii) Relevância jurídica: como dissemos, o documento deve ser juridicamente relevante, isto é, deve ter eficácia probatória. Não se considera como tal o documento que não

247. Nélson Hungria, *Comentários*, cit., v. 9, p. 256.

tenha essa destinação, por atestar fatos sem qualquer importância na órbita jurídica, ou o documento absolutamente nulo.

A falsidade documental, assim, pode ser definida como a "imitação ou deformação fraudulenta da verdade em um papel escrito, no sentido de conculcar uma relação jurídica ou causar um prejuízo juridicamente apreciável"[248]. Deve, portanto, a falsidade causar prejuízo ou ao menos ter potencialidade para tanto, seja o dano de ordem patrimonial, seja moral. Destarte, não tem a possibilidade de causar prejuízo o documento absolutamente nulo.

ART. 296 – FALSIFICAÇÃO DO SELO OU SINAL PÚBLICO

1. CONCEITO

Dispõe o art. 296, *caput*, do CP: "Falsificar, fabricando-os ou alterando-os: I – selo público destinado a autenticar atos oficiais da União, de Estado ou de Município; II – selo ou sinal atribuído por lei a entidade de direito público, ou a autoridade, ou sinal público de tabelião: Pena – reclusão, de 2 (dois) a 6 (seis) anos, e multa".

2. OBJETO JURÍDICO

Tutela-se mais uma vez a fé pública, no caso, do selo ou sinal público, "que, em si, não são documentos, mas a eles aderem, autenticando-os e, então, integrando-os"[249].

3. ELEMENTOS DO TIPO

3.1. Ação nuclear. Objeto material

Consubstancia-se no verbo *falsificar*. A falsificação pode se dar mediante a fabricação, isto é, contrafação, criação, do selo ou sinal público; ou alteração, isto é, modificação do selo ou sinal público, nesse caso verdadeiro. O objeto material do crime é, portanto: (i) o selo público destinado a autenticar atos oficiais da União, de Estado ou de Município, o qual não se confunde com o selo ou estampilha, objeto material do inciso I do art. 293; (ii) selo ou sinal atribuído por lei a entidade de direito público (entidades paraestatais, autarquias) ou a autoridade, ou sinal público de tabelião.

O tipo penal deixou de incriminar a falsificação do selo público estrangeiro[250].

3.2. Sujeito ativo

Trata-se de crime comum. Qualquer pessoa pode praticar esse delito. Se o agente for funcionário público e cometer a infração prevalecendo-se do cargo, aumenta-se a pena de sexta parte (§ 2º).

---

248. Nélson Hungria, *Comentários*, cit., v. 9, p. 252.

249. E. Magalhães Noronha, *Direito penal*, cit., v. 4, p. 137.

250. Nesse sentido: E. Magalhães Noronha, *Direito penal*, cit., v. 4, p. 139; Nélson Hungria, *Comentários*, cit., v. 9, p. 259.

3.3. Sujeito passivo

É o Estado, a coletividade, haja vista que se trata de crime contra a fé pública.

4. ELEMENTO SUBJETIVO

É o dolo, consubstanciado na vontade livre e consciente de falsificar o selo ou sinal público, mediante sua fabricação ou alteração, ciente de que ele se destina a autenticar documentos oficiais do Estado.

5. CONSUMAÇÃO E TENTATIVA

Consuma-se com a efetiva falsificação do selo ou sinal público. Por se tratar de crime plurissubsistente, a tentativa é perfeitamente possível.

6. FORMAS

6.1. Simples (art. 296, *caput*)

Prevista no *caput* do artigo.

6.2. Equiparada (art. 296, § 1º)

Prevista no § 1º: Incorre nas mesmas penas:

(i) quem faz uso do selo ou sinal falsificado: pune-se aquele que se utiliza do selo ou sinal público falsificado, isto é, emprega-o na autenticação dos documentos públicos. Se aquele que falsificou o selo ou sinal posteriormente utilizá-lo, responderá apenas pela conduta prevista no *caput* do artigo, constituindo o uso *post factum* não punível;

(ii) quem utiliza indevidamente o selo ou sinal verdadeiro em prejuízo de outrem ou em proveito próprio ou alheio: nessa modalidade criminosa, ao contrário do inciso I, o selo ou sinal público são verdadeiros, mas o agente deles se utiliza de forma *indevida* (elemento normativo do tipo). Se a utilização for devida, o fato é atípico. Segundo Hungria[251] e Noronha[252], para a existência desse crime, é imprescindível o advento de efetivo prejuízo a outrem ou a obtenção de proveito para si ou para terceiro. Damásio não compartilha desse entendimento, pois entende que o crime é formal, consumando-se com a simples utilização do selo ou sinal, não sendo necessário que o sujeito cause o prejuízo ou obtenha o proveito[253]. A tentativa é inadmissível;

(iii) quem altera, falsifica ou faz uso indevido de marcas, logotipos, siglas ou quaisquer outros símbolos utilizados ou identificadores de órgãos ou entidades da

---

251. Nélson Hungria, *Comentários*, cit., v. 9, p. 260.

252. E. Magalhães Noronha, *Direito penal*, cit., v. 4, p. 140.

253. Damásio E. de Jesus, *Direito penal*, cit., v. 4, p. 44.

Administração Pública: esse inciso foi introduzido no § 1º pela Lei n. 9.983/2000, que dispôs sobre crimes contra a Previdência Social. Contudo, ao se analisar o inciso, verifica-se que a disposição legal não se refere especificamente àquele órgão, mas a todos os órgãos ou entidades da Administração Pública. Vejamos o objeto material dessa modalidade criminosa: (i) *marca* "é o sinal distintivo de determinado produto, mercadoria ou serviço"[254]; (ii) *logotipo* "é o grupo de letras fundidas em um só tipo, formando sigla ou palavra, usualmente representativas de marca comercial ou de fabricação"[255]; (iii) *sigla* é a "reunião de letras iniciais dos vocábulos fundamentais de uma denominação ou título"[256]. A tentativa é possível na conduta *alterar* ou *falsificar*. Já na modalidade *fazer uso indevido* a tentativa é inadmissível[257].

6.3. Majorada (art. 296, § 2º)

Prevista no § 2º: "Se o agente é funcionário público, e comete o crime prevalecendo-se do cargo, aumenta-se a pena de sexta parte". Não basta que o agente seja funcionário público, pois é necessário que "o cargo lhe haja proporcionado facilidade ou ocasião para tal prática"[258].

7. EXAME DE CORPO DE DELITO

Por ser infração penal que deixa vestígios, indispensável a realização de exame de corpo de delito (CPP, art. 158), a fim de que sua materialidade seja comprovada (*v.* comentários ao art. 297).

8. AÇÃO PENAL

Trata-se de crime de ação penal pública incondicionada.

ART. 297 – FALSIFICAÇÃO DE DOCUMENTO PÚBLICO

1. CONCEITO

Dispõe o art. 297, *caput*, do CP: "Falsificar, no todo ou em parte, documento público, ou alterar documento público verdadeiro: Pena – reclusão, de 2 (dois) a 6 (seis) anos, e multa". O artigo pune a *falsidade material*, ou seja, aquela que diz respeito à forma do documento.

---

254. Rubens Requião, *Curso de direito comercial*, 21. ed., São Paulo, Saraiva, 1993, v. 1, p. 184.

255. Cf. Aurélio Buarque de Holanda Ferreira, *Novo dicionário Aurélio*, 2. ed., Rio de Janeiro, Nova Fronteira, 1986, p. 1045.

256. Cf. Aurélio Buarque de Holanda Ferreira, *Novo dicionário Aurélio*, cit., p. 1583.

257. Nesse sentido: Damásio E. de Jesus, *Direito penal*, cit., v. 4, p. 45; Antonio Lopes Monteiro, *Crimes contra a Previdência Social*, São Paulo, Saraiva, 2000, p. 67.

258. Nélson Hungria, *Comentários*, cit., v. 9, p. 260.

2. OBJETO JURÍDICO

Tutela-se a fé pública no que se refere aos documentos de natureza pública.

3. ELEMENTOS DO TIPO

3.1. Ações nucleares

Consubstanciam-se nos verbos:

(i) **falsificar**, isto é, formar, criar um documento. Pode a contrafação ser total, hipótese em que o documento é criado por completo; ou parcial, hipótese em que há apenas acréscimos ao documento. Cite-se o exemplo de Noronha: "(...) em que o falsário aproveitou-se do espaço em branco existente entre o conteúdo da carta e a assinatura do missivista, para inserir aí uma confissão de dívida, cortando a parte do conteúdo da carta, e criando, dessarte, parcialmente o documento"[259];

(ii) **alterar**, isto é, modificar o documento. Na hipótese o documento é verdadeiro, e o agente substitui seu conteúdo, isto é, frases, palavras que alterem sua essência, incidindo, portanto, sobre aspectos relevantes do documento. Se o agente simplesmente rasura ou cancela palavra ou frase do texto sem realizar qualquer substituição, haverá o crime previsto no art. 305. Caso suceda a substituição, o delito será o aqui examinado, por constituir alteração do documento[260].

A falsificação ou alteração deve ser apta a iludir o *homo medius*, pois, se grosseira, poderá o fato constituir crime impossível ou o delito de estelionato, conforme já visto nos comentários ao crime de moeda falsa.

3.2. Objeto material e elemento normativo do tipo

O tipo penal refere-se ao documento público. Trata-se de objeto material do crime e ao mesmo tempo elemento normativo do tipo, pois se faz necessário um juízo de valoração jurídica. Assim, deveremos buscar sua conceituação na doutrina, que classifica os documentos públicos em: **(i) documento formal e substancialmente público**: o documento, na hipótese, é formado, criado, emitido por funcionário público, no exercício de suas atribuições legais, além do que seu conteúdo é relativo a questões de natureza pública. Consideram-se como tais todos os documentos emanados de atos do Executivo, Legislativo e Judiciário, bem como qualquer outro, expedido por funcionário público, desde que represente interesses do Estado; **(ii) documento formalmente público, mas substancialmente privado**. Na hipótese o documento é formado, criado, emitido por funcionário público, mas seu conteúdo é relativo a interesses particulares, por exemplo, uma escritura pública de transferência de propriedade imóvel. O interesse envolvido é particular, mas formalmente o documento é público, pois a escritura foi lavrada pelo

---

259. E. Magalhães Noronha, *Direito penal*, cit., v. 4, p. 141.

260. Nesse sentido: Nélson Hungria, *Comentários*, cit., v. 9, p. 260.

oficial de Registros Públicos, que é um profissional dotado de fé pública, a quem é delegado o exercício dessa atividade (art. 3º da Lei n. 8.935/94). Vejamos alguns exemplos de documento público: CPF/MF (Cadastro de Pessoas Físicas do Ministério da Fazenda), CNH (Carteira Nacional de Habilitação), Carteira de Trabalho, CRV (Certificado de Registro de Veículo), escritura pública, título de eleitor, RG etc.

São considerados documentos públicos:

(i) **o original:** é o documento em sua forma genuína, o escrito em que, de origem, se lançou o ato. Exemplo: a sentença lavrada no processo;

(ii) **a cópia:** é a reprodução do documento original. É a coisa representativa do original. São espécies de cópia:

(ii.1) translado: é a cópia textual e autêntica, feita por oficial público competente, do que está escrito no livro de notas; é a reprodução textual do instrumento público;

(ii.2) certidões: são cópias autênticas dos livros de notas ou outros, ou de atos judiciais, extraídas pelos tabeliães ou escrivães. São integrais, quando transcrevem todo o texto; parciais, quando repetem apenas uma parte; e em breve relato, quando sintetizam o conteúdo do original.

Os translados e as certidões, porque extraídos por oficial público, são cópias autênticas, e fazem a mesma prova que os originais. Também farão a mesma prova que os originais as cópias de documentos públicos, desde que autenticadas por oficial público ou conferidas em cartório, pois, do contrário, não poderão ser consideradas documento para fins penais, uma vez que não possuem a natureza jurídica de documentos, pois são meras reproduções, desde que não sejam autenticadas. A cópia não serve como instrumento apto para provar determinada situação jurídica, senão quando autenticada. A aposição do selo do notário ou qualquer outra forma que a lei determina é que confere valor jurídico para aquela cópia;

(iii) o documento emitido por autoridade estrangeira;

(iv) os documentos legalmente equiparados ao público (§ 2º): de acordo com o § 2º, para os efeitos penais, equiparam-se a documento público o emanado de entidade paraestatal (referida expressão não é mencionada no atual Texto Constitucional, mas seu significado é o de uma entidade que atua ao lado do Estado, compreendendo as autarquias, empresas públicas, sociedade de economia mista, fundações instituídas pelo Poder Público e os serviços sociais autônomos), o título ao portador ou transmissível por endosso (cheque, letra de câmbio, duplicatas, *warrant* etc.), as ações de sociedade comercial (sociedade anônima ou em comandita por ações), os livros mercantis (são aqueles destinados a registrar as atividades do comerciante) e o testamento particular (ou hológrafo). Quanto a este último, ressalva Hungria que não se compreende o codicilo[261].

261. Nélson Hungria, *Comentários*, cit., v. 9, p. 267.

Não são considerados documentos públicos:

(i) **o documento público escrito a lápis:** nesse sentido, "A condição essencial de documento público consiste no seu caráter de autenticidade, condição essa inexistente nos papéis escritos a lápis, que não oferecem garantia na sua fixidez e inalterabilidade" (TJSP, *RT* 255/39);

(ii) **o telegrama:** no tocante ao telegrama, se expedido por funcionário do telégrafo, por ordem de particular, não é considerado público, pois o funcionário, ao expedi-lo, apenas reproduz mecanicamente o conteúdo do documento, sem que isso lhe confira natureza pública. Poderá ser assim considerado se for expedido por ordem de agentes públicos em razão de exigências do serviço público. Quanto às anotações feitas pelo funcionário público no telegrama, se alteradas, constituirá o crime em exame, pois tem natureza pública[262].

3.3. Sujeito ativo

Trata-se de crime comum, pois qualquer pessoa pode praticá-lo. Sendo funcionário público, prevalecendo-se do cargo, incide o aumento de pena de um sexto previsto no § 1º.

3.4. Sujeito passivo

O Estado é considerado o sujeito passivo principal. Secundariamente, o terceiro eventualmente lesado pela conduta delitiva.

4. ELEMENTO SUBJETIVO

É o dolo, consubstanciado na vontade livre e consciente de falsificar, isto é, imitar, reproduzir documento público ou alterar documento público verdadeiro. Não se exige qualquer finalidade específica.

Se a falsificação do documento público for para fins eleitorais, o fato deverá ser enquadrado no art. 348 do Código Eleitoral (Lei n. 4.737/65).

5. CONSUMAÇÃO E TENTATIVA

O crime consuma-se com a falsificação ou alteração do documento, sendo prescindível o uso efetivo deste. Como já dissemos, é necessário que a falsificação seja apta a iludir terceiro, que tenha potencialidade ofensiva, pois, se grosseira, absolutamente inidônea a enganar, não haverá o crime em questão.

A tentativa é perfeitamente possível, pois há um *iter criminis* que pode ser fracionado. O *conatus* ocorrerá se, por exemplo, o agente, estando no início do processo de formação da escritura pública falsa, tendo preenchido apenas algumas linhas, é surpreendido

---

262. Nesse sentido: E. Magalhães Noronha, *Direito penal*, cit., v. 4, p. 143.

por terceiro. Nessa hipótese, não ocorreu ainda a contrafação total do documento, portanto o crime reputa-se consumado.

6. FORMAS

6.1. Simples (art. 297, *caput*)

Prevista no *caput*.

6.2. Majorada (art. 297, § 1º)

Prevista no § 1º: "Se o agente é funcionário público, e comete o crime prevalecendo-se do cargo, aumenta-se a pena de sexta parte". É imprescindível que o agente tenha se prevalecido do cargo para cometer o crime, pois, do contrário, não incide o aumento de pena em estudo.

6.3. Equiparada. Falsificação de documento público previdenciário (art. 297, § 3º)

As condutas aqui previstas assemelham-se às alíneas *g*, *h* e *i* do art. 95 da Lei Orgânica da Seguridade Social (Lei n. 8.212/91), as quais não se encontram mais vigentes. A objetividade jurídica tutelada é a fé pública dos documentos referentes à Previdência Social. Houve, assim, uma ampliação do rol dos documentos considerados públicos pelo art. 297, § 2º, do CP. Nesse sentido, Antonio Lopes Monteiro. Em sentido contrário, Luiz Flávio Gomes, para quem "A nova disciplina jurídica não equiparou os documentos previdenciários a documentos públicos. Aproveitou tão somente 'as penas' do art. 297. Não importa, portanto, se o documento é particular ou público. As penas serão sempre as do art. 297"[263]. A falsidade contemplada no delito em exame é a ideológica, ao contrário da modalidade prevista no *caput* do art. 297, que é a material. Assim, no momento da elaboração, da criação do documento, ele é formalmente verdadeiro, contudo, o seu conteúdo, a ideia nele contida, é falsa. Analisemos, então, o citado § 3º.

– Ação nuclear: dispõe o § 3º: "Nas mesmas penas incorre quem *insere* ou *faz inserir*". Trata-se de crime comissivo, isto é, somente praticado por ação. O agente, diretamente, insere, isto é, introduz no documento formalmente verdadeiro, declaração falsa ou diversa da que deveria ter sido escrita; ou, então, indiretamente, incentiva terceiro a inserir a declaração no documento. Como já dissemos, trata-se aqui de *falsum* ideológico. Consoante o dispositivo legal, o agente *insere* ou *faz inserir*:

(i) na folha de pagamento ou em documento de informações que seja destinado a fazer prova perante a Previdência Social, pessoa que não possua a qualidade de se-

---

263. Respectivamente, Antonio Lopes Monteiro, *Crimes contra a Previdência Social*, cit., p. 70; Luiz Flávio Gomes, *Crimes previdenciários*, São Paulo, Revista dos Tribunais, 2001, v. 1, p. 85.

gurado obrigatório: conforme assevera Antonio Lopes Monteiro, "é cediço que ainda hoje a folha de pagamento é o documento mais importante como fonte de arrecadação para a Previdência Social e ao mesmo tempo serve como base para futuro pagamento de benefícios aos segurados. Portanto, a inclusão de pessoas não seguradas obrigatoriamente levaria a Previdência a desembolsos indevidos, causando-lhe graves prejuízos. Segurado obrigatório é o previsto no art. 11 da Lei n. 8.213/91, com a redação dada pela Lei n. 9.876/99 e seu Regulamento, o Decreto n. 3.048/99, com as alterações introduzidas pelo Decreto n. 3.265/99. As pessoas ali não previstas não pertencem à categoria jurídica de segurado obrigatório, e sim facultativo"[264]. Vejam que o inciso contém o chamado elemento normativo do tipo, pois o conceito de *segurado obrigatório* deve ser buscado na legislação da Previdência Social;

(ii) na Carteira de Trabalho e Previdência Social do empregado ou em documento que deva produzir efeito perante a Previdência Social, declaração falsa ou diversa da que deveria ter sido escrita: a CTPS serve como base para o cálculo do pagamento dos benefícios previdenciários, pois nela são lançados os valores do salário-contribuição. Se o lançamento deste for fictício, irreal, consequentemente a Previdência Social será prejudicada, pois será obrigada a pagar valores indevidos ao segurado. O mesmo sucederá, conforme lembra Antonio Lopes Monteiro, se o agente apresenta laudo que o habilita à aposentadoria especial (15, 20 e 25 anos de trabalho)[265];

(iii) em documento contábil ou em qualquer outro documento relacionado com as obrigações da empresa perante a Previdência Social, declaração falsa ou diversa da que deveria ter constado: nessa hipótese, a falsificação se refere aos documentos contábeis das empresas, pois é com base neles que a Previdência Social vai aferir o quanto as empresas devem recolher[266].

– **Consumação e tentativa:** a consumação ocorre com a inserção da declaração falsa ou diversa da que deveria ter constado. Não é necessário o efetivo uso do documento. Por se tratar de crime plurissubsistente, a tentativa é possível.

6.4. Segunda forma equiparada (art. 297, § 4º)

O § 4º do art. 297 dispõe: "Nas mesmas penas incorre quem omite, nos documentos mencionados no § 3º, nome do segurado e seus dados pessoais, a remuneração, a vigência do contrato de trabalho ou de prestação de serviços". Esse delito é semelhante à parte final da alínea *i* do art. 95 da Lei n. 8.212/91. Trata-se de crime omissivo puro. Nessa hipótese, a empresa deixa de inserir nos documentos mencionados no § 3º (folha de pagamento, CPTS etc.) as informações acima citadas. Cuida-se aqui também de falso ideológico. O crime se consuma no momento em que o agente não realiza a inserção das informações nos documentos elencados no parágrafo anterior. A tentativa é inadmissível.

---

264. Antonio Lopes Monteiro, *Crimes contra a Previdência Social*, cit., p. 70.

265. Idem, ibidem, p. 71.

266. Idem, ibidem.

7. CONCURSO DE CRIMES

(i) **Falso documental e estelionato**: questão bastante discutida na doutrina e na jurisprudência é a relativa à prática do delito de estelionato mediante o uso de documento falso. Sabemos que o crime de falsidade documental tem por sujeito passivo o Estado, pois constitui crime contra a fé pública. O falso, portanto, atinge interesse público, ao passo que o estelionato, interesse particular, pois se tutela o patrimônio do indivíduo. Indaga-se: se o sujeito falsificar um documento público ou particular e com tal expediente induzir alguém em erro para obter indevida vantagem patrimonial, por qual crime responde? Há quatro posições na jurisprudência:

(i) Superior Tribunal de Justiça: o estelionato absorve a falsidade, quando esta foi o meio fraudulento empregado para a prática do crime-fim que era o estelionato. Nesse sentido, a Súmula 17 desse Tribunal, cujo teor é o seguinte: "Quando o falso se exaure no estelionato, sem mais potencialidade lesiva, é por este absorvido". Veja que a súmula exige que o falso se exaura no estelionato, o que significa dizer que a fraude se esgote naquele crime. Por exemplo: pagar mercadorias em loja com uma folha de cheque falsificada. Uma vez utilizada a cártula, não há como o documento falsificado ser novamente empregado na prática de outros crimes. A fraude, portanto, se esgotou no crime de estelionato. Se, pelo contrário, a falsidade for apta à prática de outros crimes, afasta-se a incidência da súmula mencionada, havendo o concurso de crimes; por exemplo: carteira de identidade falsificada. Finalmente, reafirmando a orientação no sentido da absorção do crime de falso pelo estelionato, o Superior Tribunal de Justiça editou a Súmula 25: "A utilização de papel-moeda grosseiramente falsificado configura, em tese, o crime de estelionato, de competência da Justiça Estadual";

(ii) Supremo Tribunal Federal: há concurso formal de crimes. Conforme havíamos falado inicialmente, o crime de falso atinge a fé pública, ao passo que o estelionato atinge o patrimônio. Tais crimes, portanto, atingem bens jurídicos diversos. Mencione-se, ainda, que o primeiro (falsidade de documento público) é mais severamente apenado que o segundo, argumentos estes que afastam a teoria da absorção de crimes;

(iii) há concurso material;

(iv) o crime de falso (aqui a falsidade deve ser de documento público, cuja pena é superior à do crime de estelionato) prevalece sobre o estelionato.

Segundo Damásio, sob o aspecto doutrinário trata-se de concurso material de crimes e não de concurso formal, pois "o concurso formal exige unidade de conduta (CP, art. 70). Na espécie, existe pluralidade de comportamentos (da falsificação e do estelionato), normalmente distanciados no tempo. Suponha-se que o sujeito falsifique o objeto material em janeiro e engane a vítima em dezembro: como considerar a presença de uma só ação? (...)". Continua mais adiante o autor: "No sentido prático, de ver-se que a jurisprudência, diante da gravidade das penas impostas aos delitos de falso e da aspereza das disposições sobre o concurso material de crimes, ou reconhece a existência de uma só infração penal ou a presença do concurso formal. Trata-se de uma justa preocupação: a louvável intenção de suavizar as regras do Código Penal sobre o cúmulo material. Força é reconhecer, então, sob o aspecto prático, que a consideração de um só delito ou do concurso formal, se não é doutrinariamente correta, tem aceitação prevalente na jurisprudência sob a inspiração de princípios de política criminal. A posição é justa. E a justiça deve prevalecer sobre a técnica"[267].

Nosso entendimento: tudo depende da existência ou não de um só contexto fático. Se a potencialidade lesiva do falso se exaurir no estelionato, por exemplo, no caso do agente que falsifica uma folha de cheque e a entrega a um comerciante, o qual, iludido, sofre prejuízo, não há como deixar de reconhecer a existência de crime único. Com efeito, o fólio falsificado não poderá ser empregado em nenhuma outra fraude, até porque não está mais na posse do agente, mas com a vítima, ficando evidente que a falsificação foi um meio para a prática do delito-fim, no caso o estelionato. Correta, portanto, a posição do Superior Tribunal de Justiça.

(ii) Falso documental e uso (CP, art. 304): o art. 304 prevê o delito de uso de documento falso. Na hipótese em que o próprio falsário faz uso do documento falsificado, o uso constitui fato posterior não punível (uma das subespécies da chamada progressão criminosa). Ocorre este quando, após realizada a conduta, o agente pratica novo ataque contra o mesmo bem jurídico (no caso, a fé pública), visando apenas tirar proveito da prática anterior. O fato posterior é tomado como mero exaurimento. Afasta-se, portanto, a possibilidade de haver no caso concurso de crimes.

(iii) Falso documental praticado para encobrir outro crime: é muito comum que, após a prática de um crime, geralmente contra o patrimônio (furto, roubo, apropriação indébita, estelionato etc.), o agente falsifique documentos, a fim de que ele conste como titular dos bens, possibilitando com isso a venda destes, por exemplo, furto de veículo e posterior falsificação dos documentos a ele relativos. Nessa hipótese, responderá o agente também pelo crime de falso documental? Sim. Haverá no caso concurso material de crimes, pois estamos diante de crimes autônomos, que ofendem objetividades jurídicas diversas (patrimônio e fé pública), não se podendo jamais falar em progressão criminosa (*post factum* impunível).

(iv) Falso documental e sonegação fiscal: *Vide* comentários ao art. 299, item 8 (Concurso de crimes)[268].

(v) Crime único: se em um mesmo contexto fático o agente realiza diversas falsificações com o intuito de alcançar um único objetivo criminoso, haverá crime único, por exemplo, falsificar, a um só tempo, todos os documentos relativos ao veículo furtado, para possibilitar sua venda. No caso, há diversos atos que constituem uma única ação e, portanto, um único crime.

267. Damásio E. de Jesus, *Direito penal*, cit., v. 4, p. 53.

268. *Vide*, também, nota de rodapé n. 294.

(vi) Crime continuado: no exemplo acima citado, se o agente, em contextos fáticos diversos, realizar falsificações de documentos relativos a diversos veículos furtados, haverá crime continuado, desde que respeitados os demais requisitos do art. 71 do CP. Na hipótese, há a prática de diversas ações que, portanto, resultam em vários crimes.

8. QUESTÕES

(i) Falsificação de chassi ou qualquer sinal de identificador de veículo automotor e falsificação de documento público: não configura crime de falsidade material (CP, art. 297), mas o previsto no art. 311 do CP, cuja pena varia de 3 a 6 anos de reclusão, mais multa. Essa pena será aumentada de 1/3 se o agente comete o crime no exercício de função pública, ou se prevalecendo desta. De acordo com o parágrafo único, incorrerá também nesse crime o funcionário público que contribuir para o licenciamento ou registro do veículo remarcado, fornecendo, indevidamente, material ou informação oficial. Tal falsificação não deve ser confundida com a operada no próprio certificado de propriedade do veículo, em que o agente substitui o número do chassi ou da placa, pois nesse caso obviamente se configura o **crime de falso material** (CP, art. 297)[269].

(ii) Falsa identidade e falsificação de documento público: questão: na hipótese em que o agente substitui a fotografia no documento de identidade verdadeiro, por qual crime responde? Entendemos que nesse caso ocorre um conflito aparente entre as normas dos arts. 297 e 307 do CP, ante a possibilidade de enquadramento da mencionada conduta em ambos os tipos penais. Referido conflito deve ser solucionado por influxo do princípio da subsidiariedade, subsistindo tão somente a norma do art. 297, ante sua maior gravidade, ficando a falsa identidade como figura típica subsidiária. A questão é controvertida na jurisprudência, mas o Supremo Tribunal Federal já decidiu pela configuração do delito do art. 297, sob o argumento de que, "sendo a alteração de documento público verdadeiro uma das duas condutas típicas do crime de falsificação de documento público (artigo 297 do Código Penal), a substituição da fotografia em documento de identidade dessa natureza caracteriza a alteração dele, que não se cinge apenas ao seu teor escrito, mas que alcança essa modalidade de modificação que, indiscutivelmente, compromete a materialidade e a individualização desse documento verdadeiro, até porque a fotografia constitui parte juridicamente relevante dele" (STF, HC 75.690/SP).

9. EXAME DE CORPO DE DELITO

Trata-se de infração penal que deixa vestígios materiais (*delicta facti transeuntis*), devendo ser necessária a realização do exame de corpo de delito. Este é um auto em

269. Nesse sentido: Victor Eduardo Rios Gonçalves, *Dos crimes contra os costumes aos crimes contra a Administração*, 3. ed., São Paulo, Saraiva, 2000, v. 10 (col. Sinopses Jurídicas), p. 85.

que os peritos descrevem suas observações e se destina a comprovar a existência do delito.

(i) Exame de corpo de delito direto é o feito sobre o próprio corpo de delito – documento falsificado.

(ii) Exame de corpo de delito indireto advém de raciocínio dedutivo sobre um fato narrado por testemunhas, sempre que impossível o exame direto – tendo havido o desaparecimento do documento falsificado, poderá suprir sua ausência a prova testemunhal.

Analisemos algumas hipóteses:

(i) Tendo em mãos o documento falsificado, será obrigatório o exame de corpo de delito direto, não podendo supri-lo a confissão do acusado (CPP, art. 158), sob pena de nulidade. Também não poderá ser substituído pelo exame indireto (prova testemunhal).

(ii) Tendo desaparecido o documento falsificado, será cabível o exame de corpo de delito indireto (prova testemunhal). A confissão do acusado jamais poderá suprir essa prova (CPP, art. 158), sob pena de nulidade.

Importa aqui ressalvar que o STJ vem atenuando os rigores dessa interpretação do art. 158 do CPP, sob o argumento de que, não sendo ilícitas, as demais provas podem ser valoradas pelo juiz como admissíveis. Nesse sentido: "A jurisprudência do STJ agasalha a possibilidade de dispensa do exame de corpo de delito quando outras provas demonstrarem de forma inequívoca a materialidade delitiva." (AgRg no AREsp 1.334.572/RS, *DJU* 26-9-2018).

Outra perícia possível de ser realizada nos crimes de falso é o exame grafotécnico. Destina-se a apurar, por meio da comparação dos padrões gráficos, se o falsário foi realmente o autor do documento (assinatura e conteúdo). Nessa hipótese, deverá ele fornecer padrões gráficos de próprio punho, que serão comparados com o documento falsificado. O Supremo Tribunal Federal já teve a oportunidade de decidir que não comete crime de desobediência o indivíduo que se recusa a fornecer os padrões gráficos de próprio punho, em face do privilégio de que desfruta o indiciado contra a autoincriminação. No caso de recusa, pode a autoridade não só fazer requisição a arquivos ou estabelecimentos públicos, onde se encontrem documentos da pessoa à qual é atribuída a letra, ou proceder a exame no próprio lugar onde se encontra o documento em questão.

10. AÇÃO PENAL. COMPETÊNCIA

(i) Ação penal: trata-se de crime de ação penal pública incondicionada.

(ii) Competência: se a falsificação ofender bens, serviços ou interesses da União, o crime será de competência da Justiça Federal (competência *ratione materiae*). Caso ofenda interesses dos Estados ou Municípios, a competência será da Justiça Estadual. Nesse sentido, STJ, CComp 169.902/SP, *DJU* 12-11-2020.

A competência *ratione loci* é a da falsificação do documento; sendo impossível identificar o lugar da falsificação, fixa-se a competência pelo local do uso do documento falso.

ART. 298 – FALSIFICAÇÃO DE DOCUMENTO PARTICULAR

1. CONCEITO

Dispõe o art. 298, *caput*, do CP: "Falsificar, no todo ou em parte, documento particular ou alterar documento particular verdadeiro: Pena – reclusão, de 1 (um) a 5 (cinco) anos, e multa". O delito que examinaremos em seguida pune a *falsidade material*, ou seja, aquela que diz respeito à forma do documento. Embora previstos em artigos distintos, o crime de falsificação de documento particular em nada difere do delito de falsificação de documento público, a não ser no que diz respeito à pena, pois neste último a sanção prevista é mais severa, em virtude da maior confiança depositada pela coletividade nos documentos dessa natureza. Diante disso, incidem aqui todos os comentários relativos ao crime previsto no art. 297 do CP.

2. OBJETO JURÍDICO

Tutela-se a fé pública no que se refere aos documentos de natureza privada, pois estes também podem conter uma declaração de vontade ou a atestação da existência de algum fato, direito ou obrigação, juridicamente relevantes, constituindo, por isso, importante meio probatório em juízo.

3. ELEMENTOS DO TIPO

3.1. Ações nucleares. Objeto material

As ações nucleares típicas são as mesmas do artigo antecedente: *falsificar*, no todo ou em parte, ou *alterar*, no caso, o documento particular. A falsificação ou alteração deve ser apta a iludir o *homo medius*, pois, se grosseira, poderá o fato constituir crime impossível ou o delito de estelionato, conforme já estudado no crime de moeda falsa.

O objeto material do delito é o documento particular. Conceitua-se este como todo aquele que é formado "sem a intervenção de oficial ou funcionário público, ou de pessoa investida de fé pública"[270], por exemplo, um contrato de promessa de compra e venda ou de locação, um instrumento particular de doação, uma carta em que se confessa uma dívida, um recibo de venda etc. Vejamos algumas hipóteses:

(i) instrumento ou documento particular registrado no Cartório de Registro de Títulos e documentos não se transmuda em documento público, pois continua a ser documento formado sem a intervenção do funcionário público (tabelião, por exemplo), de forma que seu registro posterior em Cartório destina-se a apenas tornar pública, por exemplo, uma locação ou uma cessão de direitos, de forma a surtir efeitos perante terceiros;

(ii) instrumento ou documento particular com firma reconhecida também não se transmuda em documento público. Caso a falsificação se opere sobre as próprias

---

270. Nélson Hungria, *Comentários*, cit., v. 9, p. 267.

anotações do oficial público, aí, sim, teremos a configuração do crime de falsificação de documento público;

(iii) **instrumento ou documento público nulo**, pela falta de observância dos requisitos legais. Nessa hipótese, poderá valer como documento ou instrumento particular. Assim, qualquer falsificação ou alteração nele operada poderá constituir o crime em exame e não o de falsificação de documento público (CP, art. 297);

(iv) **documentos impressos ou integralmente datilografados, sem qualquer assinatura**, não podem ser considerados documento, nem mesmo particular, para os efeitos legais, de forma que qualquer falsificação ou alteração deles não configura o delito em estudo;

(v) **cópias não autenticadas de documento** também não são consideradas documentos para efeitos penais;

(vi) **documento particular sem qualquer relevância jurídica** não pode constituir objeto material do crime em tela o documento inócuo, cujo conteúdo não gere qualquer consequência na esfera jurídica.

3.2. Sujeito ativo

Trata-se de crime comum, pois qualquer pessoa pode praticá-lo.

3.3. Sujeito passivo

É o Estado considerado sujeito passivo principal. Secundariamente, é o terceiro eventualmente lesado pela conduta delitiva.

4. ELEMENTO SUBJETIVO

É o dolo, consubstanciado na vontade livre e consciente de falsificar, no todo ou em parte, documento particular ou alterar documento particular verdadeiro. Não se exige qualquer finalidade específica.

5. CONSUMAÇÃO E TENTATIVA

O crime consuma-se com a falsificação ou alteração do documento, sendo prescindível o uso efetivo deste. Registre-se aqui a lição de Hungria: "Em face do Código atual, o *falsum* particular, do mesmo modo que o *falsum* público, consuma-se com a simples *editio falsi*, independentemente do uso do documento falso, isto é, sem necessidade de que este saia da esfera individual do agente e inicie uma relação qualquer com outrem, de modo a poder produzir efeitos jurídicos. Como é óbvio, o processo penal somente poderá ser viável quando o documento forjado ou alterado seja exibido pelo falsário (...), ou encontrado em poder dele, seja fortuitamente, seja, por exemplo, no curso de uma busca pessoal ou domiciliar. Se o agente, após a formação do *falsum*, vem a suprimi-lo, antes que alguém tenha dele conhecimento, dá-se o arrependimento eficaz (...), extinguindo-se a punibilidade, mesmo porque terá desaparecido o *corpus delicti* e não será possível prová-lo indiretamente"[271].

Conforme já estudado, é necessário que a falsificação seja apta a iludir terceiro, tenha potencialidade ofensiva, pois, se grosseira, absolutamente inidônea a enganar, não haverá o crime em questão.

A tentativa é perfeitamente possível, pois há um *iter criminis* que pode ser fracionado. Cite-se como exemplo a hipótese em que o agente está no início do processo de forjamento de um instrumento de cessão de direitos, em que ele figura como beneficiário, momento em que é interrompido por terceiros antes de sua finalização.

6. CONCURSO DE CRIMES

Vide comentários ao art. 297 do CP, os quais aqui se aplicam.

7. DOCUMENTOS PARTICULARES POR EQUIPARAÇÃO

O parágrafo único do art. 298 tem a seguinte redação: "Parágrafo único. Para fins do disposto no *caput*, equipara-se a documento particular o cartão de crédito ou débito".

A intenção do legislador foi incluir os cartões de crédito ou débito, para fins penais, como documentos particulares.

Antes da alteração do art. 298, a jurisprudência vinha assentando posição em dois casos frequentes:

(i) Pela Súmula 17 do STJ, se o sujeito faz a clonagem do cartão de crédito ou débito e com ele realiza compras, pratica estelionato (art. 171 do CP). Nesse caso, se esgotada a potencialidade lesiva do cartão falsificado, o falso fica absorvido.

(ii) Já o ato de efetuar saques em caixas eletrônicos com o cartão falsificado representa furto mediante fraude (art. 155, § 4º, II, do CP). No caso, o agente que falsifica o cartão e depois efetua saques deve responder por concurso material de delitos, pois são condutas independentes, com bens jurídicos tutelados diversos (fé dos documentos e patrimônio alheio).

Tais situações não serão modificadas pelo atual parágrafo único, mas esgota-se qualquer possibilidade de não atribuição da qualidade de documento particular, para fins penais, aos cartões de débito e de crédito.

8. LEGISLAÇÃO PENAL ESPECIAL

(i) Dispõe o art. 1º da Lei n. 8.137/90: "Constitui crime contra a ordem tributária suprimir ou reduzir tributo, ou contribuição social e qualquer acessório, mediante as seguintes condutas: I — falsificar ou alterar nota fiscal, fatura, duplicata, nota de venda,

---

271. Nélson Hungria, *Comentários*, cit., v. 9, p. 271.

ou qualquer outro documento relativo à operação tributável; (...) IV – elaborar, distribuir, fornecer, emitir ou utilizar documento que saiba ou deva saber falso ou inexato: Pena – reclusão, de dois a cinco anos, e multa".

(ii) Reza o art. 349 do Código Eleitoral (Lei n. 4.737/65): "Falsificar, no todo ou em parte, documento particular ou alterar documento particular verdadeiro, para fins eleitorais: Pena – reclusão, até cinco anos, e pagamento, de três a dez dias-multa".

9. EXAME DE CORPO DE DELITO

Vide comentários ao crime de falsificação de documento público no art. 297 do CP, os quais também incidem aqui.

10. AÇÃO PENAL. COMPETÊNCIA. LEI DOS JUIZADOS ESPECIAIS CRIMINAIS

(i) **Ação penal**: trata-se de crime de ação penal pública incondicionada.

(ii) **Competência**: se a falsificação ofender bens, serviços ou interesses da União, o crime será de competência da Justiça Federal (competência *ratione materiae*). Caso ofenda interesses dos Estados ou Municípios, a competência será da Justiça Estadual. Nesse sentido, a Súmula 104 do STJ: "Compete à Justiça Estadual o processo e julgamento dos crimes de falsificação e uso de documento falso relativo a estabelecimento particular de ensino".

A competência *ratione loci* é a da falsificação do documento; sendo impossível identificar-se o lugar da falsificação, fixa-se a competência pelo local do uso do documento falso.

(iii) Lei dos Juizados Especiais Criminais: em face da pena mínima prevista (reclusão, de 1 a 5 anos e multa), é cabível o instituto da suspensão condicional do processo.

ART. 299 – FALSIDADE IDEOLÓGICA

1. CONCEITO. DISTINÇÃO ENTRE FALSIDADE MATERIAL E IDEOLÓGICA

Dispõe o art. 299, *caput*, do CP: "Omitir, em documento público ou particular, declaração que dele devia constar, ou nele inserir ou fazer inserir declaração falsa ou diversa da que devia ser escrita, com o fim de prejudicar direito, criar obrigação ou alterar a verdade sobre fato juridicamente relevante: Pena – reclusão, de 1 (um) a 5 (cinco) anos, e multa, se o documento é público, e reclusão de 1 (um) a 3 (três) anos, e multa, se o documento é particular". Diferentemente dos delitos precedentes, estamos agora diante do chamado falso ideológico, aquele em que o documento é formalmente perfeito, sendo, no entanto, falsa a ideia nele contida. O sujeito tem legitimidade para emitir o documento, mas acaba por inserir-lhe um conteúdo sem correspondência com a realidade dos fatos. Assim, uma escritura lavrada pelo funcionário do Cartório do Registro de Imóveis é formalmente perfeita, pois a ele incumbe formar o instrumento público. Entretanto, se essa escritura encerrar declarações falsas prestadas pelo particular, haverá o crime de falso ideológico. No falso material, ao contrário, a questão não se cinge à veracidade da ideia, mas à adulteração da forma, de modo que seu aspecto externo é forjado. Por conseguinte, se ocorre adulteração da assinatura do legítimo emitente, ou emissão falsa de assinatura, ou ainda rasuras em seu conteúdo, apenas para ficar em alguns exemplos, opera-se a falsidade material. A diferença básica consiste em que na falsidade ideológica não há modificação da estrutura formal do documento, de maneira que ele vem a ser elaborado e assinado exatamente por quem deve fazê-lo. Entretanto, tal pessoa, embora legitimada a lançar a declaração, o faz de modo inverídico quanto ao conteúdo. A consequência, conforme adiante se verá, é a de que na falsidade ideológica não cabe a produção de prova pericial, pois inexiste alteração formal a ser demonstrada. A mentira, quanto ao conteúdo, não se prova por perícia, pois não há vestígios em uma afirmação ideologicamente falsa. Assim, se o particular resolve confeccionar uma escritura pública para forjar ser o proprietário de determinado imóvel ou, então, alterar a escritura verdadeira por meio da supressão e substituição dos titulares do imóvel, há o falso material, pois, antes mesmo de seu conteúdo ser inverídico, o documento é extrinsecamente falso, materialmente inverídico. Veja-se que aí o falso se consubstancia na contrafação material do documento ou então em rasuras, emendas, omissões ou acréscimos ao documento verdadeiro. Na lição de Hungria: "Fala-se em *falsidade ideológica* (*ou intelectual*), que é modalidade do *falsum* documental, quando à genuidade formal do documento não corresponde a sua veracidade intrínseca. O documento é genuíno ou materialmente verdadeiro (isto é, emana realmente da pessoa que nele figura como seu autor ou signatário), mas o seu conteúdo intelectual não exprime a verdade. Enquanto a falsidade material afeta à *autenticidade* ou *inalterabilidade* do documento na sua forma extrínseca e conteúdo intrínseco, a falsidade ideológica afeta-o somente na sua ideação, no pensamento que as letras encerram (...). Na falsidade material, o que se falsifica é a materialidade *gráfica*, *visível* do documento (e, portanto, simultânea e necessariamente, o seu teor intelectual); na falsidade ideológica, é apenas o seu teor ideativo. Diversamente da primeira, a última não pode ser averiguada por inspeção pericial ou direta, senão por outros elementos de convicção, coligíveis *aliunde*"[272]. Conclui-se, com base nessa lição, que o documento ideologicamente falso é elaborado por pessoa que tinha a incumbência de fazê-lo, a qual, no entanto, insere conteúdo inverídico, ao passo que, no falso material, forja-se um documento, falsifica-se a assinatura ou se procede a alguma modificação na estrutura do documento, daí o porquê de somente se exigir prova pericial quando a falsidade for material.

---

272. Nélson Hungria, *Comentários*, cit., v. 9, p. 272.

2. OBJETO JURÍDICO

Tutela-se a fé pública quanto ao conteúdo dos documentos públicos ou particulares.

3. ELEMENTOS DO TIPO

3.1. Ação nuclear. Objeto material

Trata-se de crime de ação múltipla. Diversas são as ações nucleares típicas previstas: (i) **omitir declaração** (crime omissivo puro). Cuida-se aqui da falsidade imediata, pois o agente que forma o documento é o mesmo que omite a informação; (ii) **inserir declaração falsa.** Trata-se aqui também da falsidade imediata. O agente diretamente insere no documento a declaração inverídica, isto é, o agente que forma o documento é o mesmo que insere a declaração falsa; (iii) **inserir declaração diversa da que devia ser escrita.** Aqui há a substituição de uma declaração verdadeira por outra igualmente verdadeira; (iv) **fazer inserir declaração falsa.** Nessa modalidade, o agente induz terceiro a inserir a declaração falsa no documento. É a chamada falsidade mediata, por exemplo, particular que, em instrumento de compromisso de compra e venda, faz declaração falsa perante o oficial público acerca do seu estado civil, com o fim de prejudicar o outro cônjuge de quem pretendia se separar, e o oficial, induzido em erro, insere a falsa declaração no instrumento público. Somente o particular, isto é, o declarante, responderá pelo delito. Aquele que formou o documento, no caso, o oficial público, somente responderá como coautor se tiver ciência da falsa declaração. Não é necessária a presença do declarante, pois a declaração pode ser feita por escrito[273]; (v) **fazer inserir declaração diversa da que devia ser escrita.** Trata-se também de falsidade mediata. O crime é comissivo nas modalidades previstas nos itens "ii", "iii", "iv" e "v".

É imprescindível que a falsidade diga respeito a elemento essencial do documento público ou particular, isto é, a fato juridicamente relevante. Nesse sentido é a lição de Noronha: "É mister que a declaração falsa constitua elemento substancial do ato ou documento. Uma simples mentira, mera irregularidade, simples preterição de formalidade etc. não constituirão. Se, v. g., o funcionário atesta que tal fato se passou, naquele momento, em sua presença, quando tal ocorreu no dia anterior, sendo a circunstância da data indiferente ao ato; se numa certidão de óbito menciona-se outro domicílio do falecido (...), tais declarações não são verídicas, porém, não são também falsas, no sentido da lei, por não serem de substância do ato, por não terem relevo jurídico. Mas haverá falso se, por exemplo, o compromitente vendedor, na escritura, declara estar o imóvel desembaraçado de ônus, quando sobre ele pesa uma hipoteca (...)"[274]. Com razão Noronha, uma vez que a irrelevância do falso torna a conduta atípica por ineficácia absoluta do

---

273. Nesse sentido: E. Magalhães Noronha, *Direito penal*, cit., v. 4, p. 162.

274. E. Magalhães Noronha, *Direito penal*, cit., v. 4, p. 163.

meio empregado, ocorrendo a hipótese de crime impossível, nos termos do art. 17 do CP. A lei pretende tutelar a fé pública, a qual só pode ser abalada em fatos que possuam alguma relevância, sem o que inocorre violação do bem jurídico, imprescindível para o juízo de tipicidade. Aplica-se aqui, em nosso entender, o princípio da insignificância, combinado com o da ofensividade (a alteração de dado irrelevante não tem o condão de ofender o bem jurídico e, por conseguinte, de tornar o fato típico). A alteração da verdade, que só ao acusado diz respeito e só a ele pode prejudicar ou prejudica, não prejudicando e não podendo prejudicar a mais ninguém, não configura, então, o delito em apreço. Igualmente, a falsificação inócua, sem qualquer repercussão na órbita dos direitos ou obrigações de quem quer que seja.

3.2. Sujeito ativo

Trata-se de crime comum. Qualquer pessoa pode praticá-lo. Caso seja funcionário público, incidirá a causa de aumento prevista no parágrafo único do artigo.

No documento público, tanto o funcionário público quanto o particular podem praticar a falsidade ideológica. Assim, por exemplo, é possível que o funcionário público ateste a existência de algum fato que não ocorreu em sua presença ou de declarações não prestadas pelo particular, ou deixe de incluir declarações que lhe foram prestadas; como também é perfeitamente possível que o próprio particular, por exemplo, preste ao oficial público declarações inverídicas ou omita aspectos relevantes do fato[275].

É, inclusive, possível o concurso de pessoas entre o funcionário público e o particular; por exemplo: o oficial público tem conhecimento de que a declaração prestada pelo particular é mentirosa e, ainda assim, formaliza o instrumento público.

A testemunha da formalização do documento pode ser considerada partícipe da falsidade ideológica? Ao comentar a figura majorada do parágrafo único, afirma Celso Delmanto: "Note-se, no caso de declaração perante o registro civil, na presença de testemunhas, que estas são testemunhas da declaração e não do fato declarado. Serão partícipes do crime só se tiverem agido com conhecimento da falsidade"[276].

3.3. Sujeito passivo

É o Estado considerado sujeito passivo principal e, secundariamente, o indivíduo que venha a sofrer o dano com a falsidade ideológica.

4. ELEMENTO SUBJETIVO

É o dolo, consubstanciado na vontade livre e consciente de praticar uma das condutas típicas. Exige-se também o chamado elemento subjetivo do tipo, consistente na

275. Nesse sentido: Nélson Hungria, *Comentários*, cit., v. 9, p. 280.

276. Celso Delmanto e outros, *Código Penal comentado*, cit., p. 533.

finalidade especial de lesar direito, criar obrigação ou alterar a veracidade sobre o fato juridicamente relevante. Ausente esse fim específico, o fato é atípico.

É necessária a ciência da falsidade da declaração. Dessa forma, se o particular ignorar que presta falsa declaração perante o oficial público, não responderá por crime algum. Caso, no entanto, o funcionário público tenha ciência dessa falsidade e formalize o instrumento, somente ele responderá pelo crime em tela, pois tinha o dever jurídico de impedir a inserção da declaração falsa em um instrumento público[277].

5. CONSUMAÇÃO E TENTATIVA

Consuma-se com a omissão ou a inserção da declaração falsa ou diversa da que deveria constar. Trata-se de crime formal; prescinde-se, portanto, da ocorrência efetiva do dano, bastando a capacidade de lesar terceiro. Assim, o prejuízo a direito, a criação da obrigação ou a alteração da verdade sobre fato juridicamente relevante não são necessários à consumação do crime.

A tentativa é perfeitamente possível nas modalidades comissivas do crime (*inserir* e *fazer inserir*). É, contudo, inadmissível na conduta omissiva (*omitir*). Quanto ao verbo "inserir", Magalhães Noronha entende não ser possível a tentativa: "na forma comissiva de inserir também não é possível a tentativa, pois antes de encerrar o documento (em regra, com a data e assinatura) ele não produz efeitos, podendo o agente deixar de agir, e uma vez terminado com a assinatura, o crime se consuma, não havendo lugar para a tentativa; ou que, em outras formas de inserção, antes de completada esta, os atos são equívocos, não oferecendo a liquidez, para se falar em tentativa"[278].

6. FORMAS

6.1. Simples (art. 299, *caput*)

Prevista no *caput* do artigo.

6.2. Causa de aumento de pena (art. 299, parágrafo único)

Prevista no parágrafo único do artigo: "Se o agente é funcionário público, e comete o crime prevalecendo-se do cargo, ou se a falsificação ou alteração é de assentamento de registro civil, aumenta-se a pena de sexta parte". A primeira causa de aumento de pena já tivemos a oportunidade de estudar nos crimes precedentes. Com relação à segunda, temos que o art. 29 da Lei de Registros Públicos (Lei n. 6.015/73) prevê que serão registrados no Registro Civil de Pessoas Naturais os nascimentos, os casamentos, os óbitos, as emancipações, as interdições, as sentenças declaratórias de ausência, as

---

277. Nesse sentido: E. Magalhães Noronha, *Direito penal*, cit., v. 4, p. 165.

278. E. Magalhães Noronha, *Direito penal*, cit., v. 4, p. 165 e 166.

opções de nacionalidade, as sentenças que deferirem a legitimação adotiva etc. Dessa forma, a conduta de falsificar ou alterar tais assentamentos de registro é punida mais severamente, em virtude da necessidade maior de proteção dos citados documentos. No tocante à falsificação do registro civil de nascimento, há, contudo, duas exceções em nosso ordenamento jurídico, em face da incidência do princípio da especialidade das normas:

(i) promover inscrição de nascimento inexistente: há falsa declaração da existência de um nascimento. Haveria na espécie o crime de falsidade ideológica (CP, art. 299), uma vez que o agente faz inserir em documento público declaração falsa, com o fim de prejudicar direito, criar obrigação, ou alterar a verdade sobre fato juridicamente relevante. Contudo, o crime previsto no art. 241 é especial em relação ao falso documental[279], pois se refere especificamente à declaração falsa em registro de nascimento;

(ii) registrar o filho alheio como próprio: é a denominada adoção à brasileira. Tal prática é muito comum, e consiste no ato de registrar como próprio filho de outrem, evitando-se com isso que o agente se sujeite ao procedimento legal da adoção. Na hipótese, a criança efetivamente existe, ao contrário do delito previsto no art. 241 (registro de nascimento inexistente). Incide, na hipótese, a norma incriminadora específica prevista no art. 242 do CP.

A prescrição da pretensão punitiva nos crimes de falsificação ou alteração de assentamento de registro civil começa a ocorrer a partir da data em que o fato se tornou conhecido da autoridade – delegado de polícia, juiz de direito ou promotor de justiça (CP, art. 111, IV) –, ou em que se tornou notório, pois são crimes difíceis de ser descobertos, de modo que, se a prescrição começasse a correr a partir da consumação, o Estado perderia sempre o direito de punir.

7. QUESTÕES

(i) O preenchimento abusivo de folha de papel assinada em branco configura o crime de falso material ou falso ideológico? A doutrina[280] costuma distinguir duas situações: (i) se a folha em branco assinada foi confiada ou entregue ao agente pelo signatário, seu preenchimento abusivo, isto é, em desacordo com as instruções deste último, caracteriza o crime de falsidade ideológica. É que, na hipótese, aquele que tinha atribuição para formar o documento nele inseriu conteúdo falso, daí caracterizar-se o falso ideológico; (ii) se a folha em branco assinada foi apossada pelo agente ou obtida por meio da prática de algum crime (furto, roubo, apropriação indébita, receptação etc.), seu preenchimento falso caracterizará o crime de falsidade material. Na hipótese, a formação material do documento é falsa, pois o agente não tinha autorização para fazê-lo; (iii) Heleno Cláudio Fragoso lembra, ainda, que, na primeira hipótese, havendo a revogação

279. No mesmo sentido: Julio Fabbrini Mirabete, *Manual*, cit., v. 3, p. 59.

280. Nesse sentido: Nélson Hungria, *Comentários*, cit., v. 9, p. 278; E. Magalhães Noronha, *Direito penal*, cit., v. 4, p. 161.

do mandato ou extinção da obrigação ou faculdade de preencher o papel, o agente deverá também responder pelo delito de falsidade material[281].

É preciso ressalvar que o documento não necessita estar inteiramente em branco, isto é, somente com a assinatura, podendo ser objeto material do delito de falso o documento escrito que contenha algum espaço em branco, o qual possa ser preenchido com declarações falsas.

(ii) Simulação: nos termos da lei civil, trata-se de vício que torna o negócio jurídico nulo, constituindo, portanto, um ilícito civil. Segundo Carlos Roberto Rios Gonçalves, a simulação "é uma declaração falsa, enganosa, da vontade, visando aparentar negócio diverso do efetivamente desejado. Negócio simulado, assim, é o que tem aparência contrária à realidade. A simulação é produto de um conluio entre os contratantes, visando obter efeito diverso daquele que o negócio aparenta conferir"[282]. As hipóteses de simulação encontram-se previstas no art. 167, § 1º, do CC. Questiona-se na doutrina se a simulação constitui mero ilícito civil ou se também configura falso ideológico. Analisando a questão, percebemos que a simulação implica afirmação ideologicamente falsa inserida em um documento formalmente perfeito, destinando-se a encobrir o real propósito dela. A questão que se coloca é a de referida fraude configurar ou não o delito previsto no art. 299 do CP. Entendemos que sim, a menos que o fato sobre o qual se falseou a verdade não tenha relevância jurídica, caso em que ele será penalmente atípico pelas razões já apontadas[283]. Ressalve-se que há hipóteses em que a simulação fraudulenta, desde que haja a vantagem ilícita, constituirá crime específico contra o patrimônio, por exemplo, duplicata simulada (CP, art. 172), fraude à execução (CP, art. 179) etc.[284].

(iii) Fotocópia simples: não induz ao delito em estudo, uma vez que configura objeto material inidôneo, já que inapto para servir como elemento de prova, o que lhe retira a fé pública.

(iv) Petição inicial: não é considerada documento para fins penais e, portanto, não configura o delito em estudo.

(v) Cola eletrônica: segundo o entendimento majoritário, a fraude de provas de vestibular ou concursos públicos mediante o emprego de dispositivo eletrônico, o qual permite ao candidato obter de outrem as respostas, é considerado fato penalmente atípico.

(vi) Documento sujeito à verificação da veracidade de seu conteúdo pelo funcionário público: em regra, a declaração prestada pelo particular perante o funcionário público é por si mesma apta a formar o documento. O segundo não está obrigado a verificar a veracidade das informações. Contudo, há hipóteses em que o funcionário público

---

281. Heleno Cláudio Fragoso, *Lições de direito penal*, cit., p. 358.

282. Carlos Roberto Gonçalves, *Direito civil brasileiro* – parte geral. 17. ed. São Paulo, Saraiva, 2019, v. 1, p. 506.

283. Nesse sentido: Nélson Hungria, *Comentários*, cit., v. 9, p. 281-4; E. Magalhães Noronha, *Direito penal*, cit., v. 4, p. 163-5.

284. Nesse sentido: Nélson Hungria, *Comentários*, cit., v. 9, p. 283-4.

tem a obrigação de verificar se o declarante está ou não faltando com a verdade, de forma que a falsa declaração do particular não poderá configurar o crime em exame. Assim, se o documento é elaborado para ser submetido a análise ou verificação, por exemplo, um requerimento contendo dados falsos, não há falar no delito em questão, pois sua eficácia está subordinada a uma condição suspensiva, consistente na aprovação ulterior do agente público ou delegado.

(vii) Falsidade ideológica e exercício do direito de defesa: pode-se alegar estado de necessidade, dependendo da hipótese. Por exemplo, emissão falsa de documento para iludir sequestrador ou extorsionário.

8. CONCURSO DE CRIMES

(i) Falsidade documental (ideológica) e bigamia: O agente, já casado, ao habilitar-se para o casamento, deverá apresentar a documentação constante do art. 1.525 do CC ao oficial do registro civil. Nesse momento, como meio para lograr o certificado de habilitação, faz-se necessário declarar seu estado civil, a ausência de impedimento para a assunção do matrimônio. Questiona-se se, ao falsear a verdade, deverá ele também responder pelo crime de falsidade ideológica (CP, art. 299). É preciso distinguir duas situações: (i) a habilitação para o casamento constitui mero ato preparatório do crime de bigamia. Se a conduta do agente restringir-se apenas à prática de tais atos, deverá ele responder pelo crime de falso documental; (ii) se, por outro lado, o delito de bigamia for tentado ou consumado, haverá concurso de crimes: falsidade documental e bigamia.

(ii) Falsidade ideológica e uso (CP, art. 304): o art. 304 prevê o delito de uso de documento falso. Na hipótese em que o próprio falsário faz uso do documento ideologicamente falso, o uso constitui fato posterior não punível (uma das subespécies da chamada progressão criminosa). Ocorre este quando, após realizada a conduta, o agente pratica novo ataque contra o mesmo bem jurídico (no caso, a fé pública), visando apenas tirar proveito da prática anterior. O fato posterior é tomado como mero exaurimento. Afasta-se, portanto, a possibilidade de haver no caso concurso de crimes.

(iii) Falsidade documental (ideológica) e estelionato: incidem aqui os comentários expendidos no crime de falsificação de documento público, onde sustentamos a posição do Superior Tribunal de Justiça, consubstanciada na sua Súmula 17, cujo teor é o seguinte: "Quando o falso se exaure no estelionato, sem mais potencialidade lesiva, é por este absorvido".

(iv) Falso documental (ideológico) praticado para encobrir outro crime. Incidem aqui os comentários expendidos no crime de falsificação de documento público.

(v) Falso documental e sonegação fiscal. Alguns crimes de sonegação fiscal, como os previstos nos arts. 1º e 2º, I, da Lei n. 8.137/90, têm como seu elemento constitutivo o falso documental (ideológico, material ou de uso de documento falso), o que, embora possa ser punido autonomamente pelo Código Penal, passou a ser elemento integrante de alguns delitos constantes da lei em estudo. Dessa forma, a falsidade empregada, quando constituir meio necessário para a sonegação do tributo, não poderá, em regra, ser apenada de maneira autônoma, restando absorvida pelo crime-fim. É o caso, por exemplo, da falsificação de nota fiscal. Nesse sentido, STJ, AgRg no REsp

1.379.107/PR, *DJU* 13-6-2017. Apenar, no caso, o *falsum* praticado constituiria verdadeiro *bis in idem*. No entanto, é preciso ressalvar que há casos em que a potencialidade lesiva do falso não se exaure no crime de sonegação fiscal. Nessa hipótese, incide a mesma solução que vem sendo dada pelo Superior Tribunal de Justiça ao crime de estelionato, consubstanciada na Súmula 17: "Quando o falso se exaure no estelionato, sem mais potencialidade lesiva, é por este absorvido". Se, pelo contrário, a falsidade for apta à prática de outros crimes, afasta-se a incidência da súmula mencionada, havendo o concurso de crimes. Assim já decidiu essa Corte que "o *falsum* só poderia ser considerado como absorvido, tanto no estelionato como no delito tributário (art. 1º, inciso III, da Lei n. 8.137/90), se ele não se exaure no cometimento do delito-fim" (STJ, RHC 15.239/RJ).

9. LEGISLAÇÃO PENAL ESPECIAL

(i) Crime eleitoral (Lei n. 4.737/65): dispõe o art. 315 do Código Eleitoral: "Alterar nos mapas ou nos boletins de apuração a votação obtida ou lançar nesses documentos votação que não corresponda às cédulas apuradas. Pena – reclusão, até 5 (cinco) anos, e pagamento, de 5 (cinco) a 15 (quinze) dias-multa".

(ii) Crime contra o Sistema Financeiro Nacional (Lei n. 7.492/86): dispõe o art. 9º da citada lei: "Fraudar a fiscalização ou o investidor, inserindo ou fazendo inserir, em documento comprobatório de investimento de títulos ou valores imobiliários, declaração falsa ou diversa da que dele deveria constar: Pena – reclusão, de 1 (um) a 5 (cinco) anos, e multa".

(iii) Outros crimes específicos: art. 171 da Lei n. 11.101/2005 (regula a recuperação judicial, a extrajudicial e a falência do empresário e da sociedade empresária); art. 49, I e V, da CLT.

10. AÇÃO PENAL. COMPETÊNCIA. LEI DOS JUIZADOS ESPECIAIS CRIMINAIS

(i) Ação penal: trata-se de crime de ação penal pública incondicionada.

(ii) Competência: se a falsificação ofender bens, serviços ou interesses da União, o crime será de competência da Justiça Federal (competência *ratione materiae*). Caso ofenda interesses dos Estados ou Municípios, a competência será da Justiça Estadual. Nesse sentido, a Súmula 104 do STJ: "Compete à Justiça Estadual o processo e julgamento dos crimes de falsificação e uso de documento falso relativo a estabelecimento particular de ensino".

A competência *ratione loci* é a da falsificação do documento; sendo impossível identificar o lugar da falsificação, fixa-se a competência pelo local do uso do documento falso.

(iii) Lei dos Juizados Especiais Criminais: em face da pena mínima prevista (reclusão, de 1 a 5 anos, e multa, se o documento é público, e de 1 a 3 anos, e multa, se o documento é particular), é cabível o instituto da suspensão condicional do processo, desde que não incida a causa de aumento de pena prevista no parágrafo único do artigo.

ART. 300 – FALSO RECONHECIMENTO DE FIRMA OU LETRA

1. CONCEITO

Dispõe o art. 300 do CP: "Reconhecer, como verdadeira, no exercício de função pública, firma ou letra que não o seja: Pena – reclusão, de 1 (um) a 5 (cinco) anos, e multa, se o documento é público; e de 1 (um) a 3 (três) anos, e multa, se o documento é particular". Trata-se aqui, mais uma vez, da falsidade ideológica, pois o conteúdo da declaração do funcionário público é falso, uma vez que ele reconhece ser verdadeiro aquilo que não é.

Os documentos podem ser feitos das seguintes formas: (i) a própria parte o redige e apõe sua assinatura; (ii) terceiro redige em nome da parte e esta, concordando com seu teor, apõe sua firma; (iii) o documento é impresso ou datilografado, sendo assinado pela parte. Geralmente, para poder certificar-se de que a letra (manuscrito) ou firma (assinatura) do documento realmente proveio do punho daquele que consta como seu redator ou subscritor, os contratantes, por exemplo, submetem o contrato assinado ao tabelião para que este compare a letra ou assinatura constante do contrato com as assinaturas constantes de uma ficha de registro de firmas arquivada em cartório, ficha esta justamente destinada a proporcionar tal comparação gráfica. Uma vez realizada a comparação, o tabelião apõe um carimbo sobre o documento em que declara reconhecer a assinatura, isto é, atesta sua autenticidade, colocando em seguida sua assinatura. Caso o tabelião ou outro funcionário público incumbido dessa tarefa ateste falsamente a autenticidade da letra ou firma, tal conduta configurará o crime em exame.

2. OBJETO JURÍDICO

Tutela-se a fé pública, especialmente no que diz respeito à autenticação da firma ou letra, que a lei atribui a determinados funcionários públicos[285] (tabeliães de notas, cônsules, oficiais do Registro Civil etc.).

3. ELEMENTOS DO TIPO

3.1. Ação nuclear

Consubstancia-se no verbo *reconhecer*, isto é, atestar, como verdadeira, firma (a assinatura tanto pode ser por extenso quanto abreviada) ou letra. O funcionário público, dessa forma, atesta falsamente que o manuscrito ou a assinatura constante do documento proveio do punho de seu redator ou signatário. Assim, por exemplo, pode

285. Nesse sentido: E. Magalhães Noronha, *Direito penal*, cit., v. 4, p. 171.

suceder que determinado indivíduo crie falsamente uma confissão de dívida, onde falsifica a assinatura daquele que nela figurará como devedor, e, para conferir fé pública ao documento, leva-o ao tabelião, a fim de que este ateste a legitimidade da firma; contudo, o tabelião, verificando que a assinatura aposta no documento não tem similitude com as assinaturas constantes da ficha de firmas arquivadas no cartório, ainda assim reconhece a autenticidade da firma, isto é, apõe no documento um carimbo no qual declara reconhecer a firma.

3.2. Sujeito ativo

Trata-se de crime próprio, pois somente os tabeliães, agentes consulares etc., isto é, os funcionários públicos especialmente incumbidos de reconhecer firma ou letra de documentos, podem praticá-lo. Caso aquele que realize o reconhecimento de firma seja um particular, o qual falsifica a assinatura do funcionário público com atribuição para tanto, o crime será outro (CP, arts. 297 ou 298).

É possível o concurso de pessoas. Contudo, é preciso separar duas situações: (i) se um indivíduo, que não é o falsificador do documento, apresentá-lo para o tabelião para a atestação de sua autenticidade, e este último, estando ciente da falsidade da assinatura, ainda assim reconhecer a firma, o primeiro deverá responder como partícipe do crime em exame; (ii) por outro lado, se aquele que apresenta o documento ao oficial é o próprio falsário, não há falar em concurso de pessoas, e, portanto, em concurso entre o crime de falsidade (arts. 297 ou 298) e o delito do art. 300, pois a apresentação do documento constitui o seu uso, e, conforme já estudado, dá-se no caso a chamada progressão criminosa, devendo o falsário responder apenas pela falsificação. Nesse sentido, Magalhães Noronha e Damásio de Jesus. Em sentido contrário, para quem se dá no caso o concurso material de crimes, Nélson Hungria e Cezar Roberto Bitencourt[286].

3.3. Sujeito passivo

É o Estado considerado sujeito passivo principal. Secundariamente, é o terceiro eventualmente lesado pela conduta delitiva.

4. ELEMENTO SUBJETIVO

É o dolo, consubstanciado na vontade livre e consciente de reconhecer como verdadeira firma ou letra que não o seja. É necessária a ciência de que o manuscrito ou a firma sejam falsos, pois, do contrário, haverá erro de tipo, o qual exclui o dolo e, portanto, o tipo penal. O tipo penal contenta-se com o dolo eventual; assim, se o funcionário tiver dúvidas

286. Respectivamente, E. Magalhães Noronha, *Direito penal*, cit., v. 4, p. 172; Damásio E. de Jesus, *Direito penal*, cit., v. 4, p. 66; Nélson Hungria, *Comentários*, cit., v. 9, p. 291-2; Cezar Roberto Bitencourt, *Código Penal*, cit., p. 1050.

quanto à autenticidade da letra ou firma do documento e ainda assim reconhecê-las como verdadeiras, haverá o crime em exame.

Não há previsão da modalidade culposa. Dessa forma, se o agente, por negligência, por não observar atentamente os padrões gráficos das assinaturas ou do manuscrito, atestar a autenticidade de firma ou letra falsa, não responderá pelo crime em tela a título de culpa.

Se a finalidade do reconhecimento, como verdadeiro, de firma ou letra que não o sejam, for para fins eleitorais, o crime passa a ser o previsto no art. 352 do Código Eleitoral (Lei n. 4.737/65).

5. CONSUMAÇÃO E TENTATIVA

Consuma-se com o término do ato de autenticar a letra ou firma do documento. Trata-se de crime formal, portanto não é necessário qualquer outro resultado, nem mesmo que o documento seja entregue ao interessado. Nesse sentido, Nélson Hungria[287].

A tentativa é admissível. Cite-se o exemplo de Damásio: "Consciente da falsidade da assinatura, o funcionário está preenchendo os claros do carimbo de reconhecimento, sendo impedido de ultimá-lo"[288].

6. AÇÃO PENAL. LEI DOS JUIZADOS ESPECIAIS CRIMINAIS

(i) Ação penal: trata-se de crime de ação penal pública incondicionada.

(ii) Lei dos Juizados Especiais Criminais: em face da pena mínima prevista (reclusão, de 1 a 5 anos, e multa, se o documento é público, e de 1 a 3 anos, e multa, se o documento é particular), é cabível o instituto da suspensão condicional do processo.

ART. 301 – CERTIDÃO OU ATESTADO IDEOLOGICAMENTE FALSO

1. CONCEITO

Reza o *caput* do art. 301 do CP: "Atestar ou certificar falsamente, em razão de função pública, fato ou circunstância que habilite alguém a obter cargo público, isenção de ônus ou de serviço de caráter público, ou qualquer outra vantagem: Pena – detenção, de 2 (dois) meses a 1 (um) ano". O § 1º, por sua vez, prevê: "Falsificar, no todo ou em parte, atestado ou certidão, ou alterar o teor de certidão ou atestado verdadeiro, para prova de fato ou circunstância que habilite alguém a obter cargo público, isenção de ônus ou de serviço de caráter público, ou qualquer outra vantagem: Pena – detenção, de 3 (três) meses a 2 (dois) anos". Embora conste do mesmo dispositivo legal, o § 1º deveria constituir

---

287. Nélson Hungria, *Comentários*, cit., v. 9, p. 292.

288. Damásio E. de Jesus, *Direito penal*, cit., v. 4, p. 66. No mesmo sentido: Cezar Roberto Bitencourt, *Código Penal comentado*, cit., p. 1046.

um delito à parte, uma vez que, ao contrário da modalidade prevista no *caput* do artigo, que é crime de falsidade ideológica, estamos aqui diante de um delito de falsidade material. Analisaremos primeiro a modalidade prevista no *caput* do artigo, que constitui o falso ideológico.

2. OBJETO JURÍDICO

Tutela-se a fé pública dos atestados ou certidões destinados a habilitar alguém a obter cargo público, isenção de ônus ou de serviço de caráter público, ou qualquer outra vantagem.

3. OBJETO MATERIAL

O falso ideológico incide sobre os documentos especificamente destinados a atestar fato ou circunstância que habilite alguém a obter cargo público, isenção de ônus ou de serviço de caráter público, ou qualquer outra vantagem. Damásio nos dá o conceito de atestado e certidão: "*Atestado* é um documento que traz em si o testemunho de um fato ou circunstância. O signatário o emite em face do conhecimento pessoal a respeito de seu objeto, obtido, na espécie do tipo, no exercício de suas atribuições funcionais. *Certidão* (ou certificado) é o documento pelo qual o funcionário, no exercício de suas atribuições oficiais, afirma a verdade de um fato ou circunstância contida em documento público ou transcreve o conteúdo do texto, total ou parcialmente. A diferença entre ambos reside em que a certidão tem por fundamento um documento guardado em repartição pública (ou nela em tramitação) enquanto o atestado constitui um testemunho ou depoimento por escrito do funcionário público (na hipótese do tipo) sobre um fato ou circunstância"[289].

Analisando o tipo penal dois requisitos sobressaem: (i) o fato ou circunstância que se atesta deve ser inerente ou atinente à pessoa a quem se destina o atestado ou certidão; (ii) o atestado ou certidão deve destinar-se à obtenção de um benefício de ordem ou caráter público[290]. O atestado ou certidão deve, portanto, ser apto a habilitar o agente a obter uma das vantagens de natureza pública expressamente elencadas no tipo penal, por exemplo, atestado de miserabilidade para obtenção de justiça gratuita. O tipo penal cuidou de empregar uma expressão genérica ao fazer menção a "*qualquer outra vantagem*", expressão essa que, segundo a doutrina majoritária[291], deve ser interpretada de acordo com as demais hipóteses expressamente elencadas, cuja natureza é pública. Dessa forma, se o agente atestar falsamente a boa conduta

289. Damásio E. de Jesus, *Direito penal*, cit., v. 4, p. 70.

290. Os itens "i" e "ii" foram formuladas com base no ensinamento de Nélson Hungria, *Comentários*, cit., v. 9, p. 292.

291. E. Magalhães Noronha, *Direito penal*, cit., v. 4, p. 176; Damásio E. de Jesus, *Direito penal*, cit., v. 4, p. 72; Nélson Hungria, *Comentários*, cit., v. 9, p. 292; Cezar Roberto Bitencourt, *Código Penal comentado*, cit., p. 1051. Na jurisprudência o tema suscita divergências.

de determinado indivíduo, a fim de que este logre emprego em uma empresa privada, não se perfaz o crime em tela; por outro lado, se for atestada falsamente a boa conduta carcerária do detento para a obtenção, por exemplo, do livramento condicional, o crime se perfaz.

4. ELEMENTOS DO TIPO

4.1. Ação nuclear. Elemento normativo do tipo

A *ação nuclear* prevista no *caput* do artigo consubstancia-se no verbo *atestar* ou *certificar*. Nessa modalidade de crime o atestado ou certificado é elaborado pelo funcionário público com atribuição para tal mister, mas a declaração nele contida, ou seja, seu conteúdo, é falsa. Exige-se, assim, o chamado elemento normativo do tipo, consistente na *falsidade* da circunstância ou fato atestado ou certificado. Assim, o funcionário público que certifica falsamente que determinado indivíduo já serviu como jurado como forma de isentá-lo desse serviço público comete o crime em tela, pois o fato declarado é falso. Ressalva Hungria que "é preciso que se trate de falsa atestação originária (fingindo verdade sabida ou ciência própria), e não reprodução (total ou parcial) ou cópia falsa do conteúdo de documentos oficiais. Inteiramente fora de propósito é o comentário de Bento Faria (...), no sentido de que configura o crime em exame a certidão, de *verbo ad verbum* ou em relatório, de documento público, em contraste com o respectivo conteúdo. O que se tem a identificar, em tal caso, é a falsidade ideológica na sua figura central (art. 299)"[292]. Na hipótese de contrafação acima citada por Hungria, há a configuração do crime de falsidade material.

4.2. Sujeito ativo

Trata-se de crime próprio, pois somente o funcionário público, em razão da função, pode cometê-lo.

4.3. Sujeito passivo

É o Estado.

5. ELEMENTO SUBJETIVO

É o dolo, consubstanciado na vontade livre e consciente de atestar ou certificar falsamente fato ou circunstância que habilite alguém a obter cargo público, isenção de ônus ou de serviço de caráter público, ou qualquer outra vantagem. Veja que o dolo deve abranger o chamado elemento normativo do tipo. Dessa forma, o agente deve ter conhecimento de que o fato ou a circunstância atestada ou certificada são falsos, do contrário o fato é atípico.

---

292. Nélson Hungria, *Comentários*, cit., v. 9, p. 293-4.

Para Noronha o documento deve habilitar alguém a obter uma das vantagens previstas em lei, mas não é necessário que o agente tenha conhecimento dessa destinação, pois em caso contrário haveria o dolo específico[293] (elemento subjetivo do tipo). É necessário, contudo, que ele tenha consciência da potencialidade do documento para habilitar o destinatário a obter uma das vantagens previstas no tipo penal. Em sentido contrário, Victor Eduardo Rios Gonçalves, para quem o elemento subjetivo é somente o dolo, porém "é necessário que o funcionário saiba da falsidade e da finalidade a que se destina o atestado ou certidão (obtenção de cargo público, isenção de ônus etc.)"[294]. (*Dos crimes contra os costumes aos crimes contra a Administração*, cit., v. 10, p. 97). Celso Delmanto igualmente sustenta que o agente deve agir com a consciência de que poderá propiciar vantagem a outrem[295].

Se o crime for praticado para fins eleitorais, aplica-se o art. 350 do Código Eleitoral.

6. CONSUMAÇÃO E TENTATIVA

Trata-se de crime formal, isto é, sua consumação independe da obtenção de uma das vantagens previstas na lei pelo destinatário do atestado ou certidão. Contudo, há divergência na doutrina quanto ao exato momento consumativo do delito em exame. Vejamos:

(i) Para Noronha[296], Hungria[297], Cezar Roberto Bitencourt[298] e Delmanto[299], o crime se consuma com a efetiva formação do atestado ou certidão pelo funcionário público, sendo desnecessária sua entrega ao destinatário.

(ii) Para Damásio, o crime se consuma "no momento em que o atestado ou certidão falsa é entregue a terceiro (destinatário ou interessado).[300]

Nosso entendimento: não comungamos da opinião dos que entendem que o delito atinge a sua consumação com a formação do documento, não sendo necessária a sua entrega a terceiro. Para nós, se o funcionário permanece com o atestado no bolso, sem usá-lo, ele ainda não ingressou no mundo jurídico, sendo, por isso, segundo acreditamos, incorreta a afirmação da consumação[301].

No tocante à forma tentada, *vide* comentários ao crime de falsidade ideológica.

---

293. E. Magalhães Noronha, *Direito penal*, cit., v. 4, p. 177. Em sentido contrário: (*Dos crimes contra os costumes aos crimes contra a Administração*, cit., v. 10, p. 97).

294. Victor Eduardo Rios Gonçalves, *Dos crimes contra os costumes aos crimes contra a Administração*, cit., v. 10, p. 97.

295. Celso Delmanto, *Código Penal comentado*, cit., p. 537.

296. E. Magalhães Noronha, *Direito penal*, cit., v. 4, p. 177.

297. Nélson Hungria, *Comentários*, cit., v. 9, p. 294.

298. Cezar Roberto Bitencourt, *Código Penal comentado*, cit., p. 1051.

299. Celso Delmanto, *Código Penal comentado*, cit., p. 537.

300. Damásio E. de Jesus, *Direito penal*, cit., v. 4, p. 71.

7. ATESTADO OU CERTIDÃO MATERIALMENTE FALSOS

Essa modalidade criminosa está prevista no § 1º do art. 301. Não se cuida aqui da falsidade ideológica, mas sim da material, pois diz com a contrafação total ou parcial do atestado ou certidão ou alteração do documento verdadeiro. Ao contrário do *caput*, o crime pode ser praticado por qualquer pessoa. Assim, na hipótese em que o próprio interessado confecciona um falso atestado que o habilite a obter cargo público, haverá a configuração dessa figura típica, pois, antes de seu conteúdo ser mendaz, o documento no aspecto externo não é verdadeiro, pois o particular não tinha atribuição para formá-lo.

A consumação e a tentativa desse delito ocorrem nos mesmos moldes dos crimes previstos nos arts. 297 e 298.

O elemento subjetivo é o dolo, consubstanciado na vontade livre e consciente de falsificar, no todo ou em parte, atestado ou certidão, ou alterar o teor de certidão ou atestado verdadeiro. Deve o agente estar ciente de que o atestado ou certidão destina-se à prova de fato ou circunstância que habilite alguém a obter cargo público, isenção de ônus ou de serviço de caráter público, ou qualquer outra vantagem. Para Damásio E. de Jesus, "o elemento subjetivo é o dolo, de natureza igual ao do *caput*, acrescido de um elemento subjetivo do tipo: a conduta da falsidade é realizada a fim de o documento constituir 'prova de fato ou circunstância que habilite alguém a obter' as vantagens de natureza pública descritas na figura típica"[301].

8. FORMAS

8.1. Simples (art. 301, *caput* e § 1º)

Prevista no *caput* do artigo e no § 1º.

8.2. Qualificada (art. 301, § 2º)

Prevista no § 2º do artigo, incide nas modalidades previstas no *caput* e no § 1º. Seu teor é o seguinte: "Se o crime é praticado com o fim de lucro, aplica-se, além da pena privativa de liberdade, a de multa". Trata-se de finalidade específica, consistente na obtenção de vantagem econômica. Ausente esse escopo, a qualificadora não se configura. Não é necessária a efetiva obtenção de lucro para sua incidência.

9. DISTINÇÃO

Distinção entres os crimes previstos no *caput* (falso ideológico) e no § 1º (falso material) do art. 301

301. Damásio E. de Jesus, *Direito penal*, cit., v. 4, p. 72.

(i) O art. 301, *caput*, do CP contém um delito específico de falsidade ideológica. Somente pode ser praticado por funcionário público. O atestado ou certidão por ele elaborado deve destinar-se a habilitar alguém a obter alguma vantagem de natureza pública. Assim, o diretor de um presídio, funcionário público, que atesta falsamente a boa conduta de um dos detentos, a fim de que este obtenha benefícios da Lei de Execução Penal, pratica esse crime, pois a ideia nele contida é falsa, embora o atestado seja formalmente perfeito, visto que emitido pela pessoa com atribuição para tal mister.

(ii) O art. 301, § 1º, do CP encerra um crime de falsidade material. Pode ser praticado por qualquer pessoa. O atestado ou certidão deve igualmente destinar-se a habilitar alguém a obter alguma vantagem de natureza pública. Assim, o particular que confecciona falso atestado de boa conduta, a fim de que o detento obtenha um dos benefícios da Lei de Execução Penal, pratica o delito de falso material, pois o particular não tinha atribuição para formar aquele documento.

10. QUESTÃO

A falsificação de certificado ou diploma de conclusão de curso configura o crime em exame? Essa questão tem suscitado várias divergências doutrinárias e jurisprudenciais.

Nosso entendimento: na hipótese de falsificação de diploma escolar, universitário, de curso supletivo ou similar, não é possível o enquadramento típico no art. 301 do CP em nenhuma de suas formas, uma vez que nele se cuida apenas da falsificação (ideológica e material) de atestado ou certificado com a finalidade de obtenção de cargo público, isenção de ônus ou de serviço de caráter público, ou de qualquer outra vantagem.

A elementar "qualquer outra vantagem" é uma formulação genérica que deve ser interpretada de acordo com os casos anteriormente elencados (interpretação analógica). Assim, a expressão deve ser entendida no sentido de qualquer outra vantagem de natureza pública, ou seja, equiparada à obtenção de cargo público e à isenção de ônus ou de serviço de caráter público. Ocorre que a expedição de diploma ou atestado profissionalizante não se enquadra na referida elementar, uma vez que habilita o sujeito para uma infindável gama de atividades, e não necessária e especificamente ao exercício de função pública, não se ajustando, por isso, a nenhuma das mencionadas elementares do art. 301 do CP. Desse modo, havendo falsidade ideológica (documento com conteúdo falso), o fato deverá enquadrar-se no art. 299 do CP; se material a adulteração, o crime estará previsto nos arts. 297 e 298 do Estatuto Repressivo, conforme, respectivamente, se trate de estabelecimento público ou particular (escolas, faculdades e cursos privados).

11. CONCURSO DE CRIMES

Certidão ou atestado falso e uso (CP, art. 304): o uso posterior da certidão ou atestado falso configura concurso de crimes? Na hipótese em que o particular falsifica o atestado ou certidão (falsidade material prevista no § 1º), utilizando-a posteriormente, responderá apenas pelo delito previsto no art. 301, § 1º, uma vez que, sendo ele o próprio falsário, o uso posterior do documento constitui fato posterior não punível. Afasta-se, portanto, a possibilidade de haver, no caso, concurso de crimes. Aplica-se o princípio da consunção, funcionando a falsificação anterior como parte no *iter criminis* do uso, não podendo haver dupla responsabilidade pelo mesmo fato. O crime-meio é absorvido pelo crime-fim.

12. AÇÃO PENAL. LEI DOS JUIZADOS ESPECIAIS CRIMINAIS

(i) Ação penal: trata-se de crime de ação penal pública incondicionada.

(ii) Lei dos Juizados Especiais Criminais: em virtude das penas máximas previstas (detenção, de 2 meses a 1 ano, e detenção, de 3 meses a 2 anos), ambas as modalidades criminosas constituem infração de menor potencial ofensivo, estando sujeitas às disposições da Lei n. 9.099/95.

ART. 302 – FALSIDADE DE ATESTADO MÉDICO

1. CONCEITO

Dispõe o art. 302, *caput*, do CP: "Dar o médico, no exercício da sua profissão, atestado falso: Pena – detenção, de 1 (um) mês a 1 (um) ano". Cuida-se aqui de crime de falsidade ideológica.

2. OBJETO JURÍDICO

Tutela-se a fé pública dos atestados médicos.

3. ELEMENTOS DO TIPO

3.1. Ação nuclear

A conduta típica consiste em *dar*, isto é, fornecer o médico, no exercício de sua profissão, atestado falso. O atestado, portanto, deve necessariamente relacionar-se às atividades médicas. Geralmente o fornecimento de atestado falso é realizado para favorecer indivíduos que buscam a obtenção de alguma vantagem, por exemplo, aposentadoria antecipada por invalidez, licença para faltar no serviço etc. O crime configurar-se-á quando o médico, falsamente, certificar no atestado que o paciente é ou foi portador de doença, ou que é detentor de perfeita saúde, ou que sofre de enfermidade diversa da real[302], ou que o indivíduo faleceu em decorrência de determinada moléstia também diversa da real etc. Mesmo a falsa atestação de óbito, sem exame e conhecimento do cadáver, configura o crime em tela, conforme entendimento do Supremo Tribunal Federal.

Nem toda falsidade caracterizará o crime em exame. Nesse sentido é a lição de Noronha: "A falsidade que se pune é, como se vê, a que diz respeito ao fato, cuja verdade o atestado se destina a provar. Se a inexatidão recai sobre circunstâncias secundárias ou acidentais daquele, não existe falsidade. Assim, se no atestado se menciona que as visitas médicas foram realizadas em casa do doente, quando o foram na residência de seu irmão, essa circunstância não elide o fato da enfermidade, que é o que se deseja provar. É ela juridicamente irrelevante"[303].

Para Damásio E. de Jesus, o falso não necessita versar somente sobre fatos, podendo recair sobre opinião ou juízo sobre eles, desde que diga respeito a algo juridicamente importante[304]. Em sentido contrário, exemplifica Noronha: "Se um médico atesta que a gripe de seu cliente o impede de comparecer ao pretório, ainda que tal impossibilidade não seja real, pelo caráter brando da doença, não há falsidade, visto que a atestação exprime uma opinião, enquanto o fato – a gripe – é verdadeiro"[305].

3.2. Sujeito ativo

Trata-se de crime próprio, pois somente o médico pode praticá-lo. Estão excluídos, portanto, o dentista, o psicólogo etc. O fornecimento de atestado falso por essas pessoas configura o delito previsto no art. 299 do CP, cuja pena é muito mais severa.

É perfeitamente possível o concurso de pessoas.

Na hipótese em que o médico é funcionário público, o fornecimento de atestado falso, para habilitar alguém a obter vantagem de natureza pública, caracterizará o delito previsto no art. 301 do CP[306].

3.3. Sujeito passivo

É o Estado considerado sujeito passivo principal. Secundariamente, é o terceiro eventualmente lesado pela conduta delitiva.

4. ELEMENTO SUBJETIVO

É o dolo, consubstanciado na vontade livre e consciente de fornecer o atestado falso. É necessário que o médico tenha ciência da falsidade daquilo que atesta. Não há previsão da modalidade culposa.

---

302. E. Magalhães Noronha, *Direito penal*, cit., v. 4, p. 178.
303. E. Magalhães Noronha, *Direito penal*, cit., v. 4, p. 179.
304. Damásio E. de Jesus, *Direito penal*, cit., v. 4, p. 76.
305. E. Magalhães Noronha, *Direito penal*, cit., v. 4, p. 179.
306. Nesse sentido: Nélson Hungria, *Comentários*, cit., v. 9, p. 295.

5. CONSUMAÇÃO E TENTATIVA

O crime se consuma no exato momento em que o médico entrega o falso atestado a outrem. A tentativa é perfeitamente possível, pois se trata de crime plurissubsistente, havendo um *iter criminis* a ser cindido.

6. FORMAS

6.1. Simples (art. 302, *caput*)

Prevista no *caput* do artigo.

6.2. Qualificada (art. 302, parágrafo único)

Prevista no parágrafo único: "Se o crime é cometido com o fim de lucro, aplica-se também multa". O médico que fornece atestados falsos com o fim de obter vantagem econômica certamente merece sofrer uma sanção mais severa do que aquele que não é movido pela finalidade lucrativa. Trata-se de verdadeira comercialização de atestados médicos. Veja-se que esse fim especial de agir configura o chamado elemento subjetivo do tipo. Basta a existência dele para que o crime se perfaça. Não é necessário o efetivo recebimento da vantagem indevida.

7. AÇÃO PENAL. LEI DOS JUIZADOS ESPECIAIS CRIMINAIS

(i) **Ação penal:** trata-se de crime de ação penal pública incondicionada.

(ii) **Lei dos Juizados Especiais Criminais:** em face da pena máxima prevista (detenção, de 1 mês a 1 ano), esse delito constitui infração de menor potencial ofensivo, estando sujeito às disposições da Lei n. 9.099/95.

ART. 303 – REPRODUÇÃO OU ADULTERAÇÃO DE SELO OU PEÇA FILATÉLICA

1. CONCEITO

Dispõe o art. 303 do CP: "Reproduzir ou alterar selo ou peça filatélica que tenha valor para coleção, salvo quando a reprodução ou a alteração está visivelmente anotada na face ou no verso do selo ou peça: Pena – detenção, de 1 (um) a 3 (três) anos, e multa. Parágrafo único. Na mesma pena incorre quem, para fins de comércio, faz uso do selo ou peça filatélica". Importa aqui mencionar que referido dispositivo legal foi tacitamente revogado pelo art. 39 da Lei n. 6.538/78 (Lei dos Serviços Postais), contudo os preceitos primários de ambas as normas são semelhantes, sendo apenas diversas as sanções penais (preceito secundário). Com efeito, dispõe o art. 39, *caput*, da referida lei: "Reproduzir ou alterar selo ou peça filatélica de valor para coleção, salvo quando a reprodução ou alteração estiver visivelmente anotada na face ou no verso do selo ou peça: Pena – detenção de até dois anos e pagamento de três a dez dias-multa". O parágrafo único, por sua vez, prevê: "Incorre nas mesmas penas quem, para fins de comércio, faz uso de selo ou peça filatélica de valor para coleção, ilegalmente reproduzidos ou alterados".

2. OBJETO JURÍDICO

Tutela-se, segundo Noronha, "a necessidade de defender a boa-fé, a confiança ou lisura que deve existir entre colecionadores de selos; o imperativo de garantir sua autenticidade; a consideração de interesses frequentemente vultosos em jogo – há selos que valem enormes somas; tudo isso não se opunha a que o legislador definisse o delito, que, entretanto, se não fosse previsto, poderia constituir estelionato"[307].

3. ELEMENTOS DO TIPO

3.1. Ação nuclear

Consubstancia-se nos verbos *reproduzir*, isto é, imitar, copiar o selo ou peça filatélica verdadeiro ou *alterar*, isto é, modificar, adulterar suas características, de forma que aparente ser raro e, por conseguinte, tenha maior valor[308]. Não se configurará o tipo penal se a reprodução ou alteração estiver visivelmente anotada na face ou no verso do selo ou peça, consoante o teor do próprio dispositivo penal.

3.2. Objeto material

É o selo ou peça filatélica que tenha valor para coleção. Assim, segundo Hungria, "o selo de correio, ainda quando postavelmente imprestável, por haver servido ao seu fim ou por já ter sido posto fora de circulação, continua a ser protegido contra a falsidade desde que tenha *valor para coleção.* Além do selo propriamente dito (estampilha ou estampa avulsa ou fixa, destinada à franquia postal), é também protegida a peça filatélica, isto é, a que se destina exclusivamente à coleção ou só tem valia para tal fim, como sejam: os *blocos*, *folhas* ou *carimbos comemorativos*, as 'provas' ou 'ensaios', etc."[309].

3.3. Elemento normativo do tipo

O tipo penal exige expressamente que o selo ou peça filatélica tenha valor para coleção, o que exige apreciação valorativa do magistrado[310].

---

307. E. Magalhães Noronha, *Direito penal*, cit., v. 4, p. 149.

308. E. Magalhães Noronha, *Direito penal*, cit., v. 4, p. 150.

309. Nélson Hungria, *Comentários*, cit., v. 9, p. 297.

310. Cf. Damásio E. de Jesus, *Direito penal*, cit., v. 4, p. 80.

3.4. Sujeito ativo

Trata-se de crime comum, pois qualquer pessoa pode praticá-lo; não exige a lei qualquer qualidade especial.

3.5. Sujeito passivo

É o Estado considerado sujeito passivo principal. Secundariamente, é o terceiro eventualmente lesado pela conduta delitiva.

4. ELEMENTO SUBJETIVO

É o dolo, consubstanciado na vontade livre e consciente de reproduzir ou alterar selo ou peça filatélica de valor para coleção.

5. CONSUMAÇÃO E TENTATIVA

Consuma-se com a efetiva reprodução ou alteração do selo ou peça filatélica. Por se tratar de crime plurissubsistente, a tentativa é perfeitamente admissível, pois há um *iter criminis* a ser cindido.

6. FORMAS

6.1. Simples (art. 303, *caput*)

Prevista no *caput* do artigo.

6.2. Equiparada (art. 303, parágrafo único)

Prevista no parágrafo único: "Na mesma pena incorre quem, para fins de comércio, faz uso do selo ou peça filatélica". Pune-se aqui o uso do selo ou peça filatélica por outrem. Deve estar presente o elemento subjetivo do tipo, qual seja: *para fins de comércio*. Ausente esse fim específico, o uso do selo ou peça filatélica não é punido. Se o próprio falsário fizer uso deles para fins comerciais, haverá crime único[311]. Trata-se de crime formal, pois se pune o uso, independentemente de o sujeito ativo lograr vender o selo ou peça filatélica.

7. AÇÃO PENAL. LEI DOS JUIZADOS ESPECIAIS CRIMINAIS

(i) Ação penal: trata-se de crime de ação penal pública incondicionada.

(ii) Lei dos Juizados Especiais Criminais: não se aplica o procedimento sumaríssimo nela previsto, uma vez que a pena máxima excede a 2 anos. Admite-se, no entanto, suspensão condicional do processo.

311. Nesse sentido: Nélson Hungria, *Comentários*, cit., v. 9, p. 297.

ART. 304 – USO DE DOCUMENTO FALSO

1. CONCEITO

Dispõe o art. 304 do CP: "Fazer uso de qualquer dos papéis falsificados ou alterados, a que se referem os arts. 297 a 302: Pena – a cominada à falsificação ou à alteração". Depois de prever nos dispositivos legais precedentes a falsificação material e ideológica dos documentos públicos e particulares, cuidou, agora, o legislador de punir exclusivamente nesse artigo o seu uso. Atente-se que o artigo não faz menção às figuras típicas previstas nos arts. 296 (falsificação de selo ou sinal público) e 303 (reprodução ou adulteração de selo ou peça filatélica). É que nesses dispositivos penais já há previsão específica do uso dos referidos documentos, daí o porquê da omissão.

2. OBJETO JURÍDICO

Tutela-se mais uma vez a fé pública.

3. ELEMENTOS DO TIPO

3.1. Ação nuclear

Consiste em *fazer uso*, isto é, utilizar documento, público ou particular, falso. Importa aqui perquirir em que consiste o uso. Há duas posições na doutrina: (i) é a saída do documento da esfera individual do agente, de forma a iniciar uma relação com outra pessoa, seja em juízo ou fora dele[312], por exemplo, apresentar certidão de divórcio falsa para o funcionário do Cartório de Registro Civil. Para essa corrente, não é necessário que o documento seja empregado de acordo com sua específica destinação probatória. Exemplifica Noronha: "Tanto usa documento falso quem o apresenta ao pseudodevedor para receber o pagamento, como quem o entrega em cartório para reconhecimento da firma. Neste último caso, é evidente que existe violação da fé pública"[313]; (ii) é o emprego do documento de acordo com sua destinação probatória. Para essa corrente, não basta que o documento saia da esfera individual de seu portador e inicie uma relação com outrem, pois é necessário também que o documento seja utilizado de acordo com o fim a que ele se destina[314]. Com efeito, afirma Damásio: "Usar documento falso significa empregá-lo em sua finalidade probatória especial, i. e., empregá-lo como prova do fato de importância jurídica a que diz respeito, como se fosse verdadeiro"[315]. Citemos um exemplo em que esse emprego não ocorre: agente que utiliza CNH falsa, documen-

---

312. E. Magalhães Noronha, *Direito penal*, cit., v. 4, p. 154.

313. Idem, ibidem, p. 155.

314. Damásio E. de Jesus, *Direito penal*, cit., v. 4, p. 84. No mesmo sentido: Cezar Roberto Bitencourt, *Código Penal comentado*, cit., p. 1056; Celso Delmanto, *Código Penal comentado*, cit., p. 541.

315. Damásio E. de Jesus, *Direito penal*, cit., v. 4, p. 84.

to destinado a provar a capacidade para habilitar veículos, como documento de identificação pessoal.

De qualquer forma, não basta o simples porte do documento. Enquanto este não é apresentado pelo agente a terceiros, encontrando-se guardado, por exemplo, em sua residência, em sua bolsa ou no bolso de sua calça, não há falar em uso e, portanto, em ofensa ao bem protegido pela norma penal. No exato instante em que o portador do documento falso o retira do bolso ou da carteira e o entrega a terceiro há a configuração do tipo penal. Questiona-se na doutrina e na jurisprudência se há a caracterização do crime nas hipóteses em que o documento falso é entregue a outrem não por iniciativa do próprio agente, mas por solicitação ou exigência de alguma autoridade pública, em especial a policial. Vejamos:

(i) para a configuração do tipo penal, não importa se o documento foi entregue por iniciativa do próprio agente, isto é, espontaneamente, ou por determinação de outrem. É a posição majoritária do Supremo Tribunal Federal. Nesse sentido, o seguinte julgado: "No caso, o magistrado valorou esta circunstância de forma negativa, tendo em vista que o documento falso utilizado lhe permitia a condução de veículos pesados, com altíssimo poder de lesão, como caminhões com reboques acoplados. Inclusive a apresentação da CNH falsa ocorreu logo após o réu se envolver em um acidente enquanto dirigia uma carreta, não sendo flagrado em simples fiscalização de rotina (...)" (AgRg no AREsp 1.360.713/SP, *DJU* 4-12-2018). No tocante à CNH, a jurisprudência tem firmado entendimento no sentido de que o simples porte desta já é considerado uso, uma vez que o Código de Trânsito Brasileiro exige que o motorista porte a CNH e a exiba quando solicitado, daí por que "portar", no caso, tem o significado de "fazer uso".

(ii) a exibição de documento falso em virtude de solicitação ou exigência de alguma autoridade pública não configura o tipo penal em tela, uma vez que, no caso, o uso não é espontâneo. Há, contudo, uma exceção a essa regra, qual seja, o porte da Carteira Nacional de Habilitação falsificada, caso em que sua exibição mediante a solicitação do guarda de trânsito configurará o crime em estudo[316].

E na hipótese de revista pessoal ou busca domiciliar, a apreensão de documento falsificado em poder do agente configura o uso? Entendemos que não, uma vez que o documento não chegou a ser usado, tendo sido meramente apreendido.

É possível que ocorra o uso de documento falso não apenas extrajudicialmente, mas também em juízo, por exemplo, quando o agente junta título de propriedade falso aos autos do processo judicial. Conforme Hungria, o uso deve ser real, efetivo, e redundar em real proveito para o agente, não configurando o crime o uso só para efeito de *encenação ou vanglória*[317].

---

316. Cezar Roberto Bitencourt, *Código Penal comentado*, cit., p. 1056; Victor Eduardo Rios Gonçalves, *Dos crimes contra os costumes aos crimes contra a Administração*, cit., p. 102.

317. Nélson Hungria, *Comentários*, cit., v. 9, p. 298.

3.2. Objeto material

O objeto material do crime é qualquer dos documentos a que se referem os arts. 297 (documento público), 298 (documento particular), 299 (documento público ou particular ideologicamente falso), 300 (documento contendo falso reconhecimento de firma ou letra), 301 (certidão ou atestado ideologicamente falso), 301, § 1º (atestado ou certidão materialmente falso), e 302 (atestado médico falso).

Obviamente, os documentos materialmente falsos, a que se referem os artigos acima mencionados, devem ter potencialidade ofensiva, pois, se o falso for grosseiro, inapto a iludir a vítima, não há a configuração do crime de falsidade documental e, por conseguinte, do delito de uso de documento falso, pois não houve qualquer ofensa à fé pública.

Da mesma forma, por não serem considerados documentos para efeitos penais, não constitui crime o uso de documentos impressos ou integralmente datilografados, sem qualquer assinatura, que tenham sido falsificados, bem como o uso de cópias não autenticadas de documento.

Caso tenha incidido sobre o crime precedente de falsidade material ou ideológica alguma causa extintiva da punibilidade (prescrição, morte do agente, indulto etc.), tais circunstâncias não interferem na configuração do crime de uso de documento falso[318].

3.3. Sujeito ativo

Trata-se de crime comum, pois qualquer pessoa pode praticá-lo, com exceção do próprio falsificador. Conforme já estudado, este responderá apenas pela falsificação do documento, constituindo o uso *post factum* impunível (progressão criminosa).

3.4. Sujeito passivo

É o Estado sujeito passivo principal. Secundariamente, considera-se como tal o terceiro prejudicado com o uso do documento falso.

4. ELEMENTO SUBJETIVO

É o dolo, consubstanciado na vontade livre e consciente de fazer uso de qualquer dos papéis falsificados ou alterados, a que se referem os arts. 297 a 302. É necessário que o agente tenha ciência da falsidade do documento, do contrário o fato é atípico por ausência de dolo. Para Noronha[319] e Hungria[320], a dúvida quanto à falsidade (dolo even-

318. Nesse sentido: Nélson Hungria, *Comentários*, cit., v. 9, p. 299.

319. E. Magalhães Noronha, *Direito penal*, cit., v. 4, p. 156.

320. Nélson Hungria, *Comentários*, cit., v. 9, p. 299.

tual) não exclui o crime opinião esta que não é compartilhada por Celso Delmanto, para quem o tipo penal somente admite o dolo direto[321]. Se o agente vier a tomar ciência da falsidade após o uso do documento e ainda assim continuar a utilizá-lo, responderá pelo crime em tela[322].

Se o agente, no momento da utilização do documento, desconhecer sua falsidade, responderá pelo crime em tela caso continue a usar o documento após ter ciência da falsidade.

Não exige o tipo penal qualquer finalidade específica, por exemplo, a obtenção de vantagem econômica.

5. CONSUMAÇÃO E TENTATIVA

Consuma-se com o efetivo uso do documento falso. Basta que o agente se utilize dele uma única vez para que o crime se repute consumado. Não é necessária a obtenção de qualquer vantagem econômica ou a causação de prejuízo a outrem.

Trata-se de crime instantâneo de efeitos permanentes, de forma que o prazo prescricional começa a correr a partir da primeira utilização do documento falso.

Não se admite a tentativa, uma vez que no momento em que o agente utiliza o documento falso o crime já se reputa consumado, sendo impossível a figura da tentativa de uso.

6. CONCURSO DE CRIMES

(i) Uso de diversos documentos falsos em um mesmo contexto: se o agente, em uma mesma ocasião, utilizar diversos documentos falsos, haverá crime único.

(ii) Uso continuado de documentos: se o agente usar reiteradamente o documento falso nas condições previstas no art. 71 do CP, a hipótese será a de crime continuado, podendo a conduta ser praticada contra a mesma pessoa ou contra pessoas distintas.

(iii) Uso de documento falso e estelionato: *vide* comentários ao crime de falsificação de documento público (CP, art. 297).

(iv) Falso documental e uso: conforme já estudado, na hipótese em que o próprio falsário faz uso do documento falsificado, o uso constitui fato posterior não punível (uma das subespécies da chamada progressão criminosa). Ocorre este quando, após realizada a conduta, o agente pratica novo ataque contra o mesmo bem jurídico (no caso, a fé pública), visando apenas tirar proveito da prática anterior. O fato posterior é tomado como mero exaurimento. Afasta-se, portanto, a possibilidade de haver no caso concurso de crimes.

---

321. Celso Delmanto, *Código Penal comentado*, cit., p. 541.

322. Cf. E. Magalhães Noronha, *Direito penal*, cit., v. 4, p. 156.

(v) Uso de documento falso e sonegação fiscal: *vide* comentários ao art. 299, item 8 (concurso de crimes).

(vi) Uso com o fim de obter vantagem ilícita em prejuízo alheio: de acordo com a Súmula 17 do STJ: "quando o falso se exaure no estelionato, sem mais potencialidade lesiva, é por este absorvido".

(vii) Uso pelo falsário: cuida-se aqui de *post factum* impunível, ou seja, só há o crime antecedente (arts. 297 a 302).

(viii) Uso de documento verdadeiro, pertencente a outrem, como se fosse o agente, que se faz passar por outra pessoa: configura o delito de falsa identidade (CP, art. 308).

7. LEGISLAÇÃO PENAL ESPECIAL

(i) Crime tributário (Lei n. 8.137/90): está previsto no art. 1º, IV, da referida lei: "Constitui crime contra a ordem tributária suprimir ou reduzir tributo, ou contribuição social e qualquer acessório, mediante as seguintes condutas: (...) IV – elaborar, distribuir, fornecer, emitir ou utilizar documento que saiba ou deva saber falso ou inexato".

(ii) Crime contra o Sistema Financeiro Nacional (Lei n. 7.492/86): está previsto nos arts. 7º e 14 da referida lei. O art. 14 prevê: "Apresentar, em liquidação extrajudicial, ou em falência de instituição financeira, declaração de crédito ou reclamação falsa, ou juntar a elas título falso ou simulado".

(iii) Crime falimentar (Lei n. 11.101/2005): está previsto no art. 175: "Apresentar, em falência, recuperação judicial ou recuperação extrajudicial, relação de créditos, habilitação de créditos ou reclamação falsas, ou juntar a elas título falso ou simulado: Pena: reclusão, de 2 (dois) a 4 (quatro) anos, e multa".

8. AÇÃO PENAL. COMPETÊNCIA

(i) Ação penal: trata-se de crime de ação penal pública incondicionada.

(ii) Competência: a competência para processar e julgar o crime de uso de documento falso é firmada em razão da entidade ou órgão ao qual foi apresentado o documento público, não importando a qualificação do órgão expedidor (Súmula 546 do STJ).

ART. 305 – SUPRESSÃO DE DOCUMENTO

1. CONCEITO

Dispõe o art. 305 do CP: "Destruir, suprimir ou ocultar, em benefício próprio ou de outrem, ou em prejuízo alheio, documento público ou particular verdadeiro, de que não podia dispor: Pena – reclusão, de 2 (dois) a 6 (seis) anos, e multa, se o documento é público, e reclusão, de 1 (um) a 5 (cinco) anos, e multa, se o documento é particular". Trata-se aqui de crime de falsidade material.

2. OBJETO JURÍDICO

Tutela-se mais uma vez a fé pública. Conforme ensinamento de Hungria, "se é falsidade alterar um documento, a lógica exige que se considere tal o destruí-lo, suprimi-lo ou ocultá-lo, pois com isto também se ludibria a fé pública. Fazer desaparecer uma prova verdadeira de um fato verdadeiro é dar aparência de não provado ou inexistente aquilo que é verdadeiro e juridicamente certo, o que, sem dúvida, equivale ao *falsum*"[323].

3. ELEMENTOS DO TIPO

3.1. Ação nuclear. Objeto material

Consubstancia-se nos verbos: **(i) destruir**: nesta modalidade, o documento perde sua essência ou forma primitiva[324], deixa de existir – por exemplo, queimar o documento; **(ii) suprimir**: segundo Hungria, significa "fazer desaparecer (ainda que sem destruir ou ocultar), como v. g., riscar, tornar ilegível"[325]; ou **(iii) ocultar**: significa esconder, de forma que o titular do documento não possa achá-lo. Dessa forma, o mero apoderamento do documento público ou particular, sem destruí-lo ou suprimi-lo ou ocultá-lo, não tipifica o delito em estudo.

O objeto material do crime é o documento público ou particular. Exige o tipo penal que o documento seja verdadeiro; se for falso, o fato é atípico, podendo a destruição, supressão ou ocultamento constituir, por exemplo, o crime de favorecimento pessoal (CP, art. 348), dano (CP, art. 163), furto (CP, art. 155) etc. Em segundo lugar, é requisito do tipo penal que o agente não possa dispor do documento, pois, se puder, a destruição, supressão ou ocultamento não configura crime. Segundo Hungria, na hipótese em que a conduta criminosa tem por objeto traslados, certidões ou cópias de documentos originais que se encontram registrados ou arquivados em repartição pública, o delito em estudo não se perfaz, uma vez que sempre haverá a possibilidade de se provar o fato ou relação jurídica por meio do documento original[326]. No caso, outro crime poderá caracterizar-se, por exemplo: dano (CP, art. 163), furto (CP, art. 155) etc.

A jurisprudência tem entendido que o cheque, por constituir documento por equiparação para fins penais (CP, art. 297, § 2º), é considerado objeto material do crime em tela. Dessa forma, o devedor, por exemplo, que retoma do credor o cheque que havia emitido em seu favor, para pagamento da dívida, e o rasga ou risca seus dizeres ou sua assinatura, comete a modalidade criminosa do art. 305.

---

323. Nélson Hungria, *Comentários*, cit., v. 9, p. 301.

324. Cf. E. Magalhães Noronha, *Direito penal*, cit., v. 4, p. 152.

325. Nélson Hungria, *Comentários*, cit., v. 9, p. 301.

326. Cf. Nélson Hungria, *Comentários*, cit., v. 9, p. 301.

3.2. Sujeito ativo

Trata-se de crime comum, pois qualquer um pode praticá-lo, inclusive o titular do documento, se dele não podia dispor.

3.3. Sujeito passivo

É o Estado o sujeito passivo principal. Secundariamente, considera-se como tal o terceiro prejudicado com a supressão do documento.

4. ELEMENTO SUBJETIVO

É o dolo, consubstanciado na vontade livre e consciente de destruir, suprimir ou ocultar documento público ou verdadeiro, de que não podia dispor. Exige-se também o elemento subjetivo do tipo, de forma que as condutas devem ser praticadas em *benefício próprio ou de outrem, ou em prejuízo alheio*, isto é, o agente deve visar a obtenção de alguma vantagem, de natureza econômica ou moral, para si ou para outrem, ou então deve visar prejudicar alguém. Ausente essa finalidade específica, o crime poderia ser outro, por exemplo, dano[327].

5. CONSUMAÇÃO E TENTATIVA

Trata-se de crime formal. Consuma-se o delito com a destruição, supressão ou ocultação do documento público ou particular, independentemente de o agente obter qualquer benefício para si ou para outrem, ou de causar qualquer prejuízo alheio. A tentativa é perfeitamente possível.

6. DISTINÇÕES

(i) Crime de extravio, sonegação ou inutilização de livro ou documento (CP, art. 314): é expressamente subsidiário com relação ao delito em estudo. Trata-se de crime contra a administração pública, que somente pode ser praticado pelo funcionário público encarregado da guarda do livro oficial ou documento. Os verbos nucleares são *extraviar, sonegar* e *inutilizar*.

(ii) Crime de subtração ou inutilização de livro ou documento (CP, art. 337): é expressamente subsidiário com relação ao delito em estudo. Trata-se de crime conta a administração pública, que pode ser praticado por qualquer pessoa, notadamente o particular ou servidor público que atua fora do exercício de suas funções. Os verbos nucleares são *subtrair* e *inutilizar*.

(iii) Crime de sonegação de papel ou objeto de valor probatório (CP, art. 356): trata-se de crime contra a administração da justiça, que somente pode ser praticado por

327. Cf. E. Magalhães Noronha, *Direito penal*, cit., v. 4, p. 153.

advogado ou procurador. O advogado, por exemplo, que não restitui os autos do processo ao Cartório ou que inutiliza documento ou objeto de valor probatório que recebeu na qualidade de advogado pratica o delito previsto no art. 356 do CP e não o crime de supressão de documento. Incide, na hipótese, o princípio da especialidade.

(iv) Exercício arbitrário das próprias razões (CP, art. 345): se o agente destrói o documento a pretexto de exercitar abusivamente seu direito, deverá responder apenas pelo delito previsto no art. 303 do CP, o qual, por ser mais grave, prevalece em face do princípio da subsidiariedade, e por ser especial também, devido ao princípio da especialidade, havendo, desse modo, incidência de ambos para a solução desse aparente conflito entre as normas.

7. CONCURSO DE CRIMES

Se o agente, para a obtenção do documento, tiver de praticar crime de furto ou de apropriação indébita, esses crimes, considerados meios necessários à prática do crime-fim, restarão absorvidos pelo delito de supressão de documento, não havendo que falar em concurso de crimes. Incide aqui o princípio da consunção. Obviamente que se o agente, após furtar o documento ou dele se apropriar, não realizar qualquer das condutas típicas previstas no art. 305, deverá responder apenas pelo crime patrimonial.

8. AÇÃO PENAL. LEI DOS JUIZADOS ESPECIAIS CRIMINAIS

(i) Ação penal: trata-se de crime de ação penal pública incondicionada.

(ii) Lei dos Juizados Especiais Criminais: se o documento é particular, a pena é de reclusão, de 1 a 5 anos, e multa, sendo, em face da pena mínima, cabível o instituto da suspensão condicional do processo previsto no art. 89 da Lei n. 9.099/95.

Capítulo IV
DE OUTRAS FALSIDADES

ART. 306 – FALSIFICAÇÃO DO SINAL EMPREGADO NO CONTRASTE DE METAL PRECIOSO OU NA FISCALIZAÇÃO ALFANDEGÁRIA, OU PARA OUTROS FINS

1. CONCEITO

Dispõe o art. 306, *caput*, do CP: "Falsificar, fabricando-o ou alterando-o, marca ou sinal empregado pelo poder público no contraste de metal precioso ou na fiscalização alfandegária, ou usar marca ou sinal dessa natureza, falsificado por outrem: Pena – reclusão, de 2 (dois) a 6 (seis) anos, e multa". O parágrafo único, por sua vez, dispõe: "Se a marca ou sinal falsificado é o que usa a autoridade pública para o fim de fiscalização sanitária, ou para autenticar ou encerrar determinados objetos, ou comprovar o cumprimento de formalidade legal: Pena – reclusão ou detenção, de 1 (um) a 3 (três) anos, e multa". Trata-se de crime de falsidade material.

2. OBJETO JURÍDICO

Tutela-se a fé pública, isto é, a confiança da coletividade que recai sobre as marcas ou sinais empregados pelo Poder Público no contraste de metal precioso ou na fiscalização alfandegária, ou sanitária, ou para autenticar ou encerrar determinados objetos, ou comprovar o cumprimento de formalidade.

3. ELEMENTOS DO TIPO

3.1. Ação nuclear

Consubstancia-se nos verbos *falsificar* e *usar*. Dá-se a falsificação mediante a fabricação (contrafação total) ou alteração da marca ou sinal. Na primeira hipótese o agente cria a marca ou sinal falso, isto é, imita o verdadeiro. Na segunda hipótese, a marca ou sinal é verdadeiro mas o agente nele opera algumas modificações. Assim como nos delitos precedentes, deve a falsificação ser apta a iludir terceiros. O uso da marca ou sinal falsificado consiste em sua utilização por outrem que não o próprio falsário.

3.2. Objeto material

O objeto material do crime é a marca ou sinal empregado pelo Poder Público, isto é, pela autoridade pública municipal, estadual ou federal, no contraste de metal precioso ou na fiscalização alfandegária, ou na fiscalização sanitária, ou para autenticar ou encerrar determinados objetos, ou comprovar o cumprimento de formalidade legal. "*Sinal* é uma determinada impressão simbólica do Poder Público, destinada a autenticar a legitimidade do metal precioso, e a *marca* é propriamente um selo de garantia, destinado ainda a autenticar determinados objetos ou a certificar publicamente a qualidade ou estado do respectivo conteúdo ou a indicar o cumprimento de formalidade legal"[328].

3.3. Sujeito ativo

Trata-se de crime comum, pois qualquer um pode praticá-lo. Na hipótese de uso da marca ou sinal falsificado, somente terceiro, que não o falsário, poderá ser sujeito ativo do crime.

---

328. Cf. E. Magalhães Noronha, fazendo alusão à distinção de Bento de Faria (*Direito penal*, cit., v. 4, p. 183).

3.4. Sujeito passivo

É o Estado, sujeito ativo primário, e, secundariamente, a terceira pessoa lesada pela conduta típica.

4. ELEMENTO SUBJETIVO

É o dolo, consubstanciado na vontade livre e consciente de falsificar ou usar marca ou sinal falsificado, devendo neste último caso o agente ter ciência da falsidade da marca ou sinal.

5. CONSUMAÇÃO E TENTATIVA

Consuma-se o delito com a falsificação da marca ou sinal, isto é, com sua fabricação ou alteração. Tratando-se de delito plurissubsistente, a tentativa é perfeitamente admissível.

Na modalidade *uso*, o crime se consuma com o primeiro ato de utilização da marca ou sinal. A tentativa é inadmissível.

6. FORMA PRIVILEGIADA

O parágrafo único dispõe: "Se a marca ou sinal falsificado é o que usa a autoridade pública para o fim de fiscalização sanitária, ou para autenticar ou encerrar determinados objetos, ou comprovar o cumprimento de formalidade legal: Pena – reclusão ou detenção, de 1 (um) a 3 (três) anos, e multa".

Refere-se a falsificação de marca ou sinal relativo à fiscalização sanitária, ou para autenticação ou encarceramento de determinados objetos, ou, ainda, para a comprovação de cumprimento de formalidade legal. A *fiscalização sanitária* constitui a vigilância exercida pelo Estado para a assegurar a saúde e higiene públicas. *Autenticar* é reconhecer como verdadeiro, *encerrar*, neste contexto, é guardar em lugar fechado, com o fim de evitar qualquer mácula ao objeto; *comprovar* significa auxiliar a provar ou confirmar. Por exemplo, quando a autoridade pública (federal, estadual ou municipal) tem um determinado sinal ou marca para confirmar se alguma formalidade legal foi devidamente cumprida, sua falsificação configura o crime em tela.

7. AÇÃO PENAL. LEI DOS JUIZADOS ESPECIAIS CRIMINAIS

(i) Ação penal: trata-se de crime de ação penal pública incondicionada.

(ii) Lei dos Juizados Especiais Criminais: é cabível a suspensão condicional do processo (art. 89 da Lei n. 9.099/95), na modalidade do parágrafo único, cuja pena é de reclusão ou detenção, de 1 a 3 anos, e multa.

ART. 307 – FALSA IDENTIDADE

1. CONCEITO

Dispõe o art. 307 do CP: "Atribuir-se ou atribuir a terceiro falsa identidade para obter vantagem, em proveito próprio ou alheio, ou para causar dano a outrem: Pena –

detenção, de 3 (três) meses a 1 (um) ano, ou multa, se o fato não constitui elemento de crime mais grave". Trata-se aqui da chamada falsidade pessoal, isto é, a que recai "não sobre a pessoa física, mas sobre sua identidade, estado, qualidade ou condição"[329].

2. OBJETO JURÍDICO

Tutela-se a fé pública, isto é, a confiança coletiva que recai sobre a identidade das pessoas.

3. ELEMENTOS DO TIPO

3.1. Ação nuclear

Consubstancia-se no verbo *atribuir-se* ou *atribuir* a terceiro falsa identidade. Compreende as seguintes hipóteses:

(i) O sujeito atribui a si próprio a identidade de outra pessoa real, isto é, existente. Por exemplo, um indivíduo se faz passar pelo irmão gêmeo em uma prova escolar. Cuida-se aqui de hipótese de substituição de pessoas[330].

(ii) Utiliza identidade fictícia, isto é, irreal, imaginária, como no caso do agente que atribui a si o nome de um personagem fictício da literatura. Cumpre aqui observar que, se tal falseamento for manifestamente absurdo, estaremos diante de crime impossível, pela ineficácia absoluta do meio empregado. Por exemplo, o sujeito sai às ruas fantasiado de Homem-Aranha, dizendo ser o próprio.

(iii) Imputa a outrem identidade real ou fictícia, por exemplo, indivíduo que, ao apresentar outrem, atribui-lhe nome ou qualificação falsa. Segundo Damásio, "não comete crime quem somente silencia a respeito da errônea identidade que lhe é atribuída. Dessa forma, inexiste o delito na conduta de quem, confundido com terceiro, não esclarece ao interlocutor sua verdadeira identidade"[331]. A identidade, segundo a doutrina, tem acepção ampla, não se restringindo ao nome ou prenome das pessoas. Engloba também o estado civil: filiação, idade, matrimônio, nacionalidade; e a condição social, como a profissão ou qualidade individual[332]. Em sentido contrário, Celso Delmanto, para quem o dispositivo se limita à identidade física: "aquele entendimento, que alarga a significação da palavra 'identidade', não só viola o princípio da reserva legal (CR/88, art. 5º, XXXIX e § 2º; PIDCP, art. 15, 1; CADH, art. 9º; CP, art. 1º), como ainda conflita com a acepção que a própria lei penal dá ao vocábulo 'qualidade', como se observa pela comparação entre o *caput* do art. 309 do CP e seu parágrafo único"[333].

---

329. Cf. Nélson Hungria, *Comentários*, cit., v. 9, p. 305.
330. Cf. E. Magalhães Noronha, *Direito penal*, cit., v. 4, p. 186.
331. Damásio E. de Jesus, *Direito penal*, cit., v. 4, p. 96.
332. Cf. E. Magalhães Noronha, *Direito penal*, cit., v. 4, p. 186.
333. Celso Delmanto, *Código Penal comentado*, cit., p. 547.

Nosso entendimento: identidade compreende todo o arcabouço de dados individualizadores da personalidade humana, incluindo o nome (que, atualmente, de acordo com o art. 16 do CC, compreende o prenome e o sobrenome). Tanto pratica o crime aquele que, por exemplo, preenche um formulário com qualificação falsa como aquele que a declara verbalmente. Exige-se que a falsa atribuição de identidade seja apta a iludir alguém, pois, do contrário, não há fato típico, mas crime impossível (CP, art. 17).

O delito pode ser praticado por qualquer meio executório (oral ou escrito, por exemplo), desde que apto a enganar terceiros. É indiferente a espécie do benefício visado, podendo ser de ordem material, moral ou até mesmo sexual. É delito expressamente subsidiário, conforme se vê pela expressão "se o fato não constitui elemento de crime mais grave". Ou seja, se o crime em tela for utilizado como meio para a prática de outro mais grave, como o estelionato, por exemplo, resta absorvido.

3.2. Sujeito ativo

Trata-se de crime comum, pois qualquer pessoa pode praticá-lo.

3.3. Sujeito passivo

É o Estado sujeito passivo primário. Terceiro eventualmente prejudicado pode também ser vítima desse delito.

4. ELEMENTO SUBJETIVO

É o dolo, consubstanciado na vontade livre e consciente de atribuir-se ou atribuir a terceiro falsa identidade. Exige-se também o chamado elemento subjetivo do tipo, consistente no fim especial de obter vantagem, em proveito próprio ou alheio, ou de causar dano a outrem. A vantagem a que se refere a lei pode ser de qualquer ordem: moral, patrimonial etc. Cite-se como exemplo de vantagem moral a hipótese em que o irmão gêmeo de um detento gravemente enfermo se faz passar por este, ficando encarcerado em seu lugar, com o fim de libertá-lo.

5. CONSUMAÇÃO E TENTATIVA

Consuma-se o crime com o ato de atribuir-se ou atribuir a outrem falsa identidade. Trata-se de crime formal, de maneira que o delito se perfaz independentemente da obtenção da vantagem ou da produção de dano a terceiro.

A tentativa somente será admissível se a atribuição da identidade se der por escrito, pois o crime é plurissubsistente. Se por meio verbal, o *conatus* será inadmissível, já que estamos diante de um crime unissubsistente.

6. CONCURSO DE CRIMES

(i) Falsa identidade e estelionato:

Distinções:

(i) No crime de falsa identidade não há o emprego de qualquer documento falso, por exemplo, RG, CPF ou certidão falsa. O agente se limita a declarar, de forma verbal ou por escrito, dados falsos relativos a sua identidade pessoal, por exemplo, ao se inscrever em concurso, preenche a ficha com idade falsa, ou com número do RG ou do CPF falso.

(ii) Se há o emprego de documento de identidade falso, o crime passa a ser outro: art. 304 (uso de documento falso). Caso o usuário seja o próprio falsário, arts. 297, 298 ou 299 do CP. Cite-se como exemplo a hipótese em que o agente, para comprovar sua identidade, mostra RG falsificado.

Com base nessas distinções, faz-se necessário analisar aqui o concurso entre os crimes de falsa identidade e estelionato:

(i) se o agente atribui a si ou a terceiro falsa identidade, isto é, faz declarações mendazes a respeito de sua identidade pessoal ou de terceiro, induzindo ou mantendo alguém em erro, com o intuito de obter indevida vantagem econômica para si ou para terceiro, em prejuízo alheio, comete crime mais grave, qual seja, estelionato (CP, art. 171). O crime de falsa identidade é expressamente subsidiário, de forma que, cometido delito mais grave, no caso, contra o patrimônio, o delito contra a fé pública (CP, art. 307) resta absorvido;

(ii) conforme estudado inicialmente, se o agente emprega documento de identidade falso, haverá a configuração do crime de uso de documento falso (CP, art. 304) e não o delito de falsa identidade (CP, art. 307). Dessa forma, incidirá aqui a discussão relativa ao uso de documento falso, material ou ideologicamente, e o crime de estelionato (*vide* comentários ao art. 297 do CP). Naquela oportunidade adotamos o entendimento do Superior Tribunal de Justiça no sentido de que o estelionato absorve a falsidade, quando esta foi o meio fraudulento empregado para a prática do crime-fim (estelionato). Nesse sentido, a Súmula 17 desse tribunal, cujo teor é o seguinte: "Quando o falso se exaure no estelionato, sem mais potencialidade lesiva, é por este absorvido". Se, pelo contrário, a falsidade for apta à prática de outros crimes, afasta-se a incidência da súmula mencionada, havendo o concurso de crimes; por exemplo: carteira de identidade falsificada.

(ii) Falsa identidade e bigamia: haverá concurso material de crimes, uma vez que os momentos consumativos e as objetividades jurídicas são diversos. A lesão contra a fé pública não pode ficar absorvida pelo atentado contra a organização familiar, pois cada um cuida de interesses bem destacados.

7. DISTINÇÕES

(i) Uso de documento de identidade alheio: se o agente utilizar como próprio documento de identidade verdadeiro, mas pertencente a terceiro, comete o delito previsto no art. 308 do CP. Nesse delito, há a efetiva apresentação do documento de identidade, ao contrário do delito previsto no art. 307 do CP, e, mais, o documento apresentado é verdadeiro, contudo, não representa a identidade de seu portador, mas de terceira pessoa. Nos dias atuais, é grande o número de criminosos que se utilizam de documento de identidade alheio furtado ou roubado como se fosse próprio. A situação torna-se ainda mais grave quando esses delinquentes utilizam tais documentos para se identificar civilmente em inquérito policial.

(ii) Simulação da qualidade de funcionário público: se o agente finge ser funcionário público, a infração penal passa a ser outra: art. 45 da LCP.

(iii) Recusa de dados sobre a própria identidade ou qualificação: dispõe o art. 68 da LCP: "Recusar à autoridade, quando por esta justificadamente solicitados ou exigidos, dados ou indicações concernentes à própria identidade, estado, profissão, domicílio e residência. Pena — multa". O parágrafo único, por sua vez, dispõe: "Incorre na pena de prisão simples, de um a seis meses, e multa, se o fato não constitui infração penal mais grave, quem, nas mesmas circunstâncias, faz declarações inverídicas a respeito de sua identidade pessoal, estado, profissão, domicílio e residência". Veja-se, por esse dispositivo legal, que todos os indivíduos têm a obrigação legal de fornecer dados relativos a sua identidade quando solicitados pela autoridade policial. A violação desse dever constitui contravenção penal. Da mesma forma, se o indivíduo fornecer dados falsos relativos a sua identidade sem a intenção de obter qualquer vantagem econômica, moral etc., ou de causar dano a outrem, incidirá nas penas do art. 68 da LCP, infração esta expressamente subsidiária.

8. QUESTÃO

O indivíduo que, ao se apresentar à autoridade pública, atribui a si falsa identidade (atribui-se outro nome, por exemplo), com o fim de ocultar passado criminoso ou de não sofrer processo criminal, comete o delito do art. 307 do CP? Sim, de acordo com a posição dominante na jurisprudência, sobretudo após o Plenário do STF ter se manifestado nesse sentido no julgamento do Recurso Extraordinário n. 640.139. Ainda, após o referido julgamento, o STJ editou a Súmula 522 no mesmo sentido: "A conduta de atribuir-se falsa identidade perante a autoridade policial é típica, ainda que em situação de alegada autodefesa".

Nesse contexto, vale discorrer sobre os argumentos favoráveis à tipificação legal:

(i) *O fato é típico.* A vantagem a que se refere o tipo penal pode ser de qualquer natureza: econômica, moral ou *qualquer outra utilidade não econômica*[334]. Dessa forma, a falsa atribuição de identidade com o fim de ocultar passado criminoso pode ser enquadrada no tipo penal em apreço. Ainda que o fato não se enquadrasse no art. 307 do CP, incidiria na hipótese o art. 68, parágrafo único, da LCP, que pune a conduta de fornecer

334. Cf. Nélson Hungria, *Comentários*, cit., v. 9, p. 308.

dados falsos relativos à identidade, mas sem que o agente tenha a intenção de obter qualquer vantagem econômica, moral etc. ou de causar dano a outrem.

(ii) *A autodefesa não abrange o direito de falsear a verdade quanto à identidade pessoal.* Se o agente se atribui outra identidade, tanto para não sofrer processo criminal como para esconder ou ocultar vida pregressa (passado criminoso), pratica crime de falsa identidade (art. 307 do CP), não lhe socorrendo o princípio da autodefesa (art. 5º, LXIII, da CF). A lei processual estabelece ao acusado a possibilidade de confessar, negar, silenciar ou mentir. O réu pode calar-se, sem que isso importe confissão tácita (CPP, art. 198), e pode mentir, uma vez que não presta compromisso; logo, não há sanção prevista para sua mentira. Claro que, como manifestação do direito de defesa, ao réu é dado silenciar apenas em relação ao interrogatório de mérito. Assim, nenhuma aplicação tem o art. 5º, LXIII, da Constituição da República, que consagra o direito ao silêncio, ao art. 188, *caput*, do CPP, que cuida do interrogatório de identificação, já que nesse momento não há espaço para qualquer atividade de cunho defensivo[335]. Dessa forma, o agente que se identifica falsamente com o propósito de ocultar seu passado criminoso não exerce a autodefesa, uma vez que nesta somente pode incidir no interrogatório de mérito. Aliás, conforme já visto, o art. 68, parágrafo único, da LCP pune aquele que fornece à autoridade dados falsos relativos a sua identidade. Aliado a esse argumento, importa trazer à baila a lição de Victor Eduardo Rios Gonçalves, para quem a autodefesa nem sequer poderia constituir causa excludente da ilicitude por ausência de previsão legal. Exemplifica o autor: "Alguém é surpreendido por policiais subtraindo um carro. Dada a voz de prisão, o agente efetua vários disparos contra os militares, provocando-lhes lesões. Não haveria, na hipótese, os crimes de resistência e de lesões corporais, em razão da mencionada autodefesa, posto que o sujeito estaria buscando apenas a sua liberdade". Conclui o autor: "Não há defesa legítima contra atos de autoridade praticados com base na lei penal ou processual penal"[336].

(iii) *Não há falar em crime impossível.* O argumento de que o meio empregado pelo agente é absolutamente inidôneo à obtenção de qualquer vantagem, uma vez que, ao fornecer dados falsos acerca de sua identidade no momento da qualificação, fatalmente o falso seria descoberto pelos meios legais de identificação, não prospera. É que, segundo Victor Eduardo Rios Gonçalves, há casos em que a falsa identidade pode não ser descoberta, "primeiro, porque as autoridades apenas checam as digitais dos presos junto ao instituto de identificação quando há desconfiança acerca de sua identidade. Segundo, porque é possível que o sujeito não tenha identificação civil junto aos órgãos públicos, o que torna impossível o confronto ou, mais grave ainda, que possua duas identificações, a verdadeira e a falsa". Argumenta ainda o autor: "Mas não é só isso. A doutrina é unânime em afirmar que a falsidade é crime formal. Assim sendo, a consumação ocorre no instante em que o agente se atribui a falsa identidade, pouco impor-

335. Fernando Capez, *Curso de processo penal*, cit., p. 440.

336. Victor Eduardo Rios Gonçalves, *Dos crimes contra os costumes aos crimes contra a Administração*, cit., p. 105-6.

tando se consegue ou não obter a vantagem visada (...). Ora, como a efetiva obtenção da vantagem é dispensável para fins de consumação do delito em análise, não há que se falar em crime impossível pela posterior descoberta da verdadeira identidade do sujeito, uma vez que o ilícito já estava consumado desde o momento em que o agente atribui-se identidade alheia"[337].

9. AÇÃO PENAL. LEI DOS JUIZADOS ESPECIAIS CRIMINAIS

(i) **Ação penal:** trata-se de crime de ação penal pública incondicionada.

(ii) **Lei dos Juizados Especiais Criminais:** trata-se de crime de menor potencial ofensivo, em face da pena máxima prevista (detenção, de 3 meses a 1 ano), estando, portanto, sujeito às disposições da Lei n. 9.099/95.

ART. 308 – USO DE DOCUMENTO DE IDENTIDADE ALHEIA

1. CONCEITO

Reza o art. 308 do CP: "Usar, como próprio, passaporte, título de eleitor, caderneta de reservista ou qualquer documento de identidade alheia ou ceder a outrem, para que dele se utilize, documento dessa natureza, próprio ou de terceiro: Pena – detenção, de 4 (quatro) meses a 2 (dois) anos, e multa, se o fato não constitui elemento de crime mais grave". Trata-se de subespécie do crime de falsa identidade. É também delito expressamente subsidiário.

2. OBJETO JURÍDICO

Tutela-se mais uma vez a fé pública, isto é, a confiança coletiva que recai sobre a identidade das pessoas.

3. ELEMENTOS DO TIPO

3.1. Ação nuclear. Objeto material

Duas são as condutas típicas: (i) **usar**, como próprio, passaporte, título de eleitor, caderneta de reservista ou qualquer documento de identidade alheia (objeto material). Nessa modalidade típica o agente utiliza documento de identidade verdadeiro e pertencente a terceiro como se fosse próprio; por exemplo, indivíduo que utiliza a carteira de identidade do irmão gêmeo para fazer em seu lugar a prova do concurso público; ou (ii) **ceder** a outrem, para que dele se utilize, documento dessa natureza, próprio ou de terceiro (objeto material). Nessa modalidade típica, o agente fornece a outrem o documento de identidade verdadeiro. Opera-se aqui a tradição (onerosa ou gratuita). O documento tanto pode pertencer ao agente como a terceiro.

---

337. Victor Eduardo Rios Gonçalves, *Dos crimes contra os costumes aos crimes contra a Administração*, cit., p. 106-7.

A lei elenca expressamente os documentos que constituem objeto material do delito (passaporte, título de eleitor, caderneta de reservista), após o que emprega fórmula genérica: *qualquer documento de identidade alheia*, isto é, "todo título, certificado ou atestado que seja admissível como meio de reconhecer como sendo o próprio o respectivo portador. Como tal podem ser apontadas a caderneta de identidade e a profissional"[338]. A jurisprudência inclui nesse rol a Carteira Nacional de Habilitação, pois se entende que o termo "identidade", referido no art. 308 do CP, compreende não só a identidade civil como também outros documentos que especificam qualidade, atribuição ou qualidade profissional.

3.2. Sujeito ativo

Trata-se de crime comum, pois qualquer pessoa pode praticá-lo.

3.3. Sujeitos passivos

É o Estado o sujeito passivo primário. Terceiro eventualmente prejudicado pode também ser vítima desse delito.

4. ELEMENTO SUBJETIVO

É o dolo, consubstanciado na vontade livre e consciente de usar como próprio documento de identidade alheia ou ceder a outrem, para que dele se utilize, documento dessa natureza, próprio ou de terceiro. Não se exige qualquer finalidade específica, como a de obter alguma vantagem econômica, moral etc.

5. CONSUMAÇÃO E TENTATIVA

Na primeira parte o crime é de mera conduta, consumando-se no momento do uso, sendo impossível qualquer resultado naturalístico. A tentativa, portanto, é inadmissível. Quanto à segunda parte, o crime é formal, consumando-se no momento em que o documento é cedido a terceiro, sendo prescindível que este o utilize. Assim, a eventual utilização pelo terceiro será um resultado naturalístico não exigido pelo tipo, configurando mero exaurimento. Caso esse terceiro venha a utilizar o documento que lhe foi cedido, responderá pelo crime em tela na modalidade *usar*. A tentativa também não nos parece possível, pois ou o documento é cedido ou não[339].

6. DISTINÇÃO

Caso o documento utilizado pelo agente seja falso, haverá crime mais grave, qual seja, o uso de documento falso (CP, art. 304).

338. E. Magalhães Noronha, *Direito penal*, cit., v. 4, p. 189.

339. Em sentido contrário: Magalhães Noronha, *Direito penal*, v. 4, p. 188.

Se o agente usar documento de identidade de terceiro, cuja foto foi substituída pela sua, caracterizar-se-á também o delito mais grave de uso de documento falso (CP, art. 304).

7. AÇÃO PENAL. LEI DOS JUIZADOS ESPECIAIS CRIMINAIS

(i) **Ação penal:** trata-se de crime de ação penal pública incondicionada.

(ii) **Lei dos Juizados Especiais Criminais:** trata-se de crime de menor potencial ofensivo, em face da pena máxima prevista (pena – detenção, de 4 meses a 2 anos, e multa), estando, portanto, sujeito às disposições da Lei n. 9.099/95. Vale destacar que a Lei n. 10.259, de 12 de julho de 2001, por força do art. 2º, parágrafo único, instituiu o Juizado Especial Criminal da União, com competência para julgar as infrações de menor potencial ofensivo de competência da Justiça Federal, considerando como tais os crimes a que a lei comine pena máxima de até 2 anos ou multa, tenham ou não procedimento especial.

ART. 309 – FRAUDE DE LEI SOBRE ESTRANGEIRO

1. CONCEITO

Dispõe o art. 309, *caput*, do CP: "Usar estrangeiro, para entrar ou permanecer no território nacional, nome que não é o seu: Pena – detenção, de 1 (um) a 3 (três) anos, e multa".

2. OBJETO JURÍDICO

A entrada e permanência de estrangeiros em território nacional é regulada pela Lei n. 13.445/2017 (Lei de Migração). A fraude consistente em utilizar nome falso para entrar ou permanecer em território nacional fere os interesses do Estado no que diz respeito ao controle da imigração. Dessa forma, protege-se a política de imigração do Estado, bem como a fé pública que recai sobre a identidade das pessoas.

3. ELEMENTOS DO TIPO

3.1. Ação nuclear

Consubstancia-se no verbo *usar*, isto é, utilizar nome falso. Na hipótese, o agente emprega nome fictício ou de outrem com o intuito de ingressar ou permanecer (pressupõe que o agente já esteja no Brasil) em território nacional (solo, mar territorial, espaço aéreo[340]). Vejam que o tipo penal expressamente se refere ao *nome* falso, o que por si só afasta outros dados, como o estado civil, a profissão etc.

---

340. Consiste na noção jurídica de território. Nesse sentido: E. Magalhães Noronha, *Direito penal*, cit., v. 4, p. 192.

E se o agente emprega documento falso? O crime em questão fala na utilização de nome falso, sem mencionar se tal conduta se perfaz com ou sem o emprego de documento falso. Desse modo, se, além de realizar os elementos do tipo do art. 309 do CP, o agente ainda utilizar documento falso, haverá concurso de crimes.

3.2. Sujeito ativo

Trata-se de crime próprio, pois somente o estrangeiro pode praticá-lo. Assim, não pode ser sujeito ativo o brasileiro ou o apátrida[341], embora possam figurar como coautores ou partícipes.

3.3. Sujeitos passivos

É o Estado o sujeito passivo primário. Terceiro eventualmente prejudicado pode também ser vítima desse delito.

4. ELEMENTO SUBJETIVO

É o dolo, consubstanciado na vontade livre e consciente de usar nome falso. Exige-se também o chamado elemento subjetivo do tipo, consubstanciado no fim de entrar ou permanecer em território nacional.

5. CONSUMAÇÃO E TENTATIVA

Consuma-se tão só com o uso do nome falso, independentemente de o agente lograr entrar ou permanecer em território nacional. Trata-se de crime de mera conduta, sem resultado naturalístico.

A tentativa é inadmissível: ou o sujeito usa ou não usa o documento.

6. ATRIBUIÇÃO DE FALSA QUALIDADE A ESTRANGEIRO

O parágrafo único prevê a seguinte conduta: "Atribuir a estrangeiro falsa qualidade para promover-lhe a entrada em território nacional. Pena – reclusão, de 1 (um) a 4 (quatro) anos, e multa".

Nessa modalidade típica, o agente não usa nome falso, mas sim atribui a estrangeiro falsa qualidade, com o fim de que este entre em território nacional. Ao contrário da figura prevista no *caput*, pune-se aqui não só a falsa atribuição a terceiro de nome, mas também de profissão, estado civil. A atribuição pode dar-se por escrito ou oralmente.

Ao contrário da conduta prevista no *caput*, trata-se de crime comum, pois qualquer pessoa pode atribuir a estrangeiro falsa qualidade.

---

341. Nesse sentido: E. Magalhães Noronha, *Direito penal*, cit., v. 4, p. 192.

O elemento subjetivo é o dolo, consubstanciado na vontade livre e consciente de atribuir a estrangeiro falsa qualidade. Exige-se também o elemento subjetivo do tipo, consistente no fim de promover-lhe a entrada em território nacional. Se o fim do agente for o de promover a permanência do estrangeiro no País, o crime não se configura.

O crime se consuma com a mera atribuição a estrangeiro de falsa qualidade, independentemente de o agente lograr a entrada dele em território nacional. A tentativa é possível na hipótese em que a falsa atribuição de qualidade se dá por escrito.

7. AÇÃO PENAL. LEI DOS JUIZADOS ESPECIAIS CRIMINAIS

(i) **Ação penal**: trata-se de crime de ação penal pública incondicionada.

(ii) **Competência**: é da Justiça Federal, uma vez que o delito ofende interesse da União (CF, art. 109, X).

(iii) **Lei dos Juizados Especiais Criminais**: não se aplica, diante do fato de a pena máxima ser superior a 2 anos; no entanto, em virtude de a pena mínima ser de 1 ano de detenção, será cabível a suspensão condicional do processo (art. 89 da Lei n. 9.099/95).

ART. 310 – FALSIDADE EM PREJUÍZO DA NACIONALIZAÇÃO DE SOCIEDADE

1. CONCEITO

Reza o art. 310 do CP: "Prestar-se a figurar como proprietário ou possuidor de ação, título ou valor pertencente a estrangeiro, nos casos em que a este é vedada por lei a propriedade ou a posse de tais bens: Pena – detenção, de 6 (seis) meses a 3 (três) anos, e multa".

2. OBJETO JURÍDICO

A Constituição Federal restringe a atuação do estrangeiro em determinadas atividades, tendo em vista interesses maiores, como a segurança nacional. Assim, tutela a norma penal os interesses de natureza econômica e política do Estado, os quais são colocados em risco com a intervenção indevida de estrangeiros. Tutela-se também a fé pública que recai sobre a identidade das pessoas.

3. ELEMENTOS DO TIPO

3.1. Ação nuclear

A conduta típica consiste em *prestar-se* (dispor-se, aceitar, concordar) a figurar como proprietário ou possuidor de ação, título ou valor pertencente a estrangeiro, nos casos em que a este é vedada por lei a propriedade ou a posse de tais bens.

Conforme ensinamento de Noronha: "Pune-se, pois o 'testa de ferro', o homem que, geralmente, por ganância se presta a dissimular ou ocultar a presença de estrangeiros em empresas ou sociedades, quando não permitido. É mister, portanto, que a lei extrapenal (e que, portanto, integra o presente dispositivo) impeça ou vede a posse ou propriedade de ações, títulos ou valores determinados ao estrangeiro"[342]. Ou seja, o tipo penal requer situação em que é vedada por lei a propriedade ou posse de tais bens por estrangeiros. Trata-se de norma penal em branco, cujo complemento encontra-se nos arts. 176, 190 e 222, todos da CF, e na Lei n. 13.445/2017 (Lei de Migração).

3.2. Sujeito ativo

Trata-se de crime comum, pois qualquer pessoa pode praticá-lo, desde que tenha nacionalidade brasileira. O estrangeiro que é substituído pelo brasileiro também responde pelo crime na modalidade participação, uma vez que concordou com a proposta[343].

3.3. Sujeito passivo

É o Estado.

4. ELEMENTO SUBJETIVO

É o dolo, consubstanciado na vontade livre e consciente de prestar-se a figurar como proprietário ou possuidor de ação, título ou valor pertencente a estrangeiro. É necessário que o agente tenha ciência de que é vedada por lei a propriedade ou a posse de tais bens por estrangeiros.

5. CONSUMAÇÃO E TENTATIVA

Consuma-se no momento em que o brasileiro passar a figurar como proprietário ou possuidor de ação, título ou valor pertencente a estrangeiro. A tentativa é perfeitamente possível, pois se trata de crime material.

6. LEGISLAÇÃO PENAL ESPECIAL

A Constituição Federal prevê no art. 222 que "a propriedade de empresa jornalística e de radiodifusão sonora e de sons e imagens é privativa de brasileiros natos ou naturalizados há mais de dez anos, aos quais caberá a responsabilidade por sua administração e orientação intelectual". O art. 3º da Lei de Imprensa (Lei n. 5.250/67), por sua vez, dispunha: "É vedada a propriedade de empresas jornalísticas, sejam

342. E. Magalhães Noronha, *Direito penal*, cit., v. 4, p. 195.

343. Nesse sentido: E. Magalhães Noronha, *Direito penal*, cit., v. 4, p. 195.

políticas ou simplesmente noticiosas, a estrangeiros e a sociedades por ações ao portador". O § 5º, por sua vez, rezava: "Qualquer pessoa que emprestar o seu nome ou servir de instrumento para violação do disposto nos parágrafos anteriores ou que emprestar seu nome para se ocultar o verdadeiro proprietário, sócio, responsável ou orientador intelectual ou administrativo das empresas jornalísticas, será punida com a pena de 1 a 3 anos de detenção e multa". Finalmente, o § 6º preceituava: "As mesmas penas serão aplicadas àquele em proveito de quem reverter a simulação ou que a houver determinado ou promovido". Entretanto, na ADPF 130, ajuizada pelo PDT, a Corte Suprema reputou que a Lei de Imprensa não foi recepcionada pela atual ordem constitucional, de modo que restam afastadas as mencionadas regras de nosso sistema jurídico pátrio.

7. AÇÃO PENAL. LEI DOS JUIZADOS ESPECIAIS CRIMINAIS

(i) **Ação penal:** trata-se de crime de ação penal pública incondicionada.

(ii) **Lei dos Juizados Especiais Criminais:** em virtude da pena mínima prevista (pena – detenção, de 6 meses a 3 anos, e multa), é cabível a suspensão condicional do processo (art. 89 da Lei n. 9.099/95).

ART. 311 – ADULTERAÇÃO DE SINAL IDENTIFICADOR DE VEÍCULO AUTOMOTOR

1. CONCEITO

Reza o art. 311, *caput*, do CP: "Adulterar ou remarcar número de chassi ou qualquer sinal identificador de veículo automotor, de seu componente ou equipamento: Pena – reclusão, de 3 (três) a 6 (seis) anos, e multa".

2. OBJETO JURÍDICO

Protege-se a fé pública que recai sobre o número do chassi ou qualquer sinal identificador de veículo automotor, de seu componente ou equipamento. Secundariamente, tutela-se a identificação do veículo[344].

3. ELEMENTOS DO TIPO

3.1. Ação nuclear. Objeto material

Consubstanciam-se nos verbos *adulterar* (significa modificação do conteúdo mediante alteração das inscrições já constantes) ou *remarcar* (implica inserção de nova sequência de códigos no espaço em que havia a numeração correta). Segundo Victor Eduardo Rios Gonçalves, "A adulteração deve ter caráter permanente. Por esse motivo,

344. No mesmo sentido: Damásio E. de Jesus, *Direito penal*, cit., v. 4, p. 110.

não se tem reconhecido a infração penal pelo uso de fitas isolantes em placa de automóvel para modificar em determinado dia o último identificador, com a finalidade de burlar rodízio de veículos". Objeto material do crime é o número de chassi[345]. Sobre tal estrutura de aço se insere um código para identificação do veículo. É a adulteração ou remarcação desse código que se encontra tipificada no presente artigo. É também objeto material do crime qualquer sinal identificador de veículo automotor, de seu componente ou equipamento, por exemplo, placa de automóvel ou inscrição em qualquer outra parte do automóvel (numeração do motor, câmbio etc.).

→ Atenção: há quem questione a vigência do art. 311 do CP, dada a superveniência do Código de Trânsito Brasileiro, o qual teria regulado os fatos relacionados à adulteração de sinais identificadores de veículos automotores na esfera das infrações administrativas (art. 230). Predomina o entendimento de que a norma penal ainda está vigente.

3.2. Sujeito ativo

Trata-se de crime comum. Qualquer pessoa pode praticar o delito em tela. Quando o agente for funcionário público e cometer o delito no exercício de suas funções ou em razão dela, ou contribuir para o licenciamento ou registro de veículo remarcado ou adulterado, fornecendo material ou informação oficial, incorrerá na figura agravada dos §§ 1º e 2º.

3.3. Sujeito passivo

Sujeito passivo principal é o Estado. Secundariamente, terceiro prejudicado com a adulteração ou remarcação.

4. ELEMENTO SUBJETIVO

É o dolo, consubstanciado na vontade livre e consciente de adulterar ou remarcar número de chassi ou qualquer sinal identificador de veículo automotor, de seu componente ou equipamento.

5. CONSUMAÇÃO E TENTATIVA

Consuma-se com a efetiva adulteração ou remarcação do número de chassi ou qualquer sinal identificador de veículo automotor, de seu componente ou equipamento. A tentativa é possível.

6. FORMAS

6.1. Simples (art. 311, *caput*)

Prevista no *caput* do artigo.

345. Nos termos do *Novo dicionário Aurélio da língua portuguesa*, *chassi* é a "estrutura de aço sobre a qual se monta toda a carroceria de veículo motorizado".

6.2. Majorada (art. 311, § 1º)

Prevista no § 1º: "Se o agente comete o crime no exercício da função pública ou em razão dela, a pena é aumentada de um terço". A pena é agravada na hipótese em que o agente comete o crime no desempenho de função pública ou em razão dessa qualidade.

6.3. Equiparada (art. 311, § 2º)

Prevista no § 2º: "Incorre nas mesmas penas o funcionário público que contribui para o licenciamento ou registro do veículo remarcado ou adulterado, fornecendo indevidamente material ou informação oficial". Trata-se de uma forma especial de participação, punida nos mesmos moldes do *caput* do artigo. Nessa hipótese, o funcionário público presta auxílio ao agente que adulterou ou remarcou os sinais identificadores do veículo. Cuida-se aqui de crime próprio. Esta figura pretende incriminar, principalmente, os funcionários dos departamentos de trânsito que contribuem para que o veículo seja licenciado sem passar pela inspeção pericial, impedindo, assim, que se constate a adulteração ou remarcação. A responsabilização por esse crime não impede eventual punição por falsidade material ou ideológica, nem por crime contra a Administração Pública em concurso material. Ressalve-se que o tipo penal contém um elemento normativo, qual seja, o fornecimento *indevido* do material ou informação oficial. Se o agente tinha o dever funcional, isto é, o fornecimento da informação ou material era devido, o fato é atípico.

7. CONCURSO DE CRIMES

(i) Agente que recebe o veículo sabendo possuir ele numeração do chassi adulterada: não há possibilidade de responder como partícipe do crime previsto no art. 311 do CP, mas tão somente pela receptação, já que não é possível participação após a consumação do crime.

(ii) Sujeito que recebe o automóvel ciente de que é produto de crime (furto, roubo etc.) e, posteriormente, adultera o chassi do carro: responderá pelos crimes de receptação dolosa e do delito em estudo (CP, art. 311), em concurso material, uma vez que distintas são as objetividades jurídicas violadas pelas ações criminosas: patrimônio e fé pública.

(iii) Motorista surpreendido na posse de automóvel com a numeração de chassi adulterada ou remarcada: não havendo prova de que ele concorreu para o crime do art. 311, subsidiariamente restará o delito de receptação dolosa ou culposa (CP, art. 180).

(iv) Adulteração de chassi com o fim de prestar auxílio a autor de crime, tornando seguro o proveito do crime (favorecimento real) ou auxiliando-o a subtrair-se à ação da autoridade (favorecimento pessoal): há uma só conduta, a qual se subsome em dois tipos distintos (CP, arts. 311 + 347 ou 348), devendo incidir apenas um deles, no caso, o do art. 311 do CP, diante de sua maior gravidade, aplicando-se o princípio da subsidiariedade.

8. AÇÃO PENAL

Trata-se de crime de ação penal pública incondicionada.

Capítulo V

DAS FRAUDES EM CERTAMES DE INTERESSE PÚBLICO

ART. 311-A – FRAUDES EM CERTAMES DE INTERESSE PÚBLICO

1. CONCEITO. OBJETO JURÍDICO

Dispõe o art. 311-A, *caput*, do CP: "Utilizar ou divulgar, indevidamente, com o fim de beneficiar a si ou a outrem, ou de comprometer a credibilidade do certame, conteúdo sigiloso de: I – concurso público; II – avaliação ou exame públicos; III – processo seletivo para ingresso no ensino superior; ou IV – exame ou processo seletivo previstos em lei: Pena – reclusão, de 1 (um) a 4 (quatro) anos, e multa". Trata-se de delito inserto no Título X, portanto relativo aos crimes contra a fé pública. Por derradeiro, protege-se aqui a inviolabilidade dos certames, a fé pública que os cerca, a sua credibilidade, isto é, a confiança geral em sua legitimidade, em seu regular e normal funcionamento. Com a tipificação penal, busca-se, também, evitar os graves prejuízos para os participantes e para aqueles, particular ou Administração Pública, que promovem o concurso, avaliação, exame etc.

2. ELEMENTOS DO TIPO

2.1. Ação nuclear. Objeto material

As ações nucleares típicas consubstanciam-se nos seguintes verbos:

(i) ***utilizar*** **o conteúdo sigiloso:** nesta modalidade típica, o agente faz uso das informações sigilosas. Por exemplo: estudante de cursinho que tem prévio acesso às questões do concurso de ingresso à carreira jurídica (Magistratura, Ministério Público, Defensoria Pública etc.) e faz uso das mesmas em benefício pessoal, acertando todas as respostas da prova;

(ii) ***divulgar*** **o conteúdo sigiloso:** nesta modalidade, o agente leva ao conhecimento de outrem o conteúdo sigiloso de que tenha tomado ciência. É o relato por qualquer meio. Basta a divulgação para uma única pessoa, não sendo necessário que um número indeterminado de indivíduos tenha notícia do fato. Enquadra-se nessa modalidade criminosa a conduta do funcionário público que, incumbido de elaborar prova de concurso público, antecipa a algumas pessoas as questões e as respostas do exame ou o professor de cursos preparatórios para concurso que divulga antecipadamente o tema de dissertação da prova.

A utilização ou divulgação deve ser realizada de maneira indevida (elemento normativo do tipo), do contrário, não haverá fato típico. Dessa forma, se havia autorização legal para a divulgação do conteúdo sigiloso, não há falar em crime.

O objeto do crime é o conteúdo sigiloso de: (i) concurso público (por exemplo, concurso de ingresso à carreira jurídica como a Magistratura, Ministério Público, Defensoria Pública etc.); (ii) avaliação ou exame públicos (por exemplo, o ENEM – Exame Nacional do Ensino Médio); (iii) processo seletivo para ingresso no ensino superior (por exemplo, vestibulares para ingresso em faculdades ou universidades); ou (iv) exame ou processo seletivo previstos em lei. Não se trata de segredo funcional, ou seja, de informação de que o agente tenha conhecimento em razão do cargo que ocupa, de suas atribuições, pois comete o crime qualquer pessoa, funcionário público ou particular, ainda que não responsável pelo certame, que tenha acesso ao conteúdo sigiloso e o utilize ou divulgue.

Ressalve-se que o conteúdo sigiloso aqui tutelado é o de interesse público, ao contrário do crime do art. 154; contudo, nada impede que concomitantemente interesse a um particular.

Se o conteúdo sigiloso for relativo a proposta de concorrência pública, a norma aplicável é a da Lei das Licitações – art. 94 da Lei n. 8.666/93[346].

2.2. Sujeito ativo

Não se trata de crime próprio, podendo ser praticado por qualquer pessoa, ainda que não responsável pelo certame. Se o delito for cometido por funcionário público, a pena aumenta-se de 1/3 (um terço). Admite-se o concurso de pessoas.

Antes do advento da Lei n. 12.550/2011, o funcionário público que revelasse ou facilitasse a revelação de conteúdo sigiloso de certame poderia responder pelo delito do art. 325 do CP ("violação de sigilo funcional: pena – detenção, de seis meses a dois anos, ou multa, se o fato não constitui crime mais grave"). O particular poderia responder por esse crime, somente na modalidade de concurso de pessoas. Se ele tivesse tomado conhecimento do conteúdo sigiloso revelado pelo funcionário, sem ter qualquer participação na conduta, não poderia responder pelo crime em tela, ainda que revelasse a informação a outrem. Com as modificações legais introduzidas pela citada lei, tanto o funcionário público quanto o particular responderão pelo crime específico contemplado no art. 311-A do CP.

2.3. Sujeito passivo

É o Estado, a coletividade, haja vista que se trata de um crime contra a fé pública. É também vítima a pessoa física ou jurídica prejudicada com a fraude no certame público.

3. ELEMENTO SUBJETIVO

É o dolo, isto é, a vontade livre e consciente de utilizar ou divulgar, indevidamente, conteúdo sigiloso de certame. O agente deve ter consciência de que o fato deve ser man-

346 O Projeto de Lei (PL) n. 4.253/2020, que cria um novo marco legal para substituir a Lei das Licitações (Lei n. 8.666/93), foi aprovado em 10 de dezembro de 2020, porém até a data de fechamento da obra não tivemos a sanção da nova lei.

tido em sigilo. Não há previsão da modalidade culposa. Dessa forma, se o indivíduo se esquecer de fechar a gaveta de seu armário e terceiro tomar conhecimento dos documentos sigilosos relativos ao certame, lá guardados, não se configurará o crime em tela. Exige o tipo penal um fim especial de agir, consubstanciado na vontade de o agente "beneficiar a si ou a outrem" ou de "comprometer a credibilidade do certame", sem o qual o crime não se perfaz.

4. CONSUMAÇÃO

Consuma-se o crime com a utilização ou divulgação do conteúdo sigiloso, independentemente de a mesma vir a beneficiar o próprio agente ou outrem ou comprometer a credibilidade do certame.

Tratando-se, portanto, de crime formal, o perfazimento do delito independe da ocorrência de dano efetivo, bastando que haja dano potencial. Se, no entanto, da ação ou omissão resultar dano à Administração Pública, ocorrerá a incidência da qualificadora prevista no § 2º (Pena: reclusão, de 2 a 6 anos, e multa).

5. TENTATIVA

É possível o *conatus*. Por exemplo, funcionário público que é surpreendido no momento em que ia repassar a folha do gabarito da prova para outrem.

6. FORMAS

6.1. Simples (art. 311-A, *caput*)

Prevista no *caput* do artigo.

6.2. Figuras equiparadas (art. 311-A, § 1º)

De acordo com o § 1º do art. 311-A, "nas mesmas penas incorre quem permite ou facilita, por qualquer meio, o acesso de pessoas não autorizadas às informações mencionadas no *caput*". Trata-se, portanto, de uma figura equiparada. Nessas duas modalidades típicas (*permitir* ou *facilitar*), o agente, que tem acesso liberado ao conteúdo sigiloso do certame, autoriza ou auxilia *pessoas não autorizadas* (*elemento normativo do tipo*) a ter acesso a esses dados. O acesso desses terceiros se dá por qualquer meio, por exemplo, o fornecimento e o empréstimo de senha. Vejam que, nessa modalidade, o indivíduo não utiliza ou divulga a informação, mas possibilita que outrem tenha acesso à mesma.

Importa notar que o terceiro que teve acesso às informações sigilosas responderá na forma do *caput* do artigo, caso utilize ou divulgue, indevidamente, o conteúdo sigiloso, com o fim de beneficiar a si ou a outrem, ou de comprometer a credibilidade do certame. É possível a tentativa. Assim, caso o funcionário deixe disponível a sua senha do cofre para que terceiros tenham acesso às provas, por exemplo, do certame, e ninguém venha a tomar conhecimento dela, há tentativa do crime em tela.

6.3. Figura qualificada (art. 311-A, § 2º)

Prevista no § 2º: "Se da ação ou omissão resulta dano à Administração Pública, a pena será de reclusão, de 2 (dois) a 6 (seis) anos, e multa". Na hipótese, a conduta típica não só viola o regular e normal funcionamento da atividade administrativa, como também acaba por lhe acarretar prejuízos de ordem patrimonial.

6.4. Causa de aumento de pena (art. 311-A, § 3º)

Se o fato é cometido por funcionário público, aumenta-se a pena de 1/3 (§ 3º).

7. INTERDIÇÃO TEMPORÁRIA DE DIREITOS: PROIBIÇÃO DE INSCREVER-SE EM CONCURSO, AVALIAÇÃO OU EXAMES PÚBLICOS

Essa espécie de interdição temporária de direitos, prevista no inciso V do art. 47 do CP, tem em vista a modalidade criminosa contemplada no art. 311-A. Em tais situações, poderá ser imposta a proibição de o agente inscrever-se em concurso, avaliação ou exames públicos. Vale acrescentar que a sanção em comento tem caráter substitutivo, ou seja, será imposta como medida alternativa à pena privativa de liberdade, desde que presentes, cumulativamente, os requisitos previstos no art. 44 do CP.

8. AÇÃO PENAL. LEI DOS JUIZADOS ESPECIAIS CRIMINAIS

(i) **Ação penal**: trata-se de crime de ação penal pública incondicionada.

(ii) **Lei dos Juizados Especiais Criminais**: a forma simples (*caput*), sem o aumento de pena do § 3º, admite a suspensão condicional do processo (art. 89 da Lei n. 9.099/95).

Título XI

DOS CRIMES CONTRA A ADMINISTRAÇÃO PÚBLICA

Sob a rubrica "Dos crimes contra a administração pública", prevê o Título XI do Código Penal os delitos que atentam contra o regular funcionamento da organização estatal, os quais estão divididos em três capítulos:

(i) Capítulo I: Dos crimes praticados por funcionário público contra a administração em geral (arts. 312 a 327);

(ii) Capítulo II: Dos crimes praticados por particular contra a administração em geral (arts. 328 a 337);

(iii) Capítulo III: Dos crimes contra a administração da justiça (arts. 338 a 359).

1. CONSIDERAÇÕES PRELIMINARES. OBJETIVIDADE JURÍDICA

É preciso inicialmente trazer aqui o exato sentido da expressão "Administração Pública", o qual nos é dado pela doutrina administrativista, sendo um de seus maiores representantes Hely Lopes Meirelles, que ensina: "Em sentido lato, *administrar* é gerir interesses, segundo a *lei*, a *moral* e a *finalidade* dos bens entregues à guarda e conservação alheias. Se os bens e interesses geridos são individuais, realiza-se administração particular; se são da coletividade, realiza-se administração pública. Administração pública, portanto, é a gestão de bens e interesses qualificados da comunidade no âmbito federal, estadual ou municipal, segundo os preceitos do Direito e da moral, visando ao bem comum. No Direito Público — do qual o Direito Administrativo é um dos ramos — a locução *Administração Pública* tanto designa pessoas e órgãos governamentais como a atividade administrativa em si mesma. Assim sendo, pode-se falar de administração pública aludindo-se aos instrumentos de governo como à gestão mesma dos interesses da coletividade"[347].

Embora na doutrina administrativista a expressão "Administração Pública" sirva para expressar, em sentido estrito, as atividades realizadas pelo Poder Executivo, a doutrina penal considera-a de forma mais ampla. Com efeito, afirma Noronha, fazendo referência ao Código italiano, "o conceito de administração pública, no que diz respeito aos delitos compreendidos neste título, é tomado no sentido mais amplo, compreensivo da atividade total do Estado e de outros entes públicos. Portanto, com as normas que refletem os crimes contra a Administração Pública, é tutelada não só a atividade administrativa em sentido restrito, técnico, mas, sob certo aspecto, também a legislativa e a judiciá-

---

347. Hely Lopes Meirelles, *Direito administrativo brasileiro*, 19. ed., São Paulo, Malheiros, 1990, p. 79.

ria. Na verdade, a lei penal, neste título, prevê e persegue fatos que impedem ou perturbam o desenvolvimento regular da atividade do Estado e de outros entes públicos"[348]. É por essa razão que, dentre os crimes contra a Administração Pública, exsurgem os delitos que atentam contra a Administração da Justiça (CP, arts. 338 a 359).

O Título XI do Código Penal, portanto, prevê condutas criminosas praticadas por funcionário público (*intranei*) ou por particular (*extranei*) que afetam o regular funcionamento da Administração Pública, entendida esta em sentido amplo. É o que ocorre, por exemplo, quando há apropriação de verbas públicas pelo funcionário (CP, art. 312); ou quando este deixa de praticar ato de ofício ou causa seu retardamento com o fim de satisfazer algum interesse ou sentimento pessoal (CP, art. 319); ou quando ele abandona o cargo público, fora dos casos permitidos em lei (CP, art. 323); ou quando o particular desobedece ordem legal de funcionário público (CP, art. 330); ou quando o particular oferece ou promete vantagem indevida a funcionário público, para determiná-lo a praticar, omitir ou retardar ato de ofício (CP, art. 333); ou quando há comunicação falsa de crime ou contravenção para provocar a ação da autoridade (CP, art. 340); ou quando se faz coação no curso de processo judicial, policial ou administrativo ou em juízo arbitral etc. Todas essas ações criminosas, de alguma forma, prejudicam a Administração Pública e, por conseguinte, toda a coletividade, pois a atuação estatal visa a beneficiar esta última. Assim, tanto aquele que se apodera do dinheiro público como aquele que coage outrem no curso de um processo impedem que a Administração Pública desenvolva sua atividade de forma eficiente. O objeto jurídico tutelado é, portanto, "o desenvolvimento regular da atividade do Estado, dentro de regras da dignidade, probidade e eficiência"[349].

2. ILÍCITO PENAL. ILÍCITO ADMINISTRATIVO

É certo que a Administração Pública possui instrumentos internos aptos a punir o funcionário público que infrinja as normas de funcionamento do serviço público em geral. Tal poder punitivo decorre dos poderes hierárquico e disciplinar. Segundo Hely Lopes Meirelles, "poder disciplinar é a faculdade de punir internamente as infrações funcionais dos servidores e demais pessoas sujeitas à disciplina dos órgãos e serviços da Administração (...). Não se deve confundir o poder disciplinar da Administração com o poder punitivo do Estado, realizado através da Justiça Penal. O poder disciplinar é exercido como faculdade punitiva interna da Administração e, por isso mesmo, só abrange as infrações relacionadas com o serviço; a punição criminal é aplicada com finalidade social, visando à repressão de crimes e contravenções definidas nas leis penais, e por esse motivo é realizada fora da Administração ativa, pelo Poder Judiciário"[350].

O fato praticado pelo funcionário público que tipifique um ilícito administrativo ou um ato de improbidade previsto nos arts. 9º, 10 e 11 da Lei n. 8.429/92 nem sempre configurará um fato típico no âmbito penal. É que, sendo a esfera criminal a mais rigorosa

348. E. Magalhães Noronha, *Direito penal*, cit., v. 4, p. 198.

349. E. Magalhães Noronha, *Direito penal*, cit., v. 4, p. 198.

350. Hely Lopes Meirelles, *Direito administrativo brasileiro*, cit., p. 108.

de todas, as exigências legais para o aperfeiçoamento típico são muito maiores. Assim, como bem assinala Fábio Medina Osório, nem todo bem jurídico da Administração será protegido simultaneamente pelos direitos administrativo e penal. Afirma o autor: "(...) é possível que o legislador utilize técnicas distintas para proteção de idênticos bens jurídicos, v. g., nos crimes contra a Administração Pública, são empregados o direito penal e o Direito Administrativo Sancionador, inclusive o direito disciplinar. Sem embargo, também é possível perceber que, na variação das técnicas, o legislador busca atender determinadas peculiaridades. Nem todo bem jurídico será protegido pelas técnicas dos direitos administrativo e penal, simultaneamente. Veja-se, por exemplo, o caso de um homicídio, definido no art. 121, *caput*, do Código Penal pátrio. Tal delito é reprimido pela técnica do direito penal. Não o é, em regra, pelo Direito Administrativo Sancionador, pois não está em jogo um bem jurídico que comporte, por sua natureza, essa dupla proteção. A vida humana nada tem a ver, em geral, com o funcionamento, direto ou indireto, da Administração Pública. Já um ilícito de peculato, de outro lado, comporta, sem dúvida, o uso das técnicas penais e administrativas cumulativamente, tendo em vista suas peculiaridades, sua ligação com a necessidade de proteger e preservar valores e princípios que presidem a Administração Pública, tarefa que pode ser desempenhada, também, pelo Direito Administrativo Sancionador"[351]. Havendo condenação no âmbito criminal, embora sejam independentes as esferas, como a exigência para a imposição da sanção penal é bem maior do que para a punição administrativa, inviabiliza-se nessa instância o arquivamento ou absolvição por insuficiência de provas. Havendo absolvição, dependendo do fundamento, esta beneficiará o sujeito no âmbito da sindicância ou processo interno. Assim, se ficou provada na Justiça Criminal a inexistência material do fato (cf. CPP, art. 66) ou que o funcionário atuou no estrito cumprimento do dever legal (cf. CPP, art. 65), não há como subsistir a condenação administrativa. Por outro lado, se a absolvição criminal foi proferida em face da atipicidade do fato, nada impedirá a imposição da sanção administrativa, uma vez que pode suceder que um fato não criminoso seja residualmente falta disciplinar (CPP, art. 67, III). Cite-se o exemplo de Noronha: "Não provada a prevaricação (art. 319), pela ausência da satisfação de interesse ou sentimento pessoal, permaneça a falta administrativa consistente na desídia ou retardamento do ato de ofício, como preveem os arts. 241, III, e 253 da Lei n. 10.261/68 (Estatuto dos Funcionários Públicos Civis do Estado de São Paulo). Onde não houve o *mais*, pode haver o *menos*"[352].

3. CRIMES FUNCIONAIS. CLASSIFICAÇÃO

Há crimes previstos neste Título XI que somente podem ser praticados por funcionário público (por exemplo: peculato, concussão, abandono de função etc.), outros somente por particular (por exemplo: usurpação de função pública, corrupção ativa, resistência etc.). Os primeiros constituem delitos próprios, já que são praticados exclusivamente por

---

351. Fábio Medina Osório em *Direito administrativo sancionador*, São Paulo, Revista dos Tribunais, 2000, p. 136-137 (nota de rodapé).

352. E. Magalhães Noronha, *Direito penal*, cit., v. 4, p. 200.

aqueles que detêm uma qualidade especial, qual seja: ser funcionário público. São, por isso, denominados crimes funcionais. Dividem-se em:

(i) **Crimes funcionais próprios:** a função pública é elemento essencial do crime. A ausência da qualidade de funcionário público torna o fato atípico (atipicidade absoluta), por exemplo, crime de prevaricação (CP, art. 319), condescendência criminosa (CP, art. 320), abandono de função (CP, art. 323), isto é, todos os delitos que integram o Capítulo I do Título XI.

(ii) **Crimes funcionais impróprios:** nessa hipótese, a ausência da qualidade de funcionário público não torna o fato atípico, pois poderá constituir outro crime (atipicidade relativa), por exemplo, o delito de peculato nada mais é que um crime de apropriação indébita ou furto, praticado por funcionário público em razão do cargo. Se o agente, ao tempo da prática delitiva, havia, por exemplo, se exonerado do serviço público, o delito por ele cometido contra a Administração Pública poderá configurar um dos crimes contra o patrimônio (CP, arts. 155 ou 180).

4. CRIMES FUNCIONAIS. CONCURSO DE PESSOAS

Dispõe o art. 30 do CP: "Não se comunicam as circunstâncias e as condições de caráter pessoal, salvo quando elementares do crime". Pois bem. A condição de funcionário público constitui elementar nos crimes previstos no Capítulo I do Título XI. Ausente essa condição, o crime desaparece (atipicidade absoluta) ou se transforma em outro (atipicidade relativa). Essa elementar, por ter caráter pessoal, comunica-se ao coautor ou partícipe do crime. O particular, portanto, estranho à Administração Pública, que colabore de qualquer forma para o crime cometido por funcionário público, por exemplo, peculato, responderá por esse delito na qualidade de coautor ou partícipe, embora não detenha a qualidade especial de funcionário público. Obviamente o particular deve ter conhecimento dessa condição pessoal do coagente, isto é, o dolo deve abranger a elementar do tipo penal.

5. FUNCIONÁRIO PÚBLICO. CONCEITO

No âmbito administrativo, é bastante restrito o conceito de funcionário público, consistindo em mera espécie de agente administrativo, o qual, por sua vez, também pertence a um gênero mais amplo, denominado agente público. Desse modo, o conceito mais amplo é o de agente público, entendendo-se como tal qualquer pessoa que exerça, a qualquer título, ainda que transitoriamente e sem remuneração, função pública. Os agentes públicos subdividem-se em:

(i) **agentes políticos:** são aqueles dotados de ampla discricionariedade funcional e que detêm o exercício de parcela do poder soberano do Estado, integrando os primeiros escalões do Poder Executivo e compreendendo ainda os parlamentares, magistrados e membros do Ministério Público;

(ii) **agentes administrativos:** são os servidores públicos em seu sentido mais amplo, os quais desempenham funções que, a despeito de relevantes, não representam exercício de soberania, uma vez que não prestam jurisdição, não legislam, não exercitam o *jus puniendi* do Estado nem estabelecem as diretrizes administrativas governamentais. São os chamados servidores públicos em sentido amplo. Congregam as seguintes subespécies: empregados celetistas, contratados como se fossem empregados privados, pelo regime da CLT, tendo seus conflitos trabalhistas dirimidos pela Justiça do Trabalho; servidores autárquicos, os quais trabalham em autarquias sob regime jurídico de direito público e estatutário; servidores temporários, contratados para o desempenho de funções específicas, em caráter emergencial e transitório; e os funcionários públicos propriamente ditos, que são aqueles servidores investidos em cargos públicos da Administração direta, mediante concurso;

(iii) agentes delegados: são aqueles que recebem, por delegação do Poder Público, consubstanciada em concessões ou permissões, a função de realizar obras e serviços públicos, originariamente atribuídos ao concedente, sob sua fiscalização. São os agentes de concessionárias e permissionárias de serviços públicos, bem como os titulares de cartórios extrajudiciais;

(iv) agentes honoríficos: trata-se de particulares que colaboram com a Administração, mediante convocação ou nomeação para prestar, transitoriamente e sem remuneração, serviços em favor do Estado, sem vínculo empregatício ou estatutário.

Conforme se percebe, funcionário público é apenas uma das espécies de agente administrativo, inserida no amplo rol de servidores pertencentes ao gênero "agente público". Para efeitos penais, no entanto, o conceito foi ampliado.

Assim dispõe o art. 327 do CP: "Considera-se funcionário público, para os efeitos penais, quem, embora transitoriamente ou sem remuneração, exerce cargo, emprego ou função pública". Alcança, assim, todas as espécies de agentes públicos, pois o que importa para o Código Penal é o exercício, pela pessoa, de uma função de natureza e interesse público. Não importa se o servidor é ocupante de cargo ou se foi apenas investido no exercício de uma função. Do mesmo modo, é irrelevante se seu vínculo com a Administração é remunerado ou não, definitivo ou transitório. São denominados funcionários públicos todos os que desempenham, de algum modo, função na Administração direta ou indireta do Estado.

A Administração indireta faz com que sejam compreendidos todos os agentes que desempenhem funções em autarquias, empresas públicas, sociedades de economia mista, fundações e agências reguladoras.

Autarquias são pessoas jurídicas com personalidade de direito público, as quais desempenham funções típicas da Administração direta e possuem as seguintes características: são criadas por lei específica de iniciativa do Chefe do Executivo (CF, art. 61, § 1º), detêm patrimônio próprio, estão sujeitas ao dever de licitar para poderem contratar (CF, art. 37, XXI) e detêm os mesmos privilégios do Estado. Empresas públicas são entidades dotadas de personalidade de direito privado, com patrimônio próprio e capital exclusivo do Estado, criadas por lei para a exploração de atividade econômica, podendo assumir qualquer das formas admitidas em direito (Decreto-Lei n. 200/67). Sociedade de economia mista é a entidade de direito privado, criada por lei para a exploração de atividade econômica, sob a forma de sociedade anônima (Decreto-Lei n. 200/67, art. 6º, II e III), sempre em caráter suplementar à iniciativa privada. Fundações são entidades dotadas também de personalidade de direito privado, mas sem fins lucrativos, criadas por autorização legislativa, para o desenvolvimento de atividades que exijam execução por órgãos ou entidades de direito público, com autonomia administrativa, patrimônio gerido pelos respectivos órgãos de direção e funcionamento custeado por recursos da União e outras fontes (Decreto-Lei n. 200/67). Agências reguladoras nada mais são do que autarquias em regime especial, tais como a ANATEL. Todos aqueles que exercem atividades nessas entidades são equiparados a funcionários públicos.

Mais do que isso.

São também atingidas pela extensão conceitual feita pelo Código Penal as pessoas que trabalham em entidades paraestatais, atualmente denominadas entidades do terceiro setor, e que se situam, portanto, fora da Administração indireta (compreendem os serviços sociais autônomos, entidades de apoio e organizações não governamentais, as chamadas ONGs).

Como se não bastasse, estão também compreendidos no amplo conceito penal até os que prestam serviços para empresas privadas contratadas ou conveniadas, para o fim de execução de atividade típica da Administração (CP, art. 327, § 1º).

Adotou, portanto, o Código Penal um conceito bastante extensivo de funcionário público, assinalando Nélson Hungria que "não é propriamente a qualidade de funcionário que caracteriza o *crime funcional*, mas o fato de que é praticado por quem se acha no exercício de função pública, seja esta permanente ou temporária, remunerada ou gratuita, exercida profissionalmente ou não, efetiva ou interinamente, ou *per accidens* (ex.: o jurado, a cujo respeito achou de ser expresso o art. 438 do Cód. de Processo Penal; o depositário nomeado pelo juiz, etc.)"[353].

O conceito ora exarado é aplicável a todos os crimes previstos no Código Penal envolvendo funcionário público, e não somente aos delitos que integram o Título XI do mesmo diploma legal.

6. DISTINÇÃO ENTRE CARGO, EMPREGO E FUNÇÃO

Denomina-se provimento ou investidura a vinculação do agente público à Administração para o exercício de seu cargo, função, mandato ou emprego. A investidura pode ser originária, quando se refere ao primeiro vínculo estabelecido com o Poder Público (CF, art. 37, II), ou derivada ou decorrente, quando pressupõe anterior vinculação (promoção, remoção, reversão, reintegração etc.). Classifica-se ainda como: política, quando resultante de eleição para cargo do Legislativo ou chefia do Executivo, ou designação mediante livre escolha de Chefe de Poder; ou administrativa, a qual consiste na contratação mediante prévio concurso ou processo seletivo. Quanto à distinção entre cargo, emprego e função, temos os seguintes conceitos:

353. Nélson Hungria, *Comentários*, cit., v. 9, p. 401.

(i) **Cargo**: de acordo com Celso Antônio Bandeira de Mello, "cargos são as mais simples e indivisíveis unidades de competência a serem expressadas por um agente, previstas em número certo, com denominação própria, retribuídas por pessoas jurídicas de direito público e criadas por lei, salvo quando concernentes aos serviços auxiliares do Legislativo, caso em que se criam por Resolução, da Câmara ou do Senado, conforme se trate de serviços de uma ou de outra destas Casas"[354] (*vide* art. 3º, parágrafo único, da Lei n. 8.112/90). Tais servidores sujeitam-se ao regime estatutário.

(ii) **Emprego**: segundo Maria Sylvia Zanella Di Pietro, "quando se passou a aceitar a possibilidade de contratação de servidores sob o regime da legislação trabalhista, a expressão 'emprego público' passou a ser utilizada, paralelamente a cargo público, também para designar uma unidade de atribuições, distinguindo-as uma da outra pelo tipo de vínculo que liga o servidor ao Estado; o ocupante de emprego público tem um vínculo contratual, sob a regência da CLT, enquanto o ocupante de cargo público tem um vínculo estatutário, regido pelo Estatuto dos Funcionários Públicos que, na União, está contido na lei que instituiu o regime jurídico único (Lei n. 8.112/90)"[355].

(iii) **Função pública**: é a atividade correspondente ao cargo ou emprego, mas que pode ser exercitada sem um ou outro. Com efeito, conforme ensina Noronha: "Não é mister, assim, que a pessoa seja funcionário público; o que é indispensável é que exerça função pública, que, no dizer de Maggiore é 'qualquer atividade que realiza fins próprios do Estado, ainda que exercida por pessoas estranhas à administração pública'"[356]. No mesmo sentido é a lição de Delmanto, para quem a lei "'quis deixar claro que basta o simples exercício de uma função pública para caracterizar, para os efeitos penais, o funcionário público' (H. Fragoso, *Jurisprudência Criminal*, 1979, v. II, n. 250). Assim, ainda que a pessoa não seja empregada nem tenha cargo no Estado, ela estará incluída no conceito penal de funcionário público, desde que exerça, de algum modo, função pública. Para fins penais, *são funcionários públicos:* o Presidente da República, os do Congresso e os dos Tribunais; os senadores, deputados e vereadores; os jurados (CPP, art. 438); os serventuários da justiça; as pessoas contratadas, diaristas ou extranumerárias, etc."[357]. Não exercem função pública os tutores, os curadores, os inventariantes judiciais. Estes, na realidade, exercem *múnus público*, o qual não se confunde com função pública[358]. De acordo com o art. 327, § 1º, considera-se funcionário público por equiparação "quem exerce cargo, emprego ou função em entidade paraestatal, e quem trabalha para empresa prestadora de serviço contratada ou conveniada para execução de atividade típica da Administração Pública".

---

354. Celso Antônio Bandeira de Mello, *Curso de direito administrativo*, 5. ed., São Paulo, Malheiros, 1994, p. 126-7.

355. Maria Sylvia Zanella Di Pietro, *Direito administrativo*, 8. ed., São Paulo, Atlas, 1997, p. 357.

356. E. Magalhães Noronha, *Direito penal*, cit., v. 4, p. 206.

357. Celso Delmanto, *Código Penal comentado*, cit., p. 577.

358. Nesse sentido: E. Magalhães Noronha, *Direito penal*, cit., v. 4, p. 206; Nélson Hungria, *Comentários*, cit., v. 9, p. 402-3.

7. FUNCIONÁRIOS PÚBLICOS POR EQUIPARAÇÃO LEGAL

Consideram-se funcionários públicos por equiparação legal os agentes públicos que:

(i) Exercem cargo, emprego ou função pública em entidade paraestatal (ou terceiro setor): paraestatal é a entidade que se posta paralelamente ao Estado, com a finalidade de prestar serviços de relevância pública. São pessoas jurídicas de direito privado, sem fins lucrativos, que integram o chamado terceiro setor (o primeiro é o Estado, detentor do Poder Público, e o segundo as empresas que estão no mercado, visando lucro). Não pertencem à Administração indireta, pois não integram a estrutura do Estado, como seu próprio nome já sugere ("*para*", isto é, ao lado – estatal). Como exemplos podem ser citados o SESC, o SENAI e o SESI. Para Maria Sylvia Zanella Di Pietro, a equiparação determinada pelo Código Penal, destinada a alcançar, como se fossem funcionários públicos, aqueles que trabalham em entidade paraestatal tem o sentido de alcançar as pessoas que exercem função pública, mesmo que o façam em entidades paralelas do Estado. No tocante às sociedades de economia mista, o STJ já se manifestou no sentido de que se equipara a funcionário público para efeitos penais quem exerce cargo, emprego ou função em sociedade de economia mista, *ex vi* o art. 327, § 1º, do Código Penal[359].

(ii) Trabalham para empresa prestadora de serviço contratada ou conveniada para a execução de atividade típica da Administração Pública: a lei primeiramente se refere àqueles que trabalham em empresa prestadora de serviço contratada para a execução de atividade típica da Administração Pública (por exemplo: serviço de iluminação, hospitalar, segurança, coleta de lixo etc.). Cuida-se aqui de empresas privadas que executam serviços de natureza pública por delegação estatal, a qual poderá ser feita mediante concessão, permissão ou autorização. Assim, por exemplo, o engenheiro contratado por empresa privada, concessionária de serviço público, que desvia o dinheiro destinado à consecução de obras públicas pratica o crime de peculato e não delito contra o patrimônio (furto ou apropriação indébita), pois, para efeitos penais, é considerado funcionário público por equiparação. A lei também se refere àqueles que trabalham em empresa prestadora de serviço conveniada para a execução de atividade típica da Administração Pública. Segundo definição de Hely Lopes Meirelles, "convênios administrativos são acordos firmados por entidades públicas de qualquer espécie, ou entre estas e organizações particulares, para realização de objetivos de interesse comum dos partícipes"[360]. O convênio difere do contrato de prestação de serviço público. Com efeito, ressalva o mesmo doutrinador: "Convênio é acordo, mas não é contrato. No contrato as partes têm interesses diversos e opostos; no convênio os partícipes têm interesses comuns e coincidentes. Por outras palavras: no *contrato* há sempre duas partes (podendo ter mais de dois signatários), uma que pretende o objeto do ajuste (a obra, o serviço etc.), outra que pretende a contraprestação correspondente (o preço, ou qualquer outra vantagem), diversamente do que ocorre no *convênio*, em que não há partes, mas unica-

---

359. Maria Sylvia Zanella Di Pietro, *Direito administrativo*, cit., p. 308.

360. Hely Lopes Meirelles, *Direito administrativo brasileiro*, cit., p. 354.

mente *partícipes* com as mesmas pretensões"[361]. Assim, por exemplo, em um convênio firmado pela Faculdade de Arquitetura da Universidade de São Paulo (FAU), que é uma entidade pública, e determinados órgãos particulares integrados por paisagistas ou restauradores renomados, que visem à recuperação do centro histórico de São Paulo, a eventual apropriação de verba pública destinada a esse projeto por qualquer de seus conveniados, ainda que particulares, configurará o crime de peculato.

Importante mencionar aqui a ressalva trazida por Damásio E. de Jesus: "A norma faz referência a contratos e convênios administrativos firmados ou celebrados com o fim de execução de atividades *da* Administração e não com a finalidade de exercício de atividades *para* a Administração (consumo interno da Administração). Com isso, exclui os funcionários de empresas contratadas para a execução de obras ou serviços de interesse da própria Administração Pública, como a construção ou reforma de um edifício público. Ex.: o pedreiro ou pintor de empresa contratada para a reforma de um edifício público não é equiparado a funcionário público. Resulta, assim, que os executores de obra *para* a Administração não são equiparados aos funcionários de empresa concessionária ou permissionária de serviços públicos (como as que exploram as rodovias, telefonia, energia elétrica etc.)"[362].

– **Questão:** comete o delito de desacato o indivíduo que, por exemplo, ofende a honra de empregado de uma empresa privada, concessionária de serviço público ou de integrante de uma empresa pública? Não. É que, segundo a doutrina, a equiparação constante do § 1º somente se aplica às hipóteses em que os indivíduos sejam sujeito ativo dos crimes funcionais e não sujeito[363], embora haja posicionamento na jurisprudência em sentido contrário, sustentando que o disposto no § 1º do art. 327 do CP equipara a funcionário público, para os efeitos penais, quem exerce cargo, emprego ou função em entidade paraestatal, abrangendo os servidores de sociedade de economia mista e de empresas públicas, e que essa equiparação se aplica tanto ao sujeito passivo do crime como ao ativo (*Informativo do STF* n. 183). Nesse sentido, também a doutrina e Julio Fabbrini Mirabete[364], para quem não se há que fazer tal distinção: "Embora o art. 327 do Código Penal esteja no capítulo dos crimes praticados por funcionários públicos, o conceito aí definido, como é pacífico na jurisprudência, estende-se não só a toda a parte especial como às leis extravagantes, tendo a característica de regra geral, como a chama o art. 12 do CP. Ademais, referindo-se a lei genericamente a 'efeitos penais', não há por que se excluir do conceito de sujeito passivo do crime aqueles que a lei equipara ao funcionário público como agentes do delito, máxime quando se admite como vítima de crimes praticados contra funcionários públicos, aqueles que não o são no sentido estrito, como os vereadores, e mesmo os particulares quando exercem função pública, como os peritos judiciais e guardas-noturnos".

---

361. Hely Lopes Meirelles, *Direito administrativo brasileiro*, cit., p. 354.

362. Damásio E. de Jesus, *Direito penal*, cit., v. 4, p. 121.

363. Nesse sentido: E. Magalhães Noronha, *Direito penal*, cit., p. 208; Nélson Hungria, *Comentários*, cit., v. 9, p. 404.

364. Julio Fabbrini Mirabete, *Manual*, cit., v. 3, p. 300.

Na hipótese, o sujeito ativo é particular e deverá, assim, responder por um dos crimes contra a honra.

> **Nosso entendimento:** entendemos correta essa posição.

8. FUNCIONÁRIO PÚBLICO. CAUSA DE AUMENTO DE PENA

Dispõe o art. 327, § 2º: "A pena será aumentada da terça parte quando os autores dos crimes previstos neste Capítulo forem ocupantes de cargos em comissão ou de função de direção ou assessoramento de órgão da administração direta, sociedade de economia mista, empresa pública ou fundação instituída pelo poder público". Existem duas correntes a respeito[365]:

(i) restritiva ou limitada: sustenta que, além da incidência do aumento de pena, as pessoas elencadas no dispositivo (ocupantes de cargos em comissão ou de função de direção ou assessoramento de órgão da Administração direta, sociedade de economia mista, empresa pública ou fundação instituída pelo Poder Público) passaram a ser consideradas funcionários públicos. Entretanto, tal equiparação somente diz respeito aos ocupantes de cargos em comissão ou de função de direção ou assessoramento em uma dessas entidades públicas, não alcançando os prestadores de serviços dessas entidades que não tenham cargo de direção. Estes últimos, além de não serem considerados funcionários públicos, não sofrem, por óbvio, a incidência da majorante. Os dirigentes, ao contrário, são considerados inseridos no conceito do art. 327, *caput*, e, além disso, sofrem o aumento previsto neste § 2º;

(ii) ampliativa: esta corrente concorda que a incidência do aumento de pena fique restrito aos ocupantes de cargos em comissão ou de função de direção ou assessoramento daquelas entidades. No entanto, a extensão do conceito de funcionário público alcança todos os servidores ou empregados das pessoas jurídicas previstas no § 2º do art. 327 do CP, estejam ou não ocupando cargos em comissão ou de função de direção ou assessoramento naquelas entidades.

> **Nosso entendimento:** adotamos a segunda posição, pois, para o direito penal, funcionário público equivale ao gênero agente público.

9. CRIMES FUNCIONAIS. PROCEDIMENTO

O procedimento especial previsto no art. 514 do CPP aplica-se a todos os crimes funcionais (arts. 312 a 326 do CP), isto é, praticados por funcionário público, desde

365. Cf. Celso Delmanto, *Código Penal comentado*, cit., p. 577, e Damásio E. de Jesus, *Direito penal*, cit., v. 4, p. 122-3.

que afiançáveis, ficando excluídos, portanto, os inafiançáveis. Os dois únicos inafiançáveis eram o excesso de exação (CP, art. 316, § 1º) e a facilitação de contrabando ou descaminho (CP, art. 318). Isso porque o art. 323, I, do CPP vedava a concessão da fiança aos crimes punidos com reclusão em que a pena mínima cominada fosse superior a 2 (dois) anos. No entanto, com o advento da Lei n. 12.403/2011, que modificou o instituto da prisão e da liberdade provisória, essa proibição deixou de existir em tais casos, sendo cabível, a partir de agora, a concessão de fiança, e, por derradeiro, poderão tais delitos sujeitar-se ao procedimento especial, abaixo comentado.

Eis as etapas do procedimento especial:

(i) Oferecimento da denúncia ou queixa: oferecida a denúncia ou queixa, o juiz, antes de recebê-la, não só determinará sua autuação como também mandará notificar o agente para apresentar sua defesa preliminar no prazo de 15 dias.

Essa defesa visa impedir o recebimento da peça acusatória inaugural, no interesse da Administração Pública. Constitui uma fase obrigatória no procedimento; sua falta acarreta a nulidade do processo, por ofensa ao princípio da ampla defesa e do contraditório (nulidade absoluta).

A defesa preliminar em estudo difere da defesa prevista no art. 396 do CPP aplicáveis a todos os procedimentos de primeiro grau (CPP, art. 394, § 4º), pois esta é posterior ao recebimento da denúncia ou queixa e poderá visar a absolvição sumária do agente (CPP, art. 397), ao passo que aquela é anterior ao recebimento da denúncia ou queixa e poderá culminar na rejeição da peça acusatória inaugural com base na inexistência de crime ou improcedência da ação (CPP, art. 516).

(ii) Recebimento da denúncia ou queixa: a partir do recebimento da peça acusatória o procedimento se ordinariza.

Mencione-se que, de acordo com a Súmula 330 do STJ: "É desnecessária a resposta preliminar de que trata o art. 514 do Código de Processo Penal, na ação penal instruída por inquérito policial". O Supremo Tribunal Federal, por sua vez, tem considerado que o fato de a denúncia se ter respaldado em elementos de informação colhidos no inquérito policial, não dispensa a obrigatoriedade da notificação prévia (CPP, art. 514) do acusado (STF, HC 89.686/SP). Nesse mesmo julgado, a egrégia Corte considerou que o procedimento previsto nos arts. 513 e seguintes do CPP se reserva aos casos em que a denúncia veicula tão somente crimes funcionais típicos (CP, arts. 312 a 326).

Vale, finalmente, mencionar que os crimes cuja pena máxima não exceda a dois anos sujeitam-se ao procedimento da Lei dos Juizados Especiais Criminais. Dessa forma, para todos os crimes funcionais previstos no Capítulo I do Título XI, cuja pena máxima prevista seja dois anos, o procedimento a ser aplicado será o da Lei n. 9.099/95, isto é, o sumaríssimo, incidente sobre as infrações de menor potencial ofensivo, e não aquele previsto no art. 514 do CPP. Aos crimes cuja pena mínima não ultrapassar um ano será cabível a suspensão condicional do processo, nos termos do art. 89 da Lei n. 9.099/95.

(iii) Efeitos da condenação: o art. 92, I, do CP prevê a perda de cargo, função pública ou mandato eletivo: (i) quando aplicada pena privativa de liberdade por tempo igual ou superior a um ano, nos crimes praticados com abuso de poder ou violação de dever para com a Administração Pública; (ii) quando for aplicada pena privativa de liberdade por tempo superior a quatro anos, qualquer que seja a infração penal. Tal efeito extrapenal decorrente da condenação criminal é permanente, ou seja, o agente não só perde o seu cargo ou função como fica incapacitado para o exercício de outro cargo ou função pública. Poderá, no entanto, readquirir sua capacidade de ocupar novo cargo ou função por meio da reabilitação criminal (CP, arts. 93 a 95). Impede-se o retorno ao cargo ou função pública anteriormente ocupados.

Capítulo I
DOS CRIMES PRATICADOS POR FUNCIONÁRIO PÚBLICO CONTRA A ADMINISTRAÇÃO EM GERAL

ART. 312 – PECULATO

1. CONCEITO

O crime de peculato "tem a sua nítida gênese histórica no direito romano. À subtração de coisas pertencentes ao Estado chamava-se *peculatus* ou *depeculatus*, sendo este *nomen juris* oriundo do tempo anterior à introdução da moeda, quando os bois e carneiros (*pecus*), destinados aos sacrifícios, constituíam a riqueza pública por excelência"[366]. Nosso ordenamento jurídico prevê o delito de peculato no art. 312, *caput*, do CP: "Apropriar-se o funcionário público de dinheiro, valor ou qualquer outro bem móvel, público ou particular, de que tem a posse em razão do cargo, ou desviá-lo, em proveito próprio ou alheio: Pena – reclusão, de 2 (dois) a 12 (doze) anos, e multa".

O Código Penal, além do chamado peculato próprio (*caput*), prevê outras modalidades de peculato:

(i) peculato-apropriação: previsto na primeira parte do *caput* do art. 312. É o denominado peculato próprio;

(ii) peculato-desvio: previsto na segunda parte do *caput* do art. 312. É também chamado de peculato próprio;

(iii) peculato-furto: previsto no § 1º do art. 312. É chamado de peculato impróprio;

(iv) peculato culposo: § 2º do art. 312.

Para melhor compreensão do tema, analisaremos primeiramente o delito de peculato próprio (*caput*, 1ª e 2ª partes), e, posteriormente, em tópicos específicos, faremos a análise das demais modalidades.

---

366. Nélson Hungria, *Comentários*, cit., v. 9, p. 332.

2. OBJETO JURÍDICO

Tutela-se, principalmente, a moralidade da Administração Pública, bem como seu patrimônio. Protege-se, eventualmente, o patrimônio do particular quando este estiver sob a guarda daquela.

3. ELEMENTOS DO TIPO

3.1. Ações nucleares

O peculato próprio, na realidade, constitui uma apropriação indébita, só que praticada por funcionário público com violação do dever funcional. Aí reside o diferencial do crime em estudo. Antes de ser uma ação lesiva aos interesses patrimoniais da Administração Pública, é principalmente uma ação que fere a moralidade administrativa, em virtude da quebra do dever funcional.

Vejamos as duas ações nucleares típicas desse delito:

(i) Peculato-apropriação: é o denominado peculato próprio. Está previsto na primeira parte do *caput* do art. 312: "Apropriar-se o funcionário público de dinheiro, valor ou qualquer outro bem móvel, público ou particular, de que tem a posse em razão do cargo". A ação nuclear típica consubstancia-se no verbo *apropriar*. Assim como no crime de apropriação indébita (CP, art. 168), o agente tem a posse (ou detenção) lícita do bem móvel, público ou particular, e inverte esse título, pois passa a comportar-se como se dono fosse, isto é, consome-o, aliena-o etc. No entanto, o que diferencia o crime de peculato do crime contra o patrimônio é o fato de que o agente tem a posse do bem em razão do cargo (*ratione officii*), isto é, o agente é funcionário público, e em razão do ofício exerce a posse sobre bens públicos ou particulares que lhe são confiados. Pode suceder que o agente, funcionário público, não tenha a posse do bem em razão do ofício. Por exemplo, José entrega a João, seu amigo e funcionário do Detran, uma quantia em dinheiro para que este último pague uma multa naquele órgão público. João, no entanto, apropria-se do dinheiro. Nesse caso, João não teve a posse do bem em razão do cargo, devendo, portanto, responder pelo delito de apropriação indébita[367]. Não se pode, aliás, dizer, no caso, que o bem particular (dinheiro) estava sob a guarda ou custódia da Administração.

> → **Atenção:** se o agente atuar com violência ou grave ameaça contra a pessoa e, em razão disso, conseguir o domínio sob a *res*, responderá por roubo ou extorsão (CP, arts. 157 e 158, respectivamente).

— **"Peculato de uso"**: o funcionário público que recebe a posse de um bem em razão do cargo, dele se utiliza temporariamente, sem autorização, mas o restitui, não comete peculato, em razão da ausência do elemento subjetivo do tipo (dolo de apropriar-se definitivamente do bem). Contudo, o agente responderá por improbidade administrativa (art. 9º, IV, da Lei n. 8.429/92). Exceção: se o bem era fungível, por exemplo, emprego de

---

367. Nélson Hungria, *Comentários*, cit., v. 9, p. 340, dá um exemplo nesse sentido.

dinheiro do Estado para fins particulares, o agente incorrerá em peculato-desvio, ainda que posteriormente os valores sejam devolvidos.

– **"Peculato de uso de serviço público"**: de acordo com a jurisprudência majoritária, o funcionário público que se utiliza de serviço público em proveito próprio ou alheio não comete o crime de peculato. Por exemplo, o funcionário público faz uso de secretário parlamentar para lhe prestar serviços de natureza privada. Há, contudo, uma exceção: se o agente for Prefeito Municipal e utilizar-se, indevidamente, em proveito próprio ou alheio, de bens, rendas ou serviços públicos, responderá pelo art. 1º, II, do Decreto-Lei n. 201/67.

(ii) **Peculato-desvio**: é o denominado peculato próprio. Está previsto na segunda parte do *caput* do art. 312: "(...) ou desviá-lo, em proveito próprio ou alheio". O agente tem a posse da coisa e lhe dá destinação diversa da exigida por lei, agindo em proveito próprio ou de terceiro; por exemplo, o funcionário empresta o dinheiro público para perceber os juros[368]. Se o desvio for em proveito da própria Administração, haverá o crime do art. 315 do CP (emprego irregular de verbas ou rendas públicas).

3.2. Objeto material

O dispositivo legal faz expressa menção ao dinheiro, valor (por exemplo: letras de câmbio, apólices, notas promissórias etc.) ou qualquer bem móvel (veículo, computador, máquina de escrever etc.), de natureza pública ou privada, de que tem o funcionário público a posse em razão do cargo. A apropriação de bens particulares por funcionário público configura o denominado peculato-malversação; por exemplo, a Administração Pública loca alguns tratores de uma empresa particular para auxiliar trabalhadores ruralistas no cultivo de suas próprias terras; contudo, o funcionário público incumbido de fazer a distribuição dos tratores apropria-se de um deles para arar terras próprias, sem, no entanto, devolvê-lo. No caso, o particular, que locou os tratores, também foi prejudicado pela apropriação do bem. Cite-se outro exemplo: delegado de polícia que deixa de registrar nos autos a apreensão de dinheiro encontrado em poder dos assaltantes de um restaurante, dele se apropriando.

Indaga-se se configuraria o crime em tela a utilização de serviços de um funcionário público por outro da Administração Pública. Entendemos que a apropriação deve recair sobre objetos, de forma que não abrange a fruição de serviço de funcionário. Dessa forma, segundo E. Magalhães Noronha, "se o chefe de uma repartição emprega funcionário em serviço seu, desviando-o de suas ocupações funcionais, não pratica peculato, incorrendo em outro delito, ou, de qualquer maneira, praticando falta contra a probidade administrativa"[369].

---

368. Exemplo de E. Magalhães Noronha, *Direito penal*, cit., v. 4, p. 214.

369. E. Magalhães Noronha, *Direito penal*, cit., p. 212.

3.3. Sujeito ativo

Trata-se de crime próprio. Somente o funcionário público (CP, art. 327, *caput*) e as pessoas a ele equiparadas legalmente (CP, art. 327, §§ 1º e 2º) podem praticar o delito em estudo. É perfeitamente possível o concurso de pessoas, dada a comunicabilidade da elementar do crime (CP, art. 30). Nesse contexto, confira-se o seguinte julgado: "Bem analisada pelas instâncias ordinárias a prova da autoria e da materialidade, que confirmaram que o paciente, em coautoria com servidor de cartório, falsificou vários alvarás para levantamento de depósitos judiciais, tudo a inferir o grau de culpabilidade e de reprovabilidade da conduta criminosa, o que é relevante em se tratando de crime contra a administração pública, de molde a justificar uma maior censura penal. Cometem peculato o serventuário de cartório judicial e o coautor, mesmo que não tenha este a qualidade de funcionário público que se apropria indevidamente do dinheiro recolhido a título de depósito judicial mediante falsificação de alvarás. *Habeas corpus* indeferido" (STF, HC 74.588-1, Rel. Min. Ilmar Galvão, *Informativo do STF*, n. 59). É possível, no entanto, que um funcionário ocupe cargo público sem preencher as condições legais para tanto. Noronha[370] nos traz três hipóteses interessantes. Vejamos: **(i) funcionário usurpador.** Nessa hipótese, o indivíduo não é funcionário público, mas executa ilegalmente atos próprios da função pública. Deverá responder no caso pelo delito de apropriação indébita em concurso com o delito de usurpação de função pública (CP, art. 328); **(ii) funcionário que não prestou compromisso ou não tomou posse.** No caso, o indivíduo foi nomeado legalmente, portanto é considerado funcionário público, só que *de fato*, e, ao apropriar-se do patrimônio público, comete o delito de peculato; **(iii) funcionário nomeado ilegal ou irregularmente.** Na hipótese, o indivíduo é considerado funcionário público até que se anule sua nomeação; pratica, portanto, o crime de peculato.

→ **Atenção:** conforme já mencionado, se o agente for Prefeito Municipal e utilizar-se, indevidamente, em proveito próprio ou alheio, de bens, rendas ou serviços públicos, responderá pelo art. 1º, II, do Decreto-Lei n. 201/67.

3.4. Sujeito passivo

Sujeito passivo será sempre o Estado, pois o peculato sempre atingirá o desenvolvimento regular da atividade administrativa. Caso o patrimônio seja público, também as entidades de direito público serão consideradas vítimas. Secundariamente, o particular poderá ser sujeito passivo, na hipótese em que seus bens forem apropriados ou desviados pelo funcionário público.

4. ELEMENTO SUBJETIVO

É o dolo, consubstanciado na vontade livre e consciente de apropriar-se da coisa móvel, pública ou particular, ou desviá-la, o que pressupõe a intenção de apoderar-se da

370. E. Magalhães Noronha, *Direito penal*, cit., p. 211.

res, o propósito de assenhorear-se dela definitivamente, ou seja, de não a restituir, agindo como se dono fosse, ou de desviá-la do fim para que foi entregue. É o denominado *animus rem sibi habendi*.

Além do dolo, o tipo penal contém um elemento subjetivo do tipo: "em proveito próprio ou alheio", o qual incide sobre o peculato-apropriação e o peculato-desvio[371]. Tais modalidades, portanto, exigem o que anteriormente era denominado "dolo específico".

Questão bastante interessante é a relativa à apropriação de coisas fungíveis pelo funcionário público, como dinheiro, comida etc., as quais posteriormente são por ele repostas. Em primeiro lugar, a lei deixa bem claro que o bem fungível também é objeto material do delito, portanto haverá peculato. Em segundo lugar, pouco importa que o agente tenha a intenção de restituir o bem, pois, conforme Hungria, "o funcionário, ao receber o dinheiro ou outro bem fungível, não passa, como nos outros casos, de uma *longa manus* da administração (é como se o dinheiro ou a *res* já estivesse a entrar para as arcas do erário público), jamais podendo considerar-se um mutuante ou depositário irregular (sujeito apenas, civilmente, à restituição 'do mesmo gênero', 'qualidade e quantidade')"[372]. No mesmo sentido, o exemplo de Magalhães Noronha: "Que dizer do tesoureiro de uma repartição que lançasse mão dos dinheiros que lhe são entregues, empregando-os em fins diversos, mesmo que oportunamente os repusesse? O funcionário não passa de delegado da administração pública, agindo, pois, em seu nome e, dessarte, não se compreendendo que empregue em fins diversos bens que têm destino certo e determinado"[373]. *E na hipótese em que o bem é infungível, seu uso com a posterior restituição configura o peculato?*

Não. Caso o funcionário apenas use momentaneamente um bem da Administração Pública (por exemplo: utilize automóvel da Prefeitura para ir a uma festa particular) e o devolva no mesmo estado e no local em que o retirou, similarmente ao que ocorre no crime de furto e apropriação indébita, o uso no caso é fato atípico, pois não há a intenção de o funcionário ter a coisa para si (*animus domini*)[374]. Contudo, quanto à gasolina fornecida pela Administração Pública, seu consumo poderá tipificar o peculato[375]. É preciso aqui ressalvar que o prefeito municipal que se utilizar, indevidamente, em proveito próprio ou alheio, de bens, rendas ou serviços públicos, comete o delito previsto no art. 1º, II, do Decreto-Lei n. 201/67.

Indaga-se, finalmente: *no caso em que o funcionário público tem um crédito a ser exigido da Administração Pública e resolve apropriar-se do dinheiro público com o fim de realizar a compensação extrajudicial, comete ele o crime em tela?* Sim, pois o dinheiro público está vinculado, por lei ou ato administrativo, a determinados fins. No momento em que o funcionário

371. Nesse sentido: Damásio E. de Jesus, *Direito penal*, cit., v. 4, p. 129.

372. Nélson Hungria, *Comentários*, cit., v. 9, p. 337.

373. E. Magalhães Noronha, *Direito penal*, cit., v. 4, p. 215.

374. Nélson Hungria, *Comentários*, cit., v. 9, p. 336.

375. Nélson Hungria, *Comentários*, cit., v. 9, p. 336, nota de rodapé.

público dele se apropria, a Administração Pública fica, de forma ilegal, privada da disponibilidade daquele dinheiro[376].

5. CONSUMAÇÃO

(i) Peculato-apropriação: trata-se de crime material. Consuma-se o crime no momento em que o agente transforma a posse ou detenção sobre o dinheiro, valor ou outra coisa móvel em domínio, ou seja, quando passa a agir como se fosse dono da coisa. Nesse sentido, o seguinte julgado: "o delito de peculato se consumou no momento em que os Pacientes, policiais civis, dividiram 293 caixas de cigarros, desacompanhadas de documentação legal, entre duas embarcações, a fim de não entregar para a Polícia Federal a totalidade das mercadorias que apreenderam, em razão do cargo, independente da efetiva obtenção de vantagem indevida." (STJ, HC 185.346/PA, *DJU* 26-11-2013). Nesse instante opera-se o dano patrimonial ao Estado, uma vez que este deixa de ter a disponibilidade sobre dinheiro, valor ou coisa móvel que lhe pertencem. No caso em que o bem é particular e encontra-se sob sua guarda, uma vez realizada a apropriação desse bem pelo funcionário público, o Estado ficará obrigado a ressarcir o particular dos prejuízos provocados por aquele. Aí reside o dano ao Estado.

A inversão de ânimo é demonstrada pela própria conduta do funcionário público, que passa a adotar comportamentos incompatíveis com a mera posse ou detenção da coisa (venda, locação, cessão etc.).

(ii) Peculato-desvio: consuma-se no instante em que o funcionário público dá à coisa destino diverso do previsto em lei. Nesse sentido: "10. O crime de peculato, na modalidade desvio, consuma-se quando a bem público móvel é dado destinação ou emprego diverso daquele para o qual ele foi entregue ao agente, independentemente da concreta obtenção do proveito próprio ou alheio, sendo, inclusive, dispensável a indicação dos beneficiários da vantagem ou dos destinatários do dinheiro desviado" (STJ, APn 702/AP, *DJU* 14-8-2020).

A obtenção de proveito próprio ou alheio não é requisito para consumação do crime, tampouco se exige tal finalidade, sendo suficiente a mera vontade de realizar o verbo do tipo, sem nenhum fim especial (o antigo dolo genérico).

Questões relativas à configuração do crime de peculato:

(i) Peculato e prazos administrativos: vejamos o seguinte exemplo[377]: tesoureiro de determinado órgão público recebe certa quantia em dinheiro, a qual ele está obrigado a repassar para outro órgão no prazo de 15 dias. Antes de transcorrido o prazo, o tesoureiro se apropria do dinheiro, depositando-o no banco, a fim de pagar contas pessoais, contando, no entanto, que poderá repor a quantia antes de ultimado o prazo legal. Antes que isso ocorra, fiscais públicos constatam a apropriação das verbas. Nessa hipótese,

---

376. Nesse sentido: Nélson Hungria, *Comentários*, cit., v. 9, p. 338; E. Magalhães Noronha, *Direito penal*, cit., v. 4, p. 215.

377. Exemplo baseado na lição de Hungria, *Comentários*, cit., v. 9, p. 343.

indaga-se se o tesoureiro responderia pelo crime de peculato, ainda que o prazo legal para o repasse não tenha transcorrido por completo, existindo, portanto, a possibilidade de substituir a quantia apropriada. Segundo a doutrina, o agente responderá pelo crime em estudo, ainda que presentes essas circunstâncias: ausência de transcurso do prazo e reposição da quantia apropriada. É que o crime de peculato se consuma no exato instante em que o agente se apropria do dinheiro público, isto é, passa a agir como se dono fosse, pouco importando o transcurso ou não do prazo legal para o repasse, bem como a posterior reposição do valor, conforme já estudado anteriormente. Invocando a ressalva de Hungria, temos que, "salvo casos especialíssimos, como no de típico 'estado de necessidade', ou momentaneamente, para uma despesa vulgar, por haver esquecido em casa o próprio dinheiro, o funcionário não pode utilizar-se do dinheiro recebido ou possuído *ratione oficii*"[378].

(ii) Peculato e Tribunal de Contas: de acordo com Hely Lopes Meirelles, "não exercendo funções legislativas nem judiciais, o Tribunal de Contas, só pode ser classificado como órgão administrativo independente, de cooperação com o Poder Legislativo na fiscalização financeira e orçamentária, consoante suas atribuições constitucionais"[379]. É, portanto, conforme afirma o próprio autor, um órgão de controle externo da administração financeira ou orçamentária. O Tribunal de Contas, então, instaura um procedimento administrativo para apurar se o dinheiro público foi ou não devidamente empregado, e ao final emite um parecer consubstanciado em um acórdão no qual aprovará ou não o emprego das verbas públicas. Poderá, por exemplo, entender que houve desvio do dinheiro público em decorrência de superfaturamento na construção de determinada rodovia, fruto de uma licitação fraudada, a qual beneficiou alguns funcionários públicos e empresas particulares envolvidas. Nessa hipótese, indaga-se: *para oferecer a respectiva denúncia por crime de peculato, terá o Ministério Público de aguardar a prévia tomada de contas pela referida Corte Administrativa, ou, então, uma vez aprovada estas pelo referido órgão, isto é, uma vez confirmada sua legalidade, estaria o* Parquet *impedido de propor a ação penal?* Respondendo a primeira questão, podemos afirmar que a prévia tomada de contas pelo Tribunal Administrativo não é requisito para a propositura da ação penal, isto é, uma vez apurado o desfalque dos cofres públicos por outros meios probatórios que não a tomada de contas pelo Tribunal de Contas, o crime de peculato reputa-se configurado, podendo desencadear a respectiva ação penal. Dessa forma, o perfazimento do delito em estudo jamais poderá estar vinculado à decisão administrativa. Com base nesses mesmos argumentos, tem-se que a aprovação das contas por parte do tribunal que as controla não impede a existência do peculato nem retira qualquer elementar do tipo penal, pois se trata de mera decisão administrativa. Conforme afirma Noronha, "a aprovação de contas de administradores não pode elidir o crime. É, aliás, transformar essa providência regulamentar em condição objetiva de punibilidade, o que não está na lei nem na doutrina"[380]. No mesmo sentido: Nélson Hungria, para quem "o juízo penal não

378. Nélson Hungria, *Comentários*, cit., v. 9, p. 343.

379. Hely Lopes Meirelles, *Direito administrativo brasileiro*, cit., p. 659.

380. E. Magalhães Noronha, *Direito penal*, cit., v. 4, p. 217.

está, em caso algum, adstrito à decisão de outra instância não judiciária (quer no sentido da aprovação, quer no da desaprovação das contas)"[381]. Segundo aquele autor, o processo criminal não depende da prévia rejeição de contas pelo referido tribunal, pois ela não constitui condição de procedibilidade.

6. ARREPENDIMENTO POSTERIOR

O ressarcimento do dano ou a restituição da coisa apropriada, em se tratando de peculato doloso, não extingue a punibilidade, podendo apenas influir na aplicação da pena. O que importa nesse crime não é só a lesão patrimonial, mas, igualmente, a desmoralização a que fica exposta a Administração Pública. Se a reparação do dano for anterior ao recebimento da denúncia, constituirá causa de diminuição da pena, nos termos do art. 16 do CP. Se posterior ao recebimento da denúncia, constituirá atenuante genérica (art. 65, III, *d*).

7. TENTATIVA

É perfeitamente possível (*vide* comentários ao art. 168). Assim, por exemplo, "quando, v. g., o tesoureiro ou caixa de repartição é detido ao sair desta, portando dinheiro que devia ter ficado no respectivo cofre, provados os outros requisitos do crime, terá cometido tentativa, pois o numerário ainda se encontrava sob a vigilância e defesa da administração pública, não se podendo dizer que o agente já tinha domínio dele. Seu objetivo ficou *em tentativa*"[382].

8. FORMAS

8.1. Peculato-apropriação (art. 312, *caput*, primeira parte)

É o denominado peculato próprio. Previsto na primeira parte do *caput* do art. 312.

8.2. Peculato-desvio (art. 312, *caput*, segunda parte)

Também denominado peculato próprio, está previsto na segunda parte do *caput* do art. 312.

8.3. Peculato-furto (art. 312, § 1º)

É o denominado peculato impróprio. Previsto no § 1º: "Aplica-se a mesma pena, se o funcionário público, embora não tendo a posse do dinheiro, valor ou bem, o subtrai, ou concorre para que seja subtraído, em proveito próprio ou alheio, valendo-se da facilidade que lhe proporciona a qualidade de funcionário". Estamos agora diante de um crime de

381. Nélson Hungria, *Comentários*, cit., v. 9, p. 345.

382. E. Magalhães Noronha, *Direito penal*, cit., v. 4, p. 218.

furto, só que praticado por funcionário público, o qual se vale dessa qualidade para cometê-lo. Conforme afirma Hungria, "a condição de funcionário, na espécie, não é *causa*, mas *ocasião* para o crime"[383]. Aqui o agente não tem a posse ou detenção do bem como no peculato-apropriação ou desvio, mas se vale da facilidade que lhe proporciona a qualidade de funcionário público para realizar a subtração — por exemplo, fiscal da prefeitura verifica que o tesoureiro deixou o cofre aberto e daí retira certa importância[384]. No entanto, se o funcionário arromba a porta da Prefeitura e, posteriormente, o cofre desta, haverá o crime de furto qualificado. O funcionário pode tanto ele próprio realizar a subtração — por exemplo, guarda noturno que aproveita para entrar no almoxarifado e de lá subtrair diversos materiais — como concorrer para que outrem o faça — poderá o agente, propositadamente, deixar aberta a porta da repartição pública em que trabalha para que outrem, previamente conluiado, realize a subtração. Responderão ambos pelo crime de peculato, uma vez que a qualidade de funcionário do copartícipe comunica-se ao autor da subtração.

Vislumbremos, agora, uma situação em que o subtrator não tem conhecimento da participação do funcionário — por exemplo, guarda da repartição pública vem a cientificar-se do plano de determinados indivíduos que visem furtar o cofre da referida instituição, e, sem o conhecimento desses criminosos, resolve facilitar a ação deles, deixando a porta do local destrancada. Por qual crime respondem os furtadores? Sabemos que é possível o concurso de pessoas sem ajuste prévio de vontades, isto é, não se exige que os agentes planejem em conjunto e com antecedência, ou concomitantemente, a concretização do desígnio criminoso. Basta que o indivíduo adira ao desígnio criminoso dos demais agentes, contribuindo de qualquer forma para a prática delitiva, para que também responda pelo crime. Ocorre que nesse caso os furtadores não poderão responder pelo crime de peculato, uma vez que não tinham conhecimento da participação do funcionário no crime; logo, a elementar do crime de peculato jamais poderia comunicar-se a eles. Na hipótese, deverão eles responder pelo crime de furto (CP, art. 155) e o funcionário pelo de peculato.

A consumação e a tentativa se dão nos mesmos moldes do crime de furto. O elemento subjetivo é o dolo, consubstanciado na vontade livre e consciente de subtrair ou concorrer para que seja subtraído dinheiro, valor ou bem da Administração Pública. É necessário que o agente tenha conhecimento de que se vale da facilidade que lhe proporciona a qualidade de funcionário público. Exige-se também o chamado elemento subjetivo do tipo, consubstanciado na expressão "em proveito próprio ou alheio". Com relação aos sujeitos ativo e passivo, *v.* comentários ao art. 312, *caput*.

8.4. Peculato culposo (art. 312, § 2º)

Previsto no § 2º: "Se o funcionário público concorre culposamente para o crime de outrem: Pena — detenção, de 3 (três) meses a 1 (um) ano". Pune-se aqui o funcionário

---

383. Nélson Hungria, *Comentários*, cit., v. 9, p. 350.

384. E. Magalhães Noronha, *Direito penal*, cit., p. 219.

público que por negligência, imprudência ou imperícia concorre para a prática de crime de outrem. Pode esse terceiro ser um particular ou outro funcionário público. Assim, tanto pode o funcionário público contribuir culposamente para a prática de um crime de furto ou apropriação indébita por um particular, como pode também contribuir para o cometimento de um delito de peculato-apropriação, peculato-desvio ou peculato-furto por outro funcionário público. Embora na hipótese pareça haver concurso de agentes, tal opinião deve ser rechaçada, uma vez que não se admite participação culposa em crime doloso. Com efeito, no caso o agente pratica um delito doloso se aproveitando das facilidades proporcionadas, culposamente, pelo funcionário público. Este jamais tencionou participar do delito doloso; contudo, por inobservância do dever objetivo de cuidado, acabou por facilitar o cometimento do crime. Como legalmente não é possível que ele responda como partícipe do crime doloso, a lei pune apartadamente, em preceito específico, a participação culposa. Obviamente, o agente do crime doloso deve ter se aproveitado das facilidades proporcionadas pelo comportamento culposo do funcionário, do contrário este não responderá por crime algum; por exemplo, funcionário público esquece de trancar a porta da frente da repartição e o furtador adentra o local pela porta dos fundos. Nessa hipótese, não há nexo causal entre o crime praticado e a negligência do funcionário.

Obviamente o funcionário público somente poderá responder por essa modalidade culposa se o crime doloso praticado por terceiro consumar-se. É que não se admite tentativa de crime culposo, de forma que, se o crime doloso ficar na fase da tentativa, não há falar na configuração do crime em estudo[385]. O terceiro, contudo, deverá responder pelo crime praticado na forma tentada.

8.5. Extinção da punibilidade no peculato culposo (art. 312, § 3º, primeira parte)

Descrita na primeira parte do § 3º, a reparação do dano (restituição do bem ou indenização do valor), para dar causa à extinção da punibilidade, deve ser anterior ao trânsito em julgado da sentença criminal. Deve ser completa e não exclui eventual sanção administrativa contra o funcionário. A extinção da punibilidade somente aproveita o funcionário, autor do peculato culposo.

No peculato doloso a reparação do dano efetuada após o recebimento da denúncia e antes da sentença criminal acarretará a incidência da atenuante genérica prevista no art. 65, III, *b*, do CP e não a extinção da punibilidade. Se a reparação operar-se antes do recebimento da denúncia, incidirá a causa geral de diminuição de pena prevista no art. 16 do CP (arrependimento posterior). Finalmente, caso a reparação do dano ocorra em instância recursal, poderá eventualmente incidir a atenuante inominada prevista no art. 66 do CP.

---

385. Damásio E. de Jesus, *Direito penal*, cit., v. 4, p. 131.

8.6. Causa de diminuição de pena no peculato culposo (art. 312, § 3º, segunda parte)

Encontra-se descrita na segunda parte do § 3º. No crime culposo, se a reparação do dano é posterior à sentença irrecorrível, isto é, transitada em julgado, haverá a redução de metade da pena imposta.

8.7. Causa de aumento de pena. Peculato doloso e culposo

Estabelece o art. 327, § 2º, do CP causa de aumento de 1/3 se o crime for cometido por ocupantes de cargos em comissão ou de função de direção ou assessoramento de órgão da Administração direta, sociedade de economia mista, empresa pública ou fundação instituída pelo Poder Público. Essa causa especial de aumento de pena incide no peculato doloso e culposo.

9. QUESTÕES

(i) Múnus público: o tutor, curador, inventariante judicial, liquidatário, testamenteiro ou depositário judicial, nomeado pelo juiz, que se apropria dos valores que lhe são confiados, não cometem o crime de peculato, uma vez que as citadas pessoas não exercem função pública. Eles, na realidade, exercem *múnus público*, o qual não se confunde com função pública[386]. Assim, na hipótese, deverão responder pelo crime de apropriação indébita majorada (CP, art. 168, § 1º, II).

(ii) Funcionário que induz outro em erro para obter a posse do bem: o funcionário público que, para obter o valor, dinheiro ou qualquer outro bem da Administração Pública, induz outro funcionário em erro comete o crime de estelionato (CP, art. 171). No caso, a posse do bem não é lícita, mas obtida mediante fraude, não podendo a conduta ser enquadrada no crime de peculato, nem mesmo no delito de peculato mediante erro de outrem (peculato-estelionato), uma vez que, na figura criminosa prevista no art. 313 do CP, o funcionário apropria-se de dinheiro ou qualquer outra utilidade que, no exercício do cargo, recebeu por erro da vítima; ele em nenhum momento a induz em erro, ao contrário do que ocorre no crime de estelionato (CP, art. 171).

(iii) Princípio da insignificância: no crime de peculato, assim como no crime de apropriação indébita ou furto, incide o princípio da insignificância. O direito penal não cuida de bagatelas, nem admite tipos incriminadores que descrevam condutas incapazes de lesar o bem jurídico. Se a finalidade do tipo penal é tutelar bem jurídico, quando a lesão, de tão insignificante, torna-se imperceptível, não é possível proceder ao enquadramento, por absoluta falta de correspondência entre o fato narrado na lei e o comportamento iníquo realizado; os danos de nenhuma monta devem ser considerados fatos atípicos. Somente a coisa de valor ínfimo autoriza a incidência do princípio da insignificância, o qual acarreta a atipicidade da conduta. Dessa forma, o funcionário que leva

---

386. Nélson Hungria, *Comentários*, cit., v. 9, p. 340.

consigo o grampeador de papéis ou um calhamaço de folhas pertencentes à repartição pública não comete o delito em estudo, em face da insignificância da lesão. Em sentido contrário, já decidiu o Superior Tribunal de Justiça: "3. Quanto ao pedido de trancamento da ação penal, por ser hipótese de aplicação do princípio da insignificância, o Superior Tribunal de Justiça é firme em salientar a impossibilidade de aplicação do princípio da insignificância no caso de delitos contra a Administração Pública, visto que o bem jurídico tutelado é a própria moralidade administrativa, insuscetível de valoração econômica." (STJ, AgRg no HC 540.196/AC, *DJU* 10-6-2020).

10. CONCURSO DE CRIMES

(i) Venda posterior do objeto material do crime de peculato. *Post factum* não punível: na hipótese de venda do objeto do crime de peculato a terceiro de boa-fé, indaga-se se a hipótese constituiria crime de estelionato. Entendemos que a venda é mero exaurimento de uma agressão já consolidada ao bem jurídico. Na destruição do objeto após o peculato, o dano também restará absorvido. Cuida-se aqui também de *post factum* impunível, pois não há novo prejuízo para a vítima.

(ii) Falsificação de documento e peculato: se o funcionário praticar crime de falsidade para obter dinheiro, valor ou qualquer outro bem pertencente à Administração Pública, deverá responder por concurso material de crimes, pois os momentos consumativos e os objetos jurídicos são diversos, além do que se trata de duas condutas bastante distintas. O Supremo Tribunal Federal orienta-se no sentido da existência de concurso formal de crimes.

11. LEGISLAÇÃO ESPECIAL

(i) Prefeitos municipais: respondem pelo crime previsto no art. 1º, I, do Decreto-Lei n. 201/67: "São crimes de responsabilidade dos Prefeitos Municipais, sujeitos ao julgamento do Poder Judiciário, independentemente do pronunciamento da Câmara dos Vereadores. I — Apropriar-se de bens ou rendas públicas, ou desviá-los em proveito próprio ou alheio". Embora a conduta seja a mesma, o fato deverá ser enquadrado nessa lei específica e não no art. 312 (peculato-apropriação ou peculato-desvio). A única modalidade de peculato do Código Penal a que poderão estar sujeitos é a prevista no § 1º (peculato-furto), pois referido decreto não prevê essa ação típica.

(ii) Associações ou entidades sindicais: dispõe o art. 552 da CLT: "Os atos que importem em malversação ou dilapidação do patrimônio das associações ou entidades sindicais ficam equiparados ao crime de peculato julgado e punido na conformidade da legislação penal".

12. AÇÃO PENAL. LEI DOS JUIZADOS ESPECIAIS CRIMINAIS

(i) Ação penal: trata-se de crime de ação penal pública incondicionada.

(ii) Lei dos Juizados Especiais Criminais: em virtude da pena máxima prevista (detenção, de 3 meses a 1 ano), o peculato culposo constitui infração de menor potencial ofensivo, sujeita às disposições da Lei n. 9.099/95.

ART. 313 – PECULATO MEDIANTE ERRO DE OUTREM

1. CONCEITO

Prevê o art. 313 do CP: "Apropriar-se de dinheiro ou qualquer utilidade que, no exercício do cargo, recebeu por erro de outrem: Pena – reclusão, de 1 (um) a 4 (quatro) anos, e multa". Segundo a doutrina, cuida-se aqui do chamado *peculato-estelionato*. No entanto, conforme ressalva Noronha[387], melhor seria considerar essa figura como apropriação de coisa havida por erro (CP, art. 169, 1ª parte), só que, na hipótese, qualificada pela qualidade de funcionário público. É que, nessa espécie de delito, o funcionário não induz a vítima em erro como no estelionato, mas se aproveita do erro em que ela sozinha incidiu para apropriar-se do bem.

2. OBJETO JURÍDICO

Tutela-se a Administração Pública, no aspecto material e moral.

3. ELEMENTOS DO TIPO

3.1. Ação nuclear. Objeto material

Trata-se de mais um crime em que o funcionário público se apropria de um bem no exercício do cargo; contudo, a posse do agente, agora, decorre de erro de outrem, por exemplo: pagar o valor de uma taxa municipal a funcionário incompetente para recebê-la, o qual, ao perceber o erro em que incidiu o contribuinte, silencia, apoderando-se do valor pago. O erro em que incidiu a vítima, segundo a doutrina[388], pode versar: (i) sobre a coisa que é entregue[389]; (ii) sobre a obrigação que deu causa à entrega; (iii) sobre a pessoa a quem se faz a entrega, isto é, a vítima entrega o bem a funcionário público incompetente para recebê-lo. Assim, nessa modalidade criminosa, o funcionário se aproveita do erro em que incidiu espontaneamente a vítima para se apoderar do bem. Obviamente, não deve o sujeito ativo provocar o erro, pois, se houver induzimento, o crime passa a ser outro: estelionato (CP, art. 171), por exemplo, funcionário público que afirma falsamente ter competência para receber o pagamento de determinado imposto. Aqui houve efetivo induzimento a erro com o fim de obtenção de indevida vantagem

---

387. E. Magalhães Noronha, *Direito penal*, cit., v. 4, p. 222.

388. E. Magalhães Noronha, *Direito penal*, cit., v. 4, p. 222.

389. Hungria refere-se ao "erro sobre o *quantum* da coisa a entregar (a entrega é excessiva, apropriando-se o agente do excesso)".

econômica. Por outro lado, pode suceder que o próprio funcionário público incida em erro, supondo, por exemplo, que tenha realmente competência para receber determinado pagamento, quando na realidade não o tem. Nessa hipótese, não há falar no crime em tela. Se, contudo, descobrir o engano e, ainda assim, não devolver o bem, aí sim haverá o delito em estudo.

O objeto material do crime é o dinheiro ou qualquer utilidade que tenha recebido no exercício do cargo. Deve a utilidade necessariamente ser uma coisa móvel de natureza patrimonial. Frise-se que a figura criminosa em estudo somente se configurará se o agente receber o bem no exercício do cargo, pois, do contrário, o crime será outro: apropriação de coisa havida por erro (CP, art. 169, 1ª parte); por exemplo, indivíduo que, supondo erroneamente ser de R$ 100,00 o valor de uma taxa a ser paga, entrega o dinheiro a seu vizinho, funcionário público, para que este efetue o pagamento na repartição pública competente. No entanto, sabedor do exato valor da taxa, o funcionário público silencia a respeito, e se apropria da quantia excedente. Responde por apropriação de coisa havida por erro (CP, art. 169, 1ª parte), pois o agente não recebeu o valor no exercício do cargo.

3.2. Sujeito ativo

É o funcionário público. Trata-se de crime próprio. O particular pode ser partícipe do fato, respondendo pelo crime. Cite-se o exemplo de Noronha: "Se um funcionário, por um equívoco, recebe determinada quantia de um contribuinte e pensa restituí-la, no que, entretanto, é desaconselhado por um amigo – não funcionário – acabando por dividirem entre si o dinheiro, há concurso"[390].

3.3. Sujeito passivo

Sujeito passivo direto é o Estado. De forma secundária, também o indivíduo que sofreu a lesão patrimonial.

4. ELEMENTO SUBJETIVO

É o dolo, consistente na vontade livre e consciente de se apropriar do dinheiro ou de qualquer outra utilidade, que recebeu por erro de outrem. Deve, assim, haver a intenção de assenhoreamento definitivo do bem, de o agente tornar seu o objeto ao constatar o engano. Obviamente, o funcionário público deve ter ciência do erro em que incidiu a vítima, pois, se estiver também convencido de que, por exemplo, tem competência para receber o bem ou então de que o valor recebido é correto, não haverá o crime em tela. Haverá, no entanto, a tipificação se, ao descobrir o erro, apoderar-se do bem.

390. E. Magalhães Noronha, *Direito penal*, cit., v. 4, p. 223.

5. CONSUMAÇÃO

Consuma-se com a apropriação do bem e não com o mero recebimento deste, isto é, no momento em que o funcionário se apodera da coisa, agindo como se dono fosse, por exemplo, depositar em sua conta bancária o valor de um imposto pago erroneamente pelo contribuinte.

6. TENTATIVA

É admissível. Cite-se o exemplo de Hungria: "Recebendo por erro, para registrar, uma carta com valor, o funcionário postal, não competente para tal registro, é surpreendido no momento em que está violando a carta"[391].

7. FORMAS

7.1. Simples (art. 313, *caput*)

Prevista no *caput*.

7.2. Causa de aumento de pena

Tratando-se de funcionário público ocupante de cargo em comissão, função de direção ou de assessoramento em determinadas entidades, aplica-se a causa de aumento de pena prevista no art. 327, § 2º, do CP.

8. AÇÃO PENAL. LEI DOS JUIZADOS ESPECIAIS CRIMINAIS

Trata-se de crime de ação penal pública incondicionada. É cabível a suspensão condicional do processo em face da pena mínima prevista: reclusão, de 1 a 4 anos, e multa (art. 89 da Lei n. 9.099/95), desde que não incida a causa de aumento de pena prevista no § 2º do art. 327.

ART. 313-A – INSERÇÃO DE DADOS FALSOS EM SISTEMA DE INFORMAÇÕES

1. CONCEITO

O art. 313-A tem o seguinte teor: "Inserir ou facilitar, o funcionário autorizado, a inserção de dados falsos, alterar ou excluir indevidamente dados corretos nos sistemas informatizados ou bancos de dados da Administração Pública com o fim de obter vantagem indevida para si ou para outrem ou para causar dano: Pena – reclusão, de 2 (dois) a 12 (doze) anos, e multa".

---

391. Nélson Hungria, *Comentários*, cit., v. 9, p. 354.

2. OBJETO JURÍDICO

Segundo Damásio E. de Jesus, "essa incriminação tem por objetividade jurídica a Administração Pública, particularmente a segurança do seu conjunto de informações, inclusive no meio informatizado, que, para a segurança de toda a coletividade, devem ser modificadas somente nos limites legais. Daí punir o funcionário que, tendo autorização para a manipulação de tais dados, vem a maculá-los pela modificação falsa ou inclusão e exclusão de dados incorretos"[392].

3. ELEMENTOS DO TIPO

3.1. Ação nuclear. Elemento normativo do tipo

Trata-se de crime de ação múltipla. A prática de várias condutas configura delito único. Vejamos as ações nucleares do tipo: (i) *inserir* (introduzir) ou *facilitar* (auxiliar, tornar fácil) a inserção de dados falsos; (ii) *alterar* (modificar) ou *excluir* (eliminar), *indevidamente* (*elemento normativo do tipo*), dados corretos nos sistemas informatizados ou de banco de dados da Administração Pública. A alteração ou exclusão devida de dados, isto é, legalmente permitida, torna o fato atípico.

Analisando o mencionado dispositivo legal, assevera Antonio Lopes Monteiro que não há, na realidade, a descrição da conduta "apropriar-se", como no peculato tradicional; contudo, ela está implícita na parte final do tipo ao exigir o fim específico de obter vantagem indevida[393]. No entanto, o crime reputa-se configurado com a mera manipulação incorreta dos dados, sem que isso acarrete a efetiva obtenção de vantagem indevida pelo agente. O legislador, portanto, contentou-se com a mera operação ilegal dos dados relativos à Administração Pública pelos meios eletrônicos. Aliás, esse é o traço bastante distintivo de tal modalidade de peculato: o *modus operandi*, uma vez que o agente se utiliza dos meios eletrônicos para a prática delitiva. No entanto, nada impede que o crime de peculato tradicional seja praticado por intermédio dos sistemas de informatização. Cite-se como exemplo a hipótese em que o funcionário incumbido de realizar transferência de valores para os cofres da Administração Pública, por meio dos sistemas informatizados, desvie os valores para sua conta bancária. Na hipótese, há a configuração do crime tradicional de peculato (CP, art. 312).

3.2. Objeto material

São os dados, isto é, informações pertencentes à Administração Pública, as quais constam ou devam constar nos sistemas informatizados ou bancos de dados.

---

392. Damásio E. de Jesus, *Direito penal*, cit., v. 4, p. 137.

393. Antonio Lopes Monteiro, *Crimes contra a Previdência Social*, cit., p. 44.

3.3. Sujeito ativo

É o funcionário público (CP, art. 327) autorizado a realizar as operações nos sistemas de informatização ou de banco de dados da Administração Pública. Trata-se de crime funcional próprio. É possível que o particular seja coautor ou partícipe desse crime, uma vez que a condição de funcionário público, a despeito de possuir caráter pessoal, subjetivo, é elementar, comunicando-se, nos termos do art. 30 do CP.

Caso o agente não tenha autorização para realizar as operações, haverá a configuração do crime de prevaricação (CP, art. 319).

3.4. Sujeito passivo

É o Estado. O particular também pode ser sujeito passivo desse crime se a conduta do agente público lhe acarretar algum prejuízo.

4. ELEMENTO SUBJETIVO

É o dolo, consubstanciado na vontade livre e consciente de inserir ou facilitar a inserção de dados falsos, alterar ou excluir indevidamente dados corretos nos sistemas informatizados ou bancos de dados da Administração Pública. Exige-se também o chamado elemento subjetivo do tipo, consistente no fim de obter vantagem indevida para si ou para outrem ou para causar dano.

Não há previsão da modalidade culposa.

5. CONSUMAÇÃO E TENTATIVA

Trata-se de crime formal[394]. Consuma-se com a inserção, alteração ou a exclusão de dados corretos nos sistemas informatizados ou bancos de dados da Administração Pública, independentemente de o funcionário público obter vantagem para si ou para outrem ou causar dano.

A tentativa é possível.

6. FORMAS

6.1. Simples (art. 313-A, *caput*)

Prevista no *caput* do artigo.

394. Nesse sentido: Damásio E. de Jesus, *Direito penal*, cit., v. 4, p. 138; Antonio Lopes Monteiro, *Crimes contra a Previdência Social*, cit., p. 46; Cezar Roberto Bitencourt, *Código Penal comentado*, cit., p. 1079.

6.2. Causa de aumento de pena

Tratando-se de funcionário público ocupante de cargo em comissão, função de direção ou de assessoramento em determinadas entidades, aplica-se a causa de aumento de pena prevista no art. 327, § 2º, do CP.

7. LEGISLAÇÃO ESPECIAL

O Código Eleitoral, que estabelece normas gerais para as eleições, pune em seu art. 72 as condutas tendentes a fraudar o resultado do pleito eleitoral. Convém registrar que os incisos I e II do referido dispositivo legal prevalecem sobre o art. 313-A, haja vista a sua especialidade.

8. AÇÃO PENAL

Trata-se de crime de ação penal pública incondicionada.

ART. 313-B – MODIFICAÇÃO OU ALTERAÇÃO NÃO AUTORIZADA DE SISTEMA DE INFORMAÇÕES

1. CONCEITO

O art. 313-B tem o seguinte teor: "Modificar ou alterar, o funcionário, sistema de informações ou programa de informática sem autorização ou solicitação de autoridade competente: Pena – detenção, de 3 (três) meses a 2 (dois) anos, e multa". Analisando esse tipo penal, de pronto, percebe-se a pouca semelhança entre esse delito e o peculato. Na realidade, a única semelhança reside no fato de que se trata de crime praticado por funcionário público contra a Administração Pública. Conforme assevera Antonio Lopes Monteiro, "estamos diante de um tipo penal diretamente ligado aos chamados delitos de computador ou de informática. Hoje em dia, para aqueles que se renderam à necessidade de se criarem esses tipos penais específicos, há quase um consenso de que existem duas categorias de crimes de informática: aquele praticado por intermédio do uso do computador e o perpetrado contra os dados ou sistemas informáticos. No primeiro, o computador é o meio utilizado. No segundo será ele próprio o objeto material. Aquele é conhecido como crime de informática comum, enquanto este seria o crime de informática autêntico, visto que o computador é essencial para a existência do delito. Pela descrição do tipo objetivo, tudo indica que se cuida da segunda modalidade..."[395].

2. OBJETIVIDADE JURÍDICA

Tutela-se a Administração Pública, em particular a "incolumidade de seus sistemas de informações e programas de informática, que só podem sofrer modificações ou alte-

395. Antonio Lopes Monteiro, *Crimes contra a Previdência Social*, cit., p. 47-8.

rações quando a autoridade competente solicita ou autoriza a determinado funcionário. Por isso, não havendo tal aquiescência, a conduta é punida, tanto mais por se levar em consideração que tais informações, muitas vezes, encerram sigilo e interesses estranhos do próprio Estado"[396].

3. ELEMENTOS DO TIPO

3.1. Ação nuclear. Elemento normativo do tipo

As ações nucleares consubstanciam-se nos verbos *modificar* ou *alterar*, no caso, sistema de informações ou programa de informática.

As condutas devem ser praticadas "sem autorização ou solicitação da autoridade competente". Havendo tal autorização ou solicitação, competente, o fato é atípico.

3.2. Objeto material

É o sistema de informações ou programa de informática da Administração Pública.

3.3. Sujeito ativo

É o funcionário público. Segundo Cezar Roberto Bitencourt, "ao contrário do dispositivo anterior, não precisa ser aquele devidamente autorizado a trabalhar com a informatização ou sistema de dados da Administração Pública"[397].

3.4. Sujeito passivo

É o Estado. O particular também pode ser sujeito passivo desse crime se a conduta do agente público lhe acarretar algum dano.

4. ELEMENTO SUBJETIVO

É o dolo, consubstanciado na vontade livre e consciente de modificar ou alterar o sistema de informações ou programa de informática. Deve ele ter ciência de que o faz "sem autorização ou solicitação de autoridade competente". Não se exige nenhum fim específico (elemento subjetivo do tipo).

5. CONSUMAÇÃO E TENTATIVA

Consuma-se com a modificação ou alteração (parcial ou total) do sistema de informações ou programa de informática. Para Damásio, trata-se de crime de mera

396. Cf. Damásio E. de Jesus, *Direito penal*, cit., v. 4, p. 141.

397. Cezar Roberto Bitencourt, *Código Penal comentado*, cit., p. 1079.

conduta[398]. Cezar Roberto Bitencourt considera-o delito formal[399], sendo possível a ocorrência do resultado naturalístico, embora seja irrelevante para a consumação da infração.

> **Nosso entendimento:** concordamos com Cezar Roberto Bitencourt, pois, na hipótese, a ação típica pode acarretar dano à Administração Pública; o próprio dispositivo penal prevê uma causa especial de aumento de pena quando o dano advier.

A tentativa é admissível.

6. FORMAS

6.1. Simples (art. 313-B, *caput*)

Prevista no *caput* do artigo.

6.2. Causa especial de aumento de pena (art. 313-B, parágrafo único)

Prevista no parágrafo único: "As penas são aumentadas de um terço até a metade se da modificação ou alteração resultar dano para a Administração Pública ou para o administrado".

→ **Atenção:** lembrar que o art. 327, § 2º, do CP, também dispõe acerca de causa de aumento de pena, a qual é aplicável aos crimes deste Capítulo: "A pena é aumentada de terça parte quando os autores dos crimes previstos neste Capítulo forem ocupantes de cargos em comissão ou de função de direção ou assessoramento de órgão da administração direta, sociedade de economia mista, empresa pública ou fundação instituída pelo poder público".

7. AÇÃO PENAL. LEI DOS JUIZADOS ESPECIAIS CRIMINAIS

(i) Ação penal: trata-se de crime de ação penal pública incondicionada.

(ii) Lei dos Juizados Especiais Criminais: a Lei n. 10.259/2001, por força do art. 2º, parágrafo único, e o art. 61 da Lei n. 9.099/95, consideram como infração de menor potencial ofensivo os crimes a que a lei comine pena máxima de até 2 anos ou multa, tenham ou não procedimento especial. Portanto, o crime em tela, na forma simples (*caput*), está sujeito às disposições da Lei n. 9.099/95. A suspensão condicional do processo (art. 89 da lei) é cabível tanto na forma simples como na majorada (parágrafo único).

---

398. Damásio E. de Jesus, *Direito penal*, cit., v. 4, p. 142.

399. Cezar Roberto Bitencourt, *Código Penal comentado*, cit., p. 1080.

ART. 314 – EXTRAVIO, SONEGAÇÃO OU INUTILIZAÇÃO DE LIVRO OU DOCUMENTO

1. CONCEITO

Dispõe o art. 314 do CP: "Extraviar livro oficial ou qualquer documento, de que tem a guarda em razão do cargo; sonegá-lo ou inutilizá-lo, total ou parcialmente: Pena – reclusão, de 1 (um) a 4 (quatro) anos, se o fato não constitui crime mais grave".

2. OBJETO JURÍDICO

Protege-se o regular desenvolvimento da atividade administrativa, o qual é colocado em risco no momento em que os livros oficiais ou outros documentos, confiados à guarda do funcionário público em razão do cargo, são por ele extraviados, sonegados ou inutilizados.

3. ELEMENTOS DO TIPO

3.1. Ação nuclear

Trata-se de crime de ação múltipla. Três são as ações nucleares: (i) *extraviar*: significa desviar, dar destino diverso do devido; por exemplo, funcionário do Tribunal de Contas que, em vez de remeter o procedimento administrativo para o Ministério Público, a fim de que este instaure o respectivo inquérito civil público, envia-o para o órgão público investigado; (ii) *sonegar*: é não apresentar, relacionar ou mencionar quando isso é devido[400]. Consiste na ocultação intencional ou fraudulenta do objeto material; por exemplo, funcionário que, em relatório a ser entregue a seu superior hierárquico, não relaciona determinados documentos que se encontram sob sua guarda. Obviamente que o funcionário que não relacionou os documentos, por tê-los esquecido em sua gaveta, não poderá ser responsabilizado por esse crime, uma vez que a ocultação não foi intencional. A negligência, no caso, poderá apenas caracterizar infração disciplinar; (iii) *inutilizar*: significa tornar imprestável, inútil para o fim a que se destina, ainda que não ocorra a destruição completa do livro ou documento; por exemplo: inutilizar folha contendo cota de representante do Ministério Público em autos judiciais ou despacho do juiz.

É necessário que as ações sejam praticadas pelo funcionário público no exercício de seu cargo, ou seja, que ele esteja incumbido da guarda do livro ou documento.

3.2. Objeto material

É o livro ou documento sobre o qual o funcionário público tem o dever de custódia em razão do cargo. Pode o objeto ser público ou particular. Segundo Hungria, "estão em

---

400. E. Magalhães Noronha, *Direito penal*, cit., v. 4, p. 229.

jogo, *in exemplis*, os livros de escrituração das repartições públicas ou de registros, os protocolos, os papéis de arquivos ou de museus, relatórios, plantas, projetos, representações, queixas formalizadas, pareceres, provas escritas de concurso, propostas em concorrência pública, autos de processos administrativos, etc. etc."[401]. O processo judicial também pode ser objeto material desse crime. Assim, o funcionário do cartório forense que extravia o processo judicial comete o delito em tela. Contudo, se o sujeito ativo for advogado ou procurador e inutilizar, total ou parcialmente, ou deixar de restituir autos, documento ou objeto de valor probatório, que recebeu nessa qualidade, cometerá o delito do art. 356 do CP.

Atualmente, não se pode perder de vista a tendência à informatização dos registros públicos, a qual acarreta a substituição de livros e documentos em suporte físico (papel, por exemplo). O extravio, sonegação ou inutilização de tais objetos sob a forma eletrônica devem ser abrangidos pelo tipo penal em estudo. Até porque o conceito de documento abrange aquele em meio eletrônico ou virtual, de acordo com o conceito extraído do art. 1º, § 2º, I, da Lei n. 11.419/2006. Então, os documentos produzidos eletronicamente, desde que com garantia de origem e de seu signatário, serão considerados originais para todos os efeitos legais (art. 11 da Lei n. 11.419/2006).

3.3. Sujeito ativo

Trata-se de crime próprio. Sujeito ativo é o funcionário público incumbido da guarda do livro ou documento. Caso não tenha o dever de guarda ou seja um particular, o crime será outro (art. 337 – crime praticado por particular contra a administração em geral). O advogado ou procurador que, naquelas condições, inutilizar total ou parcialmente, ou deixar de restituir, autos, documentos ou qualquer objeto de valor probatório que tenha recebido, comete o delito do art. 356. Se o funcionário público for agente fiscal, sua conduta será enquadrada no art. 3º, I, da Lei n. 8.137/90 (crime funcional contra a ordem tributária), por exemplo: extraviar livro fiscal ou processo fiscal.

3.4. Sujeito passivo

É o Estado. De forma secundária, também pode ser o particular nas hipóteses em que o livro ou documento lhe pertença.

4. ELEMENTO SUBJETIVO

É o dolo, consubstanciado na vontade livre e consciente de praticar uma das condutas típicas, ciente de que tem a guarda do livro ou documento, não sendo possível a punição a título de culpa, tendo em vista a falta de previsão legal nesse sentido.

---

401. Nélson Hungria, *Comentários*, cit., v. 9, p. 356.

5. CONSUMAÇÃO E TENTATIVA

Dá-se a consumação com a prática de uma das condutas típicas, isto é, com o extravio, a sonegação ou inutilização do livro oficial ou qualquer outro documento, independentemente da causação de qualquer prejuízo para a Administração Pública.

(i) **Extravio:** cuida-se aqui de delito permanente, cuja consumação protrai-se no tempo. É também crime plurissubsistente, portanto a tentativa é possível.

(ii) **Sonegação:** também é crime permanente. Surge o delito quando o funcionário, tendo o dever jurídico de apresentar, relacionar ou mencionar o livro ou o documento, deixa de fazê-lo. A consumação, portanto, ocorre no momento em que surge o dever de apresentação daqueles objetos[402]. A tentativa é inadmissível.

(iii) **Inutilização:** o delito é instantâneo de efeitos eventualmente permanentes. Trata-se de crime plurissubsistente, portanto a tentativa é admissível.

6. DISTINÇÕES

(i) Dano qualificado (CP, art. 163, III): trata-se aqui de crime contra o patrimônio da União, Estado, Município, empresa concessionária de serviços públicos ou sociedade de economia mista, só que, no caso, praticada por particular. Difere do delito em estudo, uma vez que aqui a inutilização de livro ou documento é realizada por funcionário público no exercício do cargo. No crime de dano há ofensa ao patrimônio público, ao passo que no crime do art. 314 há principalmente ofensa ao regular desenvolvimento da atividade administrativa.

(ii) Dano em coisa de valor artístico, arqueológico ou histórico (CP, art. 165, revogado tacitamente pelo art. 62 da Lei n. 9.605/68): na hipótese, por exemplo, em que um particular inutiliza papéis históricos pertencentes a museu público, o fato configura crime de dano e não o crime do art. 314 (inutilização de livro ou documento), uma vez que o sujeito ativo é particular e não funcionário público no exercício do cargo.

7. CRIME SUBSIDIÁRIO

O crime previsto no art. 314 é expressamente subsidiário. Poderá o fato, assim, consistir em crime mais grave. Por exemplo: havendo ofensa à fé pública, prevalece o art. 305 do CP. Isso ocorre porque o tipo sancionador comina pena, ressalvando: “Se o fato não constituir crime mais grave” (subsidiariedade explícita).

Na hipótese em que o funcionário público solicita ou recebe, para si ou para outrem, vantagem indevida, ou aceita promessa de tal vantagem, a fim de extraviar, sonegar ou inutilizar livro ou documento, comete o delito de corrupção passiva (CP, art. 317), que é mais grave.

402. Nesse sentido: Damásio E. de Jesus, *Direito penal*, cit., v. 4, p. 147.

8. FORMAS

8.1. Simples (art. 314, *caput*)

Prevista no *caput* do artigo.

8.2. Causa de aumento de pena

Se o autor do delito, em qualquer de suas formas, for ocupante de cargo em comissão, função de direção ou de assessoramento, aplica-se o aumento de pena previsto no art. 327, § 2º, do CP.

9. AÇÃO PENAL. LEI DOS JUIZADOS ESPECIAIS CRIMINAIS

Trata-se de crime de ação penal pública incondicionada. É cabível a suspensão condicional do processo (art. 89 da Lei n. 9.099/95).

ART. 315 – EMPREGO IRREGULAR DE VERBAS OU RENDAS PÚBLICAS

1. CONCEITO

Dispõe o art. 315 do CP: "Dar às verbas ou rendas públicas aplicação diversa da estabelecida em lei: Pena – detenção, de 1 (um) a 3 (três) meses, ou multa".

2. OBJETO JURÍDICO

Tutela-se, mais uma vez, a regularidade da atividade da Administração Pública, especialmente no que diz respeito ao emprego de verbas ou rendas públicas. Objetiva a lei penal impedir: (i) que os funcionários públicos deem às verbas (públicas) aplicação diversa de sua destinação legal, isto é, transfiram, irregularmente, a verba previamente destinada a um serviço público para outro serviço; (ii) que os funcionários empreguem rendas públicas sem autorização legal. Se não houvesse sanção penal, ficaria ao alvedrio daqueles escolher os serviços públicos merecedores da aplicação das verbas ou rendas (públicas), o que traria sérios transtornos ao desenvolvimento regular da atividade administrativa, dado que determinados serviços deixariam de ser prestados ou seriam morosamente prestados, e outros seriam beneficiados.

> → **Atenção:** se o agente visar a benefício próprio ou alheio, o crime será o de peculato-desvio (CP, art. 312, *caput*, segunda parte).

3. ELEMENTOS DO TIPO

3.1. Ação nuclear. Objeto material

A ação nuclear consiste em *dar* às verbas ou rendas públicas (objeto material) aplicação diversa da estabelecida em lei. Segundo Hungria, "*verbas* (públicas) são dinheiros especificamente destinados pela lei orçamentária (dotações) a este ou aquele serviço público ou fim de utilidade pública. *Rendas* (públicas) são todos os dinheiros percebidos pela Fazenda Pública ou a esta pertencentes, seja qual for a sua origem legal. Se as *verbas* destinadas a um serviço não podem ser, total ou parcialmente, aplicadas em outro, as *rendas* não podem ser empregadas senão mediante determinações legais"[403]. Na hipótese, o numerário é empregado na própria Administração Pública, na satisfação de interesses públicos, só que em desacordo com as determinações legais. Por exemplo, verba que, pela lei orçamentária, foi destinada para o ensino público acaba por ser repassada para o setor da saúde pública. Não há, portanto, a apropriação do numerário pelo agente, para favorecimento próprio ou alheio. É necessário que haja lei prévia regulando a aplicação do dinheiro público, isto é, das despesas públicas. Segundo Delmanto, "referindo-se o art. 315 a *lei*, esta deve ser entendida em seu sentido estrito, de modo que é inadmissível ampliar o significado da expressão para alcançar decretos ou outros provimentos administrativos. A respeito, assinala Heleno Fragoso, é 'pressuposto do fato que exista lei regulamentando a aplicação dos dinheiros', sendo vedada a interpretação extensiva, de modo que ficam excluídos decretos ou atos administrativos (*Lições de direito penal*, 1965, parte especial, v. IV, p. 1087)"[404].

3.2. Sujeito ativo

Estamos diante de um crime próprio. Dessa forma, sujeito ativo é o funcionário público que tem o poder de dispor de verbas ou rendas públicas. Sendo o agente presidente da República, Presidente de Tribunal Superior, Estadual ou Regional, Chefe do Ministério Público, Estadual ou da União, da Advocacia-Geral ou Juiz de Direito diretor de foro, ocorrerá o crime de responsabilidade, previsto nos arts. 11, 39-A e 40-A da Lei n. 1.079/50. Se prefeito municipal, haverá o delito de responsabilidade previsto no inciso III do art. 1º do Decreto-Lei n. 201/67.

3.3. Sujeito passivo

É o Estado, assim como a entidade de direito público prejudicada pelo desvio do numerário.

4. ELEMENTO SUBJETIVO

É o dolo, consubstanciado na vontade livre e consciente de empregar irregularmente as verbas ou rendas públicas. Não se exige nenhum fim específico (elemento subjetivo do tipo), portanto não há necessidade do intuito de lucro.

403. Nélson Hungria, *Comentários*, cit., v. 9, p. 357.

404. Celso Delmanto, *Código Penal comentado*, cit., p. 559.

5. CONSUMAÇÃO E TENTATIVA

Consuma-se com a aplicação das verbas ou rendas públicas de forma diversa da estabelecida em lei, isto é, com o efetivo emprego irregular das mesmas, sendo prescindível que ocorra dano ao erário. Conforme assinala Noronha, não basta a simples destinação que não é executada[405]. É preciso, assim, que o serviço público seja executado com as verbas ou rendas irregulares. Na hipótese em que há mera indicação ou destinação irregular dos fundos públicos, e cuja execução do serviço é impedida por circunstâncias alheias à vontade do agente, ocorre a tentativa.

6. ESTADO DE NECESSIDADE

O emprego irregular de verbas ou rendas públicas não constituirá crime se presentes os requisitos do estado de necessidade (CP, art. 24). Assim, não haverá o delito se o desvio de verbas for realizado para evitar danos decorrentes de calamidades públicas como inundações, epidemias, incêndios. O fato, no caso, é típico, mas não é ilícito, ante a presença daquela excludente da ilicitude.

7. FORMAS

7.1. Simples (art. 315, *caput*)

Prevista no *caput* do artigo.

7.2. Causa de aumento de pena

Tratando-se de funcionário público ocupante de cargo em comissão ou função de direção ou assessoramento, aplica-se a causa de aumento de pena prevista no § 2º do art. 327 do CP.

8. AÇÃO PENAL. LEI DOS JUIZADOS ESPECIAIS CRIMINAIS

Trata-se de crime de ação penal pública incondicionada. Em face da pena prevista (detenção, de 1 a 3 meses, ou multa), constitui infração de menor potencial ofensivo, sujeita, portanto, às disposições da Lei n. 9.099/95.

ART. 316 – CONCUSSÃO

1. CONCEITO

Reza o art. 316, *caput*, do CP: "Exigir, para si ou para outrem, direta ou indiretamente, ainda que fora da função ou antes de assumi-la, mas em razão dela, vantagem inde-

---

405. E. Magalhães Noronha, *Direito penal*, cit., v. 4, p. 234.

vida: Pena — reclusão, de 2 (dois) a 12 (doze) anos, e multa" — com redação dada pela Lei n. 13.964/2019, que alterou a pena máxima de 8 (oito) para 12 (doze) anos.

Os §§ 1º e 2º, por sua vez, preveem outra modalidade do crime de concussão, qual seja, o excesso de exação, o qual estudaremos mais adiante.

De acordo com a doutrina, o termo *concussão* deriva do latim *concutare*, que significa "sacudir uma árvore, para fazer os seus frutos caírem"[406]. A concussão possui afinidades com o crime de extorsão, pois ela também nada mais é que uma forma de constrangimento ilegal em que o agente exige indevida vantagem e a vítima cede, mas não pelo emprego de qualquer violência ou grave ameaça contra ela, como sucede na extorsão, mas sim pelo *metus publicae potestatis*. É que na concussão o sujeito ativo é o funcionário público que exige vantagem em razão do exercício da função pública, cedendo a vítima por temer represálias relacionadas ao exercício da mesma. O agente, portanto, se vale da autoridade que detém em razão da função pública exercida para incutir temor na vítima e com isso obter indevidas vantagens. A concussão é, portanto, uma forma de extorsão praticada com abuso de autoridade.

2. OBJETO JURÍDICO

Tutela-se a Administração Pública. Segundo Noronha, "é, pois, o desenvolvimento normal da atividade administrativa, é a moralidade indispensável à administração pública, o bem jurídico que se tem em vista, embora se tutele também o patrimônio do particular e mesmo sua própria liberdade. 'O objeto jurídico específico, por isso', escreve Riccio, 'é dado pelo interesse da administração pública, na observância dos deveres de probidade dos funcionários, no legítimo uso da qualidade e da função e, particularmente, em que eles não abusem da qualidade ou da função, incutindo temor aos particulares, para conseguirem uma utilidade'"[407].

3. ELEMENTOS DO TIPO

3.1. Ação nuclear. Objeto material. Elemento normativo do tipo

(i) Ação nuclear: a ação nuclear consubstancia-se no verbo *exigir*, isto é, ordenar, reivindicar, impor como obrigação. O funcionário público exige da vítima o pagamento de vantagem que não é devida. Como já vimos, trata-se de uma espécie de extorsão, só que praticada não mediante o emprego de violência ou grave ameaça, mas valendo-se o agente da sua autoridade pública como meio de coação (*metus publicae potestatis*). A vítima, portanto, cede às exigências formuladas pelo agente ante o temor de represálias, imediatas ou futuras, relacionadas à função pública por ele exercida. Assim, não é necessária a promessa da causação de um mal determinado: basta o temor que

406. Francesco Carrara, *Programma del corso di diritto criminale*, § 2.566, apud E. Magalhães Noronha, *Direito penal*, cit., v. 4, p. 235.

407. E. Magalhães Noronha, *Direito penal*, cit., v. 4, p. 237.

a autoridade inspira[408]. Cite-se como exemplo o carcereiro que exige dinheiro dos presos sob sua custódia. Na hipótese, o simples fato de os presos encontrarem-se sob a guarda daquele gera neles o temor de eventuais represálias. Caso haja a promessa expressa de represália, esta deve ter necessariamente nexo causal com a função pública exercida pelo agente. Dessa forma, o policial militar que exige dinheiro da vítima para não prendê-la em flagrante comete o delito de concussão. Contudo, não pratica esse delito, mas o de extorsão ou roubo, por exemplo, o policial militar que exige vantagem indevida da vítima utilizando-se de violência, ou ameaçando-a gravemente de sequestrar seu filho. O agente deve exigir da vítima, *em razão da função pública*, a vantagem indevida, mas não a constranger com violência ou grave ameaça. Aquela cede à exigência exclusivamente *metus publicae potestatis*, não premida por promessa de violência ou de algum mal futuro. Diferentemente da extorsão, na qual o *agente constrange alguém, mediante violência ou grave ameaça*, a fazer, tolerar que se faça ou deixar de fazer alguma coisa, obtendo também, por esse meio, indevida vantagem econômica. Faz-se necessário que haja nexo causal entre a função pública desempenhada pelo agente e a ameaça proferida. Por exemplo: investigador de polícia exige dinheiro para não instaurar inquérito policial contra o preso que se encontra detido na delegacia. O crime passa a ser outro, uma vez que ele não tem atribuição legal para tanto, isto é, não tem por função legal instaurar ou deixar de instaurar inquéritos policiais, sendo certo que somente o delegado de polícia poderia deixar de fazê-lo. Haveria, no caso, a extorsão comum, tipificada pelo art. 158 do CP. Diferente seria se o policial civil, ao efetuar a prisão, exigisse vantagem para não conduzir o preso até a delegacia, caso em que estaria presente a concussão. A exigência pode ser feita direta (*a viso perto* ou *facie ad faciem*)[409], isto é, na presença da vítima, ou indiretamente, ou seja, o funcionário público se vale de interposta pessoa (particular ou não). Pode também a exigência ser explícita ou implícita. Na primeira hipótese, funcionário público abertamente ordena o pagamento de vantagem indevida; na segunda hipótese, o funcionário público utiliza-se de velada pressão: sem qualquer pedido expresso de vantagem ou promessa explícita de represália, leva a vítima a oferecê-la. Como escrevia Carrara, "o funcionário venal não pede, mas faz compreender que aceitaria; não ameaça, mas faz nascer o temor de seu poder. Agora, o particular (houvesse ou não motivo justo de temer) compreende e teme; e oferece o dinheiro"[410]. No mesmo sentido: "Caracteriza-se a concussão – e não a corrupção passiva – se, embora formalmente partida do particular, a oferta da vantagem indevida corresponde, nas circunstâncias do fato, a uma exigência implícita na conduta do funcionário público" (STF, 1ª Turma, HC 78.280-1). A exigência da vantagem, segundo o próprio tipo penal, pode ser formulada pelo funcionário público ainda que fora da função ou antes de assumi-la, mas sempre em razão dela. Assim, ainda que o agente se encontre fora do exercício da

---

408. Nesse sentido: Nélson Hungria, *Comentários*, cit., v. 9, p. 361.

409. Cf. Nélson Hungria, *Comentários*, cit., v. 9, p. 361.

410. Francesco Carrara, *Programma del corso di diritto criminale*, § 2.575, apud E. Magalhães Noronha, *Direito penal*, cit., v. 4, p. 238.

função pública, isto é, esteja de licença, ou em férias, ou, embora nomeado, ainda não tenha tomado posse, a exigência de vantagem feita, em função de sua autoridade pública, configura o crime em tela.

(ii) **Objeto material:** o objeto material do crime é a vantagem (presente ou futura) indevida. Quanto à natureza da vantagem indevida, há duas posições: (i) a vantagem é econômica ou patrimonial. Nesse sentido: Damásio[411], Hungria[412], Noronha[413], Delmanto[414], Bitencourt[415]; (ii) admite-se qualquer espécie de vantagem, que não necessariamente patrimonial. Nesse sentido: Bento Faria[416] e Mirabete[417].

Nosso entendimento: adotamos a segunda posição, uma vez que se cuida aqui não de crime patrimonial, mas de delito contra a Administração Pública.

Dessa forma, qualquer vantagem exigida pelo agente, desde que indevida, atenta contra os interesses da Administração Pública, a qual busca o regular funcionamento de suas atividades e a moralidade administrativa. Esse é o interesse primordialmente protegido no crime em tela.

(iii) **Elemento normativo do tipo:** a vantagem exigida deve ser *indevida*, isto é, ilícita, não autorizada por lei.

3.2. Sujeito ativo

É o funcionário público, ainda que esteja de licença, férias, ou, embora nomeado, não tenha tomado posse. Pergunta-se: *na hipótese em que o sujeito se faz passar por policial, e exige dinheiro para não prender alguém, por qual crime responde?* Obviamente não há a tipificação do delito de concussão, pois o agente não é funcionário público. Entende-se que na hipótese há a configuração do crime de extorsão[418].

Admite-se o concurso de pessoas (participação ou coautoria), uma vez que, além de a qualidade de funcionário público ser circunstância elementar do crime, a qual se comunica aos coagentes, o próprio tipo penal admite que a concussão possa ser praticada pelo funcionário público de forma indireta, isto é, mediante interposta pessoa. Então, admitindo o art. 316 do Código Penal que a exigência da vantagem possa ser

411. Damásio E. de Jesus, *Direito penal*, cit., v. 4, p. 155.

412. Nélson Hungria, *Comentários*, cit., v. 9, p. 361.

413. E. Magalhães Noronha, *Direito penal*, cit., v. 4, p. 239.

414. Celso Delmanto, *Código Penal comentado*, cit., p. 316.

415. Cezar Roberto Bitencourt, *Código Penal anotado*, cit., p. 1084.

416. Bento de Faria, *Código Penal brasileiro*, 2. ed., Rio de Janeiro, Record, 1959, v. 7, p. 99.

417. Julio Fabbrini Mirabete, *Manual*, cit., v. 3, p. 320.

418. Nesse sentido: Victor Eduardo Rios Gonçalves, *Dos crimes contra os costumes aos crimes contra a Administração*, cit., v. 10, p. 129.

direta ou indireta, autoriza o entendimento de que alguém, mesmo não sendo funcionário público, possa ser coautor do delito de concussão.

Se o crime for praticado por funcionário público que exerça a função de fiscal de rendas, haverá a tipificação de delito contra a ordem tributária (art. 3º, II, da Lei n. 8.137/90). Nesse sentido, o seguinte julgado: "Crime tributário e concussão – Concurso aparente de normas – Aplicação do princípio da especialidade. Na hipótese em que uma única conduta é tipificada como crime por duas leis, a regra especial afasta a incidência da regra geral, segundo o princípio da especialidade, que se situa no campo do conflito aparente de normas. Ocorre crime contra a ordem tributária e não crime de concussão quando o funcionário público, em razão de usar a qualidade de agente fiscal, exige a vantagem indevida para deixar de lançar auto de infração por débito tributário e cobrar consequente multa. Conforme autoriza o art. 383, do Código de Processo Penal, pode o Juiz, ao proferir a sentença condenatória, conferir ao fato descrito na denúncia capitulação jurídica diversa daquele que lhe deu o Ministério Público, mesmo que tenha que aplicar sanção mais severa" (STJ, HC 7.364/SP). Dessa forma, o fiscal de imposto de renda que exige indevida vantagem para não cobrar o tributo pratica o crime previsto na legislação penal especial e não o delito de concussão em estudo.

Quanto aos jurados, no exercício da função ou a pretexto de exercê-la, "serão responsáveis criminalmente nos mesmos termos em que o são os juízes togados" (CPP, art. 445). O mesmo ocorrerá com os jurados suplentes (CPP, art. 446).

3.3. Sujeito passivo

Sujeito passivo principal é o Estado, uma vez que houve ofensa ao desenvolvimento normal da atividade administrativa e à moralidade da Administração Pública. Secundariamente também é vítima o particular, uma vez que se protege seu patrimônio e sua liberdade individual.

4. ELEMENTO SUBJETIVO

É o dolo, consubstanciado na vontade livre e consciente de exigir, em razão da função, vantagem indevida. É necessário que o agente tenha ciência de que a vantagem exigida é ilegítima, pois, do contrário, se erroneamente supor sua legitimidade, não haverá crime, em face do erro de tipo (CP, art. 20). Exige-se também o chamado elemento subjetivo do tipo, pois a vantagem é "para si ou para outrem". Se a vantagem for para a Administração, poderá haver o delito de excesso de exação (CP, art. 316, § 1º).

5. CONSUMAÇÃO

Trata se de crime formal. A consumação ocorre com a mera exigência da vantagem indevida, independentemente de sua efetiva obtenção. Nesse sentido: "1. O crime de concussão, por ser delito formal e instantâneo, se consuma no momento em que o agente exige a vantagem indevida, sendo o recebimento em si, mero exaurimento da ação delituosa." (STJ, RHC 48159, *DJU* 15-3-2018). Se esta sobrevém, há mero exaurimento do crime. Dessa forma, a devolução posterior da vantagem à vítima configura o chamado arrependimento posterior (CP, art. 16), uma vez que o crime já se consumou com o simples ato de exigir.

Figure-se, agora, a seguinte hipótese: fiscal da Prefeitura exige de uma comerciante determinada quantia em dinheiro para que seu estabelecimento não seja fechado. Marcada a data, a hora e o local em que o valor será entregue, policiais, avisados pela vítima, surpreendem o funcionário público no momento do recebimento da quantia. Questiona-se se no caso incide a Súmula 145 do STF: "Não há crime, quando a preparação do flagrante pela polícia torna impossível a sua consumação". O flagrante preparado é uma modalidade de crime impossível, pois, embora o meio empregado para a prática delitiva e o objeto material sejam idôneos, isto é, aptos à consumação do crime, há um conjunto de circunstâncias previamente preparadas que eliminam totalmente a possibilidade da produção do resultado. Assim, podemos dizer que existe flagrante preparado ou provocado quando o agente, policial ou terceiro, conhecido como provocador, induz o autor à prática do crime, viciando sua vontade, e, logo em seguida, prende-o em flagrante. Nesse caso, em face da ausência de vontade livre e espontânea do infrator e da ocorrência de crime impossível, a conduta é considerada atípica[419]. Entendemos que a hipótese acima figurada não constitui flagrante preparado, uma vez que o crime já se consumara anteriormente com a mera exigência da vantagem indevida. É que estamos diante de crime formal, cuja consumação se opera pela simples exigência da vantagem indevida pelo funcionário público, e a efetiva prestação daquela pela vítima constitui mero exaurimento. Desse modo, o flagrante do pagamento (momento em que o crime se exaure) realizado pelos policiais, cuja intervenção se deu por aviso da vítima, não induz à aplicação da Súmula 145 do STF, visto que o crime já se consumara com a mera exigência da vantagem. Logo, na espécie há flagrante esperado, mas não preparado.

6. TENTATIVA

É possível, na hipótese em que o crime é plurissubsistente. Por exemplo: carta contendo a exigência de vantagem, a qual é interceptada antes de chegar ao conhecimento da vítima[420]. Contudo, será inadmissível se o crime for unissubsistente, por exemplo, exigência oral da vantagem econômica. Na hipótese, ou é feita a exigência e o crime está consumado, ou não é feita, não havendo falar em crime.

---

419. Fernando Capez, *Curso de processo penal*, 26. ed., São Paulo, Saraiva, 2019, p. 324.

420. Nesse sentido: E. Magalhães Noronha, *Direito penal*, cit., v. 4, p. 242. Em sentido contrário: Nélson Hungria, *Comentários*, cit., v. 9, p. 362.

7. FORMAS

7.1. Simples (art. 316, *caput*)

Prevista no *caput* do artigo.

7.2. Causa de aumento de pena

Tratando-se de sujeito ativo ocupante de função de direção ou de assessoramento ou de cargo de direção, aplica-se a causa de aumento prevista no art. 327, § 2º, do CP.

8. EXCESSO DE EXAÇÃO (ART. 316, § 1º)

- **Conceito:** prevê o § 1º do art. 316: "Se o funcionário público exige tributo ou contribuição social que sabe ou deveria saber indevido, ou, quando devido, emprega na cobrança meio vexatório ou gravoso, que a lei não autoriza. Pena – reclusão, de 3 (três) a 8 (oito) anos, e multa". Trata-se, segundo a doutrina, da concussão em sua forma clássica, subentendidos o abuso de autoridade e o *metus publicae potestatis*[421]. Exação significa "cobrança rigorosa de dívida ou impostos; pontualidade; exigência e exatidão, que, embora não corresponda precisamente ao crime, dá ideia do que se quer definir"[422].

- **Ação nuclear. Elemento normativo do tipo. Objeto material:**

São duas as modalidades previstas:

(i) Exigência indevida: aqui a exigência do tributo ou contribuição social é *indevida* (*elemento normativo do tipo*), isto é, não há autorização legal para sua cobrança, ou seu valor já foi quitado pela vítima, ou então se refere a quantia excedente à fixada por lei[423] Uma vez arrecadado o excessivo tributo ou contribuição social, é ele revertido para os cofres públicos e não em proveito do agente.

(ii) Cobrança vexatória ou gravosa não autorizada em lei (excesso no modo de exação ou exação fiscal vexatória): ao contrário da modalidade criminosa precedente, aqui a exigência de tributo ou contribuição social é devida, mas a cobrança se faz com o emprego de meio gravoso ou vexatório para o devedor, o qual não é autorizado por lei. Segundo Damásio, "meio vexatório é o meio que causa humilhação, tormento, vergonha ou indignidade ao sujeito passivo. Gravoso é o que lhe importa maiores despesas. Nas duas hipóteses, é necessário que a lei não autorize o emprego do meio escolhido pelo funcionário"[424]. A expressão "que a lei não autoriza" constitui o chamado elemento normativo do tipo, sem o qual o crime não se configura.

O *objeto material* do crime é somente o *tributo* ou *contribuição social*. Consoante o art. 3º do CTN, tributo é "toda prestação pecuniária compulsória, em moeda ou cujo valor

---

421. Nélson Hungria, *Comentários*, cit., v. 9, p. 363.
422. E. Magalhães Noronha, *Direito penal*, cit., v. 4, p. 240.
423. Cf. Nélson Hungria, *Comentários*, cit., v. 9, p. 363.
424. Damásio E. de Jesus, *Direito penal*, cit., p. 158-9.

nela se possa exprimir, que não constitua sanção de ato ilícito, instituída em lei e cobrada mediante atividade administrativa plenamente vinculada". O *tributo*, então, é o gênero no qual se compreendem as espécies: (i) *imposto* (tributo não vinculado a uma atuação estatal, isto é, o ente público não necessita prestar qualquer serviço público específico em favor do contribuinte para exigir o imposto); (ii) *taxa* (tributo diretamente ligado a uma atuação estatal, que pode consistir ou num serviço público ou num ato de polícia, por exemplo, taxa de energia elétrica, de gás etc.); e (iii) *contribuição de melhoria* (tributo diretamente ligado a uma atuação estatal, no caso, a realização de obra pública que provoque a valorização imobiliária, proporcionando, assim, benefícios aos administrados (CF, art. 145, III). O tipo penal também faz menção às *contribuições sociais* (são tributos que podem revestir a natureza jurídica de imposto, taxa ou de contribuição de melhoria, criados para atender a determinadas finalidades previstas no art. 149 da CF, por exemplo, contribuição previdenciária)[425].

→ **Atenção:** de acordo com a atual jurisprudência do STJ, as custas e emolumentos devidos a cartórios extrajudiciais podem ser considerados tributos, e, assim, sua exigência indevida configura o excesso de exação (art. 316, § 1º).

- **Sujeito ativo:** trata-se de crime próprio, que só pode ser cometido por funcionário público. Segundo Noronha, não se exige que o funcionário que pratique uma das ações típicas seja competente para a arrecadação, podendo ser outro movido por qualquer interesse[426]. Admite-se a participação de particular.

- **Sujeito passivo:** é o Estado. Secundariamente, também é vítima o particular, uma vez que foi lesado patrimonialmente.

- **Elemento subjetivo:**

(i) Exigência indevida: é o dolo, consubstanciado na vontade livre e consciente de exigir o tributo ou contribuição social indevido. Exige o tipo penal que o funcionário saiba (dolo direto) ou deva saber (dolo eventual) que o tributo ou contribuição é indevido. Para Mirabete, na expressão "deveria saber indevido", "a lei refere-se à culpa do funcionário que erra na cobrança do tributo ou da contribuição de melhoria contra o contribuinte por negligência, imprudência ou imperícia"[427]. Para Damásio E. de Jesus, trata-se de dolo eventual. O sujeito "não tem plena certeza da natureza indevida da cobrança (dolo direto; modalidade anterior), mas tem conhecimento de fatos e circunstâncias que claramente a indicam"[428].

---

425. Todas as definições foram baseadas na lição de Roque Antonio Carrazza, *Curso de direito constitucional tributário*, 4. ed., São Paulo, Malheiros, 1993, p. 266-304.

426. E. Magalhães Noronha, *Direito penal*, cit., v. 4, p. 240. No mesmo sentido: Damásio E. de Jesus, *Direito penal*, cit., v. 4, p. 157-8.

427. Julio Fabbrini Mirabete, *Manual*, cit., v. 3, p. 323.

428. Damásio E. de Jesus, *Direito penal*, cit., v. 4, p. 159. No mesmo sentido: Celso Delmanto, *Código Penal Comentado*, cit., p. 561.

Nosso entendimento: compartilhamos deste último posicionamento.

(ii) Cobrança vexatória ou gravosa: é o dolo, consubstanciado na vontade livre e consciente de empregar meio vexatório ou gravoso na cobrança do tributo ou contribuição social devido, ciente da ausência de autorização legal para tanto.

- **Consumação e tentativa:**

(i) Exigência indevida: aqui o delito se consuma no momento em que é feita a exigência do tributo ou contribuição social. Trata-se de crime formal, portanto a consumação independe do efetivo pagamento do tributo ou contribuição social pela vítima. A tentativa é possível, conforme já estudado, na hipótese em que o crime é plurissubsistente. Por exemplo: carta contendo a exigência de vantagem, a qual é interceptada antes de chegar ao conhecimento da vítima.

(ii) Cobrança vexatória ou gravosa: consuma-se com o emprego do meio vexatório ou gravoso na cobrança do tributo ou contribuição social, independentemente de seu efetivo recebimento. A tentativa aqui é perfeitamente possível. Cite-se o seguinte exemplo: "Com o devido aparato já se acha na casa ou estabelecimento do ofendido, mas é obstado antes que *inicie* a cobrança"[429].

- **Causa de aumento de pena:** se o sujeito ativo for ocupante de função de direção ou de assessoramento ou de cargo de direção, aplica-se a causa de aumento prevista no art. 327, § 2º, do CP.

9. EXCESSO DE EXAÇÃO – FORMA QUALIFICADA (ART. 316, § 2º)

Reza o § 2º do art. 316: "Se o funcionário desvia, em proveito próprio ou de outrem, o que recebeu indevidamente para recolher aos cofres públicos. Pena: reclusão, de 2 (dois) a 12 (doze) anos, e multa". Veja-se que a pena mínima aqui prevista para a forma qualificada do delito é menor do que a cominada para a forma simples (§ 1º – pena: reclusão, de 3 (três) a 8 (oito) anos, e multa).

Nessa modalidade mais gravosa do crime de excesso de exação, pune-se o funcionário público que, em vez de recolher o tributo ou contribuição social, indevidamente exigido (§ 1º), para os cofres públicos, desvia-o em proveito próprio ou alheio. Assim, tem-se que, na figura prevista no § 1º, o funcionário público exige o tributo ou contribuição social e o encaminha aos cofres públicos. No § 2º, após recebê-lo, o funcionário público o desvia, em proveito próprio ou alheio. Obviamente, o desvio dos valores deve ser realizado antes de entrar para os cofres públicos, pois, uma vez integrando este, o desvio do dinheiro em favor do agente ou de outrem constituirá o crime de peculato. O tipo penal em tela exige o chamado elemento subjetivo do tipo, consubstanciado na expressão "em proveito próprio ou de outrem". A consumação ocorre com o efetivo desvio daquilo que foi recebido indevidamente. A tentativa é possível. Quanto aos sujeitos ativo e passivo, *v.*

429. E. Magalhães Noronha, *Direito penal*, cit., v. 4, p. 242.

comentários ao art. 316, § 1º. Tratando-se de sujeito ativo ocupante de função de direção ou de assessoramento ou de cargo de direção, aplica-se a causa de aumento prevista no art. 327, § 2º, do CP.

10. DISTINÇÕES

(i) Concussão e extorsão: no primeiro, o sujeito ativo é funcionário público, e, em razão da função, exige vantagem indevida, cedendo a vítima, exclusivamente, em virtude do *metus auctoritatis causa*. Caso haja ameaças explícitas contra a vítima, devem elas necessariamente estar relacionadas ao exercício da função pública, por exemplo, fiscal da Prefeitura que exige que um vendedor ambulante lhe assine um cheque em branco, sob pena de sua barraca ser apreendida. A extorsão, contudo, configurar-se-á: (i) quando houver o emprego de violência contra a vítima; ou (ii) quando houver o emprego de grave ameaça que não tenha qualquer relação com a função pública exercida pelo agente, por exemplo, fiscal da Prefeitura que aponta um revólver para o camelô e exige que este lhe assine um cheque em branco. A pena prevista para o delito de extorsão é mais grave (CP, art. 158 – pena: reclusão, de 4 a 10 anos, e multa), em face dos meios empregados na prática delitiva.

(ii) Concussão e corrupção ativa: segundo a jurisprudência, são incompossíveis esses crimes, isto é, não é possível a existência concomitante de ambos. É que a vítima, que entrega o dinheiro exigido no crime de concussão, não pode ser considerada sujeito ativo do delito de corrupção ativa, pelo simples fato de que a corrupção ativa pressupõe que o particular livremente ofereça ou prometa a vantagem, o que não ocorre quando há primeiramente a prática do delito de concussão, pois o particular é constrangido a entregar a vantagem.

(iii) Concussão e corrupção passiva: na corrupção passiva, em sua primeira figura, o núcleo do tipo penal é o verbo "solicitar", isto é, pedir vantagem indevida. A vítima, no caso, cede livremente ao pedido do funcionário público, podendo, inclusive, obter algum benefício em troca da vantagem prestada. Na concussão, pelo contrário, o agente exige, isto é, impõe à vítima determinada obrigação, e esta cede por temer represálias.

11. AÇÃO PENAL. PROCEDIMENTO

Trata-se de crime de ação penal pública incondicionada.

ART. 317 – CORRUPÇÃO PASSIVA

1. CONCEITO

Prevê o art. 317, *caput*, do CP: "Solicitar ou receber, para si ou para outrem, direta ou indiretamente, ainda que fora da função ou antes de assumi-la, mas em razão dela, vantagem indevida, ou aceitar promessa de tal vantagem. Pena – reclusão, de 2 (dois) a 12 (doze) anos, e multa". Segundo Damásio, a corrupção passiva pode ser considerada "uma forma de 'mercancia' de atos de ofício que devem ser realizados pelo funcionário"[430].

2. OBJETO JURÍDICO

Procura-se com o dispositivo penal impedir que os funcionários públicos passem, no desempenho de sua função, a receber vantagens indevidas para praticar ou deixar de praticar atos de ofício. A corrupção afeta o correto desempenho da função pública e, por conseguinte, o desenvolvimento regular da atividade administrativa. Busca, portanto, o dispositivo proteger o "funcionamento normal da Administração Pública, de acordo com os princípios de probidade e moralidade"[431].

Nesse contexto, convém mencionar documentos internacionais celebrados pelo nosso país com o objetivo de combater a corrupção: (i) Convenção Interamericana contra a Corrupção (OEA), ratificada pelo Decreto Legislativo n. 152/2002, e aprovada pelo Decreto Presidencial n. 4.410/2002; (ii) Convenção das Nações Unidas contra a Corrupção, ratificada pelo Decreto Legislativo n. 348/2005 e aprovada pelo Decreto Presidencial n. 5.687/2006.

3. CLASSIFICAÇÃO

(i) Corrupção ativa ou passiva: a corrupção, em nossa legislação, não é crime necessariamente bilateral, de forma que nem sempre a configuração da corrupção passiva dependerá do delito de corrupção ativa e vice-versa. Assim, o oferecimento da vantagem indevida pelo particular configura, por si só, o delito de corrupção ativa (CP, art. 333), independentemente da aceitação pelo funcionário público. De outro lado, se este último solicitar vantagem indevida ao particular, tal ato somente já configurará o delito de corrupção passiva (CP, art. 317). Dessa forma, optou-se por prever um tipo penal para o corruptor e outro para o corrompido. Trata-se, sem dúvida, de exceção à teoria unitária adotada pelo Código Penal no concurso de pessoas. O legislador, no caso, "abraçou" a teoria pluralística, em que cada um dos participantes responde por delito autônomo.

Embora a corrupção não seja um crime necessariamente bilateral, poderá haver concomitantemente corrupção ativa e passiva. Assim, na conduta do funcionário que *recebe* a indevida vantagem (CP, art. 317), é pressuposto necessário que haja anteriormente a ocorrência do delito de corrupção ativa na modalidade "oferecer vantagem indevida a funcionário" (CP, art. 333).

Frise-se aqui que o crime de corrupção passiva se configura ainda que o *extraneus* seja penalmente incapaz. Dessa forma, o recebimento de vantagem indevida pelo funcionário público, ainda que ofertada por um menor de 18 anos, configura o delito em estudo[432].

---

430. Damásio E. de Jesus, *Direito penal*, cit., v. 4, p. 164.

431. E. Magalhães Noronha, *Direito penal*, cit., v. 4, p. 246.

432. Nesse sentido: Nélson Hungria, *Comentários*, cit., v. 9, p. 371.

Dentro desse contexto, registre-se o seguinte julgado acerca da corrupção passiva: "Corrupção passiva. Denúncia. Princípios da obrigatoriedade e da indivisibilidade. Não há ofensa aos princípios da obrigatoriedade e da indivisibilidade da ação penal o oferecimento de denúncia por crime de corrupção passiva sem inclusão na peça acusatória dos agentes da corrupção ativa. *Habeas corpus* concedido" (STJ, HC 7.560/PR).

(ii) Corrupção própria ou imprópria: na corrupção passiva o funcionário, em troca de alguma vantagem, pratica ou deixa de praticar ato de ofício para beneficiar alguém. O ato a ser praticado pode ser ilegítimo, ilícito ou injusto (é a chamada corrupção própria); por exemplo, o funcionário do Cartório Criminal solicita indevida vantagem econômica para suprimir documentos do processo judicial. Também configura o crime a prática de ato legítimo, lícito, justo (é chamada corrupção imprópria); por exemplo, oficial de justiça solicita vantagem econômica ao advogado, a fim de dar prioridade ao cumprimento do mandado judicial expedido em processo em que aquele atua.

(iii) Corrupção antecedente ou subsequente: na primeira a vantagem indevida é entregue antes da ação ou omissão do funcionário público; na segunda, a entrega da vantagem é posterior. Assim, nada impede que o funcionário público pratique ou deixe de praticar um ato na expectativa de receber indevida vantagem, vindo esta a ser oferecida e recebida posteriormente àquele. Dessa forma, não é preciso que haja prévio acordo de vontades entre o funcionário e o particular[433]. A legislação penal pátria admite ambas as espécies de corrupção. A corrupção subsequente apenas será inadmissível na corrupção ativa (CP, art. 333), conforme estudaremos oportunamente.

4. ELEMENTOS DO TIPO

4.1. Ação nuclear

Trata-se de crime de ação múltipla. Três são as condutas típicas previstas:

(i) solicitar: pedir, manifestar que deseja algo. Não há o emprego de qualquer ameaça explícita ou implícita. O funcionário (*intraneus*) solicita a vantagem, e a vítima (*extraneus*) cede por deliberada vontade, não por *metus publicae potestatis*. Nessa modalidade, não é necessária a prática de qualquer ato pelo terceiro para que o crime se configure, isto é, prescinde-se da entrega efetiva da vantagem. Basta a solicitação;

(ii) ou receber: aceitar, entrar na posse. Aqui a proposta parte de terceiros (*extraneus*) e a ela adere o funcionário (*intraneus*), ou seja, o agente não só aceita a proposta como recebe a vantagem indevida. Ao contrário da primeira modalidade, é condição essencial para sua existência que haja a anterior configuração do crime de corrupção ativa, isto é, o *oferecimento* de vantagem indevida (CP, art. 333). Sem essa oferta pelo particular, não há como falar em *recebimento* de vantagem;

433. Nesse sentido: E. Magalhães Noronha, *Direito penal*, cit., v. 4, p. 249; Nélson Hungria, *Comentários*, cit., v. 9, p. 369.

(iii) ou aceitar a promessa de recebê-la: nessa modalidade típica basta que o funcionário (*intraneus*) concorde com o recebimento da vantagem. Não há o efetivo recebimento dela. Deve haver necessariamente uma proposta formulada por terceiros (*extraneus*), à qual adere o funcionário, mediante a aceitação de receber a vantagem. Assim como na figura precedente, é essencial para a existência desse crime que haja anterior *promessa de vantagem indevida* a funcionário público, isto é, o delito de corrupção ativa.

Menciona o tipo penal que a solicitação ou o recebimento da vantagem pode ser feito direta ou indiretamente, isto é, por interposta pessoa. Nada impede que, inclusive, a aceitação da promessa de vantagem seja realizada por terceira pessoa, que, em nome do funcionário público, comunica a concordância deste ao *extraneus*[434]. É indispensável para a caracterização do ilícito em estudo que a solicitação, recebimento ou aceitação de vantagem seja realizada pelo funcionário público em razão da função (ainda que fora dela ou antes de assumi-la). A vantagem solicitada, recebida ou prometida consubstancia-se em uma contraprestação à realização ou abstenção de algum ato de competência específica do funcionário público (ato de ofício)[435]. Dessa forma, não comete o crime em questão, por exemplo, o funcionário do Detran que solicita dinheiro para expedir carteira de motorista sem os respectivos exames, quando não tiver atribuição específica para a prática de tal ato, ainda que a qualidade de funcionário público facilite tal ilegalidade. Nessa hipótese, o delito poderá ser o do art. 332 do CP, se a solicitação for feita a pretexto de influir em ato praticado por outro servidor. Pode também caracterizar estelionato quando, sem ter como influir ou obter o benefício prometido ao particular, tiver solicitado ou recebido a vantagem indevida.

4.2. Objeto material. Elemento normativo

O objeto material do crime em tela é a vantagem indevida, que pode ser de cunho patrimonial, moral, sentimental, sexual etc.[436]. Damásio de Jesus também sustenta que a vantagem pode ter caráter patrimonial ou moral, assim como Cezar Roberto Bitencourt, para quem a vantagem pode ter cunho patrimonial ou não. Em sentido contrário: Nélson Hungria, para quem a vantagem há de ter necessariamente caráter patrimonial[437]. Assim, pode o funcionário, por exemplo, solicitar favores sexuais em troca da prática ou abstenção de um ato de ofício.

O tipo penal também contém um elemento normativo: a vantagem deve ser indevida, isto é, não autorizada legalmente. Ausente esse requisito, o fato é atípico. Tratan-

434. Nesse sentido: Julio Fabbrini Mirabete, *Manual*, cit., v. 3, p. 325.

435. Nesse sentido: E. Magalhães Noronha, *Direito penal*, cit., v. 4, p. 248; Nélson Hungria, *Comentários*, cit., v. 9, p. 371.

436. Nesse sentido: E. Magalhães Noronha, *Direito penal*, cit., v. 4, p. 250.

437. Respectivamente, Damásio E. de Jesus, *Direito penal*, cit., v. 4, p. 165; Cezar Roberto Bitencourt, *Código Penal comentado*, cit., p. 1086; Nélson Hungria, *Comentários comentado*, cit., v. 9, p. 370.

do-se de mero pedido de reembolso de quantia que não exceda o que foi despendido pelo servidor para a realização da diligência, como, por exemplo, reposição de verba gasta com combustível, não se caracteriza o crime de corrupção passiva. É certo que tal pagamento é indevido, na medida em que tais despesas não podem ser pagas diretamente ao funcionário público, mas sempre por meio de guias, cujo recolhimento é feito em bancos oficiais. Entretanto, não se pode falar em "vantagem", pois houve mero reembolso, sem qualquer lucro para o agente público. Não se caracteriza, portanto, a elementar "vantagem indevida", mas apenas ressarcimento irregular.

É importante esclarecer que nem toda aceitação de vantagem por parte do funcionário público configura o crime de corrupção passiva, como as hipóteses formuladas por Hungria[438], sobre as quais expenderemos algumas considerações:

(i) gratificações usuais de pequena monta por serviço extraordinário (não se tratando de ato contrário à lei) não podem ser consideradas corrupção passiva: por estarem inseridas num âmbito de adequação social perfeitamente ajustado à praxe forense e também por não caracterizar qualquer ofensa de relevo mínimo aos interesses da Administração, entendemos tratar-se de fato atípico. Exemplo: aceitar uma garrafa de vinho, caixa de bombons etc.;

(ii) pequenas doações ocasionais, como as costumeiras "Boas Festas" de Natal ou Ano-Novo, não configuram crime: entendemos que, igualmente, não há falar em fato típico, uma vez que, independentemente da consciência e vontade daquele que recebe o auxílio, o fato objetivamente não fere o interesse jurídico tutelado pela norma do art. 317 do CP, diante da adequação social da conduta, sendo inaceitável que a lei considere criminoso um comportamento inofensivo, aprovado pelo sentimento social de justiça e incapaz de ferir qualquer interesse da boa administração da justiça.

4.3. Sujeito ativo

Trata-se de crime próprio, portanto só pode ser cometido por funcionário público em razão da função (ainda que esteja fora dela ou antes de assumi-la). Nada impede, contudo, a participação do particular, ou de outro funcionário, mediante induzimento, instigação ou auxílio, em face da comunicabilidade das condições de caráter pessoal elementares do crime.

O particular que oferece ou promete vantagem indevida ao funcionário público responde pelo crime de corrupção ativa (CP, art. 333) e não pela participação no crime em estudo. Trata-se de exceção à regra prevista no art. 29 do CP, conforme visto anteriormente.

Vejamos algumas regras especiais: **(i) fiscal de rendas:** caso *exija, solicite ou receba* vantagem indevida, ou aceite promessa de tal vantagem, para deixar de lançar ou cobrar tributo ou contribuição social, ou cobrá-los parcialmente, pratica o delito específico

---

438. Nélson Hungria, *Comentários*, cit., v. 9, p. 369-70. No mesmo sentido: E. Magalhães Noronha, *Direito penal*, cit., v. 4, p. 251; Damásio E. de Jesus, *Direito penal*, cit., v. 4, p. 165-6; Celso Delmanto, *Código Penal comentado*, cit., p. 564.

previsto no art. 3º, II, da Lei n. 8.137/90. Em face da pena prevista (3 a 8 anos de reclusão, e multa), o crime é inafiançável, não estando sujeito à defesa preliminar assegurada pelo art. 514 do CPP; **(ii) testemunha, perito, tradutor ou intérprete judicial (oficiais ou não):** o falso testemunho ou falsa perícia realizada, mediante suborno, em processo judicial, policial ou administrativo, ou em juízo arbitral, configura o delito do art. 342, § 2º, do CP. O indivíduo que deu, ofereceu ou prometeu o dinheiro ou outra vantagem àquelas pessoas responde pelo crime previsto no art. 343 do CP; **(iii) jurado:** pratica o delito do art. 317 do CP, pois, consoante o teor do art. 445 do CPP, "o jurado, no exercício da função ou a pretexto de exercê-la, será responsável criminalmente nos mesmos termos em que o são os juízes togados". O mesmo se aplica aos jurados suplentes (CPP, art. 446).

4.4. Sujeito passivo

É o Estado. O *extraneus* também pode ser sujeito passivo na hipótese em que não pratica o crime de corrupção ativa[439], por exemplo, quando o funcionário público solicita a vantagem indevida ao particular. Nesta hipótese o particular não ofereceu nem prometeu qualquer vantagem; logo, não há o crime de corrupção ativa.

5. ELEMENTO SUBJETIVO

É o dolo, consubstanciado na vontade livre e consciente de praticar uma das ações típicas. É necessário que o funcionário tenha ciência de que a vantagem, objeto do crime, não lhe é devida.

Exige-se, também, o elemento subjetivo do tipo[440] (finalidade especial exigida pelo tipo), contido na expressão "para si ou para outrem". Na hipótese em que o dinheiro reverteu em proveito da própria Administração Pública, não se pode falar no crime em questão, uma vez que a corrupção implica vantagem para o próprio agente ou para terceiro, entendendo-se como tal qualquer pessoa que não seja o próprio agente ou a Administração. Caracteriza-se, no entanto, ato de improbidade administrativa, previsto no art. 11, I, da Lei n. 8.429/92. No exemplo do delegado de polícia que aceita a oferta de dinheiro aplicando-o na aquisição de gasolina para a viatura, a fim de intensificar o policiamento da cidade, não se pode sequer falar em improbidade, pois o recebimento da gasolina não tem por finalidade burlar a lei, mas garantir a eficiência no policiamento preventivo. A importância recebida não se deu em proveito da pessoa física ou de direito privado, mas para ser aplicada no próprio serviço público.

6. CONSUMAÇÃO

Trata-se, como no delito de concussão, de crime formal; portanto, a consumação ocorre com o ato de solicitar, receber ou aceitar a promessa de vantagem indevida. Na

---

439. Nesse sentido: Julio Fabbrini Mirabete, *Manual*, cit., v. 3, p. 324.

440. Em sentido contrário: Nélson Hungria, para quem o tipo penal contém apenas o chamado dolo genérico (*Comentários*, cit., v. 9, p. 371).

ação de solicitar não é necessário que o particular efetivamente entregue a vantagem indevida para que o crime se repute consumado. Também se prescinde que o funcionário, ao aceitar a promessa, posteriormente receba a vantagem.

O tipo penal não exige que o funcionário pratique ou se abstenha da prática do ato funcional. Se isso suceder, haverá mero exaurimento do crime, o qual constitui condição de maior punibilidade (causa de aumento de pena prevista no § 1º do art. 317).

Da mesma forma que no crime de concussão, não há crime de flagrante preparado, mas sim esperado, na hipótese em que o funcionário é surpreendido no momento em que recebe a vantagem indevida, uma vez que o crime já se consumara anteriormente com a solicitação ou aceitação da promessa.

Finalmente, importante destacar que o STJ decidiu, por unanimidade, que o crime de corrupção passiva consuma-se ainda que a solicitação ou recebimento de vantagem indevida, ou a aceitação da promessa de tal vantagem, esteja relacionada com atos que formalmente não se inserem nas atribuições do funcionário público, mas que, em razão da função pública, materialmente implicam alguma forma de facilitação da prática da conduta almejada (STJ, REsp 1745410/SP).

7. TENTATIVA

A tentativa é de difícil ocorrência, mas não é impossível. Basta que haja um *iter criminis* a ser cindido; por exemplo: solicitação feita por carta, a qual é interceptada pelo chefe da repartição[441].

8. FORMAS

8.1. Simples (art. 317, *caput*)

Prevista no *caput*.

8.2. Causa de aumento de pena (art. 317, § 1º)

Prevista no art. 317, § 1º: "A pena é aumentada de um terço, se, em consequência da vantagem ou promessa, o funcionário retarda ou deixa de praticar qualquer ato de ofício ou o pratica infringindo dever funcional". Trata-se de forma mais grave do crime de corrupção passiva, uma vez que a conduta do funcionário vai além do recebimento da vantagem indevida, pois ele efetivamente: (i) retarda a prática do ato, isto é, desrespeita o prazo para sua execução; (ii) deixa de praticar o ato, isto é, abstém-se de sua prática; (iii) pratica infringindo dever funcional, isto é, a ação é contrária a seu dever de ofício. Os itens (i) e (ii) constituem a chamada corrupção imprópria (prática de ato lícito); o item (iii) contém a chamada corrupção passiva própria (ato ilícito). Constituem, na realidade, hi-

441. Nesse sentido: E. Magalhães Noronha, *Direito Penal*. cit., v. 4, p. 252. Em sentido contrário: Nélson Hungria, *Comentários*, cit., v. 9, p. 371, para quem a tentativa é, em qualquer caso, inconcebível.

póteses de exaurimento do crime, mas que acabam por funcionar como causa de aumento de pena.

→ Atenção: lembrar que o art. 327, § 2º, do CP, também dispõe acerca de causa de aumento de pena, a qual é aplicável aos crimes deste Capítulo: "A pena é aumentada de terça parte quando os autores dos crimes previstos neste Capítulo forem ocupantes de cargos em comissão ou de função de direção ou assessoramento de órgão da administração direta, sociedade de economia mista, empresa pública ou fundação instituída pelo poder público".

8.3. Privilegiada (art. 317, § 2º)

Prevista no art. 317, § 2º, com a seguinte redação: "Se o funcionário pratica, deixa de praticar ou retarda ato de ofício, com infração de dever funcional, cedendo a pedido ou influência de outrem: Pena – detenção, de 3 (três) meses a 1 (um) ano, ou multa". Trata-se de conduta de menor gravidade, na medida em que o agente pratica, deixa de praticar ou retarda o ato de ofício, não em virtude do recebimento de vantagem indevida, mas cedendo a pedido ou influência de outrem, isto é, para satisfazer interesse de terceiros ou para agradar ou bajular pessoas influentes.

9. DISTINÇÕES

(i) Concussão e corrupção passiva: na corrupção passiva, em sua primeira figura, o núcleo do tipo penal é o verbo *solicitar*, isto é, pedir vantagem indevida. A vítima, no caso, cede livremente ao pedido do funcionário público, podendo, inclusive, obter algum benefício em troca da vantagem prestada. Na concussão, pelo contrário, o agente exige, isto é, impõe à vítima determinada obrigação, e este cede por temer represálias.

(ii) Prevaricação e corrupção passiva: na prevaricação (CP, art. 319) o funcionário público retarda ou deixa de praticar, indevidamente, ato de ofício, ou pratica-o contra disposição expressa de lei, para satisfazer interesse ou sentimento pessoal. Ele não é movido pelo interesse de receber qualquer vantagem indevida por parte de terceiro. Aliás, ele nem mesmo cede a pedido ou influência de outrem, o que diferencia a prevaricação da corrupção passiva privilegiada. Na realidade, não há qualquer intervenção alheia nesse crime, pois o funcionário é motivado por interesse ou sentimento pessoal.

10. QUESTÃO

Um investigador de polícia, pertencente a um distrito policial, que continue a exercer ilegalmente a função pública, embora tenha sido exonerado, e que se valha dessa condição ilegal para solicitar indevida vantagem aos parentes dos presos, a pretexto de transferi-los para um local mais adequado ao cumprimento da prisão provisória, responde por qual crime?

Não poderá responder pelo crime de corrupção passiva, pois, em primeiro lugar, o investigador não é mais considerado funcionário público para os efeitos legais. Em segundo lugar, ainda que exercesse legalmente a função, não teria competência para a prática do ato funcional prometido, qual seja, operar a transferência de presos. Na hipótese, deverá responder pelo crime de exercício funcional ilegalmente prolongado (CP, art. 324) em concurso com o crime de estelionato (CP, art. 171), uma vez que, como particular, induziu os parentes dos presos em erro ao prometer algo que não poderia cumprir, obtendo, com isso, ilícita vantagem econômica.

11. LEGISLAÇÃO ESPECIAL

(i) Corrupção passiva tributária: de acordo com o art. 3º, II, da Lei n. 8.137/90, constitui crime funcional contra a ordem tributária "Exigir, solicitar ou receber, para si ou para outrem, direta ou indiretamente, ainda que fora da função ou antes de iniciar seu exercício, mas em razão dela, vantagem indevida; ou aceitar promessa de tal vantagem, para deixar de lançar ou cobrar tributo ou contribuição social, ou cobrá-los parcialmente. Pena – reclusão, de 3 (três) a 8 (oito) anos, e multa".

(ii) Corrupção eleitoral: o delito de corrupção eleitoral está disposto no art. 299 do Código Eleitoral, cuja redação é a seguinte: "Dar, receber, prometer, solicitar ou receber, para si ou para outrem, dinheiro, dádiva, ou qualquer outra vantagem, para obter ou dar voto e para conseguir ou prometer abstenção, ainda que a oferta não seja aceita: Pena – reclusão de até quatro anos e pagamento de cinco a quinze dias-multa". Note que o legislador fundiu as formas de corrupção ativa e passiva num único dispositivo.

(iii) Corrupção praticada por militar: está prevista no art. 308 do CPM (Decreto-Lei n. 1.001/69), cuja redação é a seguinte: "Receber, para si ou outrem, direta ou indiretamente, ainda que fora da função, ou antes de assumi-la, mas em razão dela, vantagem indevida, ou aceitar promessa de tal vantagem: Pena – reclusão, de dois a oito anos". O dispositivo legal em comento é aplicável quando a conduta é praticada por militar em situação de serviço e nas demais hipóteses caracterizadoras de delitos militares impróprios contidas no art. 9º, II, do CPM.

(iv) Corrupção no Estatuto do Torcedor: o Estatuto do Torcedor (Lei n. 10.671/2003) prevê os crimes de corrupção passiva (art. 41-C) e ativa (art. 41-D) destinados a falsear o resultado de competição esportiva, desportiva ou evento a ela associado. Vejamos as disposições legais. Art. 41-C: "Solicitar ou aceitar, para si ou para outrem, vantagem ou promessa de vantagem patrimonial ou não patrimonial para qualquer ato ou omissão destinado a alterar ou falsear o resultado da competição esportiva ou evento a ela associado: Pena – reclusão de 2 a 6 anos e multa". Art. 41-D: "Dar ou promover vantagem patrimonial ou não patrimonial com o fim de alterar ou falsear o resultado de uma competição desportiva ou evento a ela associado: Pena – reclusão de 2 a 6 anos e multa".

12. AÇÃO PENAL. LEI DOS JUIZADOS ESPECIAIS CRIMINAIS

(i) Ação penal: trata-se de crime de ação penal pública incondicionada.

(ii) Lei dos Juizados Especiais Criminais: a corrupção privilegiada (§ 2º), em face da pena máxima prevista (detenção, de 3 meses a 1 ano, ou multa), está sujeita às disposições da Lei n. 9.099/95, uma vez que constitui infração de menor potencial ofensivo.

→ **Atenção:** a jurisprudência tem exigido que a denúncia descreva qual o ato vinculado à vantagem indevida que se espera do funcionário.

ART. 318 – FACILITAÇÃO DE CONTRABANDO OU DESCAMINHO

1. CONCEITO

Dispõe o art. 318 do CP: "Facilitar, com infração de dever funcional, a prática de contrabando ou descaminho (CP, art. 334): Pena – reclusão, de 3 (três) a 8 (oito) anos, e multa" (pena majorada pelo art. 21 da Lei n. 8.137/90). O termo *contrabando*, segundo Hungria, "vem de *contra* (oposição) e *bando* (edito, ordenança, decreto), e, em sentido amplíssimo, quer dizer todo comércio que se faz contra as leis"[442]. Segundo o mesmo autor, "contrabando é, restritamente, a importação ou exportação de mercadorias cuja entrada no país ou saída dele, é absoluta ou relativamente proibida, enquanto descaminho é toda fraude empregada para iludir, total ou parcialmente, o pagamento de impostos de importação, exportação ou consumo (cobrável este, na própria aduana, antes do desembaraço das mercadorias importadas)"[443]. Ressalve-se que o imposto relativo ao consumo de mercadoria não subsiste mais em nossa legislação com essa denominação.

Pune-se, assim, a conduta do funcionário público que, infringindo dever funcional, facilita a prática do contrabando ou do descaminho. Dessa forma, optou-se por prever um tipo penal autônomo para aquele que, em tese, seria partícipe do crime previsto nos arts. 334 e 334-A do CP (delitos de contrabando e descaminho). Trata-se, sem dúvida, de exceção à teoria unitária adotada pelo Código Penal no concurso de pessoas. O legislador, no caso, "abraçou" a teoria pluralística, segundo a qual cada um dos participantes responde por delito autônomo. Perceba-se, contudo, que a pena do delito em estudo é maior do que as previstas para o crime de contrabando ou descaminho (pena – reclusão, de 2 a 5 anos e de 1 a 4 anos, respectivamente). É que no delito em tela há quebra do dever funcional por parte do funcionário público, daí por que a sanção prevista é mais grave.

2. OBJETO JURÍDICO

Tutela-se a Administração Pública, em especial o erário público, uma vez que no descaminho o Estado deixa de arrecadar os pagamentos dos impostos de importação e exportação. Protege-se também a saúde, a moral, a ordem pública, quando os produtos forem de importação ou exportação proibida (contrabando)[444].

---

442. Nélson Hungria, *Comentários*, cit., v. 9, p. 432.

443. Nélson Hungria, *Comentários*, cit., v. 9, p. 374.

444. Nesse sentido: E. Magalhães Noronha, *Direito penal*, cit., v. 4, p. 327.

3. ELEMENTOS DO TIPO

3.1. Ação nuclear. Elemento normativo

A ação nuclear típica consubstancia-se no verbo *facilitar*, ou seja, auxiliar, tornar fácil, remover obstáculos. Pode o auxílio se dar de forma ativa ou omissiva. Assim, comete o crime em tela, segundo Mirabete, tanto aquele "que indica ao autor do contrabando ou descaminho as vias mais seguras para a entrada ou saída da mercadoria, como o que, propositadamente, não efetua regularmente as diligências de fiscalização destinadas a evitá-las"[445].

O tipo penal contém um elemento normativo, consubstanciado na expressão "com infração do dever funcional". Dessa forma, o funcionário, ao facilitar o contrabando ou descaminho, deve estar violando dever funcional. Sem essa transgressão, o funcionário público será considerado partícipe dos delitos previstos nos arts. 334 e 334-A do CP. O crime do art. 318 do Código Penal, portanto, somente pode ser praticado pelo funcionário que tem como atribuição legal prevenir e reprimir o contrabando ou descaminho. Assim, não pratica o delito em questão, por exemplo, o funcionário estadual em cujas atribuições não se incluir a repressão ao crime do art. 334 do Código Penal.

3.2. Sujeito ativo

Trata-se de crime próprio, pois somente o funcionário público com dever funcional de repressão ao contrabando ou descaminho pode praticá-lo. Conforme estudado acima, o funcionário público será partícipe dos crimes previstos nos arts. 334 e 334-A do CP se facilitar o contrabando ou descaminho sem infringir dever funcional. Se, contudo, um funcionário auxiliar outro funcionário, que tem o dever funcional, a facilitar o contrabando ou descaminho, o primeiro deverá responder como partícipe do crime previsto no art. 318[446].

3.3. Sujeito passivo

É o Estado, uma vez que há lesão ao erário público, bem como ao interesse estatal de impedir a importação ou exportação de produtos que ofendem a saúde, a moral, a ordem pública.

4. ELEMENTO SUBJETIVO

É o dolo, isto é, a vontade livre e consciente de facilitar o contrabando ou descaminho. Deve o agente ter consciência de que está violando o dever funcional (elemento normativo do tipo). Ausente essa consciência, deverá ele responder como partícipe dos crimes de contrabando ou descaminho (CP, arts. 334 e 334-A).

---

445. Julio Fabbrini Mirabete, *Manual*, cit., v. 3, p. 330.

446. Nesse sentido: Damásio E. de Jesus, *Direito penal*, cit., v. 4, p. 170.

5. CONSUMAÇÃO E TENTATIVA

Trata-se de crime formal. Consuma-se o delito com a facilitação, independentemente da prática efetiva do contrabando ou descaminho. Assim, não se requer a prova do início da execução. Basta apenas comprovar o auxílio prestado pelo funcionário público na prática do contrabando ou descaminho.

A tentativa é admissível somente na conduta comissiva.

6. FORMAS

6.1. Simples (art. 318, *caput*)

Prevista no *caput* do artigo.

6.2. Causa de aumento de pena

Vide o art. 327, § 2º, do CP.

7. FACILITAÇÃO DE CONTRABANDO OU DESCAMINHO E O ESTATUTO DO DESARMAMENTO

Vimos que o art. 318 constitui crime próprio, o qual só pode ser praticado pelo funcionário público com dever funcional de repressão ao contrabando ou descaminho, por exemplo, o fiscal aduaneiro. O dispositivo pune como autor autônomo o funcionário público que, em tese, seria mero partícipe dos crimes dos arts. 334 e 334-A do CP. Cuida-se, aqui, de exceção pluralística à teoria unitária ou monista adotada pelo Código Penal. Com o advento do Estatuto do Desarmamento (Lei n. 10.826/2003), o contrabando de arma de fogo, acessório ou munição não mais configura o crime do art. 334-A, mas tráfico internacional de arma de fogo, previsto no art. 18 da lei: *Importar, exportar, favorecer a entrada ou saída do território nacional, a qualquer título, de arma de fogo, acessório ou munição, sem autorização da autoridade competente: Pena – reclusão, de 4 a 8 anos, e multa* (para melhor compreensão do tema, *vide* comentários ao art. 334-A do CP). Com isso, na hipótese específica da facilitação, pelo funcionário público, de contrabando de arma de fogo, acessório ou munição, não mais incidirá o tipo penal do art. 318 do CP, que depende do art. 334-A para existir. Isto porque, se o art. 334-A do CP não mais incide no tocante a esses objetos materiais, o art. 318 do mesmo diploma não tem como continuar falando na sua facilitação (só se pode facilitar aquilo que existe). Assim, nessa hipótese, deverá o funcionário responder pelo crime de tráfico internacional de armas (art. 18 do Estatuto do Desarmamento), o qual expressamente prevê em seu dispositivo legal a conduta de *favorecer* a entrada ou saída de arma de fogo, acessório ou munição do território nacional. Convém ressalvar que, embora a lei tenha empregado o verbo *favorecer* (significa prestar auxílio), em vez de *facilitar*, tem-se que aquele que favorece a entrada ou saída da mercadoria do país, na realidade, está facilitando o tráfico. Conclui-se, assim, que aquele que importa ou exporta arma de fogo, acessório ou munição, sem autorização da autoridade competente, recebe o mesmo tratamento penal que o funcionário público ou particular que de qualquer forma favoreça essas ações criminosas. Quanto ao descaminho de arma de fogo, acessório ou munição, porém, continua vigente o art. 318 do CP, já que o art. 18 do Estatuto do Desarmamento só trata do contrabando e não do descaminho de armas de fogo.

Finalmente, vale mencionar que o Plenário do Supremo Tribunal Federal declarou, na data de 2 de maio de 2007, a inconstitucionalidade de três dispositivos do Estatuto do Desarmamento, na ADIn 3.112. Por maioria de votos, os ministros anularam dois dispositivos do Estatuto que proibiam a concessão de liberdade, mediante o pagamento de fiança, no caso de porte ilegal de arma (parágrafo único do art. 14) e disparo de arma de fogo (parágrafo único do art. 15). Também foi considerado inconstitucional o art. 21 do Estatuto, que proibia a liberdade provisória aos acusados pelos crimes previstos nos arts. 16, 17 e 18 do referido diploma legal.

8. AÇÃO PENAL. COMPETÊNCIA

(i) **Ação penal:** trata-se de crime de ação penal pública incondicionada.

(ii) **Competência:** é da Justiça Federal, ainda que o funcionário seja estadual. A Súmula 151 do STJ dispõe: "A competência para o processo e julgamento por crime de contrabando ou descaminho define-se pela prevenção do Juízo Federal do lugar da apreensão dos bens".

ART. 319 – PREVARICAÇÃO

1. CONCEITO. OBJETO JURÍDICO

Dispõe o art. 319 do CP: "Retardar ou deixar de praticar, indevidamente, ato de ofício, ou praticá-lo contra disposição expressa de lei, para satisfazer interesse ou sentimento pessoal: Pena – detenção, de 3 (três) meses a 1 (um) ano, e multa". Segundo E. Magalhães Noronha, "prevaricação é a infidelidade ao dever do ofício, à função exercida. É o não cumprimento das obrigações que lhe são inerentes, movido o agente por interesse ou sentimento próprios. Nossa lei compreende a omissão de ato funcional, o retardamento e a prática, sempre contrários à disposição legal. O objeto jurídico é o interesse da administração pública que não se compadece com o proceder do funcionário que não cumpre seus deveres com o fito de satisfazer a objetivos pessoais, prejudicando o desenvolvimento normal e regular daquela atividade. Já não se trata de coibir a *venda* do ato ou conduta, como na corrupção, mas de impedir procedimento que molesta ou ofende aquele bem jurídico, sendo do mesmo modo impelido o funcionário por objetivos pessoais"[447].

447. E. Magalhães Noronha, *Direito penal*, cit., v. 4, p. 257.

2. ELEMENTOS DO TIPO

2.1. Ação nuclear. Objeto material. Elemento normativo

As condutas típicas consubstanciam-se nos verbos: **(i) retardar**: é atrasar, adiar, deixar de praticar o ato de ofício dentro do prazo estabelecido (crime omissivo). Ainda que o ato possa ser praticado após a expiração do prazo legal, sem que tal retardamento acarrete sua invalidade, haverá a configuração da prevaricação[448]. Nessa modalidade criminosa a intenção do agente é apenas a de protelar, prorrogar ou procrastinar a prática do ato; **(ii) deixar de praticar**: trata-se de mais uma modalidade omissiva do crime em estudo. Aqui, no entanto, ao contrário da conduta precedente, há o ânimo definitivo de não praticar o ato de ofício; **(iii) praticar (contra disposição expressa de lei)**: cuida-se aqui de conduta comissiva, em que o agente efetivamente executa o ato, só que de forma contrária à lei.

O **objeto material** do crime é o ato de ofício. Não há falar, portanto, em prevaricação se o ato praticado, omitido ou retardado não se insere no âmbito de atribuição ou competência funcional do funcionário público. Dessa forma, o funcionário, por exemplo, que deixar de expedir determinado documento judicialmente requisitado por não ter competência para tanto não pratica o crime em tela[449]. O tipo penal abrange tanto o ato administrativo quanto o judicial[450]. Para Mirabete também abrange o ato legislativo[451].

O tipo penal contém dois **elementos normativos**: (i) o *retardamento* do ato ou sua *omissão* deve ser *indevido*, isto é, injusto ou ilegal. Caso a omissão suceda por ausência de norma legal que obrigue o funcionário à prática do ato, não haverá falar no crime em tela, uma vez que a omissão é devida. Também não se considera indevida a omissão que suceda por motivos de força maior, por exemplo, ausência de instrumentos materiais que impossibilitem a prática do ato ou a presença de obstáculos decorrentes da própria burocracia administrativa. Nesse sentido, o seguinte julgado: "Recurso em *habeas corpus*. Crime de prevaricação. Inquérito policial. Trancamento. 1. Não se configura — ainda que em tese — o crime de prevaricação no eventual retardo, decorrente de entraves burocráticos próprios da Administração Pública, no pagamento a prestador de serviços nos moldes por ele visados, máxime quando há recusa de recebimento do valor disponibilizado, sendo o excedente reputado indevido pela Justiça do Trabalho. 2. Nestas circunstâncias, por não haver retardamento ou retenção dolosa, carece de justa causa o inquérito policial instaurado" (STJ, RHC 9.362/SP); (ii) a *prática* do ato de ofício, por sua vez, deve ser realizada *contra disposição expressa de lei*. Assim, deve haver uma lei (exclui-se o regulamento)[452] que expressamente vede a prática do ato, mas o

---

448. Nélson Hungria, *Comentários*, cit., v. 9, p. 377.

449. Nesse sentido: TRF, HC 5.363, *DJU*, 19-4-1993, p. 13421 (*RBCCrim*, 2/242; TAPR, *RT* 486/357, apud Celso Delmanto, *Código Penal comentado*, cit., p. 568).

450. Nesse sentido: E. Magalhães Noronha, *Direito penal*, cit., v. 4, p. 258.

451. Julio Fabbrini Mirabete, *Manual*, cit., v. 3, p. 333.

452. Nesse sentido: Celso Delmanto, *Código Penal comentado*, cit., p. 567.

funcionário, arvorando-se no direito de substituir a vontade legal, realiza o ato contrário. Não se considera *expressa* a norma legal que suscite interpretações dúbias em face de sua obscuridade ou ambiguidade[453].

2.2. Sujeito ativo

Trata-se de crime próprio, pois somente pode ser cometido por funcionário público. Admite-se a participação de terceiro.

Consoante o teor do art. 445 do CPP, "o jurado, no exercício da função ou a pretexto de exercê-la, será responsável criminalmente nos mesmos termos em que o são os juízes togados". O mesmo se aplica aos jurados suplentes (CPP, art. 446).

2.3. Sujeito passivo

Sujeito passivo principal é o Estado. O particular, secundariamente, também pode ser vítima do delito em tela, caso venha a sofrer algum dano em face de conduta criminosa do funcionário público.

3. ELEMENTO SUBJETIVO

É o dolo, isto é, a vontade livre e consciente de retardar ou deixar de praticar, indevidamente, ato de ofício, ou praticá-lo contra disposição expressa de lei. É imprescindível que o agente tenha consciência de que a omissão é indevida ou de que o ato praticado é contrário à lei. Ausente essa consciência, o fato é atípico.

Exige-se também o elemento subjetivo do tipo, consistente na vontade de satisfazer interesse ou sentimento pessoal. O interesse, que consiste na obtenção de uma vantagem, pode ser patrimonial ou moral. Quanto ao interesse patrimonial, importa distinguir algumas situações: (i) se o ato praticado, retardado ou omitido tiver sido objeto de acordo anterior entre o funcionário e o particular, visando aquele indevida vantagem, o crime passará a ser outro: corrupção passiva; (ii) se houver, anteriormente à prática ou omissão do ato, a exigência de vantagem indevida pelo funcionário público, haverá o crime de concussão. Veja-se, pois, que no crime de prevaricação a obtenção de vantagem patrimonial pelo funcionário não deve estar ligada a qualquer oferecimento ou entrega de vantagem pelo particular em troca da ação ou omissão funcional. Na realidade, há interesse pessoal do funcionário na obtenção da vantagem, sem que, no entanto, haja intervenção alheia na consecução desse desiderato. O interesse também pode ser moral. Hungria entende que pode assim ser considerado o funcionário que trai seu dever por comodismo[454]. Contudo, a omissão ou retardamento do ato por mera indolência, simples desleixo ou negligência do funcionário público, sem o intuito de satis-

---

453. Nesse sentido: Nélson Hungria, *Comentários*, cit., v. 9, p. 378; E. Magalhães Noronha, *Direito penal*, cit., v. 4, p. 258.

454. Nélson Hungria, *Comentários*, cit., v. 9, p. 378.

fazer interesse ou sentimento pessoal, não configura o crime em tela, mas sim ato de improbidade administrativa. Com efeito, dispõe o art. 11 da Lei n. 8.429/92: "Constitui ato de improbidade administrativa que atenta contra os princípios da administração pública qualquer ação ou omissão que viole os deveres de honestidade, imparcialidade, legalidade, e lealdade às instituições, e notadamente: I – praticar ato visando fim proibido em lei ou regulamento ou diverso daquele previsto, na regra de competência; *II – retardar ou deixar de praticar, indevidamente, ato de ofício*". "A lei não reclama, para a constituição do ato de improbidade, que o agente público tenha por meta satisfazer interesse ou sentimento pessoal, como o reclama a lei penal (art. 319, do CP)"[455]. Na hipótese, estará o funcionário público sujeito às sanções previstas na referida lei especial, em seu art. 12, III (por exemplo: ressarcimento integral do dano, se houver, perda da função pública, suspensão dos direitos políticos de 3 a 5 anos etc.).

A lei também se refere ao sentimento pessoal, que abrange o espírito de vingança, amizade, piedade, caridade, ódio, despeito, o prazer de mandar, prepotência etc. Assim, pratica o crime em estudo o funcionário público que deixa de expedir um alvará por ser o solicitante seu inimigo. Da mesma forma, pratica esse delito o funcionário que, "a princípio por comodismo e depois pelo prazer do mandonismo e da prepotência, se recusa a atender, durante o horário normal de expediente, os contribuintes que desejavam recolher, tempestivamente, seus débitos fiscais" (*RT* 394/286). Ainda que o sentimento que o anima seja nobre, por exemplo, caridade, o crime se perfaz. Conforme ressalva Noronha, "claro, no entanto, que, no cômputo da pena, a elevação ou a abjeção do sentimento há de ser considerada: difere de muito a conduta do que prevarica por amor paterno ou filial e do que age por espírito de vingança"[456].

É pacífico na jurisprudência que o Ministério Público, ao formular a denúncia, deve descrever em que consiste o interesse ou sentimento pessoal do funcionário público, não bastando a mera reprodução do texto legal, sem qualquer indicação de elementos que especifiquem o sentimento ou interesse que o animou, pois, do contrário, a denúncia é considerada inepta.

4. CONSUMAÇÃO E TENTATIVA

Consuma-se o crime com o retardamento, a omissão ou a prática do ato. As condutas omissivas inadmitem a tentativa, uma vez que o crime se perfaz em um único ato (delito unissubsistente). Assim, "ou o funcionário pode ainda praticar o ato e, então, não se configura tentativa alguma, ou não mais o pode (o retardamento ou a omissão já se caracterizaram) e dá-se a consumação"[457]. Na modalidade comissiva, a tentativa é perfeitamente possível, pois há um *iter criminis* passível de ser fracionado.

---

455. Marino Pazzaglini Filho, Márcio Fernando Elias Rosa e Waldo Fazzio Júnior, *Improbidade administrativa* – aspectos jurídicos da defesa do patrimônio público, São Paulo, Atlas, 1996, p. 115.

456. E. Magalhães Noronha, *Direito penal*, cit., v. 4, p. 259.

457. E. Magalhães Noronha, *Direito penal*, cit., v. 4, p. 260.

5. FORMAS

5.1. Simples (art. 319, *caput*)

Prevista no *caput* do artigo.

5.2. Causa de aumento de pena

Prevista no art. 327, § 2º.

6. DISTINÇÕES

(i) Prevaricação e corrupção passiva: na primeira, o funcionário público retarda ou deixa de praticar, indevidamente, ato de ofício, ou pratica-o contra disposição expressa de lei, para satisfazer interesse ou sentimento pessoal. Ele é não movido pelo interesse de receber qualquer vantagem indevida por parte de terceiro. Na realidade, não há qualquer intervenção alheia nesse crime, pois o funcionário é motivado por interesse ou sentimento pessoal.

(ii) Prevaricação e corrupção passiva privilegiada: na corrupção passiva privilegiada o agente pratica, deixa de praticar ou retarda ato de ofício com infração de dever funcional, atendendo a pedido ou influência de outrem, o que não sucede na prevaricação, pois aqui o agente visa a satisfazer interesse ou sentimento pessoal.

(iii) Prevaricação e desobediência: indaga-se: por qual crime responde a autoridade administrativa que se negar a cumprir ato de sua atribuição legal, constante de mandado judicial?[458] Em uma primeira análise, tem-se a impressão de que estamos diante de um crime de desobediência. Não é o caso. O delito de desobediência somente pode ser praticado por particular ou por funcionário público que receba ordem não relacionada com suas funções. Se o agente público recebeu ordem que deveria cumprir e não o fez, responde por prevaricação, salvo se ausente a finalidade especial exigida pelo tipo de satisfazer interesse ou sentimento pessoal. Ausente esse fim especial de agir, o fato poderá constituir ato de improbidade administrativa (art. 11, II, da Lei n. 8.429/92).

7. LEGISLAÇÃO PENAL ESPECIAL

(i) Crime eleitoral: haverá a configuração do delito previsto no art. 345 do Código Eleitoral (Lei n. 4.737/65), se a autoridade judiciária, ou qualquer funcionário dos órgãos da Justiça Eleitoral, não cumprir, nos prazos legais, os deveres impostos no Código Eleitoral, não estando a infração sujeita a outra penalidade.

---

458. Nélson Hungria, *Comentários*, cit., v. 9, p. 379. Celso Delmanto, por sua vez, traz um julgado relativo à configuração do delito de prevaricação no descumprimento por autoridade administrativa de sentença proferida em mandado de segurança (TRF, 1ª Região, HC 11.161, *DJU*, 12-3-1990, p. 3891, *Código Penal comentado*, cit., p. 568).

(ii) Crime contra o Sistema Financeiro Nacional: haverá o crime previsto no art. 23 da Lei n. 7.492/86, se "omitir, retardar ou praticar, o funcionário público, contra disposição expressa de lei, ato de ofício necessário ao regular funcionamento do sistema financeiro nacional, bem como a preservação dos interesses e valores de ordem econômico-financeira".

(iii) Política Nacional do Meio Ambiente: dispõe o art. 15, § 2º, da Lei n. 6.938/81 que a autoridade competente que deixar de promover as medidas tendentes a impedir a prática das condutas descritas no art. 15, *caput* e § 1º, da referida lei (atos praticados pelo poluidor que expõem a perigo a incolumidade humana, animal ou vegetal, ou estiver tornando mais grave situação de perigo existente), incorre no mesmo crime.

Vide também o art. 10, § 4º, da Lei n. 1.521/51 (crimes contra a economia popular).

8. AÇÃO PENAL. LEI DOS JUIZADOS ESPECIAIS CRIMINAIS

(i) Ação penal: trata-se de crime de ação penal pública incondicionada.

(ii) Lei dos Juizados Especiais Criminais: trata-se de infração de menor potencial ofensivo, estando sujeita às disposições da Lei n. 9.099/95.

ART. 319-A – PREVARICAÇÃO NOS PRESÍDIOS

1. APLICAÇÃO

Infelizmente, na atualidade, a combinação da ausência de medidas administrativas efetivas que impedissem a entrada do telefone móvel nos presídios, com a inexistência de uma punição efetiva para aqueles que permitissem a sua entrada e para aqueles que o utilizassem, trouxe um resultado bombástico: a atuação vertiginosa e descontrolada da criminalidade organizada por todo o País. A nossa Lei de Execução Penal não considerava o uso dessa tecnologia como falta grave. Na realidade, quando da edição da Lei de Execução Penal, o legislador nem sequer cogitava da existência do telefone celular. Para agravar a situação, o Superior Tribunal de Justiça já havia decidido que resolução emanada da Administração Estadual não poderia legislar sobre o tema, pois, de acordo com o disposto no art. 49 da LEP: "As faltas disciplinares classificam-se em leves, médias e graves. A legislação local especificará as leves e médias, bem assim as respectivas sanções". Nesse sentido, conferir a seguinte lição jurisprudencial da época (STJ, HC 64.584/SP, *DJU* 20-11-2006). Por consequência, a posse do telefone celular, também, não podia acarretar a perda dos dias remidos do condenado. Nesse sentido, STJ, HC 45.278/SP.

A Lei n. 11.466, de 28 de março de 2007, foi criada com o intuito de suprir a omissão legal, trazendo duas inovações. Vejamos:

(i) Posse de telefone celular e falta grave: a atual lei incluiu o inciso VII no art. 50 da LEP, passando a considerar que comete falta grave o condenado à pena privativa de liberdade que "tiver em sua posse, utilizar ou fornecer aparelho telefônico, de rádio ou similar, que permita a comunicação com outros presos ou com o ambiente externo. A partir de agora, a consideração da posse do telefone celular como falta grave acarretará ao condenado uma série de consequências, como a revogação de até 1/3 dos dias remidos (por força da nova disciplina da Lei n. 12.433/2011), a impossibilidade da concessão do livramento condicional, a impossibilidade da progressão de regime, bem como possibilitará a regressão de regime. Além disso, conforme o art. 53 da LEP, será possível aplicar as sanções de suspensão ou restrição de direitos (art. 41, parágrafo único, da LEP), isolamento ou inclusão no regime disciplinar diferenciado. Ressalte-se que, embora o art. 50 se refira ao condenado à pena privativa de liberdade, os presos provisórios também se sujeitarão às sanções disciplinares, compatíveis com a sua situação, em decorrência do cometimento, no caso, de falta grave, pois, de acordo com o art. 44, parágrafo único, da LEP, "estão sujeitos à disciplina o condenado à pena privativa de liberdade ou restritiva de direitos e o preso provisório". Mencione-se, ainda, que, de acordo com a Súmula 716 do STF, "admite-se a progressão de regime de cumprimento da pena ou a aplicação imediata de regime menos severo nela determinada, antes do trânsito em julgado da sentença condenatória". Dessa forma, será possível decretar a regressão de regime no caso de preso provisório que for flagrado na posse de telefone celular. Finalmente, em virtude do disposto no art. 45 da LEP, o Superior Tribunal de Justiça tem se manifestado no sentido de que a lei somente se aplica aos fatos ocorridos a partir de 28 de março de 2007, data da publicação da nova legislação.

(ii) Posse ou utilização de telefone celular e crime praticado por Diretor de Penitenciária ou agente público: dispõe o art. 319-A: "Deixar o Diretor de Penitenciária e/ou agente público, de cumprir seu dever de vedar ao preso o acesso a aparelho telefônico, de rádio ou similar, que permita a comunicação com outros presos ou com o ambiente externo: Pena: detenção, de 3 (três) meses a 1 (um) ano". A lei, portanto, acrescentou um novo artigo relacionado ao crime de prevaricação, tipificando a conduta daquele que, tendo o dever legal de impedir o acesso do preso ao aparelho telefônico, rádio ou similar, torna-se omisso. Não se pune criminalmente, portanto, no caso, o preso que utiliza o aparelho telefônico, rádio ou similar, mas tão somente o Diretor de Penitenciária ou agente público (por exemplo: carcereiro) que deixa de cumprir o dever de vedar ao preso o acesso ao aparelho.

No Capítulo III, denominado "Dos crimes contra a administração da justiça", o art. 349-A, tipifica como crime o ingresso, a promoção, a intermediação, o auxílio ou a facilitação da entrada de aparelho telefônico de comunicação móvel, de rádio ou similar, sem autorização legal, em estabelecimento prisional. Pena: detenção, de três meses a um ano. Trata-se, portanto, de crime comum, que pode ser praticado pelo particular, normalmente, por familiares dos presos, suprindo, assim, a antiga omissão do art. 319-A, que apenas incriminava a conduta do agente público.

2. OBJETO JURÍDICO

Tutela-se o interesse da Administração Pública, responsável pela segurança pública, tanto no interior dos estabelecimentos prisionais quanto no âmbito da sociedade em geral.

3. ELEMENTOS DO TIPO

3.1. Ação nuclear. Objeto material

A conduta típica consubstancia-se no verbo *deixar* (omitir, não fazer algo) *de cumprir o dever de vedar* (proibir algo por obrigação legal). Por exemplo, incorre no tipo penal o carcereiro que vê o preso com um celular, ainda que este não esteja em uso, e nada faz para lhe retirar o aparelho.

O objeto material é o aparelho telefônico (de qualquer espécie, fixo ou móvel), de rádio (aparelho que emite e recebe sinais radiofônicos, por meio do qual se ouve algo, que também permite a transmissão de mensagens) ou similar (qualquer outro aparelho que capacite a comunicação entre pessoas, por exemplo, o computador, o qual é apto para comunicação tanto via teclado quanto em viva voz) que permita a comunicação com outros presos ou com o ambiente externo.

Sabe-se que a destinação daqueles aparelhos é permitir a comunicação do detento com outro detento, esteja ele no mesmo estabelecimento prisional ou em outro, ou com qualquer outra pessoa localizada no ambiente externo (fora do estabelecimento prisional).

O "preso" mencionado no tipo penal refere-se ao indivíduo condenado definitivamente a uma pena privativa de liberdade, bem como ao detido provisoriamente em razão de prisão temporária, flagrante delito ou prisão preventiva.

A conduta deve ter sido praticada no interior de estabelecimentos prisionais e cadeias públicas, compreendendo, portanto, todos os locais destinados ao recolhimento de pessoas para cumprimento de pena privativa de liberdade, independentemente do regime prisional (fechado, semiaberto e aberto), bem como ambientes destinados à contenção de indivíduos presos provisoriamente (por exemplo, carceragens de distritos policiais). Não se incluem as instituições destinadas ao cumprimento de medida socioeducativa de internação, uma vez que esta não se confunde com "prisão" e "interno" não se confunde com "preso".

3.2. Sujeito ativo

É o funcionário público que tem o dever de impedir o acesso do preso a aparelhos de comunicação móvel. Portanto, não se restringe ao diretor do presídio e ao agente penitenciário. Qualquer funcionário público que tenha algum contato com o preso, permitindo a este o acesso a aparelho telefônico, rádio ou similar, deve responder pelo delito em estudo. Por exemplo, o policial que fizer a escolta do detido até o fórum e permitir que terceiro lhe entregue um celular; o delegado que possui em seu distrito uma ou mais celas e permite que o preso tenha acesso a um dos aparelhos mencionados no tipo.

3.3. Sujeito passivo

É o Estado e, secundariamente, a sociedade, que pode ser prejudicada pelo uso daqueles aparelhos, os quais propiciam o cometimento de novos crimes.

4. ELEMENTO SUBJETIVO

É o dolo, isto é, a vontade livre e consciente do agente de omitir-se em seu dever de impedir o acesso ao preso de aparelho telefônico, rádio ou similar. Não há elemento subjetivo específico.

5. CONSUMAÇÃO E TENTATIVA

A consumação se dá no momento em que o diretor da penitenciária ou agente público, ciente da situação ilícita, omite-se e nada faz para impedir o acesso do preso ao aparelho telefônico, rádio ou similar. A efetiva utilização do meio de comunicação pelo detento é irrelevante. A tentativa é inadmissível, uma vez que se trata de crime omissivo próprio.

6. FORMAS

6.1. Simples (art. 319-A, *caput*)

Prevista no *caput* do artigo.

6.2. Causa de aumento de pena

Aplica-se a causa de aumento prevista no art. 327, § 2º, quando o agente ocupar cargo comissionado ou de assessoramento. Não se aplica ao sujeito ativo que ocupa cargo diretivo, uma vez que ser o agente "diretor de penitenciária" constitui elementar do crime, de forma que a aplicação da causa de aumento nessa hipótese configuraria *bis in idem*.

7. AÇÃO PENAL

Trata-se de crime de ação penal pública incondicionada. Constitui infração de menor potencial ofensivo, sujeito às disposições da Lei n. 9.099/95 e seus benefícios penais.

ART. 320 – CONDESCENDÊNCIA CRIMINOSA

1. CONCEITO. OBJETO JURÍDICO

Dispõe o art. 320 do CP "Deixar o funcionário, por indulgência, de responsabilizar subordinado que cometeu infração no exercício do cargo ou, quando lhe falte competência, não levar o fato ao conhecimento da autoridade competente: Pena – detenção, de 15 (quinze) dias a 1 (um) mês, ou multa". A condescendência criminosa nada mais é do que uma forma mais branda do crime de prevaricação. O funcionário deixa de responsabilizar seu subordinado pelas faltas praticadas ou não comunica o fato à autoridade competente, em razão de seu espírito de tolerância, complacência. Daí o porquê do tratamento penal dispensado para o delito ser menos severo. Em que pese o nobre sentimento que o leva a condescender, o funcionário público não pode deixar de ser responsabilizado criminalmente por esse fato, uma vez que a Administração Pública busca, por meio das normas disciplinares, previstas em seus estatutos, o regular desenvolvimento da atividade administrativa, de forma que, se todo funcionário de categoria superior se arvorasse no direito de responsabilizar ou não seu subordinado pelas faltas praticadas, tal conduta traria sérios transtornos ao desempenho da função pública, uma vez que serviria de estímulo para que todos os funcionários subordinados desrespeitassem a disciplina da Administração Pública. Tutela-se, portanto, o regular desenvolvimento da atividade administrativa.

2. ELEMENTOS DO TIPO

2.1. Ação nuclear

O tipo penal contém duas condutas típicas: (i) *deixar* o funcionário público, por indulgência, de *responsabilizar* subordinado que cometeu infração no exercício do cargo. Trata-se de crime omissivo puro. O agente, tendo o dever legal de apurar os fatos e responsabilizar o funcionário pela infração por este cometida, não o faz por tolerância; (ii) quando lhe falte competência, *não levar o fato ao conhecimento da autoridade competente*. Trata-se de crime omissivo. O agente, nessa hipótese, não tem atribuição legal para apurar os fatos e sancionar o subordinado, porém se omite ao não levar a infração ao conhecimento da autoridade competente.

É pressuposto do delito que haja anteriormente a prática de infração pelo funcionário subordinado, compreendendo aquela tanto as faltas disciplinares, previstas em estatutos do funcionalismo público, como o cometimento de crimes. Obviamente, a infração deve necessariamente estar ligada ao exercício do cargo. Dessa forma, não tipifica o delito em tela o funcionário que não leva ao conhecimento da autoridade pública o crime de favorecimento da prostituição (CP, art. 228), praticado por seu subordinado, uma vez que esse delito não tem qualquer conexão com o cargo por ele exercido. Por outro lado, é dever do superior hierárquico denunciar a prática de corrupção passiva ou concussão, por exemplo, uma vez que tais ações estão diretamente vinculadas ao exercício do cargo. Há também faltas disciplinares que nenhum vínculo possuem com o exercício daquele, por exemplo, incontinência pública e escandalosa e de vício de jogos proibidos (art. 257, I, da Lei n. 10.261/68 – Estatuto dos Funcionários Públicos Civis do Estado de São Paulo)[459].

2.2. Sujeito ativo

Trata-se de crime próprio, pois somente o funcionário público pode praticar o delito em tela. Deve o agente ser necessariamente superior hierárquico do funcionário público infrator.

459. Cf. exemplo de E. Magalhães Noronha, *Direito penal*, cit., v. 4, p. 262.

2.3. Sujeito passivo

É o Estado, titular do bem jurídico protegido.

3. ELEMENTO SUBJETIVO

É o dolo, isto é, a vontade livre e consciente de praticar uma das condutas típicas. Exige-se também o elemento subjetivo do tipo, contido na expressão "por indulgência". O agente, portanto, omite-se por tolerância, brandura. Haverá crime de prevaricação se o agente se omitir para atender sentimento ou interesse pessoal. Se o fim for a obtenção de vantagem indevida, o crime será de corrupção passiva.

Se o agente, por culpa, não toma conhecimento da infração praticada pelo funcionário subalterno, não há configuração do tipo penal[460].

4. CONSUMAÇÃO E TENTATIVA

Consuma-se com a simples omissão, ou seja, ciente da infração, o agente não toma qualquer providência para responsabilizar o funcionário; ou não comunica o fato à autoridade competente, se não tiver atribuição para fazê-lo.

Trata-se de crime omissivo puro, portanto a tentativa é inadmissível.

5. FORMAS

5.1. Simples (art. 320, *caput*)

Prevista no *caput* do artigo.

5.2. Causa de aumento de pena

Prevista no art. 327, § 2º.

6. LEGISLAÇÃO ESPECIAL

Dispõe o art. 9º, n. 3, da Lei n. 1.079/50 (crimes de responsabilidade) que "são crimes de responsabilidade contra a probidade na administração: não tornar efetiva a responsabilidade dos seus subordinados, quando manifesta em delitos funcionais ou na prática de atos contrários à Constituição".

7. AÇÃO PENAL. LEI DOS JUIZADOS ESPECIAIS CRIMINAIS

(i) Ação penal: trata-se de crime de ação penal pública incondicionada.

---

460. Nesse sentido: E. Magalhães Noronha, *Direito penal*, cit., p. 263.

(ii) Lei dos Juizados Especiais Criminais: trata-se de infração de menor potencial ofensivo, estando sujeita às disposições da Lei n. 9.099/95.

ART. 321 – ADVOCACIA ADMINISTRATIVA

1. CONCEITO. OBJETO JURÍDICO

Consoante o disposto no art. 321, *caput*, do CP, "patrocinar, direta ou indiretamente, interesse privado perante a administração pública, valendo-se da qualidade de funcionário: Pena – detenção, de 1 (um) a 3 (três) meses, ou multa". Trata-se de crime em que o funcionário público se vale dessa condição, isto é, do fácil acesso aos colegas, pertencentes à mesma repartição ou não, para advogar, favorecer interesse alheio privado. Tal conduta, obviamente, afeta o normal desempenho do cargo público, o qual deve estar a serviço do Estado e não de interesses alheios particulares. Tutela-se, dessa forma, o funcionamento regular da Administração Pública e a moralidade administrativa.

2. ELEMENTOS DO TIPO

2.1. Ação nuclear

A ação nuclear do tipo consubstancia-se no verbo *patrocinar*, isto é, advogar, favorecer, no caso, interesse privado perante os órgãos da Administração Pública. O patrocínio não necessariamente deve ocorrer no órgão em que o funcionário está lotado, podendo ser em setor diverso da Administração Pública. Por exemplo, um funcionário da Secretaria de Transportes defende interesse de particulares na Secretaria do Meio Ambiente, uma vez que possui certa influência nesta última. O patrocínio pode ocorrer *diretamente*, ou seja, sem intermediário; por exemplo, o funcionário faz uma petição ao seu colega ou solicita verbalmente algum benefício; pode também ocorrer *indiretamente*: terceira pessoa, no caso, um testa de ferro, encarrega-se de entrar em contato com a Administração sob as orientações do funcionário[461]. É necessário que o funcionário, ao patrocinar os interesses alheios, se valha das facilidades que a função lhe proporciona. Do contrário, o fato é atípico, por exemplo: escrevente de tabelião que se propõe e obtém, para os interessados, documentação necessária à lavratura de escritura. Não comprovado que ele se valeu de sua condição de serventuário da justiça para obter referida documentação, o crime não se configura. Importa, finalmente, mencionar que o interesse patrocinado deve necessariamente ser particular e alheio, podendo ser legítimo ou ilegítimo. A ilegitimidade do interesse acarreta apenas a majoração da pena (parágrafo único).

Para Noronha, o crime admite a modalidade omissiva[462].

---

461. Nesse sentido: E. Magalhães Noronha, *Direito penal*, cit., v. 4, p. 265; Nélson Hungria, *Comentários*, cit., v. 9, p. 383.

462. E. Magalhães Noronha, *Direito penal*, cit., v. 4, p. 265.

2.2. Sujeito ativo

Trata-se de crime próprio, pois somente o funcionário público poderá praticá-lo. É possível a participação de particular mediante induzimento, instigação ou auxílio secundário.

2.3. Sujeito passivo

É o Estado, titular do bem protegido pela norma penal.

3. ELEMENTO SUBJETIVO

É o dolo, isto é, a vontade livre e consciente de patrocinar interesse privado perante a Administração Pública. Não importa o fim específico do agente na prática do delito (amizade ou qualquer outro interesse). Na forma qualificada (art. 321, parágrafo único), o agente deve ter conhecimento da ilegitimidade do interesse.

4. CONSUMAÇÃO E TENTATIVA

Trata-se de crime formal. Consuma-se com o primeiro ato inequívoco de patrocínio, independentemente da obtenção do resultado pretendido. A tentativa é admissível. Vejamos o seguinte exemplo, citado por Noronha: "Uma petição em que se advoga o interesse de terceiro, sendo, entretanto, o funcionário obstado de, no momento preciso, apresentá-la a quem de direito"[463].

5. FORMAS

5.1. Simples (art. 321, *caput*)

Prevista no *caput* do artigo.

5.2. Qualificada (art. 321, parágrafo único)

Prevista no art. 321, parágrafo único: "Se o interesse é ilegítimo: Pena – detenção, de 3 (três) meses a 1 (um) ano, além da multa". A pena é majorada se o interesse patrocinado é ilícito. Exige-se para a caracterização dessa majorante que o sujeito ativo tenha ciência da ilegitimidade do interesse.

5.3. Causa de aumento de pena

Vide o § 2º do art. 327 do CP.

463. E. Magalhães Noronha, *Direito penal*, cit., v. 4, p. 266.

6. DISTINÇÕES

(i) advocacia administrativa e prevaricação: na advocacia administrativa, o agente público, não tendo atribuição para praticar determinado ato administrativo, influencia o servidor dotado de competência para tanto, em benefício de algum terceiro, não pertencente aos quadros da Administração;

(ii) advocacia administrativa e corrupção passiva: na corrupção passiva, o agente solicita ou recebe a vantagem para praticar o ato irregular ou deixá-lo de praticar, ao passo que na advocacia administrativa o funcionário defende interesses privados perante quem detém a competência para beneficiá-lo;

(iii) advocacia administrativa e concussão: na primeira, o agente usa de influência sobre o agente público para beneficiar o *extraneus*, ao passo que na concussão há emprego de violência ou grave ameaça por parte do funcionário para obter a vantagem indevida para si ou para outrem.

7. LEGISLAÇÃO PENAL ESPECIAL

(i) Se o patrocínio de interesse privado se der perante a administração fazendária, haverá a configuração do crime previsto no art. 3º, III, da Lei n. 8.137/90 (crimes contra a ordem tributária, econômica e contra as relações de consumo).

(ii) Se o patrocínio de interesse privado se der perante a Administração, dando causa à instauração de licitação ou à celebração de contrato cuja invalidação vier a ser decretada pelo Poder Judiciário, o crime será o do art. 91 da Lei n. 8.666/93 (Lei de Licitações).

8. AÇÃO PENAL. LEI DOS JUIZADOS ESPECIAIS CRIMINAIS

(i) Ação penal: trata-se de crime de ação penal publica incondicionada.

(ii) Lei dos Juizados Especiais Criminais: crime de menor potencial ofensivo, sujeito às disposições da Lei n. 9.099/95.

ART. 322 – VIOLÊNCIA ARBITRÁRIA

1. A QUESTÃO DA REVOGAÇÃO TÁCITA DO ART. 322 PELA LEI N. 4.898/65

Prevê o art. 322 do CP: "Praticar violência arbitrária, no exercício da função ou a pretexto de exercê-la. Pena: detenção, de 6 (seis) meses a 3 (três) anos, além da pena correspondente à violência".[464]

---

464. Fernando Capez, *Legislação penal especial*, São Paulo, Paloma, 2002, v. 1, p. 161.

Nosso entendimento: tendo em vista que sua matéria foi integralmente tratada pelo art. 3º, *i*, da Lei n. 4.898/65 (Lei de Abuso de Autoridade), a qual tipificou essa conduta como abuso de autoridade, entendemos que o art. 322 do CP foi revogado tacitamente pela mencionada lei especial[465].

Esse é, inclusive, o posicionamento que prevalece na doutrina[465], embora a jurisprudência do STJ seja em sentido contrário.

Os motivos para a revogação do art. 322 do CP nos são trazidos por Gilmar e Vladimir Passos de Freitas: "Realmente, conforme estudo elaborado pela Procuradoria-Geral de Justiça do Estado de São Paulo. 'Os partidários desse entendimento (revogação), argumentam que a Lei 4.898, de 09.12.1965, regulou inteiramente a punição dos crimes de abuso de poder, classe a que pertencia o denominado crime de violência arbitrária. A aplicação do art. 322 do CP aos casos concretos, durante sua vigência, ofereceu enorme dificuldade de interpretação, causando críticas e sugestões de reforma. O legislador, sensível a tais reclamos, simplesmente disciplinou a matéria na nova lei, empregando expressões minuciosas e concedendo ao juiz maior elasticidade na dosagem da pena, possibilitando, assim, imposições específicas e mais adequadas à maior ou menor gravidade dos fatos. Além disso, havia dúvida a respeito de a descrição do art. 322 abranger somente a violência física ou também a moral, sendo predominante a primeira corrente. A Lei 4.898 surgiu para dirimir tais dúvidas, revogando o art. 322 do CP'"[466].

Vale, por fim, ressaltar que a Lei n. 4.898/1965, por sua vez, foi totalmente revogada pela Lei n. 13.869/2019. Entendemos que como a novel legislação nada estabeleceu a respeito do art. 322 do Código Penal não há que se falar em repristinação e, por razão, permanece revogado.

ART. 323 – ABANDONO DE FUNÇÃO

1. CONCEITO. OBJETO JURÍDICO

Dispõe o art. 323, *caput*, do CP: "Abandonar cargo público, fora dos casos permitidos em lei. Pena – detenção, de 15 (quinze) dias a 1 (um) mês, ou multa". Veja-se que o texto do dispositivo legal se refere ao *cargo público*, embora sua rubrica mencione o abandono de *função*. Tais expressões não são sinônimas. Com efeito, o art. 4º da Lei n.

465. Damásio E. de Jesus, *Direito penal*, cit., v. 4, p. 186; Victor Eduardo Rios Gonçalves, *Dos crimes contra os costumes aos crimes contra a Administração*, cit., v. 10, p. 140; Julio Fabbrini Mirabete, *Manual*, cit., v. 3, p. 342; Gilberto Passos de Freitas e Vladimir Passos de Freitas, *Abuso de autoridade*, 9. ed., São Paulo, Revista dos Tribunais, 2001, p. 171; Cezar Roberto Bitencourt, *Código Penal comentado*, cit., p. 1095. *Em sentido contrário*: E. Magalhães Noronha, para quem não houve a revogação do art. 322 pela Lei de Abuso de autoridade (*Direito penal*, cit., v. 4, p. 272).

466. Gilberto Passos de Freitas e Vladimir Passos de Freitas, *Abuso de autoridade*, cit., p. 171.

10.261/68 dispõe que "cargo público é o conjunto de atribuições e responsabilidades cometidas a um funcionário". Função pública, segundo Damásio, "corresponde a qualquer atividade realizada pelo Estado com a finalidade de satisfazer as necessidades de natureza pública"[467]. Conforme assinala Noronha, "função pública tem conceito mais amplo, bastando dizer-se que o jurado e o eleitor (votando) a exercem, sem que ocupem cargo público"[468]. Deve, dessa forma, prevalecer, no caso, a expressão constante do dispositivo legal, isto é, o crime ocorrerá quando houver abandono do *cargo público*, e não do emprego ou função pública, afastando-se, portanto, a definição abrangente do art. 327 do Código Penal.

Visa o dispositivo penal proteger a regularidade e a normalidade do desempenho do cargo público, o qual é afetado com a descontinuidade do exercício da atividade pública.

2. ELEMENTOS DO TIPO

2.1. Ação nuclear. Elemento normativo do tipo

Trata-se de crime omissivo puro. A ação nuclear está consubstanciada no verbo *abandonar* cargo público. Abandonar é afastar-se, largar. O abandono pode ocorrer de duas formas: pelo mero afastamento do funcionário ou quando ele não se apresenta no momento devido[469]. Exige-se que o abandono se dê por tempo juridicamente relevante, pois o que caracteriza o delito é a probabilidade de dano ou prejuízo para a Administração Pública. Se o abandono se der por tempo ínfimo, poderá haver tão somente falta disciplinar, sujeita às sanções administrativas. Também inexiste qualquer probabilidade de dano para a Administração Pública no abandono do cargo pelo funcionário a que segue sua substituiçao automática por seu substituto legal[470].

Não há abandono do cargo público se houver anterior pedido de demissão, o qual tenha sido deferido. Enquanto não há o deferimento do pedido, não é permitido ao funcionário abandonar o cargo público. Se o fizer, haverá a configuração do crime em apreço[471].

A lei contém um elemento normativo: abandonar cargo público *fora dos casos permitidos em lei*. Assim, não há abandono nos casos permitidos em lei. Isso diz com a ausência de ilicitude do abandono, por exemplo, em caso de guerra, prisão.

2.2. Sujeito ativo

Trata-se de crime próprio, portanto somente pode ser cometido por funcionário público.

---

467. Damásio E. de Jesus, *Direito penal*, cit., v. 4, p. 189.

468. E. Magalhães Noronha, *Direito penal*, cit., v. 4, p. 275-6.

469. E. Magalhães Noronha, *Direito penal*, cit., p. 275.

470. Nesse sentido: E. Magalhães Noronha, ob. cit., v. 4, p. 275.

471. Nélson Hungria, *Comentários*, cit., v. 9, p. 392; E. Magalhães Noronha, *Direito penal*, cit., v. 4, p. 276.

2.3. Sujeito passivo

É o próprio Estado, titular do bem jurídico protegido.

3. ELEMENTO SUBJETIVO

É o dolo, isto é, a vontade livre e consciente de abandonar o cargo. Deve o agente ter consciência de que o abandono não é legalmente permitido e de que há probabilidade de causar prejuízo à Administração Pública.

4. CONSUMAÇÃO E TENTATIVA

O crime consuma-se com o abandono do cargo público por tempo juridicamente relevante, de forma a criar probabilidade de dano ou prejuízo à Administração Pública. Não é necessária a efetiva causação de dano à Administração Pública. Caso o abandono provoque prejuízo público, incidirá a qualificadora do § 1º. Por se tratar de delito omissivo próprio, não admite a forma tentada.

5. FORMAS

5.1. Simples (art. 323, *caput*)

Prevista no *caput* do artigo.

5.2. Forma qualificada pelo prejuízo (art. 323, § 1º)

Prevista no § 1º: "Se do fato resulta prejuízo público: Pena – detenção, de 3 (três) meses a 1 (um) ano, e multa". Para Damásio, prejuízo público é aquele causado aos serviços de natureza pública, não abrangendo o de natureza particular[472]. Para Noronha, é o prejuízo social ou coletivo, sendo "aplicáveis os dizeres de Riccio: 'O prejuízo deve consistir em um dano diverso do que é inerente à violação do dever do ofício ou serviço. Se assim não fosse, toda hipótese delituosa seria agravada'"[473]. O prejuízo, no caso, constitui exaurimento do crime, o qual foi erigido em condição de maior punibilidade. Hungria cita alguns exemplos: "Intercorrente êxito de um contrabando ou descaminho, não arrecadação de impostos, falta d'água à população, paralisação do serviço postal, etc."[474].

5.3. Forma qualificada pelo lugar compreendido na faixa de fronteira (art. 323, § 2º)

Prevista no § 2º: "Se o fato ocorre em lugar compreendido na faixa de fronteira: Pena – detenção, de 1 (um) a 3 (três) anos, e multa". Dispõe o art. 20, § 2º, da CF: "A faixa de até cento e cinquenta quilômetros de largura, ao longo das fronteiras terres-

472. Damásio E. de Jesus, *Direito penal*, cit., v. 4, p. 191.
473. E. Magalhães Noronha, *Direito penal*, cit., v. 4, p. 278.
474. Nélson Hungria, *Comentários*, cit., v. 9, p. 393.

tres, designada como faixa de fronteira, é considerada fundamental para defesa do território nacional, e sua ocupação e utilização serão regulamentadas em lei" (a Lei n. 6.634/79 disciplinou a matéria). Dessa forma, o abandono do cargo em órgão público situado na faixa de fronteira gera a incidência dessa majorante legal. É que, por imperativos de segurança nacional, exige o interesse coletivo que as atividades públicas na região sejam prestadas de forma continuada, sem interrupção, daí o agravamento da pena.

5.4. Causa de aumento de pena

Se o sujeito ativo exerce função de direção, cargo em comissão etc., de aplicar-se o art. 327, § 2º, do CP.

6. QUESTÃO

No caso de suspensão ou abandono coletivo do cargo, isto é, greve dos funcionários públicos, por qual crime eles respondem? Para aqueles que entendem que o art. 201 do CP não foi revogado, deverá o funcionário responder pelo delito mencionado[475]. Contudo, para aqueles que sustentam sua revogação, o fato é atípico. Para Delmanto, "a greve *pacífica*, mesmo em serviços ou atividades essenciais, é hoje, a nosso ver, penalmente *atípica*, ainda que os grevistas sejam funcionários públicos, pois o art. 37, VII, da CR/88 não foi até agora objeto de lei complementar (cf. o art. 16 da Lei n. 7.783/89)"[476].

7. AÇÃO PENAL. LEI DOS JUIZADOS ESPECIAIS CRIMINAIS

(i) Ação penal: trata-se de crime de ação penal pública incondicionada.

(ii) Lei dos Juizados Especiais Criminais: as formas simples (*caput*) e qualificada (§ 1º) constituem infração de menor potencial ofensivo, estando sujeitas às disposições da Lei n. 9.099/95. Quanto à forma qualificada prevista no § 2º, incide apenas o art. 89 da Lei n. 9.099/95.

ART. 324 – EXERCÍCIO FUNCIONAL ILEGALMENTE ANTECIPADO OU PROLONGADO

1. CONCEITO. OBJETO JURÍDICO

Dispõe o art. 324 do CP: "Entrar no exercício de função pública antes de satisfeitas as exigências legais, ou continuar a exercê-la, sem autorização, depois de saber oficialmente que foi exonerado, removido, substituído ou suspenso. Pena – detenção, de 15

475. Cezar Roberto Bitencourt, *Código Penal comentado*, cit., p. 1097; Julio Fabbrini Mirabete, *Manual*, cit., v. 3, p. 367.

476. Celso Delmanto, *Código Penal comentado*, cit., p. 400.

(quinze) dias a 1 (um) mês, ou multa". Tutela-se mais uma vez o regular e normal funcionamento da Administração Pública.

2. ELEMENTOS DO TIPO

2.1. Ação nuclear. Elemento normativo do tipo

O tipo penal prevê duas condutas típicas:

(i) *entrar* no exercício de função pública antes de satisfeitas as *exigências legais* (elemento normativo do tipo). Sabemos que após a realização do concurso público sucede o provimento do cargo mediante a nomeação do candidato aprovado. Uma vez feita a nomeação, o provimento somente se completará com a posse e o exercício do cargo. Na realidade, é a posse que confere ao candidato aprovado as prerrogativas, os direitos e os deveres do cargo ou mandato[477]. "Sem a posse o provimento não se completa, nem pode haver exercício de função pública. É a posse que marca o início dos direitos e deveres funcionais, como, também, gera as restrições, impedimentos e incompatibilidades para o desempenho de outros cargos, funções ou mandatos"[478]. Além da posse, outros requisitos são exigidos para que o candidato entre no exercício do cargo, por exemplo: comprovação do estado de saúde mediante inspeção médica, apresentação de declaração de bens e valores que compõem seu patrimônio privado (o art. 13 da Lei de Improbidade Administrativa – Lei n. 8.429/92 – condiciona a posse e o exercício de agente público à apresentação da citada declaração), comprovação do gozo de direitos políticos etc. Dessa forma, se o funcionário nomeado passar a exercer a função pública antes de tomar posse ou sem que comprove uma das exigências legais, previstas nos respectivos estatutos legais, haverá o crime em tela. Trata-se de norma penal em branco;

(ii) ou *continuar* a exercê-la, sem autorização, depois de saber oficialmente que foi exonerado, removido, substituído ou suspenso. Nessa hipótese, o funcionário, ciente de seu impedimento para continuar no exercício da função pública, prolonga sua atuação, a despeito de sua exoneração, remoção, substituição ou suspensão, isto é, continua a praticar atos de ofício, embora haja impedimento legal para tanto; por exemplo: funcionário que ocupa cargo de comissão na Prefeitura e, mediante comunicação oficial por carta, cientifica-se de que foi exonerado, *ex officio*, pela prefeita, e, a despeito disso, continua a praticar atos de ofício. Frise-se que é imprescindível que o funcionário tenha conhecimento real da comunicação, não podendo haver presunção nesse sentido, ainda que o ato seja notório. Assim, segundo Hungria, não basta a mera publicação no *Diário Oficial*, salvo se provado, de forma inequívoca, que

---

477. Nesse sentido: Hely Lopes Meirelles, *Direito administrativo brasileiro*, cit., p. 376.

478. Hely Lopes Meirelles, *Direito administrativo brasileiro*, cit., p. 376.

o funcionário tomou conhecimento do ato de exoneração, substituição etc.[479]. Há, contudo, uma hipótese em que essa comunicação oficial é prescindível: no caso de aposentadoria compulsória, quando o agente completa 70 anos. É que, por ser o afastamento automático, não há falar em comunicado oficial, devendo ele tornar-se inativo independentemente da edição do respectivo decreto (art. 187 da Lei n. 8.112/90)[480]. Delmanto entende que a aposentadoria não foi arrolada entre os casos expressos deste art. 324[481]. Essa segunda conduta típica contém um elemento normativo: *sem autorização*. Dessa forma, caso, por exemplo, o funcionário removido continue a exercer suas funções devidamente autorizado pela autoridade superior, ante a impossibilidade de seu substituto legal assumir imediatamente as funções, não haverá a configuração do crime em tela.

Importa, finalmente, ressalvar que o tipo penal não se refere às férias ou o período de licença. A prática de atos de ofício nesse período não configura o crime em tela.

Se o exercício da função, sem o preenchimento das exigências legais ou seu prolongamento desautorizado, ocorrer ante a premente necessidade de salvaguardar interesse da Administração, configurar-se-á o estado de necessidade[482], causa excludente da ilicitude.

2.2. Sujeito ativo

Trata-se de crime próprio, pois somente pode ser praticado por funcionário público. Se o particular entrar no exercício da função pública, haverá a configuração do delito de usurpação de função pública (CP, art. 328).

2.3. Sujeito passivo

É o Estado, titular do bem protegido pela norma penal.

3. ELEMENTO SUBJETIVO

É o dolo, consubstanciado na vontade livre e consciente de entrar no exercício da função pública antes de satisfeitas as exigências legais ou de continuar em seu exercício sem autorização. É necessário que o agente tenha ciência de que não preenche os requisitos legais para entrar no exercício da função pública. Na segunda modalidade, exige o tipo penal que o agente saiba oficialmente que não mais poderá continuar no exercício daquela.

479. Nélson Hungria, *Comentários*, cit., v. 9, p. 394; Julio Fabbrini Mirabete, *Manual*, cit., v. 3, p. 347.

480. E. Magalhães Noronha, *Direito penal*, cit., v. 4, p. 280; Nélson Hungria, *Comentários*, cit., v. 9, p. 395.

481. Celso Delmanto, *Código Penal comentado*, cit., p. 574. No mesmo sentido: Victor Eduardo Rios Gonçalves, *Dos crimes contra os costumes aos crimes contra a Administração*, cit., v. 10, p. 143.

482. Nélson Hungria, *Comentários*, cit., v. 9, p. 395.

4. CONSUMAÇÃO

Consuma-se o crime quando o funcionário pratica o primeiro ato de ofício indevido. Por se tratar de crime plurissubsistente, é possível a tentativa. Por exemplo: suspenso, o funcionário comparece ao local onde exerce sua atividade, mas é impedido de praticar o primeiro ato, por quem de direito[483].

5. FORMAS

5.1. Simples (art. 324, *caput*)

Prevista no *caput* do artigo.

5.2. Causa de aumento de pena

Tratando-se de funcionário ocupante de cargo em comissão ou função de direção ou assessoramento, em determinadas entidades, de aplicar-se a causa de aumento de pena prevista no art. 327, § 2º, do CP.

6. AÇÃO PENAL. LEI DOS JUIZADOS ESPECIAIS CRIMINAIS

(i) **Ação penal:** trata-se de crime de ação penal pública incondicionada.

(ii) **Lei dos Juizados Especiais Criminais:** trata-se de infração de menor potencial ofensivo, sujeita às disposições da Lei n. 9.099/95.

ART. 325 – VIOLAÇÃO DE SIGILO FUNCIONAL

1. CONCEITO. OBJETO JURÍDICO

Dispõe o art. 325, *caput*, do CP: "Revelar fato de que tem ciência em razão do cargo e que deva permanecer em segredo, ou facilitar-lhe a revelação: Pena – detenção, de 6 (seis) meses a 2 (dois) anos, ou multa, se o fato não constitui crime mais grave". Ao contrário do crime previsto no art. 154 do CP, em que se tutela a liberdade individual no que concerne à inviolabilidade do segredo profissional, protege-se aqui a inviolabilidade dos segredos da Administração Pública. O funcionário público que, em razão do cargo, venha a ter conhecimento de fatos relacionados à atividade administrativa que não possam ser revelados tem o dever de guardar segredo sobre eles, sob pena de prejudicar o regular e normal funcionamento da atividade estatal. O princípio da publicidade que norteia os atos administrativos não é incompatível com esse dever, pois há atos que, para a segurança ou regular administração do Estado, necessitam ficar sob sigilo. A divulgação desses atos pelo funcionário público pode acarretar graves consequências para a Administração Pública e para o particular.

---

483. Cf. exemplo de E. Magalhães Noronha, *Direito penal*, cit., v. 4, p. 282.

Trata-se de crime eminentemente subsidiário, de forma que, constituindo o fato delito mais grave, a violação do sigilo funcional restará absorvida.

2. ELEMENTOS DO TIPO

2.1. Ação nuclear. Objeto material

As ações nucleares típicas consubstanciam-se nos seguintes verbos:

(i) ***revelar*** **o segredo (revelação direta):** nessa modalidade típica o funcionário comunica, por escrito ou oralmente, a terceiro fato que deveria ser mantido em sigilo. Não é necessária a comunicação a um número indeterminado de pessoas. Basta a revelação a um único indivíduo para que o crime se repute configurado;

(ii) ***facilitar*** **a revelação do segredo (revelação indireta):** nesta modalidade o funcionário não revela o fato, mas auxilia terceiro para que ele descubra o segredo. Por exemplo: deixar aberto o cofre contendo informações sigilosas.

O **objeto do crime** é o *segredo funcional*, ou seja, o agente tem conhecimento dele em razão do cargo que ocupa, de suas atribuições, isto é, conforme assinala Hungria, "faz-se mister que entre as atribuições do agente se inclua o conhecimento do fato (tornando-se ele um depositário do segredo). Não haverá crime se o indiscreto funcionário ocasionalmente surpreendera o segredo, pouco importando que para isso tivesse contribuído sua qualidade de *intraneus*"[484]. Da mesma forma, se, por acaso, tomar ciência de segredos de outro órgão da Administração, não se configurará o delito em tela. Ressalve-se que o segredo aqui tutelado é o de interesse público, ao contrário do crime do art. 154; contudo, nada impede que concomitantemente interesse a um particular[485]. A sigilosidade do segredo não necessita ser perpétua; pode ser temporária, de forma que sua revelação nesse período de tempo perfaz o delito em estudo.

Se o funcionário público (ou particular) utilizar ou divulgar, indevidamente, conteúdo sigiloso relativo a certames públicos (concurso público; avaliação ou exame públicos; processo seletivo para ingresso no ensino superior; ou exame ou processo seletivo previstos em lei), com o fim de beneficiar a si ou a outrem, ou de comprometer a credibilidade daquele, haverá a configuração da modalidade delitiva prevista no art. 311-A (fraudes em certames de interesse público).

2.2. Sujeito ativo

Trata-se de crime próprio, pois só pode ser cometido por funcionário público. Se a revelação se opera após ele ter deixado definitivamente a função pública, não há o delito em apreço. Para grande parte da doutrina a norma também alcança o funcionário aposentado ou posto em disponibilidade, pois, embora não exerça mais as funções, continua a ser funcio-

---

484. Nélson Hungria, *Comentários*, cit., v. 9, p. 397.

485. Nesse sentido: E. Magalhães Noronha, *Direito penal*, cit., v. 4, p. 286.

nário público[486]. Admite-se o concurso de pessoas. Assim, o particular ou não que de qualquer forma colabore para a prática desse crime por ele responderá. O particular (*extraneus*) que tomou conhecimento do segredo revelado pelo funcionário, sem ter qualquer participação na conduta, não responde por crime algum, ainda que revele o segredo a outrem[487].

2.3. Sujeito passivo

É o Estado, titular do sigilo. O particular também pode ser sujeito passivo quando a revelação lhe for prejudicial.

3. ELEMENTO SUBJETIVO

É o dolo, isto é, a vontade livre e consciente de revelar o segredo funcional ou facilitar-lhe a revelação. O agente deve ter consciência de que o fato deve ser mantido em sigilo. Não há previsão da modalidade culposa. Dessa forma, se o funcionário se esquecer de fechar a gaveta de seu armário e terceiro tomar conhecimento dos documentos sigilosos lá guardados, não se configurará o crime em tela.

4. CONSUMAÇÃO

Consuma-se o crime com a revelação do segredo, isto é, quando terceiro toma ciência dele. É nesse momento que podemos afirmar que ocorreu a revelação. Tratando-se de crime formal, a consumação do delito independe da ocorrência de dano efetivo à Administração Pública, bastando que haja dano potencial.

5. TENTATIVA

É possível a tentativa somente na revelação escrita do segredo. Na facilitação também é possível a tentativa[488]. Assim, caso o funcionário deixe o cofre aberto para que terceiros tenham acesso a documentos sigilosos, e ninguém venha a tomar conhecimento deles, há tentativa do crime em tela.

6. FORMAS

6.1. Simples (art. 325, *caput*)

Prevista no *caput* do artigo.

486. Nesse sentido: E. Magalhães Noronha, *Direito penal*, cit., v. 4, p. 285; Julio Fabbrini Mirabete, *Manual*, cit., v. 3, p. 348; Damásio E. de Jesus, *Direito penal*, cit., v. 4, p. 198; Nélson Hungria, *Comentários*, cit., v. 9, p. 397; Cezar Roberto Bitencourt, *Código Penal comentado*, cit., p. 1099.

487. Nesse sentido: Nélson Hungria, *Comentários*, cit., v. 9, p. 397.

488. Nélson Hungria somente admite a tentativa na segunda modalidade do crime (ato de facilitar), por entender que somente aí há um *iter criminis* (*Comentários*, cit., v. 9, p. 398).

6.2. Figuras equiparadas (art. 325, § 1º)

O § 1º do art. 325 do CP tem o seguinte teor: "Nas mesmas penas deste artigo incorre quem: I – permite ou facilita, mediante atribuição, fornecimento e empréstimo de senha ou qualquer outra forma, o acesso de pessoas não autorizadas a sistemas de informações ou banco de dados da Administração Pública; II – se utiliza, indevidamente, do acesso restrito". Tutela aqui especificamente o sigilo do sistema de informações ou banco de dados da Administração Pública. Nas duas primeiras modalidades típicas (*permitir ou facilitar*), o funcionário público, que tem acesso liberado ao banco de informações ou dados, autoriza ou auxilia *pessoas não autorizadas (elemento normativo do tipo)* a ter acesso a esse sistema. O acesso desses terceiros se dá mediante a atribuição, o fornecimento e o empréstimo de senha pelo funcionário. Na terceira modalidade típica (inciso II), é o próprio funcionário público quem se utiliza, *indevidamente (elemento normativo do tipo)*, do acesso restrito. Esse dispositivo legal enseja duas possíveis interpretações: (i) consoante Antonio Lopes Monteiro, "na terceira figura, é o funcionário público que acessa o sistema de informações e banco de dados, mas invade parte do sistema em que o acesso lhe é vedado, ou seja, de uso restrito"[489]; (ii) Mirabete, por sua vez, entende que "no inciso II é incriminada a conduta do próprio funcionário público, que se utiliza indevidamente, de qualquer forma, dos dados que obtém do sistema ou do banco, quando tais dados são de acesso restrito aos interesses da Administração Pública"[490].

Importa notar que o terceiro que teve acesso ao sistema de informações ou banco de dados não responde por esse delito.

6.3. Figura qualificada (art. 325, § 2º)

O § 2º do art. 325 do CP, diz: "Se da ação ou omissão resulta dano à Administração Pública ou a outrem, a pena será de reclusão, de 2 (dois) a 6 (seis) anos, e multa". Na hipótese, a conduta típica não só viola o regular e normal funcionamento da atividade administrativa como também acaba por lhe acarretar prejuízos de ordem patrimonial. A qualificadora também abrange o prejuízo provocado a qualquer particular.

6.4. Causa de aumento de pena

Tratando-se de funcionário ocupante de cargo em comissão ou de função de direção ou assessoramento em certas entidades, de aplicar-se a causa de aumento de pena prevista no art. 327, § 2º, do CP.

7. LEGISLAÇÃO PENAL ESPECIAL

(i) Se o segredo for relativo a proposta de concorrência pública, a norma aplicável é a da Lei das Licitações – art. 94 da Lei n. 8.666/93.

---

489. Antonio Lopes Monteiro, *Crimes contra a Previdência Social*, cit., p. 74.

490. Julio Fabbrini Mirabete, *Manual*, cit., v. 3, p. 351.

(ii) A quebra de sigilo em certames de interesse público configura o art. 311-A do CP.

(iii) Se o sigilo fosse referente a inquérito ou processo por crime de tóxicos, incidia a regra do art. 17 da Lei n. 6.368/76, entretanto, essa norma foi revogada pela Lei de Drogas (Lei n. 11.343/2006), não tendo o mencionado dispositivo legal sido reproduzido pela nova lei.

(iv) Se há violação de sigilo de investigações criminais em que haja infração controlada ou infração de agentes, aplica-se o art. 20 da Lei n. 12.850/2013 (Lei do Crime Organizado).

(v) Se o segredo é relativo a interesses protegidos pela Lei de Segurança Nacional, aplicam-se os arts. 13, 14 e 21 da Lei n. 7.170/83.

(vi) Se há violação de sigilo funcional pela autoridade fiscal dos Ministérios da Economia, Fazenda ou Planejamento que proceda ao exame de documentos, livros e registros das bolsas de valores, de mercadorias, de futuros e assemelhados, incide a Lei n. 8.021/90, que, em seu art. 7º, § 3º, manda aplicar o art. 325 do CP ao servidor que revelar as informações obtidas.

(vii) A quebra do sigilo bancário de instituições financeiras poderá ser determinada diretamente por funcionários do Banco Central, no desempenho de suas funções de fiscalização e apuração de irregularidades, nos termos do art. 2º, § 1º, da Lei Complementar n. 105/2001, bem como por agentes de fiscalização tributária da União, Estados e Municípios, de acordo com o art. 6º da mesma lei. Fica dispensada, nessas hipóteses, a prévia autorização judicial. Havendo divulgação dos dados obtidos a terceiros, responderão os agentes públicos em questão pelo crime previsto no art. 10 da referida lei complementar, estando sujeitos à pena de um a quatro anos e multa.

(viii) Se há transmissão ilícita de informações sigilosas concernentes à energia nuclear, aplica-se o art. 23 da Lei n. 6.453/77.

(ix) Tratando-se de violação de sigilo relativo ao Sistema Financeiro Nacional, aplicam-se os arts. 18 e 29 da Lei n. 7.492/86.

(x) Se há quebra de segredo de justiça referente à interceptação de comunicações telefônicas, de informática ou telemática, incide o art. 10 da Lei n. 9.296/96.

(xi) Se há violação de sigilo empresarial, o crime será o previsto na Lei n. 11.101/2005, que regula a recuperação judicial, a extrajudicial e a falência do empresário e da sociedade empresária. Dispõe seu art. 169: "Violar, explorar ou divulgar, sem justa causa, sigilo empresarial ou dados confidenciais sobre operações ou serviços, contribuindo para a condução do devedor a estado de inviabilidade econômica ou financeira: Pena – reclusão, de 2 (dois) a 4 (quatro) anos, e multa".

(xii) O uso indevido de informação privilegiada no mercado de valores mobiliários, conhecido como *insider trading*, configura o delito do art. 27-D da Lei n. 6.385/76.

8. CAUSAS EXCLUDENTES DA ILICITUDE

Se a violação do sigilo funcional estiver autorizada por lei, o fato será atípico, sendo desnecessária a arguição de exclusão da ilicitude pelo estrito cumprimento do dever legal. Se havia autorização legal, não existiu violação, pois violar significa agredir, ofender, atentar, condutas que não se configuram quando a quebra se dá de acordo com o ordenamento jurídico. Pode, no entanto, ocorrer que seja praticada a efetiva violação, ou seja, a divulgação do sigilo fora das hipóteses legais. Nesse caso, a ação será típica, subsistindo a possibilidade de alegar estado de necessidade, em casos extremos.

9. AÇÃO PENAL. LEI DOS JUIZADOS ESPECIAIS CRIMINAIS

(i) Ação penal: trata-se de crime de ação penal pública incondicionada.

(ii) Lei dos Juizados Especiais Criminais: as formas simples (*caput*) e equiparada (§ 1º) constituem infração de menor potencial ofensivo, sujeitas, portanto, às disposições da Lei n. 9.099/95.

ART. 326 – VIOLAÇÃO DO SIGILO DE PROPOSTA DE CONCORRÊNCIA

1. APLICAÇÃO

Dispõe o art. 326 do CP: "Devassar o sigilo de proposta de concorrência pública, ou proporcionar a terceiro o ensejo de devassá-lo: Pena – detenção, de 3 (três) meses a 1 (um) ano, e multa". Referido preceito legal, contudo, foi revogado tacitamente pelo art. 94 da Lei de Licitações[491] (Lei n. 8.666/93), que dispõe: "Devassar o sigilo de proposta apresentada em procedimento licitatório, ou proporcionar a terceiro o ensejo de devassá-lo: Pena – detenção, de dois a três anos, e multa". Trata-se de norma penal mais abrangente, uma vez que se refere genericamente ao procedimento licitatório, o qual engloba outras modalidades licitatórias, que não só a concorrência pública.

2. OBJETO JURÍDICO

Protege-se a imparcialidade e a lisura do procedimento licitatório realizado pela Administração Pública.

3. ELEMENTOS DO TIPO

3.1. Ação nuclear

As ações nucleares consubstanciam-se nos seguintes verbos **(i) *devassar* o sigilo de proposta de concorrência pública:** nessa modalidade o agente toma conhecimento, ainda que parcialmente, de algo proibido, no caso, o conteúdo sigiloso da proposta de concorrência pública; **(ii) *proporcionar* a terceiro o ensejo de devassá-lo:** neste caso, o agente auxilia terceiro para que este possa ter acesso à proposta de concorrência

---

491. Nesse sentido: Damásio E. de Jesus, *Direito penal*, cit., v. 4, p. 203; Cezar Roberto Bitencourt, *Código Penal comentado*, cit., p. 1101; Celso Delmanto, *Código Penal comentado*, cit., p. 576.

pública e, consequentemente, dela tome conhecimento. Nesta modalidade não é necessário que o terceiro consiga efetivamente revelar o conteúdo cerrado para que o fato seja consumado.

O delito pode ser cometido por qualquer meio executivo, embora, normalmente, se dê mediante a abertura do envelope, sendo irrelevante que, posteriormente, aquele seja novamente selado.

O objeto material é a proposta sigilosa apresentada em procedimento licitatório.

3.2. Sujeito ativo

Trata-se de crime próprio e, portanto, só pode ser cometido pelo servidor responsável pela manutenção do sigilo da proposta apresentada.

3.3. Sujeito passivo

É o Estado, titular do bem jurídico protegido pela norma penal.

4. ELEMENTO SUBJETIVO

É o dolo, consistente na vontade livre e consciente de obter o acesso ao teor da proposta sigilosa ou franqueando seu acesso a terceiro.

5. CONSUMAÇÃO E TENTATIVA

Na primeira parte do tipo, a consumação se dá com o efetivo conhecimento do conteúdo da proposta em procedimento licitatório. Na parte final do dispositivo, se dá quando o agente proporciona o acesso indevido, ainda que o terceiro não consiga devassar o conteúdo da proposta. Admite-se a tentativa.

6. FORMAS

6.1. Simples (art. 326, *caput*)

Prevista no *caput* do artigo.

6.2. Causa de aumento de pena

Tratando-se de funcionário ocupante de cargo em comissão ou função de direção ou assessoramento, em determinadas entidades, deve aplicar-se a causa de aumento de pena prevista no art. 327, § 2º, do CP.

7. AÇÃO PENAL

Trata-se de crime de ação penal pública incondicionada.

ART. 327 – FUNCIONÁRIO PÚBLICO

1. APLICAÇÃO

O conceito de funcionário público, para efeitos penais, é examinado no Título XI – Dos crimes contra a administração pública, item 5 (Funcionário público. Conceito). Por questões didáticas, o exame daquela matéria requer primeiramente o estudo do conceito de funcionário público, por isso nossa opção em fazer o estudo do tema no referido capítulo.

Capítulo II

DOS CRIMES PRATICADOS POR PARTICULAR CONTRA A ADMINISTRAÇÃO EM GERAL

ART. 328 – USURPAÇÃO DE FUNÇÃO PÚBLICA

1. CONSIDERAÇÕES PRELIMINARES

No Capítulo II do Título XI do Código Penal estão contemplados os crimes praticados por particular contra a Administração em geral. Ao contrário dos delitos previstos no Capítulo I, não estamos diante de crimes próprios ou funcionais. A lei, aqui, tem em vista as condutas praticadas pelo particular que coloquem em risco o regular e normal funcionamento da atividade administrativa. Nada impede, contudo, que o funcionário público seja também sujeito ativo desses delitos. Basta que aja na qualidade de particular, isto é, não atue no desempenho de qualquer função pública.

2. CONCEITO. OBJETO JURÍDICO

Dispõe o art. 328, *caput*, do CP: "Usurpar o exercício de função pública: Pena – detenção, de 3 (três) meses a 2 (dois) anos, e multa". De acordo com Noronha, "o bem jurídico tutelado é o interesse relativo ao funcionamento e atuação da administração pública, sacrificados evidentemente pela conduta de quem exerce funções que não são suas. Além da lesão à eficiência da atividade administrativa, é óbvio que se ofende o direito exclusivo do Estado de escolher e nomear seus funcionários ou as pessoas que, em seu nome e interesse, agem, para consecução de suas finalidades. O fato, sobre ser danoso à administração, provoca-lhe indisfarçável descrédito"[492].

3. ELEMENTOS DO TIPO

3.1. Ação nuclear. Objeto material

Consubstancia-se no verbo *usurpar*, isto é, tomar, apoderar-se. No caso, o particular executa, ilegitimamente, atos de ofício, sem que detenha a qualidade de funcionário pú-

492. E. Magalhães Noronha, *Direito penal*, cit., v. 4, p. 293.

blico, isto é, sem que tenha sido legalmente investido na função pública. Não basta tão somente que o particular se intitule funcionário público: é necessário que efetivamente pratique algum ato funcional. A mera atribuição da qualidade de funcionário público configura o delito do art. 45 da LCP.

O objeto material é a função pública, de qualquer natureza, ainda que não remunerada. Se a função pública inexiste, ou a lei permite que o ato seja realizado por particulares, ainda que em caráter excepcional, não há crime.

3.2. Sujeito ativo

Trata-se de crime comum. Qualquer um pode praticá-lo. Segundo Hungria, nada impede, inclusive, que o funcionário público usurpe função estranha à sua[493], isto é, exerça função pública alheia. Ressalva Noronha que é preciso que as funções se distingam e estremem[494]. Ou seja, não se tipifica o crime quando o agente é funcionário da própria administração, salvo se em atividade de tal forma gritantemente anômala que o faça igual ao particular intruso. Por exemplo, o funcionário público da Guarda Municipal que efetua prisão em flagrante não comete o delito em estudo, já que suas funções se aproximam das funções da Polícia Militar. Ademais, não se trata de ato privativo dos agentes estatais, uma vez que qualquer um do povo pode efetuar a prisão em flagrante, conforme dispõe o art. 310 do CPP.

3.3. Sujeito passivo

É o Estado. De forma secundária, pode eventualmente ser vítima o particular.

4. ELEMENTO SUBJETIVO

É o dolo, consubstanciado na vontade livre e consciente de usurpar o exercício de função pública. Deve o agente ter ciência de que exerce ilegitimamente a função pública.

5. CONSUMAÇÃO E TENTATIVA

Consuma-se com a prática de algum ato de ofício, como se fosse legítimo funcionário[495], o que consubstancia a usurpação do exercício da função. Não basta, assim, que o particular tão somente se atribua a qualidade de funcionário público. É preciso a efetiva prática do ato funcional. Não é necessário que o ato acarrete qualquer outro dano para a Administração Pública.

A tentativa é perfeitamente possível.

---

493. Nélson Hungria, *Comentários*, cit., v. 9, p. 409. No mesmo sentido: E. Magalhães Noronha, *Direito penal*, cit., v. 4, p. 293.

494. E. Magalhães Noronha, *Direito penal*, cit., v. 4, p. 293.

495. Nesse sentido: Nélson Hungria, *Comentários*, cit., v. 9, p. 410.

6. FORMAS

6.1. Simples (art. 328, *caput*)

Prevista no *caput* do artigo.

6.2. Qualificada

Prevista no parágrafo único do art. 328: "Se do fato o agente aufere vantagem: Pena – reclusão, de 2 (dois) a 5 (cinco) anos, e multa". Trata-se aqui da vantagem material ou moral que o agente pode obter para si ou para outrem.

7. QUESTÕES

(i) Por qual crime responde o indivíduo que, logo após ter passado em concurso público, mas sem ainda ter preenchido os demais requisitos legais para a assunção do cargo, pratica atos de ofício? Responde pelo crime previsto no art. 324 (exercício funcional ilegalmente antecipado), uma vez que o sujeito ativo, na hipótese, entrou no exercício da função pública antes de satisfeitas todas as exigências legais.

(ii) Por qual crime responde o indivíduo que, sendo titular da função pública, pratica ato de ofício após ser suspenso dela por decisão judicial?[496] Na hipótese, configurado está o delito previsto no art. 359 do CP (desobediência à decisão judicial sobre perda ou suspensão de direito).

(iii) Por qual crime responde o indivíduo que se intitula funcionário público para obter vantagem ilícita, em prejuízo alheio? É preciso distinguir duas situações: (i) se o indivíduo, após ter usurpado a função, obtém vantagem ilícita, sem realizar qualquer ato de ofício, deverá responder por estelionato; (ii) se, ao contrário, o usurpador, assumindo a qualidade de funcionário público, tiver realizado ato de ofício e obtido vantagem, estará configurada a forma qualificada do crime de usurpação de função pública (CP, art. 328, parágrafo único).

8. AÇÃO PENAL. LEI DOS JUIZADOS ESPECIAIS CRIMINAIS

(i) Ação penal: trata-se de crime de ação penal pública incondicionada.

(ii) Lei dos Juizados Especiais Criminais: a forma simples (*caput*) constitui infração de menor potencial ofensivo, sujeita às disposições da Lei n. 9.099/95.

ART. 329 – RESISTÊNCIA

1. CONCEITO. OBJETO JURÍDICO

Dispõe o art. 329, *caput*, do CP: "Opor-se à execução de ato legal, mediante violência ou ameaça a funcionário competente para executá-lo ou a quem esteja prestando auxílio.

496. Questão formulada por Nélson Hungria, *Comentários*, cit., v. 9, p. 409.

Pena – detenção, de 2 (dois) meses a 2 (dois) anos". Tutela-se a autoridade e o prestígio da função pública, imprescindíveis para o desempenho regular da atividade administrativa. Se não houvesse essa proteção legal ao funcionário público, a atividade da Administração Pública estaria inviabilizada, uma vez que todo e qualquer indivíduo arvorar-se-ia no direito de insurgir-se contra o funcionário, para impedir execução de ato legítimo. Assim, o particular que emprega violência ou grave ameaça contra o funcionário público, visando impedir a execução de ato legal, coloca em risco o prestígio e a autoridade da função pública e indiretamente a própria atividade administrativa.

2. ELEMENTOS DO TIPO

2.1. Ação nuclear

A conduta típica consiste em *opor-se* o particular à execução de ato legal mediante o emprego de violência ou ameaça. A oposição, no caso, consiste em uma atuação positiva, consubstanciada no emprego de violência (*vis corporalis*), por exemplo, indivíduo que, ao ser preso em flagrante, desfere pontapés contra o policial ou atira objetos contra ele. Para grande parte da doutrina[497] não se configura o crime se a violência for empregada contra a coisa, por exemplo, quebrar os vidros de viatura policial. Poderá o agente, nesse caso, responder pelo crime de dano qualificado. Assim, somente se admite a violência empregada contra o funcionário público ou seu auxiliar. Vale ressalvar que Magalhães Noronha também adota o entendimento de que não se configura o crime se a violência for empregada contra a coisa, mas, ao final de sua explanação, conclui: "Em nossa lei, sobretudo de acordo com sua técnica, a violência à coisa só pode ter acolhida se constituir, ao mesmo tempo, ameaça ao funcionário"[498]. Hungria, contudo, distanciando-se desse posicionamento, admite que "até mesmo a violência sobre coisas, quando assume um caráter de *oposição ativa* contra o agente da autoridade ou quem lhe presta auxílio, pode constituir resistência, como *in exemplis*, se é derribada a escada que o policial pretende galgar para executar um mandado *ad capiendum*, ou se é morto a tiros o cavalo do soldado de polícia que encalça um criminoso em fuga"[499]. A oposição pode também se dar mediante o emprego de ameaça (*vis compulsiva*), a qual pode ser *real*, por exemplo, apontar uma faca para o funcionário público ou uma arma de fogo, ainda que desmuniciada; ou *verbal*, por exemplo, indivíduo que promete ao policial que, se ele for preso, mandará seus comparsas eliminá-lo. Obviamente, a ameaça deve revestir-se de poder intimidatório, capaz de incutir medo ao homem de tipo normal[500]; não necessita, contudo, ser grave. Uma vez que é necessário o efetivo emprego de violência ou ameaça contra o funcionário ou o terceiro que o auxilia, não configura o ilícito em estudo a mera resistência passiva,

---

497. Celso Delmanto, *Código Penal comentado*, cit., p. 580; Julio Fabbrini Mirabete, *Manual*, cit., v. 3, p. 362; Damásio E. de Jesus, *Direito penal*, cit., v. 4, p. 214.

498. E. Magalhães Noronha, *Direito penal*, cit., v. 4, p. 300.

499. Nélson Hungria, *Comentários*, cit., v. 9, p. 412.

500. Nesse sentido: Nélson Hungria, *Comentários*, cit., v. 9, p. 411.

por exemplo, agarrar-se a um poste, empreender fuga[501], recusar-se a abrir a porta da casa. Nesses casos há o crime de desobediência (CP, art. 330). Também não perfaz o crime em tela o ato de rogar pragas contra o funcionário, cuspir sobre ele ou atirar-lhe urina, fazer gestos ultrajantes, xingá-lo. Até mesmo as vias de fato ultrajantes, por exemplo, dar uma leve bofetada na face do oficial de justiça, não configuram esse delito. São todas hipóteses caracterizadoras do crime de desacato (CP, art. 331).

Ressalve-se que a resistência é contra a execução do ato legal. Dessa forma, a violência ou a ameaça devem ser empregadas contra o funcionário durante a execução do ato funcional. Se o emprego for anterior ou posterior à execução do ato, outro crime poderá configurar-se (ameaça, lesão corporal). Já na hipótese em que a violência for empregada com o fim de fuga, após a prisão ter sido efetuada, o crime será aquele do art. 352 do CP.

2.2. Elemento normativo do tipo

É pressuposto do crime que haja oposição à execução de ato legal. A legalidade ou não do ato deve ser analisada do ponto de vista material (por exemplo: decretação da prisão temporária e expedição do mandado de prisão fora das hipóteses permitidas em lei – art. 1º da Lei n. 7.960/89) e formal (por exemplo: expedição de mandado de prisão por autoridade incompetente ou com inobservância de alguma formalidade externa). Em tais casos, em que o ato é ilegal, a resistência a sua execução não constitui fato típico. Nesse sentido, o seguinte julgado: "Consubstancia constrangimento ilegal, passível de reparação por via de *habeas corpus*, a instauração de inquérito policial em que se imputa ao paciente fato penalmente atípico, como tal a resistência ao cumprimento da ordem judicial suspensa pela instância recursal" (STJ, ROHC 9.066/CE).

De acordo com a doutrina, não se deve confundir o ato ilegal com o ato injusto[502]. Assim, se o ato é formalmente perfeito e se funda em preceito legal, não há como autorizar a resistência a sua execução, ainda que posteriormente venha a se constatar que ele era injusto. "P. ex.: juiz decreta a prisão preventiva de alguém por roubo. A polícia vai prender o sujeito e ele emprega violência. Posteriormente, prova-se que ele não era o autor do roubo e é absolvido por esse crime. A resistência, entretanto, continua existindo"[503]. O mesmo sucede se a resistência for praticada "a pretexto de evitar uma prisão decorrente de sentença condenatória supostamente contrária à prova dos autos"[504].

2.3. Sujeito ativo

Trata-se de crime comum, uma vez que qualquer pessoa pode praticar esse delito. Não necessariamente será sujeito ativo a pessoa que sofre a execução do ato legal. Assim,

---

501. E. Magalhães Noronha, *Direito penal*, cit., p. 299; Nélson Hungria, *Comentários*, cit., v. 9, p. 411.

502. Nélson Hungria, *Comentários*, cit., v. 9, p. 417.

503. Cf. exemplo citado por Victor Eduardo Rios Gonçalves, *Dos crimes contra os costumes aos crimes contra a Administração*, cit., p. 149.

504. Nélson Hungria, *Comentários*, cit., v. 9, p. 417-8.

nada impede que terceira pessoa, alheia ao ato, empregue violência ou grave ameaça contra o funcionário; por exemplo: indivíduo que, ao constatar que seu filho estava sendo preso em flagrante delito, atira pedras no policial.

2.4. Sujeito passivo

É o Estado. Também é vítima o funcionário público competente para a execução do ato legal ou o terceiro que o auxilia, isto é, um particular. É necessário, contudo, que esse terceiro acompanhe o funcionário competente para a execução do ato funcional. Caso o particular, sozinho, prenda alguém que seja encontrado em flagrante delito (CPP, art. 301), a violência ou grave ameaça contra ele empregada configurará outro crime (ameaça, lesões corporais), uma vez que não detém a qualidade de funcionário público.

3. ELEMENTO SUBJETIVO

É o dolo, consubstanciado na vontade livre e consciente de empregar violência ou grave ameaça contra o funcionário público ou seu auxiliar. É necessário que o agente tenha ciência da competência do funcionário para a prática do ato e da legalidade deste. Segundo a doutrina majoritária, exige-se também o chamado elemento subjetivo do tipo, consistente no fim de opor-se à execução de ato legal. Sem esse fim especial de agir não haverá o crime de resistência, podendo surgir outra infração, como ameaça, lesões corporais etc.[505]. Em sentido contrário, Mirabete, para quem o elemento subjetivo é somente o dolo, consubstanciado na vontade de se opor à execução do ato, mediante violência ou grave ameaça[506].

Questiona-se na doutrina e na jurisprudência se a embriaguez exclui o elemento subjetivo no crime de resistência.

Nosso entendimento: salvo se completa e provocada por caso fortuito ou força maior, não terá o condão de excluir o dolo integrado ao fato típico, uma vez que tal intoxicação aguda é incapaz de retirar a consciência e a vontade (o que somente se opera com o caso fortuito, a força maior, os reflexos e a coação física), tampouco de eliminar a culpabilidade, em face da incidência da teoria da *actio libera in causa*.

Para Mirabete, o agente que se encontra embriagado pratica o crime de resistência. Segundo ele, "presumindo a lei, expressamente, a responsabilidade do agente que atua sob embriaguez voluntária ou culposa, não há que se excluir o crime de resistência em casos que tais, mesmo porque o elemento subjetivo do tipo é um só, não distinguindo a

505. Nélson Hungria, *Comentários*, cit., v. 9, p. 418; Damásio E. de Jesus, *Direito penal*, cit., v. 4, p. 215; E. Magalhães Noronha, *Direito penal*, cit., v. 4, p. 300; Celso Delmanto, *Código Penal comentado*, cit., p. 581.
506. Julio Fabbrini Mirabete, *Manual*, cit., v. 3, p. 363.

lei entre dolo genérico e dolo específico". Em sentido contrário, Damásio E. de Jesus, para quem a embriaguez excluirá o elemento subjetivo apenas quando o agente, em decorrência da ebriez, "não tiver condições de compreender o caráter ilícito de seu comportamento ou de determinar-se de acordo com esse entendimento (exclusão da capacidade intelecto-volitiva)"[507].

4. CONSUMAÇÃO E TENTATIVA

Consuma-se com o emprego da violência ou ameaça contra o funcionário. Tratando-se de crime formal, não se exige que o agente efetivamente impeça a execução do ato legal.

É perfeitamente possível a tentativa. Por exemplo: agente é impedido por terceiros de desferir uma paulada no funcionário público. Ressalve-se que, no caso do emprego de ameaça, somente haverá o *conatus* se ela for realizada por escrito.

5. FORMAS

5.1. Simples (art. 329, *caput*)

Prevista no *caput* do artigo.

5.2. Qualificada (art. 329, § 1º)

Prevista no § 1º: "Se o ato, em razão da resistência, não se executa: Pena – reclusão, de 1 (um) a 3 (três) anos". O legislador previu como qualificadora o que seria mero exaurimento do crime. Justifica-se a majoração da pena: "Não só deixa de ser cumprida a lei, como é desmoralizada a autoridade e criado um incentivo a que outros imitem o exemplo de rebeldia"[508].

6. CONCURSO DE CRIMES (ART. 329, § 2º)

Prevê o § 2º: "As penas deste artigo são aplicáveis sem prejuízo das correspondentes à violência". Trata-se de concurso material entre o crime de resistência e aqueles que resultarem do emprego de violência contra o funcionário, como a lesão corporal (leve, grave ou gravíssima) ou o homicídio. As vias de fato são absorvidas pela resistência. Veja-se, portanto, que o legislador afastou a possibilidade do concurso formal de crimes. Importa ressalvar que a violência praticada em face de mais de um funcionário configura crime único, uma vez que é o Estado que figura como sujeito passivo principal do crime em estudo.

Hipóteses:

---

507. Julio Fabbrini Mirabete, *Manual*, cit., v. 3, p. 364; Damásio E. de Jesus, *Direito penal*, cit., v. 4, p. 215.
508. Nélson Hungria, *Comentários*, cit., v. 9, p. 418.

(i) Desacato e resistência: conforme assevera Victor Eduardo Rios Gonçalves, "o mero xingamento contra funcionário público constitui crime de desacato. Se, no caso concreto, o agente xinga e emprega violência, contra o funcionário público, teria cometido dois crimes, mas a jurisprudência firmou entendimento que, nesse caso, o desacato fica absor*vido pela resistência*"[509].

(ii) Roubo e resistência: hipótese bastante discutida na jurisprudência é a relativa à prática do crime de resistência em seguida ao crime de roubo. Sabemos que, no roubo próprio, o emprego de violência ou grave ameaça à pessoa ocorre no início ou concomitantemente à subtração da coisa, ou seja, antes ou durante a retirada do bem. Finda a subtração, qualquer grave ameaça ou violência posterior caracterizará o roubo impróprio. Assim, ao contrário do próprio, no roubo impróprio o agente primeiro subtrai a coisa e somente após a retirada do bem emprega violência ou grave ameaça com o fim de garantir sua posse ou assegurar a impunidade do crime, isto é, evitar a prisão em flagrante ou sua identificação. Com base nesse ensinamento, vejamos algumas situações práticas em que o delito de resistência poderá ou não ocorrer após o roubo:

– Se o agente empregou violência ou grave ameaça contra pessoa para subtrair a *res* (roubo próprio) e, consumado o roubo, veio a agredir ou ameaçar o policial militar que o prendeu em flagrante, haverá concurso material entre o roubo e o delito de resistência. É que não se confunde a violência empregada para a prática do crime contra o patrimônio com a violência empregada para resistir à prisão. Trata-se de crimes autônomos, com momentos consumativos distintos, e que ofendem objetividades jurídicas diversas. Há, contudo, posicionamento do Superior Tribunal de Justiça no sentido de que "a resistência oposta por assaltante para evitar a prisão, quando perseguido logo após a prática do crime de roubo, não constitui crime autônomo, representa, tão somente, um desdobramento da violência caracterizadora do delito patrimonial" (STJ, RE 173.466/PR).

– Se o agente subtraiu a *res* e logo depois da subtração empregou violência ou grave ameaça contra o policial, para evitar a prisão em flagrante ou sua identificação, haverá a configuração do roubo impróprio. A violência ou grave ameaça, no caso, integram o crime patrimonial. A demora entre uma ação (subtração) e outra (violência ou grave ameaça) poderá caracterizar o concurso material entre o crime de furto e o delito de resistência, pois, uma vez consumado o delito patrimonial, qualquer ação física contra os perseguidores (policial civil, militar, guarda municipal, delegado de polícia) constituirá crime autônomo, não se podendo falar em roubo impróprio. Por exemplo: agente subtrai o bem e, após longo tempo escondido com a *res*, é surpreendido por policial, contra o qual emprega violência.

(iii) Desobediência e resistência: da mesma forma que o crime de desacato, o crime de desobediência resta absorvido pela resistência, quando praticados no mesmo contexto fático.

---

509. Victor Eduardo Rios Gonçalves, *Dos crimes contra os costumes aos crimes contra a Administração*, cit., v. 10, p. 151.

7. LEGISLAÇÃO ESPECIAL

Dispõe o art. 4º, I, da Lei n. 1.579/52 (Comissões Parlamentares de Inquérito): "Impedir ou tentar impedir, mediante violência, ameaça ou assuadas, o regular funcionamento de Comissão Parlamentar de Inquérito, ou o livre exercício das atribuições de qualquer dos seus membros: Pena – a do art. 329 do Código Penal".

8. AÇÃO PENAL. LEI DOS JUIZADOS ESPECIAIS CRIMINAIS

(i) **Ação penal:** trata-se de crime de ação penal pública incondicionada.

(ii) **Lei dos Juizados Especiais Criminais:** a forma simples do crime de resistência (*caput*) constitui infração de menor potencial ofensivo, sujeita às disposições da Lei n. 9.099/95. A forma qualificada (§ 1º), contudo, somente admite a suspensão condicional do processo (art. 89 da Lei n. 9.099/95).

ART. 330 – DESOBEDIÊNCIA

1. CONCEITO. OBJETO JURÍDICO

Dispõe o art. 330 do CP: "Desobedecer a ordem legal de funcionário público: Pena – detenção, de 15 (quinze) dias a 6 (seis) meses, e multa". Tutela a lei o prestígio e a dignidade da Administração Pública, imprescindíveis para o desempenho regular da atividade administrativa. Visa-se, com essa proteção, assegurar o cumprimento de ordens legais emanadas por funcionário público competente. Esse delito em muito se parece com o crime de resistência, uma vez que em ambos o sujeito ativo pretende subtrair-se à execução de ato legal; contudo, no crime de desobediência não ocorre o emprego de violência ou ameaça contra funcionário público.

2. ELEMENTOS DO TIPO

2.1. Ação nuclear

O núcleo do tipo está consubstanciado no verbo *desobedecer*: desatender, não aceitar, não se submeter, no caso, à ordem legal do funcionário público. Na hipótese, conforme já dito, não há emprego de violência ou grave ameaça, por exemplo, em recusar-se a abrir a porta da residência para o oficial de justiça dar cumprimento ao mandado judicial, agarrar-se a um poste, jogar-se no chão, espernear, fugir para evitar a prisão ou, ainda, recusar-se a abrir a pasta, uma vez instado por policiais militares, após ultrapassar detector de metais instalado no foro e que sinalizou a existência de metal (nesse sentido, AgRg no REsp 1.869.339/MS, *DJU* 19-10-2020). Pode o delito ser praticado mediante ação, por exemplo, ordem judicial que determina que o destinatário se abstenha da prática de algum ato, vindo ele, contudo, a praticá-lo com infração da determinação judicial. O delito também admite a modalidade omissiva na hipótese em que a ordem expedida pelo funcionário público determina a prática de algum ato e o destinatário se recusa a cumpri-la.

Para que exista o crime de desobediência é necessário que haja ordem legal emanada de funcionário público competente. Não se cuida aqui de pedido ou solicitação, por exemplo, promotor de justiça que, mediante ofício, solicita documentos. É necessário que haja uma ordem, uma determinação expressa, e que esta seja transmitida diretamente ao destinatário, isto é, àquele que tenha o dever de obedecê-la. Se o destinatário não foi devidamente cientificado, não se poderá falar no delito em tela. Mencione-se que constitui crime previsto no art. 10 da Lei da Ação Civil Pública (Lei n. 7.347/85) a recusa, o retardamento ou a omissão de dados técnicos indispensáveis à propositura da ação civil, quando requisitados pelo Ministério Público.

Consoante a doutrina[510], se a norma extrapenal (administrativa, civil, processual) não fizer menção à aplicação cumulativa da sanção civil ou administrativa com o crime de desobediência, o descumprimento da ordem não configurará o crime em estudo. Por exemplo: se o motorista se recusar a retirar o automóvel de local proibido, há somente a previsão legal de sanção administrativa no Código de Trânsito Brasileiro[511]. É necessário que a norma extrapenal ressalve expressamente a aplicação cumulativa de ambas as sanções (administrativa ou civil, juntamente com a penal) para que o descumprimento da ordem caracterize o crime em apreço. Vejamos: o art. 219 do CPP prevê expressamente: "O juiz poderá aplicar à testemunha faltosa a multa prevista no art. 453, sem prejuízo do processo penal por crime de desobediência, e condená-la ao pagamento das custas da diligência". Na realidade, a multa a que se refere o antigo art. 453 encontra-se, atualmente, prevista no art. 436, § 2º, com a redação determinada pela Lei n. 11.689/2008, cujo valor é de um a dez salários mínimos, a critério do juiz, de acordo com a condição econômica da testemunha (*vide* também a atual redação do art. 458 do CPP).

2.2. Elemento normativo

O crime de desobediência só ocorre quando não atendida a ordem legal. Assim, como no crime de resistência, a ordem deve ser material e formalmente legal, bem como o funcionário público competente para sua expedição. Se o agente atua extravasando a sua função, não há crime por parte daquele que o desobedece. Se ilegal, o particular poderá descumprir o comando sem que sua conduta tipifique o crime em tela, pois, como é cediço, ninguém é obrigado a fazer ou deixar de fazer alguma coisa senão em virtude de lei (CF, art. 5º, II). Assim, não configuram o delito em tela as seguintes hipóteses, dada a ilegalidade da ordem: a recusa do indiciado em submeter-se à identificação datiloscópica fora das hipóteses previstas na Lei n. 12.037/2009; a recusa em obedecer a mandado judicial cumprido no período noturno; a recusa do gerente de banco em fornecer dados bancários requisitados pelo delegado de polícia.

De acordo com a doutrina, não se deve confundir o ato ilegal com o ato injusto. Assim, se o ato é formalmente perfeito e se funda em preceito legal, não há como autorizar sua desobediência, ainda que ele seja injusto.

---

510. Nélson Hungria, *Comentários*, cit., v. 9, p. 420.

511. Nesse sentido: Damásio E. de Jesus, *Direito penal*, cit., v. 4, p. 219.

→ Atenção: se houver dúvida fundada e séria sobre a legalidade da ordem, aquela incidirá em favor do destinatário (CP, art. 20 – erro de tipo).

2.3. Sujeito ativo

Trata-se de crime comum, pois pode ser praticado por qualquer pessoa, desde que tenha o dever jurídico de cumprir ou não a ordem legal.

Discute-se na doutrina e na jurisprudência se o funcionário público pode ser sujeito ativo do crime em apreço, já que este delito se insere no capítulo relativo aos crimes praticados por particular contra a Administração em geral, o que, em tese, excluiria o funcionário público como autor desta infração penal.

> **Nosso entendimento:** assim como grande parte da doutrina[511], entendemos que o funcionário público pode ser sujeito ativo do crime em apreço, desde que a ordem recebida não se relacione com suas funções, isto é, não esteja incluída em seus deveres funcionais, pois, presente esse dever, poderá haver o crime de prevaricação.

Nesse sentido, os seguintes julgados: "2. Segundo doutrina de escol, o funcionário público pode ser sujeito ativo do crime de desobediência, desde que, como na espécie, não seja hierarquicamente subordinado ao emitente da ordem legal e tenha atribuições para cumpri-la." (STJ, RHC 85.031, *DJU* 27-10-2017). Em sentido contrário: "3. O fato de o delito de desobediência estar inserido no capítulo dos ilícitos penais praticados por particular contra a administração pública não impede a sua consumação, porquanto haverá, em tal caso, violação ao princípio da autoridade que é objeto da tutela jurídica." (STJ, RHC 85.031/DF, *DJU* 27-10-2017). Nesse contexto, mencione-se que há entendimento no sentido de que, embora a autoridade policial não esteja sob subordinação funcional ao Juiz ou ao membro do Ministério Público, tem ela o dever funcional de realizar as diligências requisitadas por essas autoridades, nos termos do art. 13, II, do CPP, sendo que sua recusa no cumprimento das diligências requisitadas repercute apenas no âmbito administrativo-disciplinar, não configurando o delito de desobediência.

Citem-se os seguintes exemplos em que poderá haver o delito de prevaricação, desde que comprovada a intenção específica de satisfazer interesse ou sentimento pessoal: recusar-se o funcionário a cumprir ordem liminar concedida em ação de mandado de segurança; recusar-se o delegado de polícia a cumprir diligências requisitadas por promotor de justiça ou a instaurar inquérito policial requisitado por juiz de direito.

---

512. Nesse sentido: E. Magalhães Noronha, *Direito penal*, cit., v. 4, p. 302; Nélson Hungria, *Comentários*, cit., v. 9, p. 420; Damásio E. de Jesus, *Direito penal*, cit., v. 4, p. 217; Celso Delmanto, *Código Penal comentado*, cit., p. 583.

A simples recusa ao cumprimento de lei, regulamento, portaria, ou aviso que não se consubstancie em ordem não configura o crime em tela.

2.4. Sujeito passivo

É o Estado, titular do objeto jurídico protegido pela norma penal. É também o funcionário público competente para emitir a ordem. Questiona-se se constitui crime de desobediência recusar-se a cumprir ordem legal emanada de funcionário público de autarquia, fundação ou sociedade de economia mista. Conforme já estudado, para a doutrina, a equiparação prevista no § 1º do art. 327 não se aplica ao sujeito passivo do crime, mas apenas ao sujeito ativo[513].

3. ELEMENTO SUBJETIVO

É o dolo, isto é, a vontade livre e consciente de não obedecer a ordem legal de funcionário público. Exige-se que ele tenha consciência da legalidade da ordem e da competência do funcionário público para expedi-la. O erro do agente exclui o dolo, tornando o fato atípico.

No tocante à embriaguez, não tem ela o condão de excluir o dolo do crime de desobediência, e, mesmo no caso de ser completa e decorrente de caso fortuito ou força maior, atua como mera excludente da culpabilidade, e não do crime (que é fato típico e ilícito), nos termos do art. 28, § 2º, do CP.

4. CONSUMAÇÃO E TENTATIVA

O conteúdo da ordem emanada pode ser uma ação (determina-se que o destinatário faça algo) ou omissão (determina-se que o destinatário deixe de fazer algo). Nesta última hipótese, o crime se consuma no momento em que o agente pratica a ação de que deveria se abster. Já na primeira hipótese, para que se considere consumado o crime, é preciso verificar se o funcionário concedeu prazo para que o agente realize a ação devida, pois, ultrapassado tal prazo e tendo aquele se omitido, considera-se descumprida a ordem e, portanto, consumado o crime. Ausente qualquer prazo, deverá ser fixado um tempo juridicamente relevante que caracterize a omissão, isto é, o descumprimento da ordem.

A tentativa somente é possível na forma comissiva do descumprimento da ordem legal.

5. CAUSA EXCLUDENTE DA ILICITUDE

Se o agente estiver acobertado por alguma causa excludente da ilicitude, não há a caracterização do delito em apreço. Por exemplo: advogado que se recusa a prestar depoimento para resguardar o sigilo profissional (exercício regular do direito); médico que se recusa a fornecer informações relativas a seu paciente.

---

513. E. Magalhães Noronha, *Direito penal*, cit., v. 4, p. 303; Nélson Hungria, *Comentários*, cit., v. 9, p. 419. Em sentido contrário: Julio Fabbrini Mirabete, *Manual*, cit., v. 3, p. 366.

6. QUESTÕES DIVERSAS

Analisemos algumas hipóteses colhidas na jurisprudência em que se configura ou não o delito de desobediência:

(i) Recusa em identificar-se civilmente: é dever do indiciado de apresentar à autoridade policial sua carteira de identidade civil, tornando, assim, certa a identificação do suposto autor do delito. A recusa configura crime de desobediência.

(ii) Recusa em submeter-se à identificação criminal (*datiloscópica* – consiste na obtenção das impressões digitais do indiciado – e *fotográfica*): de acordo com o preceito constitucional, "O civilmente identificado não será submetido à identificação criminal, salvo nas hipóteses previstas em lei" (CF, art. 5º, LVIII). Essas hipóteses estão previstas na Lei n. 12.037/2009. Dessa forma, o agente que se recusa a submeter-se à identificação criminal, nos casos autorizados pela lei, será conduzido coercitivamente à presença da autoridade (CPP, art. 260), podendo, ainda, responder pelo crime de desobediência.

(iii) Recusa do jurado em comparecer à reunião do Tribunal do Júri: o art. 442 do CPP dispõe que "ao jurado que, sem causa legítima, deixar de comparecer no dia marcado para a sessão ou retirar-se antes de ser dispensado pelo presidente será aplicada multa de 1 (um) a 10 (dez) salários mínimos, a critério do juiz, de acordo com sua condição econômica".

(iv) Recusa ou demora em cumprir ordem judicial: na hipótese, responde o agente pelo crime de desobediência.

(v) Recusa em apresentar documentos do veículo quando solicitados pelo policial: configura o crime em questão, pois a busca pessoal está inserida na atividade de policiamento preventivo administrativo, salvo se a solicitação for abusiva, no intuito de humilhar, menoscabar o cidadão, caso em que haverá, ainda, abuso de autoridade por parte do agente público.

(vi) Recusa em parar o veículo automotor quando determinado pelo policial: idem.

(vii) Recusa em submeter-se ao exame de DNA ou hematológico: com o avanço da medicina, é possível colher o material genético do acusado e comparar com o material genético contido nos vestígios do crime (esperma, pelos, cabelo, saliva, presentes no corpo da vítima). Na hipótese em que a acusação solicita o exame de DNA a fim de comprovar a autoria do réu e o juiz determina a realização de referida prova, a recusa do réu constitui crime de desobediência? Não, em face do princípio que diz que ninguém é obrigado a produzir prova contra si mesmo. Contudo, a recusa do réu na realização do exame poderá, junto com demais provas colhidas, servir para formar a convicção do juiz, que possui liberdade para apreciar as provas (CPP, art. 157).

(viii) Recusa em submeter-se ao exame grafotécnico: já decidiu o Supremo Tribunal Federal: "Crime de desobediência. Recusa a fornecer padrões gráficos do próprio punho, para exames periciais, visando a instruir procedimento investigatório do crime de falsificação de documento. *Nemo tenetur se detegere*. Diante do princípio *nemo tenetur se detegere*, que informa o nosso direito de punir, é fora de dúvida que o dispositivo do inciso IV do art. 174 do Código de Processo Penal há de ser interpretado no sentido de não poder ser indiciado compelido a fornecer padrões gráficos do próprio punho, para os exames periciais, cabendo apenas ser intimado para fazê-lo a seu alvedrio. É que a comparação gráfica configura ato de caráter essencialmente probatório, não se podendo, em face do privilégio de que desfruta o indiciado contra a autoincriminação, obrigar o suposto autor do delito a fornecer prova capaz de levar à caracterização de sua culpa. Assim, pode a autoridade não só fazer requisição a arquivos ou estabelecimentos públicos, onde se encontrem documentos da pessoa a qual é atribuída a letra, ou proceder a exame no próprio lugar onde se encontra o documento em questão, ou ainda, é certo, proceder à colheita de material, para o que intimará a pessoa, a quem se atribui ou pode ser atribuído o escrito, a escrever o que lhe for ditado, não lhe cabendo, entretanto, ordenar que o faça, sob pena de desobediência, como deixa transparecer, a um apressado exame, o CPP, no inciso IV do art. 174. *Habeas corpus* concedido" (STF, HC 77.135-8/SP).

(ix) Recusa em submeter-se ao exame de dosagem alcoólica: prevê o art. 306 do CTB, em seu *caput*, a conduta típica de "conduzir veículo automotor, com capacidade psicomotora alterada em razão da influência de álcool ou de outra substância psicoativa que determine dependência". Dispõem os seus §§ 1º e 2º: "§ 1º As condutas previstas no *caput* serão constatadas por: I – concentração igual ou superior a 6 decigramas de álcool por litro de sangue ou igual ou superior a 0,3 miligrama de álcool por litro de ar alveolar; ou II – sinais que indiquem, na forma disciplinada pelo Contran, alteração da capacidade psicomotora. § 2º A verificação do disposto neste artigo poderá ser obtida mediante teste de alcoolemia ou toxicológico, exame clínico, perícia, vídeo, prova testemunhal ou outros meios de prova em direito admitidos, observado o direito à contraprova". Há duas maneiras de se demonstrar a ocorrência dessa infração penal.

No que toca à exigência de 6 decigramas de álcool por litro de sangue ou 0,3 miligramas por litro de ar expirado, sua comprovação somente se dará por meio de prova pericial, consistente no exame de sangue ou emprego do etilômetro (aparelho destinado à medição do teor alcoólico do ar expirado pela boca e proveniente dos alvéolos pulmonares). A prova técnica é o único meio de se aferir o exato nível de alcoolemia, pois não há maneira de saber a exata quantidade de álcool mandando o agente "fazer o quatro" ou "dar uma voltinha".

O conceito da elementar do delito de embriaguez ao volante considera como *alteração psicomotora* não apenas a existência de determinado nível de álcool no organismo humano, mas também a evidência de sinais externos capazes de demonstrar o estado de alteração do agente.

Desse modo, caso o condutor do veículo surpreendido em estado de embriaguez se recuse a submeter-se ao exame de sangue ou a respirar no etilômetro ("bafômetro"), a infração penal poderá ser demonstrada por qualquer outro meio de prova em direito admitido. Com isso, não resta a menor dúvida quanto ao direito constitucional de o condutor não colaborar, não fornecendo material sanguíneo, nem respirando no aparelho medidor, diante do princípio da ampla defesa, do qual deriva o direito ao silêncio e, por conseguinte, o de não autoincriminação. Além disso, a não cooperação do condutor do veículo com a produção de prova acusatória contra si não impede que a infração penal possa ser comprovada por outros meios idôneos de apuração da verdade real. Por essas razões, a recusa do motorista flagrado em estado de embriaguez em colaborar não configura crime de desobediência.

Quanto à infração administrativa do art. 165 do CTB, consistente em conduzir veículo sob a influência de qualquer quantidade de álcool ou substância psicoativa capaz de gerar dependência (cf. CTB, art. 276, *caput*), valem as mesmas premissas que garantem ao acusado o direito à não incriminação. Caberá ao CONTRAN disciplinar as margens de tolerância, quando a infração for apurada por meio de aparelho de medição (CTB, art. 276, parágrafo único). Em caso de acidente, o condutor do veículo automotor envolvido em acidente de trânsito ou que for alvo de fiscalização de trânsito poderá ser submetido a teste, exame clínico, perícia ou outro procedimento que, por meios técnicos ou científicos, na forma disciplinada pelo CONTRAN, permita certificar influência de álcool ou outra substância psicoativa que determine dependência (CTB, art. 277, *caput*). Deve-se atentar para o verbo "poderá", o qual deverá ser interpretado em seu sentido literal, dado o direito a não incriminação, sendo perfeitamente admissível a recusa em se submeter a qualquer exame. Daí por que a infração administrativa poderá ser aferida por qualquer outro meio de prova (CTB, art. 277, § 2º). A lei estabelece que "serão aplicadas as penalidades e medidas administrativas estabelecidas no art. 165 deste Código ao condutor que se recusar a se submeter a qualquer dos procedimentos previstos no *caput* deste artigo" (CTB, art. 277, § 3º). Tal punição é inconstitucional, mesmo em se tratando de uma infração administrativa, diante do princípio de que ninguém é obrigado a produzir prova contra si mesmo, principalmente porque da submissão do sujeito ao exame derivarão reflexos penais.

Por fim, nota-se que já decidiu o Superior Tribunal de Justiça no sentido de que "não se pode considerar como fundado receio apto a propiciar a ordem de *habeas corpus* (preventivo) o simples temor de alguém de, porventura, vir a submeter-se ao denominado teste do 'bafômetro' quando trafegar pelas ruas em veículo automotor". Precedentes citados: AgRg no HC 84.246/RS, *DJ*, 19-12-2007; AgRg no RHC 25.118/MG, *DJe*, 17-8-2009; e RHC 11.472/PI, *DJ*, 25-5-2002. Nesse sentido, STJ, EDcl no RHC 25.311/MG "3. O Superior Tribunal de Justiça repele a utilização do habeas corpus preventivo objetivando a expedição de salvo-conduto em favor de motoristas que não desejam se submeter ao teste do bafômetro ou a outros exames de dosagem alcoólica".

(x) Recusa em submeter-se à acareação: salvo se partir do acusado, haverá o delito em questão.

(xi) Recusa em submeter-se à reprodução simulada dos fatos (reconstituição do crime): poderá a reprodução ser feita, contanto que não atente contra a moralidade ou a ordem pública (CPP, art. 7º). O indiciado poderá ser forçado a comparecer (CPP, art. 260), mas não a participar da reconstituição, prerrogativa que lhe é garantida pelo direito ao silêncio e seu corolário, o princípio de que ninguém está obrigado a fornecer prova contra si (CF, art. 5º, LXIII). Qualquer ato destinado a compeli-lo a integrar a reprodução simulada do crime configura atentado ao privilégio da não autoincriminação e a invalidação total dessa prova, por meio de *habeas corpus*.

(xii) Recusa em entregar documentos necessários à prova de infração penal: não constitui crime a recusa da testemunha ou do acusado, em inquérito policial ou processo criminal, em fornecer documentos que se encontram na posse daqueles, uma vez que, no tocante à testemunha, não se inclui entre os deveres elencados no art. 203 do CPP o de fornecer documentos. Pode, no caso, haver a expedição de mandado judicial de busca e apreensão. Com relação ao acusado, prevalece o direito da não autoincriminação, isto é, ninguém é obrigado a produzir prova contra si mesmo. Dessa forma, ante a ausência do dever legal de fornecer documentos, também não comete o delito de desobediência. Na hipótese, ante a recusa, deverá a autoridade diligenciar no sentido da obtenção do mandado de busca domiciliar e apreensão.

(xiii) Recusa em servir como testemunha em ação judicial: além de ser determinada sua condução coercitiva (arts. 218 e 219 do CPP), haverá o crime de desobediência, salvo se existir justificativa posterior.

(xiv) Recusa em servir como testemunha, havendo impedimento para o depoimento (CPP, art. 207): dispõe o art. 207 do CPP: "São proibidas de depor as pessoas que, em razão de função, ministério, ofício ou profissão, devam guardar segredo (...)". Assim, nas hipóteses de sigilo funcional, o médico ou advogado, por exemplo, não estarão obrigados a depor sobre fatos de que tenham tido conhecimento em razão do exercício da profissão. A recusa nesses casos não configura o crime de desobediência. Contudo, há situações em que o médico deverá depor, perfazendo o crime em tela sua recusa: quando a infração penal estiver relacionada à prestação de socorro médico ou moléstia de comunicação compulsória.

(xv) Recusa do ofendido em depor em inquérito policial ou ação penal: se, intimado para esse fim, deixar de comparecer sem justo motivo, o ofendido poderá ser conduzido à presença da autoridade (CPP, art. 201, § 1º). Além da condução coercitiva, o ordenamento autoriza sua busca e apreensão (CPP, art. 240, § 1º, *g*). Não responderá o ofendido, contudo, pelo crime de desobediência.

(xvi) Recusa do indiciado ou réu em atender à intimação para o interrogatório: dispõe o art. 260 do CPP que, "se o acusado não atender à intimação para o interrogatório, reconhecimento ou qualquer outro ato que, sem ele, não possa ser realizado, a autoridade poderá conduzi-lo à sua presença". Não responderá, entretanto, pelo crime de desobediência.

7. DISTINÇÕES

(i) Desobediência e resistência: conforme já estudado, esse delito é semelhante ao crime de resistência, uma vez que em ambos o sujeito ativo pretende subtrair-se à execução de ato legal; contudo, no crime de resistência ocorre o emprego de violência ou ameaça contra funcionário público.

(ii) Desobediência e exercício arbitrário das próprias razões: nas hipóteses em que o agente tira, suprime, destrói ou danifica coisa própria, que se acha em poder de terceiro por determinação judicial ou convenção, não há configuração do delito de desobediência, mas sim o delito previsto no art. 346 do CP, cuja pena, inclusive, é mais severa (detenção, de 6 meses a 2 anos, e multa).

(iii) Desobediência a decisão judicial sobre perda ou suspensão de direito: constitui crime previsto no art. 359 do CP a ação de exercer função, atividade, direito, autoridade ou múnus de que foi suspenso ou privado por decisão judicial.

8. LEGISLAÇÃO ESPECIAL

(i) Crime de responsabilidade. A Lei n. 1.079/50, em seu art. 12, dispõe que constitui crime de responsabilidade contra as decisões judiciárias: "1) impedir, por qualquer meio, o efeito dos atos, mandados ou decisões do Poder Judiciário; 2) recusar o cumprimento das decisões do Poder Judiciário no que depender do exercício das funções do Poder Executivo; 3) deixar de atender a requisição de intervenção federal do Supremo Tribunal Federal ou do Tribunal Superior Eleitoral; 4) impedir ou frustrar pagamento determinado por sentença judiciária".

(ii) Constitui crime previsto no art. 307 do CTB a ação de violar a suspensão ou a proibição de se obter a permissão ou a habilitação para dirigir veículo automotor imposta com fundamento neste Código. A pena de suspensão da permissão ou da habilitação pode ter sido imposta judicial ou administrativamente às pessoas legalmente habilitadas, e seu descumprimento não configura, portanto, o delito de desobediência, mas o delito do Código de Trânsito Brasileiro.

(iii) Lei do Mandado de Segurança: o art. 26 da Lei n. 12.016/2009 tipifica o delito de desobediência, caracterizado pelo não cumprimento das decisões proferidas em mandado de segurança, sem prejuízo das sanções administrativas e da aplicação da Lei n. 1.079/50, quando cabíveis.

(iv) Lei da Ação Civil Pública: de acordo com o art. 10 da Lei n. 7.347/85, constitui crime "a recusa, o retardamento ou a omissão de dados técnicos indispensáveis à propositura da ação civil, quando requisitados pelo Ministério Público".

(v) Crime Eleitoral: consoante o art. 347 da Lei n. 4.737/65 (Código Eleitoral), é crime o ato de "recusar alguém cumprimento ou obediência a diligências, ordens ou instruções da Justiça Eleitoral ou opor embaraços à sua execução".

9. AÇÃO PENAL. LEI DOS JUIZADOS ESPECIAIS CRIMINAIS

(i) Ação penal: trata-se de crime de ação penal pública incondicionada.

(ii) Lei dos Juizados Especiais Criminais: em virtude da pena máxima prevista (detenção, de 15 dias a 6 meses, e multa), estamos diante de uma infração de menor potencial ofensivo, sujeita às disposições da Lei n. 9.099/95.

ART. 331 – DESACATO

1. CONCEITO. OBJETO JURÍDICO

Reza o art. 331 do CP: "Desacatar funcionário público no exercício da função ou em razão dela: Pena – detenção, de 6 (seis) meses a 2 (dois) anos, ou multa". Tutela-se mais uma vez a dignidade, o prestígio, o respeito devidos à função pública[514], de modo a possibilitar o regular exercício da atividade administrativa. Sabemos que o funcionário público representa a vontade estatal. Para que dê fiel execução aos atos funcionais, é necessário que o prestígio e a autoridade da função pública sejam resguardados. Qualquer ato de violência ou qualquer ato ultrajante praticado contra o funcionário público prejudica o regular andamento da própria Administração Pública, de forma que, se não houvesse essa proteção legal, prejudicado estaria o desempenho da atividade administrativa.

2. ELEMENTOS DO TIPO

2.1. Ação nuclear

Consubstancia-se no verbo *desacatar*. O desacato consiste na prática de qualquer ato ou emprego de palavras que causem vexame, humilhação ao funcionário público. Assim, pode consistir o desacato no emprego de violência (lesões corporais ou vias de fato), na utilização de gestos ofensivos, no uso de expressões caluniosas, difamantes ou injuriosas, enfim, todo ato que desprestigie, humilhe o funcionário, de forma a ofender a dignidade, o prestígio e o decoro da função pública. Citem-se os seguintes exemplos: cuspir no rosto do oficial de justiça, puxar o cabelo do oficial do Cartório, atirar papéis no promotor de justiça, afirmar ao juiz, em audiência, que ele é um caça-níqueis, rogar praga contra funcionário, jogar urina nele, xingá-lo, dar uma leve bofetada na face do policial. É, contudo, imprescindível que o ato seja praticado ou a palavra proferida na presença do funcionário público. Por isso, não há desacato se a ofensa é feita, por exemplo, por meio de carta, telefone, petição subscrita por advogado. Conforme a doutrina, entretanto, a existência do desacato não pressupõe que o agente e o funcionário estejam face a face. Desse modo, haverá o crime se estiverem, por exemplo, em salas separadas, com as portas abertas, e o agente falar algo para o funcionário ouvir. Ressalve-se que, desde que presentes no mesmo local, não é necessário que o funcionário ouça ou veja o ofensor: basta que tome conhecimento da ofensa[515]. Caso o funcionário público não se encontre no mesmo local que o ofensor, o crime praticado poderá ser outro: calúnia, difamação, injúria, na forma majorada (CP, art. 141, II), ameaça etc. Dessa forma, caso o agente mande uma carta ou um *e-mail* ao funcionário público afirmando que este é o maior apropriador do dinheiro público, haverá a configuração de crime contra a honra e não do delito de desacato.

---

514. E. Magalhães Noronha, *Direito penal*, cit., v. 4, p. 306.

515. E. Magalhães Noronha, *Direito penal*, cit., v. 4, p. 309-10.

Importante notar que o crime de desacato em muito se parece com o crime de resistência, na medida em que este também admite o emprego de violência ou ameaça contra funcionário público. O que os difere é a intenção, presente no delito de desacato, de humilhar, menoscabar a autoridade pública, ao passo que na resistência há mera vontade de se opor à execução de ato legal.

Exige o tipo penal que o desacato ocorra no exercício da função ou em razão dela. Analisemos as duas situações:

(i) no exercício da função (*in officio*): diz com a ofensa assacada contra funcionário que esteja no desempenho de sua função, isto é, praticando atos de ofício. Não exige o tipo penal que ele esteja na repartição pública, mas sim no exercício funcional. Dessa forma, constituem desacato, por exemplo, as palavras injuriosas proferidas contra promotor de justiça que realiza diligências no local do crime. Nessa hipótese, pouco importa que o ato ofensivo tenha ou não relação com a função pública. Assim, haverá desacato se alguém chamar o membro do Ministério Público de "conquistador barato". Veja-se que aqui a ofensa não tem qualquer relação com a função exercida pelo agente, mas é considerada desacato pelo fato de o agente encontrar-se no exercício da função;

(ii) em razão do exercício da função (*propter officium*): nessa hipótese, o funcionário está fora do exercício de sua função, mas a ofensa contra ele irrogada diz respeito a ela. Por exemplo: dizer em um restaurante que o funcionário é um "sanguessuga" da Administração Pública. Veja-se que, aqui, pelo fato de o agente não se encontrar no desempenho da função pública, a lei exige que a ofensa tenha nexo causal com a função por ele exercida, pois só assim a dignidade, o prestígio da Administração Pública terão sido atingidos. Contudo, se a ofensa disser respeito à vida particular do funcionário, configurar-se-á crime contra a honra. Por exemplo: afirmar que ele é adúltero, pois na hipótese não há falar em ofensa à Administração Pública.

2.2. Sujeito ativo

Trata-se de crime comum: qualquer pessoa pode praticar esse delito. No entanto, a Lei n. 8.906/94 (Estatuto da OAB), em seu art. 7º, § 2º, estabelece que o advogado não comete crimes de injúria, difamação ou desacato no exercício de suas funções, em juízo ou fora dele, sem prejuízo das sanções disciplinares junto à OAB. Dessa forma, o Estatuto da OAB ampliou as hipóteses do art. 142, I, do CP, passando a prever a imunidade penal do advogado não só nos crimes de injúria e difamação, mas também no crime de desacato. Tal disposição, contudo, foi objeto de ação direta de inconstitucionalidade, sendo certo que o preceito legal foi suspenso parcialmente no que tange ao crime de desacato. É que, conforme entendimento do Supremo Tribunal Federal, a imunidade prevista no art. 133 da CF somente poderia abranger os crimes contra a honra, e não os crimes contra a Administração. Disso resulta que o advogado pode cometer desacato.

No que tange à possibilidade de o funcionário público ser sujeito ativo do crime em análise, vejamos as seguintes posições na doutrina:

(i) De acordo com Hungria, "o sujeito ativo do desacato, segundo pressupõe a lei, há de ser um *extraneus*, mas a este se equipara o funcionário que, despido desta qualidade ou fora de sua própria função, maltrata física ou moralmente a outro *in officio* ou *propter officium*, pouco importando que seja de categoria idêntica à do ofendido (...). Se, contudo, o ofensor (desacatante) for superior hierárquico do ofendido, deverá responder por outro crime (crime contra a honra, lesão corporal etc.) e não por desacato"[516].

(ii) Para Noronha, o funcionário público pode cometer o delito de desacato, considerado, agora, como despido dessa qualidade. Admite o autor que o desacatante possa ser superior hierárquico do ofendido. Argumenta: "Se o ofendido, no delito em apreço, é primacialmente a administração pública ou o Estado, o superior, que ofende o inferior, ofende, como qualquer outra pessoa, a administração, não podendo ele sobrepor-se a esta. É óbvio que, tutelando-se a administração, protegem-se seus agentes, não se excluindo os humildes e os modestos. Há a considerar ainda o seguinte. Se o delito em estudo pode ser cometido pelo particular, que não é nem superior nem inferior hierárquico do funcionário, não se vê por que, em se tratando de servidores públicos há de se atentar à relação hierárquica, quando está em jogo *o mesmo bem jurídico e quando o funcionário, ao cometer tal crime, despe-se dessa qualidade, agindo e sendo considerado como particular*"[517]. É a posição mais aceita na doutrina.

2.3. Sujeito passivo

É o Estado, titular do bem jurídico tutelado. É também sujeito passivo o funcionário público desacatado. Se o ofendido, no momento da ofensa, não mais possui a qualidade de funcionário público, não há o crime em tela, pois a ofensa contra o particular não ofende os interesses da Administração Pública[518]. Haverá, na hipótese, outro crime (lesão corporal, vias de fato, calúnia, difamação, injúria etc.).

O ato de desacato praticado contra dois ou mais funcionários configura crime único, uma vez que o sujeito passivo imediato e primário do crime em tela é o Estado.

3. ELEMENTO SUBJETIVO

É o dolo, isto é, a vontade livre e consciente de praticar os atos ou proferir palavras ofensivas, isto é, humilhantes, desprestigiadoras. O dolo, obviamente, deve abranger o conhecimento da qualidade de funcionário público, bem como de que este se encontra no exercício da função, ou que a ofensa é irrogada em razão dela. Caso o agente incida em erro, poderá responder por outro crime: injúria, difamação, calúnia, lesão corporal etc. Dessa maneira, se o ofensor, por exemplo, injuriar um segurança particular supondo erroneamente tratar-se de policial militar no exercício da função, o crime será outro:

---

516. Nélson Hungria, *Comentários*, cit., v. 9, p. 424-5.

517. E. Magalhães Noronha, *Direito penal*, cit., v. 4, p. 306. No mesmo sentido: Julio Fabbrini Mirabete, *Manual*, cit., v. 3, p. 372; Damásio E. de Jesus, *Direito penal*, cit., v. 4, p. 222.

518. Nesse sentido: E. Magalhães Noronha, *Direito penal*, cit., v. 4, p. 310.

injúria (CP, art. 140). Conforme entendimento majoritário da doutrina, exige-se o fim especial de ofender ou desprestigiar a função exercida pelo funcionário público[519] (elemento subjetivo do tipo). Dessa forma, se a violência ou ameaça forem empregadas com o fim de se opor à execução de ato legal e não com o fim de humilhar, menoscabar a função pública exercida pelo agente, o crime passa a ser o de resistência.

A doutrina entende não se configurar o presente delito nas hipóteses em que o agente se restringe a criticar, censurar, de forma justa, o funcionário público, ainda que de maneira incisiva, enérgica, pois interessa a toda a sociedade que o serviço público seja fiscalizado[520]. Assim, por exemplo, o advogado que, sem ser de forma ultrajante, critica o cartorário pelo fato de este ter sido negligente na condução do processo, pois deixara de juntar aos autos petição devidamente protocolada, não comete delito de desacato. Da mesma forma, se o ofensor apenas retorquiu a ofensa propalada pelo funcionário público, não deverá responder pelo delito em tela. Dessa forma, o cartorário que chama o advogado de "jumento" obviamente não será vítima de desacato se o último retrucar que ele é um "asno"[521]. Também não se considera configurado o crime no mero ato de grosseria, o qual demonstra apenas falta de educação, sem que haja qualquer finalidade específica de menosprezar a função pública. Nesse sentido, "O delito de desacato pressupõe o dolo de ultrajar, faltar com o respeito ou menosprezar funcionário público, sendo fundamental a demonstração da vontade livre do agente." (STJ, RHC 81.292/DF, *DJU* 11-10-2017).

Questiona-se se a exaltação de ânimos exclui o crime de desacato. Dessa forma, caso o agente, dominado por sentimento de cólera, ira, pratique ato ou profira palavra ofensiva contra o funcionário público, responderá pelo crime de desacato? Duas são as posições que procuram solucionar tal controvérsia. Vejamos: (i) para a corrente predominante nos tribunais, o desacato pressupõe um estado normal de ímpeto, sendo que a exaltação exclui o elemento subjetivo, isto é, a intenção de menoscabar, desprestigiar a função exercida pelo funcionário público. Na hipótese, restará ao agente responder pelo delito de injúria, lesão corporal etc.; (ii) já para uma segunda corrente, minoritária nos tribunais, o desacato não exige ânimo calmo, de forma que o estado de exaltação ou cólera não exclui o elemento subjetivo do tipo, do contrário raramente haveria a tipificação desse delito, uma vez que, em regra, o desacato é realizado em estado de ira. Além do que a emoção nem ao menos isenta o agente de responsabilidade pelo cometimento do desacato, uma vez que o art. 28, I, do CP prescreve que a emoção e a paixão não excluem a imputabilidade penal[522]. Dessa forma, a emoção nem sequer é causa de exclusão da

519. Na doutrina tradicional, é o chamado dolo específico. Nesse sentido: Nélson Hungria, *Comentários*, cit., v. 9, p. 425; E. Magalhães Noronha, *Direito penal*, cit., v. 4, p. 310.

520. Nesse sentido: E. Magalhães Noronha, *Direito penal*, cit., v. 4, p. 311; Nélson Hungria, *Comentários*, cit., v. 9, p. 425.

521. Nesse sentido: E. Magalhães Noronha, *Direito penal*, cit., v. 4, p. 311; Nélson Hungria, *Comentários*, cit., v. 9, p. 425.

522. Compartilha do segundo posicionamento Damásio E. de Jesus, *Direito penal*, cit., v. 4, p. 224.

responsabilidade penal, quanto mais causa excludente do crime. Finalmente, dentro dessa segunda corrente há uma terceira, que entende que o crime de desacato dispensa o elemento subjetivo do tipo, de forma que basta a vontade de praticar o fato ou proferir as palavras ofensivas para que o crime se configure, não se exigindo o fim de desprestigiar a função pública. Ainda que o crime seja praticado em estado de exaltação emocional, o desacato se perfaz.

Indaga-se, igualmente, se a embriaguez exclui o desacato. Há três posicionamentos: (i) consoante posicionamento majoritário na jurisprudência, o crime de desacato exige o elemento subjetivo do tipo (dolo específico para a doutrina tradicional), consistente na intenção de humilhar, ofender, o que se demonstra incompatível com o estado de embriaguez. Além do que, com base no ensinamento de Hungria[523], é necessário que o agente tenha conhecimento da qualidade de funcionário público do ofendido, de que este se ache no exercício da função, ou de que a ofensa a ela se vincule, o que, segundo a doutrina, é incompatível com o estado de embriaguez. Dessa forma, o estado de embriaguez exclui o elemento subjetivo do tipo e, portanto, o crime de desacato; (ii) de acordo com o posicionamento minoritário na jurisprudência, o delito de desacato não exige o chamado elemento subjetivo do tipo, isto é, a intenção de desprestigiar a função pública; logo, o estado de embriaguez não exclui o delito em tela. Sustenta-se, ainda, que o art. 28, II, do CP prevê que não exclui a imputabilidade penal a embriaguez voluntária ou culposa, por álcool ou substância de efeitos análogos. De acordo com o § 1º, somente haverá a exclusão da imputabilidade penal se a embriaguez for completa, proveniente de caso fortuito ou força maior e o agente era, ao tempo da ação ou da omissão, inteiramente incapaz de entender o caráter ilícito do fato ou de determinar-se de acordo com esse entendimento. Veja-se, portanto, que a embriaguez jamais poderá ser causa excludente de qualquer crime. No máximo haverá a exclusão da responsabilidade penal se presentes os requisitos do § 1º; (iii) o desacato exige o chamado elemento subjetivo do tipo, mas a embriaguez somente o excluirá se eliminar a capacidade intelectual e volitiva do agente[524].

4. CONSUMAÇÃO E TENTATIVA

Consuma-se no momento em que os atos ofensivos são praticados (vias de fato, lesão corporal, gestos, gritos etc.) ou as palavras ultrajantes são irrogadas (calúnia, injúria, difamação) contra o funcionário público. Ressalva Noronha que "o fato de o sujeito passivo ter percebido a ofensa em momento sucessivo ao em que foi praticada, não modifica a consumação que ocorreu quando o agente praticou o fato"[525]. Trata-se de crime formal, de maneira que não se exige que o funcionário público se sinta ofendido com os atos praticados. Não se exige também que terceiros presenciem o desacato para que o crime se repute consumado.

---

523. Nélson Hungria, *Comentários*, cit., v. 9, p. 425.

524. É a posição adotada por Damásio E. de Jesus, *Direito penal*, cit., v. 4, p. 225.

525. E. Magalhães Noronha, *Direito penal*, cit., v. 4, p. 311.

Para Noronha, dependendo do meio empregado, é possível a tentativa. Assim, ela será inadmissível se ocorrer injúria oral, pois se trata da hipótese de crime unissubsistente. Ocorrerá, contudo, o *conatus* quando, por exemplo, alguém for impedido de agredir o servidor ou quando for impedido de atirar sobre ele imundície etc.[526]. Damásio E. de Jesus entende que nesses exemplos a atitude do sujeito ativo já configura desacato, pois a lei pune a atitude do autor, que pode consistir em simples gesto[527].

5. CONCURSO DE CRIMES

(i) Desacato e injúria ou difamação: o desacato pode constituir-se dos mais variados delitos (lesão corporal, vias de fato, crimes contra a honra etc.), de forma que, diante do princípio da consunção, se tais delitos forem mais levemente apenados que o desacato, como é o caso da injúria e da difamação, deverão ser absorvidos pelo crime em estudo.

(ii) Desacato e calúnia: caso o desacato constitua uma calúnia, deverá o agente responder pelo concurso formal de crimes, uma vez que não poderá ser aplicado o princípio da consunção, já que a calúnia possui a mesma pena do desacato.

(iii) Desacato e lesão corporal grave: na hipótese de o desacato consistir em lesão corporal grave, também não poderá ser aplicado o princípio da consunção, pois se trata de crime mais grave, devendo o agente responder pelo concurso formal de crimes. Haverá apenas a absorção pelo desacato se o delito for de lesão corporal leve ou vias de fato.

(iv) Desacato contra diversos funcionários: haverá crime único, uma vez que o sujeito passivo principal é a Administração Pública.

(v) Desacato e resistência: se o desacato ocorrer durante a resistência, somente subsistirá este último crime, ficando absorvidas as ofensas. Se os crimes tiverem sido praticados em contextos fáticos distintos, haverá concurso de crimes.

6. AÇÃO PENAL. LEI DOS JUIZADOS ESPECIAIS CRIMINAIS

(i) Ação penal: trata-se de crime de ação penal pública incondicionada.

(ii) Lei dos Juizados Especiais Criminais: em face da pena máxima prevista (detenção, de 6 meses a 2 anos, ou multa), constitui infração de menor potencial ofensivo, sujeita às disposições da Lei n. 9.099/95.

7. ALTERAÇÃO JURISPRUDENCIAL

O Superior Tribunal de Justiça pacificou que o crime de desacato não transgride o Direito à Liberdade de Expressão (AgRg no AREsp 1.012.281/SC, *DJU* 18-10-2017), logo é conduta típica e permanece incólume no ordenamento jurídico pátrio por entender que

---

526. E. Magalhães Noronha, *Direito penal*, cit., p. 311. No mesmo sentido: Julio Fabbrini Mirabete, *Manual*, cit., v. 3, p. 376; Celso Delmanto, *Código Penal comentado*, cit., p. 591.

527. Damásio E. de Jesus, *Direito penal*, cit., v. 4, p. 226.

é compatível com o art. 13 da Convenção Americana de Direitos Humanos (Pacto de São José da Costa Rica).

Entendimento já pacificado pelo STF, é sabido que os tratados de direitos humanos ratificados pelo país têm força supralegal, ou seja, qualquer lei que seja contrária às normas de tratado desta natureza não tem validade no ordenamento.

Nesse sentido, a Corte Interamericana de Direitos Humanos passou a exigir que o Poder Judiciário de cada Estado-Parte do Pacto de São José da Costa Rica exerça o controle de convencionalidade das normas jurídicas internas que aplica aos casos concretos, sendo desnecessária a existência de lei descriminalizadora para esta verificação.

ART. 332 – TRÁFICO DE INFLUÊNCIA

1. CONCEITO. OBJETO JURÍDICO

Dispõe o art. 332, *caput*, do CP: "Solicitar, exigir, cobrar ou obter, para si ou para outrem, vantagem ou promessa de vantagem, a pretexto de influir em ato praticado por funcionário público no exercício da função: Pena – reclusão, de 2 (dois) a 5 (cinco) anos, e multa". Antes dessa inovação legislativa, denominava-se o delito do art. 332 "exploração de prestígio".

Tutela-se, mais uma vez, o prestígio da Administração Pública, uma vez que, nesse delito, o agente, sob a alegação de possuir influência, prestígio, junto à Administração Pública, reclama vantagem de outrem a pretexto de exercer influência nos atos por ela praticados. Conforme afirma Noronha, "alardeando prestígio, gabando-se de influência junto à administração, lesa o prestígio, a consideração e o conceito que ela deve ter junto à coletividade, abalados pela crença difundida de que tudo se passa como no balcão de mercador. É a corrupção inculcada, em que o corrupto é o funcionário e o corruptor, o delinquente"[528].

2. ELEMENTOS DO TIPO

2.1. Ação nuclear

Trata-se de crime de ação múltipla. Várias são as ações nucleares típicas: (i) *solicitar*: pedir; (ii) *exigir*: ordenar, impor; (iii) *cobrar*: fazer com que seja pago; ou (iv) *obter*: conseguir, adquirir etc. Assim, o agente solicita, exige, cobra ou obtém, para si ou para outrem, vantagem ou promessa de vantagem, a pretexto de influir em ato praticado por funcionário público no exercício da função. Há, assim, uma mercancia, venda de suposta influência exercida pelo agente junto à Administração Pública em troca de vantagem. O delito pode ser praticado por qualquer meio executivo. A vantagem, por sua vez, pode ser de qualquer natureza, não necessariamente há de ser patrimonial, embora esta seja a mais comum. Ilustremos a situação com um exemplo: indivíduo que, afirmando falsa-

528. E. Magalhães Noronha, *Direito penal*, cit., v. 4, p. 314.

mente ser parente do Secretário de Habitação de Urbanismo, solicita dinheiro aos camelôs situados na Praça da República na cidade de São Paulo, a pretexto de conseguir a regularização das barracas naquele local. Outro exemplo: despachante que, alegando possuir influência sobre os funcionários do Detran, solicita vantagem da vítima a pretexto de fazer com que multas de infração de trânsito não sejam cobradas. Veja-se que, em tese, as hipóteses figuradas configuram o delito de estelionato, uma vez que o agente induz as pessoas em erro, sob o falso argumento de possuir prestígio junto à Administração Pública, com o fim de obter indevida vantagem. Contudo, antes de configurar crime contra o patrimônio, em virtude do prejuízo material causado às vítimas ludibriadas, sobreleva o interesse em proteger o prestígio, o bom nome da Administração Pública. Esse é o maior interesse tutelado pela norma penal.

Como no crime de estelionato, o agente pode utilizar-se de diversas manobras fraudulentas aptas a induzir a vítima em erro. A mentira, por si só, pode ser um meio para ludibriar, conforme vimos nos exemplos acima prefigurados. É necessário que o agente não possua influência junto à Administração Pública, pois aí reside a fraude. Nesse contexto, o ensinamento de Noronha: "é preciso ter-se presente que o fato que o legislador aqui pune é a bazófia, a gabolice ou jactância de influir em servidor público, quando tal prestígio é inexistente. Se, ao contrário, a pessoa realmente goza de influência e, sem estadeá-la ou proclamá-la, desenvolve atividade junto àquele, não comete o delito em apreço, podendo, entretanto, tais sejam as circunstâncias, praticar outro"[529]. Contudo, caso ele efetivamente goze de prestígio junto a esta, corrompendo o funcionário, poderá ser autor de outro delito, como a corrupção ativa (CP, art. 333).

O funcionário sobre o qual o agente alegar exercer influência, prestígio, tanto pode existir quanto ser imaginário. Não é necessário que o agente o individualize. Nesse sentido, o seguinte julgado: "Na linha da jurisprudência desta Corte, 'o crime de exploração de prestígio é, por assim dizer, uma 'subespécie' do crime previsto no art. 332 do Código Penal (tráfico de influência)'. É a exploração de prestígio, a venda de influência, a ser exercida especificamente sobre pessoas que possuem destacada importância no desfecho de processo judicial (APn n. 549/SP, Corte Especial, relator Ministro Felix Fischer, *DJe* 18-11-2009)." (STJ, PExt no RHC 55940/SP, *DEU* 4-2-2019). Caso haja a individualização e se descubra posteriormente que o agente não detém a qualidade de funcionário público, o crime será outro: estelionato[530].

→ **Atenção:** na hipótese de tráfico de influência em transações comerciais internacionais, aplica-se o art. 337-C do CP.

2.2. Objeto material

É a vantagem ou promessa de vantagem, a qual pode ser de natureza sexual, moral ou material.

---

529. E. Magalhães Noronha, *Direito penal*, cit., v. 4, p. 316.

530. Nesse sentido: E. Magalhães Noronha, *Direito penal*, cit., v. 4, p. 316.

2.3. Sujeito ativo

Qualquer pessoa pode praticar o delito em tela, inclusive o funcionário público.

2.4. Sujeito passivo

Sujeito passivo principal é o Estado. Ademais, lembremos que o disposto no § 1º do art. 327 do CP equipara a funcionário público, para os efeitos penais, quem exerce cargo, emprego ou função em entidade paraestatal, abrangendo os servidores de sociedade de economia mista e de empresas públicas, sendo que essa equiparação se aplica tanto ao sujeito passivo do crime como ao ativo. Secundariamente, é também vítima aquele que compra o prestígio, isto é, que paga ou promete a vantagem, visando obter algum benefício, o qual pode ser lícito ou não. Ainda que ilícito o fim visado pela vítima, como no exemplo inicialmente citado da não cobrança das penas de multa pelo Detran, ela continuará a figurar no polo passivo do delito em estudo. Dá-se aqui o mesmo que sucede no delito de estelionato quando há torpeza bilateral (fraude bilateral), isto é, quando a vítima age de má-fé, com o intuito de obter proveito por meio de um negócio ilícito ou imoral. O fim ilícito do sujeito passivo não o torna sujeito ativo do crime. "Realmente, ele se crê agente de um crime de corrupção em coautoria com o vendedor de prestígio, mas dito crime não existe, é putativo. E coautor do presente delito também não será, porque, conquanto de certa maneira ele concorre para o descrédito administrativo, não pode ser copartícipe de obter vantagem quem a dá ou dela se despoja"[531].

3. ELEMENTO SUBJETIVO

O tipo, além do dolo de praticar uma das ações nucleares, aparentemente, contém a finalidade específica de influenciar o funcionário público. Ocorre que a conduta é praticada não com essa finalidade, mas com esse pretexto, pois o sujeito ativo não tem a real intenção de exercer qualquer influência, mas tão somente a de lesar o iludido corruptor. O crime só é classificado no capítulo da Administração Pública porque lança nódoa sobre a imagem desta, atingida em seu dever de probidade, lealdade, honestidade e eficiência. Se houvesse, verdadeiramente, o fim especial de exercer influência, o crime seria outro.

4. CONSUMAÇÃO E TENTATIVA

O crime, nas modalidades *solicitar, exigir* e *cobrar*, consuma-se com a prática de uma dessas ações criminosas, independentemente da obtenção da vantagem almejada. Trata-se, portanto, de crime formal. Já na modalidade *obter*, o crime se consuma no momento em que o agente obtém a vantagem ou sua promessa. É, portanto, delito material.

A tentativa é possível, por exemplo, solicitação, exigência ou cobrança de vantagem por carta, a qual é interceptada antes de chegar ao destinatário.

531. E. Magalhães Noronha, *Direito penal*, cit., v. 4, p. 314.

5. FORMAS

5.1. Simples (art. 332, *caput*)

Prevista no *caput* do artigo.

5.2. Majorada (art. 332, parágrafo único)

Prevista no parágrafo único: "A pena é aumentada da metade, se o agente alega ou insinua que a vantagem é também destinada ao funcionário". Não é necessária, portanto, a declaração expressa do sujeito ativo no sentido de que o funcionário receberá o suborno: basta que ele dê a entender que haverá o recebimento da vantagem por parte deste. Ainda que a vítima não acredite que o funcionário receberá o suborno, a majorante se perfaz[532].

6. QUESTÕES

(i) Corrupção ativa e passiva: na hipótese em que o sujeito ativo efetivamente tenha prestígio junto à Administração Pública e venha a corromper funcionário público, oferecendo ou prometendo vantagem para determiná-lo a praticar, omitir ou retardar ato de ofício, o primeiro responderá pelo delito de corrupção ativa (CP, art. 333), e o funcionário público será responsabilizado pelo delito de corrupção passiva (CP, art. 317). O terceiro, beneficiado pela corrupção, também é considerado sujeito ativo do art. 333. Figure-se o seguinte exemplo: "A" afirma a "B" que tem influência na Prefeitura Municipal, de forma que, se "B" lhe der determinada quantia em dinheiro, ele poderá repassar o valor para o funcionário público "C", competente para a prática do ato de ofício. Veja-se que "A" efetivamente goza de prestígio perante a Administração Pública, não se cuidando de engodo; logo, não pode responder pelo delito de tráfico de influência. "A" e "B" deverão responder por corrupção ativa e "C" pelo delito de corrupção passiva.

(ii) Tráfico de influência e exploração de prestígio (CP, art. 357). Distinção: o crime de exploração de prestígio ofende os interesses da Administração da Justiça, de forma que, toda vez que a solicitação ou recebimento de dinheiro ou qualquer outra utilidade for realizada a pretexto de influir em juiz, jurado, órgão do Ministério Público, funcionário de justiça, perito, tradutor, intérprete ou testemunha, o crime será o previsto no art. 357 do CP.

(iii) Tráfico de influência e estelionato. Concurso de crimes: indaga-se se o estelionato resta absorvido pelo delito de tráfico de influência ou se há concurso de crimes, uma vez que há também ofensa ao patrimônio do particular e não só aos interesses da Administração Pública. Há divergência na doutrina. Para E. Magalhães Noronha há concurso de crimes[533]; já para Hungria, ocorre na hipótese a absorção do delito de este-

---

532. Nesse sentido: E. Magalhães Noronha, *Direito penal*, cit., v. 4, p. 317.

533. E. Magalhães Noronha, *Direito penal*, cit., v. 4, p. 317.

lionato pelo crime de tráfico de influência, uma vez que "se apresenta uma *species* de estelionato (consumado ou tentado), trasladada, em razão do detrimento que acarreta ou pode acarretar à dignidade ou insuspeitabilidade dos funcionários do Estado, do elenco dos crimes contra o patrimônio, para o quadro dos crimes contra a administração pública. Em tal hipótese, a exploração de prestígio sempre absorverá o estelionato"[534]. Mirabete sustenta que no caso há concurso aparente de normas, que se resolve pelo princípio da especialidade[535].

7. AÇÃO PENAL

Trata-se de crime de ação penal pública incondicionada.

→ **Atenção:** a denúncia criminal deve conter, de modo expresso, qual fora a solicitação, exigência, cobrança ou obtenção, e demonstrar que tal se dera com o propósito de influir na atividade do funcionário público.

ART. 333 – CORRUPÇÃO ATIVA

1. CONCEITO. OBJETO JURÍDICO

Dispõe o art. 333, *caput*, do CP: "Oferecer ou prometer vantagem indevida a funcionário público, para determiná-lo a praticar, omitir ou retardar ato de ofício: Pena – reclusão, de 2 (dois) a 12 (doze) anos, e multa". Conforme Damásio, "trata-se de caso de exceção pluralista ao princípio unitário que norteia o concurso de agentes. Poderia haver um só delito para corruptor e corrupto. O legislador brasileiro, entretanto, para que uma infração não fique na dependência da outra, podendo punir separadamente os dois sujeitos, ou um só, descreveu dois delitos de corrupção: passiva (do funcionário; art. 317 do CP) e ativa (do terceiro; art. 333). Ao contrário do que se afirma, há concurso de agentes entre corruptor e corrupto. Só que o legislador, ao invés de adotar o princípio unitário, resolveu aplicar o pluralista: um delito para cada autor"[536].

O tipo penal visa a proteção da moralidade da Administração Pública e o regular desempenho da função pública, os quais são colocados em risco com a corrupção, que, segundo Hungria, é o "mercado da função pública"[537]. Assim, na corrupção passiva busca-se evitar que os funcionários públicos passem, no desempenho de sua função, a receber vantagens indevidas para praticar ou deixar de praticar atos de ofício; já na corrupção ativa visa-se evitar a ação externa, isto é, do particular que promove a corrupção na Administração. Conforme afirma Noronha, "sabendo que a corrupção passiva, em

---

534. Nélson Hungria, *Comentários*, cit., v. 9, p. 427. No mesmo sentido: Damásio E. de Jesus, *Direito penal*, cit., v. 4, p. 229.

535. Julio Fabbrini Mirabete, *Manual*, cit., v. 3, p. 380.

536. Damásio E. de Jesus, *Direito penal*, cit., v. 4, p. 231.

537. Nélson Hungria, *Comentários*, cit., v. 9, p. 429.

regra, é produzida pela ativa, o legislador se antecipa, velando por impedi-la ou anulá-la, com a advertência da pena"[538].

2. ELEMENTOS DO TIPO

2.1. Ação nuclear. Objeto material. Elemento normativo do tipo

As ações nucleares do tipo estão consubstanciadas nos verbos: (i) *oferecer* vantagem indevida, isto é, colocar à disposição ou aceitação; ou (ii) *prometer* vantagem indevida, isto é, comprometer-se, fazer promessa, garantir a entrega de algo ao funcionário. A corrupção pode ser praticada por escrito (carta, *e-mail*, fax etc.), oralmente (telefone) ou por meio de gestos ou atos. Nesta última hipótese figure-se como exemplo o motorista que, diante da interceptação de seu veículo pela polícia rodoviária e solicitação de sua carteira de motorista, que se encontra com o prazo de validade vencido, coloca dinheiro no interior desta e a entrega ao policial. Admite-se que a oferta ou a promessa possa ser feita diretamente ao funcionário público, bem como indiretamente, isto é, por interposta pessoa. Neste último caso, o intermediário que leva a proposta ao corrompido será considerado coautor do delito de corrupção ativa. Victor Eduardo Rios Gonçalves ensina que, no caso em que o agente se limita a pedir para o funcionário "dar um jeitinho", não há corrupção ativa, "pois o agente não ofereceu nem prometeu qualquer vantagem indevida. Nesse caso, se o funcionário dá o 'jeitinho' e não pratica o ato de ofício, responde por corrupção passiva privilegiada e o particular figura como partícipe. Se o funcionário público não dá o 'jeitinho', o fato é atípico"[539].

Nem todo oferecimento ou promessa de vantagem é considerado corrupção ativa. É o caso do oferecimento de gratificações de pequena monta por serviço extraordinário, como uma garrafa de vinho, e a realização de pequenas doações ocasionais, como as costumeiras "Boas Festas" de Natal ou Ano-Novo, por exemplo, prometer ao lixeiro uma gorjeta para sua ceia de Natal[540].

Ao contrário do delito de corrupção passiva, o Código não pune a corrupção ativa subsequente, isto é, o oferecimento da vantagem após a prática do ato de ofício, sem que tenha havido qualquer influência do particular na prática, omissão ou retardamento do ato funcional. É que o próprio dispositivo penal é expresso no sentido de que o particular deve oferecer ou prometer vantagem indevida a funcionário *para determiná-lo a praticar, omitir ou retardar ato de ofício*[541], isto é, o ato deve ser praticado após o oferecimento ou promessa de vantagem e não antes.

---

538. E. Magalhães Noronha, *Direito penal*, cit., v. 4, p. 321.

539. Victor Eduardo Rios Gonçalves, *Dos crimes contra os costumes aos crimes contra a Administração*, cit., v. 10, p. 158.

540. Hipóteses formuladas por Nélson Hungria para o crime de corrupção passiva (*Comentários*, cit., v. 9, p. 369-370). No mesmo sentido: Damásio E. de Jesus, *Direito penal*, cit., v. 4, p. 233.

541. Nesse sentido: E. Magalhães Noronha, *Direito penal*, cit., v. 4, p. 324; Damásio E. de Jesus, *Direito penal*, cit., v. 4, p. 233.

O objeto material do crime é a vantagem, que pode ser de qualquer natureza[542], isto é, patrimonial, moral, inclusive sexual[543]. Deve ela ser *indevida* (elemento normativo do tipo), isto é, ilícita, pois, se devida, o fato é atípico. Por não se tratar de crime bilateral, prescinde-se da aceitação da vantagem pelo funcionário público. Caso aceite, o funcionário deverá responder pelo delito de corrupção passiva.

Consoante o dispositivo penal, a oferta ou promessa de vantagem deve ser realizada com o fim de determinar o funcionário a praticar (por exemplo: oferecer dinheiro ao funcionário para que suma com o processo judicial ou a policiais para que não prendam o agente em flagrante), omitir (por exemplo: oferecer dinheiro ao guarda de trânsito para que não aplique multa contra o infrator) ou retardar ato de ofício (por exemplo: prometer vantagem ao cartorário do fórum caso ele consiga protelar a remessa do processo ao Ministério Público). Deve o ato necessariamente ser de específica atribuição do funcionário público. Dessa forma, não comete o crime em tela o particular que oferece dinheiro ao investigador de polícia para que este não instaure inquérito policial contra ele, pois tal atribuição é específica do delegado de polícia. Caso o agente ofereça dinheiro a funcionário incompetente para a prática do ato almejado, haverá crime impossível, podendo restar a existência de ato de improbidade administrativa, previsto nos arts. 9º e 11 da Lei n. 8.429/92. Não se compreende nesse dispositivo penal o fim de impedir a prática de ato ilegal, arbitrário, pelo funcionário público ou que não seja de sua competência[544]. Assim, o indivíduo que oferece dinheiro para que a autoridade policial não o prenda em flagrante, por não ter praticado qualquer crime, não responde pela corrupção ativa.

2.2. Sujeito ativo

Trata-se de crime comum: qualquer pessoa pode praticá-lo, inclusive o funcionário público, desde que não aja nessa qualidade.

Afirma Hungria que, para a existência do delito de corrupção passiva, não é preciso indagar acerca da capacidade penal do *extraneus*. Haverá o delito do art. 317 ainda que o particular seja menor de 18 anos[545]. Dessa forma, podemos concluir que o menor de idade que oferece ou promete vantagem indevida a um policial que o flagrou praticando um ilícito, por exemplo, não responde pelo crime de corrupção ativa, pois é inimputável; o policial, por sua vez, que aceita a vantagem pratica crime de corrupção passiva.

2.3. Sujeito passivo

O Estado, titular do bem jurídico ofendido.

---

542. Nesse sentido: Damásio E. de Jesus, *Direito penal*, cit., v. 4, p. 233; E. Magalhães Noronha, *Direito penal*, cit., v. 4, p. 322; Cezar Roberto Bitencourt, *Código Penal comentado*, cit., p. 1114. Em sentido contrário: Nélson Hungria, *Comentários*, cit., v. 9, p. 370, para quem a vantagem há de ter necessariamente caráter patrimonial.

543. Nesse sentido: Julio Fabbrini Mirabete, *Manual*, cit., v. 3, p. 382.

544. Nesse sentido: Damásio E. de Jesus, *Direito penal*, cit., v. 4, p. 233.

545. Nesse sentido: Nélson Hungria, *Comentários*, cit., v. 9, p. 371.

3. ELEMENTO SUBJETIVO

É o dolo, isto é, a vontade livre e consciente de oferecer ou prometer vantagem, ciente de que ela é indevida e de que se destina a funcionário público. Exige-se também o elemento subjetivo do tipo: "para determiná-lo a praticar, omitir ou retardar ato de ofício".

4. CONSUMAÇÃO E TENTATIVA

Trata-se de crime formal, uma vez que a consumação se dá com a simples oferta ou promessa de vantagem indevida por parte do *extraneus* ao funcionário público, isto é, quando chega ao conhecimento deste, independentemente de ele aceitá-la ou recusá-la. Também não é necessário que o funcionário pratique, retarde ou omita o ato de ofício de sua competência.

A tentativa é possível. Figure-se a hipótese em que a correspondência contendo a oferta de dinheiro não chega às mãos do funcionário destinatário por ter sido apreendida pela polícia. O *conatus*, contudo, será inadmissível se a oferta ou promessa for feita oralmente, pois nesse caso o delito é unissubsistente.

5. FORMAS

5.1. Simples (art. 333, *caput*)

Prevista no *caput* do artigo.

5.2. Causa de aumento de pena (art. 333, parágrafo único)

Prevista no parágrafo único: "A pena é aumentada de um terço, se, em razão da vantagem ou promessa, o funcionário retarda ou omite ato de ofício, ou o pratica infringindo dever funcional". Caso o ato de ofício praticado não seja contrário ao dever funcional, não incidirá a referida majorante, devendo o agente responder apenas pela forma simples do delito de corrupção ativa[546].

6. CORRUPÇÃO ATIVA E PASSIVA. HIPÓTESES

A corrupção, em nossa legislação, não é crime necessariamente bilateral, de forma que nem sempre a configuração da corrupção passiva dependerá do delito de corrupção ativa e vice-versa. Vejamos:

(i) corrupção ativa sem a passiva: o oferecimento ou a promessa de vantagem feita pelo particular ao funcionário público configura, por si só, o delito de corrupção ativa (CP, art. 333), independentemente do recebimento da vantagem ou da aceitação da promessa pelo funcionário público;

---

546. Nesse sentido: Nélson Hungria, *Comentários*, cit., v. 9, p. 430.

(ii) corrupção passiva sem a ativa: se o funcionário público *solicitar* vantagem indevida ao particular, tal ato por si só já configurará o delito de corrupção passiva (CP, art. 317), independentemente da entrega da vantagem pelo *extraneus*. Caso essa entrega ocorra, não responderá o particular pelo delito do art. 333, pois referido tipo penal apenas prevê a conduta de oferecer ou prometer a vantagem indevida. O fato, no caso, é atípico;

(iii) corrupção ativa e passiva: embora a corrupção não seja um crime necessariamente bilateral, haverá hipóteses em que a corrupção passiva somente se dará se ocorrer a corrupção ativa. Assim, na conduta do funcionário que *recebe* a indevida vantagem (CP, art. 317), é pressuposto necessário que haja anteriormente a ocorrência do delito de corrupção ativa na modalidade "*oferecer vantagem indevida a funcionário*" (CP, art. 333). O mesmo se dá na modalidade "*aceitar promessa de tal vantagem*" (CP, art. 317), cujo pressuposto necessário é que haja a anterior ação de prometer vantagem pelo *extraneus*.

7. QUESTÕES

(i) Corrupção ativa e concussão: segundo a jurisprudência, são incompossíveis esses crimes, isto é, não é possível a existência concomitante de ambos. É que a vítima, que entrega o dinheiro exigido no crime de concussão, não pode ser considerada sujeito ativo do delito de corrupção ativa, pelo simples fato de que a corrupção ativa pressupõe que o particular livremente ofereça ou prometa a vantagem, o que não ocorre quando há primeiramente a prática do delito de concussão, pois o particular é constrangido a entregar a vantagem.

(ii) Corrupção de testemunha, perito, tradutor ou intérprete: caso o agente pratique a conduta de dar, oferecer, ou prometer dinheiro ou qualquer outra vantagem a testemunha, tradutor ou intérprete, para fazer afirmação falsa, negar ou calar a verdade em depoimento, perícia, tradução ou interpretação, ainda que a oferta ou promessa não seja aceita, responderá pelo delito previsto no art. 343 do CP.

(iii) Corrupção eleitoral: está prevista no art. 299 do Código Eleitoral: "Dar, oferecer, prometer, solicitar ou receber, para si ou para outrem, dinheiro, dádiva ou qualquer outra vantagem, para obter ou dar voto e para conseguir ou prometer abstenção, ainda que a oferta não seja aceita".

(iv) Extravio, sonegação ou inutilização de livro ou documento (CP, art. 314) e corrupção. Distinção: na hipótese em que o funcionário público solicita ou recebe, para si ou para outrem, vantagem indevida, ou aceita promessa de tal vantagem, a fim de extraviar, sonegar ou inutilizar livro oficial ou qualquer outro documento, de que tem a guarda, comete o delito de corrupção passiva (CP, art. 317), e o particular que oferece ou promete a vantagem, pelo crime de corrupção ativa. Em uma primeira análise tem-se a impressão de que o fato se enquadraria perfeitamente no art. 314 do CP, sendo o particular considerado coagente, contudo esse delito é estritamente subsidiário, sendo a corrupção muito mais grave, em face do oferecimento pelo particular e do recebimento pelo funcionário de vantagem indevida.

(v) Corrupção ativa nas transações comerciais internacionais: está prevista no art. 337-B do CP: "Prometer, oferecer, dar, direta ou indiretamente, vantagem indevida a funcionário público estrangeiro, ou a terceira pessoa, para determiná-lo a praticar, omitir ou retardar ato de ofício relacionado à transação comercial internacional".

(vi) Corrupção ativa praticada por militar: está tipificada no art. 309 do Decreto-Lei n. 1.001/69, nos mesmos moldes do Código Penal, todavia aplicável quando a conduta atentar contra o interesse das instituições militares.

(vii) Corrupção no Estatuto do Torcedor: o Estatuto do Torcedor (Lei n. 10.671/2003) prevê os crimes de corrupção passiva (art. 41-C) e ativa (art. 41-D) destinados a falsear o resultado de competição esportiva, desportiva ou evento a elas associados. Vejamos as disposições legais. Art. 41-C: "Solicitar ou aceitar, para si ou para outrem, vantagem ou promessa de vantagem patrimonial ou não patrimonial para qualquer ato ou omissão destinado a alterar ou falsear o resultado da competição esportiva ou evento a ela associado: Pena – reclusão de 2 a 6 anos e multa". Art. 41-D: "Dar ou promover vantagem patrimonial ou não patrimonial com o fim de alterar ou falsear o resultado de uma competição desportiva ou evento a ela associado: Pena – reclusão de 2 a 6 anos e multa".

8. AÇÃO PENAL

Trata-se de crime de ação penal pública incondicionada.

ART. 334 – DESCAMINHO

1. CONCEITO

Dispõe o art. 334, *caput*, do CP: "Iludir, no todo ou em parte, o pagamento de direito ou imposto devido pela entrada, pela saída ou pelo consumo de mercadoria: Pena – reclusão, de 1 (um) a 4 (quatro) anos". O descaminho já foi devidamente conceituado quando analisamos o delito do art. 318 (facilitação de contrabando ou descaminho). Conforme já visto, o descaminho diz respeito à fraude utilizada pelo agente no intuito de evitar, total ou parcialmente, o pagamento dos impostos relativos à importação, exportação ou consumo de mercadorias[547], que no caso são permitidas. Trata-se de norma penal em branco, complementada por leis e atos administrativos que regulam a entrada e a saída de mercadorias em nosso país. Ressalve-se que o imposto relativo ao consumo de mercadorias não mais subsiste em nossa legislação com essa denominação, sendo substituído pelo Imposto sobre a Circulação de Mercadorias e Prestação de Serviços (ICMS). A sonegação desse tributo configura o crime tipificado no art. 1º da Lei n. 8.137/90, em razão do princípio da especialidade, pois nesse caso não há entrada ou saída de mercadorias do território nacional.

---

547. Nesse sentido: Nélson Hungria, *Comentários*, cit., v. 9, p. 374.

2. OBJETO JURÍDICO

Conforme já estudado no delito de facilitação de contrabando ou descaminho, tutela-se a Administração Pública, em especial o erário público, uma vez que no descaminho o Estado deixa de arrecadar os pagamentos dos impostos de importação, exportação ou consumo[548].

3. ELEMENTOS DO TIPO

3.1. Ação nuclear. Objeto material

A ação nuclear típica consubstancia-se no verbo: *iludir*, no todo ou em parte, o pagamento de direito ou imposto devido pela entrada, pela saída ou pelo consumo de mercadoria: na hipótese, é lícita a entrada ou saída da mercadoria do País, mas o agente, com o fim de subtrair-se ao pagamento dos impostos — Imposto de Importação (II) ou o Imposto sobre Produtos Industrializados (IPI) — ou direitos relativos a ela, utiliza-se de ardis, manobras fraudulentas, aptas a enganar a autoridade fazendária competente para liberar as mercadorias. Com efeito, há posicionamento no Superior Tribunal de Justiça no sentido de que "Para que se configure a modalidade de descaminho descrita no *caput* do art. 334 do Código Penal (iludir, no todo ou em parte, o pagamento de direito ou imposto devido pela entrada, pela saída ou pelo consumo de mercadoria) é necessário identificar indícios de que o agente de alguma forma, dolosamente, aderiu e/ou participou do processo de introdução do bem no país sem o recolhimento dos tributos devidos." (STJ, CComp 159.680/MG, *DJU* 20-2-2018). Pratica o descaminho o indivíduo que, por exemplo, emprega rótulos ou letreiros falsos, não correspondentes à quantidade ou qualidade real da mercadoria[549]. Contudo, o Superior Tribunal de Justiça já se manifestou contrariamente, no sentido de que "a simples introdução no território nacional de mercadoria estrangeira sem pagamento dos direitos alfandegários, independentemente de qualquer prática ardilosa visando iludir a fiscalização, tipifica o crime de descaminho" (STJ, REsp 238373/PE). Veja-se que para o Superior Tribunal de Justiça é desnecessário o emprego de fraude para iludir, enganar a autoridade competente.

> **Nosso entendimento:** não basta a entrada ou saída da mercadoria sem o recolhimento do imposto devido, sendo necessário o emprego de algum meio, fraudulento ou não, destinado a iludir a autoridade alfandegária.

Com efeito, o tipo emprega o verbo *iludir*, que significa enganar, frustrar, lograr, burlar, não sendo suficiente a mera omissão no recolhimento do tributo. Tivesse a lei empregado o termo *elidir*, que significa suprimir, aí sim seria suficiente o comportamento omissivo. Não é o caso, contudo, do delito em questão, de modo que o inadimplemento

---

548. Nesse sentido: E. Magalhães Noronha, *Direito penal*, cit., v. 4, p. 327.

549. Cf. exemplo de E. Magalhães Noronha, *Direito penal*, cit., v. 4, p. 329.

caracteriza mero débito de natureza fiscal. Analisemos o seguinte exemplo[550]: turista que, trazendo para seus parentes diversos presentes do estrangeiro em sua bagagem, sem empregar qualquer fraude para iludir o fisco ou sem tentar esquivar-se da barreira alfandegária, não se dirige espontaneamente à autoridade alfandegária para declarar o excesso da cota de isenção sobre a aquisição das mercadorias adquiridas no estrangeiro. Indaga-se: *há na hipótese ilícito penal ou fiscal?* Com base no ensinamento acima explanado, entendemos haver mero ilícito fiscal e não o delito de descaminho, pois não houve o emprego de qualquer fraude tendente a enganar o Fisco.

3.2. Sujeito ativo

Trata-se de crime comum, pois qualquer pessoa pode praticá-lo, não se exigindo qualidade especial. Contudo, se o sujeito ativo for funcionário público, e, com infração do dever funcional de repressão ao contrabando ou descaminho, facilitá-lo, será considerado autor do crime previsto no art. 318. Contudo, será tido como partícipe do delito em estudo (CP, art. 334) se facilitar o descaminho sem infringir dever funcional, bem como na hipótese de não ter consciência de que infringe o dever funcional. Dessa forma, o legislador penal optou por prever um tipo penal autônomo para aquele que, em tese, seria partícipe do crime previsto no art. 334 do CP (delito de descaminho). Trata-se, portanto, de exceção à teoria unitária adotada pelo Código Penal no concurso de pessoas.

3.3. Sujeito passivo

É o Estado, uma vez que há lesão ao erário público.

4. ELEMENTO SUBJETIVO

É o dolo, isto é, a vontade livre e consciente de iludir, no todo ou em parte, o pagamento de direito ou imposto devido pela entrada, pela saída ou pelo consumo de mercadoria.

5. CONSUMAÇÃO

O crime se consuma com a liberação das mercadorias, sem o pagamento dos impostos ou direitos relativos a elas.

→ **Atenção:** os tribunais superiores, porém, adotam o entendimento de que se trata de crime formal.

6. TENTATIVA

Ocorre quando o sujeito não consegue iludir a autoridade alfandegária e venha a ser pego antes de completar a entrada ou saída em território nacional com o produto.

---

550. Cf. exemplo formulado por Celso Delmanto, *Código Penal comentado*, cit., p. 599.

7. FORMAS

7.1. Simples (art. 334, *caput*)

Prevista no *caput* do artigo.

7.2. Equiparadas (art. 334, § 1º)

O § 1º do artigo em estudo dispõe que incorre na mesma pena quem:

(i) pratica navegação de cabotagem, fora dos casos permitidos em lei: a lei equipara ao descaminho a navegação de cabotagem praticada fora dos casos permitidos em lei. Trata-se, portanto, de norma penal em branco. Segundo Noronha, "navegação de cabotagem é a que tem por finalidade a comunicação e o comércio direto entre os portos do País, dentro de suas águas e dos rios que correm em seu território. É privativa dos navios nacionais; a lei, entretanto, pode estabelecer exceções (Lei n. 123, de 11.11.1892, e Dec. n. 10.524, de 23.10.1913)"[551];

(ii) pratica fato assimilado, em lei especial, a descaminho: trata-se, também, de norma penal em branco, incumbindo à legislação extravagante dizer quais os fatos assimilados ao delito de descaminho;

(iii) vende, expõe à venda, mantém em depósito ou, de qualquer forma, utiliza em proveito próprio ou alheio, no exercício de atividade comercial ou industrial, mercadoria de procedência estrangeira que introduziu clandestinamente no País ou importou fraudulentamente ou que sabe ser produto de introdução clandestina no território nacional ou de importação fraudulenta por parte de outrem: diversas são as condutas típicas previstas na alínea *c* do dispositivo penal. Vejamos as condutas típicas:

(i) A primeira parte do dispositivo prevê a conduta daquele que "vende, expõe à venda, mantém em depósito ou, de qualquer forma, utiliza em proveito próprio ou alheio, no exercício de atividade comercial ou industrial, mercadoria de procedência estrangeira que introduziu clandestinamente no País ou importou fraudulentamente (...)". Pune-se, aqui, a ação do autor do descaminho que, no exercício de atividade comercial ou industrial, pratique uma daquelas condutas típicas. É imprescindível que o agente realize as condutas no exercício de atividade comercial ou industrial. Desta feita, se o autor do descaminho, por exemplo, mantém em depósito a mercadoria, sem que tal fato ocorra no exercício de qualquer atividade comercial ou industrial, o crime passa a ser o previsto no *caput* do artigo.

(ii) A segunda parte do dispositivo prevê a conduta daquele que "vende, expõe à venda, mantém em depósito ou, de qualquer forma, utiliza em proveito próprio ou alheio, no exercício de atividade comercial ou industrial, mercadoria de procedência estrangeira (...) que sabe ser produto de introdução clandestina no território nacional ou de importação fraudulenta por parte de outrem". Pune-se a conduta do comerciante ou industrial

---

551. E. Magalhães Noronha, *Direito penal*, cit., v. 4, p. 331.

que, no exercício da atividade comercial ou industrial, pratica uma daquelas ações típicas (vende, expõe à venda etc.), tendo por objeto mercadoria que sabe ser produto de introdução clandestina no território nacional ou de importação fraudulenta por parte de outrem. Nessa hipótese, o comerciante ou industrial é um receptador das mercadorias, fruto de descaminho praticado por terceiros. É necessário que o receptador saiba, isto é, tenha certeza de que a mercadoria advém do delito de descaminho. Se agir com dolo eventual, o crime não subsistirá. Estamos aqui diante de uma hipótese de concurso aparente de normas, devendo prevalecer a disposição específica da alínea *c* do § 1º do art. 334 e não a norma geral do art. 180, § 1º, do CP, embora esta preveja as mesmas ações típicas, também praticadas no exercício de atividade comercial ou industrial. Ressalve-se, finalmente, que, se as ações previstas na segunda parte da alínea *c* não forem praticadas no exercício de atividade comercial ou industrial, outro crime poderá configurar-se: art. 180, *caput* e § 3º, do CP;

(iv) adquire, recebe ou oculta, em proveito próprio ou alheio, no exercício de atividade comercial ou industrial, mercadoria de procedência estrangeira, desacompanhada de documentação legal, ou acompanhada de documentos que sabe serem falsos: trata-se também de previsão legal similar ao crime de receptação previsto no § 1º do art. 180 (receptação qualificada), devendo, contudo, prevalecer a disposição específica do art. 334, § 1º, *d*. No crime em estudo o agente adquire, recebe ou oculta, no exercício de atividade comercial ou industrial, mercadoria de procedência estrangeira, desacompanhada de documentação legal, ou acompanhada de documentos que sabe serem falsos. É necessário que o agente tenha certeza da proveniência ilícita da mercadoria, não bastando o dolo eventual. Se o agente agir culposamente, o fato poderá ser enquadrado no art. 180, § 3º, do CP, e não na alínea *d* do art. 334 do CP. O tipo penal contém o chamado elemento subjetivo do tipo: "em proveito próprio ou alheio". Celso Delmanto chama a atenção para o fato de que "a pena cominada ao novo § 1º do art. 180 é flagrantemente desproporcional em relação à deste art. 334, § 1º, *d*. Por exemplo: enquanto a receptação de televisores furtados, no exercício da atividade comercial ou industrial, é punida com pena de reclusão de três a oito anos, e multa (art. 180, § 1º), a receptação de televisores descaminhados, no mesmo exercício da atividade comercial ou industrial, é apenada com reclusão de um a quatro anos (art. 334, § 1º, *d*). Nem se diga, nesta hipótese, que a receptação de produtos furtados seria mais grave do que aquela de produtos descaminhados, uma vez que as penas do art. 155, *caput*, e do art. 334, *caput*, §§ 1º e 2º, são iguais"[552].

O § 2º, por sua vez, dispõe: "Equipara-se às atividades comerciais, para os efeitos deste artigo, qualquer forma de comércio irregular ou clandestino de mercadorias estrangeiras, inclusive o exercido em residências". Segundo a doutrina, o tipo penal exige a habitualidade da conduta, isto é, não basta a venda esporádica de mercadorias fruto de descaminho. É preciso a prática reiterada da conduta. Nesse sentido, a doutrina de Celso Delmanto, para quem "As expressões usadas ('comércio', 'exercido') indicam

552. Celso Delmanto, *Código Penal comentado*, cit., p. 601.

que deve estar presente na conduta o requisito da habitualidade, não bastando uma ou mais revendas esporádicas"[553].

7.3. Qualificada (art. 334, § 3º)

Prevista no § 3º: "A pena aplica-se em dobro, se o crime de descaminho é praticado em transporte aéreo, marítimo ou fluvial". A majoração da pena funda-se na maior dificuldade de fiscalização das mercadorias transportadas. Cuida a lei, obviamente, dos roteiros internacionais clandestinos, pois os oficiais de carreira estão sujeitos à fiscalização alfandegária[554].

8. PRINCÍPIO DA INSIGNIFICÂNCIA

O Direito Penal não cuida de bagatelas, nem admite tipos incriminadores que descrevam condutas incapazes de lesar o bem jurídico. Se a finalidade do tipo penal é tutelar bem jurídico, quando a lesão, de tão insignificante, torna-se imperceptível, não é possível proceder ao enquadramento, por absoluta falta de correspondência entre o fato narrado na lei e o comportamento iníquo realizado. Somente a coisa de valor ínfimo autoriza a incidência do princípio da insignificância, o qual acarreta a atipicidade da conduta. Na hipótese de crime de descaminho de bens, em que o débito tributário e a multa não excederem o valor mínimo necessário para o ajuizamento da ação fiscal, a Fazenda Pública se recusa a efetuar a cobrança em juízo, nos termos da Lei n. 9.469/97, sob o argumento de que a irrisória quantia não compensa a instauração de um executivo fiscal. O Supremo Tribunal Federal e o Superior Tribunal de Justiça já consolidaram entendimento no sentido de que deve ser aplicado o princípio da insignificância quando o débito tributário e a multa não excederem o valor mínimo necessário para o ajuizamento da ação fiscal.

Questiona-se qual o valor mínimo. Para o STF, com fundamento na Lei n. 10.522/2002, atualizada pelas Portarias n. 75 e 130/2012 do Ministério da Fazenda, esse valor corresponde a R$ 20.000,00 (vinte mil reais). Por sua vez, o STJ adotava posicionamento no sentido de que aquele valor era de R$ 10.000,00 (dez mil reais). Contudo, em dezembro de 2017, a Terceira Turma resolveu revisar o Tema 157 dos recursos repetitivos e fixou em R$ 20.000,00 (vinte mil reais) o valor máximo para incidência do princípio da insignificância no caso de crimes tributários federais e de descaminho. O citado tema, então, passou a ter a seguinte redação: "Incide o princípio da insignificância aos crimes tributários federais e de descaminho quando o débito tributário verificado não ultrapassar o limite de R$ 20.00,00, a teor do disposto no artigo 20 da Lei 10.522/2002, com as atualizações efetivadas pelas Portarias 75 e 130, ambas do Ministério da Fazenda".

---

553. Celso Delmanto, *Código Penal comentado*, cit., p. 601. No mesmo sentido: Damásio E. de Jesus, *Direito penal*, cit., v. 4, p. 242; Julio Fabbrini Mirabete, *Manual*, cit., v. 3, p. 388.

554. Celso Delmanto, *Código Penal comentado*, cit., p. 601; Damásio E. de Jesus, *Direito penal*, cit., v. 4, p. 243.

Vale lembrar que a incidência do princípio da insignificância exclui a própria tipicidade penal, não havendo que falar em fato típico.

9. EXTINÇÃO DA PUNIBILIDADE NO CRIME DE DESCAMINHO

Dispõe o art. 34 da Lei n. 9.249/95: "Extingue-se a punibilidade dos crimes definidos na Lei n. 8.137/90, e na Lei n. 4.729/65, quando o agente promover o pagamento do tributo ou contribuição social, inclusive acessórios, antes do recebimento da denúncia". A Lei n. 9.430/96, art. 83, § 4º dispõe no mesmo sentido, qual seja, o pagamento integral do débito importará na extinção da punibilidade. E mais, de acordo com a atual redação do § 6º do art. 83 da Lei n. 9.430/96 "as disposições contidas no *caput* do art. 34 da Lei n. 9.249/95, aplicam-se aos processos administrativos e aos inquéritos e processos em curso, desde que não recebida a denúncia pelo juiz".

O art. 34 da Lei n. 9.249/95 não fez qualquer menção ao crime de descaminho; entretanto, passou-se a discutir se esse benefício legal deveria também ser estendido ao delito de descaminho.

Vejamos:

(i) Celso Delmanto admite a extinção da punibilidade no crime de descaminho. Argumenta o autor: "ao nosso ver, a interpretação com efeitos extensivos a favor do acusado, ou, como querem outros, *analogia in bonam partem*, tanto no caso de apreensão e consequente perdimento dos bens quanto na hipótese de pagamento dos tributos devidos antes do recebimento da denúncia, é correta, pois o mencionado art. 34 da Lei n. 9.249/95 se refere a tributos em geral, abrangendo, portanto, os impostos de importação e exportação (...). Ora, se se permite a extinção da punibilidade pelo pagamento antes do recebimento da denúncia nos crimes de sonegação fiscal, contra a Ordem Tributária e contra a Previdência Social, não há razão para negar tratamento paritário para o delito de descaminho, onde, igualmente, há apenas sonegação de tributos". O autor também faz alusão à posição de Sérgio Rosenthal, para quem "a aplicação da extinção da punibilidade pelo pagamento do tributo ao crime de descaminho, mais que uma questão de direito, é uma questão de coerência, e sua imposição apenas uma questão de tempo" (*A extinção da punibilidade pelo pagamento do tributo no descaminho*, Ed. Nacional, 1999, p. 52). No mesmo sentido, admitindo a incidência do art. 34 da lei ao delito de descaminho, TRF, 3ª Região, RSE 97.03.005.261-4[555].

(ii) Para Damásio E. de Jesus, "a Lei n. 6.910, de 27.5.1981, cancelou a Súmula 560 do primitivo STF, que admitia a extinção da punibilidade, pelo pagamento do tributo antes de iniciada a ação penal, nos delitos de contrabando e descaminho. Hoje, o pagamento do tributo, ainda que efetuado antes de iniciado o processo criminal, não tem efeito extintivo da punibilidade. De aplicar-se, entretanto, o art. 16 do CP"[556]. Conclui-se, portanto, que

---

555. Celso Delmanto, *Código Penal comentado*, cit., p. 602.

556. Damásio E. de Jesus, *Direito penal*, cit., v. 4, p. 243. No mesmo sentido: Julio Fabbrini Mirabete, *Manual*, cit., v. 3, p. 388-99.

referido autor não admite que se estendam os efeitos do art. 34 da Lei n. 9.249/95 ao delito de descaminho.

Nosso entendimento: correta a primeira posição, uma vez que o descaminho configura modalidade especial de crime contra a ordem tributária, enquadrando-se perfeitamente na definição contida no art. 1º, *caput*, da Lei n. 8.137/90. Com efeito, o agente está suprimindo tributo mediante a conduta de iludir o fisco, não se devendo admitir tratamento diferenciado para hipóteses tão semelhantes, sob pena de afronta ao princípio constitucional da proporcionalidade.

Indaga-se: *o parcelamento do débito relativo ao crime de descaminho extingue a punibilidade?*

Dispõe o art. 10 da Lei n. 10.522/2002: "Os débitos de qualquer natureza para com a Fazenda Nacional poderão ser parcelados em até sessenta parcelas mensais, a exclusivo critério da autoridade fazendária, na forma e condições previstas nesta Lei". Com base nesse permissivo legal, entendemos admissível o parcelamento do débito no crime de descaminho, o qual acabará por surtir efeitos na esfera penal. Sobre o tema, *vide* comentários ao art. 337-A. Registre-se que a Portaria Conjunta entre a Procuradoria-Geral da Fazenda Nacional e o Secretário da Receita Federal do Brasil n. 15, de 15 de dezembro de 2009, em seu art. 1º, dispõe em sentido semelhante: "Os débitos de qualquer natureza para com a Fazenda Nacional poderão ser parcelados em até 60 (sessenta) prestações mensais e sucessivas, observadas as disposições constantes desta Portaria".

Ainda, vale registrar que a Lei n. 9.430/96, no art. 83, § 2º dispõe que, se houver a concessão na órbita administrativa do parcelamento do débito, fica suspensa a pretensão punitiva do Estado durante o período em que a pessoa física ou jurídica relacionada com o agente estiver incluída no regime de parcelamento, desde que o pedido de parcelamento tenha sido formalizado antes do recebimento da denúncia. Além disso, a prescrição criminal não corre durante o período de suspensão da pretensão punitiva (Lei n. 9.430/96, art. 83, § 3º). Note-se, ainda, que, de acordo com o art. 83, § 1º, da mencionada legislação, na hipótese de concessão do parcelamento do crédito tributário, a representação fiscal para fins penais somente será encaminhada ao Ministério Público após a exclusão da pessoa física ou jurídica do parcelamento.

10. CONCURSO DE CRIMES

(i) Falsidade documental e contrabando ou descaminho: entendemos que, se a falsificação do documento esgota-se na prática do crime de contrabando ou descaminho, exaurindo sua potencialidade lesiva, haverá absorção do crime de falso, incidindo aqui o princípio da consunção; caso contrário, servindo o documento falsificado pelo agente para a aplicação de uma série de fraudes, deverá ele responder pelo delito de contrabando ou descaminho em concurso material com a falsidade documental.

(ii) Uso de documento falso (CP, art. 304) e contrabando ou descaminho (§ 1º, IV): na hipótese em que o agente adquire, recebe ou oculta, em proveito próprio ou alheio, no exercício de atividade comercial ou industrial, mercadoria de procedência estrangeira acompanhada de documentos que sabe serem falsos, responderá ele apenas pela modalidade criminosa prevista no § 1º, IV do art. 334, não havendo concurso com o delito de uso de documento falso, pois somente aquele que entregou a mercadoria com os documentos falsos deverá ser responsabilizado por esse delito[557].

11. QUESTÃO PREJUDICIAL

Muito se discutiu, na doutrina e na jurisprudência, a respeito da independência, ou não, das esferas administrativa e penal. Questionava-se se o promotor de justiça estaria obrigado a aguardar o prévio exaurimento da via administrativa, em que se discute a existência do débito de natureza fiscal, para propor a ação penal relativa à supressão ou redução do tributo. A existência ou não de supressão ou redução de tributos ou contribuições é elementar do tipo, no sentido de ser o resultado punível, é a própria tipicidade. Sem a ação típica não há que se falar na existência de crime[558]. No mesmo sentido argumenta Eduardo Reale Ferrari: "Pragmaticamente, parece-nos que a solução a ser conferida para a tormentosa discussão já está presente na nossa legislação penal e processual penal, bastando reconhecer-se a dívida tributária como verdadeira questão prejudicial heterogênea do procedimento criminal-fiscal. Partindo-se do pressuposto de que a persecução penal instaurada pelo Ministério Público está dependente da certeza do débito tributário, configura-se-nos possível qualificar o tributo como um antecedente lógico-jurídico da questão penal, objeto do processo criminal-fiscal"[559]. O Supremo Tribunal Federal passou, inclusive, a considerar que a decisão definitiva do processo administrativo constitui condição objetiva de punibilidade, configurando-se como elemento essencial à exigibilidade da obrigação tributária. Nesse sentido, os seguintes julgados: "Concluído o julgamento de *habeas corpus* no qual se questionava a possibilidade do oferecimento e recebimento de denúncia pela suposta prática de crime contra a ordem tributária, enquanto pendente de apreciação a impugnação do lançamento apresentada em sede administrativa (*v. Informativos* 286 e 326). O Tribunal, por maioria, acompanhou o voto proferido pelo Min. Sepúlveda Pertence, relator, no sentido do deferimento do *habeas corpus*, por entender que nos crimes do art. 1º da Lei 8.137/90, que são materiais ou de resultado, a decisão definitiva do processo administrativo consubstancia uma condição objetiva de punibilidade, configurando-se como elemento essencial à exigibilidade da obrigação tributária, cuja existência ou montante não se pode afirmar até que haja o efeito preclusivo da decisão final em sede administrativa. Considerou-se, ainda, (...), consumando-se o crime apenas

---

557. Nesse sentido: Damásio E. de Jesus, *Direito penal*, cit., v. 4, p. 243.

558. Nelson Bernardes de Souza, Crimes contra a ordem tributária e processo administrativo, *RT*, 492/5001, jun. 1997, apud Antonio Lopes Monteiro, *Crimes contra a Previdência Social*, cit., p. 122.

559. Eduardo Reale Ferrari, A prejudicialidade e os crimes tributários, *Boletim IBCCrim*, n. 50, jan. 1997, apud Antonio Lopes Monteiro, *Crimes contra a Previdência Social*, cit., p. 122.

com a constituição definitiva do lançamento, fica sem curso o prazo prescricional. Vencidos os Ministros Ellen Gracie, Joaquim Barbosa, que indeferiram a ordem. Precedente citado: HC 77002/RJ (*DJU* de 2-8-2002)" (STF, HC 81.611/DF, *Informativo do STF* n. 333). Vale aqui transcrever o voto vencido da Min. Ellen Gracie: "Prosseguindo no julgamento acima mencionado, a Min. Ellen Gracie, divergindo do Min. Sepúlveda Pertence, proferiu voto no sentido de indeferir o *writ*, por considerar que os delitos do art. 1º da Lei 8.137/90 não se caracterizam como crimes de resultado e que, sendo a obrigação tributária certa desde o fato gerador, o não pagamento na data do vencimento possibilitaria a atuação estatal". A Min. Ellen Gracie salientou também, em seu voto, que "o exercício do Ministério Público não pode ficar condicionado à ação ou inação do Poder Executivo, sob pena de ofensa ao art. 129, I, da CF, haja vista a possibilidade dada ao contribuinte de postergar a decisão no âmbito administrativo com a finalidade de alcançar a prescrição" (HC 81.611/DF, *Informativo do STF* n. 326).

Corroborando o entendimento de que a decisão definitiva no processo administrativo constitui condição objetiva de punibilidade, o § 1º do art. 83 dispõe que, "na hipótese de concessão de parcelamento do crédito tributário, a representação fiscal para fins penais somente será encaminhada ao Ministério Público após a exclusão da pessoa física ou jurídica do parcelamento".

12. AÇÃO PENAL. LEI DOS JUIZADOS ESPECIAIS CRIMINAIS. COMPETÊNCIA

(i) Ação penal: trata-se de crime de ação penal pública incondicionada.

(ii) Lei dos Juizados Especiais Criminais: as formas simples (*caput*) e equiparadas (§ 1º) admitem o instituto da suspensão condicional do processo (art. 89 da Lei n. 9.099/95).

(iii) Competência: é da Justiça Federal, uma vez que ofende interesses da União (art. 109, IV, da CF). No mesmo sentido, a Súmula 151 do STJ, a qual dispõe que: "A competência para o processo e julgamento por crime de contrabando ou descaminho define-se pela prevenção do Juízo Federal do lugar da apreensão dos bens". A referida Súmula é expressa quanto à competência da Justiça Federal, a ser definida em razão da prevenção caracterizada na apreensão dos bens relacionados ao descaminho, em consonância com a regra do art. 83 do CPP.

Nesse sentido é a jurisprudência do STJ, senão vejamos: "Como o descaminho tutela prioritariamente interesses da União, é de se reconhecer a competência da Justiça Federal para conduzir o inquérito policial e, eventualmente, caso seja oferecida denúncia, julgar a ação penal, aplicando-se à hipótese dos autos o disposto no enunciado n. 151 da Súmula desta Corte. " (STJ, CComp 159.680/MG, *DJU* 20-8-2018)

Excepcionalmente, há possibilidade de a competência do Juízo ser fixada na sede da pessoa jurídica "(...) na singularidade do caso concreto, em que o delito de descaminho em tese praticado foi constatado em procedimento de fiscalização aduaneira, quando a mercadoria encontrava-se em trânsito em local distante da sede da empresa importadora, excepcionalmente, deve ser fixada a competência do Juízo do local da sede da pessoa jurídica, onde haverá maior facilidade de colheita de provas bem como do exercício da ampla defesa." (STJ, CComp 172.392/SP, *DJU* 29-6-2020).

ART. 334-A – CONTRABANDO

1. CONCEITO

Dispõe o art. 334-A, *caput*, do CP: "Importar ou exportar mercadoria proibida: Pena – reclusão, de 2 (dois) a 5 (cinco) anos". O contrabando já foi devidamente conceituado quando analisamos o delito do art. 318 (facilitação de contrabando ou descaminho). Conforme já visto, o contrabando diz com a entrada ou saída do País de mercadorias absoluta ou relativamente proibidas.

O art. 334-A foi introduzido pela Lei n. 13.008, de 26 de junho de 2014, que, além de separar o contrabando do descaminho em dois tipos penais diferentes, condutas antes reunidas no mesmo dispositivo, ainda tipificou novas condutas equiparadas a contrabando e aumentou as penas desse último delito, agora previsto no art. 334-A.

2. OBJETO JURÍDICO

Protege-se, também, a saúde, a moral, a ordem pública, quando os produtos forem de importação ou exportação proibida[560].

3. ELEMENTOS DO TIPO

3.1. Ação nuclear. Objeto material

As ações nucleares típicas consubstanciam-se nos verbos *importar* ou *exportar* mercadoria proibida: diz com a entrada ou saída de mercadoria do País, compreendendo este o solo pátrio (espaço ocupado pela corporação política), o mar territorial (faixa de mar exterior ao longo da costa, que se estende por 12 milhas marítimas de largura – art. 1º da Lei n. 8.617/93) – observe-se que não se compreendem aqui a zona contígua (faixa de mar que se estende das 12 às 24 milhas marítimas e na qual se permite ao Brasil adotar medidas de fiscalização) e a zona econômica exclusiva (compreende a faixa de mar que se estende das 12 às 200 milhas marítimas, na qual se permite ao Brasil realizar atividades que visem a exploração e o aproveitamento dos recursos naturais disponíveis, com fim econômico), pois a lei penal brasileira somente é aplicável aos crimes cometidos no mar territorial, isto na faixa de mar exterior ao longo da costa, que se estende por 12 milhas marítimas de largura – e o espaço aéreo (de acordo com o art. 11 da Lei n. 7.565/86, o Brasil exerce completa e exclusiva soberania sobre o espaço aéreo acima de seu território e mar territorial). A mercadoria (*objeto material*), no caso, é o bem móvel cujo comércio, por motivo de ordem pública, o Estado proíbe. Trata-se de norma penal em branco, pois cumpre à legislação extrapenal dizer quais mercadorias

560. Nesse sentido: E. Magalhães Noronha, *Direito penal*, cit., v. 4, p. 327.

são relativa ou absolutamente proibidas. Não devem necessariamente ser estrangeiras, isto é, fabricadas no exterior. Na hipótese em que a mercadoria é fabricada no Brasil e destinada exclusivamente à exportação, tendo em vista que sua venda no território nacional é proibida, a posterior reintrodução no País configura o delito em tela. Nesse sentido, Damásio de Jesus, sustentando que "a capitulação do fato pode ser feita em face do *caput* do art. 334, uma vez que a norma fala em 'mercadoria proibida' e não 'mercadoria estrangeira'. E pode também adequar-se o fato às incriminações das alíneas *c* e *d*, tendo em vista a presença da elementar 'mercadoria de *procedência estrangeira*'. Note-se que o tipo não descreve como elemento 'mercadoria estrangeira', mas 'mercadoria de procedência estrangeira'. Importa saber se a mercadoria, sendo proibida, procede do exterior, tornando-se irrelevante a circunstância de ser nacional ou estrangeira"[561]. Citemos alguns exemplos de contrabando: indivíduo que, transportando artefatos explosivos da Bolívia em um jatinho, transpõe o espaço aéreo nacional, vindo a pousar no Amazonas (*vide* § 3º – forma qualificada); indivíduo que, vindo do Paraguai com um veículo automotor, transpõe a fronteira do Brasil, trazendo diversos explosivos no bagageiro do veículo; indivíduo que, saindo de barco do Brasil em direção à Guiana Francesa, é surpreendido no mar territorial, pela guarda costeira, transportando caixas de dinamite. Tais exemplos, na realidade, demonstram a forma mais comum de se realizar o contrabando, isto é, por meios escusos, longe das vistas das autoridades[562]. Aliás, as organizações criminosas ou as associações criminosas geralmente se utilizam de aviões particulares para o transporte da mercadoria contrabandeada, possuindo, inclusive, pistas de pouso clandestinas para a "desova". Contudo, nada impede que a exportação ou importação se dê pela alfândega, isto é, pela aduana. Assim, pode suceder que o indivíduo consiga fazer com que a mercadoria proibida passe pela fiscalização das autoridades alfandegárias, sendo liberada. Nessa hipótese, o indivíduo que liberou as mercadorias proibidas, com o fim de facilitar o contrabando, desde que seja funcionário público e pratique o crime com violação do dever funcional, deverá responder pelo delito do art. 318 (facilitação de contrabando ou descaminho).

3.2. Sujeito ativo

Trata-se de crime comum, pois qualquer pessoa pode praticá-lo, não se exigindo qualidade especial. Contudo, se o sujeito ativo for funcionário público, e, com infração do dever funcional de repressão ao contrabando ou descaminho, facilitá-lo, será considerado autor do crime previsto no art. 318. Contudo, será tido como partícipe dos delitos em estudo (CP, arts. 334 e 334-A) se facilitar o contrabando ou descaminho sem infringir dever funcional, bem como na hipótese de não ter consciência de que infringe o dever funcional. Dessa forma, o legislador penal optou por prever um tipo penal autônomo para aquele que, em tese, seria partícipe dos crimes previstos nos arts.

561. Damásio E. de Jesus, *Direito penal*, cit., v. 4, p. 238-239. No mesmo sentido: TRF-1ª Região, RECrim 23.235, *DJU*, 8-2-1996, p. 5761, *RBCCrim*, 14/427, apud Celso Delmanto, *Código Penal comentado*, cit., p. 608.

562. Nesse sentido: E. Magalhães Noronha, *Direito penal*, cit., v. 4, p. 329.

334 e 334-A do CP (delitos de contrabando e descaminho). Trata-se, portanto, de exceção à teoria unitária adotada pelo Código Penal no concurso de pessoas.

3.3. Sujeito passivo

É o Estado, uma vez que há interesse estatal de impedir a importação ou exportação de produtos que ofendem a saúde, a moral, a ordem pública.

4. ELEMENTO SUBJETIVO

É o dolo, isto é, a vontade livre e consciente de importar ou exportar mercadoria absoluta ou relativamente proibida. O erro do agente que recai sobre o elemento do tipo, consistente na natureza proibida da mercadoria, exclui o dolo e, portanto, o tipo penal, incidindo o art. 20 do CP.

5. CONSUMAÇÃO

Há duas situações distintas: na primeira, o sujeito ingressa ou sai do território nacional pelos caminhos normais, transpondo as barreiras da fiscalização alfandegária. Nessa hipótese, o crime se consuma no momento em que é ultrapassada a zona fiscal; no segundo caso, o sujeito se serve de meios escusos para entrar e sair do País clandestinamente. A consumação ocorrerá no exato instante em que são transpostas as fronteiras do País. Tratando-se de importação feita por meio de navio ou avião, a consumação se dá no exato instante em que a mercadoria ingressa em território nacional, muito embora se exija o pouso da aeronave ou o atracamento da embarcação, uma vez que, se o sujeito estiver apenas em trânsito pelo País, não ocorrerá o delito em questão.

6. TENTATIVA

Ocorre quando, por circunstâncias alheias à vontade do agente, a conduta é interrompida durante a entrada ou saída da mercadoria proibida, não exigindo a lei que o sujeito venha a ter a posse tranquila do bem.

7. FORMAS

7.1. Simples (art. 334-A, *caput*)

Prevista no *caput* do artigo.

7.2. Equiparadas (art. 334-A, § 1º)

O § 1º do artigo em estudo dispõe que incorre na mesma pena quem:

(i) pratica fato assimilado, em lei especial, a contrabando: trata-se, também, de norma penal em branco, incumbindo à legislação extravagante dizer quais os fatos assimilados ao delito de contrabando ou descaminho. Por exemplo: o art. 39 do Decreto-Lei

n. 288/67 dispõe que "será considerado contrabando a saída de mercadorias da Zona Franca sem a autorização expedida pelas autoridades competentes";

(ii) importa ou exporta clandestinamente mercadoria que dependa de registro, análise ou autorização de órgão público competente: a lei equipara ao contrabando a conduta de inserir no País ou retirar do País, valendo-se da clandestinidade, mercadoria que depende de registro para ser importada ou exportada, como medicamentos com registro na Agência Nacional de Saúde Suplementar. Sobre a clandestinidade, antes da reforma o Código Penal tratava como criminoso quem comercializava a mercadoria clandestina introduzida no País. Após a Lei n. 13.008/2014, tipificou-se a própria importação e exportação de mercadoria e utilizou-se as formalidades do registro como divisor de tipicidade;

(iii) reinsere no território nacional mercadoria brasileira destinada à exportação: trata-se de mercadoria elaborada para fins exclusivos de exportação. Não há permissão para a reinserção da mercadoria e tal conduta será formalmente típica e positivada no inciso III do § 1º do art. 334-A do CP;

(iv) vende, expõe à venda, mantém em depósito ou, de qualquer forma, utiliza em proveito próprio ou alheio, no exercício de atividade comercial ou industrial, mercadoria proibida pela lei brasileira: diversas são as condutas típicas previstas na alínea *c* do dispositivo penal. Vejamos as condutas típicas:

(i) A primeira parte do dispositivo prevê a conduta daquele que "vende, expõe à venda, mantém em depósito ou, de qualquer forma, utiliza em proveito próprio ou alheio, no exercício de atividade comercial ou industrial, mercadoria de procedência estrangeira que introduziu clandestinamente no País ou importou fraudulentamente (...)". Pune-se, aqui, a ação do autor do contrabando ou descaminho que, no exercício de atividade comercial ou industrial, pratique uma daquelas condutas típicas. Desta feita, se o autor do contrabando possuir uma loja em que revende as mercadorias proibidas, deverá ele responder por essa modalidade criminosa e não pela figura prevista no *caput* do artigo. É imprescindível que o agente realize as condutas no exercício de atividade comercial ou industrial. Desta feita, se o autor do descaminho, por exemplo, mantém em depósito a mercadoria, sem que tal fato ocorra no exercício de qualquer atividade comercial ou industrial, o crime passa a ser o previsto no *caput* do artigo.

(ii) A segunda parte do dispositivo prevê a conduta daquele que "vende, expõe à venda, mantém em depósito ou, de qualquer forma, utiliza em proveito próprio ou alheio, no exercício de atividade comercial ou industrial, mercadoria proibida pela lei brasileira". Pune-se a conduta do comerciante ou industrial que, no exercício da atividade comercial ou industrial, pratica uma daquelas ações típicas (vende, expõe à venda etc.), tendo por objeto mercadoria que sabe ser produto de introdução clandestina no território nacional ou de importação fraudulenta por parte de outrem. Nessa hipótese, o comerciante ou industrial é um receptador das mercadorias, fruto de contrabando ou descaminho praticado por terceiros. É necessário que o receptador saiba, isto é, tenha certeza de que a mercadoria advém dos delitos de contrabando ou descaminho. Se agir com dolo eventual, o crime não subsistirá. Estamos aqui diante de uma hipótese de concurso aparente de normas, devendo prevalecer a disposição específica do inciso IV do § 1º do art. 334-A e não a norma geral do art. 180, § 1º, do CP, embora esta preveja as mesmas ações típicas, também praticadas no exercício de atividade comercial ou industrial. Ressalve-se, finalmente, que, se as ações previstas na segunda parte do tipo penal não forem praticadas no exercício de atividade comercial ou industrial, outro crime poderá configurar-se: art. 180, *caput* e § 3º, do CP;

(v) adquire, recebe ou oculta, em proveito próprio ou alheio, no exercício de atividade comercial ou industrial, mercadoria proibida pela lei brasileira: trata-se também de previsão legal similar ao crime de receptação previsto no § 1º do art. 180 (receptação qualificada), devendo, contudo, prevalecer a disposição específica do art. 334-A, § 1º, V. No crime em estudo o agente adquire, recebe ou oculta, no exercício de atividade comercial ou industrial, mercadoria de procedência estrangeira proibida pela lei brasileira. É necessário que o agente tenha certeza da proveniência ilícita da mercadoria, não bastando o dolo eventual. Se o agente agir culposamente, o fato poderá ser enquadrado no art. 180, § 3º, do CP, e não no inciso V do § 1º do art. 334-A do CP. O tipo penal contém o chamado elemento subjetivo do tipo: "em proveito próprio ou alheio".

O § 2º, por sua vez, dispõe: "Equipara-se às atividades comerciais, para os efeitos deste artigo, qualquer forma de comércio irregular ou clandestino de mercadorias estrangeiras, inclusive o exercido em residências". Segundo a doutrina, o tipo penal exige a habitualidade da conduta, isto é, não basta a venda esporádica de mercadorias contrabandeadas ou fruto de descaminho. Nesse sentido, Celso Delmanto, para quem "As expressões usadas ('comércio', 'exercido') indicam que deve estar presente na conduta o requisito da habitualidade, não bastando uma ou mais revendas esporádicas"[563]. É preciso a prática reiterada da conduta.

7.3. Causa de aumento de pena (art. 334-A, § 3º)

Prevista no § 3º: "A pena aplica-se em dobro, se o crime de contrabando ou descaminho é praticado em transporte aéreo, marítimo ou fluvial". A majoração da pena funda-se na maior dificuldade de fiscalização das mercadorias transportadas por esses meios de transporte. Cuida a lei, obviamente, dos voos internacionais clandestinos, de navios provenientes do estrangeiro pelo mar ou rios. Os meios de transporte regulares terão a fiscalização alfandegária de forma regular[564].

8. LEGISLAÇÃO PENAL ESPECIAL

(i) Lei de Drogas: se a importação ou exportação tiver por objeto droga, sem autorização ou em desacordo com determinação legal ou regulamentar, o fato será

---

563. Celso Delmanto, *Código Penal comentado*, cit., p. 601. No mesmo sentido: Damásio E. de Jesus, *Direito penal*, cit., v. 4, p. 242; Julio Fabbrini Mirabete, *Manual*, cit., v. 3, p. 388.

564. Celso Delmanto, *Código Penal comentado*, cit., p. 601; Damásio E. de Jesus, *Direito penal*, cit., v. 4, p. 243.

enquadrado no art. 33, *caput*, da Lei n. 11.343/2006. Se a exportação ou importação for de matéria-prima, insumo ou produto químico destinado à preparação de droga, o fato será enquadrado no art. 33, § 1º, I, da referida lei. A pena será aumentada de um sexto a dois terços se a natureza, a procedência da substância ou do produto apreendido e as circunstâncias do fato evidenciarem a transnacionalidade do delito (cf. art. 40, I, da lei).

(ii) Estatuto do Desarmamento (Lei n. 10.826/2003): a importação, a exportação e o favorecimento da entrada e saída do território nacional, a qualquer título, de arma de fogo, acessório ou munição, sem autorização da autoridade competente, configuram o crime previsto no art. 18 (tráfico internacional de armas) da lei, com penas bem mais severas do que o contrabando ou descaminho (reclusão de 4 a 8 anos, e multa). Trata-se também de norma especial em relação à do art. 334-A do CP, pois enquanto esta última trata da importação de qualquer mercadoria proibida, a do art. 18 do Estatuto do Desarmamento cuida da entrada ou saída de produtos específicos, no caso, acessório, arma de fogo ou munição. Resta, assim, o art. 334-A do CP absorvido pelo delito do art. 18 do Estatuto, nas modalidades importar e exportar, em face do princípio da especialidade (o art. 18 é especial em relação ao contrabando). Com efeito, contrabando é fazer entrar ou sair do território nacional qualquer mercadoria proibida, referindo-se, portanto, a uma generalidade de produtos; se, no entanto, o produto proibido for especificamente arma de fogo, acessório ou munição, a norma especial prevalece.

(iii) Estatuto do Desarmamento e tráfico internacional de artefato explosivo ou incendiário: as ações de *importar, exportar, favorecer* a entrada ou a saída do território nacional, a qualquer título, de artefatos explosivos ou incendiários não constituem o crime previsto no art. 18 da Lei n. 10.826/2003, ante a falta de expressa disposição legal. No entanto, o art. 16, § 1º, IV, prevê as ações de possuir ou deter artefato explosivo ou incendiário, de forma que o traficante que for detido introduzindo ou retirando esses artefatos do território nacional poderá responder pela sua posse ou detenção em concurso com o crime de contrabando (CP, art. 334-A), em face da ofensa de objetividades jurídicas distintas (segurança da coletividade e interesses da Administração Pública).

(iv) Exportação de bens sensíveis e serviços diretamente vinculados: a Lei n. 9.112/95 regula a exportação de bens sensíveis e serviços diretamente vinculados. Bens sensíveis são aqueles de uso duplo e os de utilização na área nuclear, química e biológica (art. 1º, § 1º); bens de uso duplo são os de aplicação generalizada, desde que relevantes para aplicação bélica (art. 1º, § 1º, II); bens de uso na área nuclear são os materiais que contenham elementos de interesse para o desenvolvimento da energia nuclear, bem como as instalações e equipamentos utilizados para o seu desenvolvimento ou para inúmeras aplicações pacíficas de energia nuclear (art. 1º, § 1º, III); bens químicos ou biológicos são os que sejam relevantes para qualquer aplicação bélica e seus precursores (art. 1º, § 1º, IV); serviços diretamente vinculados a um bem são as operações de fornecimento de informação específica ou tecnologia necessária ao desenvolvimento, à produção ou à utilização do referido bem, inclusive sob a forma de fornecimento de dados técnicos ou de assistência técnica (art. 1º, § 2º).

(v) Lei de Segurança Nacional (Lei n. 7.170/93): tipifica a importação de armamento ou material privativo das forças armadas por motivação política (arts. 12 a 14).

(vi) Código de Propriedade Industrial (Lei n. 9.279/96): regula a importação ou exportação de produtos com violação de patente de intervenção ou modelo de utilidade (art. 184); de desenho industrial (art. 188); registro de marca (art. 190); produto que apresente falsa indicação geográfica (art. 192).

9. CONCURSO DE CRIMES

Falsidade documental e contrabando: entendemos que, se a falsificação do documento esgota-se na prática do crime de contrabando, exaurindo sua potencialidade lesiva, haverá absorção do crime de falso, incidindo aqui o princípio da consunção; caso contrário, servindo o documento falsificado pelo agente para a aplicação de uma série de fraudes, deverá ele responder pelo delito de contrabando em concurso material com a falsidade documental.

10. AÇÃO PENAL. LEI DOS JUIZADOS ESPECIAIS CRIMINAIS. COMPETÊNCIA. EXAME DE CORPO DE DELITO

(i) Ação penal: trata-se de crime de ação penal pública incondicionada.

(ii) Competência: é da Justiça Federal, uma vez que ofende interesses da União (art. 109, IV, da CF). No mesmo sentido, a Súmula 151 do STJ, a qual dispõe que: "A competência para o processo e julgamento por crime de contrabando ou descaminho define-se pela prevenção do Juízo Federal do lugar da apreensão dos bens". A referida Súmula é expressa quanto à competência da Justiça Federal, a ser definida em razão da prevenção caracterizada na apreensão dos bens relacionados ao contrabando, em consonância com a regra do art. 83 do CPP. Nesse sentido a jurisprudência do STJ, senão vejamos: "(...) recentemente, a Terceira Seção do Superior Tribunal de Justiça – STJ, revendo seu posicionamento acerca do tema, entendeu pela competência da Justiça Federal na hipótese de a mercadoria introduzida ilegalmente no território nacional encontrar-se em depósito para fins comerciais, independentemente da prova da internacionalidade da conduta do agente, haja vista o interesse da União advindo da violação a normas federais que visam proteger a saúde pública, regular a livre concorrência no comércio de produtos nacionais, bem como a arrecadação de impostos federais" (STJ, CComp 167.795/SP, *DJU* 30-10-2019).

Inexistindo nos autos indícios da prática de delito de contrabando, a competência para o conhecimento da ação penal é da Justiça Estadual.

(iii) Prova da procedência estrangeira da mercadoria para instruir a denúncia: já decidiu o Superior Tribunal de Justiça: "Nos casos de crimes de contrabando ou descaminho, que não deixam vestígios, não se mostra necessária a realização de exame pericial nas mercadorias apreendidas, notadamente quando a materialidade delitiva estiver comprovada por outros meios de prova, como, no caso, o auto de apreensão e o termo de retenção e guarda fiscal" (STJ, AgRg no AREsp 1.111.758/BA, *DJU* 06-11-2017).

ART. 335 – IMPEDIMENTO, PERTURBAÇÃO OU FRAUDE DE CONCORRÊNCIA

1. APLICAÇÃO

Dispõe o art. 335 do CP: "Impedir, perturbar ou fraudar concorrência pública ou venda em hasta pública, promovida pela administração federal, estadual ou municipal, ou por entidade paraestatal; afastar ou procurar afastar concorrente ou licitante, por meio de violência, grave ameaça, fraude ou oferecimento de vantagem: Pena — detenção, de 6 (seis) meses a 2 (dois) anos, ou multa, além da pena correspondente à violência". O parágrafo único, por sua vez, dispõe: "Incorre na mesma pena quem se abstém de concorrer ou licitar, em razão da vantagem oferecida". Mencionado dispositivo legal foi revogado pelos arts. 93 e 95 da Lei n. 8.666/93 (Lei de Licitações). O art. 93 da referida lei dispõe: "Impedir, perturbar ou fraudar a realização de qualquer ato de procedimento licitatório: Pena — detenção, de seis meses a dois anos, e multa". Esse artigo corresponde à primeira parte do art. 335 do CP. O art. 95 da lei, por sua vez, dispõe: "Afastar ou procurar afastar licitante, por meio de violência, grave ameaça, fraude ou oferecimento de vantagem de qualquer tipo: Pena — detenção, de dois a quatro anos, e multa, além da pena correspondente à violência". Esse dispositivo legal corresponde à segunda parte do art. 335 do CP. O parágrafo único do art. 95 finalmente reza: "Incorre na mesma pena quem se abstém ou desiste de licitar, em razão da vantagem oferecida". Trata-se também de disposição similar à prevista no parágrafo único do art. 335 do CP.

2. OBJETO JURÍDICO

É a Administração Pública, especialmente a lisura e a livre concorrência do procedimento licitatório.

3. ELEMENTOS DO TIPO

3.1. Ação nuclear. Objeto material

No art. 93, os verbos nucleares do tipo são: *impedir* (obstar), *perturbar* (atrapalhar, embaraçar) ou *fraudar* (enganar, iludir). O objeto material é o ato de procedimento licitatório. Observe-se que há hipóteses nas quais o impedimento ou a perturbação são condutas atípicas, por exemplo, quando efetuados por licitante que se julga indevidamente preterido e, por tal razão, impetra mandado de segurança obstando o certame.

No art. 95, a ação nuclear consiste em *afastar* ou *tentar afastar*, ou seja, retirar ou tentar retirar, o licitante (objeto material), que pode ser pessoa física ou jurídica que objetiva participar do procedimento licitatório. Os meios executórios são a violência (*vis corporalis*), a grave ameaça (promessa de mal grave e injusto), a fraude (ardil, artifício, meio enganoso) e o oferecimento de qualquer vantagem.

De acordo com o parágrafo único, incorre na mesma pena quem se abstém ou desiste de licitar em razão da vantagem oferecida.

3.2. Sujeito ativo

Por se tratar de crime comum, pode ser cometido por qualquer pessoa.

3.3. Sujeito passivo

É o Estado.

4. ELEMENTO SUBJETIVO

É o dolo consistente na vontade livre e consciente de praticar os elementos objetivos do tipo.

5. CONSUMAÇÃO E TENTATIVA

A consumação se dá quando o certame for impedido, perturbado ou fraudado (art. 93), ou com a efetiva retirada ou tentativa de afastamento do licitante no procedimento licitatório (art. 95). No art. 93 a tentativa é possível, sendo descabida no art. 95.

6. AÇÃO PENAL

Trata-se de crime de ação penal pública incondicionada. Na modalidade do art. 93, constitui infração de menor potencial ofensivo, sujeitando-se às disposições da Lei n. 9.099/95.

ART. 336 – INUTILIZAÇÃO DE EDITAL OU DE SINAL

1. CONCEITO. OBJETO JURÍDICO

Dispõe o art. 336 do CP: "Rasgar ou, de qualquer forma, inutilizar ou conspurcar edital afixado por ordem de funcionário público; violar ou inutilizar selo ou sinal empregado, por determinação legal ou por ordem de funcionário público, para identificar ou cerrar qualquer objeto: Pena – detenção, de 1 (um) mês a 1 (um) ano, ou multa". Tutela-se mais uma vez o normal desenvolvimento da atividade administrativa.

2. ELEMENTOS DO TIPO

2.1. Ação nuclear. Objeto material

Na primeira parte do tipo penal em estudo temos a ação de *rasgar* (cortar, dilacerar total ou parcialmente) ou, de qualquer forma (trata-se de interpretação analógica), *inutilizar* (tornar ilegível a leitura, por exemplo, rasurar) ou *conspurcar* (manchar, sujar, não sendo necessário que se torne ilegível a leitura). O objeto material do crime é o edital, que pode ser administrativo (por exemplo, edital de concorrência pública) ou judicial (por exemplo, edital de citação), afixado por ordem de funcionário público.

Na segunda parte do dispositivo legal temos a ação de *violar* ou *inutilizar* (tornar imprestável) selo ou sinal (objeto material) empregado, por determinação legal ou por ordem de funcionário público, para identificar ou cerrar qualquer objeto. Conforme o entendimento de Noronha, "violar é romper ou quebrar. Todavia, é ação que nem sempre indica violência. No próprio Código, no art. 150, deparamos o crime de *violação de domicílio*, cujos meios executivos são, primeiramente, a astúcia ou clandestinidade. Não repugna, pois, aceitar-se possa a ação de violar consistir em *vencer, transpor* o obstáculo que o selo ou sinal representa, sem removê-lo, danificá-lo ou quebrá-lo, atingindo o agente, da mesma forma, o objetivo que é o devassamento ou violação do que está sob a proteção daqueles"[565]. O objeto material do crime é o selo ou sinal destinado a identificar ou cerrar qualquer objeto. Segundo a definição de Hungria, "consiste, comumente, numa tira de papel ou de pano, ou pequena chapa de chumbo, que, contendo (pelo menos) a assinatura, carimbo ou sinete da autoridade competente, se fixa, por meio de cola, tachas, cosedura, lacre, arame etc., em fechaduras, gavetas, portas, janelas, bocas de vasos, frascos, sacos ou caixas, em suma: na abertura de algum *continente*, para garantia oficial de integridade do respectivo *conteúdo*"[566]. Assim, por exemplo, o comerciante que inutiliza o lacre aposto pela autoridade sanitária em seu estabelecimento comercial em decorrência da interdição deste, com o fim de retornar às atividades comerciais, comete o delito em tela. Da mesma forma, pratica essa infração penal o indivíduo que viola lacre aposto pela autoridade policial no local do delito, visando alterar o cenário do crime.

Ressalve-se que, se o edital já estiver com o prazo de validade vencido, permanecendo afixado no local por esquecimento do funcionário, ou se o objeto selado ou sinalizado já estiver com o conteúdo identificado, permanecendo, contudo, o selo ou sinal, não há falar na configuração dessa figura típica[567]. Assim, por exemplo, "não há delito, diante disso, no ato de rasgar um edital de citação e interrogatório criminal meses depois de o réu ter sido ouvido (interrogado)"[568].

2.2. Sujeito ativo

Trata-se de crime comum, pois qualquer pessoa pode praticar a infração penal em estudo.

2.3. Sujeito passivo

O Estado, titular do bem jurídico ofendido.

---

565. E. Magalhães Noronha, *Direito penal*, cit., v. 4, p. 344.

566. Nélson Hungria, *Comentários*, cit., v. 9, p. 445.

567. Nesse sentido: E. Magalhães Noronha, *Direito penal*, cit., v. 4, p. 344.

568. Damásio E. de Jesus, *Direito penal*, cit., v. 4, p. 252.

3. ELEMENTO SUBJETIVO

É o dolo, consubstanciado na vontade livre e consciente de praticar uma das ações típicas. É necessário que o agente tenha ciência de que o edital provém de autoridade competente ou que o selo ou sinal tenha sido empregado por determinação legal ou por ordem de funcionário público. O tipo penal não exige o chamado elemento subjetivo do tipo.

4. CONSUMAÇÃO E TENTATIVA

Na primeira modalidade típica, o crime se consuma com as ações de rasgar ou, de qualquer forma, inutilizar ou conspurcar edital afixado por ordem de funcionário público, ainda que tais ações sejam executadas de forma parcial.

Na segunda modalidade típica, o crime se consuma com as ações de violar ou inutilizar o selo ou sinal empregado para identificar ou cerrar o objeto. Somente será necessário o devassamento do conteúdo na hipótese em que, havendo a violação, permaneça intacto o selo ou o sinal empregado.

Trata-se de crime material, portanto a tentativa é perfeitamente possível.

5. AÇÃO PENAL. LEI DOS JUIZADOS ESPECIAIS CRIMINAIS

(i) **Ação penal:** trata-se de crime de ação penal pública incondicionada.

(ii) **Lei dos Juizados Especiais Criminais:** em face da pena máxima prevista (detenção, de 1 mês a 1 ano, ou multa), trata-se de infração de menor potencial ofensivo, estando sujeita às disposições da Lei n. 9.099/95, cabendo, inclusive, o instituto da suspensão condicional do processo (art. 89 da lei).

ART. 337 – SUBTRAÇÃO OU INUTILIZAÇÃO DE LIVRO OU DOCUMENTO

1. CONCEITO. OBJETO JURÍDICO

Dispõe o art. 337 do CP: "Subtrair, ou inutilizar, total ou parcialmente, livro oficial, processo ou documento confiado à custódia de funcionário, em razão de ofício, ou de particular em serviço público: Pena – reclusão, de 2 (dois) a 5 (cinco) anos, se o fato não constitui crime mais grave". Tutela-se mais uma vez o desenvolvimento regular da atividade administrativa.

2. ELEMENTOS DO TIPO

2.1. Ação nuclear. Objeto material

As ações nucleares consubstanciam-se nos verbos *subtrair* (tirar o objeto do poder ou custódia de outrem) ou *inutilizar* (tornar, total ou parcialmente, imprestável o objeto). De acordo com Noronha, "a *ocultação* e a *substituição* são subtrações. Em ambos há tirada da coisa de seu lugar próprio, numa se impedindo que ela apareça, e noutra substituindo-a, comportamentos posteriores à subtração e que visam antes à eficácia desta"[569]. O objeto material do crime é o livro oficial, processo (autos de procedimento, judicial ou administrativo), ou documento confiado à custódia de funcionário, em razão de ofício, ou de particular em serviço público. Segundo a definição de Hungria, "*livro oficial* é todo livro (criado por lei ou regulamento) para escrituração de alguma repartição pública. *Processo* se diz dos papéis (autos e peças que o instruem) concatenadamente referentes a algum procedimento administrativo, policial ou judiciário. Documento (no sentido estrito em que aqui empregado o termo) é todo papel escrito não destinado especificamente à prova de relação jurídica (pois, do contrário, o crime será o do art. 305), embora esteja sob custódia oficial por algum interesse legítimo (exs.: petições, arrazoados, pareceres, relatórios, propostas de concorrência, provas de concurso, etc.)"[570]. São exemplos dos objetos materiais mencionados: os livros obrigatórios contidos na promotoria de justiça para registro de inquérito civil (livro oficial); os procedimentos administrativos como o inquérito policial (processo); boletins de ocorrência policial (documento).

2.2. Sujeito ativo

Trata-se de crime comum, pois qualquer pessoa pode praticar a infração penal em estudo. O funcionário público pode ser sujeito ativo, desde que aja como particular, isto é, desde que não tenha a guarda do livro oficial, processo ou documento.

2.3. Sujeito passivo

O Estado, titular do bem jurídico ofendido. Secundariamente também se ofende o interesse de particulares, por exemplo, os indivíduos que figuram como partes no processo inutilizado.

3. ELEMENTO SUBJETIVO

É o dolo, consubstanciado na vontade livre e consciente de subtrair, ou inutilizar, total ou parcialmente, livro oficial, processo ou documento. É necessário que o agente tenha ciência de que estes se encontram confiados à custódia de funcionário, em razão de ofício, ou de particular em serviço público.

4. CONSUMAÇÃO E TENTATIVA

Consuma-se com a subtração do bem, nos mesmos moldes do crime de furto ou com a inutilização, total ou parcial, do bem. Por se tratar de crime material, a tentativa é

569. E. Magalhães Noronha, *Direito penal*, cit., v. 4, p. 347.

570. Nélson Hungria, *Comentários*, cit., v. 9, p. 448.

perfeitamente possível; por exemplo: o indivíduo é surpreendido pelo oficial do Cartório no momento em que está guardando o processo judicial em sua mala.

5. DISTINÇÕES

(i) Supressão de documento (CP, art. 305): não se deve confundir esse delito com o crime em estudo (CP, art. 337). Vejamos as distinções[571]: (i) o delito previsto no art. 305 constitui modalidade do crime de falsidade documental; (ii) o objeto material do crime é o documento público ou particular destinado à prova de alguma relação jurídica; (iii) o agente age com o fim de obter benefício próprio ou de outrem, em prejuízo alheio.

(ii) Extravio, sonegação ou inutilização de livro ou documento (CP, art. 314): ao contrário do delito em estudo, trata-se de crime próprio, uma vez que somente pode ser praticado por funcionário público que tem a guarda do livro oficial ou outro documento em razão do cargo. Daí, inclusive, a razão de o legislador ter empregado o verbo *extraviar* em vez de *subtrair* nesse tipo penal, uma vez que o delito é praticado por aquele que tem a posse do livro ou documento, ao contrário do que ocorre no delito do art. 337, em que o sujeito ativo não tem poder ou custódia sobre o bem, havendo efetiva subtração[572].

(iii) Sonegação de papel ou objeto de valor probatório (CP, art. 356): trata-se de crime contra a Administração da Justiça, e que somente pode ser praticado por advogado ou procurador. Assim, o advogado, por exemplo, que inutiliza documento ou objeto de valor probatório que recebeu na qualidade de advogado pratica o delito previsto no art. 356 do CP.

Importa mencionar que o delito do art. 337 é expressamente subsidiário, uma vez que, ressalva: "Se o fato não constitui crime mais grave". Dessa forma, se, por exemplo, o agente destruir determinado documento público destinado a servir de prova da existência de determinada relação jurídica entre ele e a outra parte litigante em processo judicial, deverá o fato ser enquadrado no art. 305, primeira parte, crime este mais grave (pena – reclusão, de 2 a 6 anos, e multa, se o documento é público).

6. AÇÃO PENAL

Trata-se de crime de ação penal pública incondicionada.

ART. 337-A – SONEGAÇÃO DE CONTRIBUIÇÃO PREVIDENCIÁRIA

1. CONSIDERAÇÕES PRELIMINARES

Dispõe o art. 194 da CF: "A seguridade social compreende um conjunto integrado de ações de iniciativa dos Poderes Públicos e da sociedade, destinadas a assegurar os direitos relativos à saúde, à previdência e à assistência social". O art. 195 da Carta Constitu-

---

571. Com base nas distinções formuladas por Nélson Hungria, *Comentários*, cit., v. 9, p. 447.
572. Cf. Nélson Hungria, *Comentários*, cit., v. 9, p. 448.

cional, por sua vez, elenca os modos pelos quais ela será financiada: (i) recursos provenientes dos orçamentos da União, dos Estados, do Distrito Federal e dos Municípios; (ii) contribuições sociais:

(I) do empregador, da empresa e da entidade a ela equiparada na forma da lei, incidente sobre: (i) folha de salários e demais rendimentos do trabalho pagos ou creditados, a qualquer título, à pessoa física que lhe preste serviço, mesmo sem vínculo empregatício; (ii) a receita ou o faturamento; (iii) o lucro;

(II) do trabalhador e dos demais segurados da Previdência Social, não incidindo contribuição sobre aposentadoria e pensão concedida pelo regime geral de Previdência Social de que trata o art. 201;

(III) sobre a receita de concursos de prognósticos.

Foram editados vários diplomas legais com o fim de regulamentar o art. 194 da CF. São eles: Leis n. 8.080/90, 8.212/91, 8.213/91 e 8.742/93. A Lei n. 8.212/91, que dispunha sobre a organização da Seguridade Social e instituía Plano de Custeio e dava outras providências, previa no art. 95 vários crimes contra a Seguridade Social. Contudo, tal dispositivo, apesar de formalmente descrever em suas alíneas condutas criminosas, isto é, de possuir o preceito primário da norma, não possuía preceito secundário, ou seja, a cominação de sanção penal. Salvavam-se somente as alíneas *d*, *e* e *f*, pois eram as únicas a possuir o preceito sancionatório conforme o estabelecido na alínea *l* do art. 95, por isso os autores sustentavam que somente elas poderiam ser consideradas crimes[573]. Dessa forma, as alíneas *a*, *b* e *c* do dispositivo legal, que são as que realmente nos interessam no momento, por não preverem qualquer sanção penal, não eram consideradas crimes, mas "permaneceram no ordenamento jurídico (até 14.10.2000) com a natureza de uma mera recomendação moral. Agora todas as alíneas do art. 95 referido foram expressamente revogadas (cf. art. 3º da Lei n. 9.983/00). Muitas dessas alíneas antigas se transformaram em delito na atual lei. Passaram a ser crime em 15.10.2000. Têm vigência penal, portanto, a partir desta data. O que não se transformou em lei 'desapareceu' do ordenamento jurídico"[574]. A Lei n. 9.983, publicada dia 17 de julho de 2000 entrou em vigor no dia 15 de outubro de 2000, isto é, 90 dias após sua publicação. Com o novel diploma, os delitos contra a Previdência Social, anteriormente previstos no art. 95 da lei, passaram a integrar o CP; dentre eles temos: (i) a apropriação indébita previdenciária – art. 168-A; (ii) sonegação de contribuição previdenciária – art. 337-A; (iii) falsidade documental contra a previdência – art. 297, §§ 3º e 4º, do CP. O crime de estelionato (previsto na antiga alínea *j* do art. 95 da Lei n. 8.212/91) não foi tratado na atual legislação, devendo o fato ser enquadrado no tipo penal genérico do art. 171, § 3º, do CP.

Conforme afirmado anteriormente, as alíneas *a*, *b* e *c* do art. 95 da lei – que não constituíam crimes por não conter o preceito secundário da norma – foram revogadas

573. Antonio Lopes Monteiro, *Crimes contra a Previdência Social*, cit., p. 29.

574. Luiz Flávio Gomes, *Crimes previdenciários*, cit., p. 18.

pela Lei n. 9.983/2000, passando as condutas, com algumas alterações, a integrar o art. 337-A. Vejamos o seu teor: "Suprimir ou reduzir contribuição social previdenciária e qualquer acessório, mediante as seguintes condutas: I – omitir de folha de pagamento da empresa ou de documento de informações previsto pela legislação previdenciária segurados empregado, empresário, trabalhador avulso ou trabalhador autônomo ou a este equiparado que lhe prestem serviços; II – deixar de lançar mensalmente nos títulos próprios da contabilidade da empresa as quantias descontadas dos segurados ou as devidas pelo empregador ou pelo tomador de serviços; III – omitir, total ou parcialmente, receitas ou lucros auferidos, remunerações pagas ou creditadas e demais fatos geradores de contribuições sociais previdenciárias: Pena – reclusão, de 2 (dois) a 5 (cinco) anos, e multa".

2. OBJETO JURÍDICO

Segundo Antonio Lopes Monteiro, "estamos diante de um crime também previsto na Parte Especial do Código, no Título XI, Capítulo II, 'Dos Crimes Praticados por Particular contra a Administração em Geral'. Assim a objetividade jurídica é o seu bom funcionamento; é a regular escrituração contábil no que se refere aos dados exigidos pela Previdência Social"[575]. Para Luiz Flávio Gomes[576] e Damásio E. de Jesus, protege-se o patrimônio da Seguridade Social, afirmando o último: "As normas incriminadoras protegem o patrimônio do Estado e, particularmente, a Seguridade Social, a fim de permitir que ela, recebendo as contribuições de que é credora, pelo INSS (Instituto Nacional do Seguro Social), possa alcançar a finalidade de assegurar o direito concernente à saúde, à previdência e à assistência social"[577]. Cezar Roberto Bitencourt sustenta: "Bem jurídico protegido são as fontes de custeio da seguridade social, particularmente os direitos relativos à saúde, à previdência e à assistência social (art. 194 da CF) ou, sinteticamente, a seguridade social"[578].

3. ELEMENTOS DO TIPO

3.1. Ação nuclear. Objeto material

O tipo penal prevê duas ações nucleares: *suprimir* (deixar de pagar) ou *reduzir* (recolher menos do que é devido) contribuição social previdenciária e qualquer acessório. Segundo Cezar Roberto Bitencourt, "a impropriedade do legislador deve ser corrigida pela interpretação do aplicador da lei: suprimir deve ser entendido como deixar de pagar ou de recolher a contribuição devida, pois o contribuinte não supri-

575. Antonio Lopes Monteiro, *Crimes contra a Previdência Social*, cit., p. 55.

576. Luiz Flávio Gomes, *Crimes previdenciários*, cit., p. 80.

577. Damásio E. de Jesus, *Direito penal*, cit., v. 4, p. 259-60.

578. Cezar Roberto Bitencourt, *Código Penal comentado*, cit., p. 1125.

me tributos"[579]. A supressão ou redução é realizada mediante as seguintes condutas omissivas:

(i) **omitir** de folha de pagamento da empresa ou de documento de informações previsto pela legislação previdenciária segurados empregado, empresário, trabalhador avulso ou trabalhador autônomo ou a este equiparado que lhe prestem serviços. Trata-se de figura que se assemelha à prevista na revogada alínea *a* do art. 95 da Lei n. 8.212/91. O sujeito ativo (diretor, gerente, administrador etc.), no caso, deixa de incluir na folha de pagamento os segurados acima elencados, sendo certo que tal omissão ocasionará a supressão ou redução da contribuição previdenciária devida;

(ii) **deixar de lançar** mensalmente nos títulos próprios da contabilidade da empresa as quantias descontadas dos segurados ou as devidas pelo empregador ou pelo tomador de serviços. Trata-se de figura que se assemelha à prevista na revogada alínea *b* do art. 95 da Lei n. 8.212/91;

(iii) **omitir**, total ou parcialmente, receitas ou lucros auferidos, remunerações pagas ou creditadas e demais fatos geradores de contribuições sociais previdenciárias. Trata-se de figura que se assemelha à prevista na revogada alínea *c* do art. 95 da Lei n. 8.212/91.

Trata-se de crime de conduta vinculada, uma vez que a supressão ou redução da contribuição previdenciária somente pode ser realizada por meio de uma das omissões expressamente previstas no tipo penal. Cezar Roberto Bitencourt[580] e Antonio Lopes Monteiro classificam esse delito como *omissivo*. Este último justifica: "Embora o núcleo do tipo penal seja a supressão ou redução das contribuições previdenciárias, as condutas dos incisos são omissivas. Isso porque a Previdência Social é extremamente rígida quanto à escrituração contábil da empresa no que lhe diz respeito, estabelecendo normas detalhadas para evitar a sonegação, como podemos confirmar ao criminalizar essa omissão"[581], ao passo que Luiz Flávio Gomes considera-o crime de conduta mista, mais precisamente crime comissivo de conduta mista, e justifica sua posição: "É comissivo porque a norma final é proibitiva (está proibido suprimir ou reduzir contribuição social). Mas ao mesmo tempo a forma de realização das condutas é omissiva. O que está proibido, no final, não é só o ato da omissão. Mais que isso: é preciso que da omissão surja um resultado jurídico: supressão ou redução da contribuição devida. Assim o bem jurídico resulta lesionado"[582].

O **objeto material** do crime é a contribuição social previdenciária e qualquer acessório.

---

579. Cezar Roberto Bitencourt, *Código Penal comentado*, cit., p. 1126.

580. Cezar Roberto Bitencourt, *Código Penal comentado*, cit., p. 1126.

581. Antonio Lopes Monteiro, *Crimes contra a Previdência Social*, cit., p. 57.

582. Luiz Flávio Gomes, *Crimes previdenciários*, cit., p. 81.

3.2. Sujeito ativo

Trata-se de crime próprio, pois pratica o crime o particular responsável pelo lançamento das informações nos documentos relacionados com os deveres e obrigações para com a Previdência Social. São, dessa forma, sujeitos ativos na lição de Cezar Roberto Bitencourt "o titular de firma individual, os sócios solidários, os gerentes, diretores ou administradores que efetivamente hajam participado da administração da empresa, concorrendo efetivamente na prática de qualquer das condutas criminalizadas. Não basta constar no contrato social como sócio ou diretor"[583]. Não se presume, portanto, a responsabilidade do agente pelo simples fato de integrar uma sociedade, sob pena de haver responsabilidade penal objetiva. A respeito disso comenta Antonio Lopes Monteiro, fazendo menção ao art. 95, § 3º, da Lei n. 8.212/91: "Nesse caso a melhor solução é interpretar a norma especial à luz do art. 29 do Código Penal, entendendo que seria autor do crime em questão qualquer das pessoas mencionadas no § 3º do art. 95, desde que tenha concorrido para a verificação do resultado. Não se pode admitir, porém, a responsabilização tão somente pela condição de administrador, demonstrada formalmente pelo contrato social, por decisão da assembleia ou procuração. É preciso determinar quem efetivamente tinha o poder de mando na empresa, decidindo pelo recolhimento ou não das contribuições descontadas dos empregados etc. Em outras palavras, deve ser responsabilizado aquele que detinha o domínio do fato, com poderes para fazer com que a omissão ocorresse ou não (...). É ainda o caso de sócios que apenas trabalham na área-fim produtiva ou operacional, desconhecendo de forma absoluta o que se passa na administração. No momento da denúncia e de seu recebimento, é até compreensível que a persecução penal se dirija a quantos figurem no contrato social como gerentes, ostentem o título de diretores por decisão da assembleia ou tenham sido constituídos mandatários com poderes da administração da empresa (...). Ao longo da instrução, contudo, é indispensável determinar, de forma clara, quem era o responsável pela administração e, por via de consequência, pelo delito (...). Aqui deve residir a preocupação do Ministério Público e do magistrado durante a instrução criminal. É bem verdade que a condição de sócio-gerente, diretor ou procurador é um forte indício da culpabilidade do acusado, mas a comprovação da responsabilidade irá depender de seu envolvimento com a administração da empresa através de outros meios de prova"[584]. Na jurisprudência, aliás, tem-se discutido a respeito da necessidade de individualizar na peça acusatória as condutas dos sócios nos crimes de autoria coletiva ou se bastaria somente a imputação genérica, relegando para a instrução probatória estabelecer o vínculo entre o evento criminoso e o respectivo autor. Nesse sentido, o seguinte julgado: "Reconhecendo-se que o recorrente era o representante legal da empresa, na época dos fatos delituosos, é possível se admitir o nexo causal entre o crime perpe-

---

583. Cezar Roberto Bitencourt, *Código Penal comentado*, cit., p. 1125.

584. Antonio Lopes Monteiro, *Crimes contra a Previdência Social*, cit., p. 88-90.

trado e a responsabilidade pessoal do administrador, ainda mais no caso em tela, em que a conduta delituosa encontra-se devidamente detalhada na inicial acusatória, garantindo-lhe o direito de defesa" (STJ, RHC 73.169/SP, *DJU* 1º-9-2016).

Em sentido contrário, a seguinte lição jurisprudencial: "Nos crimes societários, embora não possa ser de todo genérica, a denúncia é válida quando demonstra um liame entre o agir dos sócios ou administradores e a suposta prática delituosa, apesar de não individualizar pormenorizadamente as atuações de cada um deles, o que estabelece a plausibilidade da imputação e possibilita o exercício da ampla defesa, cumprindo o contido no art. 41 do Código Penal" (STJ, AgRg no RHC 81.346/SP, *DJU* 18-2-2019).

3.3. Sujeito passivo

É o Estado, em especial a Previdência Social, lesada com a supressão ou redução da contribuição previdenciária ou de seus acessórios.

4. ELEMENTO SUBJETIVO

É o dolo, consistente na vontade de suprimir ou reduzir contribuição social previdenciária ou seus acessórios, mediante uma das condutas previstas em lei[585], embora haja aqueles que sustentam exigir o tipo penal um especial fim de agir. Para Antonio Lopes Monteiro, não basta o dolo genérico para a configuração do tipo subjetivo, pois, segundo ele, "toda a tradição de nosso Direito, em termos de sonegação fiscal, exige que a conduta tenha a finalidade específica de sonegação, e não outra"[586]. Cezar Roberto Bitencourt, por sua vez, acredita "ser indispensável o elemento subjetivo especial do injusto, representado pelo especial fim de fraudar a previdência social"[587].

5. CONSUMAÇÃO E TENTATIVA

Trata-se de crime material, que se consuma com a supressão ou redução da contribuição social previdenciária ou de seus acessórios, mediante a prática de uma das condutas previstas em lei. Para aqueles que entendem que o tipo penal é um delito omissivo, a tentativa é inadmissível, ao passo que a posição contrária que sustenta tratar-se de um crime de conduta mista, isto é, comissivo de conduta mista, o *conatus* torna-se, em tese, possível.

6. EXTINÇÃO DA PUNIBILIDADE

Prevê o § 1º do art. 337-A: "É extinta a punibilidade se o agente, espontaneamente, declara e confessa as contribuições, importâncias ou valores e presta as informações

585. Nesse sentido: Damásio E. de Jesus, *Direito penal*, cit., v. 4, p. 261.

586. Antonio Lopes Monteiro, *Crimes contra a Previdência Social*, cit., p. 57-58.

587. Cezar Roberto Bitencourt, *Código Penal comentado*, cit., p. 1126.

devidas à previdência social, na forma definida em lei ou regulamento, antes do início da ação fiscal". Assim, prescinde-se de que o agente pague a contribuição sonegada. Pesa sobre o tema uma dúvida: já que a Lei n. 9.983/2000 não fez menção ao pagamento do débito no crime de sonegação previdenciária, indaga-se qual seria o efeito de seu pagamento. Compartilhando do entendimento de Cezar Roberto Bitencourt[588] e Luiz Flávio Gomes[589], entendemos que o pagamento do débito previdenciário antes do recebimento da denúncia extingue a punibilidade, continuando, portanto, a ser aplicável o art. 34 da Lei n. 9.249/95.

A discussão restou superada com o advento da Lei n. 12.382/2011. Após uma sucessão de leis regulando os efeitos penais do pagamento integral e do parcelamento (Lei n. 10.684/2003, Lei n. 11.941/2009), sobreveio a Lei n. 12.382/2011, determinando que:

(i) Pagamento integral: o pagamento integral do débito, até o recebimento da denúncia, importará na extinção da punibilidade (Lei n. 9.430/96, art. 83, §§ 4º e 6º).

(ii) Parcelamento: se houver a concessão, na órbita administrativa, do parcelamento do débito, fica suspensa a pretensão punitiva do Estado durante o período em que a pessoa física ou jurídica relacionada com o agente estiver incluída no regime de parcelamento, desde que o pedido de parcelamento tenha sido formalizado antes do recebimento da denúncia (Lei n. 9.430/96, art. 83, § 2º). Além disso, a prescrição criminal não corre durante o período de suspensão da pretensão punitiva (Lei n. 9.430/96, art. 83, § 3º). Note-se, ainda, que, de acordo com a redação do art. 83, § 1º, da Lei n. 9.430/96, na hipótese de concessão de parcelamento do crédito tributário, a representação fiscal para fins penais somente será encaminhada ao Ministério Público após exclusão da pessoa física ou jurídica do parcelamento. Se comparada com as leis anteriores (Lei n. 10.684/2003 e Lei n. 11.941/2009), a Lei n. 12.382/2011 acabou por alargar a pretensão punitiva estatal, na medida em que, se antes não havia qualquer marco temporal para formular o pedido de parcelamento, a fim de trazer os benefícios da suspensão da punibilidade na esfera criminal, agora só poderá ser postulado até antes do recebimento da denúncia. Por essa razão, trata-se de *novatio legis in pejus*, não podendo retroagir para alcançar fatos praticados antes da sua entrada em vigor.

Ante o exposto, fica revogado o § 1º do art. 337-A do CP.

7. PERDÃO JUDICIAL OU APLICAÇÃO DA PENA DE MULTA

Dispõe o § 2º do art. 337-A: "É facultado ao juiz deixar de aplicar a pena ou aplicar somente a de multa se o agente for primário e de bons antecedentes, desde que: I – (*vetado*); II – o valor das contribuições devidas, inclusive acessórios, seja igual ou inferior àquele estabelecido pela previdência social, administrativamente, como sendo o mínimo para o ajuizamento de suas execuções fiscais". O legislador previu no mencio-

---

588. Cezar Roberto Bitencourt, *Código Penal comentado*, cit., p. 1127.

589. Luiz Flávio Gomes, *Crimes previdenciários*, cit., p. 83.

nado dispositivo legal a aplicação alternativa pelo juiz do perdão judicial ou uma sanção penal menos rigorosa (aplicação exclusiva da pena de multa), desde que o agente preencha os seguintes requisitos: (i) *seja primário e de bons antecedentes* ***(requisito subjetivo)***; (ii) *o valor do débito previdenciário seja igual ou inferior àquele estabelecido pela Previdência Social, administrativamente, como sendo o mínimo para o ajuizamento de suas execuções fiscais* ***(requisito objetivo)***.

Ocorre que a jurisprudência do Supremo Tribunal Federal e a do Superior Tribunal de Justiça tornou inútil este dispositivo, uma vez que consolidaram entendimento no sentido de que deve ser aplicado o princípio da insignificância quando o débito tributário e a multa não excederem o valor mínimo necessário para o ajuizamento da ação fiscal.

Questiona-se qual o valor mínimo. Para o STF, com fundamento na Lei n. 10.522/2002, atualizada pelas Portarias n. 75 e 130/2012 do Ministério da Fazenda, esse valor corresponde a R$ 20.000,00 (vinte mil reais). Por sua vez, o STJ adotava posicionamento no sentido de que aquele valor era de R$ 10.000,00 (dez mil reais). Contudo, em dezembro de 2017, a Terceira Turma resolveu revisar o Tema 157 dos recursos repetitivos e fixou em R$ 20.000,00 (vinte mil reais) o valor máximo para incidência do princípio da insignificância no caso de crimes tributários federais e de descaminho. O citado tema, então, passou a ter a seguinte redação: "Incide o princípio da insignificância aos crimes tributários federais e de descaminho quando o débito tributário verificado não ultrapassar o limite de R$ 20.00,00, a teor do disposto no artigo 20 da Lei 10.522/2002, com as atualizações efetivadas pelas Portarias 75 e 130, ambas do Ministério da Fazenda".

Vale lembrar que a incidência do princípio da insignificância exclui a própria tipicidade penal, não havendo sequer que falar em fato típico.

8. CAUSA DE DIMINUIÇÃO DE PENA

Dispõe o § 3º, do art. 337-A: "Se o empregador não é pessoa jurídica e sua folha de pagamento mensal não ultrapassa um mil, quinhentos e dez reais, o juiz poderá reduzir a pena de um terço até a metade ou aplicar apenas a de multa". Segundo o § 4º, esse valor "será reajustado nas mesmas datas e nos mesmos índices do reajuste dos benefícios da previdência social". Trata-se de direito subjetivo do réu, uma vez preenchidos os requisitos legais objetivos, quais sejam: (i) ser o empregador pessoa física; e (ii) sua folha de pagamento mensal não ultrapassar o valor de R$ 1.510,00.

9. AÇÃO PENAL. COMPETÊNCIA

Trata-se de crime de ação penal pública incondicionada.

Os crimes contra a Previdência Social são de competência da Justiça Federal, uma vez que a esta compete processar e julgar "as causas em que União, entidade autárquica ou empresa pública federal forem interessadas" (CF, art. 109, I). Como é cediço, as contribuições sociais são repassadas para os cofres da União.

Capítulo II-A
DOS CRIMES PRATICADOS POR PARTICULAR CONTRA A ADMINISTRAÇÃO PÚBLICA ESTRANGEIRA

ART. 337-B – CORRUPÇÃO ATIVA EM TRANSAÇÃO COMERCIAL INTERNACIONAL

1. CONCEITO. OBJETO JURÍDICO

Dispõe o art. 337-B: "Prometer, oferecer ou dar, direta ou indiretamente, vantagem indevida a funcionário público estrangeiro, para determiná-lo a praticar, omitir ou retardar ato de ofício relacionado a transação comercial internacional. Pena: reclusão, de 1 (um) a 8 (oito) anos, e multa"[590]. Por se tratar de *novatio legis* incriminadora, pois criou uma figura penal até então inexistente, não pode retroagir no tempo, isto é, alcançar fatos ocorridos antes de sua vigência.

O legislador cuidou de contemplar o delito de corrupção ativa nas transações comerciais internacionais dentro do capítulo relativo aos crimes praticados por particular contra a Administração em geral. Tal situação leva-nos a concluir que estamos diante de um delito que ofende os interesses da Administração Pública brasileira, como ocorre no crime de corrupção ativa (CP, art. 333), em que se tutela a moralidade da Administração e o regular desempenho da função pública. Essa conclusão é inverídica. É que, no delito em estudo, a corrupção visa o funcionário público estrangeiro, ao contrário do crime previsto no art. 333, de forma que a ofensa se opera contra um bem jurídico estrangeiro, qual seja, a moralidade do órgão administrativo alienígena. Ora, não incumbe à lei penal brasileira, no caso, tutelar a Administração Pública estrangeira, incumbindo ao país de origem do funcionário público tutelar seus interesses. Na realidade, o bem jurídico tutelado é a lisura e a transparência na realização das transações internacionais de natureza comercial, coibindo as condutas potencialmente capazes de influenciar funcionário estrangeiro a "prostituir" negócio de cunho internacional. Tutela-se também o interesse de pessoa física e jurídica, de direito público ou privado, que pode ser eventualmente lesado como consequência da atuação do corruptor. A título de exemplo, podemos citar a conduta de empresa brasileira que corrompe funcionário público iraquiano, a fim de permitir sua escolha na contratação de obra de restauração de edifícios daquele país, deixando para trás diversas empresas que poderiam competir em igualdade de condições. Segundo Damásio, "o tipo incriminador foi introduzido pelo art. 2º da Lei n. 10.467, de 11 de junho de 2002, oriunda do Projeto de Lei n. 4.143, de 2001, visando dar efetividade ao Decreto Legislativo n. 125, de 14 de junho de 2000, do Congresso Nacional, que aprovou a Convenção sobre o Combate da Corrupção de Funcionários Públicos Estrangeiros nas Transações Comerciais Interna-

590. Nesse sentido: Damásio E. de Jesus, *Crimes de corrupção ativa e tráfico de influência nas transações comerciais internacionais*, São Paulo, Saraiva, 2003, p. 16.

cionais, concluída pelas Nações Unidas em Paris, em 17 de dezembro de 1997, e pelo Decreto n. 3.678, de 30 de novembro de 2000, que a promulgou. Dispositivo da Convenção que fundamente a incriminação: artigo 1º, § 3º"[591].

2. ELEMENTOS DO TIPO

2.1. Ação nuclear. Objeto material. Elemento normativo do tipo

Trata-se de crime de ação múltipla, pois diversas são as ações nucleares previstas: *prometer* (comprometer-se, fazer promessa, garantir a entrega de algo ao funcionário público estrangeiro), *oferecer* (colocar à disposição ou aceitação) ou *dar* (entregar, ceder, presentear, doar), direta ou indiretamente, vantagem indevida (ilícita), a qual pode ser de qualquer natureza, a funcionário público estrangeiro, para determiná-lo a praticar, omitir ou retardar ato de ofício relacionado a transação comercial internacional. As ações nucleares típicas são praticamente as mesmas contidas no art. 333 do CP, com exceção do verbo *dar*. O objeto material (*vantagem indevida*) é também o mesmo do art. 333 do CP. Para maiores esclarecimentos, consultem-se os comentários a esse delito. Importa aqui ressalvar que, se o funcionário público estrangeiro receber a vantagem indevida ou aceitar a promessa de tal vantagem, não responderá pelo crime previsto no art. 317 do CP brasileiro, pois incumbe ao Estado estrangeiro tutelar seus interesses administrativos, devendo aquele responder nos termos da legislação penal do seu país de origem. Trata-se de exceção à teoria unitária adotada pelo Código Penal no concurso de pessoas. O legislador, no caso, adotou a teoria pluralística, em que cada um dos participantes responde por delito autônomo.

A principal diferença entre o delito em tela e o crime previsto no art. 333 do CP reside no fato de que a corrupção do funcionário público estrangeiro visa a determiná-lo a praticar, omitir ou retardar ato de ofício especificamente relacionado a transação comercial internacional (elemento normativo do tipo). Segundo Damásio, "para efeito de interpretação do texto legal, a elementar transação foi empregada pelo legislador penal no sentido de *operação comercial*. Sob esse aspecto, inclusive, o termo *comercial*, aparentemente, seria até redundante. De ver, entretanto, que o uso da expressão *transação comercial* impede que haja confusão com o sentido jurídico-técnico da palavra, qual seja, modo de composição de conflitos e de extinção de obrigações. Assim, deve ser entendida em termos de contrato, acordo de vontades por meio do qual as pessoas formam um vínculo jurídico. Desse prisma, transacionar corresponde a uma ação de cunho econômico, que implica, em última análise, produção ou circulação de bens ou serviços, com finalidade de lucro. Pode ser considerada, portanto, como um contrato que viabiliza a produção ou circulação de bens ou serviços". Continua o autor: "Internacional é a transação que possui elementos que a vinculam a mais de um

591. Damásio de Jesus, *Crimes de corrupção ativa e tráfico de influência nas transações comerciais internacionais*, cit., p. 14.

sistema jurídico". Ainda, segundo o autor: "são transações comerciais internacionais, assim consideradas as que concernem a contratos: I – que tenham como objeto, direta ou indiretamente, a importação ou exportação de bens ou serviços; II – de transporte internacional, por qualquer via, de pessoas, cargas, malotes postais, remessas expressas ou qualquer outro bem; III – que impliquem transmissão de informações, por qualquer meio de comunicação, entre pessoas localizadas ou sediadas em países distintos; IV – relativos a empréstimos e quaisquer outras obrigações, ou que possibilitem a circulação de valores de qualquer natureza, cujas partes estejam localizadas ou sediadas em países distintos; V – que tenham como objeto cessão, transferência, delegação, assunção ou modificação das obrigações ou valores referidos no inciso anterior; e VI – quaisquer outros que impliquem produção ou circulação de bens ou serviços cujos elementos o vinculem a mais de um sistema jurídico"[592]. Obviamente que, se a transação não é comercial, nem internacional, o crime não se perfaz, ante a ausência do elemento normativo do tipo.

2.2. Sujeito ativo

Trata-se de crime comum. O corruptor pode ser nacional ou estrangeiro. Nada impede que o funcionário público seja sujeito ativo desse crime, desde que não aja com essa qualidade[593].

2.3. Sujeito passivo

Trata-se de crime vago, cometido em prejuízo do comércio internacional, afetando sua credibilidade e abalando a confiança do mercado, não havendo falar em sujeito passivo determinado. Além desse bem incorpóreo, honorabilidade e imagem das transações comerciais, secundariamente se tem como vítima a empresa pública ou privada que venha a ser lesada com a atuação do corruptor. Para Damásio, sujeito passivo é o Estado estrangeiro titular da Administração Pública atingida[594].

3. ELEMENTO SUBJETIVO

É o dolo, isto é, a vontade livre e consciente de *prometer*, *oferecer* ou dar, direta ou indiretamente, vantagem, ciente de que ela é indevida e de que se destina a funcionário público estrangeiro. Exige-se também o elemento subjetivo do tipo: "para determiná-lo a praticar, omitir ou retardar ato de ofício, ciente de que este se relaciona a transação comercial internacional".

---

592. Damásio E. de Jesus, *Crimes de corrupção ativa e tráfico de influência nas transações comerciais internacionais*, cit., p. 30-2.

593. Nesse sentido: Damásio E. de Jesus, *Crimes de corrupção ativa e tráfico de influência nas transações comerciais internacionais*, cit., p. 17.

594. Nesse sentido: Damásio E. de Jesus, *Crimes de corrupção ativa e tráfico de influência nas transações comerciais internacionais*, cit., p. 18.

4. CONSUMAÇÃO E TENTATIVA

Trata-se de crime formal. Nas modalidades *prometer* e *oferecer* a consumação se dá com a simples promessa ou oferta de vantagem indevida por parte do *extraneus* ao funcionário público estrangeiro, isto é, quando chega ao conhecimento deste, independentemente de aceitá-la ou recusá-la. Também não é necessário que o funcionário pratique, retarde ou omita o ato de ofício de sua competência. Na modalidade *dar* o crime se consuma com a entrega efetiva da vantagem indevida. É imprescindível que as ações mencionadas sejam, no todo ou em parte, praticadas no território nacional. Citem-se alguns exemplos: empresário que, via correspondência (telefone, internet, fax etc.), realiza a promessa de pagamento de vantagem indevida a funcionário público da China em troca da realização de algum ato de ofício; empresário que, diante da presença de funcionário público da Arábia Saudita, em território nacional, entrega-lhe uma maleta de dólares em troca do privilégio de construir oleodutos nesse país.

A tentativa é possível. O *conatus*, contudo, será inadmissível se a oferta ou promessa for feita oralmente, pois nesse caso o delito é unissubsistente.

5. FORMAS

5.1. Simples (art. 337-B, *caput*)

Está prevista no *caput* do artigo.

5.2. Causa de aumento de pena (art. 337-B, parágrafo único)

Está prevista no parágrafo único do artigo: "A pena é aumentada de um terço, se, em razão da vantagem ou promessa, o funcionário público estrangeiro retarda ou omite ato de ofício ou o pratica infringindo dever funcional". Trata-se de forma mais grave do crime em estudo, uma vez que a conduta do funcionário estrangeiro vai além do recebimento da vantagem indevida, pois ele efetivamente: (i) retarda a prática do ato, isto é, desrespeita o prazo para sua execução; (ii) deixa de praticar o ato, isto é, abstém-se da sua prática; (iii) pratica-o infringindo dever funcional, isto é, ação é contrária ao seu dever de ofício. Constituem, na realidade, hipóteses de exaurimento do crime, mas que acabam por funcionar como causa de aumento de pena.

6. AÇÃO PENAL. LEI DOS JUIZADOS ESPECIAIS CRIMINAIS

(i) Ação penal*:* trata-se de crime de ação penal pública incondicionada.

(ii) Lei dos Juizados Especiais Criminais*:* em face da pena mínima prevista (reclusão, de 1 a 8 anos, e multa), é cabível a suspensão condicional do processo (art. 89 da Lei n. 9.099/95).

ART. 337-C – TRÁFICO DE INFLUÊNCIA EM TRANSAÇÃO COMERCIAL INTERNACIONAL

1. CONCEITO. OBJETO JURÍDICO

Dispõe o art. 337-C, *caput*, do CP: "Solicitar, exigir, cobrar ou obter, para si ou para outrem, direta ou indiretamente, vantagem ou promessa de vantagem a pretexto de influir em ato praticado por funcionário público estrangeiro no exercício de suas funções, relacionado a transação comercial internacional: Pena – reclusão, de 2 (dois) a 5 (cinco) anos, e multa". Trata-se de *novatio legis* incriminadora, uma vez que criou figura penal até antes inexistente, não podendo, portanto, retroagir no tempo para alcançar fatos ocorridos antes de sua vigência.

O bem jurídico protegido é o mesmo da figura penal precedente: a lisura e a transparência na realização das transações internacionais de natureza comercial. Segundo Damásio, "a figura típica originou-se do Projeto de Lei n. 4.143, de 2001, visando dar efetividade ao Decreto Legislativo n. 125, de 14 de junho de 2000, do Congresso Nacional, que aprovou a Convenção sobre o Combate da Corrupção de Funcionários Públicos Estrangeiros nas Transações Comerciais Internacionais, concluída pelas Nações Unidas em Paris, em 17 de dezembro de 1997, e promulgada pelo Decreto n. 3.678, de 30 de novembro de 2000. Norma que fundamenta a punição do tráfico de influência transnacional: artigo 1º, § 1º, da Convenção sobre o Combate da Corrupção de Funcionários Públicos Estrangeiros nas Transações Comerciais Internacionais"[595].

2. ELEMENTOS DO TIPO

2.1. Ação nuclear

As ações nucleares típicas que aqui analisaremos são, na realidade, idênticas às previstas no art. 332 do CP (tráfico de influência), na medida em que o sujeito ativo, sob a alegação de possuir prestígio junto à Administração Pública, *solicita, exige, cobra* ou *obtém*, para si ou para outrem, direta ou indiretamente, vantagem ou promessa de vantagem de outrem a pretexto de exercer influência em ato por ela praticado. Contudo, o tráfico de influência previsto no art. 337-C possui dois diferenciais: (i) o agente alega exercer influência sobre funcionário público estrangeiro no exercício de suas funções; (ii) o ato de ofício a que se refere o tipo penal é especificamente relacionado a transação comercial internacional. Passemos à análise dessa figura penal.

Estamos diante de um crime de ação múltipla, pois diversas são as ações típicas: (i) *solicitar*: pedir; (ii) *exigir*: ordenar, impor; (iii) *cobrar*: fazer com que seja pago; ou (iv) *obter*: conseguir, adquirir etc., no caso, vantagem ou promessa de vantagem. Dessa forma, o agente pratica uma dessas ações típicas a pretexto de influir em ato praticado por fun-

595. Damásio de Jesus, *Crimes de corrupção ativa e tráfico de influência nas transações comerciais internacionais*, cit., p. 47.

cionário público estrangeiro, relacionado a transações internacionais de natureza comercial. Há, dessa forma, a venda de suposta influência exercida pelo agente junto a funcionários públicos estrangeiros em troca de vantagem. Vejamos um exemplo: brasileiro que, alegando falsamente prestígio junto às autoridades do Timor Leste, solicita vantagem a uma empresa brasileira, com a promessa de lograr sua contratação pelo governo timorense, para a construção de viadutos. Segundo Damásio, "a expressão 'a pretexto' significa sob fundamento, com a desculpa, no sentido de que o autor faz uma simulação, levando a vítima à suposição de que irá influir no comportamento funcional do agente do Poder Público estrangeiro. É possível que, na verdade, ele tenha prestígio junto ao funcionário, caso em que subsiste o delito, uma vez que a incriminação reside na *fraude*, na promessa de influência, mas, na realidade, nenhuma atitude ele irá tomar junto à Administração Pública. Daí a denominação que se dá ao fato: 'venda de fumaça' (*vinditio fumi*)"[596].

Obviamente que, como sucede no crime de tráfico de influência comum (CP, art. 332), aquele que compra o prestígio não pratica o crime de corrupção ativa em coautoria, nem pode ser considerado coagente do tráfico de influência. Caso o vendedor da influência tenha realmente prestígio junto à Administração Pública estrangeira e venha a corromper funcionário público estrangeiro, responderá pelo delito de corrupção ativa (CP, art. 333). Já o funcionário estrangeiro responderá nos termos de sua legislação penal pátria. O terceiro, beneficiado pela corrupção, será responsabilizado também pelo crime de corrupção ativa (CP, art. 333). Portanto, o crime de tráfico de influência restará absorvido.

Importa mencionar que o funcionário público estrangeiro sobre o qual o agente alega exercer prestígio tanto pode existir quanto ser imaginário.

2.2. Objeto material

É a vantagem ou promessa de vantagem, que pode ser de natureza sexual, moral ou material.

2.3. Sujeito ativo

Trata-se de crime comum. Tanto o nacional quanto o estrangeiro podem praticá-lo, inclusive o funcionário público.

2.4. Sujeito passivo

Trata-se de crime vago, cometido em prejuízo do comércio exterior, afetando sua credibilidade e abalando a confiança do mercado, não havendo falar em sujeito passivo determinado. Além desse bem incorpóreo, honorabilidade e imagem das transações comerciais, secundariamente pode-se considerar como vítima a empresa iludida à qual se solicitou a vantagem. Convém lembrar que neste tipo o funcionário público não

596. Damásio E. de Jesus, *Crimes de corrupção ativa e tráfico de influência nas transações comerciais internacionais*, cit., p. 52.

chega a exercer nenhuma influência, apenas fabrica artificialmente uma situação para iludir a empresa-vítima. Pese embora seu comportamento torpe e sua ganância, isso não impede sua caracterização como sujeito passivo, pois a fraude bilateral não é incompatível com a condição de ofendido. Para Damásio, sujeito passivo "principal é o Estado estrangeiro e, secundariamente, a pessoa que compra o prestígio, que entrega ou promete a vantagem na ilusão de concretizar um interesse legítimo (o pretenso corruptor, o 'comprador de fumaça')"[597].

3. ELEMENTO SUBJETIVO

O tipo, aparentemente, contém, além do dolo de praticar uma das ações nucleares, a finalidade específica de influenciar o funcionário público estrangeiro. Ocorre que a conduta é praticada não com essa finalidade, mas com esse pretexto, pois o sujeito ativo não tem a real intenção de exercer qualquer influência, mas tão somente a de lesar o iludido corruptor. A única finalidade específica que o tipo penal exige está contida na expressão "para si ou para outrem".

O dolo deve abranger o chamado elemento normativo do tipo (funcionário público estrangeiro e transação comercial internacional), isto é, o agente deve ter ciência de que o funcionário público é estrangeiro e de que a transação é de natureza comercial e internacional.

4. CONSUMAÇÃO E TENTATIVA

Na modalidade solicitar, exigir e cobrar, o crime é formal, consumando-se com a prática de uma dessas ações criminosas, independentemente da obtenção da vantagem almejada. Já na modalidade obter, o crime consuma-se no momento em que o agente obtém a vantagem ou sua promessa. É, portanto, delito material.

A tentativa é possível; por exemplo, solicitação, exigência ou cobrança de vantagem por carta, a qual é interceptada antes de chegar ao destinatário.

5. FORMAS

5.1. Simples (art. 337-C, *caput*)

Prevista no *caput* do artigo.

5.2. Majorada (art. 337-C, parágrafo único)

Prevista no parágrafo único: "A pena é aumentada de metade, se o agente alega ou insinua que a vantagem é também destinada a funcionário estrangeiro". Trata-se de disposição idêntica à prevista no parágrafo único do art. 332 do CP. Assim, prescinde-se

---

597. Damásio E. de Jesus, *Crimes de corrupção ativa e tráfico de influência nas transações comerciais internacionais*, cit., p. 48-9.

da declaração expressa do sujeito ativo no sentido de que o funcionário receberá o suborno: basta tão somente que ele dê a entender que aquele receberá a vantagem.

6. AÇÃO PENAL

Trata-se de crime de ação penal pública incondicionada.

ART. 337-D – FUNCIONÁRIO PÚBLICO ESTRANGEIRO

1. APLICAÇÃO

Dispõe o art. 337-D, *caput*, do CP: "Considera-se funcionário público estrangeiro, para efeitos penais, quem, ainda que transitoriamente e sem remuneração, exerce cargo, emprego ou função pública em entidades estatais ou em representações diplomáticas de país estrangeiro". São, assim, considerados funcionários públicos estrangeiros todos os que desempenham, de algum modo, função em entidades estatais (por exemplo: membro do Poder Legislativo russo) ou em representações diplomáticas (por exemplo: embaixada da Itália). É irrelevante se o vínculo do funcionário estrangeiro com a Administração Pública é remunerado ou não, definitivo ou transitório. O parágrafo único, por sua vez, prevê: "Equipara-se a funcionário público estrangeiro quem exerce cargo, emprego ou função em empresas controladas diretamente ou indiretamente, pelo Poder Público de país estrangeiro ou em organizações públicas internacionais". Exemplo: funcionário que trabalha em empresa petrolífera controlada pelo governo iraquiano ou, então, que integra os quadros da ONU. Consoante assinala Damásio, "diferentemente da regra estabelecida para os crimes funcionais cometidos por funcionários públicos *nacionais*, o princípio restringe o alcance da equiparação aos que se vinculam diretamente a empresas estatais controladas pelo Poder Público de país estrangeiro ou em organizações públicas não nacionais, ou seja, não alcança profissionais ou empregados de empresas privadas estrangeiras, ainda que atuem em representação, por contrato ou convênio, de Estado estrangeiro. Com isso, considerou apenas a investidura em 'entidades estatais' ou 'representações diplomáticas' (*caput*) ou, quando ampliou o conceito, embutiu apenas os que se acham vinculados a 'empresas controladas' ou em 'organizações públicas internacionais', não incluindo, como o fez na regra do art. 327, § 1º, parte final, do CP, os particulares que exercem atividades típicas da Administração Pública e do Poder Público vinculados por contrato ou convênio. A norma não prevê a equiparação de pessoa física vinculada a empresa privada internacional, ainda que, por contrato ou convênio, realize atividades típicas de entidades internacionais"[598]. Ainda, quanto ao tipo penal em questão, assinala o autor: trata-se de "norma interpretativa e extensiva introduzida pelo art. 2º da Lei n. 10.467, de 11 de junho de 2002, visando dar efetividade ao Decreto Legislativo n. 125, de 14 de junho de 2000, do Congresso Nacional, que aprovou a Convenção sobre o Combate da Corrupção

---

598. Damásio E. de Jesus, *Crimes de corrupção ativa e tráfico de influência nas transações comerciais internacionais*, cit., p. 62-3.

de Funcionários Públicos Estrangeiros nas Transações Comerciais Internacionais, concluída pelas Nações Unidas em Paris, em 17 de dezembro de 1997, e promulgada pelo Decreto n. 3.678, de 30 de novembro de 2000. Dispositivo da Convenção que fundamenta a norma ampliativa: artigo 1º, § 4º"[599].

Capítulo III

DOS CRIMES CONTRA A ADMINISTRAÇÃO DA JUSTIÇA

1. CONSIDERAÇÕES GERAIS

Sob a rubrica "Dos crimes contra a administração da justiça", contempla o Código Penal diversos delitos que atentam contra a instituição da justiça. Impedir atividades que coloquem em risco a confiança pública na distribuição da justiça pelo Estado é de suma importância para a manutenção da ordem social. Essa confiança resta abalada todas as vezes que, por exemplo, uma decisão suspendendo os direitos de alguém é desrespeitada; um criminoso recebe auxílio para subtrair-se à ação de autoridade pública; um advogado intencionalmente prejudica seu cliente em juízo; alguém se acusa de crime praticado por outrem; um estrangeiro desrespeita o decreto de expulsão do País; um motim de presos é desencadeado; um preso é resgatado dentro de presídio etc.

Com efeito, o resgate de um preso, por exemplo, não significa tão só violação a decisão judicial destinada a um jurisdicionado. É muito mais do que isso; suas consequências são muito mais nefastas para a sociedade do que supomos. Tal ação desencadeia o menoscabo, o desprezo de todos os jurisdicionados para com as instituições públicas incumbidas da concretização da justiça. Basta que um único preso seja resgatado por outros criminosos para que se conclua, imediatamente, a fragilidade dos sistemas de segurança das penitenciárias, instalando-se, com isso, um quadro tenebroso: de um lado uma população insegura e impotente ante a ineficiência estatal, que não mais crê nos mecanismos institucionais de prevenção e repressão à criminalidade; de outro lado, presos que se sentem estimulados cada vez mais a atentar contra as decisões judiciais, ante a falência da estrutura penitenciária, pois esta não consegue mais vigiá-los, nem detê-los. A partir daí o caos na segurança pública já está instalado. Antonio Augusto Covello bem nos demonstra essa situação: "No caso dos crimes contra a administração da justiça, porém, o mal é incomparavelmente mais sério. Não se trata mais do interesse individual; é atingida a própria estrutura jurídica sobre a qual assenta o edifício da sociedade. O que o crime contra a administração da justiça põe em risco é a própria existência da proteção jurídica; o que todos sentem quando tal delito se verifica é a oscilação ameaçadora das garantias fundamentais, que constituem a essência da própria instituição. Daí a sua repercussão profunda, e, também, a intensidade maior de seus efeitos. A confiabilidade pública é ferida no seu ponto nuclear. Extinta a fé

---

599. Damásio de Jesus, *Crimes de corrupção ativa e tráfico de influência nas transações comerciais internacionais*, cit., p. 59.

na intangibilidade da justiça e na regularidade de sua administração, desaparecida fica uma das condições primordiais da tranquilidade pública"[600].

ART. 338 – REINGRESSO DE ESTRANGEIRO EXPULSO

1. CONCEITO. OBJETO JURÍDICO

Dispõe o art. 338 do CP: "Reingressar no território nacional o estrangeiro que dele foi expulso: Pena – reclusão, de 1 (um) a 4 (quatro) anos, sem prejuízo de nova expulsão após o cumprimento da pena". A Lei n. 13.445/2017 revogou o Estatuto do Estrangeiro e instituiu a Lei de Migração. Seu art. 54 define a expulsão como a medida administrativa de retirada compulsória de migrante ou visitante do território nacional, conjugada com o impedimento de reingresso por prazo determinado. As hipóteses em que o estrangeiro poderá ser expulso do território nacional estão no § 1º, incisos I e II, do mencionado dispositivo legal, cuja redação é a seguinte: "§ 1º Poderá dar causa à expulsão a condenação com sentença transitada em julgado relativa à prática de: I – crime de genocídio, crime contra a humanidade, crime de guerra ou crime de agressão, nos termos definidos pelo Estatuto de Roma do Tribunal Penal Internacional, de 1998, promulgado pelo Decreto n. 4.388, de 25 de setembro de 2002"; ou II – "crime comum doloso passível de pena privativa de liberdade, consideradas a gravidade e as possibilidades de ressocialização em território nacional". A hipótese mais comum de expulsão é a do estrangeiro que pratica tráfico de drogas internacional.

Nessas hipóteses elencadas pela lei, o procedimento de expulsão tem início com a instauração de inquérito pela Polícia Federal, sendo que ao final da instrução o processo é encaminhado ao Ministério da Justiça para análise e decisão. Decidindo-se pela expulsão, uma portaria é publicada no *Diário Oficial da União*, com a possibilidade de o interessado ingressar com pedido de reconsideração dentro do prazo de 10 dias contados da notificação pessoal. A expulsão é feita pela Polícia Federal após o cumprimento da pena ou a liberação do Poder Judiciário.

O bem jurídico tutelado é, segundo Noronha, "o prestígio e a eficácia do ato administrativo, que determinou a expulsão do solo pátrio do estrangeiro indesejável. Concomitantemente outros interesses são tutelados"[601].

2. ELEMENTOS DO TIPO

2.1. Ação nuclear

Está consubstanciada no verbo *reingressar*, isto é, voltar ao território nacional, o que pressupõe que tenha havido a prévia expulsão do estrangeiro do País. Assim, após

---

600. Antonio Augusto de Covello, Ensaio da teoria sobre os delitos contra a justiça, *Anais do 1º Congresso Nacional do Ministério Público*, 5/343, apud E. Magalhães Noronha, *Direito penal*, cit., v. 4, p. 350.

601. E. Magalhães Noronha, *Direito penal*, cit., v. 4, p. 351.

ter sido expulso, com a consequente saída do território brasileiro, o estrangeiro torna ao Brasil, isto é, novamente ultrapassa suas fronteiras terrestres ou invade o espaço aéreo ou o mar territorial. Importa ressalvar que a zona contígua – é a faixa de mar que se estende das 12 às 24 milhas marítimas e na qual se permite ao Brasil adotar medidas de fiscalização – e zona econômica exclusiva – compreende a faixa de mar que se estende das 12 às 200 milhas marítimas, na qual se permite ao Brasil realizar atividades que visem à exploração e ao aproveitamento dos recursos naturais disponíveis, com fim econômico. A lei penal brasileira somente é aplicável aos crimes cometidos no mar territorial, isto é, na faixa de mar exterior ao longo da costa, que se estende por 12 milhas marítimas de largura – não integram o mar territorial brasileiro, de forma que o ingresso de estrangeiro nessa área não configura o crime em tela. Igualmente ressalva Damásio que o território jurídico não abrange o território por extensão (CP, art. 5º, § 1º). Assim, afirma o autor, "não constitui delito penetrar o estrangeiro expulso em navios ou aeronaves brasileiros de natureza militar ou navios particulares em alto-mar"[602].

Segundo a doutrina, não há a configuração desse crime na hipótese em que o agente, após ter sido expulso, mantém-se no território nacional, pois a lei pune seu reingresso, o que pressupõe a efetiva saída.

Obviamente que, se o estrangeiro expulso reingressar em território brasileiro por estado de necessidade, o fato deixará de ser ilícito; portanto, não há falar em crime. Por exemplo: "Suponha-se que o país de origem do estrangeiro expulso esteja inacessível em razão de guerra ou peste, e tenha-se em conta que tal país é o único que está obrigado a recebê-lo: se nenhum outro país consente em acolher o *indesejável*, a única solução para este é o retorno ao território brasileiro, e não lhe poderá ser imputado o crime em questão"[603].

De acordo com os arts. 55 a 62 da Lei n. 13.445/2017, o tipo penal em estudo não se aplica aos não nacionais regularmente expulsos. Também não incidem nas penas cominadas no art. 338 do CP ao estrangeiro repatriado (art. 49 da Lei de Migração), deportado (art. 50 da Lei de Migração) ou extraditado (art. 81 da Lei de Migração).

2.2. Sujeito ativo

Trata-se de crime próprio, uma vez que somente o estrangeiro expulso do território nacional pode praticá-lo.

2.3. Sujeito passivo

É a Administração Pública.

---

602. Damásio E. de Jesus, *Direito penal*, cit., v. 4, p. 266.
603. Nesse sentido: Nélson Hungria, *Comentários*, cit., v. 9, p. 459-60.

3. ELEMENTO SUBJETIVO

É o dolo, consubstanciado na vontade livre e consciente de voltar ao território nacional. Deve ele necessariamente ter ciência de que sua entrada é ilícita.

4. CONSUMAÇÃO E TENTATIVA

Consuma-se com o reingresso no território nacional, isto é, no momento em que transpõe a fronteira terrestre, adentra o espaço aéreo nacional ou o mar territorial, ainda que de forma temporária. A tentativa é perfeitamente possível.

5. AÇÃO PENAL. COMPETÊNCIA. LEI DOS JUIZADOS ESPECIAIS CRIMINAIS. EXPULSÃO APÓS O CUMPRIMENTO DA PENA

(i) **Ação penal:** trata-se de crime de ação penal pública incondicionada.

(ii) **Competência:** trata-se de crime de competência da Justiça Federal.

(iii) **Lei dos Juizados Especiais Criminais:** em face da pena mínima prevista (reclusão, de 1 a 4 anos), é cabível a suspensão condicional do processo (art. 89 da Lei n. 9.099/95).

(iv) **Nova expulsão:** consoante o próprio dispositivo penal, uma vez cumprida a pena, o estrangeiro poderá ser novamente expulso.

ART. 339 – DENUNCIAÇÃO CALUNIOSA

1. CONCEITO. OBJETO JURÍDICO

Dispõe o art. 339, *caput*, do CP: "Dar causa à instauração de inquérito policial, de procedimento investigatório criminal, de processo judicial, de processo administrativo disciplinar, de inquérito civil ou de ação de improbidade administrativa contra alguém, imputando-lhe crime, infração ético-disciplinar ou ato ímprobo de que o sabe inocente: (Redação dada pela Lei n. 14.110/2020)

Pena – reclusão, de dois a oito anos, e multa.

§ 1º – A pena é aumentada de sexta parte, se o agente se serve de anonimato ou de nome suposto.

§ 2º – A pena é diminuída de metade, se a imputação é de prática de contravenção."

Protege-se, com esse dispositivo legal, o interesse da justiça. Segundo Noronha, "é a sua atuação normal ou regular que se objetiva, pondo-a a salvo de falsas imputações e cuidando que ela não sirva a desígnios torpes e ignóbeis, desvirtuando sua finalidade. Concomitantemente, não há negar que se tutelam a honra e a liberdade do imputado, atingida uma com a acusação falsa e outra pela ameaça do processo que se instaura"[604].

2. ELEMENTOS DO TIPO

2.1. Ação nuclear

A ação nuclear típica consiste em *dar causa*, isto é, provocar, no caso, a instauração

604. E. Magalhães Noronha, *Direito penal*, cit., v. 4, p. 355.

de inquérito policial, de procedimento investigatório criminal, de processo judicial, de processo administrativo disciplinar, de inquérito civil ou ação de improbidade administrativa contra alguém, imputando-lhe crime, infração ético-disciplinar ou ato ímprobo de que o sabe inocente. Trata-se de crime de forma livre, que pode ser praticado de modos diversos: oralmente (por exemplo, por telefone) ou por escrito (por exemplo: carta, via *fax*, *e-mail*, representação formal). No tocante à falsa *delatio criminis* (comunicação de um crime feita pela vítima ou qualquer do povo), sabemos que pode ser simples, consistente no mero aviso da ocorrência de um crime, sem qualquer solicitação (é simples comunicação), e a delação postulatória, em que se dá notícia do fato e se pede a instauração da persecução penal – por exemplo, representação do ofendido na ação penal pública condicionada. Temos também a delação anônima ("*notitia criminis*" *inqualificada*), na qual o denunciante não se identifica, escondendo-se no anonimato. Em regra, a denunciação caluniosa é praticada na forma direta, isto é, o próprio agente leva o fato ao conhecimento da autoridade, dando causa à investigação, mas nada impede que ela ocorra na forma indireta. Vejamos dois exemplos: (i) "A", em conversa com "B", afirma falsamente que "C" furta objetos da residência de seu patrão. "A" realiza essa falsa imputação com o nítido propósito de que "B", de boa-fé, leve tal fato ao conhecimento da autoridade policial. Caso "B" efetivamente realize a denúncia à autoridade policial e esta promova investigações para averiguar a delação criminosa, "A" deverá responder pelo crime de denunciação caluniosa. "B" não responderá por crime algum, pois não tinha ciência da inocência de "C". (ii) Indivíduo que, pretendendo vingar-se de seu colega de trabalho, coloca papelotes de cocaína dentro do porta-malas do automóvel dele, o qual, em uma batida policial, vem a ser surpreendido transportando a substância entorpecente. Caso fosse a própria autoridade policial quem colocasse a substância tóxica para operar a prisão em flagrante, teríamos a ocorrência de denunciação caluniosa direta, pois "foi o próprio autor da farsa quem deu início à investigação policial. Responderá, também, neste caso, por crime de abuso de autoridade"[605]. Registre-se que não afasta a configuração do delito o fato de o agente não ter sido o causador direto da instauração e, igualmente, não o descaracteriza em sua tipicidade objetiva o fato de ter sido a investigação instaurada por autoridade sem competência específica para apurar o crime imputado, uma vez lesados valores que constituem a objetividade jurídica do tipo do art. 339 do CP: o reto funcionamento da Administração da Justiça, perturbado pela indevida movimentação de um dos órgãos de persecução penal, e a liberdade e a honra do denunciado inocente, postas em perigo pela investigação sem causa.

Assinala Hungria que a denunciação caluniosa deve ser de iniciativa do denunciante, isto é, deve ser espontânea. Tal não ocorre no interrogatório do réu, o qual, em sua defesa, diante das perguntas formuladas pelo juiz, atribui o crime a outra pessoa; ou então na hipótese em que a testemunha imputa o delito a outrem. No primeiro exemplo, poderá haver o crime de calúnia, e, no segundo, o delito de falso testemunho[606].

---

605. Victor Eduardo Rios Gonçalves, *Dos crimes contra os costumes aos crimes contra a Administração*, cit., v. 10, p. 163.

606. Nélson Hungria, *Comentários*, cit., v. 9, p. 463.

A atual redação do art. 339 tornou o tipo mais abrangente, prevendo que constitui crime *dar causa*, ou seja, provocar:

(i) Instauração de inquérito policial: o tipo penal se refere ao conjunto de diligências realizadas pela polícia judiciária para a apuração de uma infração penal e de sua autoria, a fim de que o titular da ação penal possa ingressar em juízo (CPP, art. 4º). Trata-se de procedimento persecutório de caráter administrativo instaurado pela autoridade policial

(ii) Procedimento investigatório criminal: instaurado pelo Ministério Público, o PIC tem como finalidade apurar a ocorrência de infrações penais de natureza pública, servindo como preparação e embasamento para o juízo de propositura, ou não, da respectiva ação penal.

(iii) Processo judicial: cuida-se aqui do processo penal. Assim, pratica esse crime o indivíduo que, com a imputação falsa de crime a outrem, dá causa à instauração do processo, o qual se dá com o recebimento da denúncia ou queixa. Entendemos que, diante do princípio da reserva legal, não se configura a denunciação caluniosa se a denúncia ou queixa vierem a ser rejeitadas. Se não houve investigação policial nem instauração do processo penal, o fato ficará na esfera da tentativa.

(iv) Processo administrativo disciplinar: é o instrumento destinado a apurar responsabilidade de servidor por infração praticada no exercício de suas atribuições, ou que tenha relação com as atribuições do cargo em que se encontre investido (art. 148 da Lei n. 8.112/90). O processo administrativo disciplinar envolve as seguintes fases: I – instauração, com a publicação do ato que constituir a comissão; II – inquérito administrativo, que compreende instrução, defesa e relatório; III – julgamento (art. 151 da Lei n. 8.112/90).

(v) Inquérito civil: trata-se aqui do inquérito civil público previsto na Lei da Ação Civil Pública, de atribuição exclusiva do Ministério Público (art. 8º, § 1º, da Lei n. 7.347/85), o qual serve de instrumento de coleta de elementos suficientes à propositura da ação de responsabilidade por danos morais ou patrimoniais causados: "I – ao meio ambiente; II – ao consumidor; III – a bens e direitos de valor artístico, estético, histórico, turístico e paisagístico; IV – a qualquer outro interesse difuso ou coletivo; V – por infração da ordem econômica" (art. 1º da lei). Dessa forma, se um membro da Assembleia Legislativa, animado por sentimento de vingança, enviar representação ao Ministério Público, denunciando a responsabilidade de determinado Secretário Estadual por danos causados ao meio ambiente, ciente de que é inocente, instaurado o inquérito civil, estará consumada a denunciação caluniosa.

(vi) Ação de improbidade administrativa: trata-se de hipótese também incluída pela Lei n. 10.028/2000. Aquele que falsamente imputa a prática de ato de improbidade administrativa a outrem, sabendo-o inocente, ocasionando a propositura de ação de improbidade administrativa, pratica o crime de denunciação caluniosa. Cuida-se aqui da ação prevista na Lei n. 8.429/92 (Lei de Improbidade Administrativa), que tem por objeto atos lesivos ao erário, ou que importem em enriquecimento ilícito do agente público, ou que atentem contra os princípios da Administração Pública. Por exemplo: a representação formulada por um cidadão, junto ao Ministério Público, na qual denuncia falsamente ato de improbidade administrativa que importe em enriquecimento ilícito de determinado agente político, em face das constantes apropriações indevidas do dinheiro público, ocasionando, com isso, a propositura de ação de improbidade administrativa. Essa nova hipótese prevista pela norma penal causou verdadeiro impasse jurídico. O art. 19 da Lei n. 8.429/92 já considerava crime "a representação por ato de improbidade contra agente público ou terceiro beneficiário quando o autor da denúncia o sabe inocente". Indaga-se: o art. 19 da Lei n. 8.429/92 foi revogado pelo art. 339 do CP? Entendemos que não. Caso a representação por ato de improbidade contra alguém que se sabe inocente leve à instauração de inquérito civil, procedimento administrativo disciplinar ou ação de improbidade administrativa, haverá o crime do art. 339 do CP. Por outro lado, se a representação não levar à instauração de nenhum deles, haverá o crime previsto no art. 19 da Lei n. 8.429/92.

2.2. Sujeito ativo

Trata-se de crime comum, podendo ser praticado por qualquer pessoa. Podem ser sujeitos ativos o promotor de justiça, o delegado de polícia, o juiz de direito, o advogado, desde que tenham conhecimento da falsidade da imputação. Por exemplo: se o advogado, em nome de seu cliente, formular queixa-crime, ciente de que os fatos que foram imputados ao querelado inexistiram ou não foram cometidos por ele, responderá juntamente com seu cliente pelo crime em tela. Nesse sentido: "3. Pratica, portanto, o crime de denunciação caluniosa pessoa, inclusive o advogado, que, tendo ciência da inocência da vítima, imputa a ela a prática de diversos crimes supostamente cometidos no decorrer de instrução criminal na qual não teve seus interesses e/ou de seus clientes atendidos, levando o caso a conhecimento dos órgãos de correição local e nacional, desprovido de mínimo lastro probatório" (STJ, AgRg no HC 339.782/ES, *DJU* 12-5-2016). Quanto ao Ministério Público, o Supremo Tribunal Federal já teve a oportunidade de manifestar-se no sentido de que "não pode ter curso ação penal contra membro do MP pelo crime de denunciação caluniosa senão quando evidente a temeridade ou abuso de poder. Se a investigação policial leva à suspeita consistente, o MP deve agir na conformidade de seu dever constitucional, não quedando intimidado pela perspectiva da acusação de denunciação caluniosa sempre que resultar provada a inocência do suspeito. Hipótese de trancamento da ação penal por atipicidade" (STF, HC 74.318-8/ES).

→ **Atenção:** A Lei n. 13.869/2019 tipifica em seu art. 27 a conduta do agente público competente que "requisitar instauração ou instaurar procedimento investigatório de infração penal ou administrativa, em desfavor de alguém, à falta de qualquer indício da prática de crime, de ilícito funcional ou de infração administrativa". Também comete crime de abuso de autoridade o agente púbico que der início ou proceder à persecução penal, civil ou administrativa sem justa causa fundamentada ou contra quem sabe inocente, nos termos do art. 30 da mesma Lei.

Nas hipóteses de crime de ação penal privada ou pública condicionada à representação, somente poderá ser sujeito ativo o ofendido ou seu representante legal, pois somente eles poderão dar início à investigação criminal ou processo judicial. Dessa forma, se terceiro denunciar falsamente à autoridade policial que seu vizinho destruiu a propriedade alheia (CP, art. 163, *caput*), tal denúncia não terá o condão de propulsionar qualquer investigação criminal, uma vez que o dano simples é crime de ação penal privada, e somente o ofendido poderia dar início à persecução penal.

2.3. Sujeito passivo

Sujeito passivo principal é o Estado. Protege-se também a pessoa ofendida em sua honra e liberdade pela denunciação caluniosa. O Superior Tribunal de Justiça já se manifestou acerca da possibilidade de o menor de 18 anos ser sujeito passivo do crime em estudo. Nesse sentido, o seguinte julgado: "Vítima menor de 18 anos. Agente que lhe irroga conduta criminosa, sabendo ser ela inocente. Conduta típica. Recurso conhecido e provido" (STJ, REsp 160.988/RS).

3. ELEMENTO SUBJETIVO

É o dolo, consistente na vontade livre e consciente de dar causa a instauração de inquérito policial, de procedimento investigatório criminal, de processo judicial, de processo administrativo disciplinar, de inquérito civil ou de ação de improbidade administrativa contra alguém, imputando-lhe crime, infração ético-disciplinar ou ato ímprobo. É imprescindível que o denunciante saiba (dolo direto) que o denunciado é inocente, conforme expressa exigência legal contida na expressão "de que o sabe inocente". Sem ele, não há crime. A dúvida (dolo eventual) afasta a tipicidade do delito, conforme ensina a seguinte lição jurisprudencial: "A existência de dúvida sobre a responsabilidade criminal de terceiro exclui a caracterização do crime de denunciação caluniosa" (STJ, HC 5.610/CE). Dessa forma, todo aquele que solicitar providências à autoridade para que se apure a prática de determinado fato criminoso, e, com base nos elementos de que dispõe, levantar suspeitas sobre determinada pessoa, tal conduta não poderá configurar o crime em tela, pois a dúvida a respeito da inocência do acusado afasta o dolo direto do crime. Se tivesse certeza da inocência dele, aí sim o crime estaria configurado. Se posteriormente ficar comprovada a inocência do acusado, ainda assim o delito não se perfaz.

Na hipótese de denunciação caluniosa indireta (*vide* item 2.1, "Ação nuclear"), o agente, ao atribuir falsamente a conduta criminosa a outrem, o faz com o intuito de que terceiro de boa-fé leve o fato ao conhecimento da autoridade pública, a fim de ser instaurada a persecução penal. Contudo, pode suceder que o agente, ao imputar falsamente a outrem a prática de um crime, o faça com o intuito de caluniá-lo, não querendo jamais provocar qualquer investigação ou processo judicial. Nesse caso, se terceiro de boa-fé vier a solicitar a instauração de inquérito policial para apurar as denúncias, o agente não responderá pela denunciação caluniosa, mas somente pelo crime de calúnia[607].

É requisito da denunciação caluniosa, na lição de Hungria, que ela seja objetiva e subjetivamente falsa[608]. Assim, pode suceder que o denunciante impute crime a outrem convencido de que ele é inocente e posteriormente venha a provar-se que ele realmente praticou o delito. Nessa hipótese a denunciação é subjetivamente falsa, pois o agente tinha certeza da inocência do denunciado; não é, contudo, objetivamente falsa, pois o denunciado é verdadeiramente o autor do fato criminoso. Conforme assinala Hungria, na hipótese "haverá um crime putativo (um fato apenas subjetivamente, e não também objetivamente, criminoso) que escapa a qualquer punição"[609]. Indaga-se: se o agente leva determinado fato criminoso ao conhecimento da autoridade pública, certo da culpa do denunciado, contudo, posteriormente, ele obtém prova segura de sua inocência, mas se cala diante disso, comete o crime em questão? Com base na lição de Manzini, temos que, primeiramente a denunciação caluniosa não admite a modalidade omissiva; em segundo lugar ela, no caso, não é subjetivamente falsa[610], uma vez que o agente tinha certeza da culpa do denunciado.

4. CONSUMAÇÃO

Consuma-se com a instauração de inquérito policial, de procedimento investigatório criminal, de processo judicial, de processo administrativo disciplinar, de inquérito civil ou de ação de improbidade administrativa contra alguém que o agente sabe ser inocente. A redação dada pela Lei n. 14.110/2020 faz com que seja necessária a efetiva instauração de inquérito policial, ao passo que anteriormente bastava o início de investigação para coletar dados que apurassem a veracidade da denúncia.

5. TENTATIVA

A tentativa é perfeitamente possível. Por exemplo: indivíduo que envia por carta falsa denúncia à autoridadc pública, sendo, contudo, interceptada por terceiros. Ou, então, cite-se a hipótese em que o inquérito civil não é instaurado por não conter a representação os elementos básicos, sendo indeferida pelo promotor de justiça.

6. RETRATAÇÃO

O legislador nada dispôs a respeito dos efeitos da retratação no crime de denunciação caluniosa, ao contrário do que ocorre no crime de calúnia (CP, art. 143), em que a retratação realizada antes da sentença gera a isenção de pena.

---

607. Nesse sentido: Nélson Hungria, *Comentários*, cit., v. 9, p. 464.

608. Nélson Hungria, *Comentários*, cit., v. 9, p. 463.

609. Nélson Hungria, *Comentários*, cit., v. 9, p. 465.

610. Manzini, *Trattato di diritto penale italiano*, 1946, cit., p. 725, apud E. Magalhães Noronha, *Direito penal*, cit., v. 4, p. 358.

A retratação no crime de denunciação caluniosa não tem o efeito de tornar o réu isento de pena. Poderão, no entanto, no caso, incidir os institutos do arrependimento eficaz ou desistência voluntária. Dessa forma, se o agente, após a realização de alguma medida pela autoridade pública, retratar-se, haverá o arrependimento posterior (CP, art. 16), uma vez que o crime já se consumou. Se, contudo, o denunciador lograr retratar-se antes que a autoridade inicie as investigações, teremos o arrependimento eficaz (CP, art. 15), uma vez que aí a consumação ainda não se operou.

7. FORMAS

7.1. Simples (art. 339, *caput*)

Prevista no *caput* do artigo.

7.2. Majorada (art. 339, § 1º)

Prevista no § 1º do artigo: "A pena é aumentada de sexta parte, se o agente se serve de anonimato ou de nome suposto".

7.3. Minorada (art. 339, § 2º)

Prevista no § 2º do artigo: "A pena é diminuída de metade, se a imputação é de prática de contravenção".

8. DISTINÇÕES

(i) Denunciação caluniosa e calúnia (CP, art. 138): a calúnia constitui crime contra a honra, ao passo que a denunciação caluniosa constitui crime contra a Administração da Justiça. Na calúnia há a imputação falsa da prática de um fato definido como crime, havendo somente a intenção de ofender a honra do imputado. Na denunciação caluniosa (CP, art. 339), o agente não só atribui à vítima, falsamente, a prática de um crime, infração ético-disciplinar ou ato ímprobo como também leva o fato ao conhecimento da autoridade, provocando a instauração de inquérito policial, *procedimento investigatório criminal, de processo judicial, de processo administrativo disciplinar, de inquérito civil ou de ação de improbidade administrativa* contra ela[611]. Nela, o propósito do agente não é apenas o de ofender a honra do acusado, "senão também, eventualmente, de molestar sua liberdade, submetendo-o, mediante engano do órgão policial ou judicial (assim desviado do seu funcionamento normal), ao vexame e opressão de uma investigação policial ou de um processo penal"[612]. A calúnia só existe quando ocorre imputação falsa de crime, enquanto na denunciação caluniosa

611. Cf. Damásio E. de Jesus, *Código Penal anotado*, p. 1036.

612. Nélson Hungria, *Comentários*, cit., v. 9, p. 461-2.

pode referir-se a imputação falsa de crime, infração ético-disciplinar e ato ímprobo. Se tiverem como base os mesmos fatos, a denunciação caluniosa absorve o crime de calúnia. De acordo com o princípio da consunção, se um fato é praticado como meio necessário para a realização de outro crime, deve ficar por este absorvido, como fase normal de sua execução. Nesse caso, se o agente respondesse por ambos os delitos haveria inaceitável *bis in idem*, na medida em que o crime-meio estaria sendo punido duas vezes: uma como crime autônomo e outra como parte de outro crime. A calúnia, por ser parte integrante da execução do crime de denunciação caluniosa, deve restar absorvida por este.

(ii) Denunciação caluniosa. Comunicação falsa de infração penal (CP, art. 340). Autoacusação falsa (CP, art. 341): na denunciação caluniosa o sujeito indica uma pessoa determinada como autora da infração. Na comunicação falsa de infração penal, ao contrário, o agente não aponta um indivíduo determinado como autor do crime ou da contravenção que alega ter acontecido. Na autoacusação falsa o agente atribui a si mesmo a prática de crime inexistente ou cometido por outrem.

9. CONCURSO DE CRIMES

(i) Extorsão indireta e denunciação caluniosa: na extorsão indireta, o agente se vale da situação economicamente mais fraca da vítima, a qual necessita de auxílio financeiro, para exigir como garantia de dívida documentos que podem dar causa a procedimento criminal contra o devedor, caso este se torne inadimplente, por exemplo, obrigá-lo a falsificar a assinatura de algum parente abastado como fiador[613]. Questiona-se se, na eventualidade de o agente dar causa ao procedimento criminal, responderá ele também pelo delito de denunciação caluniosa. O crime de extorsão indireta se consuma independentemente de ser dado início ao procedimento criminal contra a vítima (devedor) e, no momento em que este é iniciado, outro crime se configura, qual seja, o de denunciação caluniosa. Ambos os delitos atingem objetividades jurídicas diversas. O primeiro constitui crime contra o patrimônio, ao passo que o segundo crime contra a Administração da Justiça. Daí por que o delito de denunciação caluniosa não pode ser considerado *post factum* impunível. Concluímos, assim, que haverá concurso material entre os crimes em tela na hipótese em que o credor, na posse do documento que garanta sua dívida, deu causa ao procedimento criminal contra o devedor[614].

(ii) Concurso formal: se o agente solicitar a instauração de inquérito policial, imputando falsamente, mediante uma única conduta, a diversos indivíduos, por exemplo, a prática do crime de associação criminosa, responderá ele por tantos crimes quantas forem as vítimas, em concurso formal imperfeito ou impróprio, devendo ser somadas as penas.

---

613. Exemplo citado na Exposição de Motivos do Código Penal.
614. Em sentido contrário: Julio Fabbrini Mirabete, *Manual*, cit., v. 2, p. 258.

(iii) **Concurso material:** se o agente, em contextos fáticos diversos e mediante comportamentos distintos, imputar falsamente crimes, infrações ético-disciplinares ou atos ímprobos a duas ou mais pessoas, dando causa a diversas investigações (de acordo com a hipóteses do *caput*), haverá o concurso material de crimes.

(iv) **Crime único:** se o agente imputar falsamente diversos crimes, infrações ético-disciplinares ou atos ímprobos a uma única pessoa, haverá crime único.

10. MOMENTO PARA A PROPOSITURA DA AÇÃO PENAL POR CRIME DE DENUNCIAÇÃO CALUNIOSA

Discute-se se o promotor de justiça estaria obrigado a aguardar o arquivamento do inquérito policial instaurado contra o denunciado ou sua absolvição na ação penal, para então propor a respectiva ação contra o denunciante pelo cometimento do crime de denunciação caluniosa. Para Noronha e Hungria, à decisão proferida no procedimento instaurado contra o denunciado deve ficar subordinada a relativa ao denunciante, de forma a evitar decisões antinômicas. Ressaltam os autores que o arquivamento do inquérito policial contra o denunciado não é óbice para que o denunciante, na ação penal por crime de denunciação caluniosa, apresente provas novas no sentido da veracidade da denunciação[615]. Isso porque somente após a conclusão de tais procedimentos será possível determinar a certeza da inocência do denunciado e, por conseguinte, comprovar a falsa imputação. Há inclusive decisão do Superior Tribunal de Justiça nesse sentido, senão vejamos: "Denunciação caluniosa. Trancamento da ação penal. Ausência de justa causa. O trancamento de ação penal é medida excepcional, que se mostra possível apenas nos casos em que se puder verificar, de plano, a total ausência de indícios sobre autoria e prova da materialidade, a atipicidade da conduta, ou a ocorrência de uma causa de extinção da punibilidade, bem como quando a peça acusatória não estiver apta, nos termos do art. 41 do Código de Processo Penal, para a deflagração do processo penal, assegurando a ampla defesa" (STJ, RHC 56.571/SP, *DJU* 03-12-2015). Ensina-nos Damásio E. de Jesus: "O arquivamento do inquérito policial ou a absolvição do denunciado não constitui questão prejudicial da ação penal por denunciação caluniosa. Diante disso, sob o aspecto técnico, não deveria o processo contra o denunciante ficar aguardando o desfecho do inquérito policial ou da ação penal contra o denunciado. De ver-se, entretanto, que sob o aspecto prático haveria a possibilidade de decisões conflitantes nos procedimentos criminais contra denunciado e denunciante. Diante disso, é preferível que, havendo inquérito policial instaurado contra o denunciado, se aguarde, para o início da ação penal contra o denunciante, o seu arquivamento. Nada impede, nesse caso, que o Promotor de Justiça, recebendo os autos do inquérito policial instaurado contra o denunciado, percebendo a denunciação caluniosa, ofereça de-

---

615. E. Magalhães Noronha, *Direito penal*, cit., v. 4, p. 357; Nélson Hungria, *Comentários*, cit., v. 9, p. 465-8.

núncia contra o denunciante. Ocorrendo hipótese de ação penal iniciada contra o denunciado, deve-se aguardar, para o procedimento contra o denunciante, a absolvição do denunciado"[616]. Tal entendimento, contudo, não é pacífico. O Superior Tribunal de Justiça, outrora, já se manifestou no sentido de que "2. Da leitura da denúncia, é possível verificar que, embora o recorrente e o corréu tenham representado criminalmente contra a vítima por duas vezes, não foi instaurada investigação, sendo prontamente arquivadas as representações por atipicidade. Nesse contexto, não se implementou o tipo penal de denunciação caluniosa, uma vez que o referido tipo dispõe ser crime 'dar causa à instauração de investigação policial, de processo judicial, instauração de investigação administrativa, inquérito civil ou ação de improbidade administrativa contra alguém, imputando-lhe crime de que o sabe inocente'. Dessa forma, não tendo a representação do recorrente dado causa à instauração de investigação nem de processo, revela-se atípica a conduta" (STJ, RHC 74941/MT, *DJU* 27-9-2017). Julio Fabbrini Mirabete, por sua vez, sustenta ser possível a prova da inocência do denunciado por outro modo, não sendo necessário aguardar o desfecho final do inquérito ou da ação[617].

Conforme acima assinala Damásio, nada impede que o promotor de justiça, recebendo os autos do inquérito policial instaurado contra o denunciado, percebendo a denunciação caluniosa, ofereça denúncia contra o denunciante.

Com relação às novas formas de consumação do delito, devemos aguardar para ver como serão seus desdobramentos na prática com relação ao momento da propositura da ação penal, mas não há óbice para que sejam aplicados os mesmos entendimentos por analogia.

11. AÇÃO PENAL

Trata-se de crime de ação penal pública incondicionada.

ART. 340 – COMUNICAÇÃO FALSA DE CRIME OU DE CONTRAVENÇÃO

1. CONCEITO. OBJETO JURÍDICO

Dispõe o art. 340 do CP: "Provocar a ação de autoridade, comunicando-lhe a ocorrência de crime ou de contravenção que sabe não se ter verificado: Pena – detenção, de 1 (um) a 6 (seis) meses, ou multa". Tutela-se a Administração da Justiça contra as falsas comunicações de crime ou contravenção, que acionam desnecessariamente os órgãos incumbidos da prestação da justiça, onerando-os, em face do desperdício de tempo e do dinheiro público.

---

616. Damásio E. de Jesus, *Direito penal*, cit., v. 4, p. 273.
617. Julio Fabbrini Mirabete, *Manual*, cit., v. 3, p. 404.

2. ELEMENTOS DO TIPO

2.1. Ação nuclear

Consubstancia-se no verbo *provocar*, isto é, dar causa a ação da autoridade pública (delegado de polícia, juiz, promotor de justiça, bem como todas as autoridades administrativas que tenham atribuição legal para iniciar investigações). Na hipótese, o agente comunica à autoridade a prática de crime ou contravenção penal que não se verificou. Ao contrário do que ocorre no crime de denunciação caluniosa, não há no delito em estudo a imputação a uma pessoa determinada da prática de crime. Se assim suceder, estará caracterizado o crime de denunciação caluniosa. Contudo, nada impede que se impute a pessoa fictícia ou imaginária a realização de um crime[618]. Nessa hipótese, haverá o delito em estudo.

A comunicação à autoridade, no caso, é da prática de um crime ou contravenção penal que não deve ter-se verificado. O crime ou a contravenção deve ser imaginário. Vejamos algumas hipóteses: (i) *o fato realmente não ocorreu*. Citem-se os exemplos de Hungria: "O depositário infiel, para eximir-se à acusação de apropriação indébita, comunica à polícia ter sido vítima de um furto; o autor do homicídio inculca que ele e a vítima foram atacados por desconhecidos, somente ele conseguindo salvar-se"[619]; (ii) *o fato é essencialmente diverso do comunicado*. Cite-se o exemplo de Noronha em que o agente comunica a prática de um crime de roubo quando houve exercício arbitrário das próprias razões. Não se considera essencialmente diverso, segundo esse mesmo autor, o fato denunciado como crime de lesão grave quando houve lesão simples[620]. E na hipótese em que o agente comunica a ocorrência do delito de roubo quando houve furto, ou furto em vez de estelionato, haverá o crime em tela? Segundo Hungria, "em tal caso, ainda que induzida a autoridade a um certo *quid pro quo*, não será em pura perda de tempo a atividade que empregar para elucidação do crime realmente praticado e a sua autoria. Figure-se, porém, a seguinte hipótese: o comunicante refere-se a um *furto familiar* efetivamente ocorrido, mas informando, falsamente, que dele participou pessoa estranha à família, de identidade ignorada. Sem dúvida que aí o crime se configura"[621].

Tal como sucede no crime de denunciação caluniosa, se o fato comunicado for atípico, estiver prescrito etc., não haverá a configuração do crime em tela.

2.2. Sujeito ativo

Trata-se de crime comum, pois pode ser praticado por qualquer pessoa. Se o fato comunicado for crime de ação penal privada ou pública condicionada à representação,

---

618. Nesse sentido: E. Magalhães Noronha, *Direito penal*, cit., v. 4, p. 361.

619. Nélson Hungria, *Comentários*, cit., v. 9, p. 469-70.

620. E. Magalhães Noronha, *Direito penal*, cit., v. 4, p. 361.

621. Nélson Hungria, *Comentários*, cit., v. 9, p. 470.

somente o suposto ofendido ou seu representante legal poderá provocar a ação da autoridade pública.

2.3. Sujeito passivo

É o Estado.

3. ELEMENTO SUBJETIVO

Há duas posições na doutrina: (i) é o dolo, consistente na vontade livre e consciente de provocar a ação da autoridade pública, comunicando-lhe a ocorrência de crime ou contravenção. É necessário que o agente tenha certeza de que o fato criminoso não se verificou, ou seja, de que a comunicação é falsa. A dúvida afasta o crime. Nesse sentido: Damásio E. de Jesus[622]; (ii) é o dolo direto, consistente na vontade de comunicar falsamente a ocorrência de crime ou contravenção (é necessária a ciência de que o crime realmente não se verificou). Exige-se também o elemento subjetivo do tipo (dolo específico, para Noronha e Hungria), consistente no especial fim de provocar a ação da autoridade. Nesse sentido: Cezar Roberto Bitencourt[623], Celso Delmanto[624], E. Magalhães Noronha[625] e Nélson Hungria[626].

O agente deve ter certeza de que o fato comunicado realmente não ocorreu ou é absolutamente diverso do ocorrido. A dúvida afasta o crime. Cite-se o seguinte exemplo: um indivíduo perde sua carteira ou documentos de identidade e, na dúvida sobre se foi furtado ou não, acaba por fazer um boletim de ocorrência na Delegacia de Polícia. Nessa hipótese, não haverá a configuração do crime em tela[627].

4. CONSUMAÇÃO

Consuma-se o crime no momento em que a autoridade pratica alguma ação no sentido de elucidar o fato criminoso. Semelhantemente ao crime de denunciação caluniosa, não se exige a efetiva instauração de inquérito policial.

5. TENTATIVA

Nada impede a tentativa. Desse modo, se o agente fizer a comunicação falsa à autoridade, e esta não iniciar as investigações por circunstâncias alheias à vontade dele,

---

622. Damásio E. de Jesus, *Direito penal*, cit., v. 4, p. 276.
623. Cezar Roberto Bitencourt, *Código Penal comentado*, cit., p. 1134.
624. Celso Delmanto e outros, *Código Penal comentado*, cit., p. 616.
625. E. Magalhães Noronha, *Direito penal*, cit., v. 4, p. 361.
626. Nélson Hungria, *Comentários*, cit., v. 9, p. 470.
627. Nesse sentido: E. Magalhães Noronha, *Direito penal*, cit., p. 361.

haverá o *conatus*. Quanto à retratação, aplica-se aqui o que foi dito no crime de denunciação caluniosa.

6. CONCURSO DE CRIMES

Pode suceder que o agente realize a comunicação falsa de crime ou contravenção para encobrir outro delito por ele praticado. Cite-se o seguinte exemplo, colhido na jurisprudência, cuja ocorrência é bastante comum: o agente se apropria do dinheiro da empresa e faz um comunicado falso à polícia no sentido de que houve furto dos valores. Na hipótese, entendemos haver concurso material de crime, não constituindo a falsa comunicação *post factum* impunível, uma vez que estamos diante de crimes que atingem objetividades jurídicas diversas, quais sejam: o patrimônio e a Administração da Justiça[628].

Quando a comunicação falsa tiver por finalidade a prática de outro crime, por exemplo, na comunicação falsa de crime para obter seguro (art. 171, § 2º, V, do CP), duas são as orientações doutrinárias: (i) O agente é responsabilizado apenas pelo cometimento do crime principal, qual seja, o art. 171, § 2º, V, do CP[629]. É que, de acordo com o princípio da consunção, o crime praticado com vistas à execução do principal deve por este ficar absorvido. (ii) Há o concurso material de crimes, uma vez que "distintas são as ações: ocultar a joia e comunicar o furto; distintos os sujeitos passivos — o Estado e a companhia de seguro; diverso o elemento subjetivo — fim de provocar a ação da autoridade e fim de lucro. Além disso, atente-se a que *a falsa comunicação à autoridade não é elemento do tipo* da fraude para recebimento de indenização ou valor de seguro, que pode muito bem ocorrer sem ela"[630].

7. AÇÃO PENAL. LEI DOS JUIZADOS ESPECIAIS CRIMINAIS

(i) Ação penal: trata-se de crime de ação penal pública incondicionada.

(ii) Lei dos Juizados Especiais Criminais: é crime de menor potencial ofensivo, sujeito ao procedimento sumaríssimo da Lei n. 9.099/95. É cabível a suspensão condicional do processo (art. 89 da Lei n. 9.099/95).

ART. 341 – AUTOACUSAÇÃO FALSA

1. CONCEITO. OBJETO JURÍDICO

Dispõe o art. 341 do CP: "Acusar-se, perante a autoridade, de crime inexistente ou

---

628. No mesmo sentido: Victor Eduardo Rios Gonçalves, *Dos crimes contra os costumes aos crimes contra a Administração*, cit., v. 10, p. 170. Em sentido contrário: *RT* 536/338.

629. Nélson Hungria, *Comentários*, cit., v. 9, p. 471.

630. E. Magalhães Noronha, *Direito penal*, cit., v. 4, p. 362. No mesmo sentido: Julio Fabbrini Mirabete, *Manual*, cit., p. 409.

praticado por outrem. Pena – detenção, de 3 (três) meses a 2 (dois) anos, ou multa". Tutela-se, mais uma vez, a regularidade da Administração da Justiça.

2. ELEMENTOS DO TIPO

2.1. Ação nuclear

Consubstancia-se no verbo *acusar-se*, isto é, atribuir ou imputar a si mesmo, perante a autoridade, a prática de crime inexistente ou praticado por outrem. Exige o tipo penal que a autoacusação seja feita perante a autoridade pública (delegado de polícia, juiz, promotor de justiça, autoridade administrativa); contudo, conforme a doutrina de Noronha, não é necessário que o autoacusado esteja frente a frente com a autoridade, pois se admite a forma escrita, mas é necessário que seja feita a ela. A autoacusação falsa geralmente é realizada pelo acusado, oralmente, em interrogatório policial ou judicial. Se realizada perante particular ou funcionário que não seja autoridade, o crime não se perfará[631].

A autoacusação deve ser de crime *inexistente* ou praticado *por outrem*. Segundo Damásio E. de Jesus, "pressuposto da autoacusação falsa é a circunstância de o sujeito não se ter apresentado como autor, coautor ou participado do crime antecedente. Em outros termos, o delito exige que o sujeito ativo não tenha sido autor, coautor ou participado do crime cuja autoria atribui a si próprio"[632]. Assim, por exemplo, se o autoacusador foi coautor de um crime, mas pretendendo livrar seu pai, idoso e enfermo, da acusação de copartícipe do delito, chama para si toda a responsabilidade pelo evento, isto é, declara-se o único autor do crime, não responderá pelo delito em apreço, sendo o fato atípico. É que, na hipótese, o crime imputado a si próprio não foi praticado por outrem, mas por ele próprio. Também será atípica a conduta de se atribuir falsamente a prática de contravenção penal inexistente ou praticada por outrem, uma vez que, ao contrário do delito precedentemente estudado, não há previsão legal nesse sentido.

O agente, ao praticar a autoacusação falsa, o faz imbuído por motivos variados, "ora por interesse pecuniário (isto é, mediante paga do verdadeiro culpado ou de quem por ele se interesse), ora para afastar a acusação de outro crime realmente praticado pelo autoacusador (ex.: para obter um *álibi* em relação ao homicídio que praticou, um indivíduo se acusa de um furto ocorrido em outro local distante e de autoria ignorada), ou por espírito cavalheiresco ou de sacrifício altruístico (para salvar o verdadeiro criminoso, que é seu amigo ou parente querido), ou para assegurar-se, com a prisão, abrigo ou alimento, etc. etc."[633]. Na hipótese em que o acusado lança mão da autoacusação falsa como meio de se

631. E. Magalhães Noronha, *Direito penal*, cit., v. 4, p. 363.
632. Damásio E. de Jesus, *Direito penal*, cit., v. 4, p. 280.
633. Nélson Hungria, *Comentários*, cit., v. 9, p. 470.

defender de outro delito que lhe é imputado, entende Celso Delmanto não cometer ele o crime em tela, "em virtude das garantias constitucionais do direito ao silêncio (CR[634]/88, art. 5º, LXIII, e § 2º), de não ser obrigado a depor contra si mesmo, nem a confessar-se (PIDCP[635], art. 14, 3, *g*) ou a declarar-se culpado (CADH[636], art. 8º, 2, *g*)"[637].

2.2. Sujeito ativo

Trata-se de crime comum, pois pode ser praticado por qualquer pessoa, excluindo-se, obviamente, aquele que foi autor, coautor ou partícipe do delito que constitua objeto da autoacusação falsa.

Nada impede a participação de terceiros, mediante instigação ou induzimento.

2.3. Sujeito passivo

É o Estado, titular do objeto tutelado pela norma penal.

3. ELEMENTO SUBJETIVO

É o dolo, consubstanciado na vontade livre e consciente de acusar-se da prática de crime inexistente ou praticado por outrem. Deve o agente estar ciente da falsidade da acusação.

4. CONSUMAÇÃO E TENTATIVA

Trata-se de crime formal, portanto a consumação ocorre no instante em que a autoridade toma conhecimento da autoacusação. É dispensável verificar se ela iniciou investigações, instaurou inquérito, realizou diligências, ao contrário do que ocorre no crime de denunciação caluniosa e na comunicação falsa de crime ou contravenção. A retratação do agente somente funcionará, no caso, como atenuante genérica, uma vez que o crime se consuma no instante em que a autoridade toma conhecimento da autoacusação falsa, ao contrário do que ocorre nos delitos precedentes (CP, arts. 339 e 340).

A tentativa somente é admissível na autoacusação realizada por escrito, por se tratar de crime plurissubsistente.

5. CONCURSO DE CRIMES

Se, além da autoacusação, o agente atribui participação no delito a terceiro, haverá

634. Constituição da República Federativa do Brasil (CF).

635. Pacto Internacional sobre os Direitos Civis e Políticos.

636. Convenção Americana de Direitos Humanos.

637. Celso Delmanto e outros, *Código Penal comentado*, cit., p. 618.

concurso formal heterogêneo com a denunciação caluniosa, pois com uma só ação deu causa a dois resultados diversos[638].

6. AÇÃO PENAL. LEI DOS JUIZADOS ESPECIAIS CRIMINAIS. ESCUSA ABSOLUTÓRIA

(i) **Ação penal:** trata-se de crime de ação penal pública incondicionada.

(ii) **Lei dos Juizados Especiais Criminais:** trata-se de infração de menor potencial ofensivo, sujeita ao procedimento sumaríssimo da Lei n. 9.099/95. É cabível a suspensão condicional do processo (art. 89 da lei).

(iii) **Escusa absolutória:** se a autoacusação falsa for realizada para favorecer ascendente, descendente, cônjuge ou irmão do autoacusador, não ficará isento de pena, não se cogitando da aplicação da escusa absolutória prevista no art. 348, § 2º[639].

ART. 342 – FALSO TESTEMUNHO OU FALSA PERÍCIA

1. CONCEITO. OBJETO JURÍDICO

Dispõe o art. 342, *caput*, do CP: "Fazer afirmação falsa, ou negar ou calar a verdade como testemunha, perito, contador, tradutor ou intérprete em processo judicial, ou administrativo, inquérito policial, ou em juízo arbitral. Pena – reclusão, de 2 (dois) a 4 (quatro) anos, e multa" (a pena foi alterada pela Lei n. 12.850/2013). Busca-se, por meio da tutela penal, impedir que aquelas pessoas (testemunha, perito, contador, tradutor ou intérprete) prejudiquem a busca da verdade no processo judicial ou administrativo, inquérito policial ou em juízo arbitral, omitindo ou falseando-a, de forma a prejudicar a realização da justiça. Tutela-se, assim, a regularidade da Administração da Justiça.

2. ELEMENTOS DO TIPO

2.1. Ação nuclear

Trata-se de crime de ação múltipla, pois três são as ações típicas: (i) **"fazer afirmação falsa"**. Segundo a doutrina, cuida-se aqui da falsidade positiva, pois o agente declara a ocorrência de fato inverídico, por exemplo, testemunha que, visando beneficiar o réu, afirma falsamente em juízo que ele agiu sob o domínio de violenta emoção logo em seguida a injusta provocação da vítima, quando na realidade o delito foi

---

638. No mesmo sentido: E. Magalhães Noronha, *Direito penal*, cit., v. 4, p. 365; Damásio E. de Jesus, *Direito penal*, cit., v. 4, p. 281; Victor Eduardo Rios Gonçalves, *Dos crimes contra os costumes aos crimes contra a Administração*, cit., p. 172. Em sentido contrário, entendendo haver no caso concurso material de crimes: Nélson Hungria, *Comentários*, cit., v. 9, p. 472.

639. Nesse sentido: Nélson Hungria, *Comentários*, cit., v. 9, p. 470.

cometido friamente e mediante emboscada; ou, então, testemunha que, para forjar um álibi em favor do acusado, afirma falsamente que, no momento do crime, ele estava em sua companhia; ou perito que no laudo pericial faz afirmações falsas quanto à existência de vestígios de combustão de pólvora nas mãos da vítima, como forma de caracterizar um suicídio e não um homicídio; ou perito que faz afirmações falsas quanto ao local em que se encontrava o corpo na cena do crime; ou perito que atesta falsamente que determinada substância é toxicológica, com o fim de prejudicar o acusado; ou tradutor que, ao verter um documento estrangeiro para o idioma nacional, faz afirmações falsas, como forma de beneficiar uma das partes; **(ii) "negar a verdade"**. Essa modalidade constitui a chamada falsidade negativa, pois o agente tem ciência da verdade, mas nega o que sabe; por exemplo: testemunha de acusação que nega falsamente que a vítima do homicídio tenha anteriormente tentado estuprar a filha do acusado; **(iii) "calar a verdade"**. É, segundo a doutrina, a chamada *reticência*. Aqui há o silêncio a respeito do que se sabe ou a recusa em manifestar a ciência que se tem dos fatos. Há, assim, resistência por parte do agente em declarar a verdade[640]. Não há, ao contrário das demais modalidades, qualquer afirmação falsa ou negativa; por exemplo: perito que omite dados relevantes ao elaborar o laudo pericial, de forma a criar prova benéfica ao acusado.

Importante questão diz respeito à falsidade da afirmação, uma vez que pode suceder que o fato narrado pela testemunha seja verdadeiro, isto é, esteja de acordo com o que efetivamente ocorreu; por exemplo: testemunha que narra detalhadamente o crime de estupro praticado pelo réu, estando a narrativa em perfeita consonância com os elementos probatórios coligidos no processo. Na hipótese, o fato narrado efetivamente sucedeu, porém ele não foi visto, ouvido ou sentido pela testemunha, isto é, ela não teve qualquer ciência pessoal do fato, já que jamais esteve no local do crime. A falsidade, portanto, reside na afirmação de que teve ciência própria dos fatos, daí a configuração do falso testemunho. Nesse sentido é a lição de Hungria: "Falso não é o contraste entre o depoimento da testemunha e a realidade dos fatos, mas entre o depoimento e a ciência da testemunha. Falso é o depoimento que não está em correspondência qualitativa ou quantitativa com o que a testemunha viu, percebeu ou ouviu. Conforme advertia Carrara, o critério de falsidade do testemunho não depende da realidade entre o *dito* e a *realidade*, mas da relação entre o *dito* e o *estado de consciência* da testemunha"[641]. No tocante à falsidade, o Código Penal adotou a teoria subjetiva em detrimento da objetiva, uma vez que esta se contenta com a mera divergência entre o fato narrado e a realidade dos fatos. Para

---

640. Nesse sentido: E. Magalhães Noronha, *Direito penal*, cit., v. 4, p. 368; Nélson Hungria, *Comentários*, cit., v. 9, p. 475.

641. Nélson Hungria, *Comentários*, cit., v. 9, p. 476; E. Magalhães Noronha, *Direito penal*, cit., v. 4, p. 368-9.

a teoria objetiva, quanto àquele que depusesse acerca de um fato que não viu, ouviu ou sentiu, mas cuja narração estivesse de acordo com o que efetivamente ocorreu, não haveria a configuração do falso testemunho, pois, no caso, não haveria a distorção exigida entre o fato narrado e o fato realmente sucedido. Não haveria, portanto, falso testemunho.

As ações nucleares típicas devem ser realizadas em processo judicial (cível ou penal, contencioso ou voluntário) ou administrativo (incluído aí o inquérito civil público, instaurado e presidido pelo Ministério Público), inquérito policial ou em juízo arbitral (arts. 851 a 853 do CC). Na hipótese em que o falso é praticado perante Comissão Parlamentar de Inquérito, deverá o agente responder pelo delito previsto no art. 4º, II, da Lei n. 1.579/52, o qual dispõe constituir crime "fazer afirmação falsa, ou negar ou calar a verdade como testemunha, perito, tradutor ou intérprete, perante a Comissão Parlamentar de Inquérito. Pena – a do art. 342 do Código Penal". Em sentido contrário, Cezar Roberto Bitencourt, para quem, com as alterações promovidas pela Lei n. 10.268/2001, o legislador "aproveitou-se para precisar a linguagem que utilizava 'processo policial' para inquérito policial. Contudo, olvidou-se de incluir inquérito parlamentar, administrativo e judicial, que, evidentemente, não se confundem com inquérito policial". Conclui o autor: "As mesmas condutas incriminadas no *caput* são atípicas quando praticadas em inquéritos parlamentar, administrativo ou judicial, porque estes não se confundem com o inquérito policial, e os princípios da reserva legal e da atipicidade não admitem analogia e interpretação extensiva"[642].

Importante mencionar que o depoimento falso prestado perante incompetente não exclui o crime em tela, uma vez que, de qualquer forma, ela se encontra no exercício de função pública, não podendo a testemunha esquivar-se do dever de falar a verdade[643].

Segundo a doutrina, para que se configure o crime em tela, é imprescindível que a falsidade verse sobre fato juridicamente relevante, sendo apta a influir de algum modo na decisão final da causa; do contrário, se o falso recair sobre fatos secundários, não haverá falar nesse crime. É necessário, portanto, que a falsidade tenha potencialidade lesiva, isto é, seja apta a prejudicar a busca da verdade no processo, de modo a interferir no futuro julgamento da causa. Ressalve-se que para a configuração do crime não é necessário que a falsidade interfira efetivamente na decisão final, pois basta somente a potencialidade para lesar os interesses da administração da justiça.

Discute-se se a falsidade que incide sobre a qualificação do depoente (nome, estado civil, profissão etc.) perfaz o crime em estudo. Há duas correntes doutrinárias: (i) para Damásio E. de Jesus, a falsidade deve versar sobre fato. Por isso, entende que não comete o delito de falso testemunho a testemunha que mente a respeito de sua qualificação para, por exemplo, ocultar parentesco com uma das partes, devendo responder subsidia-

642. Cezar Roberto Bitencourt, *Código Penal comentado*, cit., p. 1139.

643. Nesse sentido: E. Magalhães Noronha, *Direito penal*, cit., v. 4, p. 370.

riamente pelo delito do art. 307 do CP[644]; (ii) para E. Magalhães Noronha[645] e Nélson Hungria haverá o crime de falso testemunho nessa hipótese[646]. Argumenta Magalhães Noronha: "Trata-se de formalidade substancial (CPP, art. 203), que influi no mérito e valor que serão dados ao depoimento. Sua falsidade ofende, do mesmo modo os diversos interesses em litígio e atenta contra a administração da justiça, ferindo-a em sua atuação normal e na eficácia da realização"[647].

Tem-se sustentado que está configurada a inexigibilidade de conduta diversa na hipótese em que a testemunha se recusa a responder perguntas que impliquem sua autoincriminação ou faz afirmação falsa com o intuito de evitar a descoberta de fatos que a incriminem[648]. A 5ª Turma do STJ, por sua vez, chegou a decidir que: "É nulo, por violar direito de não autoincriminação, o interrogatório policial dos recorrentes no qual, ao invés de assegurar o direito ao silêncio, faz advertência sobre a possibilidade de punição pela prática do crime de falso testemunho" (STJ, RHC 67142/AM, *DJU* 1º-2-2018). Com efeito, já decidiu o Supremo Tribunal Federal: "A condição de testemunha não afasta a garantia constitucional do direito ao silêncio (CF, art. 5º, LXIII: 'o preso será informado de seus direitos, entre os quais o de permanecer calado, sendo-lhe assegurada a assistência da família e de advogado'). Com esse entendimento, o Tribunal, confirmando a liminar concedida, deferiu *habeas corpus* para assegurar ao paciente — inicialmente convocado à CPI para prestar depoimento, ainda que na condição de testemunha, o direito de recusar-se a responder perguntas quando impliquem a possibilidade de autoincriminação" (STF, HC 79.589/DF).

→ **Atenção:** a pessoa que mente coagida por terceiro não responde pelo delito em estudo, pois sua atitude configura coação moral irresistível (CP, art. 22). Contudo, o coator responderá pelo delito de coação no curso do processo (CP, art. 344).

2.2. Sujeito ativo

Trata-se de crime de mão própria (de atuação pessoal ou de conduta infungível). Somente pode ser cometido pelo sujeito em pessoa. São sujeitos ativos desse delito a testemunha, o perito, o tradutor ou o intérprete. A Lei n. 10.268/2001 acrescentou um novo sujeito ativo, não previsto na antiga redação do dispositivo, qual seja, o contador que atue em processo judicial, ou administrativo, inquérito policial, ou em juízo arbitral. Importa aqui tecermos alguns comentários a respeito dessas pessoas.

---

644. Damásio E. de Jesus, *Direito penal*, cit., v. 4, p. 290.

645. E. Magalhães Noronha, *Direito penal*, cit., v. 4, p. 369.

646. Nélson Hungria, *Comentários*, cit., v. 9, p. 478.

647. E. Magalhães Noronha, *Direito penal*, cit., v. 4, p. 369.

648. Nesse sentido: Damásio E. de Jesus, *Direito penal*, cit., v. 4, p. 290; Celso Delmanto e outros, *Código Penal comentado*, cit., p. 342.

(i) **Testemunha:** em sentido lato, toda prova é uma testemunha, uma vez que atesta a existência de um fato. Já em sentido estrito, testemunha é todo homem, estranho ao feito e equidistante das partes, chamado ao processo para falar sobre fatos perceptíveis a seus sentidos e relativos ao objeto do litígio. É a pessoa idônea, diferente das partes, capaz de depor, convocada pelo juiz, por iniciativa própria ou a pedido das partes, para depor em juízo sobre fatos sabidos e concernentes à causa. A testemunha não emite opinião, mas apenas relata objetivamente fatos apreendidos pelo sentido. A prova testemunhal foi chamada por Malatesta de "meretriz das provas", "quer pela imperfeição inerente ao testemunho humano, quer pela falsidade tão fácil de se verificar ou tão difícil de se provar"[649].

Consoante o disposto no art. 203 do CPP, "a testemunha fará, sob a palavra de honra, a promessa de dizer a verdade do que souber e lhe for perguntado...". Estão dispensados de depor o cônjuge, o ascendente, o descendente ou o irmão, e os afins em linha reta do acusado (CPP, art. 206). E o companheiro na união estável? A ele também se aplica a possibilidade de dispensa, ressalvando, tal como nas hipóteses do art. 203 em questão, a possibilidade de, querendo, prestar o depoimento. Quando não for possível, por outro meio, obter-se a prova, a testemunha nesses casos estará obrigada a depor. Contudo, seja por vontade ou por dever, não se lhe dará compromisso. Denominam-se tais testemunhas (que não prestam compromisso) *declarantes*. Também não se defere o *compromisso* aos "doentes e deficientes mentais e aos menores de 14 anos" (CPP, art. 208). Serão considerados *informantes* do juízo. Indaga-se: as testemunhas do art. 306 do CPP, que não prestam referido compromisso, podem praticar o delito de falso testemunho? O compromisso de dizer a verdade seria elementar do crime de falso? Há duas posições:

(i) O Código Penal não faz qualquer distinção entre as testemunhas compromissadas e as que não prestam referido compromisso. Argumenta Noronha: "Parece-nos que desde que deponham, as testemunhas 'informantes' não estão dispensadas de dizer a verdade, já que por seus depoimentos pode o juiz firmar a convicção, o que lhe é perfeitamente lícito, em face do princípio inconcusso, consagrado pelo Código de Processo, do livre convencimento, aliás, posto em relevo na 'Exposição de Motivos'. Observe-se também que a lei penal não distingue ao se referir à testemunha. Por outro lado, força é convir que se fossem elas eximidas do dever de dizer a verdade, seria inútil permitir-lhes o depoimento"[650]. Ademais, há julgado do STF no sentido de que quem não é obrigado pela lei a depor como testemunha, mas se dispõe a fazê-lo e é advertido pelo Juiz, mesmo sem ter prestado compromisso, pode ficar sujeito às penas do crime de falso testemunho. Essa é a posição majoritária na doutrina.

---

649. E. Magalhães Noronha, *Direito penal*, cit., v. 4, p. 367.

650. E. Magalhães Noronha, *Direito penal*, cit., v. 4, p. 368. No mesmo sentido: Nélson Hungria, *Comentários*, cit., v. 9, p. 485; Damásio E. de Jesus, *Direito penal*, cit., v. 4, p. 285; Luiz Regis Prado, *Falso testemunho e falsa perícia*, 2. ed., São Paulo, Revista dos Tribunais, 1994, p. 94; Celso Delmanto e outros, *Código Penal comentado*, cit., p. 620.

(ii) Se a testemunha não assina o compromisso de dizer a verdade, não pode praticar o crime em tela.

→ **Atenção:** o STF reconhece à testemunha o direito de silenciar sobre fatos que possam incriminá-la, estendendo-lhe o privilégio contra a autoincriminação (não ser obrigada a produzir prova contra si mesma), com fundamento no art. 5º, LXIII, da CF.

Indaga-se:

– **Se as testemunhas proibidas de depor (art. 207 do CPP – em razão de função, ministério, ofício ou profissão), uma vez desobrigadas pela parte interessada, faltarem com a verdade, respondem pelo crime em tela?** Sim, caso faltem com a verdade ficarão sujeitas às penas do crime de falso testemunho, da mesma forma que as pessoas dispensadas de depor (CPP, art. 206). Caso não sejam desobrigadas e, ainda assim, deponham de forma mendaz sobre os fatos de que devam guardar sigilo profissional, haverá crime de violação de segredo profissional e não delito em tela[651].

– **O ofendido pode praticar o crime de falso testemunho?** Em nossa legislação, o ofendido não é testemunha. Contudo, embora não prestando o compromisso de dizer a verdade, pode falseá-la, sem praticar o crime de falso testemunho, respondendo, porém, por denunciação caluniosa se der causa a investigação policial ou processo judicial, imputando a alguém crime de que o sabe inocente. Finalmente, vejamos a seguinte hipótese: vítima de crime de sequestro que, após ser liberada, despista a ação da autoridade, com falsos informes, para a descoberta do paradeiro dos sequestradores. Por qual crime responde? Responderá pelo delito de favorecimento pessoal (CP, art. 348), uma vez que auxiliou o criminoso a subtrair-se à ação de autoridade pública.

– **O autor, coautor ou partícipe de crime comete o delito de falso testemunho ao prestar declarações?** Os acusados, em geral, não são considerados testemunha, de forma que, se no interrogatório do réu, este, em sua defesa, diante das perguntas formuladas pelo juiz, por exemplo, nega a autoria do crime, alegando falsamente que viu seu vizinho adentrar sua residência e matar a empregada, haverá o crime de calúnia, conforme já estudado no capítulo relativo ao crime de denunciação caluniosa, e não o crime de falso testemunho. Aliás, é muito comum que os defensores orientem seus clientes a mentir em juízo, estimulando-os a narrar o crime de forma distorcida da realidade, de modo a possibilitar o enquadramento do fato em outro dispositivo penal mais benéfico, ou para afastar alguma qualificadora, por exemplo, partícipe de crime de homicídio que afirma falsamente que o delito não foi praticado mediante emboscada, como forma de afastar a qualificadora (CP, art. 121, § 2º, IV). Na hipótese, se o réu não atribuir falsamente o crime a outrem, não poderá responder por delito algum, em face da incidência do princípio da autodefesa.

(ii) Perito: é um auxiliar da justiça, devidamente compromissado, estranho às partes, portador de conhecimento técnico altamente especializado e sem impedimentos ou in-

651. Nesse sentido: Nélson Hungria, *Comentários*, cit., v. 9, p. 484-5.

compatibilidades para atuar no processo. Sua nomeação é livre ao juiz, não se admitindo interferências das partes, nem mesmo na ação privada. Há duas espécies de perito: (i) **perito oficial:** é aquele que presta o compromisso de bem e fielmente servir e exercer a função quando assume o cargo, ou seja, quando, após o regular concurso de provas e títulos, vem a ser nomeado e investido no cargo de perito. Daí a desnecessidade de esse perito prestar compromisso nos processos e investigações em que atua; (ii) **perito louvado ou não oficial:** trata-se daquele que não pertence aos quadros funcionais do Estado, e que, portanto, uma vez nomeado, deve prestar o aludido compromisso. Poderão ambos cometer o crime de falsa perícia.

No processo penal, incumbirá ao perito realizar o exame de corpo de delito nas infrações penais que deixam vestígios, bem como outras perícias (exame de balística, exame toxicológico, exame grafotécnico etc.). No tocante ao exame de corpo de delito, afirma Irajá Pereira Messias, "o perito não documenta apenas o fato em si, limitando-se à constatação dos elementos intrínsecos do delito, mas também — e na medida que isto for possível — as circunstâncias que envolveram o fato, ou que lhe são constitutivas, como, por exemplo, o modo como ocorreu, o tempo da sua ocorrência e o lugar, os instrumentos com que foi praticado e a forma com que tais instrumentos foram manejados, a trajetória de um projétil e do chamuscamento que este pode ter produzido na pele e nas vestes, ou a direção de um ferimento de arma branca, a posição do corpo, as marcas de sangue, os vestígios de combustão de pólvora nas mãos do suicida, os órgãos que foram lesionados e as consequências dessas lesões no organismo, e, enfim, centenas de outros adminículos, que variam de caso para caso, como demonstração técnico-científica"[652]. A perícia, segundo o mesmo autor, pode ser: (i) ***percipienda***: "em que o perito verifica o fato e emite uma declaração de ciência, ou seja, relata aquilo que tecnicamente é perceptível, como fruto de constatação, resultante de sinais e evidências do fato, como um diagnóstico. Tais constatações são oriundas do conhecimento técnico-científico de que é portador, transpondo para o laudo um conhecimento objetivo"; (ii) ***deduciendi***: "será dedutiva, mediante as afirmações de um juízo. Como fruto da observação *percipiendi*, o perito colhe elementos para oferecer conclusões, pareceres, opiniões técnicas sobre detalhes que — agora — são subjetivos, mas com respaldo dos conhecimentos técnicos de que é portador o perito. Nesse aspecto o laudo pericial será técnico-opinativo"[653].

(iii) Tradutor ou intérprete: na lição de Vicente Greco, "O intérprete será nomeado toda vez que o juiz considere necessário para analisar documento de entendimento duvidoso, redigido em língua estrangeira, verter em português as declarações das testemunhas que não conhecerem o idioma nacional, ou traduzir a linguagem mímica dos surdos-mudos que não puderem transmitir a sua vontade por escrito. Os documentos,

652. Irajá Pereira Messias, *Da prova penal*, Campinas, Bookseller, 1999, p. 312.
653. Idem, ibidem, p. 312-4.

para serem juntados aos autos, se forem redigidos em língua estrangeira, deverão ser acompanhados de versão em vernáculo, firmado por tradutor juramentado. Essa tradução é previamente obtida e juntada com o documento. Todavia, o documento pode continuar com o entendimento duvidoso ou a prova ser oral, o que pode exigir a presença de um intérprete para o perfeito entendimento do juiz. O intérprete, oficial ou não, também é obrigado a aceitar o encargo, salvo motivo justo, aplicando-se-lhes as sanções civis e penais no caso de informações inverídicas"[654].

(iv) **Contador:** trata-se, também, de auxiliar da justiça, com o dever de colaborar para seu desenvolvimento, incumbindo-lhe elaborar os cálculos necessários à causa[655]. No processo civil há a figura do partidor, que é um serventuário da justiça a quem incumbe organizar o esboço da partilha, nos termos do art. 149 do CPC. Ele, na realidade, é um contador, a quem se atribui aquela função específica. Dessa forma, entendemos que o partidor também é sujeito ativo do crime em tela.

(v) **Legislação especial:** o art. 4º da Lei do Crime Organizado (Lei n. 12.850/2013) prevê a figura do colaborador na delação premiada. A questão que se coloca é se o colaborador responde por falso testemunho quando, visando beneficiar-se indevidamente das benesses previstas na mencionada lei ou prejudicar terceiro, falsear a verdade e prestar informações inverídicas. A resposta é negativa. Em razão do princípio da especialidade, o colaborador responderá pelo art. 19 da lei em comento, cuja redação é a seguinte: "Imputar falsamente, sob pretexto de colaboração com a Justiça, a prática de infração penal a pessoa que sabe ser inocente, ou revelar informações sobre a estrutura da organização criminosa que sabe inverídicas".

2.3. Concurso de pessoas

Discute-se na doutrina e na jurisprudência se é admissível o concurso de pessoas no crime de falso testemunho. Sabemos que é classificado como crime de mão própria (de atuação pessoal ou de conduta infungível). Os delitos de mão própria, como é cediço, somente podem ser praticados pelo sujeito em pessoa, isto é, aquele indicado no tipo penal, não se admitindo que outrem pratique o crime em seu lugar. Indaga-se se tais delitos admitem a coautoria ou participação. A coautoria ocorre quando dois ou mais agentes, conjuntamente, realizam o verbo do tipo. No delito de falso testemunho é inviável tal espécie de concurso de pessoas. Com efeito, conforme assinala Damásio, "enquanto no homicídio quem pretende matar a vítima pode buscar auxílio principal na conduta de terceiro, ambos executando materialmente o comportamento central do tipo, isso é impossível nos delitos de mão própria. A testemunha, por causa de sua atuação pessoal, não pode mentir em dupla, fazendo dueto falso com terceiro. Sob outro aspecto, como observa Nilo Batista, se duas pessoas, na mesma

654. Vicente Greco Filho, *Direito processual civil brasileiro*, 9. ed., São Paulo, Saraiva, 1994, v. 1, p. 248.
655. Idem, ibidem.

audiência, praticam falso testemunho, não há coautoria, ainda que tenha havido acordo prévio: 'há dois delitos e dois autores' (*Concurso de agentes*, Rio de Janeiro, Ed. Liber Juris, 1979, p. 73)"[656]. Há, no entanto, decisões do Supremo Tribunal Federal admitindo a coautoria no delito de falso testemunho (STF, Inq 1667; STF, HC 75.037-1/SP). Contudo, a hipótese vislumbrada pela respeitável decisão contempla um exemplo de concurso de pessoas na modalidade participação, e não coautoria. Partícipe é, com efeito, quem concorre para que o autor ou coautores realizem a conduta principal, ou seja, aquele que, sem praticar o verbo (núcleo) do tipo, concorre de algum modo para a produção do resultado. São formas de participação: (i) moral: instigação e induzimento; (ii) material: auxílio. Ora, o advogado que induz a testemunha, isto é, faz brotar em sua mente a ideia de mentir em juízo, instruindo-a com elementos, de forma a criar uma versão dos fatos correspondente à tese defendida pelo causídico, não é coautor do crime em estudo, mas mero partícipe. Ocorre que, por razão outra que veremos agora, doutrina e jurisprudência têm divergido a respeito da possibilidade da participação no crime de falso testemunho.

Com efeito, prevê o art. 343 do CP o crime de corrupção ativa de testemunha, perito, contador, tradutor ou intérprete. Optou o legislador por erigir a dispositivo penal autônomo a participação no crime de falso testemunho ou falsa perícia, constituindo uma exceção pluralística à teoria unitária adotada pelo Código Penal. Contudo, o art. 343 não abarca qualquer participação, mas somente o induzimento e a instigação mediante suborno. Assim, aquele que dá, oferece ou promete dinheiro ou qualquer outra vantagem a testemunha, perito, contador, tradutor ou intérprete, para fazer afirmação falsa, negar ou calar a verdade, em depoimento, perícia, cálculo, tradução ou interpretação, responde pelo delito previsto no art. 343 do CP. Indaga-se: e o indivíduo que induz ou instiga aquelas pessoas (testemunha, perito etc.), sem a promessa ou pagamento de qualquer vantagem, a fim de que elas façam afirmação falsa, neguem ou calem a verdade, responde como partícipe do falso testemunho? Teria o legislador de forma proposital deixado de considerar o induzimento e a instigação, sem suborno, como condutas criminosas? Aí reside polêmica. Vejamos os posicionamentos doutrinários e jurisprudenciais:

(i) Admite-se a possibilidade da participação de terceiro, por via de induzimento ou instigação ao cometimento do falso testemunho. Nesse sentido é o seguinte julgado do Supremo Tribunal Federal (REsp 200.785/SP). No mesmo sentido, o seguinte julgado: "O Superior Tribunal de Justiça firmou compreensão de que, apesar do crime de falso testemunho ser de mão própria, pode haver a participação do advogado no seu cometimento" (STJ, HC 30.858/RS). Em igual sentido, a doutrina de Cezar Roberto Bitencourt, fazendo alusão ao ensinamento de Luiz Regis Prado: "no delito de falso testemunho, segundo Regis Prado, a coautoria *stricto sensu* é impossí-

---

656. Damásio E. de Jesus, *Direito penal*, cit., v. 4, p. 287.

vel, mas a participação secundária (induzimento e cumplicidade) não sofre restrição alguma"[657].

(ii) De acordo com o segundo posicionamento, não é possível a participação no crime de falso testemunho. É que o legislador erigiu à categoria de crime autônomo a participação no delito de falso (CP, art. 343 – induzimento ou instigação mediante suborno), de modo que qualquer outra forma de participação é atípica. Justifica Damásio: "Se o legislador apanhou certas formas de participação do art. 342 e as transformou em núcleos típicos de figura penal autônoma (art. 343) e, não obstante sua maior gravidade objetiva pela presença do suborno, lhes cominou as mesmas penas da testemunha faltosa, de entender-se que considerou impuníveis os outros tipos mais brandos de participação (induzimento e instigação, sem suborno)". Continua mais adiante o autor: "O CP brasileiro, excepcionando o princípio geral sobre concurso de pessoas do art. 29, erigiu à categoria de crime autônomo formas de participação, cominando a estas as mesmas penas. Como se trata de uma exceção expressa, as normas dos arts. 342 e 343 devem receber interpretação meramente declarativa, sem ampliar a punição pela aplicação do art. 29. Este já foi excepcionado. O resultado está na impunidade das formas mais brandas de participação em que não haja suborno, única forma punível como delito autônomo". Nélson Hungria, ao comentar o art. 343, afirma que "não será crime o emprego de simples súplicas ou suasões"[658].

2.4. Sujeito passivo

O Estado é o sujeito passivo imediato. Considera-se, também, ofendido, de forma mediata, aquele que venha a ser prejudicado pelo falso testemunho ou a falsa perícia.

3. ELEMENTO SUBJETIVO

É o dolo, consubstanciado na vontade livre e consciente de fazer afirmação falsa, negar ou calar a verdade. É necessário que o agente tenha ciência de que falta com a verdade ou que a omite. Dessa forma, a testemunha que se engana ao relatar os fatos, seja por esquecimento, seja por falsa percepção da realidade ou por deformação inconsciente da lembrança[659], não havendo qualquer intenção de alterar a verdade daqueles, não comete o delito em tela. Assim, ainda que os fatos relatados pela testemunha estejam em desacordo com o fato realmente ocorrido, tal constatação por si só não poderá conduzir à tipificação do crime em estudo, pois será necessário provar que houve a vontade de falsear ou omitir a verdade. Com efeito, dada a morosidade da

657. Cezar Roberto Bitencourt, *Código Penal comentado*, cit., p. 1138.

658. Damásio E. de Jesus, *Direito penal*, cit., v. 4, p. 288-9. No mesmo sentido: Celso Delmanto e outros, *Código Penal comentado*, cit., p. 620; Nélson Hungria, *Comentários*, cit., v. 9, p. 490.

659. Cf. Nélson Hungria, *Comentários*, cit., v. 9, p. 479.

justiça, é muito comum que decorra grande lapso temporal entre a ocorrência do evento e o momento processual em que a prova deverá ser produzida, de forma que muitos detalhes da cena criminosa, por exemplo, certamente cairão no esquecimento das testemunhas. Aliás, conforme assinala Noronha, muitos fatores influem no testemunho: "Disposição da pessoa no momento do fato, idade, sexo, circunstâncias de tempo e local, interregno entre o sucedido e o depoimento. Tudo isso são fatores que influem no testemunho, podendo torná-lo inexato, mas não bastante o crime, pois é imprescindível o dolo"[660]. Na lição de Irajá Pereira Messias, "o testemunho sem erro é exceção. O comum e trivial nesta espécie de prova é o erro. Remotamente se verá testemunho absolutamente coerente com os fatos ou com a realidade. Uma mesma testemunha, quando repete o relato que fez no inquérito policial, algum tempo depois, já apresenta contradições. A credibilidade dessa forma de prova varia conforme um elenco de circunstâncias que formam o testemunho. Assim, o primeiro requisito a ser analisado será o senso de observação da testemunha. Algumas pessoas, de observação mais aguçada, num relançar de olhos conseguem captar um grande número de detalhes e guardá-los detalhadamente na memória. Outros, ainda que o olhem atenta e demoradamente, não saberão responder a algumas coisas bastante evidentes e elementares do fato que assistiram. O ser humano está sempre sujeito a erros de percepção ou a erros de memória, que se acentuarão na medida em que ocorrer maior decurso de tempo entre a ciência do fato e o seu relato testemunhal. Decorre, evidentemente, da capacidade de observar ou de memorização da testemunha". Continua mais adiante o autor: "Nem quer significar que tais erros, decorrentes de falhas de percepção ou de lacunas de memória, representem mentiras ou falsidades propositais. Muitas vezes, a testemunha relata fatos que subjetivamente são verdadeiros, mas, objetivamente estão em desacordo com a realidade. Equivale a dizer que o convencimento pessoal da testemunha é o de que está relatando aquilo que a sua mente lhe dita, mas que, na verdade, deriva de erros de percepção. Mais frequentemente esses erros dizem respeito a algum detalhe em que a observação falha mais acentuadamente: direção, qualidade, cor, distância, intensidade de um ruído, características de vestes ou de armas, posição de pessoas envolvidas, etc."[661].

O mesmo sucede com a prova pericial. Não basta que o laudo pericial contraste com a realidade. É necessário que haja o dolo de falsear ou omitir a verdade. Assim, pode incidir no caso o erro profissional, o qual afasta o dolo[662]. Da mesma forma, a simples divergência de opiniões entre peritos acerca de determinado fato não pode por si só caracterizar o crime em tela, se não comprovado o dolo de fazer afirmação falsa, negar ou calar a verdade.

---

660. E. Magalhães Noronha, *Direito penal*, cit., v. 4, p. 371.

661. Irajá Pereira Messias, *Da prova penal*, cit., p. 354 e 356.

662. Nesse sentido: E. Magalhães Noronha, *Direito penal*, cit., v. 4, p. 371.

Não se exige qualquer fim específico, isto é, o fim de prejudicar outrem. Em sentido contrário, sustenta Cezar Roberto Bitencourt ser necessário o especial fim de causar prejuízo a alguém ou à simples administração da justiça[663].

4. CONSUMAÇÃO

Consuma-se o falso testemunho com o encerramento do depoimento. Consoante o art. 216 do CPP, o depoimento da testemunha será reduzido a termo, assinado por ela, pelo juiz e pelas partes. Findo esse momento, não mais é possível retificar o depoimento. Em tese, o crime se consuma no momento em que é proferido o falso; contudo, como o depoente pode retificar o que foi declarado até o encerramento do depoimento, entende-se consumado o crime nesse exato instante[664].

Conforme já havíamos dito, não é necessário que o falso influa na decisão da causa: basta sua potencialidade lesiva. É, assim, considerado crime formal. Nesse sentido, os seguintes julgados: "Falso testemunho. Crime formal. (...) Nos termos da jurisprudência consolidada desta Corte Superior de Justiça, 'o crime de falso testemunho é de natureza formal, consumando-se no momento da afirmação falsa a respeito de fato juridicamente relevante, aperfeiçoando-se quando encerrado o depoimento' (STJ, AgRg no AREsp 1428315/SP, *DJU* 23-8-2019).

A consumação da falsa perícia ocorre com a entrega do laudo à autoridade ou com a afirmação perante ela de fatos inverídicos[665].

No caso da tradução ou interpretação falsa, a consumação ocorre com a entrega do documento traduzido à autoridade pública ou no momento em que o intérprete, ao verter o depoimento oral da testemunha para o português, perante o juiz, distorce o conteúdo de suas declarações. Finalmente, no que diz respeito ao contador, consuma-se o crime no momento em que o falso laudo contábil é entregue à autoridade.

5. TENTATIVA

A questão não é pacífica na doutrina quanto ao crime de falso testemunho. Vejamos: (i) sustenta Noronha ser a tentativa inadmissível[666]; (ii) Hungria[667] e Damásio[668] admitem o *conatus* no falso testemunho, citando o último autor a hipótese em que o depoimento, por qualquer circunstância, não se encerra. Cezar Roberto Bitencourt afirma que, regra

663. Cezar Roberto Bitencourt, *Código Penal*, cit., p. 1137.

664. Nesse sentido: Damásio E. de Jesus, *Direito penal*, cit., v. 4, p. 292.

665. Nesse sentido: E. Magalhães Noronha, *Direito penal*, cit., v. 4, p. 371.

666. E. Magalhães Noronha, *Direito penal*, cit., v. 4, p. 372.

667. Nélson Hungria, *Comentários*, cit., v. 9, p. 478.

668. Damásio E. de Jesus, *Direito penal*, cit., v. 4, p. 292.

geral, não é possível a tentativa, salvo na hipótese de testemunho prestado por escrito (CPP, art. 221, § 1º), pois nesse caso o crime é plurissubsistente[669].

Quanto à falsa perícia, é mais fácil sua ocorrência. Por exemplo: laudo que é remetido à autoridade, mas é interceptado por terceiros[670].

6. FORMAS

6.1. Simples (art. 342, *caput*)

Descrita no *caput* do artigo.

6.2. Causa de aumento de pena (art. 342, § 1º)

Prevista no § 1º do artigo. O mencionado parágrafo dispõe o seguinte: "As penas aumentam-se de um sexto a um terço, se o crime é praticado mediante suborno ou se cometido com o fim de obter prova destinada a produzir efeito em processo penal, ou em processo civil em que for parte entidade da administração pública direta ou indireta". Antes da referida lei tínhamos a seguinte situação:

(i) O § 1º continha uma qualificadora: "Se o crime é cometido com o fim de obter prova destinada a produzir efeito em processo penal. Pena: reclusão, de 2 a 6 anos e multa". Agora, essa circunstância constitui causa de aumento de pena.

(ii) O § 2º continha uma causa de aumento de pena: "As penas aumentam-se de um terço, se o crime é praticado mediante suborno". Tal circunstância passou a fazer parte do § 1º, tendo sido alterados os limites de acréscimo da pena.

(iii) Não havia previsão legal da circunstância relativa ao falso testemunho destinado a produzir efeito em processo civil em que for parte entidade da Administração Pública direta ou indireta. A lei introduziu essa circunstância no § 1º.

O § 1º prevê três causas de aumento de pena: **(i) se o crime é praticado mediante suborno:** nessa hipótese, a testemunha, o perito, o contador, o tradutor ou intérprete falseiam ou omitem a verdade, isto é, praticam o crime, mediante suborno. Segundo Hungria, "interfere o suborno quando a testemunha, perito, tradutor ou intérprete pratica a falsidade mediante paga ou recompensa (em dinheiro ou outra utilidade) ou promessa de paga ou recompensa. A condição de maior punibilidade pressupõe a efetiva prestação do testemunho falso ou falsa perícia. Cumpre notar que se o perito, tradutor ou intérprete é *oficial*, isto é, pessoa exercente de específico cargo público (e não pessoa nomeada *ad hoc* pela autoridade que preside ao processo), o crime a reconhecer será o do art. 317"[671]. Importa mencionar que aquele que realiza o suborno, isto é, dá, oferece ou promete dinheiro ou qualquer outra vantagem àquelas pessoas (tes-

---

669. Cezar Roberto Bitencourt, *Código Penal comentado*, cit., p. 1137.

670. E. Magalhães Noronha, *Direito penal*, cit., p. 372.

671. Nélson Hungria, *Comentários*, cit., v. 9, p. 488.

temunha, perito etc.), para falsear a verdade, comete o delito autônomo do art. 343 (corrupção ativa de testemunha, perito, contador, tradutor ou intérprete). Se, contudo, o suborno visar, por exemplo, perito oficial, o crime passará a ser de corrupção ativa (CP, art. 333); ou **(ii) se é cometido com o fim de obter prova destinada a produzir efeito em processo penal:** a pena é majorada quando presente essa finalidade específica. Tendo em vista o interesse envolvido no processo penal, qual seja, a liberdade do indivíduo de um lado e de outro "a exigência da ordem jurídica, no sentido de que sejam punidos os culpados e resguardados os inocentes"[672], cuidou o legislador de agravar a sanção penal quando a falsidade for cometida com esse fim especial, ainda que a prova mendaz vise a absolvição do agente; ou **(iii) se é cometido com o fim de obter prova destinada a produzir efeito em processo civil em que for parte entidade da administração pública direta ou indireta.** A pena é mais uma vez majorada tendo em vista a presença de finalidade específica. Cuida-se aqui do falso testemunho, ou da falsa perícia, ou da falsa tradução etc. praticada com o fim de obter prova destinada a produzir efeito em processo civil. Contudo, não é qualquer processo civil, mas apenas naquele em que for parte entidade da Administração Pública direta ou indireta, por exemplo, falsa perícia realizada em ação civil pública proposta pelo governo estadual contra empresas mineradoras.

7. RETRATAÇÃO

Prevê o § 2º que "o fato deixa de ser punível, se, antes da sentença no processo em que ocorreu o ilícito, o agente se retrata ou declara a verdade". Retratar-se significa retirar o que foi dito. O agente, antes da sentença no processo em que ocorreu o falso testemunho, declara a verdade. Na realidade, o crime já se consumou no momento em que o depoimento foi encerrado, contudo a lei faculta ao agente o direito de arrepender-se antes da prolação da sentença de primeiro grau, possibilitando com isso o esclarecimento da verdade dos fatos e, consequentemente, a extinção da punibilidade. Com efeito, afirma Celso Delmanto, a retratação, "muito embora lembre o arrependimento eficaz, é medida especial de política criminal, instituída com o objetivo de proteger os mais superiores interesses da justiça. Como esta busca a apuração da verdade, entende-se preferível à condenação do agente a sua retratação ou declaração da verdade. Ou seja, mais atenta à justiça a descoberta da verdade do que a punição do falso testemunho ou perícia. Trata-se, pois, de condição resolutiva da punibilidade, embora já consumado o crime, a punição depende, ainda, de o agente não se retratar ou declarar a verdade, oportunamente. Se o faz, há extinção da punibilidade, que diz respeito à própria pretensão punitiva. Seus efeitos, porém, são restritos ao âmbito penal (CPP, art. 67, II)". Nesse sentido é a lição de Nélson Hungria, para quem o falso testemunho ou falsa perícia é um crime sob condição resolutiva[673].

---

672. Idem, ibidem, p. 487.

673. Celso Delmanto e outros, *Código Penal comentado*, cit., p. 620; Nélson Hungria, *Comentários*, cit., v. 9, p. 489.

A retratação não necessita ser espontânea: basta ser voluntária. Deve, entretanto, ser completa. Pode ser realizada perante a autoridade policial, judicial ou administrativa. A lei deixou bem claro que o fato deixa de ser punível "antes da sentença no processo em que ocorreu o ilícito", ou seja, antes da sentença no processo em que ocorreu o falso testemunho. E nos crimes de competência do Tribunal do Júri em que o falso testemunho é crime conexo? Até que momento é possível ser realizada a retratação? Há duas posições: (i) é cabível até a sentença final do Tribunal do Júri[674]. No mesmo sentido, Roberto Delmanto Júnior, para quem a retratação deve ser realizada até a prolação da sentença pelo Presidente do Tribunal do Júri, e não a decisão de pronúncia[675]; (ii) é cabível até a sentença de pronúncia. Se feita depois, constitui circunstância atenuante[676].

Conforme já visto anteriormente, há grande discussão doutrinária e jurisprudencial acerca da possibilidade ou não de haver, no crime em estudo, o concurso de pessoas na modalidade participação. Caso se adote o posicionamento de que é admissível a participação, temos, então, que a retratação formulada pelo autor deve comunicar-se aos partícipes do delito, pois, conforme assinala Damásio, o artigo não diz que "o agente deixa de ser punível", mas sim que "o fato deixa de ser punível", não subsistindo, portanto, o crime para os partícipes[677].

8. CONCURSO DE CRIMES

(i) Crime único: vários depoimentos falsos em um mesmo processo ou inquérito caracterizam crime único, e não concurso material ou crime continuado.

(ii) Denunciação caluniosa e falso testemunho: cite-se o seguinte exemplo: policiais militares forjam a prisão em flagrante de determinado indivíduo, apreendendo substância entorpecente introduzida por eles próprios no veículo do inocente. Tendo participado da diligência, os policiais servirão de testemunha e obviamente terão todo o interesse em demonstrar a suposta legitimidade do trabalho realizado. Desse modo, o policial que dá causa à investigação policial imputando crime a outrem de que o sabe inocente e, posteriormente, visando legitimar sua conduta, declara falsamente no auto de prisão em flagrante a mendaz versão dos fatos responderá pelos crimes de denunciação caluniosa e falso testemunho em concurso material? Entendemos que não, já que, sendo a mesma objetividade jurídica, o falso testemunho implicará apenas nova

674. Julio Fabbrini Mirabete, *Manual*, cit., v. 3, p. 419.

675. Roberto Delmanto Júnior, *Considerações a respeito do ato decisório de pronúncia, RT 700/3002.*

676. Damásio E. de Jesus, *Direito penal*, cit., v. 4, p. 294.

677. Damásio E. de Jesus, *Direito penal*, cit., p. 295. No mesmo sentido: Julio Fabbrini Mirabete, *Manual*, cit., v. 3, p. 419; Celso Delmanto e outros, *Código Penal comentado*, cit., p. 621. Em sentido contrário: Nélson Hungria, *Comentários*, cit., v. 9, p. 489.

agressão praticada contra o mesmo bem já violado, de modo que subsistirá apenas a denunciação caluniosa, a qual absorverá o *post factum* não punível, por força do princípio da consunção.

(iii) Falso testemunho e crime contra a honra: o crime de falso testemunho não absorve o crime contra a honra. Dessa forma, se o agente, ao depor falsamente, mencionar fatos que atinjam a honra objetiva ou subjetiva de outrem, haverá concurso formal heterogêneo entre o delito de falso testemunho e o crime contra a honra, uma vez que, com uma só ação, isto é, o depoimento falso, deu causa a dois resultados jurídicos diversos, ofendendo diferentes bens jurídicos.

9. QUESTÕES

(i) Anulação do processo em que se deu o falso: se o processo em que se deu o falso for posteriormente declarado nulo, não se há que reconhecer o delito em tela, uma vez excluída a possibilidade de dano[678].

(ii) Anulação do depoimento por motivo outro que não a sua falsidade: nessa hipótese, igualmente não há como reconhecer a potencialidade lesiva da falsidade[679]. O que é nulo não pode produzir nenhum efeito.

(iii) Absolvição do agente no processo em que se deu o falso: não ilide o crime já consumado.

(iv) Reconhecimento da extinção da punibilidade no processo em que se deu o perjúrio: o Superior Tribunal de Justiça já se manifestou no sentido de que o falso testemunho (art. 342) é crime formal, no sentido de a consumação ocorrer com a prática da conduta típica. Todavia, indispensável a potencialidade do dano ao bem jurídico. Caso contrário, ter-se-á crime impossível. A extinção da punibilidade, pela prescrição da pretensão punitiva, apesar de o falso, por essa razão, deixar de ser considerado, porque não apreciado o mérito, mantém o interesse de agir, relativamente ao processo de falsidade. Eventual potencialidade existe anteriormente à extinção do processo.

(v) Arquivamento do inquérito ou do processo em que se deu o falso: subsiste o crime, pois o agente atentou contra a Administração da Justiça, recusando-se dolosamente a cooperar.

10. AÇÃO PENAL. COMPETÊNCIA. LEI DOS JUIZADOS ESPECIAIS CRIMINAIS

(i) Ação penal: trata-se de crime de ação penal pública incondicionada. O crime de falso testemunho, conforme já dito, consuma-se com o encerramento do depoimen-

678. Nélson Hungria, *Comentários*, cit., v. 9, p. 485.

679. Idem, ibidem.

to em que se deu o falso; a falsa perícia, com a entrega do laudo à autoridade; a falsa tradução, com a entrega do documento traduzido; a falsa interpretação, com o seu término. Contudo, se, antes da sentença no processo em que ocorreu o ilícito, o agente se retrata ou declara a verdade, ocorrerá a extinção da punibilidade, isto é, o fato é típico e ilícito, mas não punível. Entretanto, não se faz necessário aguardar esse momento processual para propor a ação penal por crime de falso testemunho ou falsa perícia, uma vez que não constitui condição para a propositura da ação penal. Assim, no caso do falso testemunho, uma vez verificado em audiência, o Código de Processo Penal determina que o juiz encaminhe uma cópia do depoimento à polícia para instauração de inquérito. Se o depoimento falso for prestado em *plenário de julgamento*, o juiz, no caso de proferir a sentença em audiência, desde que reconheça a falsidade, poderá apresentar a testemunha à autoridade policial (CPP, art. 211, parágrafo único). O dispositivo se refere aos procedimentos em que, após produzida a prova testemunhal, seja lavrada a sentença ao final da audiência. São eles: (i) procedimento sumário (CPP, arts. 531 e s.); (ii) procedimento originário dos tribunais: o art. 211, parágrafo único, do CPP, faz remissão ao art. 561, o qual, no entanto, encontra-se revogado pela Lei n. 8.658/93, constituindo a matéria, atualmente, objeto da Lei n. 8.038/90; (iii) procedimento do júri: o Conselho de Sentença, após a votação dos quesitos, poderá fazer apresentar imediatamente a testemunha à autoridade policial. Cumpre consignar que inúmeros outros dispositivos legais preveem prolação da sentença ao final da audiência em que se deu a inquirição das testemunhas: (i) no procedimento ordinário, quando for possível proferir a sentença em audiência (CPP, art. 403), (ii) no procedimento sumaríssimo (Lei n. 9.099/95, art. 81); (iii) no procedimento especial da Lei de Drogas (Lei n. 11.343/2006, arts. 57 e 58). Dessa forma, nada impede a instauração do inquérito policial e posterior propositura da ação penal pelo crime de falso testemunho. Na hipótese, haverá conexão de ações, pois deverá a ação penal pelo crime de falso testemunho ser processada juntamente com o processo-crime em que se deu o falso, para o fim de ser proferido um único julgamento. É que pode suceder que, no processo-crime em que se deu o falso, o agente se retrate antes da sentença, circunstância esta que o isentará de pena, ou, então, pode suceder que o juiz considere na sentença que o agente não fez afirmação falsa, não negou ou calou a verdade, o que torna o fato atípico. Dessa forma, o que se impede para que não haja decisões contraditórias é que seja proferida sentença no processo por crime de falso testemunho, sem que se aguarde o desfecho no processo em que se deu o falso. Visa-se evitar decisões antagônicas. É a posição de Nélson Hungria: "Se o processo por testemunho falso ou falsa perícia for instaurado quando ainda em curso o processo no qual foi praticado o crime, a decisão do primeiro deve aguardar a decisão do segundo, pois enquanto esta não é prolatada, é admissível a retratação e, portanto, a extinção da punibilidade. Se é penal o processo em que ocorreu o falso testemunho ou falsa perícia, os dois processos, em razão da conexidade, deverão correr juntos, e um só deve ser o julgamento"[680]. A jurisprudência também é nesse sentido, senão, vejamos: "É possível a propositura da ação penal para se apurar o crime de falso testemunho antes de ocorrer a sentença no processo em que o crime teria ocorrido, desde que fique sobrestado seu julgamento até a outra sentença ou decisão. Recurso provido" (STJ, REsp 596.500/DF).

Se tiverem natureza diversa, por exemplo, falso testemunho realizado em processo civil, o juiz da ação penal por crime de falso testemunho deverá aguardar a prolação da sentença naquele processo.

(ii) Competência: em regra, é da Justiça Estadual. Entretanto, a Justiça Federal será competente quando o crime for praticado em detrimento de interesse da União, de suas entidades autárquicas ou empresas públicas (CF, art. 109, IV), como, por exemplo, falso testemunho prestado em ação em trâmite na Justiça Federal.

No crime de falso testemunho praticado por precatória, a jurisprudência tem entendido como competente o juízo deprecado, uma vez que foi nele que ocorreu o depoimento fraudulento. Nesse sentido, Damásio E. de Jesus[681]. Em sentido contrário, Nélson Hungria, para quem, "embora se consume com o fecho do depoimento, o foro competente para o processo e julgamento do testemunho falso é sempre o do lugar em que se cria o perigo de dano à administração da justiça. Assim, se o falso depoimento é prestado quando do cumprimento de uma precatória, o foro competente não é o do juiz deprecado, mas o do juiz deprecante. É a lição de Manzini, embora equivocadamente interpretada em recente julgado do Supremo Tribunal Federal (sobre um conflito de jurisdição entre os juízes de Araguari e Franca)"[682].

Com relação ao crime de falso testemunho praticado no âmbito da Justiça do Trabalho, aplica-se a Súmula 165 do STJ: "Compete à Justiça Federal processar e julgar crime de falso testemunho cometido no processo trabalhista".

Finalmente, também compete à Justiça Federal, consoante entendimento do Superior Tribunal de Justiça, processar e julgar crime de falso testemunho praticado perante a Justiça Eleitoral. Nesse sentido, STJ CComp 126729/RS.

(iii) Lei dos Juizados Especiais Criminais: não se admite a suspensão condicional do processo, salvo quanto aos fatos cometidos antes de 19 de setembro de 2013, quando a pena prevista era de um a três anos de reclusão, além de multa.

ART. 343 – CORRUPÇÃO ATIVA DE TESTEMUNHA, PERITO, CONTADOR, TRADUTOR OU INTÉRPRETE

1. CONCEITO. OBJETO JURÍDICO

Dispõe o art. 343, *caput*, do CP: "Dar, oferecer ou prometer dinheiro ou qualquer

680. Nélson Hungria, *Comentários*, cit., v. 9, p. 489. No mesmo sentido: E. Magalhães Noronha, ob. cit., v. 4, p. 373; Damásio E. de Jesus, *Direito penal*, cit., v. 4, p. 296.

681. Damásio E. de Jesus, *Direito penal*, cit., v. 4, p. 292-3.

682. Nelson Hungria, *Comentários*, cit., v. 9, p. 478-9.

outra vantagem a testemunha, perito, contador, tradutor ou intérprete, para fazer afirmação falsa, negar ou calar a verdade em depoimento, perícia, cálculos, tradução ou interpretação: Pena – reclusão, de 3 (três) a 4 (quatro) anos, e multa". Segundo Cezar Roberto Bitencourt, "a cominação de pena, nos limites mínimo e máximo, de 3 a 4 anos, viola o princípio da individualização da pena, caracterizando verdadeira tarifação penal (taxatividade absoluta das penas), eliminada pelo Código Napoleônico de 1810 (ver, nesse sentido: Andrei Zenkner Schmidt, *O princípio da legalidade penal*, p. 263; Salo de Carvalho, na apresentação da mesma obra de Andrei Z. Schmidt). Esses parâmetros – 3 a 4 anos – impedem a *individualização judicial* da pena, consagrada no texto constitucional. Ademais, é desproporcional a elevação do mínimo de 1 para 3 anos, e no próprio art. 342, que é similar, foram mantidos os limites de 1 a 3 anos. No caso concreto, deve-se declarar essa inconstitucionalidade e aplicar o limite mínimo da cominação anterior"[683].

O tipo penal visa a proteção do regular desenvolvimento da atividade judiciária, o qual é colocado em risco com o suborno da testemunha, perito, contador, tradutor ou intérprete.

2. ELEMENTOS DO TIPO

2.1. Ação nuclear. Objeto material

Trata-se de crime de ação múltipla. Três são as ações nucleares: (i) **dar**: significa entregar, transferir a vantagem indevida; (ii) **oferecer**: quer dizer colocar à disposição ou aceitação ou (iii) **prometer**, isto é, comprometer-se, fazer promessa, garantir a entrega de algo à testemunha, perito, contador, tradutor ou intérprete. O objeto material do crime é o dinheiro ou qualquer outra vantagem (por exemplo: vantagem de natureza sexual etc.). Estamos, portanto, diante de um crime de corrupção ativa de testemunha, perito, contador, tradutor ou intérprete, uma vez que há a entrega, o oferecimento ou promessa de vantagem, com o fim de determinar essas pessoas a fazer afirmação falsa, negar ou calar a verdade em depoimento, perícia, cálculos, tradução ou interpretação. É necessário, assim, que haja processo judicial, ou administrativo, inquérito policial, ou juízo arbitral, em andamento. O suborno pode ser praticado por escrito (carta, fax etc.), oralmente, ou mediante gestos ou atos. Não é necessário que a testemunha, perito, contador, tradutor ou intérprete receba a vantagem ou aceite a promessa de vantagem para que o crime se configure.

Observe-se que o suborno de perito oficial configura o crime de corrupção ativa (CP, art. 333), e não o crime em tela, uma vez que aquele é considerado funcionário público. Dessa forma, o art. 343 refere-se ao perito não oficial.

---

683. Cezar Roberto Bitencourt, *Código Penal comentado*, cit., p. 1142-3.

2.2. Sujeito ativo

Trata-se de crime comum. Qualquer pessoa pode praticá-lo. Se um advogado simplesmente persuadir a testemunha a mentir em juízo, sem lhe oferecer qualquer vantagem, discute-se na doutrina se ele responderia pelo delito do art. 342 na modalidade participação ou o fato seria atípico, uma vez que o legislador erigiu à categoria de crime autônomo a participação no delito de falso (CP, art. 343 – induzimento ou instigação mediante suborno), de modo que qualquer outra forma de participação seria considerada atípica. Para a melhor compreensão do tema, *vide* comentários ao art. 342 do CP. Nesse contexto, o seguinte julgado: "Na espécie, a conduta da recorrida (advogada) é atípica, porquanto limitou-se a instruir a testemunha a dizer isso ou aquilo em juízo trabalhista sem, frise-se, conforme restou consignado pelo acórdão recorrido, dar, oferecer ou prometer qualquer vantagem" (STJ, REsp 169.212/PE).

Nada impede o concurso de pessoas. Assim como no crime de corrupção ativa de funcionário (CP, art. 333), admite-se que o suborno seja feito diretamente àquelas pessoas, bem como mediante interposta pessoa. Nesta última hipótese, o intermediário que leva a proposta ao corrompido será considerado coautor do delito do art. 343, pois também estará corrompendo o funcionário público. Também é possível o concurso de pessoas na modalidade participação. Assim, aquele que induz o advogado a oferecer vantagem econômica ao contador responde como partícipe.

2.3. Sujeito passivo

É o Estado, titular do objeto tutelado pela norma penal. É também considerado vítima aquele que tenha sido prejudicado pelo falso depoimento ou falsa perícia obtido mediante suborno.

3. ELEMENTO SUBJETIVO

É o dolo, consubstanciado na vontade livre e consciente de *dar*, *oferecer* ou *prometer* dinheiro ou qualquer outra vantagem a testemunha, perito, contador, tradutor ou intérprete. É necessário que haja uma finalidade especial, ou seja, que o suborno seja realizado com o fim de determinar aquelas pessoas a fazer afirmação falsa, negar ou calar a verdade em depoimento, perícia, cálculos, tradução ou interpretação.

4. CONSUMAÇÃO E TENTATIVA

Trata-se de crime formal, uma vez que a consumação se dá com a simples dação, oferta ou promessa de vantagem por parte do agente à testemunha, perito, contador, tradutor ou intérprete, isto é, quando chega ao conhecimento destes, independentemente de ser aceita ou recusada. Também não é necessário que eles pratiquem o ato visado pelo agente, isto é, façam afirmação falsa, neguem ou calem a verdade em depoimento, perícia, cálculos, tradução ou interpretação. Caso cometam a falsidade no inquérito policial, processo judicial etc. em troca da vantagem, responderão eles pelo crime de falso testemunho ou falsa perícia na forma majorada (CP, art. 342, § 1º).

A tentativa é possível[684]. Figure-se a hipótese em que a correspondência contendo a oferta de dinheiro não chega às mãos da testemunha por ter sido apreendida por terceiros. O *conatus*, contudo, será inadmissível se o suborno for realizado oralmente, pois nesse caso o delito é unissubsistente. Em sentido contrário, Nélson Hungria, para quem "não é concebível a tentativa, pois a simples oferta ou promessa de remuneração ou recompensa já é crime consumado (independentemente de aceitação)"[685].

5. FORMAS

5.1. Simples (art. 343, *caput*)

Prevista no *caput* do art. 343.

5.2. Causa de aumento de pena (art. 343, parágrafo único)

Prevista no parágrafo único do art. 343: "As penas aumentam-se de um sexto a um terço, se o crime é cometido com o fim de obter prova destinada a produzir efeito em processo penal ou em processo civil em que for parte entidade da administração pública direta ou indireta". O § 1º do art. 342 prevê causa de aumento de pena no caso de o crime ser cometido com o fim de produzir efeito em processo civil em que for parte entidade da Administração Pública direta ou indireta (para melhor compreensão do tema, *vide* comentários ao art. 342). Por fim, pela atual redação do dispositivo, não mais subsiste a qualificadora, que previa a duplicação da pena, tendo sido substituída por uma causa especial de aumento de pena: a pena aplicada poderá ser elevada de um sexto a um terço.

6. AÇÃO PENAL

Trata-se de crime de ação penal pública incondicionada.

ART. 344 – COAÇÃO NO CURSO DO PROCESSO

1. CONCEITO. OBJETO JURÍDICO

Reza o art. 344 do CP: "Usar de violência ou grave ameaça, com o fim de favorecer interesse próprio ou alheio, contra autoridade, parte, ou qualquer outra pessoa que funciona ou é chamada a intervir em processo judicial, policial ou administrativo, ou em juízo arbitral. Pena – reclusão, de 1 (um) a 4 (quatro) anos, e multa, além da pena correspondente à violência".

Tutela-se aqui mais uma vez o desenvolvimento normal da atividade judiciária, impedindo que as pessoas envolvidas em processo judicial, policial ou administrativo, ou

---

684. E. Magalhães Noronha, *Direito penal*, cit., v. 4, p. 375; Damásio E. de Jesus, *Direito penal*, cit., v. 4, p. 299.

685. Nélson Hungria, *Comentários*, cit., v. 9, p. 490.

em juízo arbitral, sejam coagidas, intimidadas, a praticar atos que favoreçam terceiro e que importem em ofensa à regularidade do processo ou inquérito, prejudicando a realização da justiça.

2. ELEMENTOS DO TIPO

2.1. Ação nuclear

Trata-se de crime de forma vinculada. A ação nuclear típica consubstancia-se no verbo *usar*, ou seja, empregar violência física (*vis corporalis*) ou grave ameaça (*vis compulsiva*), contra autoridade (juiz, promotor de justiça, delegado de polícia etc.), parte (autor, réu, litisconsorte, opoente etc.) ou qualquer outra pessoa (testemunha, perito, contador, tradutor ou intérprete, escrivão, jurado, oficial de justiça etc.) que funciona ou é chamada a intervir em processo judicial, policial ou administrativo, ou em juízo arbitral. A ameaça deve ser grave, isto é, capaz de atemorizar a autoridade, parte etc. Conforme assinala Noronha, "sua apreciação deve ser feita em relação à pessoa do ameaçado: o que é séria ameaça para uma mulher não o será para um homem. Pouco importa se o mal ameaçado for justo; ele se torna injusto pelo objetivo do agente"[686]. Não é necessário que da violência empregada resulte lesão corporal, de modo que o emprego de vias de fato por si só caracteriza meio executório do crime em tela, por exemplo, acusado que, tentando impedir que a testemunha participe da audiência, lhe puxa fortemente os cabelos.

A violência ou a grave ameaça deve ser praticada contra aquelas pessoas que funcionem ou sejam chamadas a intervir em processo judicial (cível ou criminal, contencioso ou voluntário), policial – trata-se, na realidade, de procedimento policial (inquérito policial) e não de processo policial, tendo esse termo sido impropriamente utilizado pelo legislador, ao contrário do que sucedeu no art. 342, em que o legislador corrigiu a imprecisão de linguagem, substituindo o termo "processo policial" por inquérito policial – ou administrativo (incluído aí o inquérito civil público instaurado e presidido pelo Ministério Público) ou em juízo arbitral. No tocante à Comissão Parlamentar de Inquérito, dispõe o art. 4º, I, da Lei n. 1.579/52: "Impedir, ou tentar impedir, mediante violência, ameaça ou assuadas, o regular funcionamento de Comissão Parlamentar de Inquérito, ou o livre exercício das atribuições de qualquer de seus membros. Pena – a do art. 329 do Código Penal". Caso a autoridade, o juiz, as partes etc. não mais funcionem no processo ou inquérito, a ameaça ou violência contra eles empregada constituirá outro crime: ameaça (CP, art. 147), lesões corporais (CP, art. 129), homicídio (CP, art. 121). O emprego da violência ou grave ameaça contra aquelas pessoas deve ser realizado com o fim de favorecer interesse próprio ou alheio; por exemplo: acusado que, sob pena de matar o promotor de justiça, obriga-o a não oferecer denúncia contra ele; ou pai do acusado que, visando obter depoimento favorável a seu filho, emprega violência contra testemunha.

---

686. E. Magalhães Noronha, *Direito penal*, cit., v. 4, p. 377.

2.2. Sujeito ativo

Trata-se de crime comum. Qualquer pessoa pode praticar o delito em tela. Não exige a lei que o agente tenha interesse próprio no processo, uma vez que basta que o faça para favorecer terceiro que tenha interesse na demanda.

A coação no curso do processo realizada pelo próprio indiciado ou réu poderá ocasionar, preenchidos os requisitos legais, a decretação de sua prisão preventiva (CPP, arts. 311 a 314). É que a hipótese em tela constitui um dos motivos autorizadores para a decretação dessa prisão cautelar, qual seja, a conveniência da instrução criminal. Dessa forma, com a prisão provisória, visa-se impedir que o agente perturbe ou impeça a produção de provas, por exemplo, ameaçando testemunhas. Assim, além de responder pelo crime em tela, poderá ter sua prisão preventiva decretada.

2.3. Sujeito passivo

É o Estado, titular do bem protegido pela norma penal, e a pessoa submetida à violência ou grave ameaça (juiz, promotor de justiça, autoridade policial, testemunhas, jurados, perito, autor, querelante, querelado etc.).

3. ELEMENTO SUBJETIVO

É o dolo, isto é, a vontade livre e consciente de praticar a violência ou grave ameaça, acrescido do fim especial de favorecer interesse próprio ou alheio (elemento subjetivo do tipo), por exemplo, obter prova favorável, impedir a produção de alguma prova, obter uma sentença favorável ou o arquivamento de um inquérito policial etc. Ausente esse fim especial de agir, o crime passa a ser outro. O acusado que, movido por sentimento de vingança, emprega violência contra a testemunha de acusação porque esta estaria saindo com a namorada dele não comete o delito em tela, mas apenas o crime de lesão corporal.

4. CONSUMAÇÃO E TENTATIVA

Trata-se de crime formal. Consuma-se com a prática da violência ou grave ameaça contra uma das pessoas elencadas no tipo penal. Não há necessidade da concretização do fim visado pelo agente. Dessa forma, se o agente emprega grave ameaça contra a testemunha a fim de que ela deponha a seu favor, e, ainda assim, ela faz declarações que contrariam os interesses dele, há a configuração do crime em tela.

A tentativa é admissível.

5. CONCURSO DE CRIMES

Ao cominar a pena, a lei determinou que será somada àquela a pena correspondente à violência empregada. Haverá, portanto, concurso material (CP, art. 69) entre a coação no curso do processo e os delitos que resultarem da violência empregada (lesão corporal, homicídio). No tocante às vias de fato, essa contravenção penal resta absorvida pelo delito em exame (CP, art. 344).

A prática de várias ameaças, com vistas a um só fim, constitui crime único, não havendo que se cogitar de concurso de crimes ou continuação delitiva; por exemplo: acusado que diariamente atemoriza a vítima, a fim de que ela não compareça à audiência.

6. AÇÃO PENAL. LEI DOS JUIZADOS ESPECIAIS CRIMINAIS

(i) **Ação penal:** trata-se de crime de ação penal pública incondicionada.

(ii) **Lei dos Juizados Especiais Criminais:** em face da pena mínima prevista (reclusão, de 1 a 4 anos, e multa), é cabível a suspensão condicional do processo (art. 89 da Lei n. 9.099/95).

ART. 345 – EXERCÍCIO ARBITRÁRIO DAS PRÓPRIAS RAZÕES

1. CONCEITO. OBJETO JURÍDICO

Dispõe o art. 345, *caput*, do CP: "Fazer justiça pelas próprias mãos, para satisfazer pretensão, embora legítima, salvo quando a lei o permite. Pena – detenção, de 15 (quinze) dias a 1 (um) mês, ou multa, além da pena correspondente à violência".

Tutela-se mais uma vez a Administração da Justiça. Impede-se que o particular faça justiça pelas próprias mãos, ou seja, sobreponha-se à autoridade estatal na solução dos conflitos. Conforme assinala Hungria, "ninguém pode, arbitrariamente, fazer justiça por si mesmo. Se tenho ou suponho ter um direito contra alguém, e este não o reconhece ou se nega a cumprir a obrigação correlata, não posso arvorar-me em juiz, decidindo unilateralmente a questão a meu favor e tomando, por minhas próprias mãos, aquilo que pretendo ser-me devido, ao invés de recorrer à autoridade judicial, a quem a lei atribui a função de resolver os dissídios privados. De outro modo, estaria implantada a indisciplina na vida social, pois já não haveria obrigatoriedade do apelo à justiça que o Estado administra, para impedir que os indivíduos, nas suas controvérsias, *ad arma veniant*"[687].

2. ELEMENTOS DO TIPO

2.1. Ação nuclear

A conduta típica consiste em fazer justiça pelas próprias mãos (buscar satisfazer direitos através de meios próprios) para satisfazer pretensão, embora legítima. O agente se vale de diversos meios (violência física, ameaça, apropriação, subtração, fraude etc.) para satisfazer uma pretensão que entende ser legítima. Se não houvesse essa intenção específica, o emprego daqueles diversos meios constituiria outro crime (lesões corporais, ameaça, apropriação indébita, furto, estelionato etc.). Nesse contexto, o seguinte julgado: "A simulação de dívida objetivando alcançar de imediato a meação de certo bem configura não o

---

687. Nélson Hungria, *Comentários*, cit., v. 9, p. 492.

crime de falsidade ideológica, mas o do exercício arbitrário das próprias razões. A simulação, a fraude, ou outro qualquer artifício utilizado corresponde a meio de execução, ficando absorvido pelo tipo do artigo 345 do Código Penal no que tem como elemento subjetivo o dolo específico, ou seja, o objetivo de satisfazer pretensão legítima ou ilegítima" (STF, HC 74.672-1/MG). Segundo E. Magalhães Noronha, a pretensão a que se refere a lei "é o pressuposto do delito. Sem ela, este não tem existência, incidindo o fato em outra disposição legal. A pretensão, por sua vez, se assenta em um direito que o agente tem ou julga ter, isto é, pensa de boa-fé possuí-lo, o que deve ser apreciado não apenas quanto ao direito em si, mas de acordo com as circunstâncias e as condições da pessoa. Consequentemente, a pretensão pode ser ilegítima, o que a lei deixa bem claro: 'embora legítima' – desde que a pessoa razoavelmente assim não a julgue. É mister ainda que a pretensão possa ser apreciada pela justiça, ou, noutros termos, seja por esta satisfeita. Se se tratar da que escapa de sua alçada, não pode haver delito contra administração da justiça, v. g., obrigação prescrita ou que tem objeto ilícito"[688]. Vejamos os seguintes exemplos: a retenção do paciente pelo médico no hospital para a satisfação das despesas de internação e tratamento não configura o delito de sequestro; a retenção do objeto pelo credor até que o devedor salde a dívida não configura o crime de apropriação indébita; a retirada do bem pelo credor da residência do devedor, a fim de satisfazer a dívida, não configura o crime de furto. Em todas essas hipóteses o agente pratica o crime para satisfazer uma pretensão que supõe legítima e que poderia ser alcançada pelos meios judiciais, mas acaba por preferir fazer justiça pelas próprias mãos. Deverá ele responder pelo crime de exercício arbitrário das próprias razões.

O tipo penal contém um elemento normativo que está consubstanciado na expressão "salvo quando a lei o permite". Assim, a lei, em alguns casos, autoriza que se faça justiça pelas próprias mãos. Nessas hipóteses, não haverá o crime em tela, por atipicidade do fato. Por exemplo: o art. 1.210 do CC prevê: "O possuidor tem direito a ser mantido na posse em caso de turbação, restituído no de esbulho, e segurado de violência iminente, se tiver justo receio de ser molestado". O § 1º, por sua vez, prevê: "O possuidor turbado, ou esbulhado, poderá manter-se ou restituir-se por sua própria força, contanto que o faça logo; os atos de defesa, ou de desforço, não podem ir além do indispensável à manutenção, ou restituição da posse".

> → **Atenção:** registre-se que há tipos especiais, como, por exemplo, o art. 71 da Lei n. 8.078/90 (Código de Defesa do Consumidor), segundo o qual tipifica infração contra as relações de consumo a "utilização, na cobrança de dívida, de ameaça, coação, constrangimento físico ou moral, afirmações falsas, incorretas ou enganosas ou de qualquer outro procedimento que exponha o consumidor, injustificadamente, a ridículo, ou interfira com seu trabalho, descanso ou lazer".

2.2. Sujeito ativo

Trata-se de crime comum, uma vez que pode ser praticado por qualquer pessoa, não se exigindo nenhuma qualidade especial. Caso o sujeito ativo seja funcionário pú-

688. E. Magalhães Noronha, *Direito penal*, cit., p. 380.

blico, por exemplo, policial militar que se vale dessa condição para despejar de forma forçosa e humilhante seu inquilino inadimplente, deverá responder por abuso de autoridade em concurso.

2.3. Sujeito passivo

É o Estado, titular do bem jurídico ofendido, e a pessoa diretamente lesada com a ação ou omissão do sujeito ativo.

3. ELEMENTO SUBJETIVO

É o dolo, consistente na vontade livre e consciente de fazer justiça pelas próprias mãos, acrescido de um fim especial, contido na expressão "para satisfazer pretensão, embora legítima". Se o agente tem conhecimento de que sua pretensão é ilegítima, haverá outro crime (furto, apropriação indébita, dano etc.). Conforme já visto, a pretensão pode ser ilegítima, contudo, é imprescindível que o agente esteja certo de sua legitimidade.

4. CONSUMAÇÃO E TENTATIVA

Há duas orientações na doutrina:

(i) Trata-se de crime formal, que se consuma com o emprego ou uso do meio arbitrário com o fim de satisfazer uma pretensão[689]. Por exemplo: com o emprego de violência pelo credor contra devedor.

(ii) Consuma-se com a efetiva satisfação da pretensão[690]. Por exemplo, após empregar violência contra o devedor, o credor obtém a satisfação da dívida. Nesse momento, reputa-se consumado o delito.

Qualquer que seja a orientação adotada, a tentativa é perfeitamente admissível, pois há um *iter criminis* passível de ser fracionado.

5. CONCURSO DE CRIMES

A pena do crime do art. 345 é a de detenção, de 15 dias a 1 mês, ou multa, além da pena correspondente à violência. Dessa forma, se da violência física empregada resultarem lesões corporais (leve, grave ou gravíssima) ou a morte da vítima, entende a doutrina que o agente deverá responder por esses crimes em concurso material com delito de exercício arbitrário das próprias razões[691]. Afirma, no entanto, Cezar Roberto Bitencourt: "Discordamos da afirmação de que há sempre concurso material do presente crime com a vio-

---

689. E. Magalhães Noronha, *Direito penal*, cit., v. 4, p. 381; Damásio E. de Jesus, *Direito penal*, cit., v. 4, p. 307.

690. Nélson Hungria, *Comentários*, cit., v. 9, p. 498; Celso Delmanto, *Código Penal comentado*, cit., p. 628.

691. Nesse sentido: Damásio E. de Jesus, *Direito penal*, cit., v. 4, p. 307.

lência física a que vier dar causa (lesão corporal ou homicídio). Na verdade, há sempre o cúmulo material das penas aplicáveis (sistema de aplicação de pena), mas a espécie de concurso dependerá da unidade ou diversidade de ações praticadas"[692].

Não podemos olvidar que a contravenção penal de vias de fato resta absorvida pelo crime de exercício arbitrário das próprias razões.

6. AÇÃO PENAL. LEI DOS JUIZADOS ESPECIAIS CRIMINAIS

(i) Ação penal: dispõe o parágrafo único do art. 345 que, se não há o emprego de violência, a ação penal nesse crime somente se procede mediante queixa. Dessa forma, temos duas hipóteses[693]: (i) a ação penal será pública incondicionada se houver o emprego de violência física (violência contra a pessoa); ou (ii) a ação penal será de iniciativa privada se houver o emprego de outro meio de execução (ameaça, fraude ou violência contra a coisa). Afirma Hungria que "no conceito de violência incluem-se as 'vias de fato', mas como estas não passam de *contravenção*, que é sempre *absorvida* pelo crime de que é formulativa, pode-se dizer que só haverá ação pública quando a violência consistir em crime contra a integridade corporal ou contra a vida"[694].

(ii) Lei dos Juizados Especiais Criminais: trata-se de infração de menor potencial ofensivo (art. 61 da Lei n. 9.099/95), estando sujeita às disposições da Lei n. 9.099/95. É cabível, inclusive, a suspensão condicional do processo (art. 89 da Lei n. 9.099/95).

ART. 346 – SUBTRAÇÃO OU DANO DE COISA PRÓPRIA EM PODER DE TERCEIRO

1. CONCEITO. OBJETO JURÍDICO

Dispõe o art. 346 do CP: "Tirar, suprimir, destruir ou danificar coisa própria, que se acha em poder de terceiro por determinação judicial ou convenção: Pena – detenção, de 6 (seis) meses a 2 (dois) anos, e multa". Trata-se de modalidade específica do crime de exercício arbitrário das próprias razões, só que punida com maior rigor. Nesse sentido, Magalhães Noronha; Damásio de Jesus; Cezar Roberto Bitencourt[695]. Em sentido contrário, Nélson Hungria, para quem o artigo *in comento* não se trata de modalidade de exercício arbitrário das próprias razões. Afirma o autor: "Por ter sido inadvertidamente omitido, em rubrica lateral, o *nomen juris* da figura criminal do art. 346, não se segue que esta se confunda com a do artigo anterior, que obedece à rubrica 'exercício arbitrário das próprias razões'. Para tanto, seria necessário que o texto do art. 346

---

692. Cezar Roberto Bitencourt, *Código Penal comentado*, cit., p. 1146-7.

693. Cf. lição de Nélson Hungria, *Comentários*, cit., v. 9, p. 494-5; E. Magalhães Noronha, *Direito penal*, cit., v. 4, p. 382.

694. Nélson Hungria, *Comentários*, cit., v. 9, p. 494-5.

695. Nesse sentido: E. Magalhães Noronha, *Direito penal*, cit., v. 4, p. 382-4; Damásio E. de Jesus, *Direito penal*, cit., v. 4, p. 309; Cezar Roberto Bitencourt, *Código Penal comentado*, cit., p. 1149.

figurasse em parágrafo do art. 345. Se para a configuração do crime do art. 346 fosse necessária, também, a existência de real ou suposta *pretensão legítima*, seria tal artigo, em face do que o precede, uma rematada superfluidade. Precisamente porque inexiste, no caso, qualquer *pretensão legítima* (verdadeira ou suposta), é que o crime foi previsto distintamente do exercício arbitrário das próprias razões"[696]. Tutela-se, mais uma vez, a administração da justiça.

2. ELEMENTOS DO TIPO

2.1. Ação nuclear. Objeto material. Elemento normativo do tipo

Trata-se de crime de ação múltipla. Três são as ações nucleares típicas: **(i) tirar**: quer dizer subtrair, retirar a coisa do poder de quem a detém; **(ii) suprimir**: significa fazer desaparecer a coisa; **(iii) destruir**: "é atuar contra a essência ou forma de uma coisa, tornando-a inexistente"[697]; ou **(iv) danificar**: significa estragar a coisa. O objeto material do crime é a coisa (móvel ou imóvel) própria *(elemento normativo do tipo)*, que se acha em poder de terceiro por determinação judicial (por exemplo: réu que destrói seu veículo, o qual se encontrava em poder de depositário judicial) ou convenção (por exemplo: proprietário que danifica o imóvel locado como forma de forçar o inquilino a desocupá-lo antes do término do contrato). Caso a coisa pertença a terceiro, o crime passa a ser outro: furto, dano etc. Se o objeto material do crime for coisa móvel comum, sua subtração pelo condômino, herdeiro ou sócio, para si ou para outrem, configura o crime previsto no art. 156 do CP.

2.2. Sujeito ativo

Trata-se de crime próprio, uma vez que somente pode ser praticado pelo proprietário da coisa (móvel ou imóvel), que se encontra em poder de terceiro. Admite-se, no entanto, o concurso de pessoas em ambas as modalidades (coautoria e participação).

2.3. Sujeito passivo

É o Estado, titular do bem jurídico ofendido. É também vítima a pessoa diretamente lesada com a ação do sujeito ativo.

3. ELEMENTO SUBJETIVO

É o dolo, consubstanciado na vontade livre e consciente de tirar, suprimir, destruir ou danificar coisa própria, ciente de que se acha em poder de terceiro por determinação

696. Nélson Hungria, *Comentários*, cit., v. 9, p. 498-9.

697. E. Magalhães Noronha, *Direito penal*, cit., v. 4, p. 384.

judicial ou convenção. Afirma a doutrina que são irrelevantes os motivos que levaram o agente a praticar as ações típicas[698]. Assim, segundo Mirabete, não é necessário que o agente tenha a intenção de satisfazer pretensão legítima ou que o agente suponha legítima[699]. E. Magalhães Noronha, entretanto, entende que, "como espécie ou modalidade do exercício arbitrário das próprias razões, é indeclinável o dolo específico de satisfazer pretensão legítima ou ilegítima, crendo, entretanto, o agente ser lícita"[700].

4. CONSUMAÇÃO E TENTATIVA

Consuma-se com a prática de uma das ações típicas, isto é, com a tirada, supressão, destruição ou danificação da coisa própria que se acha em poder de terceiro. A tentativa é perfeitamente admissível.

5. AÇÃO PENAL. LEI DOS JUIZADOS ESPECIAIS CRIMINAIS

(i) Ação penal: trata-se de crime de ação penal pública incondicionada.

(ii) Lei dos Juizados Especiais Criminais: trata-se de infração de menor potencial ofensivo (art. 61 da Lei n. 9.099/95), estando sujeita às disposições da Lei n. 9.099/95. É cabível, inclusive, a suspensão condicional do processo (art. 89 da Lei n. 9.099/95).

ART. 347 – FRAUDE PROCESSUAL

1. CONCEITO. OBJETO JURÍDICO

Reza o art. 347, *caput*, do CP: "Inovar artificiosamente, na pendência de processo civil ou administrativo, o estado de lugar, de coisa ou de pessoa, com o fim de induzir a erro o juiz ou o perito: Pena — detenção, de 3 (três) meses a 2 (dois) anos, e multa". Segundo Hungria, "inspirado no art. 374 do Código italiano, o dispositivo visa a coibir os artifícios tendentes ao falseamento da prova e, consequentemente, aos erros de julgamento, seja em favor, seja em prejuízo de qualquer dos interessados"[701]. Tutela-se, assim, a administração da justiça.

2. ELEMENTOS DO TIPO

2.1. Ação nuclear

A conduta típica consiste em inovar artificiosamente, na pendência de processo civil ou administrativo, o estado de lugar, de coisa ou de pessoa. Segundo Noronha, "inovar é alterar, modificar, mudar, deformar etc., o estado de *lugar*, isto é, do local ou ambien-

---

698. Damásio E. de Jesus, *Direito penal*, cit., v. 4, p. 310; Cezar Roberto Bitencourt, *Código Penal comentado*, cit., p. 1149.

699. Julio Fabbrini Mirabete, *Manual*, cit., v. 3, p. 430.

700. E. Magalhães Noronha, *Direito penal*, cit., v. 4, p. 384.

701. Nélson Hungria, *Comentários*, cit., v. 9, p. 500.

te; de *coisa*, quer seja móvel ou imóvel; de *pessoa*, no seu estado *físico* ou *externo* (não no psíquico, civil ou social) e no *anatômico interno*. Pode conseguir-se isso, por exemplo, com o plantio ou derrubada de árvores, remoção de marcos, abertura de uma janela etc., com o manchar um objeto ou apagar sua mancha, colocar uma arma na mão da vítima (para futura alegação de legítima defesa) etc.; com fazer desaparecer característicos da pessoa por meio de cirurgia estética, com operação destinada à esterilização etc. Excetuam os tratadistas o crescimento da barba, que é um direito de qualquer pessoa em relação a si mesma e não constitui verdadeira mudança de estado físico"[702]. Vejamos outros exemplos: colocar uma arma na mão da vítima de homicídio para criar a cena de um suicídio[703], lavar a peça de roupa esquecida pelo autor do crime, de forma a apagar qualquer vestígio de sangue; remover os corpos das vítimas de local, de forma a alterar a cena do crime. Todas essas inovações artificiosas devem ser praticadas na pendência de processo civil ou administrativo, com o fim de induzir a erro o juiz ou o perito. Contudo, se a inovação se destina a produzir efeito em processo penal, não é necessário que este se tenha iniciado (parágrafo único). Ressalve-se a hipótese em que o processo penal é condicionado ao oferecimento de queixa, representação ou requisição, havendo crime somente quando se houver verificado a condição de procedibilidade.

Obviamente, as inovações artificiosas devem ser idôneas a enganar o juiz ou o perito; do contrário, se o artifício for grosseiro, não há falar em crime.

2.2. Sujeito ativo

Trata-se de crime comum, podendo ser praticado por qualquer pessoa que tenha ou não interesse no processo (autor, réu, litisconsorte, acusado, advogado etc., bem como pessoas estranhas à causa, como parentes, amigos ou inimigos das partes). O funcionário público pode ser sujeito ativo do crime em tela; contudo, por se tratar de crime subsidiário, se aquele, por exemplo, receber dinheiro para inovar artificiosamente no processo, poderá responder por outro crime (CP, art. 317 – corrupção passiva). A autoridade policial, segundo o disposto no art. 169 do CPP, para efeito de exame do local onde houver sido praticada a infração, providenciará imediatamente para que não se altere o estado das coisas até a chegada dos peritos, que poderão instruir seus laudos com fotografias, desenhos ou esquemas elucidativos. O perito não pode praticar o crime em tela. Caso altere a cena do crime e posteriormente realize falsa perícia, deverá responder pelo delito previsto no art. 342 do CP.

2.3. Sujeito passivo

É o Estado. É também vítima a pessoa prejudicada com a inovação artificiosa no processo.

---

702. E. Magalhães Noronha, *Direito penal*, cit., v. 4, p. 386.

703. Exemplo de Nélson Hungria, *Comentários*, cit., v. 9, p. 501.

3. ELEMENTO SUBJETIVO

É o dolo, consubstanciado na vontade livre e consciente de inovar artificiosamente, na pendência de processo civil ou administrativo, o estado de lugar, de coisa ou de pessoa. É necessário que o agente haja com o fim especial de induzir a erro o juiz ou o perito (elemento subjetivo do tipo).

4. CONSUMAÇÃO E TENTATIVA

Trata-se de crime formal. Consuma-se com a realização da fraude, isto é, com a inovação artificiosa, por exemplo, na hipótese em que o agente lava as vestes deixadas pelo autor do estupro, o crime reputa-se consumado nesse instante, ainda que o juiz ou o perito não venham a ser enganados. Assim, não é necessário que o agente efetivamente logre induzir em erro o perito ou juiz, de forma a obter um julgamento favorável. Haverá o crime ainda que o processo não chegue à fase de julgamento ou não se realize a perícia, uma vez que, se o artifício era idôneo a enganar, o crime já se tem como configurado no instante em que há a inovação. Tratando-se de crime plurissubsistente, a tentativa é perfeitamente possível.

5. FORMAS

5.1. Simples (art. 347, *caput*)

Prevista no *caput* do artigo.

5.2. Majorada (art. 347, parágrafo único)

Prevista no parágrafo único do artigo: "Se a inovação se destina a produzir efeito em processo penal, ainda que não iniciado, as penas aplicam-se em dobro". *Vide* comentários no item 2.1.

6. DISTINÇÃO

Fraude processual e estelionato. Distinção: o estelionato constitui crime contra o patrimônio, de forma que o agente induz outrem em erro com a intenção de obter indevida vantagem econômica. Já a fraude processual constitui crime contra a administração da justiça, e o agente realiza inovação artificiosa com o fim de induzir o perito ou juiz em erro, uma vez que a prova falseada visa à obtenção de um julgamento favorável ou prejudicial, conforme os interesses do agente no processo. Vale mencionar que o direito fundamental de não ser obrigado a produzir prova contra si mesmo (CF, art. 5º, LXIII) não abarca o direito de alterar artificiosamente o estado do lugar, de coisas ou pessoas.

7. LEGISLAÇÃO PENAL ESPECIAL

Dispõe o art. 312 do CTB: "Inovar artificiosamente, em caso de acidente automobilístico com vítima, na pendência do respectivo procedimento policial preparatório, inquérito policial ou processo penal, o estado de lugar, de coisa ou de pessoa, a fim de induzir a erro o agente policial, o perito, ou o juiz: Pena – detenção, de 6 (seis) meses a 1 (um) ano, ou multa".

8. AÇÃO PENAL. LEI DOS JUIZADOS ESPECIAIS CRIMINAIS

(i) Ação penal: trata-se de crime de ação penal pública incondicionada.

(ii) Lei dos Juizados Especiais Criminais: a modalidade prevista no *caput* do artigo constitui infração de menor potencial ofensivo, estando sujeita às disposições da Lei n. 9.099/95. É cabível, inclusive, a suspensão condicional do processo (art. 89 da lei). A forma majorada (parágrafo único) somente admite a suspensão condicional do processo.

ART. 348 – FAVORECIMENTO PESSOAL

1. CONCEITO. OBJETO JURÍDICO

Dispõe o art. 348, *caput*, do CP: "Auxiliar a subtrair-se à ação de autoridade pública autor de crime a que é cominada pena de reclusão: Pena – detenção, de 1 (um) a 6 (seis) meses, e multa". Afirma Noronha que "o bem-interesse tutelado, como a classificação do delito indica, relaciona-se à administração da justiça. Tem-se em vista a atuação eficaz da atividade judiciária, impedindo seja ela frustrada em sua finalidade de luta contra o crime, impondo às pessoas o dever de, se não colaborar com a justiça, abster-se de estorvá-la em seus desígnios"[704].

2. ELEMENTOS DO TIPO

2.1. Ação nuclear

A conduta típica consiste em auxiliar (fornecer ajuda) autor de crime (abrange aquele que tem responsabilidade penal pelo fato delituoso, seja autor, coautor ou partícipe) a quem é cominada pena de reclusão a subtrair-se à ação de autoridade pública. Pressupõe, portanto:

(i) que haja anteriormente a prática de um crime: trata-se aqui do crime doloso, culposo ou preterdoloso, tentado ou consumado. Não se refere a lei à contravenção penal. Segundo a doutrina, não há delito de favorecimento pessoal se em relação ao fato anterior ocorreu: (i) causa excludente da ilicitude; (ii) causa excludente da culpabilidade; (iii) causa extinta da punibilidade; (iv) alguma escusa absolutória. Ora, se não há crime, ou se o agente não é culpado, ou se foi extinta a sua punibilidade, obviamente ele não está sujeito à ação da autoridade, e, portanto, o auxílio a ele prestado não configura o crime de favorecimento pessoal. E se o agente foi absolvido por falta de provas, aquele que o auxiliou a subtrair-se da ação da autoridade responde pelo favorecimento pessoal? Há duas orientações na doutrina: (i) Conforme preleciona Victor Eduardo

---

704. E. Magalhães Noronha, *Direito penal*, cit., v. 4, p. 390.

Rios Gonçalves, "se o autor do crime antecedente vier a ser absolvido por qualquer motivo (exceto na absolvição imprópria, em que há a aplicação de medida de segurança), o juiz não poderá condenar o réu acusado de auxiliá-lo"[705]. (ii) Nélson Hungria, por sua vez, sustenta que a absolvição por falta de provas não exclui o crime de favorecimento pessoal[706].

Nosso entendimento: adotamos a primeira posição, com o seguinte adendo: se já tiver havido condenação transitada em julgado pelo favorecimento, caberá revisão criminal com base no art. 621, III, primeira parte, do CPP, uma vez que a absolvição, em face do princípio do estado de inocência (CF, art. 5º, LVII), torna atípico o favorecimento pessoal; afinal, se o beneficiado era inocente, inexistia ação legítima de autoridade a ser subtraída.

Finalmente, segundo a doutrina, na hipótese em que o crime anteriormente praticado somente se proceda mediante queixa ou mediante ação pública sujeita à representação ou requisição, enquanto não forem apresentadas estas, não se poderá falar em delito de favorecimento pessoal[707];

(ii) que o crime anteriormente praticado seja apenado com reclusão: excluem-se, portanto, os crimes apenados com detenção (por exemplo: violação de domicílio, rixa, dano etc.), os quais constituem a modalidade privilegiada (§ 1º).

Dessa forma, a ação típica consiste em o agente auxiliar, isto é, praticar ações tendentes a possibilitar que o autor do crime (abrange a autoria, a coautoria e a participação) logre esquivar-se, ainda que momentaneamente, da ação da autoridade pública (policial, judiciária, administrativa etc.), frustrando assim sua prisão (provisória ou definitiva) ou captura (na hipótese em que se encontra foragido). Por exemplo: esconder o foragido em sua residência, fornecer automóvel e dinheiro para a fuga, levá-lo a um esconderijo, auxiliá-lo a disfarçar-se, despistar com falsos informes ou dissimulação de indícios a pesquisa para a descoberta de seu paradeiro[708] etc.

Assim, o indivíduo que meramente instiga, convence o criminoso a se esconder da polícia, sem praticar qualquer ação concreta que facilite o ocultamento do delinquente, não pratica o crime em tela. É o que ocorre quando o advogado, por exemplo, orienta seu cliente a não se entregar à autoridade policial. Entretanto, se o causídico ocultar o criminoso em sua residência ou lhe prestar ajuda financeira para manter-se foragido, responderá pelo crime em tela. O delito somente pode ser praticado mediante ação, jamais omissão. Desse modo, o fato de o indivíduo não comunicar à autoridade policial onde se

---

705. Victor Eduardo Rios Gonçalves, *Dos crimes contra os costumes aos crimes contra a Administração*, cit., v. 10, p. 189. No mesmo sentido: Julio Fabbrini Mirabete, *Manual*, cit., v. 3, p. 434.

706. Nélson Hungria, *Comentários*, cit., v. 9, p. 508.

707. Nélson Hungria, *Comentários*, cit., v. 9, p. 508.

708. Exemplo de Nélson Hungria, *Comentários*, cit., v. 9, p. 506.

encontra o foragido não configura o favorecimento pessoal. Não se exige que o agente esteja sendo perseguido pela autoridade no momento do auxílio. Também não é necessário que tenha sido instaurado inquérito policial para apurar o crime praticado, ou oferecida denúncia, ou proferida sentença. O favorecimento pessoal surge com a mera prestação do auxílio. Assim, na hipótese em que o agente, tendo sido detido em flagrante por crime de roubo, logra fugir, vindo a ser auxiliado por seu primo, que o esconde em sua residência, responderá este último pelo crime em tela, embora não tenha ainda sido instaurado inquérito policial. Conforme ressalta Hungria, "é indispensável, para a existência do crime, que o auxílio não tenha sido prestado ou prometido antes ou durante o crime precedente (*ante delictum* ou *in delicto*), pois, de outro modo, o que haveria a reconhecer, como é claro, seria uma coparticipação em tal crime (...). Não há, aqui, contribuição alguma para a concepção ou execução do crime anterior (*Vordelikt*), de que o agente só veio a ter conhecimento depois de praticado. O favorecimento é auxílio prestado ao *criminoso* (para sua fuga ou ocultação), e não ao *crime* (já dizia Arentino: '*auxilium praestitum non ad committendum, sed ad evadendum*'). É preciso não confundir o *fautor delicti* com o *fautor delinquentis*"[709]. Cite-se o seguinte exemplo: "A", ciente de que seu irmão, "B", que mora em um Estado vizinho, irá praticar um crime, envia-lhe uma carta dizendo que, se "B" realmente resolver cometer o ilícito, poderá esconder-se em sua residência. Se "B" praticar o crime e depois se esconder na casa de "A", este não responderá por favorecimento pessoal, mas sim como partícipe do delito praticado por "B", uma vez que seu convite constituiu meio instigatório à prática do ilícito. Na hipótese de crime permanente, o auxílio prestado ao criminoso enquanto não cessada a permanência configura o concurso de pessoas[710]. Por exemplo: sequestradores que têm conhecimento de que o cativeiro será invadido pela polícia e, com o auxílio de um vizinho, que lhes empresta seu automóvel, abandonam a vítima no local e se evadem para outro Estado. No exemplo citado, o agente será considerado partícipe do crime de sequestro, pois prestou auxílio material aos sequestradores durante a execução do crime, não havendo falar em favorecimento pessoal, pois este pressupõe que o crime anterior se tenha consumado.

2.2. Sujeito ativo

Trata-se de crime comum; qualquer pessoa pode praticá-lo, inclusive a autoridade pública. No caso de favorecimento praticado em benefício de coautor ou partícipe, o agente não responderá pelo crime previsto no art. 348 do CP quando tiver prestado o auxílio com o intuito de beneficiar-se. É o caso, por exemplo, do sujeito que empresta um veículo para o comparsa refugiar-se em sua cidade natal, a fim de evitar que seja preso e o delate em uma eventual confissão. Nessa hipótese, o favorecimento pessoal estaria acobertado pelo direito à não incriminação, englobado pelo princípio

709. Nélson Hungria, *Comentários*, cit., v. 9, p. 506.

710. Nélson Hungria, *Comentários*, cit., v. 9, p. 506.

da ampla defesa, na modalidade autodefesa. Para que se caracterize a infração em tela, é necessário que o favorecimento seja prestado no exclusivo intuito de frustrar a ação de autoridade pública. O dolo, portanto, consiste na vontade de auxiliar autor de crime apenado com reclusão, com a consciência de que tal auxílio dificulta a persecução penal. No mesmo sentido é a lição de Nélson Hungria: "Não é crime o autofavorecimento, ainda que, no caso de *concursus delinquentium*, importe *necessariamente* favorecimento aos copartícipes. Somente quando inexista tal relação de *necessidade* é que o simultâneo auxílio aos comparsas constituirá o crime em exame"[711].

Conforme já estudado, o advogado pode ser sujeito ativo do crime em tela, desde que auxilie, concretamente, seu cliente a subtrair-se à ação da autoridade. A simples conduta de não revelar o paradeiro de seu cliente não caracteriza o crime de favorecimento pessoal[712].

A vítima do delito anterior também pode ser sujeito ativo do favorecimento pessoal, desde que preste auxílio ao criminoso após a consumação do crime; por exemplo, vítima de crime de sequestro que, após ser libertada, despista a ação da autoridade, com falsos informes, para a descoberta do paradeiro dos sequestradores. Ressalva Noronha que o delito anterior não deve ser de ação privada, "pois é de ter-se em vista que a incriminação não atende a interesses seus, mas da justiça"[713].

2.3. Sujeito passivo

É o Estado, titular do bem jurídico ofendido.

3. ELEMENTO SUBJETIVO

É o dolo, consubstanciado na vontade livre e consciente de auxiliar o autor de crime a subtrair-se à ação de autoridade pública. É necessário que o agente tenha ciência da situação do favorecido, isto é, de que ele está sendo perseguido pela autoridade pública ou de que a perseguição certamente ocorrerá no futuro, por ser autor de um crime. O desconhecimento dessa situação afasta o dolo, não havendo falar no crime em tela. Dessa forma, aquele que empresta sua casa de praia a um amigo, por supor falsamente que este se encontra em férias e está à procura de lazer, quando, na realidade, ele praticou um crime e quer fugir da ação da polícia, não comete o delito em tela, ante a falta de conhecimento da situação do beneficiado. A dúvida, contudo, não exclui o delito. Dessa forma, se o agente age com dolo eventual, isto é, tem dúvidas acerca da situação do beneficiado e, ainda assim, arrisca-se em ajudá-lo, o crime subsistirá[714].

---

711. Nélson Hungria, *Comentários*, cit., v. 9, p. 507.

712. Nesse sentido: E. Magalhães Noronha, *Direito penal*, cit., v. 4, p. 390.

713. E. Magalhães Noronha, *Direito penal*, cit., v. 4, p. 390.

714. Nesse sentido: E. Magalhães Noronha, *Direito penal*, cit., v. 4, p. 392.

4. CONSUMAÇÃO E TENTATIVA

Conforme a opinião doutrinária dominante[715], consuma-se o crime no momento em que o favorecido consegue, ainda que momentaneamente, em razão do auxílio prestado, subtrair-se à ação da autoridade pública. Em sentido contrário, a doutrina de Giuseppe Maggiore: "O momento consumativo verifica-se com o ato de prestar auxílio por um dos modos mencionados, independentemente da consecução do intento"[716].

Haverá tentativa se, prestado o auxílio, o criminoso não consegue escapar da ação da autoridade pública.

5. FORMAS

5.1. Simples (art. 348, *caput*)

Está prevista no *caput* do artigo.

5.2. Privilegiada (art. 348, § 1º)

Prevista no § 1º: "Se ao crime não é cominada pena de reclusão: Pena – detenção, de 15 (quinze) dias a 3 (três) meses, e multa". Nessa hipótese, a pena é reduzida diante da menor gravidade do fato.

6. ESCUSA ABSOLUTÓRIA (ART. 348, § 2º)

A escusa absolutória está prevista no § 2º, constituindo causa extintiva de punibilidade incidente sobre determinados parentes. Assim, de acordo com o § 2º, "se quem presta auxílio é ascendente, descendente, cônjuge ou irmão do criminoso, fica isento de pena". A enumeração legal, a despeito de ser taxativa, alcança a união estável, por força de equiparação constitucional (CF, art. 226, § 5º), bem como todas as formas de filiação, inclusive o parentesco por adoção, dado ser vedado tratamento discriminatório aos descendentes, pouco importando a natureza do vínculo (CF, art. 227, § 6º)[717].

7. DISTINÇÕES

(i) Favorecimento pessoal e facilitação de fuga de pessoa presa: na conduta de prestar auxílio para a fuga do autor de crime anterior, este deve estar solto, pois, se esti-

---

715. Damásio E. de Jesus, *Direito penal*, cit., v. 4, p. 319; Nélson Hungria, *Comentários*, cit., v. 9, p. 508-9; E. Magalhães Noronha, *Direito penal*, cit., v. 4, p. 392; Celso Delmanto, *Código Penal comentado*, cit., p. 634; Julio Fabbrini Mirabete, *Manual*, cit., v. 3, p. 436.

716. Giuseppe Maggiore, *Diritto penale*, 1953, p. 295, apud E. Magalhães Noronha, *Direito penal*, cit., v. 4, p. 392.

717. *Vide* comentário ao art. 181 do CP, neste *Curso*, v. 2.

ver preso e alguém o ajudar a fugir, ocorre o crime de facilitação de fuga de pessoa presa (CP, art. 351).

(ii) Favorecimento pessoal e prevaricação: se o agente é funcionário público e tem o dever legal de capturar o foragido e retarda ou deixa de praticar indevidamente esse ato de ofício para satisfazer interesse ou sentimento pessoal, comete o delito de prevaricação.

(iii) Favorecimento pessoal e corrupção passiva: se o agente é funcionário público e tem o dever legal de capturar o foragido, contudo recebe indevida vantagem ou aceita promessa de tal vantagem para não capturá-lo, comete o delito de corrupção passiva (CP, art. 317, § 1º). Se o funcionário público, recebendo a vantagem, além de não capturá-lo, acabar por auxiliá-lo na fuga – por exemplo, autoridade policial que, ao encontrar o criminoso, recebe dinheiro para que despiste com falsos informes a pesquisa para a descoberta de seu paradeiro –, responderá igualmente pelo delito de favorecimento pessoal.

(iv) Favorecimento pessoal e adulteração de sinal identificador de veículo automotor: a conduta de adulterar ou remarcar número de chassi ou qualquer sinal identificador de veículo automotor, de seu componente ou equipamento, com o fim de auxiliar o criminoso a subtrair-se à ação da autoridade pública, configura o crime previsto no art. 311 do CP e não o delito de favorecimento pessoal. Dessa forma, aquele que adultera as placas de veículo furtado ou roubado por outrem, com o fim de possibilitar a fuga do agente, responde pelo crime do art. 311 do CP.

8. AÇÃO PENAL. LEI DOS JUIZADOS ESPECIAIS CRIMINAIS

(i) Ação penal: trata-se de crime de ação penal pública incondicionada.

(ii) Lei dos Juizados Especiais Criminais: trata-se de infração de menor potencial ofensivo, sujeita às disposições da Lei n. 9.099/95. É cabível a suspensão condicional do processo (art. 89 da lei).

ART. 349 – FAVORECIMENTO REAL

1. CONCEITO. OBJETO JURÍDICO

Prevê o art. 349 do CP: "Prestar a criminoso, fora dos casos de coautoria ou de receptação, auxílio destinado a tornar seguro o proveito do crime. Pena – detenção, de 1 (um) a 6 (seis) meses, e multa". Tutela-se, mais uma vez, a administração da justiça. Nesta figura penal, assim como no crime previsto no art. 348, procura-se impedir o favorecimento ao autor de crime; contudo, agora, o favorecimento consiste em tornar seguro o proveito do delito. De forma secundária, a lei penal também visa proteger o patrimônio da vítima do crime anterior.

2. ELEMENTOS DO TIPO

2.1. Distinções. Ação nuclear

A conduta típica consiste em prestar a criminoso, fora dos casos de coautoria ou de receptação, auxílio (fornecer ajuda) destinado a tornar seguro o proveito do crime (excluem-se as contravenções penais). Importa fazer aqui três distinções:

(i) Favorecimento real e pessoal: no crime de favorecimento real, o qual estudaremos agora, o agente visa a tornar seguro o proveito do crime (por exemplo: guardar o objeto do furto), ao passo que no pessoal o agente visa assegurar a fuga, a ocultação do autor do crime anterior (esconder o autor do crime de furto ou auxiliá-lo na fuga).

(ii) Favorecimento real e concurso de pessoas: o tipo penal expressamente exige que o agente preste o auxílio ao criminoso fora dos casos de coautoria. Similarmente ao que ocorre no delito de favorecimento pessoal, é necessário que o agente não tenha sido coautor ou partícipe do crime anterior. Faz-se também necessário que o auxílio ao criminoso tenha sido prestado após a consumação do delito. Se foi prestado ou prometido antes ou durante a execução do crime, o agente será considerado coparticipante do delito praticado. Por exemplo, indivíduo que promete a seu irmão que, se este realizar o assalto, guardará em sua casa dinheiro roubado. Na hipótese, o agente será considerado partícipe do delito de roubo, pois a promessa constituiu meio instigatório à prática delitiva.

(iii) Favorecimento real e receptação: é mais uma vez exigência expressa do tipo penal que o auxílio ao criminoso seja prestado fora dos casos de receptação. Assinalemos as distinções entre ambos os delitos[718]: (i) na receptação o agente atua com o intuito de satisfazer interesse econômico próprio ou alheio e não do autor do crime antecedente; no favorecimento real o agente atua com a finalidade de satisfazer interesse do autor do delito antecedente; (ii) na receptação o receptador visa proveito de natureza econômica, ao passo que no favorecimento o proveito pode ser de ordem econômica ou moral; (iii) conforme Hungria, "a receptação visa à coisa (produto do crime), enquanto o favorecimento visa, principalmente, à pessoa do autor do crime"[719].

Trata-se de crime de ação livre, podendo o auxílio ser realizado de várias formas, por exemplo, esconder o veículo comprado com o dinheiro roubado; levar as joias furtadas a um joalheiro; levar o veículo roubado a um desmanche; auxiliar no desconto de cheque furtado; comprar um imóvel com o dinheiro apropriado pelo peculatário. É pressuposto do crime de favorecimento real que haja anteriormente a prática de um delito, patrimonial ou não, o qual pode ser tentado ou consumado. Assim, afirma Noronha, "alude-se aqui a *proveito*, o que inclui o *preço* do crime e já agora nada impede

718. Cf. distinções realizadas por Nélson Hungria, *Comentários*, cit., v. 9, p. 509-10, e E. Magalhães Noronha, *Direito penal*, cit., v. 4, p. 393-4.

719. Nélson Hungria, *Comentários*, cit., v. 9, p. 510.

que alguém esconda o dinheiro ou a coisa que o mandante deu ao mandatário em antecipado pagamento (*pretium*) do homicídio, que ele não conseguiu consumar"[720]. Em sentido contrário, Hungria, para quem o favorecimento real "não se compadece com a simples tentativa do crime anterior, pois em tal caso não haveria proveito a ser assegurado"[721]. A lei, dessa forma, fala em proveito do crime, portanto se exclui o proveito de contravenção penal. Assim, aquele que, auxiliando o contraventor, esconde o dinheiro proveniente do jogo de bicho não pratica o crime em tela. O proveito do crime é a vantagem de natureza material ou moral obtida com a prática do crime antecedente, não necessitando, portanto, ser patrimonial. Abrange: **(i) o preço do crime**: é o exemplo do pagamento obtido pelo mandante para praticar um homicídio; **(ii) o produto do crime**: é o próprio objeto obtido com a prática criminosa, por exemplo, o veículo furtado, o dinheiro roubado, as joias apropriadas; ou provenientes de modificação ou alteração, por exemplo, colares de ouro que são fundidos[722]. É também considerada proveito a coisa que veio a substituir o objeto material do delito, por exemplo, o veículo comprado com o dinheiro furtado. Desse modo, aquele que esconde o veículo para beneficiar o criminoso pratica o crime em tela. Ficam excluídos os instrumentos do crime, os quais não são considerados proveito deste[723]. Na hipótese, se alguém, por exemplo, guardar a faca usada por um homicida, com o fim de atrapalhar as investigações policiais e impedir a perseguição do delinquente, poderá haver o crime de favorecimento pessoal.

Sabemos que o favorecimento real é um delito acessório, assim como o favorecimento pessoal, de modo que é necessária a prévia comprovação da existência do delito antecedente. Indaga-se: é necessário o trânsito em julgado da sentença penal condenatória do crime antecedente ou basta a prova da existência do delito? Para Celso Delmanto, "tendo o art. 319 empregado a expressão *criminoso*, e não acusado de *crime* ou simplesmente *acusado*, cremos que, diante das garantias constitucionais do direito à desconsideração prévia de culpabilidade (CR/88, art. 5º, LVII) ou presunção de inocência (CR/88, art. 5º, § 2º c/c o art. 14, 2, do PIDCP e art. 8º, 2, 1ª parte, da CADH – os dois últimos, tratados subscritos e ratificados pelo Brasil) e da reserva legal (CR/88, art. 5º, XXXIX e § 2º, PIDCP, art. 15, 1; CADH, art. 9º)[724], esta igualmente prevista no art. 1º do CP, que veda o emprego da interpretação extensiva ou da analogia para punir, o auxílio ou favorecimento que este tipo penal incrimina é *somente* o prestado àquele que já tiver sido condenado por crime, com *decisão transitada em julgado*. Portanto, o auxílio ou favorecimento a acusado, ou seja, a pessoa que ainda não tenha sido condenada definitivamente, será *atípico*. Dir-se-á, talvez, que tal interpretação poderá ter consequências morais danosas, deixando impunes aqueles que, em

720. Cf. E. Magalhães Noronha, *Direito penal*, cit., v. 4, p. 394.

721. Nélson Hungria, *Comentários*, cit., v. 9, p. 510.

722. Cf. E. Magalhães Noronha, *Direito penal*, cit., p. 394.

723. Nesse sentido: E. Magalhães Noronha, *Direito penal*, cit., p. 394.

724. CR – Constituição da República Federativa do Brasil – CF; PIDCP – Pacto Internacional sobre Direitos Civis e Políticos; CADH – Convenção Americana de Direitos Humanos.

evidente conduta antissocial, por exemplo, favorecem acusado de um crime hediondo como a extorsão mediante sequestro. Mas, então que se altere o Código Penal, pois é este, como lei ordinária, que deve se adaptar à CR/88, e não o contrário (nesse sentido: STJ, RHC 2.472-4, rel. Min. Adhemar Maciel, v.u., *DJU* 10.5.93, p. 8648)"[725].

Se o autor do crime principal é inimputável ou teve extinta sua punibilidade, tais circunstâncias não impedem a configuração do favorecimento real, pois a inimputabilidade apenas impede a aplicação da sanção penal ao autor do crime antecedente, mas o fato não deixa de ser crime[726]. O mesmo sucede na presença de alguma causa extintiva da punibilidade. Ressalve-se, contudo, a hipótese da *abolitio criminis* e da anistia[727].

2.2. Sujeito ativo

Trata-se de crime comum, pois pode ser praticado por qualquer pessoa, com exceção, é claro, do coautor ou partícipe do delito antecedente. Se o agente, antes da prática do crime principal, se comprometer a tornar seguro o proveito do delito, responderá como partícipe do crime original. Por exemplo: "A" compromete-se a esconder os objetos que "B" venha a furtar. Se "B" efetivamente realizar a subtração, "A" responderá como partícipe do crime de furto.

2.3. Sujeito passivo

É o Estado, titular do bem jurídico protegido pela norma penal. Também é sujeito passivo a vítima do crime anterior (proprietária ou possuidora da coisa).

3. ELEMENTO SUBJETIVO

É o dolo, consubstanciado na vontade livre e consciente de prestar auxílio a criminoso. Além do dolo, exige-se o elemento subjetivo do tipo, consistente no fim de tornar seguro o proveito do delito. É necessária a ciência do agente no sentido de que tornará seguro o proveito do crime. A ausência de conhecimento da procedência criminosa do bem exclui o dolo, e, portanto, o tipo penal. Se o agente age com o fim de obter lucro, ocorrerá crime de receptação. Não há previsão da modalidade culposa.

4. CONSUMAÇÃO

Trata-se de crime formal. Dessa forma, consuma-se com a prestação de auxílio ao criminoso. Não se exige que o agente logre tornar seguro o proveito do delito antecedente.

---

725. Celso Delmanto, *Código Penal comentado*, cit., p. 635.

726. Nesse sentido: E. Magalhães Noronha, *Direito penal*, cit., v. 4, p. 394; Nélson Hungria, *Comentários*, cit., v. 9, p. 510.

727. Cf. Damásio E. de Jesus, *Direito penal*, cit., v. 4, p. 323.

5. TENTATIVA

Por se tratar de crime plurissubsistente, a tentativa é perfeitamente admissível.

6. DISTINÇÃO

A conduta de adulterar ou remarcar número de chassi ou qualquer sinal identificador de veículo automotor, de seu componente ou equipamento, com o fim de tornar seguro o proveito do crime, configura o crime previsto no art. 311 do CP e não o delito de favorecimento real. Dessa forma, aquele que adultera as placas de veículo furtado ou roubado, imbuído dessa finalidade, responde pelo crime do art. 311 do CP.

7. AÇÃO PENAL. LEI DOS JUIZADOS ESPECIAIS CRIMINAIS. ESCUSA ABSOLUTÓRIA

(i) Ação penal: trata-se de crime de ação penal pública incondicionada.

(ii) Lei dos Juizados Especiais Criminais: trata-se de infração penal de menor potencial ofensivo, sujeita às disposições da Lei n. 9.099/95. É cabível a suspensão condicional do processo (art. 89 da lei).

(iii) Escusa absolutória: o favorecimento real não admite a escusa absolutória. Dessa forma, se o ascendente, descendente, cônjuge ou irmão do criminoso prestar-lhe alguma forma de auxílio com o fim de tornar seguro o proveito do crime, responderão eles pelo crime em tela, não havendo falar em isenção de pena.

ART. 349-A – ENTRADA DE CELULAR EM PRESÍDIO

1. APLICAÇÃO

O art. 349-A tipificou como delito o ingresso, a promoção, a intermediação, o auxílio ou a facilitação da entrada de aparelho telefônico de comunicação móvel, de rádio ou similar, sem autorização legal, em estabelecimento prisional. A pena é de detenção, de três meses a um ano.

Na realidade, a Lei n. 11.466/2007, já havia acrescentado o art. 319-A ao Código Penal, incriminando a conduta daquele que, tendo o dever legal de impedir o acesso do preso ao aparelho telefônico, rádio ou similar, torna-se omisso. Entretanto, o aludido delito pune tão somente o Diretor de Penitenciária ou agente público (por exemplo: carcereiro) que deixa de cumprir o dever de vedar ao preso o acesso ao aparelho. A figura delituosa não abrangia a conduta do particular.

Buscando suprir a omissão do aludido diploma, a lei passou a reprimir o particular, normalmente, familiares dos presos, que realizam o ingresso (dar entrada), a promoção (favorecer), a intermediação (interceder), o auxílio (assistir) ou a facilitação da entrada de aparelho telefônico de comunicação móvel, de rádio ou similar, sem autorização legal (elemento normativo do tipo), em estabelecimento prisional.

O crime se consuma com a prática de uma das ações típicas, independentemente de o preso ter acesso ao aparelho. Trata-se, portanto, de crime de mera conduta.

Somente é reprimido na modalidade dolosa, devendo o agente ter ciência de que o seu comportamento não se encontra autorizado, do contrário, poderá haver erro de proibição (CP, art. 21).

Em virtude da ínfima pena prevista (detenção, de três meses a um ano), o aludido delito tem a natureza de infração de menor potencial ofensivo. Admite-se o *sursis* (art. 89 da Lei n. 9.099/95), desde que preenchidos os requisitos da Lei.

É crime de ação penal pública incondicionada.

Finalmente, estamos diante de uma *novatio legis incriminadora*, não podendo retroagir para alcançar fatos praticados antes de sua entrada em vigor.

2. OBJETO JURÍDICO

Protege-se a administração da justiça, especialmente o regular cumprimento das penas privativas de liberdade e a execução de prisões provisórias, bem como a segurança pública.

3. ELEMENTOS DO TIPO

3.1. Ação nuclear. Objeto material

Os verbos nucleares são: *ingressar* (permitir a entrada), *promover* (diligenciar), *intermediar* (interceder, atuar como intermediador), *auxiliar* (prestar ajuda), *facilitar* (simplificar) a entrada de aparelho de telecomunicação móvel, de rádio ou similar (objeto material), sem autorização legal (elemento normativo do tipo), em estabelecimento prisional, sendo este o local destinado ao recolhimento de presos, provisórios ou definitivos, tais como as penitenciárias (LEP, art. 87), colônias agrícolas ou industriais (LEP, art. 91, e CP, art. 35, § 1º), casas de albergado (LEP, art. 93) e cadeias públicas (LEP, art. 102). O crime admite qualquer meio de execução. Não se incluem as instituições destinadas ao cumprimento de medida socioeducativa de internação, uma vez que esta não se confunde com "prisão" e "interno" não se confunde com "preso". Registre-se que o computador, por ser apto para comunicação tanto via teclado quanto em viva voz, está abrangido pela norma penal.

3.2. Sujeito ativo

Por se tratar de crime comum, o delito pode ser cometido por qualquer pessoa, inclusive pelo próprio detento. Por exemplo, apenado que está no gozo de permissão de saída (LEP, art. 120) ou saída temporária (LEP, art. 122) e, quando retorna, ingressa no estabelecimento prisional com o aparelho móvel de comunicação. Registre-se que o detento que utiliza aparelho de telefonia celular, só por esse fato, não comete o delito em tela, contudo, será responsabilizado por falta grave prevista no art. 50, VII, da LEP (Lei n. 7.210/84).

Ao funcionário público responsável pela fiscalização do estabelecimento prisional aplica-se o art. 319-A do CP.

3.3. Sujeito passivo

É o Estado e, secundariamente, a sociedade, que pode ser prejudicada pelo uso daqueles aparelhos, os quais propiciam o cometimento de novos crimes.

4. ELEMENTO SUBJETIVO

É o dolo, isto é, a vontade livre e consciente do agente de ingressar, promover, intermediar, auxiliar e facilitar a entrada de aparelho telefônico de comunicação móvel, de rádio ou similar, sem autorização legal, em estabelecimento prisional. Embora o tipo penal não contenha essa exigência, o dolo deve relacionar-se à conduta de fazer com que o aparelho de comunicação móvel chegue às mãos do preso que se encontra no estabelecimento prisional.

5. CONSUMAÇÃO E TENTATIVA

A consumação se dá com o efetivo ingresso do aparelho no estabelecimento prisional, ainda que não chegue às mãos do detento. A tentativa é admissível.

6. AÇÃO PENAL

Trata-se de crime de ação penal pública incondicionada. Constitui infração de menor potencial ofensivo, sujeito às disposições da Lei n. 9.099/95 e seus benefícios penais.

ART. 350 – REVOGADO PELA LEI N. 13.869/2019

ART. 351 – FUGA DE PESSOA PRESA OU SUBMETIDA A MEDIDA DE SEGURANÇA

1. CONCEITO. OBJETO JURÍDICO

Dispõe o art. 351, *caput*, do CP: "Promover ou facilitar a fuga de pessoa legalmente presa ou submetida a medida de segurança detentiva: Pena – detenção, de 6 (seis) meses a 2 (dois) anos". Tutela-se mais uma vez a administração da justiça, pois se visa impedir que terceiros frustrem a execução da pena ou da medida de segurança pelo preso ou detento, isto é, promovam ou facilitem sua fuga. Veja-se que o tipo penal não pune a fuga do preso, pois não se pode repreender o direito à liberdade.

2. ELEMENTOS DO TIPO

2.1. Ação nuclear

Duas são as ações nucleares típicas: (i) **promover**: nesta modalidade típica, um terceiro, sem o auxílio do preso, torna exequível a fuga. Não é necessário, inclusive, que o preso tenha conhecimento do auxílio prestado por outrem para que o crime se perfaça. Assim, o carcereiro que deixa a porta da cela aberta para auxiliar a fuga do detento responde por esse delito, embora o detido desconheça o auxílio; (ii) **facilitar**: nesta modalidade típica o agente auxilia o preso a empreender a fuga, isto é, remove os obstáculos para que ele consiga tal desiderato; por exemplo, policial que informa qual é o local e o horário mais seguro para empreender a fuga, ou fornece instrumentos para que o preso cave um túnel para fugir, ou então lhe fornece uma farda de policial para que ele se disfarce como tal. O crime, assim, admite qualquer meio executivo: emprego de violência (contra a pessoa ou coisa), ameaça, fraude etc. A promoção ou facilitação de fuga deve visar pessoa legalmente presa (em virtude de prisão provisória ou definitiva, podendo ter natureza civil, criminal ou administrativa) ou submetida a medida de segurança detentiva (consistente em internação em hospital de custódia e tratamento psiquiátrico – CP, art. 97). Se a prisão ou detenção for ilegal, por exemplo, afirma a doutrina que a promoção ou facilitação de fuga no caso constituirá legítima defesa de terceiro. Da mesma forma, se o indivíduo foi licitamente preso, mas sua manutenção no cárcere passou a ser ilegal – por exemplo, pelo cumprimento da pena –, a promoção ou facilitação de sua fuga não constituirá crime[728].

Consoante Noronha, "não é apenas dos muros ou grades de uma penitenciária ou cadeia que se pode dar a fuga: esta existe, por exemplo, quando o preso ou detento se evade da viatura que o está transportando de um presídio para o outro, para o fórum etc."[729]. No mesmo sentido sustenta Hungria: "Não importa que o preso esteja recolhido ao estabelecimento carcerário (penitenciária, cadeia, presídio destinado a detenção provisória, xadrez policial, custódia honesta) ou esteja sendo conduzido para ele ou transportado dele para outro local (não se refere a lei, restritamente, a evasão, mas, genericamente, à fuga)"[730]. Dessa forma, na hipótese em que o sujeito auxilia pessoa presa em flagrante delito a fugir, por exemplo, distraindo a atenção dos policiais, embora ela ainda esteja sendo conduzida para o distrito policial, não se encontrando encarcerada, o auxílio prestado para a fuga configura o crime em tela, pois ela se encontrava sob a guarda ou custódia do Poder Público. Não ocorrerá esse crime, contudo, se o preso, tendo, sozinho, logrado fugir, acaba por ser auxiliado por amigos, que o abrigam em sua casa. Aqui temos um exemplo de crime de favorecimento pessoal.

---

728. Nesse sentido: Nélson Hungria, *Comentários*, cit., v. 9, p. 519.

729. E. Magalhães Noronha, *Direito penal*, cit., v. 4, p. 406.

730. Nélson Hungria, *Comentários*, cit., v. 9, p. 518-9.

2.2. Sujeito ativo

Trata-se de crime comum. Qualquer pessoa pode praticá-lo (familiares, amigos dos presos etc.). Nada impede que os próprios presos ou detentos auxiliem os demais a fugir. Se o agente for funcionário público incumbido da guarda ou custódia, haverá a forma qualificada (§§ 3º ou 4º). O preso ou detento beneficiado pelo auxílio não responde pelo delito em tela.

2.3. Sujeito passivo

É o Estado.

3. ELEMENTO SUBJETIVO

É o dolo, consubstanciado na vontade livre e consciente de promover ou facilitar a fuga de pessoa legalmente presa ou submetida a medida de segurança detentiva. O § 4º, por sua vez, prevê a modalidade culposa do delito no caso de ser praticado por funcionário incumbido da custódia ou guarda.

4. CONSUMAÇÃO E TENTATIVA

Ocorre com a fuga, isto é, quando o preso ou detento logra furtar-se da esfera de guarda ou custódia do Poder Público, ou melhor, no momento em que obtém a liberdade, ainda que de forma precária. Por exemplo, preso que consegue fugir da penitenciária por um túnel, ainda que venha a ser, em seguida, capturado. Se, no entanto, vier a ser detido ainda no interior do túnel, haverá o *conatus*.

5. FORMAS

5.1. Simples (art. 351, *caput*)

Está prevista no *caput* do artigo.

5.2. Qualificada (art. 351, § 1º)

Prevista no § 1º: "Se o crime é praticado a mão armada, ou por mais de uma pessoa, ou mediante arrombamento, a pena é de reclusão, de 2 (dois) a 6 (seis) anos". A pena é maior se a promoção ou facilitação de fuga for realizada: (i) com o emprego de arma: cuida-se aqui de qualquer espécie de arma: arma de fogo, faca, canivete – por exemplo, ameaçar o carcereiro com uma arma de fogo para que ele abra a cela; ou (ii) por mais de uma pessoa: cuida-se aqui do concurso de pessoas. Exige-se no mínimo a participação de duas pessoas; ou (iii) mediante arrombamento: consiste na violência contra a coisa, por exemplo, cerrar a grade da cela.

5.3. Qualificada (art. 351, § 3º)

Está prevista no § 3º: "A pena é de reclusão, de 1 (um) a 4 (quatro) anos, se o crime é praticado por pessoa sob cuja custódia ou guarda está o preso ou o internado". Trata-se aqui de violação do dever funcional, daí a razão da majoração da pena. Assim, responde pela forma qualificada o carcereiro ou o policial que facilita a fuga de pessoa presa ou detida. O delito, inclusive, pode ser praticado mediante omissão. Segundo Noronha, "o particular que prende em flagrante uma pessoa e, depois, a deixa fugir, não tem contra si a majorativa, pois não comete crime algum"[731]. É que o particular, no caso, não tem o dever funcional de prender o criminoso. Trata-se de faculdade concedida pelo art. 301 do CPP.

5.4. Culposa (art. 351, § 4º)

Está prevista no § 4º: "No caso de culpa do funcionário incumbido da custódia ou guarda, aplica-se a pena de detenção, de 3 (três) meses a 1 (um) ano, ou multa". Nessa hipótese, aquele que tem o dever legal de custódia ou guarda (carcereiro, policial etc.) deixa de tomar as cautelas necessárias, contribuindo, com isso, para a fuga do preso — por exemplo, carcereiro que esquece de trancar a cela.

6. CONCURSO DE CRIMES

Prevê o § 2º do art. 351: "Se há emprego de violência contra pessoa, aplica-se também a pena correspondente à violência". De acordo com o mencionado dispositivo legal, se do emprego da violência contra a pessoa (*vis corporalis*) advier lesão corporal (leve, grave ou gravíssima) ou homicídio, deverá o agente responder pela pena do crime em estudo somada à pena correspondente à violência, isto é, aplica-se a regra do concurso material. As vias de fato restam absorvidas pelo crime em estudo.

7. AÇÃO PENAL. LEI DOS JUIZADOS ESPECIAIS CRIMINAIS

(i) Ação penal: trata-se de crime de ação penal pública incondicionada.

(ii) Lei dos Juizados Especiais Criminais: as formas simples (*caput*) e culposa (§ 4º) constituem infração de menor potencial ofensivo, sujeita às disposições da Lei n. 9.099/95, sendo cabível inclusive a suspensão condicional do processo (art. 89 da lei). A forma qualificada prevista no § 3º admite somente o instituto previsto no art. 89 da Lei n. 9.099/95.

ART. 352 – EVASÃO MEDIANTE VIOLÊNCIA CONTRA PESSOA

1. CONCEITO. OBJETO JURÍDICO

Dispõe o art. 352 do CP: "Evadir-se ou tentar evadir-se o preso ou o indivíduo submetido a medida de segurança detentiva, usando de violência contra a pessoa: Pena —

731. E. Magalhães Noronha, *Direito penal*, cit., v. 4, p. 407.

detenção, de 3 (três) meses a 1 (um) ano, além da pena correspondente à violência". Tutela-se, mais uma vez, a administração da justiça.

2. ELEMENTOS DO TIPO

2.1. Ação nuclear

Duas são as condutas criminosas: *evadir-se* ou *tentar evadir-se* o preso mediante o emprego de violência contra a pessoa. Segundo Noronha, "evadir-se é a pessoa subtrair-se à esfera de custódia ou guarda de outrem. Frequentemente essa esfera está circunscrita ao estabelecimento (cadeia, penitenciária, casa de custódia e tratamento, instituto de trabalho etc.), mas pode ocorrer em condições diversas: o sentenciado que, transportado em viatura da Casa de Detenção para a Penitenciária, nesta Capital, agride seus condutores e foge, comete o delito em apreço: evade-se com violência à pessoa"[732]. Em sentido contrário, sustenta Hungria: "Já aqui, entende-se que o agente deve estar encerrado no estabelecimento carcerário ou de segurança. Se a fuga ocorre *extra muros*, eximindo-se violentamente o agente ao poder de quem o conduz ou transporta, o crime será o de resistência (art. 329), sem prejuízo, igualmente, das penas correspondentes à violência"[733]. Já havíamos dito que nossa legislação não pune a fuga do preso ou detento, contudo a lei não pode permitir que, ao lado da infração à ordem judiciária que determina o cumprimento da pena, o indivíduo ofenda a integridade física de outrem na busca daquele desiderato. Veja-se que o tipo penal prevê não só o fato de evadir-se, isto é, lograr subtrair-se da esfera de custódia e vigilância da autoridade, mas também tem como já configurado o delito com o mero ato de tentar evadir-se. Por exemplo: preso que emprega violência contra o guarda e tenta escalar o muro da penitenciária quando é impedido por terceiros. Tal ação já é apta a configurar o crime em tela. Assim, o que seria o *conatus* do delito passa a ser já sua consumação. Não basta, contudo, o mero ato de evadir-se ou tentar evadir-se. É necessário o efetivo emprego de violência contra a pessoa (guarda, carcereiro, parente dos presos etc.). Não se considera aqui a violência moral, por exemplo, intimidação mediante o emprego de arma de fogo, mas sim a violência corporal (vias de fato, lesão corporal, homicídio). O tipo penal refere-se a todas as modalidades de prisão — civil, penal ou processual — e à medida de segurança detentiva — internação em casa de custódia e tratamento ou estabelecimento equivalente.

2.2. Sujeito ativo

Trata-se de crime próprio, uma vez que somente pode ser cometido pelo preso ou detento, isto é, por aquele preso em flagrante, por sentença condenatória irrecorrível etc. ou submetido a medida de segurança.

---

732. E. Magalhães Noronha, *Direito penal*, cit., v. 4, p. 409.

733. Nélson Hungria, *Comentários*, cit., v. 9, p. 520.

2.3. Sujeito passivo

Primeiramente é o Estado. Secundariamente, a pessoa atingida pela violência (guarda, carcereiro, parentes dos presos etc.).

3. ELEMENTO SUBJETIVO

É o dolo, consubstanciado na vontade livre e consciente de evadir-se ou tentar evadir-se usando de violência contra a pessoa. Ressalva Noronha que, na hipótese em que alguém se evade para fugir a um incêndio, há estado de necessidade[734].

4. CONSUMAÇÃO E TENTATIVA

Consuma-se o delito no momento em que o agente logra subtrair-se à esfera de guarda ou vigilância, mediante o uso de violência ou então no momento em que ele tenta evadir-se, conforme inicialmente estudado. Não há, portanto, falar em tentativa do delito em estudo, pois o *conatus* foi previsto como delito consumado.

5. CONCURSO DE CRIMES

Haverá concurso material de crimes se do emprego da violência advierem lesões corporais ou a morte da vítima. As vias de fato restam absorvidas pelo crime.

6. AÇÃO PENAL. LEI DOS JUIZADOS ESPECIAIS CRIMINAIS

(i) **Ação penal:** trata-se de crime de ação penal pública incondicionada.

(ii) **Lei dos Juizados Especiais Criminais:** trata-se de infração de menor potencial ofensivo, e sujeita às disposições da Lei n. 9.099/95. Cabe inclusive a suspensão condicional do processo (art. 89 da lei).

ART. 353 – ARREBATAMENTO DE PRESO

1. CONCEITO. OBJETO JURÍDICO

Dispõe o art. 353 do CP: "Arrebatar preso, a fim de maltratá-lo, do poder de quem o tenha sob custódia ou guarda. Pena – reclusão, de 1 (um) a 4 (quatro) anos, além da pena correspondente à violência". Tutela-se, mais uma vez, a administração da justiça.

2. ELEMENTOS DO TIPO

2.1. Ação nuclear. Objeto material

Consubstancia-se no verbo *arrebatar*, isto é, subtrair, tirar, na hipótese, o preso do poder de quem detém sobre ele a custódia ou guarda. A retirada do preso deve necessa-

---

734. E. Magalhães Noronha, *Direito penal*, cit., v. 4, p. 410.

riamente ser realizada com o fim de submetê-lo a maus-tratos, isto é, de causar-lhe sofrimento físico, podendo consistir em vias de fato, lesão corporal ou até homicídio. Tal prática é muito comum nos crimes que provocam grande clamor social, levando à revolta toda a população, por exemplo, o linchamento de um estuprador ou pedófilo que está sendo transportado para a penitenciária. Veja-se que não importa o local em que o preso se encontra, se no fórum, no camburão da polícia, na penitenciária, pois basta a remoção dele do poder de quem detém sua guarda[735]. O objeto material é o preso, abrangendo prisão civil, penal ou processual. O tipo penal não se aplica, portanto, ao arrebatamento de indivíduo internado.

2.2. Sujeito ativo

Qualquer pessoa pode praticar o delito em tela. Não é um crime necessariamente plurissubjetivo, embora geralmente ele seja cometido por uma pluralidade de pessoas.

2.3. Sujeito passivo

É o Estado. Secundariamente é também o preso arrebatado. Não se inclui aqui o detento, isto é, aquele submetido a medida de segurança.

3. ELEMENTO SUBJETIVO

É o dolo, consubstanciado na vontade livre e consciente de arrebatar o preso. Exige-se também o chamado elemento subjetivo do tipo, consistente no fim especial de submetê-lo a maus-tratos. Ausente esse fim específico, o crime poderá transmudar-se em outro.

4. CONSUMAÇÃO E TENTATIVA

Trata-se de crime formal. Consuma-se com a efetiva subtração do preso, isto é, a retirada dele do poder de quem detém sobre ele a guarda ou custódia. A ocorrência de maus-tratos constitui mero exaurimento do crime. A tentativa é perfeitamente possível; por exemplo, revoltosos estão prestes a conseguir retirar o preso de dentro do camburão quando são impedidos pela autoridade policial.

5. CONCURSO DE CRIMES

Haverá concurso material de crimes se dos maus-tratos infligidos advier lesão corporal (leve, grave ou gravíssima) ou a morte do preso. As vias de fato restam absorvidas pelos maus-tratos.

---

735. Nesse sentido: E. Magalhães Noronha, *Direito penal*, cit., v. 4, p. 411.

6. AÇÃO PENAL. LEI DOS JUIZADOS ESPECIAIS CRIMINAIS

(i) **Ação penal:** trata-se de crime de ação penal pública incondicionada.

(ii) **Lei dos Juizados Especiais Criminais:** em face da pena mínima prevista, é cabível o instituto da suspensão condicional do processo. Contudo, se houver imputação cumulativa na denúncia, não se admitirá o citado benefício, já que seu cabimento depende do total das penas mínimas a que fica sujeito o réu, consoante as Súmulas 243 do STJ e 723 do STF.

ART. 354 – MOTIM DE PRESOS

1. CONCEITO. OBJETO JURÍDICO

Dispõe o art. 354 do CP: "Amotinarem-se presos, perturbando a ordem ou a disciplina da prisão: Pena – detenção, de 6 (seis) meses a 2 (dois) anos, além da pena correspondente à violência". Segundo Noronha, "É a defesa do prestígio e do valor que devem ter as decisões judiciárias que impõem pena como meio de reeducação ou readaptação do delinquente ou lhe determinam, por outra forma, a restrição da liberdade, inspiradas em motivos superiores e condizentes com os imperativos sociais. Claro que aquele fim colimado não se compadece com um ambiente de rebelião e indisciplina nos estabelecimentos penais"[736].

2. ELEMENTOS DO TIPO

2.1. Ação nuclear

Consubstancia-se no verbo *amotinar*, que, segundo a definição de Hungria, consiste em "um movimento coletivo de rebeldia de presos, seja para o fim de justas ou injustas reivindicações, seja para coagir os funcionários a tal ou qual medida, ou para tentativa de evasão, ou para objetivos de pura vingança"[737]. O motim somente se haverá realizado por vários presos, não basta que um se revolte. Segundo Noronha, se um preso se alia a funcionários em movimento de rebeldia também não haverá motim[738]. Exige o tipo penal que o motim perturbe a ordem ou a disciplina na prisão. Com efeito, os motins geralmente causam depredações às instalações públicas, funcionários são ameaçados de morte ou violentamente agredidos. O tipo penal não faz qualquer referência ao motim formado por detentos, isto é, por aqueles submetidos à medida de segurança detentiva (estes são "internados" e não "presos").

2.2. Sujeito ativo

Trata-se de crime próprio e coletivo, pois somente pode ser praticado pelos presos. Exclui-se o detento, isto é, o submetido a medida de segurança.

---

736. E. Magalhães Noronha, *Direito penal*, cit., v. 4, p. 413.

737. Nélson Hungria, *Comentários*, cit., v. 9, p. 522.

738. E. Magalhães Noronha, *Direito penal*, cit., v. 4, p. 413.

2.3. Sujeito passivo

É o Estado.

3. ELEMENTO SUBJETIVO

É o dolo, consubstanciado na vontade livre e consciente de realizar o motim, ciente de que este perturba a ordem ou a disciplina da prisão.

4. CONSUMAÇÃO E TENTATIVA

Consoante Noronha, "consuma-se o crime quando a ordem ou a disciplina foram transgredidas, com os primeiros atos do motim, pouco importando a permanência da perturbação. O não acatamento de uma determinação, a assuada, a vaia etc., são transgressões disciplinares, não, porém, motim. É mister a violência física contra guardas, funcionários etc., ou depredações"[739]. Por se tratar de crime material, a tentativa é perfeitamente possível.

5. CONCURSO DE CRIMES

Haverá concurso material de crimes se do emprego da violência advierem lesões corporais ou a morte. As vias de fato restam absorvidas pelo crime.

6. AÇÃO PENAL. LEI DOS JUIZADOS ESPECIAIS CRIMINAIS

(i) **Ação penal:** trata-se de crime de ação penal pública incondicionada.

(ii) **Lei dos Juizados Especiais Criminais:** trata-se de infração de menor potencial ofensivo, sujeita às disposições da Lei n. 9.099/95. Em face da pena mínima prevista, é cabível o instituto da suspensão condicional do processo.

ART. 355 – PATROCÍNIO INFIEL

1. CONCEITO. OBJETO JURÍDICO

Dispõe o art. 355, *caput*, do CP: "Trair, na qualidade de advogado ou procurador, o dever profissional, prejudicando interesse, cujo patrocínio em juízo lhe é confiado: Pena – detenção, de 6 (seis) meses a 3 (três) anos, e multa". Segundo Hungria, "nos arts. 355 e 356, o Código incrimina uma série de fatos que atentam contra a probidade, correção ou lealdade em torno à defesa de direitos ou patrocínio das causas em juízo"[740].

---

739. E. Magalhães Noronha, *Direito penal*, cit., v. 4, p. 413.

740. Nélson Hungria, *Comentários*, cit., v. 9, p. 523.

2. ELEMENTOS DO TIPO

2.1. Ação nuclear

Consubstancia-se no verbo *trair*, mediante violação de dever profissional (elemento normativo do tipo). Trata-se de crime em que o advogado ou procurador, quer seja constituído pela parte, quer seja nomeado pelo juiz, ao defender uma causa em juízo (cível ou penal), trai a confiança nele depositada pela parte patrocinada, ao praticar condutas comissivas ou omissivas que venham a prejudicar os interesses dela em juízo. Por exemplo, advogado que omite na petição inicial documentos que seu cliente lhe tenha confiado ou deixa transcorrer o prazo da contestação. Se houver a revelação de segredo em juízo e esta vier a prejudicar a parte, poderá haver concurso de crimes (CP, art. 154). Reforce-se que para a configuração desse crime é necessário que acarrete prejuízo ao patrocinado. O efetivo dano constitui elemento constitutivo do delito. Segundo Noronha, "o consentimento do interessado exclui a ilicitude do fato, somente quando se tratar de interesse disponível, o que não ocorre na defesa criminal: o acusado não pode validamente consentir em ser condenado ou, de qualquer maneira, prejudicado, pois não está em jogo apenas interesse seu, mas também público ou da justiça, como é o da defesa penal"[741].

→ **Atenção:** os deveres do advogado estão dispostos no Estatuto da Advocacia (Lei n. 8.906/94) e no Código de Ética e Disciplina da OAB.

2.2. Sujeito ativo

Trata-se de crime próprio, pois somente pode ser praticado pelo advogado, seja ele público ou particular, constituído ou dativo, e também pelo procurador. De acordo com o art. 3º da Lei n. 8.906/94 – Estatuto da Advocacia – o estagiário de advocacia regularmente inscrito na Ordem dos Advogados do Brasil pode ser sujeito ativo do delito em estudo, pois pode ser enquadrado na condição de procurador (somente pode atuar quando autorizado pela procuração do representante). Sujeito ativo, portanto, é somente aquele que tem capacidade postulatória em juízo. Possui essa capacidade o advogado inscrito legalmente na Ordem dos Advogados do Brasil e munido do instrumento de mandato, embora haja situações em que se dispensa a procuração. Por exemplo, poderá intentar ação para evitar a decadência ou prescrição sem esse instrumento, desde que o apresente no prazo de 15 dias.

2.3. Sujeito passivo

É o Estado. É também vítima a pessoa lesada com o patrocínio infiel.

---

741. E. Magalhães Noronha, *Direito penal*, cit., v. 4, p. 417.

3. ELEMENTO SUBJETIVO

É o dolo, consubstanciado na vontade livre e consciente de trair o dever profissional ciente de que prejudica interesse cujo patrocínio em juízo lhe é confiado. Dessa forma, se o advogado, por mera negligência, deixar transcorrer o prazo recursal ou deixar de juntar documentos importantes ao processo, não responderá pelo crime em tela, pois não há previsão da modalidade culposa. Da mesma forma, se o profissional, por erro na contagem do prazo, protocolar a contestação extemporaneamente, não haverá a configuração desse crime. Tais condutas, no caso, poderão constituir infração disciplinar (art. 34 da Lei n. 8.906/94).

4. CONSUMAÇÃO E TENTATIVA

Trata-se de crime material. Consuma-se com a causação de prejuízo à pessoa. A tentativa somente é possível na modalidade comissiva do crime, não se admitindo o *conatus* quando o delito for omissivo.

5. PATROCÍNIO SIMULTÂNEO OU TERGIVERSAÇÃO (ART. 355, PARÁGRAFO ÚNICO)

Dispõe o parágrafo único do citado artigo: "Incorre na pena deste artigo o advogado ou procurador judicial que defende na mesma causa, simultânea ou sucessivamente, partes contrárias". Duas são as condutas típicas: (i) defender na mesma causa, *simultaneamente*, partes contrárias. Nessa modalidade típica o advogado ou procurador patrocina no mesmo litígio o interesse da parte adversa, isto é, defende interesses contrários aos de seu cliente. Pratica esse delito o advogado que, previamente conluiado com a parte adversa, deixa de juntar documentos que venham a prejudicá-la, (ii) defender na mesma causa, *sucessivamente*, partes contrárias. Nessa modalidade típica o advogado, após abandonar a causa de seu constituinte ou ser por este dispensado, "*passa para a parte contrária*, isto é, *bandeia para o adversário*"[742], o que significa dizer: ele passa a advogar em favor dos interesses daquele que era a parte adversa na causa. Tal situação gera grave conflito, uma vez que o advogado possui, muitas vezes, informações que lhe foram confiadas pelo ex-cliente, as quais poderão, de forma abusiva, ser utilizadas em favor da parte que ele passou a patrocinar, e em prejuízo do antigo cliente. Quando a lei diz na mesma causa, ela não se refere tão somente à mesma ação: podem ser diversas, desde que conexas. Assim, "se um indivíduo intenta, com fundamento na mesma relação jurídica ou formulando a mesma *causa petendi* em torno do mesmo fato, várias ações contra pessoas diversas, o seu advogado, em qualquer delas, não pode ser, ao mesmo tempo ou sucessivamente, advogado de algum réu em qualquer das outras, pois, no fundo, se trata de mesma causa"[743].

---

742. Cf. E. Magalhães Noronha, *Direito penal*, cit., p. 418.

743. Nélson Hungria, *Comentários*, cit., v. 9, p. 527.

O elemento subjetivo do tipo é o dolo, consubstanciado na vontade livre e consciente de patrocinar na mesma causa, simultânea ou sucessivamente, partes contrárias.

Trata-se de crime formal. Consuma-se com a prática do primeiro ato que demonstre o patrocínio simultâneo ou sucessivo. Não é necessário demonstrar o dano concreto à parte, ao contrário da figura prevista no *caput* do artigo. Segundo Hungria, "não basta que o advogado ou procurador haja recebido mandato *ab utraque parte. É necessário que exerça o patrocínio simultâneo ou a tergiversação*"[744]. A tentativa é perfeitamente possível[745]. Para Noronha, é admissível o *conatus* apenas no patrocínio simultâneo[746].

6. AÇÃO PENAL. LEI DOS JUIZADOS ESPECIAIS CRIMINAIS

(i) Ação penal: trata-se de crime de ação penal pública incondicionada.

(ii) Lei dos Juizados Especiais Criminais: em virtude da pena mínima prevista (detenção, de 6 meses a 3 anos, e multa) é cabível a suspensão condicional do processo (art. 89 da Lei n. 9.099/95).

ART. 356 – SONEGAÇÃO DE PAPEL OU OBJETO DE VALOR PROBATÓRIO

1. CONCEITO. OBJETO JURÍDICO

Dispõe o art. 356 do CP: "Inutilizar, total ou parcialmente, ou deixar de restituir autos, documento ou objeto de valor probatório, que recebeu na qualidade de advogado ou procurador. Pena – detenção, de 6 (seis) meses a 3 (três) anos, e multa". Tutela-se, mais uma vez, a administração da justiça.

2. ELEMENTOS DO TIPO

2.1. Ação nuclear. Objeto material

Duas são as condutas típicas: **(i) inutilizar:** significa tornar imprestável, destruir, total ou parcialmente, autos, documento ou objeto de valor probatório, por exemplo, rasgar uma folha do processo, ou rasurar um documento. Trata-se de modalidade comissiva; ou **(ii) deixar de restituir:** nessa modalidade, o crime é omissivo, por exemplo, advogado que, tendo retirado os autos do cartório para elaborar a defesa de seu cliente, sonega a devolução deles.

São objetos materiais do crime os autos, os documentos ou objetos de valor probatório. Segundo definição de Hungria, "*autos* se diz o conjunto das peças (petições, instrumentos de mandato, articulados, termos, elementos instrutivos, arrazoados, sentença, etc.) que integram um processo, seja cível, seja penal. *Documento* é o papel escrito especial

---

744. Nélson Hungria, *Comentários*, cit., v. 9, p. 527.

745. No mesmo sentido: Damásio E. de Jesus, *Direito penal*, cit., v. 5, p. 360.

746. E. Magalhães Noronha, *Direito penal*, cit., v. 4, p. 419.

ou eventualmente destinado à prova de fato juridicamente relevante. Objeto de valor probatório é todo aquele que serve ou se pretende que possa servir de elemento de convicção acerca dos fatos em que qualquer das partes, no processo, funda sua pretensão"[747].

2.2. Sujeito ativo

Trata-se de crime próprio, pois somente pode ser praticado pelo advogado, seja ele público ou particular, constituído ou dativo, e também pelo procurador. De acordo com o art. 3º da Lei n. 8.906/94 – Estatuto da Advocacia – o estagiário de advocacia regularmente inscrito na Ordem dos Advogados do Brasil pode ser sujeito ativo do delito em estudo, pois pode ser enquadrado na condição de procurador (somente pode atuar quando autorizado pela procuração do representante).

2.3. Sujeito passivo

É o Estado. É também vítima a pessoa lesada com a prática de uma daquelas condutas típicas.

3. ELEMENTO SUBJETIVO

É o dolo, consubstanciado na vontade livre e consciente de inutilizar, total ou parcialmente, ou deixar de restituir autos, documento ou objeto de valor probatório que recebeu na qualidade de advogado ou procurador.

4. CONSUMAÇÃO E TENTATIVA

Segundo Noronha, "o delito consuma-se na modalidade da inutilização (total ou parcial), quando a coisa perdeu sua utilidade probatória, já não mais se prestando a essa destinação. Na outra espécie (não devolução), quando se vence o prazo, para o agente restituir os autos, ou, em se tratando de documento ou objeto de valor probatório, quando não os devolve em tempo hábil ou não atende à solicitação feita por quem o pode fazer"[748]. Admite-se a tentativa na modalidade comissiva do crime (*inutilização*).

5. AÇÃO PENAL. LEI DOS JUIZADOS ESPECIAIS CRIMINAIS

(i) Ação penal: trata-se de crime de ação penal pública incondicionada.

(ii) Lei dos Juizados Especiais Criminais: em virtude da pena mínima prevista (detenção, de 6 meses a 3 anos, e multa) é cabível a suspensão condicional do processo (art. 89 da Lei n. 9.099/95).

---

747. Nélson Hungria, *Comentários*, cit., v. 9, p. 528.

748. E. Magalhães Noronha, *Direito penal*, cit., v. 4, p. 420.

ART. 357 – EXPLORAÇÃO DE PRESTÍGIO

1. CONCEITO. OBJETO JURÍDICO

Dispõe o art. 357, *caput*, do CP: "Solicitar ou receber dinheiro ou qualquer outra utilidade, a pretexto de influir em juiz, jurado, órgão do Ministério Público, funcionário de justiça, perito, tradutor, intérprete ou testemunha: Pena – reclusão, de 1 (um) a 5 (cinco) anos, e multa". Tutela-se a administração da justiça.

2. ELEMENTOS DO TIPO

2.1. Ação nuclear

Duas são as ações nucleares típicas: *solicitar* (pedir) ou receber (obter), no caso, dinheiro ou qualquer outra vantagem (de natureza material ou moral). O agente pratica tais ações nucleares a pretexto de influir em juiz (abrange qualquer magistrado, ou seja, juiz, desembargador ou ministro de tribunal superior), jurado (juízes leigos convocados para fazer parte do conselho de sentença do Tribunal do Júri), órgão do Ministério Público (abrange todos os seus membros, ou seja, promotores e procuradores de justiça), funcionário de justiça (servidores do Poder Judiciário), perito (oficial e não oficial), tradutor (aquele que é incumbido de traduzir para o idioma pátrio texto escrito em língua estrangeira), intérprete (aquele que é incumbido de transmitir em língua portuguesa informações dadas por quem não domina o idioma pátrio ou para quem não consegue externar pensamentos pela linguagem tradicional, por exemplo, surdo, mudo e analfabeto) ou testemunha (aquela que é chamada ao processo para prestar depoimento). O ato visado pode ser lícito ou ilícito. O delito pode ser praticado por qualquer meio executivo. Esse crime, consoante a doutrina, na realidade, constitui verdadeiro estelionato, uma vez que o agente obtém vantagem ilícita induzindo o indivíduo em erro. A fraude consiste em afirmar que exerce influência sobre aquelas pessoas, por exemplo, advogado que, dizendo-se pessoa bastante influente no Tribunal de Justiça, solicita dinheiro a seu cliente, a pretexto de lograr uma sentença que lhe seja favorável. O legislador, no entanto, optou por inserir esse delito no capítulo relativo aos crimes contra a administração da justiça, na medida em que a influência alegada pelo agente junto àquelas pessoas coloca em risco a confiança depositada pela coletividade nos órgãos da justiça, colocando em risco sua realização. Obviamente que o dinheiro solicitado pelo agente não deve destinar-se ao juiz, promotor de justiça, funcionário da justiça, perito oficial, tradutor ou intérprete oficial etc., pois, do contrário, haverá o crime de corrupção ativa e passiva. Por exemplo, o advogado "A" solicita dinheiro a seu cliente "B", sob a alegação de que repassará o valor ao promotor de justiça "C", para que este arquive o inquérito policial instaurado contra "B". "A" realmente repassa o valor a "C", o qual realiza o arquivamento do procedimento. Na hipótese, "A" (advogado) e "B" (cliente) deverão responder, em concurso de pessoas, pelo crime de corrupção ativa. "C" (promotor de justiça), por sua vez, deverá responder pelo crime de corrupção passiva. Da mesma forma, se, no exemplo mencionado, o advogado solicita a vantagem para oferecer a perito, tradutor, intérprete ou testemunha, a fim de que estes façam afirmação falsa, neguem ou calem a verdade em depoimento, perícia etc., deverá ele responder, em concurso com seu cliente, pelo crime previsto no art. 343 do CP.

2.2. Sujeito ativo

Trata-se de crime comum. Embora seja mais comum a prática desse crime por advogado, nada impede que outras pessoas o cometam.

2.3. Sujeito passivo

É o Estado. É também a vítima iludida com a fraude, pois foi lesionada em seu patrimônio.

3. ELEMENTO SUBJETIVO

É o dolo, consubstanciado na vontade livre e consciente de solicitar ou receber dinheiro ou qualquer outra utilidade, a pretexto de influir em juiz, jurado, órgão do Ministério Público, funcionário da justiça, perito, tradutor, intérprete ou testemunha.

4. CONSUMAÇÃO E TENTATIVA

Na conduta de solicitar a vantagem, o crime consuma-se no momento em que é realizado o pedido do dinheiro ou de qualquer outra vantagem, independentemente de a vítima aceitar ou não a solicitação. Na conduta receber, o delito consuma-se com a efetiva obtenção da vantagem.

Na modalidade solicitar, admite-se o *conatus*, se o pedido for escrito. Na modalidade receber ocorre a tentativa no momento em que o agente é impedido, por circunstâncias alheias a sua vontade, de obter a vantagem.

5. FORMAS

5.1. Simples (art. 357, *caput*)

Está prevista no *caput* do artigo.

5.2. Majorada (art. 357, parágrafo único)

Consiste na causa de aumento prevista no parágrafo único do artigo: "As penas aumentam-se de um terço, se o agente alega ou insinua que o dinheiro ou utilidade também se destina a qualquer das pessoas referidas neste artigo". A majorante funda-se no fato de o agente deixar entrever, insinuar, que o funcionário público é corrupto.

6. AÇÃO PENAL. LEI DOS JUIZADOS ESPECIAIS CRIMINAIS

(i) **Ação penal:** trata-se de crime de ação penal pública incondicionada.

(ii) **Lei dos Juizados Especiais Criminais:** a pena varia de um a cinco anos e multa, razão pela qual não se aplica o procedimento previsto na Lei n. 9.099/95, embora possível a concessão do benefício da suspensão condicional do processo (art. 89 da lei).

ART. 358 – VIOLÊNCIA OU FRAUDE EM ARREMATAÇÃO JUDICIAL

1. CONCEITO. OBJETO JURÍDICO

Dispõe o art. 358 do CP: "Impedir, perturbar ou fraudar arrematação judicial; afastar ou procurar afastar concorrente ou licitante, por meio de violência, grave ameaça, fraude ou oferecimento de vantagem. Pena – detenção, de 2 (dois) meses a 1 (um) ano, ou multa, além da pena correspondente à violência". Tutela-se, mais uma vez, a administração da justiça.

2. ELEMENTOS DO TIPO

2.1. Ação nuclear. Objeto material

Trata-se de crime de ação múltipla. Duas são as modalidades típicas: (i) *impedir* (colocar obstáculos), *perturbar* (atrapalhar), *fraudar* (empregar artifícios, meios enganosos, com o fim de induzir ou manter outrem em erro), no caso, a arrematação judicial, isto é, a hasta pública realizada pelo particular em virtude de determinação judicial. Caso a arrematação seja promovida pela Administração Pública federal, estadual ou municipal, haverá a configuração dos crimes previstos nos arts. 93 e 95 da Lei n. 8.666/93 (Lei de Licitações); ou (ii) *afastar ou procurar afastar concorrente ou licitante, por meio de violência, grave ameaça, fraude ou oferecimento de vantagem*. Nessa hipótese, o agente se utiliza desses meios (coação grave, ofensa física, oferecimento de vantagem etc.) para fazer com que o licitante deixe de participar da hasta pública. Se do emprego da violência advier lesão corporal leve, grave ou gravíssima, ou o delito de homicídio, deverá o agente responder por ambos os crimes em concurso material. O objeto material é o licitante ou concorrente, ou seja, qualquer pessoa física ou jurídica que intente participar da arrematação judicial.

2.2. Sujeito ativo

Trata-se de crime comum. Qualquer pessoa pode praticá-lo, inclusive pelos serventuários da justiça responsáveis pela arrematação judicial.

2.3. Sujeito passivo

É o Estado. É também a vítima eventualmente lesada com a conduta típica.

3. ELEMENTO SUBJETIVO

É o dolo, consubstanciado na vontade livre e consciente de praticar uma das ações típicas. Na segunda modalidade típica, é necessário que o agente empregue violência, grave ameaça, fraude ou ofereça vantagem com o fim de afastar ou procurar afastar concorrente (elemento subjetivo do tipo).

4. CONSUMAÇÃO E TENTATIVA

Consuma-se o crime no momento em que a arrematação judicial é impedida, perturbada ou fraudada. A tentativa é perfeitamente admissível. Na segunda modalidade típica, consuma-se o delito com o emprego da violência, grave ameaça, fraude ou com o oferecimento da vantagem, independentemente de o concorrente se retirar da hasta pública.

5. AÇÃO PENAL. LEI DOS JUIZADOS ESPECIAIS CRIMINAIS

(i) **Ação penal:** trata-se de crime de ação penal pública incondicionada.

(ii) **Leis dos Juizados Especiais Criminais:** a pena varia de 2 meses a 1 ano e multa, razão pela qual se aplica o procedimento sumaríssimo da Lei n. 9.099/95. É possível a concessão do benefício da suspensão condicional do processo (art. 89 da lei).

ART. 359 – DESOBEDIÊNCIA A DECISÃO JUDICIAL SOBRE PERDA OU SUSPENSÃO DE DIREITO

1. CONCEITO. OBJETO JURÍDICO

Dispõe o art. 359 do CP: "Exercer função, atividade, direito, autoridade ou múnus, de que foi suspenso ou privado por decisão judicial: Pena — detenção, de 3 (três) meses a 2 (dois) anos, ou multa".

Tutela-se a administração da justiça, prejudicada pela afronta a uma decisão judicial. Trata-se de desobediência específica, tendo como elementos especializantes o exercício de função, atividade, direito, autoridade ou múnus + de que o agente foi privado + por decisão judicial.

2. ELEMENTOS DO TIPO

2.1. Ação nuclear

A conduta típica consiste em exercer, isto é, praticar, desempenhar função (prática de um serviço relativo a um cargo ou emprego), atividade (qualquer ocupação ou diligência), direito (faculdade de praticar um ato autorizado por lei), autoridade (poder de dar ordens e fazer respeitar decisões, no âmbito público) ou *múnus* (encargo público), tendo sido suspenso (cessar por período determinado) ou privado (tolhimento definitivo) desse exercício por determinação judicial (cível ou penal). Há, portanto, desrespeito a uma decisão judicial que impõe restrições. Para o Supremo Tribunal Federal, essa determinação judicial deve ter caráter penal, podendo ser provisória ou definitiva, uma vez que o tipo penal em estudo destina-se a punir o descumprimento voluntário das decisões judiciais atinentes principalmente aos efeitos da condenação, de natureza penal ou extrapenal, contidos no art. 92 do CP. Sobre essas restrições, *vide* art. 92 do CP.

> → Atenção: o crime não abrange o agente que descumpre pena restritiva de direitos consistente na interdição temporária de direitos, em qualquer das suas espécies (CP, art. 47), já que para essa hipótese o legislador previu expressamente a revogação do benefício com a conversão para pena privativa de liberdade (CP, art. 44, § 4º, primeira parte).

2.2. Sujeito ativo

Qualquer pessoa. Trata-se de crime comum. Assim, será sujeito ativo deste crime todo aquele que estiver sujeito a determinação judicial que suspende ou priva o exercício de função, atividade, direito, autoridade ou *múnus*.

2.3. Sujeito passivo

É o Estado.

3. ELEMENTO SUBJETIVO

É o dolo, consubstanciado na vontade livre e consciente de exercer função, atividade, direito, autoridade ou *munus*, com infração de determinação judicial. É necessário que o agente tenha ciência de que foi suspenso ou privado desse exercício por determinação judicial, do contrário não haverá dolo de praticar a infração, nem, portanto, fato típico.

4. CONSUMAÇÃO E TENTATIVA

Consuma-se o crime no momento em que o agente inicia o exercício, afrontando a decisão judicial. A tentativa é admissível.

5. AÇÃO PENAL. LEI DOS JUIZADOS ESPECIAIS CRIMINAIS

(i) Ação penal: trata-se de crime de ação penal pública incondicionada.

(ii) Lei dos Juizados Especiais Criminais: em virtude da pena máxima prevista (detenção, de 3 meses a 2 anos ou multa), trata-se de infração de menor potencial ofensivo, sujeita às disposições da Lei n. 9.099/95. É cabível o instituto da suspensão condicional do processo (art. 89 da lei).

6. LEGISLAÇÃO PENAL ESPECIAL

Dispõe o art. 176 da Lei n. 11.101/2005 (regula a recuperação judicial, a extrajudicial e a falência do empresário e da sociedade empresária): "Exercer atividade para o qual foi inabilitado ou incapacitado por decisão judicial, nos termos desta Lei: Pena – reclusão de 1 (um) a 4 (quatro) anos, e multa". A suspensão ou proibição de dirigir veículos não configura o delito em tela, uma vez que tais restrições estão previstas nos arts. 294 a 296 do CTB (Lei n. 9.503/97), havendo tipo penal específico para o seu descumprimento (CTB, art. 307).

Capítulo IV
DOS CRIMES CONTRA AS FINANÇAS PÚBLICAS

1. LEI DE RESPONSABILIDADE FISCAL

Dispõe o art. 163, I, da CF: "Lei complementar disporá sobre: I – finanças públicas". O art. 30 da Emenda Constitucional n. 19/98, por sua vez, determinou que "o projeto de lei complementar a que se refere o art. 163 da Constituição Federal será apresentado pelo Poder Executivo ao Congresso Nacional no prazo máximo de cento e oitenta dias da promulgação desta Emenda". Dentro desse prazo legal adveio a Lei Complementar n. 101/2000, a chamada Lei de Responsabilidade Fiscal, a qual "estabelece normas de finanças públicas voltadas para a responsabilidade na gestão fiscal e dá outras providências". Conforme assinalam Luiz Flávio Gomes e Alice Bianchini, "a principal finalidade da Lei é proibir os entes da Federação de gastarem mais do que arrecadam, estabelecendo, para tanto, limites e condições para o endividamento público. Ela surge no bojo de uma unanimidade na opinião pública, reclamando que as finanças públicas deveriam ser disciplinadas por regras inflexíveis, para pôr termo aos gastos exacerbados"[749].

2. LEI DE RESPONSABILIDADE FISCAL (LC N. 101/2000) E LEI DOS CRIMES DE RESPONSABILIDADE FISCAL (LEI N. 10.028/2000)

O art. 73 da Lei de Responsabilidade Fiscal (LC n. 101/2000) reza que as infrações dos dispositivos dessa lei complementar serão punidas de acordo com:

(i) o Decreto-lei n. 2.848, de 7 de dezembro de 1940 (Código Penal);

(ii) a Lei n. 1.079, de 10 de abril de 1950 (define os crimes de responsabilidade fiscal e regula o respectivo processo e julgamento);

---

749. Luiz Flávio Gomes e Alice Bianchini, *Crimes de responsabilidade fiscal*, São Paulo, Revista dos Tribunais, 2001, p. 12.

(iii) o Decreto-lei n. 201, de 27 de fevereiro de 1967 (Lei de Responsabilidade de Prefeitos e Vereadores); e

(iv) a Lei n. 8.429, de 2 de junho de 1992 (Lei de Improbidade Administrativa), e demais normas da legislação pertinente.

O dispositivo refere-se, portanto, à responsabilidade penal, civil e administrativa dos agentes públicos.

Pois bem. Visando a tutelar especificamente as finanças públicas, adveio este novo capítulo no Código Penal, dentro do Título XI ("Dos crimes contra a administração pública"), acrescentou novas condutas ao art. 339 do CP (crime de denunciação caluniosa), bem como alterou outros diplomas legais, tais como a Lei n. 1.079/50 (define os crimes de responsabilidade e regula o respectivo julgamento) e o Decreto-lei n. 201/67 (Lei de Responsabilidade de Prefeitos e Vereadores). Vale aqui transcrever parte da Exposição de Motivos da referida lei: "Inspirados nas normas que constam do Projeto de Lei Complementar que regula os arts. 163, incs. I, II, III e IV, e o art. 169 da Constituição, o Projeto de Lei ora submetido à consideração de Vossa Excelência objetiva dotar o ordenamento de preceitos necessários à efetiva e permanente observância dos princípios fundamentais que norteiam o regime de gestão fiscal responsável prestes a ser instituído, mediante a previsão de condutas que tipificam novos crimes comuns e de responsabilidade contra as finanças públicas e a lei orçamentária. Como justificativa da instituição desses novos tipos penais, basta assinalar que a gestão fiscal responsável, caracterizada pelo austero controle e ampla transparência na utilização dos recursos públicos, constitui instrumento indispensável para a manutenção da estabilidade da moeda e para o desenvolvimento nacional, merecendo, portanto, em virtude de sua magnitude e relevância, tutela e salvaguarda por meio de modernas normas de natureza penal, voltadas para a repressão de condutas que atentam contra as finanças públicas e a lei orçamentária".

A Lei de Responsabilidade Fiscal (LC n. 101/2000), na realidade, cuida somente da responsabilização das entidades públicas a que se refere seu art. 1º, §§ 2º e 3º, bem como seu art. 2º, tais como a União, Estados, Distrito Federal, Municípios, neles compreendidos o Poder Executivo, o Poder Legislativo e respectivos Tribunais de Contas, o Poder Judiciário e o Ministério Público; as administrações diretas, fundos, autarquias, fundações e empresas estatais dependentes, ligados a qualquer dos entes federativos, dentre outros. Não há, portanto, na Lei de Responsabilidade Fiscal a responsabilização pessoal do agente público pela má gestão fiscal, a qual foi apenas mencionada no art. 73, que se limita a fazer referência à incidência de outros diplomas visando à sanção de natureza política, administrativa, civil ou penal. A Lei de Crimes de Responsabilidade Fiscal (Lei n. 10.028/2000), ao contrário, cuida da responsabilização pessoal do agente público, tendo, por meio de seu art. 2º, acrescentado ao art. 359 do CP as letras "A" a "H", criando novos tipos penais. Previu também, em seu art. 5º, infrações de caráter administrativo, estabelecendo, como sanção dessa natureza, multa de 30% dos vencimentos anuais do agente responsável, a ser paga por ele próprio, pessoalmente[750].

---

750. Nesse sentido: Luiz Flávio Gomes e Alice Bianchini, *Crimes de responsabilidade fiscal*, cit., p. 32.

Dessa forma, o legislador, visando a coibir o descalabro do dinheiro público pela má gestão fiscal, criou diversos diplomas legais que incidirão concomitantemente sobre uma mesma conduta atentatória às finanças públicas. Luiz Flávio Gomes e Alice Bianchini, fazendo alusão ao ensinamento de Rui Stoco, alertam para o exagero do legislador no que se refere à quantidade de punições concomitantes de diversas naturezas, recomendando ao Judiciário "comedimento na ocasião em que for aplicar sanções. As preocupações, aqui, voltam-se para a aplicação dos princípios da proporcionalidade e do *non bis in idem*"[751].

Nosso entendimento: não se pode falar em dupla ou tripla apenação pelo mesmo fato, tendo em vista a natureza diversa das penalidades simultaneamente aplicadas e a independência das instâncias civil, penal e administrativa.

Deve-se também considerar que a dilapidação do patrimônio público, além de ato de improbidade previsto no art. 10 da Lei n. 8.429/92, constitui infração penal de gravíssima intensidade, abalando as estruturas do Estado Democrático de Direito e estando a merecer pronta punição, sem prejuízo, é claro, de se adequar com proporcionalidade, de acordo com a relevância da lesão, a resposta penal.

3. LEI DOS CRIMES DE RESPONSABILIDADE FISCAL (LEI N. 10.028/2000): CRIMES CONTRA AS FINANÇAS PÚBLICAS

O art. 2º da Lei n. 10.028/2000 introduziu um novo capítulo no Código Penal, dentro do Título XI ("Dos crimes contra a administração pública"), acrescentando oito novas condutas típicas, as quais se encontram previstas no art. 359, letras "A" a "H". As condutas típicas são: contratação de operação de crédito (art. 359-A), inscrição de despesas não empenhadas em restos a pagar (art. 359-B), assunção de obrigação no último ano de mandato ou legislatura (art. 359-C), ordenação de despesa não autorizada (art. 359-D), prestação de garantia graciosa (art. 359-E), não cancelamento de restos a pagar (art. 359-F), aumento de despesa total com pessoal no último ano do mandato ou legislatura (art. 359-G), oferta pública ou colocação de títulos no mercado (art. 359-H).

4. APLICAÇÃO DA LEI PENAL NO TEMPO

A Lei n. 10.028/2000 criou novos tipos penais (*novatio legis* incriminadora), passando a considerar crimes condutas que poderiam no máximo constituir ilícito administrativo. Tratando-se de *novatio legis* incriminadora, não pode retroagir para alcançar fatos praticados antes de 20 de outubro de 2000.

---

751. Luiz Flávio Gomes e Alice Bianchini, *Crimes de responsabilidade fiscal*, cit., p. 33.

5. AÇÃO PENAL. LEI DOS JUIZADOS ESPECIAIS CRIMINAIS

(i) **Ação penal:** trata-se de crime de ação penal pública incondicionada.

(ii) **Lei dos Juizados Especiais Criminais:** os crimes previstos nos arts. 359 "A", "B", "E" e "F" constituem infração de menor potencial ofensivo, estando sujeitos ao procedimento sumaríssimo da Lei dos Juizados Especiais Criminais. É cabível o instituto da suspensão condicional do processo em todas as figuras típicas, em virtude da pena mínima prevista.

ART. 359-A – CONTRATAÇÃO DE OPERAÇÃO DE CRÉDITO

1. CONCEITO. OBJETO JURÍDICO

Reza o art. 359-A, *caput*, do CP: "Ordenar, autorizar ou realizar operação de crédito, interno ou externo, sem prévia autorização legislativa: Pena – reclusão, de 1 (um) a 2 (dois) anos". Pretende a lei, com esse tipo, estabelecer um rígido controle sobre a tomada de empréstimo, com o consequente endividamento da entidade federativa, exigindo prévia autorização e, por conseguinte, impondo maior fiscalização sobre a gestão administrativa. O bem jurídico tutelado, desse modo, é o patrimônio público, o equilíbrio orçamentário e as finanças públicas, os quais seriam ameaçados pela possibilidade de o administrador contrair empréstimos para a realização de obras demagógicas, deixando o triste legado de dívidas impagáveis a seus sucessores. Segundo Damásio E. de Jesus, "o objeto da tutela penal é a probidade da Administração, no que diz respeito às operações realizadas no âmbito das finanças públicas do Estado. Pune-se o desrespeito ao princípio da legalidade administrativa, quando realizadas condutas de contratação sem prévia autorização legislativa"[752]. Para Luiz Flávio Gomes e Alice Bianchini, o bem jurídico protegido "é o controle legislativo do orçamento e das contas públicas". E, ainda, sustentam: "A dificuldade em se estabelecer o bem jurídico tutelado no tipo penal referido decorre do fato de que a lei trata de incriminar a conduta sem especificar a lesão que dela possa advir. Descreve, tão só, a ação e o requisito normativo pertinente à prévia autorização legislativa. Isso permitiria, à primeira vista, afirmar, segundo os parâmetros do velho Direito Penal formalista, tratar-se de um crime de mera conduta. No entanto, já não é aceitável conceber a existência de delito sem que haja a produção de um resultado jurídico (CP, art. 13, que exige resultado em todo delito), justamente porque nenhum crime pode exaurir-se no simples desvalor da ação. A interpretação possível (e necessária), neste caso, a fim de que a descrição legal possa adquirir *status* de crime (em sentido material), exige algo mais que a realização da conduta sem a devida autorização legislativa. A probidade administrativa já foi apontada como o bem jurídico protegido pela norma penal em destaque. Ocorre que a inexistência de autorização legislativa, por si, não significa que o ato reveste-se de improbidade. Ele não é regular, isso sim, pois carece de requisito que a Lei exige. Mas pode não configurar hipótese de improbidade, porque se poderia estar diante de uma situação em que tanto o

---

752. Damásio E. de Jesus, *Direito penal*, cit., v. 4, p. 372. No mesmo sentido: Cezar Roberto Bitencourt, *Código Penal comentado*, cit., p. 1176.

ato de ordenar quanto o de autorizar ou de realizar operação de crédito interno ou externo esteja devidamente planejado e não venha a afetar o equilíbrio orçamentário ou das contas públicas. O que justificaria, então, a punição, já que não se tem um ato que resulte em improbidade administrativa? O tipo penal em questão, segundo essa perspectiva, visa a impedir o arbítrio administrativo perpetrado quando da contratação de operação de crédito à revelia do (controle do) poder legislativo, que tem a função de fiscalizá-la, devendo manifestar-se acerca da sua regularidade, podendo, também, emitir juízo de conveniência. Ainda que preencha os requisitos de admissibilidade, o poder legislativo poderá negar-se a proceder à autorização, desde que se valha de argumento baseado no despropósito ou inconveniência da medida proposta pelo executivo. Em suma, o bem jurídico protegido no *caput* do art. 359-A é o controle legislativo do orçamento e das contas públicas. Controle esse, aliás, indispensável, na medida em que precisamente no poder legislativo é que estão os representantes diretos da soberania popular"[753].

2. ELEMENTOS DO TIPO

2.1. Ação nuclear

Trata-se de crime de ação múltipla. Três são as ações nucleares: (i) **ordenar**: nessa modalidade típica o funcionário público não realiza a operação de crédito irregular, mas apenas determina, manda, que terceiros o façam. A iniciativa, portanto, parte dele; (ii) **autorizar**: aqui a iniciativa não parte do funcionário, mas ele dá sua permissão para que outrem realize a operação de crédito irregular. Ele valida, assim, a ação praticada por outrem; ou (iii) **realizar**: aqui a operação de crédito irregular é praticada diretamente pelo funcionário. Ele não age em nome alheio. O tipo penal menciona o termo "operação de crédito". Necessitamos aqui lançar mão dos conceitos trazidos pela legislação extrapenal, no caso a Lei de Responsabilidade Fiscal, a qual em seu art. 29, III, dispõe: "Operação de crédito: compromisso financeiro assumido em razão de mútuo, abertura de crédito, emissão e aceite de título, aquisição financiada de bens, recebimento antecipado de valores provenientes da venda a termo de bens e serviços, arrendamento mercantil e outras operações assemelhadas, inclusive com o uso de derivativos financeiros". A figura criminosa também se refere à operação de crédito "interno ou externo", o que quer dizer: a operação de crédito pode ser tanto nacional quanto internacional. Segundo Cezar Roberto Bitencourt, trata-se de norma penal em branco[754].

2.2. Elemento normativo do tipo

A Lei de Responsabilidade Fiscal, em seu art. 32, I e IV, exige que tal operação de crédito seja realizada mediante "a existência de prévia e expressa autorização para a contratação, no texto da lei orçamentária, em créditos adicionais ou lei específica" e "autorização específica do Senado Federal, quando se tratar de operação de crédi-

753. Luiz Flávio Gomes e Alice Bianchini, *Crimes de responsabilidade fiscal*, cit., p. 42.
754. Cezar Roberto Bitencourt, *Código Penal comentado*, cit., p. 1177.

to externo". Excluem-se, portanto, os "decretos ou quaisquer outros atos administrativos, que regulamente e determine os limites, condições e montante da dívida consolidada"[755]. Dessa forma, haverá o crime se a operação de crédito, externo ou interno, for praticada sem a prévia autorização legislativa mencionada na Lei de Responsabilidade Fiscal. Ainda que a autorização se consubstancie em decreto ou outro ato administrativo, o delito se perfará. Presente a autorização legislativa, o fato é atípico. Pode, contudo, suceder que a operação de crédito seja realizada, sem autorização legislativa, em face da presença do estado de necessidade (CF, art. 167, § 3º). Nesse caso, o fato é típico mas não é ilícito, em virtude da presença dessa excludente da ilicitude, por exemplo, empréstimos contraídos para fazer frente a catástrofes naturais ou surtos epidêmicos. É claro que a situação deverá ser analisada de acordo com as peculiaridades do caso concreto, em que o requisito da inevitabilidade e da razoabilidade serão fundamentais. Não pode o administrador, em qualquer situação de emergência, quando lhe era possível pleitear a prévia autorização, contrair irregularmente o empréstimo, usando a desculpa da urgência. A exceção não pode tornar-se regra. Ainda, se mesmo com autorização legislativa o ente público desobedecer aos limites, condições ou montantes previstos em lei, responderá pelo parágrafo único, I, do dispositivo legal em estudo.

2.3. Sujeito ativo

Trata-se de crime próprio, o qual somente pode ser praticado pelos integrantes das entidades elencadas pelo art. 1º da Lei Complementar n. 101/2000 (União, Estados, Distrito Federal, Municípios, bem como o Poder Executivo, Poder Legislativo – Tribunais de Contas –, o Poder Judiciário, o Ministério Público, fundações públicas, autarquias etc.). Exige-se apenas que o agente tenha atribuição para ordenar, autorizar ou realizar a operação de crédito. Com base nessa exigência, não se podem admitir como sujeito ativo do crime os agentes públicos integrantes do Poder Legislativo e do Poder Judiciário, uma vez que, conforme assinala Damásio E. de Jesus, "as operações de crédito, constituindo atividade de gestão financeira do Estado, são de atribuição do Poder Executivo"[756]. Assim, somente os agentes públicos, integrantes do Poder Executivo, e desde que tenham atribuição para ordenar, autorizar ou realizar a operação de crédito, podem praticar esse delito. Nesse sentido, Damásio E. de Jesus, Luiz Flávio Gomes e Alice Bianchini, ao se referirem ao sujeito ativo do crime, fazem alusão ao art. 327 do Código Penal, que fornece o conceito legal de funcionário público. Afirmam os autores: "O Código Penal, portanto, adota a expressão no sentido mais amplo possível, correspondendo ao conceito doutrinário na esfera administrativa de agente público"[757].

755. Luiz Flávio Gomes e Alice Bianchini, *Crimes de responsabilidade fiscal*, cit., p. 41.

756. Damásio E. de Jesus, *Direito penal*, cit., v. 4, p. 372.

757. Nesse sentido: Damásio E. de Jesus, *Direito penal*, cit., v. 4, p. 372. Luiz Flávio Gomes e Alice Bianchini, *Crimes de responsabilidade fiscal*, cit., p. 38.

Se o agente for Prefeito, incide a regra especial do art. 1º, XX, do Decreto-Lei n. 201/67. Por outro lado, se o autor da conduta for o Presidente da República, o crime será o art. 10 da Lei n. 1.079/50.

2.4. Sujeito passivo

É o Estado, titular da Administração Pública, como sujeito passivo permanente, e a pessoa jurídica dotada de personalidade própria, em nome da qual se realizou a operação de crédito.

3. ELEMENTO SUBJETIVO

É o dolo, consubstanciado na vontade livre e consciente de ordenar, autorizar ou realizar operação de crédito, interno ou externo, ciente de que o faz sem prévia autorização legislativa.

4. CONSUMAÇÃO E TENTATIVA

Consuma-se com a expedição da ordem, autorização ou realização da operação de crédito, sem autorização legal. Vejamos os posicionamentos na doutrina:

(i) Para Damásio, trata-se de crime de mera conduta, pois não se requer a produção de um resultado naturalístico[758].

(ii) Luiz Flávio Gomes e Alice Bianchini discordam desse posicionamento; para eles não se trata de crime de mera conduta. Entendem os autores que é necessária a ocorrência de um resultado jurídico, não bastando, para que o delito se perfaça, que a contratação da operação de crédito seja realizada sem autorização legislativa[759].

(iii) Para Cezar Roberto Bitencourt, as modalidades *ordenar* e *autorizar* constituem crimes formais: "Na medida em que é desnecessária a produção do resultado – realização da operação de crédito – para consumarem-se (...). A modalidade *realizar* configura crime material, pois somente se consuma com a efetiva celebração da mencionada operação de crédito"[760].

Nosso entendimento: correta a terceira posição.

O resultado naturalístico é a efetiva assunção da despesa, que pode ocorrer nas duas primeiras modalidades (ordenar e autorizar), mas como mero exaurimento, uma vez que a consumação se dá no momento da emissão da ordem ou autorização; é irre-

758. Damásio E. de Jesus, *Direito penal*, cit., v. 4, p. 374.

759. Luiz Flávio Gomes e Alice Bianchini, *Crimes de responsabilidade fiscal*, cit., p. 42.

760. Cezar Roberto Bitencourt, *Código Penal comentado*, cit., p. 1178.

levante que a operação de crédito se realize. Trata-se, portanto, de crimes formais, em que o resultado naturalístico pode até ocorrer, mas é irrelevante, pois o delito se aperfeiçoa antes e independentemente de sua concretização. Já na hipótese da realização efetiva da operação de crédito, o crime é mesmo material, pois o resultado naturalístico (efetivação do crédito) é exigido para a consumação, sendo possível, neste caso, e somente nele, a tentativa.

Com efeito, no tocante à tentativa, afirma, com razão, Cezar Roberto Bitencourt: "Nas duas primeiras figuras – ordenar e autorizar –, acreditamos, com Damásio E. de Jesus, que efetivamente é inadmissível a tentativa, pois a ação de autorizar ou de ordenar não admite fracionamentos, tratando-se de crimes unissubsistentes. Antes da ação ordenatória ou autorizatória, quaisquer outros atos assumem a natureza de meros atos preparatórios, que são impuníveis. Na figura de realizar, como crime material, que admite fracionamento, a tentativa é perfeitamente possível"[761].

5. FORMAS

5.1. Simples (art. 359-A, *caput*)

Está prevista no *caput* do artigo.

5.2. Equiparada (art. 359-A, parágrafo único)

Prevista no parágrafo único do art. 359-A, cujo teor é o seguinte: "Incide na mesma pena quem *ordena, autoriza ou realiza operação de crédito, interno ou externo*":

(i) "Com inobservância de limite, condição ou montante estabelecido em lei ou em resolução do Senado Federal". Nessa modalidade típica, a ordem, autorização ou realização da operação de crédito é regular, pois presente está a autorização legislativa, contudo passa a ser considerada criminosa a contratação da operação de crédito realizada com inobservância de limite, condição ou montante estabelecido em lei ou resolução do Senado. Como afirma Damásio, "a questão é quantitativa, tendo em vista que o administrador deve obediência aos limites estabelecidos na autorização, seja oriunda de lei ou resolução do Senado Federal"[762]. Trata-se de lei penal em branco, cujo complemento está nos arts. 32 e seguintes da Lei de Responsabilidade Fiscal. Assim, o agente público deve observar os limites da autorização legislativa específica, bem como da resolução do Senado Federal.

(ii) "Quando o montante da dívida consolidada ultrapassa o limite máximo autorizado por lei". De acordo com o art. 29, I, da Lei de Responsabilidade Fiscal, considera-se dívida pública consolidada ou fundada o "montante total, apurado sem duplicidade, das obrigações financeiras do ente da Federação, assumidas em virtude de leis, contratos, convênios ou tratados e da realização de operações de crédito, para amortização em prazo superior a doze meses"; as operações de crédito de prazo inferior a doze meses

---

761. Idem, ibidem.

762. Damásio E. de Jesus, *Direito penal*, cit., v. 4, p. 375.

cujas receitas tenham constado do orçamento (art. 29, § 3º); os precatórios judiciais não pagos durante a execução do orçamento em que houverem sido incluídos, integram a dívida consolidada, para fins de aplicação dos limites (art. 30, § 7º). Ainda, será incluída na dívida pública consolidada da União a relativa à emissão de títulos de responsabilidade do Banco Central do Brasil (art. 29, § 2º). Portanto, haverá crime caso a contratação de operação de crédito seja realizada no momento em que o montante da dívida consolidada a que se refere a Lei de Responsabilidade Fiscal ultrapasse o limite máximo autorizado em lei. De acordo com Cezar Roberto Bitencourt, "esta infração somente pode ser praticada por administradores do plano estadual, em razão da definição de dívida consolidada (ente da Federação)"[763].

6. AÇÃO PENAL

Trata-se de crime de ação penal pública incondicionada. Constitui infração de menor potencial ofensivo, sujeito às disposições da Lei n. 9.099/95.

ART. 359-B – INSCRIÇÃO DE DESPESAS NÃO EMPENHADAS EM RESTOS A PAGAR

1. CONCEITO. OBJETO JURÍDICO

Dispõe o art. 359-B do CP: "Ordenar ou autorizar a inscrição em restos a pagar, de despesa que não tenha sido previamente empenhada ou que exceda limite estabelecido em lei. Pena – detenção, de 6 (seis) meses a 2 (dois) anos". Referido dispositivo legal tem como fonte o art. 42 da Lei de Responsabilidade Fiscal (Seção VI – "Dos restos a pagar"): "É vedado ao titular do Poder ou órgão referido no art. 20, nos últimos dois quadrimestres do seu mandato, contrair obrigação de despesa que não possa ser cumprida integralmente dentro dele, ou que tenha parcelas a serem pagas no exercício seguinte sem que haja suficiente disponibilidade de caixa para este feito. Parágrafo único. Na determinação da disponibilidade de caixa serão considerados os encargos e despesas compromissadas a pagar até o final do exercício".

Tutelam-se o equilíbrio orçamentário e a boa saúde das finanças públicas.

Conforme assinala Damásio, "não se permite ao administrador assumir obrigações financeiras sem que haja recursos disponíveis para, posteriormente, efetuar o pagamento. Evita-se que obrigações de despesas sejam repassadas às próximas gestões, prejudicando o bom andamento da administração fiscal do Estado. Tutela-se a probidade e a regularidade na administração das finanças públicas"[764]. Para Luiz Flávio Gomes e Alice Bianchini, tutela-se aqui o equilíbrio das contas públicas[765].

---

763. Cezar Roberto Bitencourt, *Código Penal comentado*, cit., p. 1179.

764. Damásio E. de Jesus, *Direito penal*, cit., v. 4, p. 377. No mesmo sentido: Cezar Roberto Bitencourt, *Código Penal comentado*, cit., p. 1179.

765. Luiz Flávio Gomes e Alice Bianchini, *Crimes de responsabilidade fiscal*, cit., p. 45.

2. ELEMENTOS DO TIPO

2.1. Ação nuclear

As ações nucleares típicas consubstanciam-se nos verbos *ordenar* (determinar, dar ordem) ou *autorizar* (permitir), no caso, *a inscrição em restos a pagar* (consideram-se restos a pagar as despesas empenhadas, mas não pagas até o dia 31 de dezembro – art. 36 da Lei n. 4.320/64. Ou seja, são aquelas despesas assumidas pelo administrador público que serão pagas com recursos dos próximos orçamentos):

(i) de despesa que não tenha sido previamente empenhada: segundo Cezar Roberto Bitencourt, "trata-se de um princípio administrativo-financeiro cuja infringência foi elevada à condição de crime: nenhuma despesa pública pode ser paga sem o prévio empenho; pelo mesmo fundamento, a inscrição em restos a pagar necessita de prévio empenho. Não se trata da existência ou inexistência de recursos para honrar a obrigação no ano seguinte (que também é uma exigência da LC n. 101/2000), mas tão somente da necessidade da formalidade de proceder ao empenho respectivo. Ademais, não tem qualquer relação com o mandado do autor, pois, mesmo que continue no exercício seguinte, é indispensável o empenho prévio para poder inscrever despesas em restos a pagar"[766]. Dessa forma, somente se admite a inscrição de despesa pública em restos a pagar se houver o prévio empenho desta. Do contrário, haverá a configuração do crime em tela;

(ii) de despesa que exceda o limite estabelecido em lei: a inscrição de despesas públicas em restos a pagar, além do prévio empenho, deve respeitar um limite fixado em lei. Nessa modalidade criminosa, o agente público deixa para o exercício seguinte o pagamento de despesas públicas, previamente empenhadas, que excedam o limite estabelecido em lei. Temos, assim, que a inscrição de despesas públicas em restos a pagar é admissível, desde que seja precedida de empenho e não extrapole o limite estabelecido em lei. Sobre o limite estabelecido em lei, há necessidade de complementação do tipo penal mediante a análise da legislação financeira e orçamentária, por exemplo, Lei de Responsabilidade Fiscal (Lei Complementar n. 101/2000) para determinação da forma e limites de empenho e inscrição em restos a pagar.

2.2. Elemento normativo do tipo

O tipo penal, na segunda modalidade criminosa, faz referência à inscrição em restos a pagar de despesa que *exceda o limite estabelecido em lei*. Se a despesa pública inscrita estiver dentro do limite legal fixado, o fato será atípico. Importante ressalvar que o tipo penal se refere à lei, não se incluindo aqui os decretos e atos administrativos.

2.3. Sujeito ativo

Cuida-se aqui de crime próprio. Somente pode praticá-lo o agente público que tenha competência para ordenar ou autorizar a inscrição de despesas públicas em restos a pagar.

---

766. Cezar Roberto Bitencourt, *Código Penal comentado*, cit., p. 1180.

2.4. Sujeito passivo

São sujeitos passivos: a União, os Estados, o Distrito Federal e os Municípios.

3. ELEMENTO SUBJETIVO

É o dolo, consubstanciado na vontade livre e consciente de ordenar ou autorizar a inscrição em restos a pagar de despesa que não tenha sido previamente empenhada ou que exceda limite estabelecido em lei. É necessário que o agente tenha ciência de que não há prévio empenho da despesa ou que esta ultrapassa o limite legal. Não se exige qualquer finalidade específica (obtenção de lucro, vingança política).

4. CONSUMAÇÃO E TENTATIVA

Vejamos os posicionamentos na doutrina:

Para Damásio E. de Jesus, que o classifica como crime de mera conduta, "consuma-se o delito com a vigência da ordem ou autorização para inscrição de despesa em restos a pagar. O meio usado pelo autor é o ato administrativo, ordem ou autorização, o que torna a conduta unissubsistente e, por isso, consequentemente, impossível a figura tentada"[767].

> **Nosso entendimento:** o crime se consuma quando a ordem ou autorização para o pagamento se efetivam, isto é, quando se inscreve definitivamente a despesa no verbete "restos a pagar".

No mesmo sentido, Cezar Roberto Bitencourt: "Consuma-se o crime quando a ordem ou autorização é executada, ou seja, quando se opera efetivamente a inscrição de despesa em restos a pagar. Enquanto não for atendida a ordem ou a autorização, não se produz qualquer efeito. É uma questão de tipicidade estrita (...). Pela nossa definição de consumação, fica clara a possibilidade de tentativa, embora de difícil comprovação. Parece-nos perfeitamente possível o fracionamento da ação tipificada, tratando-se de crime plurissubsistente". Continua o autor mais adiante: "Admitir a consumação do crime com a simples ordem ou autorização da inscrição de restos a pagar, na forma descrita no tipo, implica a punição da simples infringência de dever, pura abstração normativa, com dolo presumido (não se pode esquecer que a modalidade culposa é impunível), enquanto admitir a consumação somente quando se opera efetivamente a inscrição de despesa em restos a pagar configura uma interpretação garantista, constitucional, no marco do Direito Penal da culpabilidade"[768]. Também admitem o *conatus*

767. Damásio E. de Jesus, *Direito penal*, cit., v. 4, p. 379.

768. Cezar Roberto Bitencourt, *Código Penal comentado*, cit., p. 1181.

Luiz Flávio Gomes e Alice Bianchini, que rechaçam a tese de que os delitos contra as finanças públicas são crimes de mera conduta: "Desse modo, se o agente público autoriza a inscrição em restos a pagar da despesa que não tenha sido empenhada, e por circunstâncias alheias a sua vontade a ordem não é cumprida, responde pelo crime, com a diminuição da sua reprimenda de acordo com o disposto no parágrafo único do art. 14 do Código Penal"[769].

6. AÇÃO PENAL

Trata-se de crime de ação penal pública incondicionada. Constitui infração de menor potencial ofensivo, sujeito às disposições da Lei n. 9.099/95.

ART. 359-C – ASSUNÇÃO DE OBRIGAÇÃO NO ÚLTIMO ANO DO MANDATO OU LEGISLATURA

1. CONCEITO. OBJETO JURÍDICO

Reza o art. 359-C do CP: "Ordenar ou autorizar a assunção de obrigação, nos dois últimos quadrimestres do último mandato ou legislatura, cuja despesa não possa ser paga no mesmo exercício financeiro ou, caso reste parcela a ser paga no exercício seguinte, que não tenha contrapartida suficiente de disponibilidade de caixa: Pena – reclusão, de 1 (um) a 4 (quatro) anos".

Tutelam-se aqui o equilíbrio orçamentário, a continuidade e a impessoalidade na Administração Pública, independentemente de o sucessor ser aliado do administrador. Com isso se evita a assunção de dívidas irresponsáveis e demagógicas, contraídas como forma de inviabilizar a administração subsequente, evitando-se os já conhecidos métodos de dificultar a gestão do adversário político.

Conforme assinalam Luiz Flávio Gomes e Alice Bianchini, "a Lei, nesse dispositivo, ocupa-se em precaver que atos de gestores públicos não venham a comprometer, por falta de recursos, o mandato de seus sucessores. Trata-se das denominadas heranças fiscais, 'que mobilizam os governos no início do mandato, por terem de pagar dívidas e/ou assumir compromissos financeiros deixados pelo antecessor'"[770]. Protegem-se também, conforme ensinamento de Damásio E. de Jesus, "a regularidade e o equilíbrio das contas públicas em relação à sucessão de administradores titulares de mandato"[771].

Vale mencionar que o referido dispositivo originou-se do art. 42 da Lei de Responsabilidade Fiscal, já mencionado no comentário ao art. 359-B.

---

769. Luiz Flávio Gomes e Alice Bianchini, *Crimes de responsabilidade fiscal*, cit., p. 45.

770. Luiz Flávio Gomes e Alice Bianchini, *Crimes de responsabilidade fiscal*, cit., p. 46.

771. Damásio E. de Jesus, *Direito penal*, cit., p. 382. No mesmo sentido: Luiz Flávio Gomes e Alice Bianchini, *Crimes de responsabilidade fiscal*, cit., p. 46.

2. ELEMENTOS DO TIPO

2.1. Ação nuclear

As ações nucleares típicas são as mesmas do art. 359-B, quais sejam, *ordenar* (o agente determina que terceiro pratique a ação; a iniciativa é sua) ou *autorizar* (aqui o agente público apenas referenda a iniciativa de terceiro em praticar a ação, sendo sua anuência imprescindível para criar a obrigação). O agente ordena ou autoriza a assunção de obrigação (dívidas ou compromissos financeiros que acarretem despesas ao erário):

(i) Nos dois últimos quadrimestres do último mandato ou legislatura, cuja despesa não possa ser paga no mesmo exercício financeiro: pune-se aqui a conduta do agente que ordena ou autoriza a assunção de dívida ou compromissos financeiros no final do mandato ou legislatura, os quais não poderão ser honrados no mesmo exercício financeiro, sendo repassados para o próximo mandatário. Segundo Cezar Roberto Bitencourt, "todo administrador probo deve assumir, em tese, obrigação que possa honrar durante o lapso temporal de seu mandato. Aqueles projetos, no entanto, que demandem maior diluição no tempo não podem ser elaborados ou implementados praticamente no final do mandato ou legislatura do sujeito ativo (nos dois últimos quadrimestres do último ano). Objetiva-se impedir que o administrador, por quaisquer razões, acabe inviabilizando ou pelo menos dificultando a próxima administração em razão do endividamento precedente. Era essa 'política orçamentária' irresponsável que criava débitos impagáveis para a Administração Pública"[772]. Em suma: (i) não há a configuração do crime em tela se a assunção de obrigação for realizada em período que não seja nos dois últimos quadrimestres do último mandato ou legislatura (o tipo penal exige requisito temporal – dois últimos quadrimestres do último mandato ou legislatura); (ii) também não haverá o crime em estudo se, ainda que assumida a obrigação naquele período de tempo, houver suficiente disponibilidade de caixa para honrar as despesas no mesmo exercício financeiro (o tipo penal exige que a despesa não possa ser paga no mesmo exercício financeiro);

(ii) nos dois últimos quadrimestres do último mandato ou legislatura, que resulte em parcela a ser paga no exercício seguinte, não havendo contrapartida suficiente de disponibilidade de caixa: nessa modalidade típica há a assunção de dívida, naquele espaço temporal, cujas parcelas são repassadas para o próximo mandatário, sem que haja para seu pagamento suficiente disponibilidade de caixa. Indaga Cezar Roberto Bitencourt: "Afinal, qual é o verdadeiro sentido e a real extensão dessa elementar contida no final do artigo em exame? Para impedir a tipificação do crime, será suficiente que no vencimento da obrigação, no novo exercício, haja dinheiro em caixa, produto de receita corrente? Ou será necessário que essa disponibilidade em caixa tenha origem mais remota, isto é, seja produto de previsão orçamentária anterior? Não se pode perder de vista a finalidade desta lei (moralizar a Administração Pública e assegurar o equilíbrio das contas públicas), por isso o vocábulo 'contrapartida suficiente' tem um

772. Cezar Roberto Bitencourt, *Código Penal comentado*, cit., p. 1184.

sentido especial: não basta que no dia do vencimento da obrigação haja numerário em caixa; a receita corrente, provavelmente, tem destinação orçamentária prevista, cujo comprometimento não pode ser desviado. Assim, a contrapartida exigida pela lei não se refere evidentemente à disponibilidade de caixa do novo orçamento, sendo necessário que, juntamente com a inscrição em restos a pagar, desde que devidamente empenhado, seja prevista a fonte de custeio"[773]. Conclui-se que: (i) não há crime em assumir obrigação naquele período, que resulte em parcela a ser paga no exercício seguinte, desde que haja suficiente disponibilidade de caixa para honrá-la (o tipo penal exige, caso reste parcela a ser paga no exercício seguinte, que não tenha contrapartida suficiente de disponibilidade de caixa); (ii) não há crime em assumir obrigação em período que antecede os dois últimos quadrimestres do último mandato ou legislatura, que resulte em parcela a ser paga no exercício seguinte, ainda que não haja contrapartida suficiente de disponibilidade de caixa (o tipo penal exige requisito temporal – dois últimos quadrimestres do último mandato ou legislatura).

Segundo Damásio, "para não haver dúvida quanto à abrangência do tipo incriminador, o legislador inseriu na descrição os termos 'mandato', referente ao Executivo e Judiciário, e 'legislatura', concernente aos membros do Poder Legislativo"[774].

2.2. Sujeito ativo

Cuida-se aqui de crime próprio, o qual somente pode ser praticado pelo agente político capaz de assumir a dívida. Com efeito, anota Damásio de Jesus: "Sujeito ativo é o titular do mandato com atribuição para assumir obrigação em nome do ente público que representa. Por isso, cuida-se de crime próprio. É importante notar que a qualidade especial do sujeito ativo encontra-se no fato de ocupar o cargo com atribuição legal para assunção de obrigação prevista no tipo. Tratando-se de mandato, poderá ocorrer substituição da pessoa inicialmente competente para assumir a obrigação no respectivo período. Com isso, poderá ser autor do crime pessoa que está apenas temporariamente no cargo, como, p. ex., o Vice-Presidente, o Vice-Governador etc., desde que no efetivo exercício de cargo com atribuição legal para assumir a obrigação típica"[775]. São, assim, sujeitos ativos: o presidente da República, do Senado, da Câmara dos Deputados, de Tribunais, procurador-geral de Justiça, procurador-geral do Estado, advogado-geral da União etc.

2.3. Sujeito passivo

A União, o Estado, o Distrito Federal e o Município, cujos cofres terão de suportar a despesa herdada de suas próprias administrações anteriores.

773. Cezar Roberto Bitencourt, *Código Penal comentado*, cit., p. 1185.

774. Damásio E. de Jesus, *Direito penal*, cit., v. 4, p. 383.

775. Idem, ibidem, p. 382.

3. ELEMENTO SUBJETIVO

É o dolo, consubstanciado na vontade livre e consciente de ordenar ou autorizar a assunção de obrigação nos últimos quadrimestres do último ano do mandato ou legislatura. É necessário que o agente tenha ciência de que a despesa não possa ser paga no mesmo exercício financeiro ou, caso reste parcela a ser paga no exercício seguinte, que não tenha contrapartida suficiente de disponibilidade de caixa. Do contrário, haverá o erro de tipo, o qual exclui o dolo, e, consequentemente, o próprio tipo penal.

4. CONSUMAÇÃO E TENTATIVA

Trata-se de crime formal, que se consuma no momento em que é expedida a ordem ou autorização dentro dos dois últimos quadrimestres do último ano do mandato, sendo irrelevante que a obrigação seja efetivamente assumida (resultado naturalístico), o que configurará mero exaurimento. O crime não admite tentativa: ou o administrador ordena ou autoriza a despesa, e o crime já se consumou, independentemente da efetivação desta operação, ou não ordena ou autoriza, e não há crime. Pretende-se aqui coibir as conhecidas e demagógicas táticas de inviabilizar as gestões posteriores, nas quais o administrador mesquinho pensa apenas em estratégias politiqueiras e não no bem comum, finalidade que deveria orientar sua atuação. É esse comportamento que se incrimina e que se pretende evitar. A dívida efetivamente assumida é apenas o resultado (naturalístico) da conduta típica já realizada.

Segundo Damásio, "consuma-se o delito com a ordem ou autorização de indevida assunção de obrigação, dentro do período previsto no tipo. Atente-se para o seguinte: é a assunção de obrigação que deve encontrar-se dentro do prazo e não o ato administrativo de ordem ou autorização. De lembrar-se que a ameaça de punição penal visa a proteger o equilíbrio das contas públicas em relação à sucessão de agentes públicos no exercício do poder de gestão financeira do Estado (rotatividade de administradores titulares de mandato). Por isso, para consumação do crime, o ato pode ser anterior aos dois últimos quadrimestres do último ano do mandato ou legislatura, desde que a obrigação faça referência a esse prazo"[776]. Cezar Roberto Bitencourt, por sua vez, afirma que se consuma o crime "quando a ordem ou a autorização é efetivamente executada, ou seja, quando a obrigação é realmente assumida dentro do período proibido. Enquanto não for cumprida a ordem ou autorização não se produz qualquer efeito, isto é, não há qualquer lesividade ao patrimônio público, e sem lesividade não se pode falar em crime; a ausência de lesividade impede a caracterização da tipicidade material ou tipicidade estrita"[777].

Quanto à tentativa, há duas posições:

(i) Afirma Cezar Roberto Bitencourt: "Parece-nos perfeitamente possível o fracionamento da ação tipificada, tratando-se de crime plurissubsistente, que admite não apenas o fracionamento da ação, mas que depende de acontecimentos futuros para configurar-se,

776. Damásio E. de Jesus, *Direito penal*, cit., v. 4, p. 383.

777. Cezar Roberto Bitencourt, *Código Penal comentado*, cit., p. 1186.

como é a comprovação da existência ou inexistência da possibilidade de pagamento ou de que, no próximo exercício, haverá a contrapartida necessária para honrá-lo"[778].

(ii) Damásio E. de Jesus, a nosso ver com razão, não admite a tentativa.

5. AÇÃO PENAL

Trata-se de crime de ação penal pública incondicionada. Admite-se a suspensão condicional do processo (Lei n. 9.099/95).

ART. 359-D – ORDENAÇÃO DE DESPESA NÃO AUTORIZADA

1. CONCEITO. OBJETO JURÍDICO

Dispõe o art. 359-D do CP: "Ordenar despesa não autorizada por lei: Pena – reclusão, de 1 (um) a 4 (quatro) anos".

Tutela-se aqui o patrimônio público, evitando sua dilapidação, mediante decisões arbitrárias e tresloucadas do administrador, e estabelecendo estrita legalidade para as ações capazes de levar ao endividamento do erário. Além disso, conforme lembra Damásio de Jesus, tutela-se também "a probidade e a normal regularidade financeira do Estado no que diz respeito ao equilíbrio e transparência das contas públicas"[779]. Luiz Flávio Gomes e Alice Bianchini, por sua vez, afirmam: "Novamente elege o legislador o controle legislativo do orçamento e das contas públicas como procedimento a ser preservado. Tudo o que se gasta haverá de sê-lo sob controle legislativo"[780].

2. ELEMENTOS DO TIPO

2.1. Ação nuclear

A ação nuclear típica consubstancia-se no verbo *ordenar*, isto é, determinar, no caso, a geração de despesa não autorizada por lei. De acordo com a Lei de Responsabilidade Fiscal, em seu art. 15, Seção I, Capítulo IV, serão consideradas não autorizadas, irregulares e lesivas ao patrimônio público a geração de despesa ou a assunção de obrigação que não atendam ao disposto nos arts. 16 e 17. Assim, por exemplo, deve a geração de despesa vir acompanhada da "declaração do ordenador de despesa de que o aumento tem adequação orçamentária e financeira com a lei orçamentária anual e compatibilidade com o plano plurianual e com a lei de diretrizes orçamentárias". A falta do preenchimento desse requisito torna a despesa desautorizada nos termos da Lei de Responsabilidade Fiscal. Cuida-se de infração administrativa, que, no entanto, foi também erigida à condição de crime, nos termos do art. 359-D. Nos moldes do art. 21 da Lei de Responsabilidade Fiscal, também será considerado nulo de pleno direito o ato que provoque aumento da

778. Cezar Roberto Bitencourt, *Código Penal comentado*, cit., p. 1186.

779. Damásio E. de Jesus, *Direito penal*, cit., v. 4, p. 385.

780. Luiz Flávio Gomes e Alice Bianchini, *Crimes de responsabilidade fiscal*, cit., p. 50.

despesa com pessoal e não atenda às exigências constantes dos incisos I e II do mencionado artigo. O desrespeito a esses requisitos legais dará ensejo à configuração do crime em estudo.

Indaga-se: na hipótese em que a despesa é ordenada sem autorização legal, mas é justificada, ocorre o crime em tela? Sim, pois o fato será típico, formal e materialmente. É que, em matéria de Administração Pública, vigora o princípio da estrita legalidade, só podendo o administrador atuar dentro do campo rigorosamente traçado pela lei. Enquanto o particular pode fazer tudo o que a lei não proíbe, o agente público só pode fazer o que esta permitir. Assim, ao erigir em norma penal tal exigência no tocante ao endividamento do Estado, o legislador acrescentou ainda mais rigor à legalidade administrativa. Atenta contra o Estado Democrático de Direito e os interesses vitais da sociedade um agente público que, ignorando obrigação legal, contrai dívida em desfavor da entidade pela qual é responsável. Materialmente, o fato é danoso, pela simples razão de ter o administrador feito vista grossa à legalidade. Eventualmente, desde que minudentemente verificados os requisitos da inevitabilidade, da urgência e da razoabilidade, poderá, em caráter excepcional, ser arguido o estado de necessidade. Em sentido contrário, Luiz Flávio Gomes e Alice Bianchini sustentam: "Pode ocorrer, entretanto, que a despesa, ainda que não autorizada por lei, venha a ser plenamente justificada. A inexistência de autorização constitui, tão somente, indício de irregularidade, havendo necessidade para se criminalizar a conduta, que se verifique, diretamente, a existência de uma lesão não justificada ao bem jurídico. Quando devidamente explicável a despesa, deslegitimada encontra-se a possibilidade de se punir a conduta, ao menos penalmente. O controle a ser exercido pelos órgãos que a LRF designa deve ir além do mero aspecto de legalidade, 'sempre que necessário, para efetivar o comando da legitimidade e eficiência'"[781].

2.2. Sujeito ativo

Trata-se de crime próprio. Somente pode praticá-lo o agente público que tenha atribuição legal para ordenar a geração de despesas. Ressalva Cezar Roberto Bitencourt: "Não abrange, ao contrário do previsto no art. 359-A, quem apenas realiza, isto é, quem cumpre ou executa a ordem expedida pelo sujeito ativo próprio, o 'ordenador de despesas'. Nesse caso, à evidência, o funcionário que executa a ordem deverá ter sua conduta examinada à luz do art. 22, segunda parte, do CP, ou seja, à luz do princípio da obediência hierárquica"[782].

2.3. Sujeito passivo

Se o crime for praticado por presidente da República, governador do Estado ou Distrito Federal ou prefeito municipal, sujeito passivo será respectivamente a União, o Estado, o Distrito Federal ou o Município.

---

781. Luiz Flávio Gomes e Alice Bianchini, *Crimes de responsabilidade fiscal*, cit., p. 50.

782. Cezar Roberto Bitencourt, *Código Penal comentado*, cit., p. 1187.

3. ELEMENTO SUBJETIVO

É o dolo, consubstanciado na vontade livre e consciente de ordenar despesa não autorizada em lei. Obviamente que o agente público deve ter ciência da falta de autorização legal para a ordenação da despesa pública. Do contrário, haverá erro de tipo, o qual exclui o dolo e, consequentemente, a própria tipicidade.

4. CONSUMAÇÃO E TENTATIVA

O crime é formal, pois se consuma no momento em que a despesa é ordenada, independentemente de ela se efetivar. Tal resultado naturalístico é irrelevante para a consumação, a qual ocorre antes dele, tratando-se, portanto, de mero exaurimento. Desse modo, não admite a tentativa: ou o agente ordena a despesa, e o crime está consumado, ou não chega a ordenar, e não existe delito.

Para Damásio, o crime é de mera conduta, consumando-se no momento em que o agente público emite o ato administrativo de ordem, pouco importando que esta venha a ser posteriormente revogada ou anulada. Não admite, portanto, a tentativa, já que, ou o agente emite a ordem, e o crime está consumado, ou realiza atos preparatórios impuníveis[783].

Segundo Cezar Roberto Bitencourt, o crime é formal, consumando-se quando a ordem é efetivamente executada. "Enquanto não for cumprida a ordem não se produz qualquer efeito, isto é, não há qualquer lesividade ao patrimônio público, e sem lesividade não se pode falar em crime; a ausência desta impede a caracterização da tipicidade material ou tipicidade estrita"[784]. O autor, portanto, admite a tentativa, por se tratar de crime plurissubsistente.

Para Luiz Flávio Gomes e Alice Bianchini, no entanto, é possível o *conatus*, como no exemplo em que o agente público ordena a despesa não autorizada e por circunstâncias alheias a sua vontade a ordem não é cumprida[785].

5. AÇÃO PENAL

Trata-se de crime de ação penal pública incondicionada. Admite-se a suspensão condicional do processo (Lei n. 9.099/95).

ART. 359-E – PRESTAÇÃO DE GARANTIA GRACIOSA

1. CONCEITO. OBJETO JURÍDICO

Dispõe o art. 359-E do CP: "Prestar garantia em operação de crédito sem que tenha sido constituída contragarantia em valor igual ou superior ao valor da garantia prestada, na forma da lei: Pena – detenção, de 3 (três) meses a 1 (um) ano".

---

783. Damásio E. de Jesus, *Direito penal*, cit., v. 4, p. 386-7.

784. Cezar Roberto Bitencourt, *Código Penal comentado*, cit., p. 1189.

785. Luiz Flávio Gomes e Alice Bianchini, *Crimes de responsabilidade fiscal*, cit., p. 51.

Tutelam-se aqui o equilíbrio orçamentário e o patrimônio público.

Visa o dispositivo penal, de acordo com Damásio, a tutelar a probidade na gestão fiscal do Estado[786]. Para Luiz Flávio Gomes e Alice Bianchini, "o bem jurídico protegido pela norma, quando exige a contragarantia, passa a ser *o equilíbrio orçamentário e das contas públicas*. A tutela penal se antecipa ao ponto de buscar evitar que, por falta de contragarantia, o erário público venha a perder a garantia dada"[787]. Para Cezar Roberto Bitencourt, protege-se "a segurança das operações de crédito celebradas pelo Poder Público, que, para garanti-la, exige contragarantia de eventual garantia exigida"[788].

2. ELEMENTOS DO TIPO

2.1. Ação nuclear. Objeto material

A ação nuclear típica consubstancia-se no verbo *prestar*, isto é, conceder, no caso, garantia em operação de crédito sem a contragarantia em valor igual ou superior ao valor da garantia prestada, na forma da lei. Segundo o disposto no art. 29, IV, da Lei de Responsabilidade Fiscal, a concessão de garantia é "o compromisso de adimplência de obrigação financeira ou contratual assumida por ente da Federação ou entidade a ele vinculada". O art. 40, § 1º, da Lei de Responsabilidade Fiscal, por sua vez, dispõe: "A garantia estará condicionada ao oferecimento de contragarantia, em valor igual ou superior ao da garantia concedida (...)". Dessa forma, o legislador penal erigiu à categoria de crime o descumprimento da primeira parte do art. 40, § 1º, pelo gestor público, ou seja, prestar garantia sem que tenha sido constituída contragarantia naqueles termos. Segundo o inciso I do referido § 1º, "não será exigida contragarantia de órgãos e entidades do próprio ente". O inciso II, por sua vez, dispõe: "A contragarantia exigida pela União a Estado ou Município, ou pelos Estados aos Municípios, poderá consistir na vinculação de receitas tributárias diretamente arrecadadas e provenientes de transferências constitucionais, com outorga de poderes ao garantidor para retê-las e empregar o respectivo valor da liquidação da dívida vencida".

Haverá, então, a configuração do crime se o agente público conceder garantia em operação de crédito, sem que tenha sido constituída contragarantia em valor igual ou superior ao valor da garantia prestada. Na hipótese, a contragarantia constituída é inferior ao valor da garantia dada. E na hipótese em que não é constituída qualquer contragarantia, há a configuração do crime em tela? Há dois posicionamentos:

(i) Para Cezar Roberto Bitencourt, "a simples ausência de contragarantia, quando foi prestada garantia exigida em operação de crédito, é suficiente para caracterizar o crime, desde que o administrador saiba dessa exigência e, conscientemente, a omita, na

786. Damásio E. de Jesus, *Direito penal*, cit., v. 4, p. 389.

787. Luiz Flávio Gomes e Alice Bianchini, *Crimes de responsabilidade fiscal*, cit., p. 52.

788. Cezar Roberto Bitencourt, *Código Penal comentado*, cit., p. 1190.

medida em que a ausência de contragarantia coloca em risco o patrimônio público que a lei complementar e este tipo penal pretendem proteger"[789].

(ii) Para Damásio E. de Jesus, "mesmo provando que a contragarantia era dispensável na operação de crédito, o fato permanece típico"[790].

O objeto material é a garantia relativa a operação de crédito. O conceito de operação de crédito está no art. 29, III, da Lei de Responsabilidade fiscal (LC n. 101/2000).

2.2. Sujeito ativo

Trata-se de crime próprio. Somente pode praticá-lo o agente público que tenha competência para prestar a garantia em operação de crédito.

2.3. Sujeito passivo

A União, os Estados-membros, o Município e o Distrito Federal, conforme o caso. Se o crime for, por exemplo, praticado por governador de Estado, sujeito passivo será esse Estado.

3. ELEMENTO SUBJETIVO

É o dolo, consubstanciado na vontade livre e consciente de prestar a garantia sem que tenha sido constituída contragarantia em valor igual ou superior ao valor da garantia prestada.

4. CONSUMAÇÃO E TENTATIVA

Há duas posições na doutrina:

(i) Para Luiz Flávio Gomes e Alice Bianchini, "a inexistência de contragarantia quando da prestação de uma garantia não é motivo suficiente para se punir penalmente a conduta, visto que, para não configurar mero ilícito administrativo, exige-se a comprovação do perigo concreto de lesão às finanças públicas (ou ao equilíbrio das contas públicas). Exige-se, portanto, para a consumação do crime, a comprovação do perigo a um bem jurídico de natureza supraindividual". Os autores, dessa forma, admitem a tentativa. "Assim, se o agente público presta garantia em operação de crédito sem que tenha sido constituída contragarantia e, por circunstâncias alheias à sua vontade, a ordem não é cumprida, responde pelo crime"[791]. Cezar Roberto Bitencourt também admite a tentativa no crime em tela[792].

---

789. Cezar Roberto Bitencourt, *Código Penal comentado*, cit., p. 1191.

790. Damásio E. de Jesus, *Direito penal*, cit., v. 4, p. 390.

791. Luiz Flávio Gomes e Alice Bianchini, *Crimes de responsabilidade fiscal*, cit., p. 52.

792. Cezar Roberto Bitencourt, *Código Penal comentado*, cit., p. 1192-3.

(ii) Para Damásio E. de Jesus, "o crime atinge a consumação quando o agente público concede a garantia em operação de crédito sem constituir a contragarantia nos moldes típicos exigidos. A expressão 'sem que tenha sido constituída' pode dar a ideia de anterioridade. De observar-se, contudo, mostrar-se comum a circunstância de a contragarantia, em contrato administrativo, ser constituída no mesmo momento da garantia. Anterior ou concomitante, o crime está consumado. A tentativa é inadmissível"[793].

5. AÇÃO PENAL

Trata-se de crime de ação penal pública incondicionada. Constitui infração de menor potencial ofensivo, sujeito às disposições da Lei n. 9.099/95.

ART. 359-F – NÃO CANCELAMENTO DE RESTOS A PAGAR

1. CONCEITO. OBJETO JURÍDICO

Dispõe o art. 359-F do CP: "Deixar de ordenar, de autorizar ou de promover o cancelamento do montante de restos a pagar inscrito em valor superior ao permitido em lei: Pena – detenção, de 6 (seis) meses a 2 (dois) anos".

Tutela-se aqui a integralidade do patrimônio público, bem como a continuidade e a impessoalidade na gestão administrativa.

De acordo com Damásio, destina-se a tutelar "a regularidade na administração das finanças públicas, no que diz respeito à inércia diante de encargos financeiros passados à próxima gestão fiscal"[794]. Para Luiz Flávio Gomes e Alice Bianchini, tutela-se o equilíbrio das contas públicas[795].

2. ELEMENTOS DO TIPO

2.1. Ação nuclear. Elemento normativo do tipo

Trata-se de crime omissivo.

Vejamos as condutas típicas:

(i) **deixar de ordenar**: nesta modalidade típica, incumbe ao agente determinar a terceiro que cancele os restos a pagar, contudo descumpre esse dever legal ao se omitir;

(ii) **deixar de autorizar**: aqui incumbe a terceira pessoa cancelar os restos a pagar, mas ela necessita da autorização, isto é, do referendo do agente público competente, no entanto este se omite. Afirma Cezar Roberto Bitencourt: "Nessa hipótese, segundo Damásio, 'já há iniciativa de corrigir o desvio por parte de terceira pessoa' (*Código Penal anotado*, 11. ed.). Quer-nos parecer, contudo, que não necessariamente deva *já existir inicia-*

---

793. Damásio E. de Jesus, *Direito penal*, cit., v. 4, p. 391.

794. Damásio E. de Jesus, *Direito penal*, cit., v. 4, p. 393.

795. Luiz Flávio Gomes e Alice Bianchini, *Crimes de responsabilidade fiscal*, cit., p. 53.

tiva de outrem, pois nada impede que, embora inexista tal iniciativa, ainda assim o sujeito ativo não autorize tal cancelamento quando a decisão se apresente necessária. Enfim, configura-se o tipo quando a situação fática exista e o administrador competente omita a autorização quando podia e devia dá-la"[796];

(iii) deixar de promover: nesta modalidade típica incumbe ao próprio agente público realizar o cancelamento dos restos a pagar.

Importa notar que este artigo pune a conduta daquele que se omite em cancelar o montante de restos a pagar inscrito em valor superior ao permitido em lei. Difere da conduta de ordenar ou autorizar a inscrição em restos a pagar que exceda limite estabelecido em lei, a qual está prevista no art. 359-B. Segundo Luiz Flávio Gomes e Alice Bianchini, "para que se possa punir a conduta daquele que pratica a ação descrita no artigo em tela, há necessidade de que ele não tenha nenhuma responsabilidade (a título de dolo) em relação à inscrição, pois, do contrário, já estaria incurso nas penas previstas no art. 359-B, antes mencionado. Preocupa-se a Lei com a lisura administrativa, de forma que, percebendo o agente público que o valor inscrito em restos a pagar é superior ao permitido em lei, deve, de plano, providenciar, para que ocorra o cancelamento. Não o fazendo, incorre no disposto no tipo penal *sub examen*"[797].

O tipo penal contém um elemento normativo, já que somente haverá crime se o agente se omitir em cancelar montante de restos a pagar inscrito em valor superior ao permitido em lei. Dessa forma, se o valor estiver dentro do que a lei permite, o fato será considerado atípico. Ressalva Damásio: "Se há irregularidade por outro motivo, que não seja o valor maior previsto no tipo penal, o fato é atípico, podendo ensejar responsabilidade administrativa"[798].

Consideram-se restos a pagar "as despesas empenhadas, mas não pagas até o dia 31 de dezembro" (art. 36 da Lei n. 4.320/64). Ou seja, são aquelas despesas assumidas pelo administrador público que serão pagas com recursos dos próximos orçamentos.

2.2. Sujeito ativo

Trata-se de crime próprio. Somente pode praticá-lo o agente público que tenha atribuição legal para cancelar despesas inscritas em restos a pagar. Conforme já visto, o responsável pela inscrição responde pelo delito previsto no art. 359-B.

Segundo Cezar Roberto Bitencourt, trata-se de exceção à teoria monística. Exemplifica o autor: "Quem deixa o cargo pode responder pela 'inscrição de despesas não empenhadas em restos a pagar' (art. 359-B); quem assume pode responder por não ter determinado o 'cancelamento do montante de restos a pagar' (art. 359-F), inscrito em valor superior ao legalmente permitido. Esses dois dispositivos assemelham-se à corrupção ativa e passiva (oferecer-receber); neste caso, 'fazer ou não desfazer', que não deixam

---

796. Cezar Roberto Bitencourt, *Código Penal comentado*, cit., p. 1194.

797. Luiz Flávio Gomes e Alice Bianchini, *Crimes de responsabilidade fiscal*, cit., p. 52.

798. Damásio E. de Jesus, *Direito penal*, cit., v. 4, p. 395.

de configurar as duas faces de uma mesma moeda. Pela teoria adotada pelo Código Penal – monística ou unitária –, deveriam responder pelo mesmo crime, mas, como o legislador preferiu disciplina-los em crimes distintos, configura mais uma exceção à mencionada teoria; ou seja, não há *concurso de pessoas* entre os dois sujeitos ativos, a menos que haja o vínculo subjetivo entre ambos, quando, então, responderão pelos dois crimes (hipótese de conluio)"[799].

2.3. Sujeito passivo

É a União, Estado, Município etc.

3. ELEMENTO SUBJETIVO

É o dolo, consubstanciado na vontade livre e consciente de deixar de ordenar, de autorizar ou de promover o cancelamento do montante de restos a pagar inscrito em valor superior ao permitido em lei. É necessário que o agente tenha ciência da existência da inscrição do montante de restos a pagar em valor superior ao permitido em lei.

Segundo Cezar Roberto Bitencourt, "ninguém ignora que se trata de uma proibição nova e fundamentada em um emaranhado de leis novas e complexas, que tornam difícil sua interpretação inclusive pelos operadores de direito. O *administrador público* pode não determinar o cancelamento da inscrição de restos a pagar acima do limite legal, por *desconhecer que tem o dever* de tomar essa providência. Nesse caso, incorre em *erro de proibição*. Mas pode, igualmente, ter conhecimento desse dever legal, por ter consciência da inscrição de restos a pagar, mas pode ignorar que essa inscrição ultrapassa o limite legalmente permitido. Nessa hipótese, ignorar que a inscrição de restos a pagar ultrapassa o limite permitido em lei configura *erro de tipo*"[800].

4. CONSUMAÇÃO E TENTATIVA

Trata-se de crime omissivo. Consuma-se, portanto, no momento em que o agente deixa de ordenar, autorizar ou de promover o cancelamento dos restos a pagar. De acordo com Cezar Roberto Bitencourt, "a questão fundamental é, afinal, em que momento tal crime se consuma, ou seja, quando o sujeito ativo passa a ter o dever de agir: quando assume o cargo ou função ou quando toma conhecimento da existência da situação fático-jurídica (da existência de montante de restos a pagar inscrito em lei)? À evidência que a responsabilidade penal não pode ser presumida, e, ademais, não se responde por algo que não se conhece; consequentemente, essa responsabilidade não pode ser automática, decorrente da simples assunção do cargo ou função, pois configuraria autêntica responsabilidade objetiva, que foi proscrita do direito penal da culpabilidade. Esse momento consumativo, por evidente, está completamente afastado, por ser dogmatica-

799. Cezar Roberto Bitencourt, *Código Penal comentado*, cit., p. 1196-7.
800. Cezar Roberto Bitencourt, *Código Penal comentado*, cit., p. 1195.

mente insustentável. Resta a segunda alternativa, ou seja, o administrador tem o dever jurídico de agir, a partir do momento em que toma conhecimento da existência de restos a pagar inscritos em valor superior ao legalmente permitido. Mas essa constatação ainda não resolve de todo a questão de quando ocorre o momento consumativo, que, tratando de crime omissivo, ocorre quando deve agir, e voluntariamente, isto é, podendo e devendo, deixa de fazê-lo. A questão reside na dificuldade de identificar, afinal, em que momento da administração o sujeito ativo toma conhecimento dos fatos, que pode ocorrer no primeiro dia, no primeiro mês, quem sabe no final do primeiro ano etc. A solução dessa dificuldade será encontrada na prova, que, segundo os penalistas, passa a ser um problema de processo penal. Com a devida vênia, em termos de crime omissivo é problema de direito material, pois define não só o momento consumativo do crime como a sua própria configuração. Enfim, o problema está posto, a dúvida levantada e a cautela recomendada"[801].

A tentativa é inadmissível.

5. AÇÃO PENAL

Trata-se de crime de ação penal pública incondicionada. Constitui infração de menor potencial ofensivo, sujeito às disposições da Lei n. 9.099/95.

ART. 359-G – AUMENTO DE DESPESA TOTAL COM PESSOAL NO ÚLTIMO ANO DO MANDATO OU LEGISLATURA

1. CONCEITO. OBJETO JURÍDICO

Dispõe o art. 359-G do CP: "Ordenar, autorizar ou executar ato que acarrete aumento de despesa total com pessoal, nos 180 (cento e oitenta) dias anteriores ao final do mandato ou da legislatura. Pena – reclusão, de 1 (um) a 4 (quatro) anos". A fonte da referida previsão legal encontra-se no art. 21 da Lei de Responsabilidade Fiscal, a qual considera nulo de pleno direito o ato que provoque aumento da despesa com pessoal e não atenda aos requisitos elencados nos incisos I e II.

Tutela-se a probidade na administração, a impessoalidade e a continuidade na gestão administrativa, independentemente de quem venha a ser o sucessor e a proteção e equilíbrio das finanças públicas.

Segundo Luiz Flávio Gomes e Alice Bianchini, "o que se busca nessa norma penal é, antes de tudo, resguardar a possibilidade de o agente público valer-se da repercussão que a conduta de contratação de pessoal, por exemplo, ou mesmo de aumento salarial geral possa causar político-eleitoralmente, seja para favorecer-lhe em eleições próximas, seja para auxiliar um seu correligionário político. A norma em epígrafe, no entanto, está direcionada para a tutela de algo mais que a moralidade: uma vez mais é o *equilíbrio das contas públicas* que está em jogo. O ato que acarreta aumento de despesa total com pessoal

---

801. Cezar Roberto Bitencourt, *Código Penal comentado*, cit., p. 1195-6.

desestabiliza ou pode colocar em risco concreto a harmonia das finanças públicas, comprometendo a gestão que está em curso ou a seguinte. Além disso, desequilibra o jogo democrático, na medida em que um (o que se encontra no cargo) pode valer-se de um instrumento que deixa a si ou protegido seu em condições mais vantajosas que o outro (o que pleiteia o mandato)"[802].

2. ELEMENTOS DO TIPO

2.1. Ação nuclear

Trata-se de crime de ação múltipla.

Três são as ações nucleares típicas:

(i) **ordenar**: aqui o agente determina que terceiro pratique o ato; a iniciativa, portanto, é sua;

(ii) **autorizar**: nesta modalidade, a iniciativa é de terceiro, porém o ato é referendado pelo agente público;

(iii) **executar**: diz com a concretização do ato pelo próprio agente público.

O agente, dessa forma, ordena, autoriza ou executa, ato que acarrete aumento de despesa total com pessoal, nos 180 dias anteriores ao final do mandato ou da legislatura. Segundo o art. 18 da Lei de Responsabilidade Fiscal, "para efeitos desta Lei Complementar, entende-se como despesa total com pessoal: o somatório dos gastos do ente da Federação com os ativos, os inativos e os pensionistas, relativos a mandatos eletivos, cargos, funções ou empregos, civis, militares e de membros de Poder, com quaisquer espécies remuneratórias, tais como vencimentos e vantagens, fixas e variáveis, subsídios, proventos de aposentadoria, reformas e pensões, inclusive adicionais, gratificações, horas extras e vantagens pessoais de qualquer natureza, bem como encargos sociais e contribuições recolhidas pelo ente às entidades de previdência". O ato que acarrete o aumento de despesa deve necessariamente ser praticado nos 180 dias anteriores ao final do mandato ou legislatura. Conforme assinala Damásio, "o aumento de despesa total com pessoal, fora do período descrito, não é interpretado pela lei penal como manobra que prejudica o sucessor político e o equilíbrio das finanças públicas e sim como poder discricionário na gestão fiscal do Estado"[803]. Segundo Cezar Roberto Bitencourt, "uma coisa é ordenar ou autorizar o aumento de despesa, e outra é concretizar esse aumento de despesa, isto é, disponibilizar os recursos para honrar esse ônus. O *período* – seis meses –, a nosso juízo, refere-se ao dispêndio efetivo, ou seja, desencaixe que o Tesouro faz para cumprir o ato administrativo anterior. Assim, está vedada a velha prática de alguns demagogos administradores que concediam aumentos e vantagens a servidores para vigorar, no futuro, a partir de determinada data, particularmente em mandatos ou legislaturas futuras. Mesmo que o ato concessivo tenha sido praticado antes do *período depurador*, ainda assim tipificará conduta proibida neste dispositivo. O eventual aumento de despesa total com

---

802. Luiz Flávio Gomes e Alice Bianchini, *Crimes de responsabilidade fiscal*, cit., p. 54-55.

803. Damásio E. de Jesus, *Direito penal*, cit., v. 4, p. 399.

pessoal, fora do período proibido, mesmo que infrinja outras normas administrativas ou fiscais, não tipifica este crime"[804].

2.2. Sujeito ativo

Trata-se de crime próprio.

Somente pode praticar o delito em estudo os titulares de mandato, de qualquer dos três Poderes, inclusive do Legislativo – pois o próprio tipo penal é expresso ao se referir à "*legislatura*" –, que tenham competência para aumentar os gastos com pessoal[805]. Por exemplo, presidente da República, do Senado Federal, da Câmara dos Deputados, da Assembleia Legislativa, governador de Estado, procurador-geral de Justiça, advogado-geral da União etc.

Ressalva Cezar Roberto Bitencourt: "Neste tipo penal, sujeito ativo pode ser outra espécie de funcionário público que não o detentor de mandato, quando a figura típica for a modalidade de 'executar'. Nessa hipótese, normalmente, o executor será um subordinado, em regra o chamado 'ordenador de despesas', que põe em prática a determinação superior, revestida de ordem ou autorização. Contudo, nada impede que o executor seja o próprio administrador, isto é, aquele que tem o poder ou atribuição para ordenar ou autorizar a prática de ato que acarrete aumento de despesa com pessoal"[806].

2.3. Sujeito passivo

União, Estado, Distrito Federal ou Município e respectivos órgãos ou entidades, dependendo de quem praticar o delito. Se praticado pelo presidente do Tribunal de Justiça, sujeito passivo será o referido Tribunal; se cometido pelo procurador-geral de justiça, será o Ministério Público, e assim por diante.

3. ELEMENTO SUBJETIVO

É o dolo, consubstanciado na vontade livre e consciente de ordenar, autorizar ou executar ato que acarrete aumento de despesa total com pessoal, nos 180 dias anteriores ao final do mandato ou legislatura. É necessário que o agente tenha ciência de que realiza o aumento de despesa com pessoal naquele período de tempo.

4. CONSUMAÇÃO E TENTATIVA

Nas modalidades ordenar e autorizar, trata-se de crime formal, que se consuma com a realização do comportamento, independentemente de a despesa se implementar, o que configurará mero exaurimento. O resultado naturalístico, portanto (aumento de despesa),

---

804. Cezar Roberto Bitencourt, *Código Penal comentado*, cit., p. 1198-9.
805. Nesse sentido: Damásio E. de Jesus, *Direito penal*, cit., v. 4, p. 398.
806. Cezar Roberto Bitencourt, *Código Penal comentado*, cit., p. 1197-8.

é irrelevante para a consumação, que se opera antes e independentemente de sua realização. A tentativa é inadmissível, pois ou o agente ordena ou autoriza, ou não existe crime. Já na conduta executar, o crime é material, somente se consumando com o aumento de despesa efetivamente executado. Nessa hipótese, será possível a tentativa.

Para Damásio E. de Jesus, "o crime se consuma com o ato que resulta em aumento de despesa total com pessoal, seja na modalidade de ordem, autorização ou execução. É importante salientar que o ato deve ter sua vigência dentro do limite temporal previsto no tipo incriminador, ou seja, nos últimos cento e oitenta dias de mandato ou legislatura. Trata-se de crime de mera conduta, pois não há previsão de resultado típico naturalístico"[807]. Para o referido autor, a tentativa somente é admissível na modalidade *executar*.

Para Cezar Roberto Bitencourt, "consuma-se o crime quando o ato *ordenado* ou *autorizado* é efetivamente executado, no período proibido de seis meses de final de mandato. Enquanto não for cumprida a ordem ou autorização não se produz qualquer efeito, isto é, não há qualquer lesividade ao patrimônio público, e sem lesividade não se pode falar em crime. A simples *violação de dever*, norma puramente abstrata, não pode constituir crime, pois não há tipicidade material. A modalidade de *executar* é crime material, e somente se consuma com a efetiva realização do ato ordenado por quem tem atribuição para tal. Trata-se de crime *formal*, nas figuras de *ordenar ou autorizar*, cujo resultado não integra o tipo penal, como ocorre nos crimes materiais, o que não quer dizer que não exista, pois o reflexo do aumento no orçamento público configura esse resultado". No tocante à tentativa, afirma o autor: "*Em nossa concepção, é perfeitamente admissível a tentativa*, embora seja de difícil comprovação. Parece-nos possível o fracionamento da ação tipificada, tratando-se de crime plurissubsistente; assim, por exemplo, quando a ordem ou autorização *não é executada por circunstâncias alheias à vontade do agente*, configura-se a forma tentada. Quanto à figura de *executar* não há qualquer dúvida sobre a possibilidade de tentativa, uma vez que se trata de crime material, cuja ação pode facilmente ser dividida em vários atos"[808].

5. DISTINÇÃO

Este delito não se confunde com o do art. 359-C, porque lá o que se pune é a conduta de ordenar ou autorizar despesa que não possa ser paga na mesma gestão, ao passo que aqui se pretende coibir o aumento de despesa, independentemente de poder ser pago no mesmo exercício financeiro[809].

Cezar Roberto Bitencourt traz outras diferenças: "A proibição constante do art. 359-C é abrangente, genérica, englobando toda e qualquer despesa, enquanto a criminalização do art. 359-G é restrita, específica, limitando-se à despesa com pessoal. Por fim, o prazo depurador do primeiro dispositivo é de 8 meses (2 quadrimestres), enquanto o do segundo é de 6 meses (180 dias). Significa dizer que, embora já esteja proibida a assunção de obri-

807. Damásio E. de Jesus, *Direito penal*, cit., v. 4, p. 399.

808. Cezar Roberto Bitencourt, *Código Penal comentado*, cit., p. 1200.

809. Luiz Flávio Gomes e Alice Bianchini, *Crimes de responsabilidade fiscal*, cit., p. 54.

gação a ser resgatada no ano seguinte, a partir do oitavo último mês, será possível efetuar gastos com pessoal, antes de ingressar no sexto mês. E não há nisso nenhum paradoxo, na medida em que a especificidade dos encargos acaba autorizando essa *práxis*"[810].

6. AÇÃO PENAL

Trata-se de crime de ação penal pública incondicionada. Admite-se a suspensão condicional do processo (Lei n. 9.099/95).

ART. 359-H – OFERTA PÚBLICA OU COLOCAÇÃO DE TÍTULOS NO MERCADO

1. CONCEITO. OBJETO JURÍDICO

Dispõe o art. 359-H do CP: "Ordenar, autorizar ou promover a oferta pública ou a colocação no mercado financeiro de títulos da dívida pública sem que tenham sido criados por lei ou sem que estejam registrados em sistema centralizado de liquidação e de custódia: Pena – reclusão, de 1 (um) a 4 (quatro) anos".

O bem jurídico aqui tutelado é a proteção das finanças públicas e o equilíbrio orçamentário, estabelecendo-se um controle sobre endividamentos futuros.

Com efeito, asseveram Luiz Flávio Gomes e Alice Bianchini que "a preocupação do legislador, neste tipo penal, é com o controle legislativo do orçamento e das contas públicas, visto que a colocação no mercado de títulos da dívida pública exige prévia criação legal, bem como, posteriormente, registro no sistema centralizado de liquidação e custódia. Com isso, busca-se, que, com o controle exercido, não venham as ações promovidas por administradores (no caso, colocação no mercado de títulos da dívida pública) a causar prejuízo ao erário e/ou desequilibrar futuros orçamentos"[811]. Para Damásio E. de Jesus, "o objeto jurídico-penal é a probidade administrativa e a regularidade da gestão fiscal em relação à oferta etc. de títulos da dívida pública"[812].

2. ELEMENTOS DO TIPO

2.1. Ação nuclear

Trata-se de crime de ação múltipla. As ações nucleares estão consubstanciadas nos verbos:

(i) **ordenar**: aqui o agente determina que terceiro pratique o ato, a iniciativa, portanto, é sua;

(ii) **autorizar**: nesta modalidade, a iniciativa é de terceiro, porém o ato é corroborado pelo agente público;

(iii) **promover**: diz com a ação de levar a efeito, realizar, cumprir a ordem ou autorização.

---

810. Cezar Roberto Bitencourt, *Código Penal comentado*, cit., p. 1200.

811. Luiz Flávio Gomes e Alice Bianchini, *Crimes de responsabilidade fiscal*, cit., p. 55.

812. Damásio E. de Jesus, *Direito penal*, cit., v. 4, p. 401.

O agente público ordena, autoriza ou promove:

(i) a oferta pública de títulos da dívida pública sem que tenham sido criados por lei ou sem que estejam registrados em sistema centralizado de liquidação e de custódia; ou

(ii) a colocação no mercado financeiro de títulos da dívida pública sem que tenham sido criados por lei ou sem que estejam registrados em sistema centralizado de liquidação e de custódia.

2.2. Sujeito ativo

Trata-se de crime próprio: somente pode ser praticado pelo agente público que tenha competência para ordenar, autorizar ou promover a oferta pública ou a colocação no mercado financeiro de títulos da dívida pública sem o preenchimento daqueles requisitos. Afirma, no entanto, Cezar Roberto Bitencourt: "Neste tipo penal, sujeito ativo pode ser outra espécie de funcionário público, quando a figura típica for a modalidade de 'promover', que, em tese, é subordinado com a função de executar a ordem ou autorização do sujeito ativo das outras figuras delitivas"[813].

2.3. Sujeito passivo

São considerados sujeitos passivos do crime em tela a União, os Estados-Membros, o Distrito Federal e os Municípios. Segundo Cezar Roberto Bitencourt, "pode ser, ademais, sujeito passivo mediato qualquer terceiro prejudicado com a compra de títulos irregulares, que, certamente, causarão prejuízos consideráveis"[814].

3. ELEMENTO SUBJETIVO

É o dolo, consubstanciado na vontade livre e consciente de ordenar, autorizar ou promover a oferta pública ou a colocação no mercado financeiro de títulos da dívida pública sem o preenchimento de um dos requisitos legais. É necessário que o agente tenha ciência de que os títulos da dívida pública não foram criados por lei ou não foram registrados em sistema centralizado de liquidação e de custódia. Do contrário, o fato é atípico.

Na lição de Cezar Roberto Bitencourt, "se o sujeito ativo pratica qualquer das figuras tipificadas, neste dispositivo, imaginando que os títulos estão em situação irregular, isto é, que foram legalmente criados e que estão regularmente inscritos no órgão próprio, quando, concretamente, nenhuma dessas circunstâncias existe, incorre em erro de tipo, pois seu dolo não abrangeu essas ausências, que imaginava existentes". Continua o autor: "Se o sujeito ativo pratica qualquer das condutas ignorando que eles deveriam ser criados por lei ou desconhecendo que não basta ser legalmente criados, mas que ainda necessitam ser devidamente inscritos no órgão próprio, desconhecendo, enfim essa exigência legal, incorre em erro de proibição, que pode ser evitável ou inevitável"[815].

---

813. Cezar Roberto Bitencourt, *Código Penal comentado*, cit., p. 1201.

814. Idem, ibidem.

815. Cezar Roberto Bitencourt, *Código Penal comentado*, cit., p. 1203.

4. CONSUMAÇÃO E TENTATIVA

Nas condutas ordenar e autorizar, o crime é formal, uma vez que se consubstancia com a mera realização do comportamento, independentemente de se efetivar a colocação dos títulos no mercado financeiro, o que seria simples exaurimento. Assim, a produção do resultado naturalístico (efetiva oferta pública dos títulos) é irrelevante para o resultado consumativo de ambas as formas. À vista disto, a tentativa será inadmissível, pois ou o agente ordena ou autoriza, ou não ocorre o crime. Já na modalidade de promover, o crime é material, somente se consumando no momento em que os títulos são colocados em mercado. Neste caso, a tentativa será possível[816].

Segundo Damásio, "nas modalidades de ordem ou autorização, o crime se consuma com o aperfeiçoamento do ato administrativo. Ou o ato existe e o crime está consumado, ou ainda está prestes a nascer, permanecendo o agente na realização de atos preparatórios impuníveis. Não se admite a tentativa. Na terceira modalidade (execução), consuma-se o delito no momento em que o agente promove a oferta pública ou a colocação de títulos da dívida pública no mercado financeiro. A tentativa é possível"[817].

Para Cezar Roberto Bitencourt, "consuma-se o crime quando o ato ordenado ou autorizado é efetivamente executado, isto é, quando se operacionaliza a oferta pública ou colocação no mercado financeiro dos títulos da dívida pública inexistentes legalmente ou não regularmente inscritos no órgão próprio. Enquanto não for cumprida a ordem ou autorização não se produz qualquer efeito, isto é, não há qualquer lesão ao patrimônio público, e sem lesão não se pode falar em crime. A simples *inobservância de dever*, norma puramente abstrata, não pode constituir crime, pois não há tipicidade material. A modalidade de 'promover' constitui crime material, e somente se consuma com a efetiva colocação dos títulos no mercado financeiro. As figuras de *ordenar* ou *autorizar* constituem crimes formais; o resultado não integra o tipo penal, ao contrário do que ocorre com os crimes materiais, o que não quer dizer que não exista"[818]. O autor admite a tentativa.

5. AÇÃO PENAL

Trata-se de crime de ação penal pública incondicionada. Admite-se a suspensão condicional do processo (Lei n. 9.099/95).

---

816. Damásio E. de Jesus, *Direito penal*, cit., v. 4, p. 401.

817. Idem.

818. Cezar Roberto Bitencourt, *Código Penal comentado*, cit., p. 1203.

BIBLIOGRAFIA

ANDRADE, Vander Ferreira. *A dignidade da pessoa humana como valor-fonte da ordem jurídica*. Dissertação apresentada à Banca Examinadora da Pontifícia Universidade Católica de São Paulo, como exigência parcial para a obtenção do título de Mestre em Direito (Filosofia do Direito e do Estado), sob orientação do Prof. Cláudio de Cicco, São Paulo, 2002.

AVOLIO, Luiz Francisco Torquato. *Provas ilícitas*. São Paulo: Revista dos Tribunais, 1995.

BENTO DE FARIA, Antônio. *Código Penal brasileiro*. 2. ed. Rio de Janeiro: Record, 1959. v. 7.

BITENCOURT, Cezar Roberto. *Código Penal comentado*. São Paulo: Saraiva, 2002.

_______. *Manual de direito penal*. São Paulo: Saraiva, 2001. v. 2.

BULOS, Uadi Lammêgo. *Constituição Federal anotada*. 2. ed. São Paulo: Saraiva, 2001.

CAPEZ, Fernando. *Curso de direito penal* – Parte geral. 23. ed. São Paulo: Saraiva, 2019.

_______. *Curso de processo penal*. 26. ed. São Paulo: Saraiva, 2019.

_______. *Estatuto do Desarmamento*: comentários à Lei 10.826, de 22-12-2003. 3. ed. São Paulo: Saraiva, 2005.

_______. *Legislação penal especial*. São Paulo: Paloma, 2002. v. 1.

_______; GONÇALVES, Victor Eduardo Rios. *Aspectos criminais do Código de Trânsito Brasileiro*. São Paulo: Saraiva, 1998.

_______; PRADO, Stela. *Código Penal comentado*. 2. ed. Porto Alegre: Verbo Jurídico, 2008.

_______; _______. Tráfico de pessoa e o bem jurídico em face da Lei n. 12.015, de 7 de agosto de 2009. In: MARZAGÃO, Laerte (coord.). *Tráfico de pessoas*. São Paulo: Quartier Latin, 2010.

CARRAZZA, Roque Antonio. *Curso de direito constitucional tributário*. 4. ed. São Paulo: Malheiros, 1993.

CHIMENTI, Ricardo Cunha; SANTOS, Marisa Ferreira dos; ELIAS ROSA, Márcio Fernando; CAPEZ, Fernando. *Curso de direito constitucional*. 5. ed. São Paulo: Saraiva, 2008.

COSTA JR., Paulo José da. *Comentários ao Código Penal*. 7. ed. São Paulo: Saraiva, 2002.

DELMANTO, Celso; DELMANTO, Roberto; DELMANTO JUNIOR, Roberto; DELMANTO, Fabio M. de Almeida. *Código Penal comentado*. 5. ed. Rio de Janeiro: Renovar, 2000.

DELMANTO JUNIOR, Roberto. Considerações a respeito do ato decisório de pronúncia. *RT*, v. 700.

DI PIETRO, Maria Sylvia Zanella. *Direito administrativo.* 8. ed. São Paulo: Atlas, 1997.

FERREIRA, Aurélio Buarque de Holanda. *Novo dicionário Aurélio.* 2. ed. Rio de Janeiro: Nova Fronteira, 1986.

FRAGOSO, Heleno Cláudio. *Lições de direito penal*: parte especial. 3. ed. Rio de Janeiro: Forense, 1981.

FRANCO, Alberto Silva. *Crimes hediondos.* 4. ed. São Paulo: Revista dos Tribunais, 2000.

FREITAS, Gilberto Passos de; FREITAS, Vladimir Passos de. *Abuso de autoridade.* 9. ed. São Paulo: Revista dos Tribunais, 2001.

GOMES, Abel Fernandes; PRADO, Geraldo; DOUGLAS, William. *Crime organizado e suas conexões com o Poder Público.* 2. ed. Rio de Janeiro: Impetus, 2000.

GOMES, Luiz Flávio. *Crimes previdenciários.* São Paulo: Revista dos Tribunais, 2001. v. 1.

_______; BIANCHINI, Alice. *Crimes de responsabilidade fiscal.* São Paulo: Revista dos Tribunais, 2001.

_______; CERVINI, Raúl. *Crime organizado*: enfoques criminológico, jurídico e político-criminal. 2. ed. São Paulo: Revista dos Tribunais, 1997.

_______; CUNHA, Rogério Sanches; MAZZUOLI, Valério de Oliveira. *Comentários à Reforma Criminal de 2009 e à Convenção de Viena sobre o Direito dos Tratados.* São Paulo: Revista dos Tribunais, 2009.

GOMES FILHO, Antonio Magalhães. *O direito à prova no processo penal.* São Paulo: Revista dos Tribunais, 1997.

GONÇALVES, Carlos Roberto. *Direito civil brasileiro* — Direito de família. 16. ed. São Paulo: Saraiva, 2019. v. 6.

_______. *Direito civil brasileiro* — Parte geral. 17. ed. São Paulo: Saraiva, 2019. v. 1.

GONÇALVES, Victor Eduardo Rios. *Dos crimes contra o patrimônio.* 2. ed. São Paulo: Saraiva, 1999 (Col. Sinopses Jurídicas, v. 9).

_______. *Dos crimes contra os costumes aos crimes contra a Administração.* 3. ed. São Paulo: Saraiva, 2000 (Col. Sinopses Jurídicas, v. 10).

GRECO FILHO, Vicente. *Direito processual civil brasileiro.* 9. ed. São Paulo: Saraiva, 1994. v. 1.

HUNGRIA, Nélson. *Comentários ao Código Penal.* 2. ed. Rio de Janeiro: Forense, 1959. v. 9.

_______. LACERDA, Romão Côrtes de; FRAGOSO, Heleno Cláudio. *Comentários ao Código Penal.* 5. ed. Rio de Janeiro: Forense, 1981. v. 8.

JESUS, Damásio E. de. *Assédio sexual.* São Paulo: Saraiva, 2002.

_______. *Código Penal anotado.* 12. ed. São Paulo: Saraiva, 2002.

_______. *Crimes de corrupção ativa e tráfico de influência nas transações comerciais internacionais*. São Paulo: Saraiva, 2003.

_______. *Direito penal* – Parte especial. 14. ed. São Paulo: Saraiva, 1999. v. 3.

_______. *Direito penal* – Parte especial. 11. ed. São Paulo: Saraiva, 2001. v. 4.

_______. *Tráfico internacional de mulheres e crianças* – Brasil. São Paulo: Saraiva, 2003.

MAGGIORE, Giuseppe. *Diritto penale*. 1953.

MANZINI, Vincenzo. *Trattato di diritto penale*. 1945. v. 7.

MEIRELLES, Hely Lopes. *Direito administrativo brasileiro*. 19. ed. São Paulo: Malheiros, 1990.

MELLO, Celso Antônio Bandeira de. *Curso de direito administrativo*. 5. ed. São Paulo: Malheiros, 1994.

MESSIAS, Irajá Pereira. *Da prova penal*. Campinas: Bookseller, 1999.

MIRABETE, Julio Fabbrini. *Manual de direito penal* – Parte especial. 13. ed. São Paulo:Atlas, 2001. v. 2 e 3.

MONTEIRO, Antonio Lopes. *Crimes contra a Previdência Social*. São Paulo: Saraiva, 2000.

MORAES, Alexandre de. *Direito constitucional*. 8. ed. São Paulo:, Saraiva, 2000.

NORONHA, E. Magalhães. *Curso de direito processual penal*. 22. ed. São Paulo: Saraiva, 1994.

_______. *Direito penal*. 19. ed. São Paulo: Saraiva, 1988. v. 3 e 4.

OSÓRIO, Fábio Medina. *Direito administrativo sancionador*. São Paulo: Revista dos Tribunais, 2000.

PAZZAGLINI FILHO, Marino; ELIAS ROSA, Márcio Fernando; FAZZIO JÚNIOR, Waldo. *Improbidade administrativa – Aspectos jurídicos da defesa do patrimônio público*. São Paulo: Atlas, 1996.

PRADO, Luiz Regis. *Falso testemunho e falsa perícia*. 2. ed. São Paulo: Revista dos Tribunais, 1994.

REQUIÃO, Rubens. *Curso de direito comercial*. 21. ed. São Paulo: Saraiva, 1993. v. 1.

ROCHA, Francisco de Assis do Rêgo Monteiro. *Curso de direito processual penal*. Rio de Janeiro: Forense, 1999.

SARLET, Ingo W. *Dignidade da pessoa humana e direitos fundamentais na Constituição Federal de 1988*. 4. ed. Porto Alegre: Livraria do Advogado, 2006.

Boletins

Boletim AASP, n. 1.854, p. 209.

Boletim IBCCrim, n. 5, p. 1, jun. 1993; n. 30, p. 7.

Phoenix, n. 14, *Teses de recursos extraordinários e especiais criminais do Ministério Público do Estado de São Paulo*. Órgão Informativo do Complexo Jurídico Damásio de Jesus, maio 2003; *Phoenix*, n. 20, *Lavagem de dinheiro proveniente de tráfico internacional de mulheres e crianças não constitui crime*. Artigo publicado por Damásio E. de Jesus no Órgão Informativo do Complexo Jurídico Damásio de Jesus, jun. 2003.

Pesquisas na Internet

GOMES, Luiz Flávio. *Crime organizado*: que se entende por isso depois da Lei n. 10.217, de 11.4.2001? (Apontamentos sobre a perda de eficácia de grande parte da Lei n. 9.034/95.) Disponível em: <www.estudos-criminais. com.br>. Acesso em: 1º-3-2002.

______. Claus Roxin no Brasil. Disponível em: <www.ielf.com.br>. Acesso em: jul. 2003.

HEIDE, Débora Dayeh. Lei n. 10.217/01 e a possibilidade de infiltração de agentes policiais nas organizações criminosas. Disponível em: <www.direitocriminal.com.br>. Acesso em: 30-9-2001.

SUPERIOR TRIBUNAL DE JUSTIÇA, jurisprudência disponível em: <www.stj.gov.br>.

SUPREMO TRIBUNAL FEDERAL, jurisprudência disponível em: <www.stf.gov.br>.